Knaur
MensSana

Über die Autorinnen:

Die Inderin Pratima Raichur gilt in den USA als *die* Expertin für Ayurveda-Kosmetik und natürliche Schönheit. Sie leitet die *Tej Skin Care Clinic*, die weltweit erste Ayurveda-Klinik für Haut- und Schönheitspflege. Neben Kursen für Stylisten und zahlreichen Verpflichtungen für Vorträge hat Pratima Raichur eine eigene Produktlinie ayurvedischer Kosmetika entwickelt, die auch in Deutschland erhältlich ist (www.bindi.com).

Marian Cohn engagiert sich seit über 20 Jahren als Meditationslehrerin und Seminarleiterin für Kurse über Persönlichkeitsentwicklung. Sie ist Co-Autorin von »Teaching Your Child Basic Body Confidence« und arbeitet im Public-Relations- und Marketing-Bereich.

Pratima Raichur
mit Marian Cohn

Wahre Schönheit kommt von innen

Das Geheimnis
von AYURVEDA für Wohlgefühl
und strahlendes Aussehen

Aus dem Amerikanischen
von Rita Höner

Knaur
MensSana

Die amerikanische Originalausgabe
erschien 1997 unter dem Titel *Absolute Beauty*
bei HarperCollinsPublishers

Besuchen Sie uns im Internet: www.droemer-knaur.de
Alle Titel aus dem Bereich MensSana finden Sie im Internet
unter www.knaur-mens-sana.de

Vollständige Taschenbuchausgabe 2004

Knaur Taschenbuch.
Ein Unternehmen der Droemerschen Verlagsanstalt
Th. Knaur Nachf. GmbH & Co. KG, München

Umschlaggestaltung: ZERO Werbeagentur, München
Umschlagabbildung: FineTic
Satz: Barbara Rabus, Sonthofen
Druck und Bindung: Clausen & Bosse, Leck
Printed in Germany
ISBN 3-426-87229-3

2 4 5 3 1

Meinem lieben Mann Venkatesh,
der in den letzten 32 Jahren für mich da war
und mir ein stabiles, angenehmes Zuhause
und bedingungslose Liebe gegeben hat.

Inhalt

TEIL IV
Von den Sinnen zur Seele: Atem-, Geist- und Seelenreinigung – *Prana, Manas* und *Atma Shudi*

Anhang

Einführung

In Indien, wo ich 1939 geboren wurde, kennen die Ärzte die Geheimnisse makelloser Haut und altersloser Schönheit schon seit 6000 Jahren. Diese Geheimnisse, die Sie auf den folgenden Seiten kennenlernen werden, sind im weltältesten System der Gesundheitsvorsorge und Heilung enthalten: dem *Ayurveda,* was »Wissen vom Leben« bzw. »Langlebigkeit« bedeutet.

Ich wurde während meiner Kindheit zu Hause ganz zwanglos in diese alte Wissenschaft eingeführt, denn jeder in meiner großen Familie lebte im Einklang mit ayurvedischen Traditionen. Unsere Mahlzeiten wurden nach den Regeln des Ayurveda zubereitet, damit wir körperlich gesund blieben, und Meditationen und andere Methoden zum Ausgleich von Seele und Geist gehörten zum normalen Tagesablauf. Es war ein liebevolles, glückliches Familienleben, und als Kind wußte ich natürlich nicht, daß unsere Lebensweise sich von der anderer Menschen unterschied. Aber schon in sehr jungen Jahren war mir klar, daß irgend etwas Besonderes meine Mutter und deren Mutter umgab: Sie waren eindrucksvolle Frauen, die wegen ihrer inneren Haltung und ihrer Ausstrahlung überall auffielen, egal wohin wir gingen.

Meine formale Ausbildung im Ayurveda begann, wie ich gestehen muß, etwas weniger glücklich in meiner frühen Jugend, und zwar unter der Anleitung eines bekannten Arztes, der zufällig neben uns wohnte. Er war schon 80 und brauchte bei seiner Arbeit ab und zu etwas Hilfe; ich wurde die widerwillige Assistentin, die er um Unterstützung bat. Jeden Abend nach der Schule verbrachte ich ein paar Stunden bei ihm zu Hause: Ich las ihm vor oder half ihm, verschiedene Pillen und Arzneien herzustellen. Ich war damals 13, und so war es kein Wunder, daß ich keine große Lust hatte, meine Zeit mit diesem alten Mann zu verbringen oder seine merkwürdigen Rezepte zu lernen; aber er war ein unerbittlicher Lehrer und bestand darauf, daß ich alles, was er sagte, in

Notizbücher eintrug. »Jetzt verstehst du noch nicht, wie wichtig das ist, was wir hier tun«, sagte er mir, »aber eines Tages wirst du für all das in deinem Leben eine Verwendung haben.«

Jahre später, als ich mich auf die Laufbahn einließ, deren Höhepunkt dieses Buch darstellt, erinnerte ich mich an die Worte des Arztes und erkannte, wie vorausschauend er gewesen war – die lange vergessenen Notizbücher waren voll von ayurvedischen Hautpflegerezepten. Zu diesem Zeitpunkt hatte ich bereits einen akademischen Grad an der Universität von Bombay erworben, war verheiratet und hatte eine kleine Tochter. Ich begann, als Chemikerin in England zu arbeiten, während mein Mann seine medizinische Ausbildung abschloß, und später kehrte ich nach Indien zurück und arbeitete an einem Krebsforschungskrankenhaus.

Eines Tages kamen zwei meiner Kolleginnen völlig außer sich ins Labor. Beide litten unter Akne und hatten sich am Tag zuvor eine Gesichtsbehandlung geben lassen. Jetzt waren sie in Tränen aufgelöst, denn sie hatten auf der ganzen Haut schwarze Flecken, die schlimmer aussahen als die Pickel. Zur allseitigen Überraschung, auch meiner eigenen, hörte ich mich sagen: »Ihr hättet vor der Gesichtsbehandlung mit mir darüber reden sollen. Ich hätte etwas zusammenstellen können, was euch geholfen hätte.«

An diesem Abend las ich zum ersten Mal seit über zehn Jahren die ayurvedischen Rezepte noch einmal durch, die ich als junges Mädchen so gehorsam mitgeschrieben hatte. Da im Ayurveda Hautkrankheiten nicht gesondert abgehandelt werden, hatte ich nie daran gedacht, seine Prinzipien und Techniken auf sie anzuwenden. Inzwischen wußte ich jedoch eine Menge über kosmetische Wirkstoffe, und mit Hilfe meiner kombinierten Kenntnisse in alter und neuer Wissenschaft stellte ich eine spezielle Mischung von Kräutern und Ölen zusammen, die ich meinen Freundinnen am nächsten Morgen gab. Innerhalb von ein paar Tagen wurde ihre Gesichtshaut völlig rein. Das sprach sich herum, und bald überschwemmten mich die Hilferufe von Leuten, die Probleme mit ihrer Haut hatten. Jedesmal, wenn ich ein neues Mittel zubereitete, standen die positiven Ergebnisse für alle sichtbar im Gesicht der Person geschrieben, die es benutzte.

Inzwischen hatte die Wirksamkeit der ayurvedischen Präparate mein Interesse als Wissenschaftlerin geweckt. Ich fragte mich, wie diese uralten Rezepte vom biochemischen Standpunkt aus funktionierten. Je mehr ich darüber nachdachte, desto mehr Fragen hatte ich: Wie bewerkstelligen diese Präparate die Heilung? Was ist die eigentliche Ursache von Hautproblemen? Und warum haben einige von uns solche Probleme, andere aber nicht? Ich beschloß, meine Forschungen in dem Bereich zu betreiben, in dem ich den größten Beitrag leisten konnte – bei der Verbindung meines Verständnisses der modernen Chemie mit meinen Kenntnissen über Kräuter und Öle in der Tradition von Indiens ältester Wissenschaft. Ich hatte das Baby zu Hause, aber ich gab meinen Job am Krankenhaus auf und begann, diesmal ganz ernsthaft Ayurveda zu studieren. Das war vor 25 Jahren.

Heute bin ich Gründungsdirektorin der Tej-Hautpflege-Klinik in New York City und habe drei Produktlinien mit ayurvedischen Schönheitskosmetika herausgebracht. Zu ihnen gehören u. a. die Marken »Bindi«, »Tej« und »Ojas«, die in den USA in Reformhäusern und Naturkostläden verkauft und in Kurorten angewendet werden. Im Lauf der Jahre habe ich meine Fähigkeiten als Kosmetikerin, Wissenschaftlerin und Forscherin weiterentwickelt und meine Erkenntnisse innerhalb und außerhalb des Labors getestet. Seit ich 1977 in die USA emigriert bin, habe ich meine Ausbildung auf eine noch breitere Basis gestellt und ein Zeugnis in Akupunktur und einen Doktorgrad in Naturheilkunde erworben. Bis jetzt habe ich mit meinem einzigartigen System ayurvedischer Produkte und Techniken 10 000 Männer und Frauen mit den verschiedensten Hautproblemen behandelt, deren Palette von Akne, Ekzemen und Schuppenflechte bis hin zu den allgemeinen Symptomen von Streß und Alter reicht. In vielen Fällen habe ich Beschwerden beseitigt, bei denen die jahrelange Behandlung durch Top-Dermatologen keinen Erfolg gebracht hatte. Warum haben meine Behandlungen Erfolg, wo andere Schönheitsprogramme und sogar die moderne Medizin versagen? Sie funktionieren, weil der Ayurveda den Schlüssel zur Gesundheit und Heilung besitzt, der den westlichen Methoden fehlt – die Kenntnis des *ganzen Menschen,* nicht nur der Krankheit.

Wenn die meisten westlichen Ärzte und Hautpflege-Experten Beschwerden wie die meiner Freundinnen sehen, untersuchen sie, wie es ihrer Ausbildung entspricht, einzelne Teile – die Störung und ihre diversen körperlichen Symptome. Fettige Haut wird generell mit Adstringenzien behandelt, trockene Haut mit Ölen – die äußerliche Wirkung bestimmt also das Heilmittel. Bei Akne diagnostiziert der Arzt eine bestimmte Bakterienart als Ursache des Problems und behandelt die infizierte Haut mit geeigneten Arzneien oder lokal einsetzbaren Produkten. Bei einem gewissen Prozentsatz der Fälle wird diese Methode die Akne vermindern oder beseitigen, zumindest bis zum nächsten Ausbruch. Bei einem signifikanten Prozentsatz der Erkrankten wird die Behandlung jedoch nur wenig oder zumindest keine dauerhafte Besserung bringen oder im ungünstigsten Fall, wie bei meinen Freundinnen, den Zustand noch verschlimmern.

Warum sind die Ergebnisse so wenig voraussagbar? Weil die moderne Medizin nur auf der Ebene der Moleküle – der *Materie* – arbeitet und sich nicht um das empfindungsfähige menschliche Wesen kümmert, jene einmalige vielschichtige Person, die sich tatsächlich krank *fühlt*. Das Leben ist die Gesamtheit aller Erfahrungen, nicht nur eine Sammlung materieller Teile, und menschliche Erfahrungen finden im Grunde durch den Filter des Geistes und der Sinne auf der Ebene des Bewußtseins statt. Wie wir die Welt sehen und empfinden, beeinflußt unsere Erfahrung, und Erfahrungen *verändern* den Körper. Wenn dem nicht so wäre, gäbe es kein glückliches Lächeln, keine Tränen der Trauer, kein verlegenes Erröten, keine sorgenvoll gerunzelte Stirn, keine wütenden Blicke, kein überraschtes Nach-Luft-Schnappen. Wenn die moderne Medizin fragt, *wo* der Körper Beschwerden hat, aber nicht, *warum* der Patient krank ist, ignoriert sie die Wahrheit über unser Erleben. Die meisten Krankheiten resultieren aus einem Zusammenbruch des Immunsystems; dieser ist eine Folge von Streß; Streß wird durch die Wahrnehmung ausgelöst; und die Wahrnehmung entsteht aus dem Bewußtsein. Mit anderen Worten: Die klassische westliche Medizin versagt, weil sie das Netzwerk der Intelligenz im Körper – den Faktor *Geist* – verkennt, der die Ebene des Lebens ist, auf der Krankheit und Heilung in Wirklichkeit beginnen.

Diese materielle Ausrichtung der modernen Medizin ist angesichts neuer wissenschaftlicher Beweise für die biochemischen Verbindungen zwischen seelischem Erleben und der Tätigkeit des neuroendokrinen und des Immunsystems in den letzten 20 Jahren langsam unterhöhlt worden. Die Erkenntnisse über die physiologischen Prozesse, durch die unkörperliche Gedanken und Gefühle körperliche Funktionen beeinflussen, weisen auf eine grundlegende Geist-Körper-Einheit hin und haben zur Entstehung einer neuen westlichen Wissenschaft geführt, der sogenannten *Psychoneuroimmunologie*, die auch als Geist-Körper-Medizin bezeichnet wird. Sicher sind viele von Ihnen aufgrund der zahlreichen Bücher und Artikel, die in den letzten 10 Jahren zu diesem Thema erschienen sind, mit ihren Konzepten vertraut.

Aber in den letzten 300 Jahren waren die meisten Leute im Westen, Wissenschaftler und Laien gleichermaßen, von der dualistischen Weltsicht durchdrungen, die das Universum in die sich wechselseitig ausschließenden Bereiche Vernunft und Natur bzw. Geist und Materie aufteilt. Diese zu Beginn des 17. Jahrhunderts von Descartes aufgebrachte Theorie erwarb in kurzer Zeit den scheinbar unverletzlichen Status einer wissenschaftlichen Wahrheit, als Isaac Newton 1687 seine revolutionäre Arbeit über Schwerkraft und Bewegung veröffentlichte. Newtons Modell des Universums wird typischerweise mit einem Billardspiel verglichen, bei dem feste, durch äußere Kräfte beeinflußte Gegenstände sich in einer mathematisch vorhersagbaren Ursache-Wirkung-Beziehung bewegen, kollidieren, verteilen und schließlich zur Ruhe kommen. Newtons Voraussagen über objektives Verhalten stellten sich als so zutreffend heraus, daß seine Gesetze seitdem nie in Frage gestellt wurden, zumindest nicht im Hinblick auf das sichtbare – d. h. große – Universum. Angespornt durch Newtons Triumph, dämmerte im Westen das Zeitalter der Vernunft herauf, und mit ihm die allgemeine Überzeugung, daß alle Tätigkeiten sich durch starre rationale Prinzipien beschreiben lassen. Wie alle anderen Bereiche menschlichen Strebens im 18. Jahrhundert erlag auch die Medizin dem Zauber der Wissenschaft, und die alte Kunst des Heilens, die von Leuten wie Hippokrates praktiziert und gepredigt worden war, blieb allmählich auf der Strecke.

Ironischerweise hatte die westliche Medizin damals, als sie sich noch als Kunst verstand, auf die persönliche Dimension von Krankheit immer großen Wert gelegt und den Patienten im Hinblick auf sein gesamtes Erleben und nicht nur auf seine Krankheit untersucht. Als exakte Wissenschaft jedoch begann die Medizin, Ereignisse im Labor für immer wichtiger und Ereignisse im Leben des Patienten für immer unbedeutender zu halten. Im gegenwärtigen Jahrhundert ist der mechanistische Blick auf den Körper so in den Vordergrund getreten, daß die Medizin sich in Dutzende von Spezialgebiete aufgeteilt hat, die den Körper in immer kleinere und isoliertere Fragmente zerlegen. Unbestreitbar haben die moderne Wissenschaft und die moderne Medizin der Menschheit zahllose Fortschritte beschert; aber der Fortschritt hatte seinen Preis. Aufgrund des zunehmenden Streßpegels im heutigen Leben zahlen die Angehörigen der westlichen Kultur einen hohen Preis für die Mißachtung der Auswirkungen, die Alltagserfahrungen auf die Gesundheit haben. Zum Glück faßt heute in der etablierten Medizin eine ganzheitlichere Auffassung langsam Wurzeln. Die Trennung von Geist und Körper ist im modernen wissenschaftlichen Denken jedoch so tief verankert und so weitgehend unbestritten, daß die meisten im Westen ausgebildeten Ärzte das Verhalten von Molekülen immer noch besser kennen als das ihrer Mitmenschen.

Im Gegensatz zu dieser materiellen Betrachtungsweise beruht der Ayurveda auf der Grundvoraussetzung, daß Geist und Körper auf der Ebene des Bewußtseins eine Einheit bilden und sich über dieses einheitliche »Feld« wechselseitig beeinflussen. Als *erste* psychoneuroimmunologische Wissenschaft betont der Ayurveda die kausale Bedeutung des Denkens und Verhaltens für Gesundheit und Krankheit schon seit Tausenden von Jahren. Wenn ein Ayurveda-Praktizierender daher ein Hautproblem sieht, beobachtet er den Menschen und nicht nur die Symptome. Eine Falte oder eine Hautunreinheit im Gesicht sind, genauso wie die Anzeichen von Streß oder Krankheit, Puzzlestückchen für ein diagnostisches Bild, das die ganze Spannweite des Lebens eines Menschen umfaßt, von den innerlichsten Aspekten, Geist und Gefühl, zu den äußerlichsten Aspekten, dem Lebensstil und der Lebensumwelt. Wenn jemand mit Akne zu mir kommt, wie z. B. meine Freundinnen,

versuche ich nicht, die Infektion zu beseitigen, die die Symptome verursacht hat, obwohl dies im Laufe der Behandlung der Fall sein wird. Vielmehr besteht mein Ziel darin, das körperliche oder seelische Ungleichgewicht zu beseitigen, das die Abwehrkraft des Körpers geschwächt und den Bakterien – die auch bei gesunden Menschen vorhanden sind – ermöglicht hat, die Haut negativ zu beeinflussen. Ayurvedische Behandlungen erreichen dies, wie Sie sehen werden, indem sie sich die dem Körper innewohnende Fähigkeit zunutze machen, sich im Einklang mit seiner Natur selbst zu heilen und auszubalancieren.
Wenn ich mit westlichen Ärzten und Schönheitsspezialisten spreche, reagieren sie auf diese Aussagen immer mit derselben Frage: »Was meinen Sie mit *Gleichgewicht?* Was verstehen Sie unter *Natur* des Körpers?« Eingebettet in ihr fragmentarisches Wissen, stehen sie holistischen Wahrheiten verständlicherweise skeptisch gegenüber. *Tufts University Diet and Nutrition Letter* warnte kürzlich seine Leser, daß Produkte, die versprechen, den Körper »ins Gleichgewicht« oder »in Harmonie mit der Natur« zu bringen oder »seine Selbstheilungskräfte anzuregen«, diesem Anspruch nicht gerecht werden können, weil »niemand beweisen kann«, daß Sie überhaupt aus dem Gleichgewicht geraten sind. »Was bedeutet es eigentlich«, fragen die Experten, »aus der Harmonie mit der Natur heraus zu sein?«
Vor Tausenden von Jahren haben die *Rishis* – die »Kenner der Wirklichkeit«, die uns den Ayurveda gaben – diese Frage beantwortet. Sie sagten, daß Sie und ich und auch alles sonst im Universum aus den gleichen fünf Bestandteilen besteht: *Raum, Luft, Feuer, Wasser* und *Erde.* Obwohl diese Elemente in jedem vorhanden sind, ist ihr Verhältnis, ihr *Gleichgewicht,* bei jedem verschieden. Genauso wie Ihr genetisches Gepräge wird Ihre spezielle Elementenmischung bei der Empfängnis festgelegt und bleibt das ganze Leben hindurch konstant – und sie bestimmt Ihre grundlegenden Charakteristika einschließlich Ihres Hauttyps.
Obwohl wir in bezug auf das Gleichgewicht der Elemente von Verhältnissen und Kombinationen sprechen, handelt es sich hier eigentlich nicht um ein physikalisches Phänomen, wie etwa eine Teigmischung, denn die elementaren »Zutaten« sind eigentlich keine Dinge. Als die

Rishis sagten, wir seien aus Raum, Luft, Feuer, Wasser und Erde gemacht, meinten sie damit nicht, wir seien warmer Schlamm – obwohl der physische Körper das im Sinne des biblischen »Erde zu Erde, Staub zu Staub« tatsächlich mehr oder weniger ist. Von ihrem hochentwickelten Bewußtsein aus erkannten sie vielmehr, daß die grundlegende Komponente unserer Existenz weder ein Stückchen Materie noch die in ihr eingeschlossene Energie ist, sondern ungebundene, freie, grenzenlose Intelligenz. Diese Intelligenz, sagten die Rishis, geht über die sinnliche Erfahrung und auch über den Horizont der objektiven Wissenschaft hinaus, denn diese existieren auf der Ebene des menschlichen Bewußtseins, das seinem Wesen nach subjektiv ist. Trotzdem sind die Auswirkungen der Intelligenz überall sichtbar: in den Rhythmen der Natur, in der Bewegung der Planeten und Milchstraßen, den komplexen Strukturen der Materie – und in der Evolution des Lebens selbst sowie der »Genialität« der DNS. Ohne diese Intelligenz würden Energie und Materie vom Chaos überflutet und wären unfähig zu der kosmischen Organisation, die dem Dasein offensichtlich zugrunde liegt.

Die Quantenmechanik, jene Wissenschaft des 20. Jahrhunderts, die das Reich des »Kleineren als Kleinen« beschreibt, in dem das Newton'sche Gesetz nicht mehr funktioniert, gibt dieser alten Theorie von den fünf Elementen einen modernen »Kick«. Der Physiker John Hagelin beschrieb die Grundkonstituenten des ayurvedischen Universums als unterschiedliche »Schwingungsmodi« innerhalb des virtuellen Energiefeldes, das der subatomaren Materie zugrunde liegt. Es wird als »virtuelles« Feld bezeichnet, weil es so abstrakt ist, daß es nicht direkt gemessen werden kann, auch nicht mit der potentesten Technologie. Die westliche Wissenschaft leitet seine Existenz von Spuren ab, die kraftbehaftete Teilchen hinterlassen, die im Nu aus dieser scheinbaren Leere auftauchen und wieder darin verschwinden. Vor 60 Jahren nannten Physiker diese unsichtbare Dimension der Wirklichkeit *Quantenfeld.* Vor 60 Jahrhunderten nannten ayurvedische Wissenschaftler sie das *Feld des reinen Bewußtseins.* Ungeachtet der Bezeichnung hält der Ayurveda dieses unsichtbare, allgegenwärtige Kontinuum für den letztlichen Ursprung von Geist und Materie. Die fünf Elemente sind dabei nichts anderes als besondere *Intelligenzmuster* – d. h. Schwingungsmuster – innerhalb dieses Feldes, die die individuelle und die materielle Existenz formen.

Je nachdem, welche Elemente – bzw. Schwingungsmuster – beim einzelnen vorherrschen (gewöhnlich eins oder zwei), ordnet der Ayurveda jeden Menschen drei universellen »Naturen« bzw. Konstitutionstypen zu, die als *Prakriti* bezeichnet werden. Später werden wir diese verschiedenen Konstitutionstypen erörtern und beschreiben, wie sie die Charakteristika Ihrer Haut bestimmen. Generell gesagt ist Ihr Prakriti so etwas wie eine persönliche Norm des Wohlbefindens; sie beschreibt Ihre gesamte Erscheinung, Ihre emotionale Veranlagung und Ihre geistig-seelischen Fähigkeiten (wenn Sie im Gleichgewicht sind) und sagt spezielle Beschwerden – einschließlich Hautprobleme – voraus, zu denen Sie neigen, wenn Sie nicht im Gleichgewicht sind. Ein grundlegendes Prinzip des Ayurveda lautet, daß Krankheiten immer die Folge einer – durch physische, geistig-seelische, Verhaltens- oder Umweltfaktoren herbeigeführten – Abweichung von Ihrem Prakriti, Ihrer idealen Konstitutionsformel sind. Mit anderen Worten: Jedesmal, wenn unsere einmalige Elementenkonfiguration aus dem Gleichgewicht gerät, wenn die angeborenen Intelligenzmuster in Unordnung sind, verursacht dies eine Störung oder eine Krankheit. Alle ayurvedischen Behandlungen arbeiten daher daran, das Gleichgewicht der Elemente – bzw. den Fluß der Intelligenz – wiederherzustellen.

Wenn Sie und ich ein identisches Gleichgewicht der Elemente hätten, würden wir genau gleich aussehen. Weil unsere »Rezepturen« jedoch verschieden sind, sehen wir nicht nur verschieden aus, unsere Körper und unsere Sinne reagieren auch anders auf die Umgebung, die Alters- und Krankheitsprozesse verursachenden Faktoren und die Methoden zu ihrer Behandlung. Eine gesunde, strahlende Haut ist ein natürlicher Zustand, wenn Geist und Körper im Gleichgewicht sind. Der Ayurveda zeigt uns, daß das Rezept zur Herstellung des Gleichgewichts bei jedem Menschen anders ist, weil es von seinem angeborenen Körpertyp und seinem Temperament abhängt. Infolgedessen *gibt es kein Behandlungselement* – Seife, Feuchtigkeits- oder Fältchencreme, Medikament, Naturheilmittel, Fitneßprogramm, Ernährungs- oder Lebensstilumstellung –, *das bei jedem funktioniert, denn jeder ist mit einem anderen Konstitutionstyp und einem anderen Hauttyp geboren worden.* Um das richtige Schönheitsprogramm zu finden, mit dem Sie Anzeichen des Alterns bei sich reduzieren und Ihre Haut verbessern können, müssen Sie Ihren Ayurveda-Hauttyp kennen. Dieses Buch sagt Ihnen, wie Sie ihn bestimmen können.

Genauso wie drei grundlegende Konstitutionstypen gibt es auch drei Hauttypen. Wenn Sie eine neue Klientin wären, die in meine Klinik käme, hätten wir als erstes eine persönliche Unterredung, um Ihren Typ zu bestimmen. Dabei »untersuche« ich Sie auf eine bestimmte Reihe von *äußerlichen* körperlichen, geistig-seelischen und Verhaltens-Charakteristika hin, die mir Informationen über Ihre *innere* Verfassung geben. Zunächst sehe ich Sie mir von Kopf bis Fuß an: Größe, Gewicht, Statur, Gesichtsstruktur, Körpersprache, geistig-seelische Einstellung, Haare, Nägel, Teint, Haut. Ich frage auch nach Ihrem Lebensstil einschließlich Arbeit, Eßgewohnheiten, körperlicher Betätigung, Familienleben, Schlaf- und Hautpflegegewohnheiten – und nach Ihren tagtäglichen Stimmungen und Gefühlen und der Art, wie Sie im allgemeinen mit dem Streß in Ihrem Leben umgehen. Mit anderen Worten: Ich sehe mir den ganzen Menschen an. Aufgrund dieser Informationen kann ich feststellen, welche Elemente in Ihrer Konstitution dominieren, welchen Hauttyp Sie haben und welche Art von Behandlung Ihren Teint ins Gleichgewicht bringt.

Sobald Sie wissen, nach welchen Merkmalen Sie suchen müssen, können Sie Ihren Hauttyp leicht selbst bestimmen. In Kapitel 2 haben Sie die Gelegenheit, dies zu tun, indem Sie sich in einem Spiegel betrachten und ein paar einfache Fragen beantworten. Wenn Sie erst ein wenig mehr über Ayurveda wissen – und über die Art und Weise, wie die Elemente Ihre Charakteristika bestimmen –, können Sie sogar ein unterhaltsames Spiel daraus machen, Freunde und Fremde zu beobachten und ihren Typ zu erraten. Die Einsichten, die der Ayurveda Ihnen in die Natur von Menschen vermittelt, die Sie kaum kennen, werden Sie verblüffen. Und vielleicht wollen Sie auch verstehen, welche inneren Kräfte die von Ihnen geliebten Menschen antreiben – von Ihnen selbst ganz zu schweigen. Das ayurvedische »Typisieren« kann in zwischenmenschlichen Beziehungen ein nützliches Hilfsmittel sein, wenn Sie es weise einsetzen.

Wenn meine Klienten hören, wie viel ich nach dem Betrachten ihres Gesichts und ihrer Haut von ihnen weiß, sind sie manchmal so überrascht, daß sie mich fragen, ob ich ein Medium bin. Das bin ich natürlich nicht. Aber meine Antwort auf ihre Frage – daß ihre Haut zu mir *spricht* – überrascht sie oft noch mehr. Was meine ich mit dieser Aussage, da ich doch weder hellsichtig bin, noch mir irgend etwas ausdenke? Moderne Wissenschaftler beschreiben die Haut als Schutzgewebe des Körpers und als sein größtes Organ, das für eine bemerkenswerte Reihe von Funktionen einschließlich der Regulierung der Abbauprodukte, des Wasser- und Wärmehaushalts zuständig ist. Sie ist auch der Hauptproduzent endokriner Hormone, die die meisten physiologischen Funktionen steuern, sowie das Organ der Berührung und Empfindung, das über ein ausgedehntes Netz von Hautnerven mit jedem anderen Organ und jeder Zelle des Körpers verbunden ist.

Die ayurvedischen Wissenschaftler, die ihre Einsichten auf andere Weise als ihre modernen Kollegen gewannen und schon vor langer Zeit erklärten, das Bewußtsein sei der Stoff, der das Universum zu einer Einheit zusammenschweißt, sahen über die mechanischen Körperprozesse hinaus auf die »Quanten-Ebene« des Daseins. Die zeitgenössischen Wissenschaftler brauchten etwas länger, um das zu entdecken, was Praktizierende des Ayurveda schon seit Jahrtausenden wissen, daß es nämlich keine rein objektive Realität gibt, keinen festen »Stoff« – tierischer, pflanzlicher oder mineralischer Art –, auf den wir definitiv als »die Welt da draußen« hinweisen können.

Einsteins Beweis der Gleichwertigkeit von Energie und Materie und seine Arbeit über die Relativität versetzten dieser vertrauten und berechenbaren Wirklichkeit den ersten Schlag. Zuerst trieb er einen tiefen Keil in die liebgewonnene Vorstellung von der Dualität; dann demontierte er unseren Glauben an eine »absolute« Dimension der Zeit, indem er nachwies, daß sie nicht für jeden unter allen Umständen gleich ist, sondern infolge der Krümmung des Raums schneller oder langsamer abläuft, je nach unserer Entfernung vom Gravitationszentrum und der Geschwindigkeit, mit der wir uns bewegen. 1926 versetzte Werner

Heisenberg dem Materialismus den letzten Hieb, als er seine berühmte »Unschärferelation« formulierte, die die entscheidende Rolle des menschlichen Bewußtseins in das sogenannte objektive Reich der Wissenschaft einführte. In aller Kürze besagt dieses Prinzip, daß es aufgrund der intrinsischen Eigenschaften von Licht und Materie nicht möglich ist, gleichzeitig sowohl die genaue Position eines Teilchens als auch seine exakte Geschwindigkeit zu kennen, denn wenn wir das eine messen, verändern wir notwendigerweise das andere. Unser aktuelles Bild von der Wirklichkeit enthält daher immer eine gewisse Unschärfe. Die Welt, in der wir leben, ist eher eine der Wahrscheinlichkeit denn eine der Vorhersagbarkeit, und auf der subtilsten Existenzebene ist unser eigenes Bewußtsein ein entscheidender Faktor für das Ergebnis jedes beobachteten Phänomens. Zwangsläufige Folgerung dieser Quantensicht ist, daß die Welt so aussieht, wie sie aussieht, weil wir sie ansehen. Die Welt ist so, wie sie ist, weil wir *denken*, daß sie so ist. Als materiell an dieser Welt Beteiligte *sind auch wir selbst, was wir denken.*

Dies ist schon seit 6000 Jahren die Botschaft des Ayurveda: Jede Änderung der Gedanken – des Bewußtseins – bewirkt eine entsprechende Änderung im Körper. Auf der grundlegenden Ebene der Realität strukturiert der Geist die Materie, nicht umgekehrt. Da die Rishis dies wußten, war ihnen auch klar, daß die Haut der materielle Widerschein unseres inneren Wesens ist. Die Haut spürt nicht nur Sinneseindrücke, sie *drückt* auch *aus*, was wir fühlen. Mit Hilfe ihrer Nervenendungen und Hormondrüsen befördert sie chemische Botschaften zu und von allen Teilen des Körpers und übersetzt jedes einzelne Ereignis in eine Sprache, deren Wörter wir als »wütenden« Ausschlag, »weinendes« Ekzem, »Sorgen«-Falte und andere Zeichen und Makel auf dem Oberflächengewebe ablesen können. Für jemanden wie mich, der darin geschult ist, jede Nuance dieses bemerkenswerten Codes zu erkennen, spricht die Haut buchstäblich Bände. Hautprobleme sind daher eigentlich nicht Probleme der Haut, sondern Signale für bestimmte Ungleichgewichte in den Tiefen von Leib und Seele, an die die Cremes und Lotionen, die wir auf Körper und Gesicht auftragen, nicht herankommen.

Der Ayurveda lehrt, daß wir an vier Ebenen des Lebens arbeiten müssen, um diese Störungen an ihrem Ursprungsort zu beseitigen – an

Körper, Atem, Seele und Geist. Daher beginne ich mit jeder Klientin auf der äußeren Ebene, denn diese sehen wir. Nach der Diagnose des Hauttyps reinige ich zunächst Gesicht und Körper und führe ihnen Nährstoffe und Feuchtigkeit zu, und zwar mit Hilfe natürlicher pflanzlicher Extrakte und ätherischer Öle. Dann verordne ich ein individuelles tägliches Hautpflegeprogramm, das zu Hause durchgeführt werden soll, um die Auswirkungen von Streß und Umweltverschmutzung zu bekämpfen und das Wachstum neuer Zellen anzuregen. Diese Maßnahmen tragen dazu bei, innerhalb von ein paar Tagen oberflächliche Symptome zum Abklingen zu bringen und das Aussehen des Teints zu verbessern.

Aber ich muß Ihnen ganz ehrlich sagen, daß dauerhafte Lösungen für Alters- und Krankheitserscheinungen nicht aus der Flasche kommen – auch dann nicht, wenn diese Flasche von mir kommt. Äußerliche Behandlungen allein können das Gleichgewicht nicht für immer wiederherstellen, weil sie die Tiefenstruktur der Zellen, in der die Störung ihren Ursprung hat, nicht beeinflussen. Um diese Ebene des Lebens zu erreichen, machen wir uns mit allen fünf Sinnen die Intelligenz des Körpers zunutze. Mein vollständiges Ayurveda-Schönheits-Programm enthält daher eine auf Ihren Hauttyp zugeschnittene Anleitung für Ernährung, rhythmisches Atmen, Massagen, die verschiedenen Sinne ansprechende Therapien und Meditationen.

Ayurveda hört jedoch nicht auf, wenn die Symptome des Ungleichgewichts verschwunden sind. Das höchste Ziel dieser Wissenschaft vom Leben ist nicht nur das Freisein von Krankheiten. Es ist nichts weniger als die Ganzheit, d. h. ein Zustand perfekter innerer Harmonie, der von der körpereigenen Intelligenz bewerkstelligt wird. Wenn wir das Leben auf dieser Basis leben und Körper und Geist im Gleichgewicht sind, sehen Gesicht und Haut von innen heraus vital und makellos aus, und wir strahlen Frische, Glück und Frieden aus. Das verstehe ich unter einer Schönheit, die *von innen nach außen geht.* Sie ist die Quelle jener unverkennbaren Anmut und Eleganz, die ich als Kind bei meiner Mutter und meiner Großmutter sah – ihr altes Schönheitsgeheimnis, das ich Ihnen hiermit weitergebe.

Sicher haben Sie schon bemerkt, daß es in meinem Buch um eine ganz andere Art von Schönheit und Hautpflege geht, als Sie bis jetzt kennen. An meiner Tej-Klinik in New York, wo ich nur ein paar in meinen Techniken ausgebildete Mitarbeiter habe, können wir immer nur so viele Klienten annehmen, wie wir an einem Tag behandeln können. Ich habe dieses Buch für die Millionen Frauen und Männer geschrieben, die ich nicht persönlich beraten kann, die aber so wie Sie durch die alte, mitfühlende Weisheit des Ayurveda mehr Gleichgewicht, Ausstrahlung und Schönheit suchen.

Wenn ich meine Klienten frage, welche Wohltaten meine Leser ihrer Meinung nach kennen sollten, sagen viele mir: »Pratima, du mußt ihnen unbedingt von dem Gefühl hier erzählen! Ich gehe hier immer so glücklich und friedvoll weg.« Auch wenn Sie nicht in meine Klinik kommen können, ermöglicht die Anwendung der auf den folgenden Seiten vorgestellten einfachen, tiefgreifenden Ideen Ihnen, dieselbe Erfahrung bei sich zu Hause zu machen.

Das Buch ist so aufgebaut, daß Sie schrittweise friedvoll und strahlend werden. Teil I erklärt die ayurvedische Vorstellung von Schönheit und die Beiträge der modernen Geist-Körper-Wissenschaft zu unserem Verständnis der Haut. Er vertieft außerdem die Vorstellung des konstitutionellen Gleichgewichts und der Typen, die für die ayurvedische Hautpflege so zentral sind, und enthält außerdem die Fragen zum Hauttyp. Teil II beschreibt das individuelle tägliche Hautpflegeprogramm für jeden Typ. Teil III erörtert zahlreiche andere Ayurveda-Techniken, um Haut und Körper mit allen fünf Sinnen innen und außen ins Gleichgewicht zu bringen. Teil IV geht über Körper und Sinne hinaus und beschreibt Techniken (u. a. die Meditation), um Atem, Geist und Seele zu harmonisieren. Das letzte Kapitel schließlich soll Sie dazu anregen, in jeder Erfahrung die größtmögliche Freude zu suchen. Es behandelt die Rolle des Bewußtseins im Alltag und führt damit zum Kern des Ayurveda; ein paar einfache, von den Rishis und aus persönlicher Erfahrung stammende Grundsätze sollen Ihnen dabei helfen, das innere Gespür für Sinnhaftigkeit, Gelassenheit, Harmonie und Glückseligkeit zu bekommen, das die Essenz der Anmut und das wahre Geheimnis altersloser Schönheit ist.

Ich habe im ganzen Buch versucht, mich auf die praktische Anwendung des Ayurveda im Bereich der Hautpflege zu konzentrieren; theoretische Erörterungen habe ich auf die Ideen beschränkt, die mir zum Verständnis der Entwicklung von Hautproblemen und der Wirkungsweise von Behandlungen notwendig erschienen. Wer die alte Wissenschaft der Gesundheit und Heilung näher kennenlernen möchte, findet in der Bibliographie ab Seite 509 weiterführende Literatur.
Diese oder andere Texte enthalten jedoch nichts über meine ayurvedische Herangehensweise an Schönheit, denn die alten Seher schenkten der Hautpflege, sofern es nicht um allgemeine gesundheitliche Belange ging, keine spezielle Aufmerksamkeit. Formal betrachtet kennt der Ayurveda nur acht medizinische Sparten, und die Dermatologie gehört nicht zu ihnen. Deutlich wird im Ayurveda jedoch die bemerkenswerte Verbindung der Haut, des größten Körperorgans, mit allen anderen Organen und Lebensprozessen – physischen, geistigen, seelischen und spirituellen. Eben diese Erkenntnis – daß Gesundheit und Aussehen unseres Teints tatsächlich unser Befinden insgesamt ausdrücken – hat mich zu einer intensiveren Beschäftigung mit ayurvedischen Prinzipien bewogen, um ein effizientes Schönheitssystem zu entwickeln. Die Klassifikation der drei Hauttypen und viele der in diesem Buch beschriebenen Behandlungen sind das Ergebnis meiner persönlichen Einsichten, die auf einer vergleichenden Untersuchung dieser alten Geist-Körper-Medizin und ihrem modernen Gegenstück beruhen. Mein Buch zeigt daher einen völlig neuen, einzigartigen Weg zu schöner, jugendlicher Haut, der die beste Weisheit von Wissenden und Wissenschaftlern vereint.

Bevor Sie sich auf diese lohnende Reise begeben, möchte ich Ihnen eine einfache Geschichte der Rishis erzählen, die ihr Wissen vom Leben oft allegorisch darlegten. Die Rishis wußten, daß das gesamte manifestierte Universum ein Ausdruck reiner Intelligenz – des Bewußtseins – ist, und daß wir diese Intelligenz deshalb überall in der Natur finden können, auch im Verhalten eines Tieres. Nachstehend also meine Lieblings-Parabel vom rastlosen Moschushirsch, der in nie endender Suche unaufhörlich die Wälder durchstreift.

In dieser Geschichte wird der Moschushirsch von einem köstlichen Duft angezogen, der immer in der Luft liegt. Aber obwohl er weit und breit nach ihm sucht, entdeckt er den Ursprung nicht. Der traurige Hirsch weiß nicht, daß der unwiderstehliche Duft vom Moschus aus seinem eigenen Bauch stammt. Nur wenn er nach innen schaut, findet er die Vollkommenheit, die er sucht.

Nun, *Sie* sind weiser als der Moschushirsch – und Sie haben mehr Glück. Die Schönheit, die Sie anstreben, ist erreichbar, sie wohnt in Ihnen, und alle Wege, die Sie dorthin führen, finden sich in diesem Buch.

TEIL I

Schönheit und Ayurveda

Schönheit ist der ewige Glanz des Einen, der durch materielle Phänomene hindurchscheint.

Werner Heisenberg

1 Was ist Schönheit?

Wenn eine Frau, heißt es in einem Tantra, sich oft genug den Träumen hingibt, die ihrem Herzen entspringen, wird die daraus entstehende Stimmung ihre gesamte Persönlichkeit färben. Ist es in Unterhaltungen nicht einer der abgedroschensten aller Gemeinplätze, daß die Gesichtszüge auch des unscheinbarsten Menschen in Augenblicken intellektueller oder emotionaler Erregung den Ausdruck exquisiter Schönheit annehmen?

Mulk Raj Anand und Krishna Nehru Hutheesing

Jeder Mensch möchte schön sein, egal ob er jung oder alt, Frau oder Mann ist. Der Wunsch nach körperlicher Schönheit und die Fähigkeit, sie zu erkennen, scheinen in der menschlichen Psyche tief verwurzelt zu sein. Ein allgemeiner Gradmesser für Schönheit ist die Harmonie bzw. das Ebenmaß; Entwicklungspsychologen glauben sogar, daß unsere angeborene Fähigkeit, die Symmetrie des menschlichen Gesichts zu erkennen, ein Überlebensmechanismus ist. Säuglinge strahlen bei einem freundlichen, angenehmen Gesicht instinktiv auf, während sie bei einem häßlichen oder verzerrten Gesichtsausdruck, der ihnen wohl eine potentielle Gefahr signalisiert, schreien oder weinen. Mit vier oder fünf Jahren kennen Kinder die subtilen körperlichen Unterschiede von Menschen und beurteilen andere aufgrund ihres Äußeren. Sie sind sich auch ihres eigenen Aussehens bewußt und lieben es, mit ihm zu experimentieren – je aufwendiger und glitzernder sie sich herrichten können, um so besser. Beobachten Sie Ihre Sprößlinge einmal beim »Große-Dame-Spielen«, und registrieren Sie, mit welcher Wonne sie ihr Bild im Spiegel betrachten.

Noch keine Zivilisation auf Erden ist ohne irgendwelche Normen für Schönheit und Kleidung ausgekommen, auch wenn diese von den unseren radikal differierten. Der Anthropologe Ashley Montagu hat beobachtet, daß »jede Gesellschaft ihren eigenen Weg gefunden hat, die menschliche Gestalt zu schmücken und dadurch zu feiern.« Kunst- und Kulturgeschichte sind tatsächlich in weitem Maße ein Beweis für die universelle Anziehungskraft der Schönheit und die Suche der Menschheit nach Vollkommenheit.

Alles ist eitel – die Suche nach der Schönheit aus der Flasche

Von dieser uralten Suche ist den modernen westlichen Gesellschaften leider wenig mehr als die Fixierung auf Vorstellungsbilder geblieben, die von den Medien und der Werbung gespeist und der Einstellung der Öffentlichkeit zu Gesundheit und Alter verstärkt werden. Historische Schönheitsideale, die die Vervollkommnungsfähigkeit unseres tiefsten Wesens betonten, sind in der Massenkultur zu etwas verkümmert, das passender »gut aussehen« genannt und mit dem richtigen Make-up, der richtigen Garderobe, dem richtigen Persönlichkeitstrainer und, wenn alles andere nichts nützt, dem richtigen Schönheitschirurgen erreicht werden kann. In jüngster Vergangenheit z. B. haben Mode- und Rock-Videos gemeinsam einen »Look« und einen Tanzstil populär gemacht, deren Kennzeichen die überzogenen Manieren, Posen und Einstellungen von Laufstegmannequins sind; in Anlehnung an das bekannte Schönheitsmagazin hat Madonna diesen Look als »Voguing« bezeichnet. Die Vorstellung von einer Schönheit, die – genauso wie die bildenden Künste – Zeit benötigt, um hervorgebracht und mit all ihren feinen, mannigfaltigen Nuancen sichtbar gemacht zu werden, ist aus dem allgemeinen visuellen Lexikon praktisch verschwunden. Stattdessen sehen wir den Cover-Girl-Augenaufschlag, die Hollywood-Pose, den MTV-Clip, den kommerziellen Werbespot – visuelle Äquivalente von Klang-Bites. Unsere neue Fähigkeit, diese Hochglanzbilder endlos zu reproduzieren und blitzschnell um die Welt zu jagen, erzeugt ein unendlich verzerrtes Bild von uns selbst, das dem in einem Spiegelkabinett nicht unähnlich ist. Der Effekt könnte komisch sein, wenn der Supermodel-Look nicht so extrem und seine Verbreitung nicht ein so wichtiger Faktor bei der zunehmenden Zahl von Eßstörungen, Depressionen und anderen Problemen mit dem Selbstwertgefühl bei Frauen und Teenagern wäre.

Es geht mir hier nicht darum, die Rolle von Kosmetik, Mode oder Unterhaltung herabzusetzen. Auf einer bestimmten Ebene agieren diese Glanzbild-Industrien für die kollektive Psyche nur dieselbe Art von Phantasien aus, die wir als Kinder beim »Große-Dame-Spielen« realisierten – und das Herausputzen ist, wie Montagu meint, in jedem Alter ein Akt der Selbstbestätigung, vom Spaß gar nicht zu reden. Allerdings haben die stark stilisierten, gleichartigen Bilder durch ihre Allgegenwart und ihre Form unsere Meinung über körperliche Vollkommenheit in zwei Dimensionen verankert und die irrige Überzeugung verstärkt, Schönheit reiche nur so weit, wie die Haut dick ist. Infolgedessen hat die Gesellschaft buchstäblich aus den Augen verloren, was es bedeutet – und was es braucht –, schön zu *sein.*

Gleichzeitig haben die Fortschritte der modernen Medizin uns zu der Hoffnung verleitet, daß wir ewige Jugend durch eine Flasche und Freiheit von Krankheiten durch eine Pille finden können. In unserem persönlichen Lebensstil und in der öffentlichen Politik legen wir einen blinden – und blindmachenden – Glauben an die Macht der Wissenschaft an den Tag, alle Leiden zu heilen, egal was wir getan haben, um sie zu verursachen. Viele Leute nehmen lieber Medikamente mit toxischen Nebenwirkungen oder unterziehen sich sogar einer Operation, anstatt ihre Ernährung zu verändern oder schädliche Gewohnheiten aufzugeben. Versicherungsträger im Gesundheitswesen übernehmen zum Beispiel die hohen Kosten für die Behandlung von Lungenkrankheiten, aber nicht unbedingt die geringen Kosten für eine Hilfe zur Zigarettenentwöhnung, auch wenn sie ärztlicherseits verordnet wurde. Die meisten westlichen Ärzte sind außerdem in *allopathischen* Verfahren ausgebildet, die sich auf die Behandlung akuter Krankheiten konzentrieren, und nicht in vorbeugenden Maßnahmen. Trotz ihrer Siege über Kinderlähmung, Windpocken und andere schreckliche Krankheiten kümmert die allopathische Medizin sich tatsächlich kaum um echtes Wohlbefinden. Indem sie Krankheitssymptome chemisch unterdrückt oder kranke Teile operativ entfernt, erlaubt sie uns, den Anschein von Gesundheit zu erwecken, ohne daß wir wirklich gesund sein müssen. Diese Behandlungsstrategie ist nicht so günstig wie sie scheint: Sie kaschiert die grundlegende physiologische Störung, sie heilt sie nicht; der vorübergehend aus dem Blickfeld entschwundene Krankheitsprozeß etabliert neue Hochburgen in zuvor gesundem Gewebe, während überlebende Stämme infektiöser Agenzien gegen künftige Behandlungen immer resistenter werden – wie sich anhand von Krankheiten, die mit Antibiotika therapiert wurden, leicht beobachten läßt.

Die »Ruck-Zuck-Lösungen« der modernen Medizin haben eine direkte Auswirkung auf die Einstellung der Allgemeinheit zu körperlicher Schönheit. Bei einem kürzlichen Kosmetikkongreß in New York sah ich Tausende neuer »Wunder-Drogen«, die den Anspruch erhoben, Hautleiden zu heilen, Falten zu beseitigen, den Altersprozeß zu stoppen und uns ganz generell ein tolles Aussehen zu verleihen. Das bedeutet, daß *wöchentlich* Dutzende neuer Rezepturen auf den Markt kommen! Es bedeutet auch, daß alles, was wir schon in den Töpfchen und Tübchen haben, die unsere Kosmetiktaschen füllen und sich auf unseren Badezimmerregalen aufreihen, *nicht* wirkt. Dazu gehören auch viele sogenannte natürliche Produkte, deren gegenwärtige Beliebtheit die Verwirrung der Verbraucher in bezug auf das, was wirkt und gut für Körper und Haut ist, nur verstärkt. Die Werbeleute haben »Bio«-Produktlinien als wirksame Marketingstrategie entdeckt, aber in Wahrheit hindern die geltenden Gesetze die Firmen nicht daran, das Wort »natürlich« aufs Etikett zu drucken, auch wenn die Produkte neben den natürlichen Bestandteilen viele synthetische und chemische Zusatzstoffe enthalten (siehe Kapitel 4). Und die wirklich »biologischen« Produkte richten zwar keinen Schaden an, sind aber auch keine Allheilmittel.

Unter dem Strich ist folgendes festzuhalten: Seit Jahrzehnten geben die Angehörigen westlicher Kulturen auf der Suche nach dem nächsten »Wundermittel« jährlich Milliarden Dollar für Haut- und Schönheitspflege aus, und sie haben es immer noch nicht gefunden. Ich glaube, daß wir die Lösung nie in einer Flasche finden werden, denn das Geheimnis bleibender Schönheit befindet sich nicht außerhalb von uns, sondern kommt aus dem tiefsten Inneren von Körper und Geist.

Schönheit: Die höchste Lust

Das Wesen jeder Schönheit nenne ich Liebe ...
Elizabeth Barrett Browning

Schönheit ist keine Tünche auf den Dingen, sie geht tiefer als die Haut; sie ist nicht etwas, das man hinzufügt, damit etwas Häßliches akzeptabel wird. Sie gehört zum Wesen des geschaffenen Dinges. Anonymus

Warum ist das körperliche Erscheinungsbild für uns so wichtig? Welche Beschaffenheit hat diese Schönheit, die wir so sehr wollen? Anthropologisch gesehen ist der Wunsch nach Schönheit etwas Primäres: Wir wollen schön sein, weil Schönheit, um Ashley Montagu zu zitieren, dem, der sie hat, grundlegende Überlebensvorteile verschafft. Lange bevor ein Kind die Rudimente der Sprache erlernt und Schönheit als kulturelles Ideal begreifen kann, nehmen die Sinne Lust und Schmerz wahr – sie benachrichtigen den Körper über Angenehmes oder Schädliches, Freund oder Feind, Harmonie oder Mißstimmung. Genauso wie wir im Säuglingsalter vom Anblick eines angenehmen Äußeren auf ganz natürliche Weise angezogen werden, beschwichtigt uns eine zärtliche Geste oder ein Wiegenlied. Eine unsensible Berührung oder ein plötzliches lautes Geräusch dagegen irritieren uns. Einzig und allein durch sensomotorisches Wahrnehmen beginnen wir in den ersten Lebenswochen, Erfahrungsqualitäten zu unterscheiden, die wir später vom Kognitiven her als liebevoll oder schrecklich, gut oder böse, schön oder häßlich einordnen.

Der *Webster,* der amerikanische »Duden«, beschreibt das Wesen der Schönheit als »das, was den Sinnen oder der Seele die höchstmögliche Lust verschafft«. Ihr Gegenteil, die Häßlichkeit, hat im Deutschen etymologisch mit »Haß« und dieser wiederum mit »seelische Verstimmung, Kummer« und auch mit »hetzen« zu tun. Mit anderen Worten: Das, was uns hetzt, uns im weitesten Sinne bedroht oder schadet, ist nicht schön; es mißfällt buchstäblich den Sinnen und löst eine Reihe neurochemischer Reaktionen aus, die vom Körper als Gefahr gedeutet werden und jene Selbstschutzmechanismen aktivieren, die wir als Kampf- oder Flucht-Impuls erleben. Umgekehrt setzt das, was den Sinnen spontan angenehm und also schön ist, eine völlig andere neurochemische Reaktion in Gang, die wir als Gefühl der Ruhe und des Wohlbefindens wahrnehmen. Wie Dr. Andrew Weil in *Spontanheilung* bemerkt, hat »Schönheit in jeder Form eine heilsame Wirkung auf den Geist«.

Obwohl Schönheit für ein einmonatiges Kind an sich keine Bedeutung hat, übermitteln Tonfall und Klangfarbe in der Stimme der Mutter, das Zusammenspiel ihrer Gesichtszüge, die Art ihres Berührens, ihr Eingehen auf körperliche und seelische Bedürfnisse Informationen, die der Körper des Säuglings instinktiv begreift. Die elementare Intelligenz, durch die wir bestimmte Muster in der Umgebung erkennen können, ist von der Empfängnis an in der DNS codiert. Die Sinne funktionieren im Prinzip wie ein Supermarkt-Scanner für den Strichcode der Natur: Sie identifizieren die jedem Artikel – jedem Reiz – zugehörige Kennzeichnung und setzen mit Hilfe des vom zentralen Nervensystem kommenden Feedbacks seinen sofort zahlbaren Preis fest, bei dem es bei einem Säugling immer um Leben oder Tod geht.

Mit Hilfe von Lust und Schmerz, d. h. Körper und Sinnen, baut das Neugeborene sich auch die Grundlage einer Identität auf. Durch den natürlichen Vorgang von Versuch und Irrtum erspüren wir unseren Weg durch unsere neue Umgebung außerhalb des Mutterleibs und entdecken dabei, daß es innerhalb des scheinbar undifferenzierten Universums, in das wir hineingeboren wurden, tatsächlich ein »Ich« und ein »Nicht-Ich«, ein »Selbst« und ein »Anderes« gibt. Mit der Wahrnehmung unserer körperlichen Abgetrenntheit beginnen wir, ein Ich zu entwickeln, und damit unsere ersten Beziehungen; diese wiederum erteilen uns unsere frühesten Selbstwertlektionen. Je nachdem, wieviel Lust oder Schmerz diese frühesten Beziehungen uns geben, erfahren wir uns als geliebt, liebreizend und liebenswert, oder nicht.

Unser Selbstbild – ob wir *unserer eigenen Ansicht* nach schön oder liebenswert sind oder nicht – ist daher unentwirrbar nicht nur mit dem Körper, sondern ganz speziell auch mit der Haut verbunden, denn sie bildet die physische Begrenzung unserer Person und stellt uns mit Hilfe des Tastsinns den ersten Kommunikationsmodus zur Verfügung, den wir bei der Geburt haben. Diese enge Beziehung von Haut, Sinnen, »Empfindungen« und »Selbst« bildet die Grundlage der ayurvedischen Schönheit, denn unsere Gefühle – wie wir uns in und mit uns fühlen – haben einen direkten Einfluß auf das Erscheinungsbild unseres Gesichts.

Ellen Zetzel Lambert, eine feministische Schriftstellerin, die dieser Urerfahrung anhand ihrer eigenen frühkindlichen Entwicklung nachspürt, begreift das Wesen der Schönheit, wenn sie diese als »das Gesicht der Liebe« definiert. In ihrem gleichnamigen Buch erinnert sie sich daran, wie sie sich als Erwachsene Fotos von sich ansieht, die in den wenigen Jahren vor dem Tod ihrer Mutter aufgenommen worden waren. Sie fragt sich, was eigentlich mit dem entzückenden, hübschen Kind auf den Fotos passiert ist – wie dieser offensichtliche physische Charme sich in das reizlose, ja »finstere«, »häßliche« Gesicht verwandeln konnte, das sie auf späteren Fotos von sich sieht. Lambert, die tief über diese Frage nachdenkt, kommt zu dem Schluß, daß der Schmerz über den Verlust der Mutter und die fehlende Zuneigung der Stiefmutter das »strahlende Lächeln«, das durch die Liebe ihrer Mutter entstanden war, von ihrem Gesicht gewischt hatte. »Ein schönes Gesicht«, schreibt sie, »ist eines, dem die Liebe Gestalt gegeben, das die Liebe beseelt hat. Als kleines Kind gab ich so den Widerschein der Liebe, die ich erhalten hatte, an die Welt zurück, und dadurch war ich schön.«

Unser Wunsch nach Schönheit ist also nicht nur ein Vermächtnis der konditionierten Ohnmacht von Frauen, wie oft behauptet wurde. Im Gegenteil, er ist ein angeborener Impuls und der natürliche Ausdruck eines Selbst, dem die Liebe Kraft gegeben hat. Das Aussehen ist demzufolge, wie Lambert glaubt, nicht nur wichtig, »es sollte auch wichtig sein, und wir brauchen uns dafür nicht zu entschuldigen«. »Schönheit interessiert mich«, schreibt sie, »eben weil sie ein feministisches Thema ist. Sie ist wichtig, weil äußere Schönheit Ausdruck des inneren Selbst ist, weil sie Träger der Identität ist. Ich glaube, für einen Erwachsenen ist es ein genauso grundlegendes Bedürfnis wie für ein Kind, *im Körper* geliebt zu werden; als Feministinnen werden wir fälschlicherweise dazu gebracht, die Richtigkeit dieses Bedürfnisses zu leugnen. Damit leugnen wir (als Mann und als Frau) unsere Ganzheit.«

Falsch an der Massenkultur ist nicht, daß sie von uns verlangt, schön zu sein, sondern daß das in den Medien vorherrschende objektivierte, entpersönlichte Bild von Schönheit über das wesentliche Element unseres Wunsches nach ihr hinwegtäuscht: daß wir schön sein wollen, um unser Selbst voll zu verwirklichen. Im Idealfall ist körperliche Schönheit kein Mittel zum Zweck; sie ist weder ein Hilfsmittel zum Verführen, noch ein Glücksbringer, der uns Liebe garantiert. Vielmehr ist sie, wie Lambert vorschlägt, selbst das Endprodukt der Liebe, des *Wohlbefindens*, der höchste und volle Ausdruck von Individualität und innerer Kraft.

In ayurvedischer Hinsicht ist Schönheit das Gesicht des grenzenlos-ungebundenen *Selbst* – die reine Energie des Bewußtseins, die sich durch den Körper in ihrer subtilsten physischen Form spiegelt. Werner Heisenberg, der berühmte Quantentheoretiker, sagte: »Schönheit ist der ewige Glanz des Einen, der durch materielle Phänomene hindurchscheint.« Wir erkennen sie in uns selbst als tiefgehende Erfahrung der Ganzheit, und wir sehen sie an anderen als mühelos verwirklichte innere Haltung, Anmut und Schwingung: Ein Mensch, der sich *in seiner Haut* völlig wohlfühlt und nach außen hin strahlt.

Der Ayurveda lehrt, daß jeder *ungeachtet* seiner Herkunft oder seiner Stellung in der Welt diesen Zustand innerer Ganzheit erreichen kann, wenn er lernt, alle Ebenen des Lebens in Einklang mit seiner konstitutionellen Veranlagung zu bringen. Dies reicht von den äußerlichsten physischen Aspekten – Verhalten, Körper und Atem – über die subtilen subjektiven Aspekte – Gefühle, Gedanken, Persönlichkeit – bis zur unmanifestierten Quelle der Existenz, dem zugrundeliegenden Feld des Bewußtseins. Wenn jede Existenzebene, von den Eß- und Schlaf- zu den Denk- und Freizeitgewohnheiten, mit unseren angeborenen Energiemustern übereinstimmt, leben wir so, wie die Natur uns gewollt hat. Wie Sie sehen werden, gibt es kein höheres Vergnügen als diese Harmonie des Seins.

Ausstrahlung: Der »Tej-Faktor«

> *Das glühende Erröten, das die Wange überzieht, das leuchtende Feuer, das aus den Augen sprüht, der weiche, schimmernde Glanz des welligen Haares, sie sind nichts anderes als ein Ausdruck guter Gesundheit.* »Tantra«

> *Im gleichen Augenblick, in dem Sie denken: »Ich bin glücklich«, übersetzt ein chemischer Bote Ihr Gefühl, das in der materiellen Welt keine wie immer geartete feste Existenz besitzt, in ein Ihrem Wunsch so perfekt entsprechendes Stückchen Materie, daß buchstäblich jede Zelle Ihres Körpers von Ihrem Glück erfährt und sich ihm anschließt.*
> Deepak Chopra

Es ist natürlich, schön sein zu wollen, und dem Ayurveda zufolge ist es natürlich und normal, vor Leben zu sprühen und schön zu sein – aber es ist begrenzend und letztlich schädlich, Schönheit für etwas zu halten, das von der Form und den Merkmalen unserer Anatomie abhängt. Denn zunächst einmal verändert der Körper selbst sich, wenn wir reifer werden – Haut und Muskeln verlieren ihre Festigkeit und ihre Dichte, Farbe und Struktur des Haares wechseln, Ohren und Nase werden meßbar länger und unsere Statur kleiner. Zusätzlich verschiebt das populäre Bild von Attraktivität sich im Auf und Ab ökonomischer und sozialer Veränderungen sowieso ständig. Früher z. B. war milchig-weiße Haut das Kennzeichen eines Aristokraten, und gebräunte Haut das Zeichen eines Arbeiters. Heute ist Sonnenbräune ein Merkmal der Priviligierten und Blässe das Stigma der Leute, die zuviel oder gar keine Arbeit haben. Ähnlich würde die üppige Figur, die Marylin Monroe zum Sexsymbol einer ganzen Generation machte, in einem zeitgenössischen Modekatalog lächerlich wirken; und das heute moderne, verhungerte Aussehen des Topmodels Kate Moss wäre aus der Sicht der Weltwirtschaftskrise von 1929 alles andere als attraktiv.

Auch von Kultur zu Kultur ist das Bild von Vollkommenheit verschieden. Indische Dichter beschreiben die ideale Schönheit als »mondgesichtig«, »elefantenhüftig«, »schlangenhälsig«, »schwanentaillig« und »lotosäugig«. Aber jemand, der diesem Anforderungsprofil entspricht, würde wohl kaum zur Miss America gewählt. Jedes objektive Ideal, das wir vielleicht erreichen, ist im besten Fall vergänglich, denn nichts im materiellen Universum, am allerwenigsten der Körper und die Mode, bleibt sich je gleich, das ist ein Naturgesetz. Wenn wir solche wechselnden Wahrnehmungswerte zur Grundlage unserer Identität machen, strengen wir uns ständig vergeblich an und sind zu einem leeren, unglücklichen, ja ungesunden Leben verurteilt.

Ironischerweise meinen viele Frauen, daß es sie glücklich *machen* würde, wenn sie schön wären, aber in Wirklichkeit ist es genau umgekehrt. Ohne Glück ist bleibende Schönheit ein unerreichbares Ziel. Auch die perfektesten Gesichtszüge verlieren bei einem Menschen, der ständig bekümmert oder unzufrieden ist, ihre Attraktivität, denn Schönheit kommt nicht von einzelnen Teilen unseres Körpers, sondern von unserer gesamten Existenz. Wie gesagt, sind unser Gesicht und unser Teint die physische Manifestation von allem, was wir denken und tun – ein exakter Spiegel der Seele –, und solange irgendein Eckchen von Geist oder Seele noch keine Erfüllung gefunden hat, wird die Schönheit sich uns entziehen.

Die moderne Geist-Körper-Wissenschaft hat gezeigt, daß wir, wenn wir entspannt und glücklich sind, in einem biochemisch signifikant anderen Körper leben, als wenn wir angespannt, wütend oder traurig sind. »Denken bedeutet, Gehirnchemie praktizieren«, schreibt der Arzt und Geist-Körper-Experte Deepak Chopra in *Die heilende Kraft.* »Geist und Körper sind wie parallele Universen. Alles, was im geistigen Universum geschieht, muß im physischen Spuren hinterlassen.« Jeder Gedanke, jedes Gefühl nimmt im Körper die Gestalt eines molekularen Boten an, der sich durch die Blutbahn bewegt, um seine speziellen »Marschbefehle« – seine Intelligenz – jeder Zelle zu überbringen, so daß unser Aussehen sich von innen nach außen verändert. Wenn wir z. B. Angst haben, signalisieren chemische Botenstoffe den Nebennieren, Adrenalin auszuschütten. Dieses wiederum beeinflußt die Nieren, was im ganzen Körper zu Dehydration führt, und läßt das Herz hämmern, das mehr Blut in die Gliedmaßen pumpt, damit sie für Kampf oder Flucht bereit sind. Folge dieser Veränderungen sind die charakteristischen Auswirkungen von Angst: ein trockener Mund und eine blasse Gesichtsfarbe. Wenn der Reiz vorüber ist, klingt die Furcht im allgemeinen ab, und die Biochemie normalisiert sich. Wenn wir jedoch, wie die meisten von uns heute, ständig im Streß sind, kann der Körper nach einer »Überdrehung« nicht zur Ruhe zurückfinden, und der physische Zusammenbruch beginnt: die ständige Trockenheit führt zu Falten, der hohe Blutdruck zu Herzkrankheiten etc. Wenn Sie also Ihr Aussehen verändern wollen, müssen Sie als erstes die Gedanken, Gefühle und Gewohnheiten ändern, die den Streß und den Prozeß des Alterns verursacht haben. Und wenn Sie schön sein wollen, müssen Sie zunächst ein umfassendes, glückliches Innenleben erschaffen, damit »jede Zelle Ihres Körpers von Ihrem Glück erfährt und sich ihm anschließt«. Dieser Zustand reinen, bedingungslosen Glücks ist die Quelle und die Essenz vedischer Schönheit. In Sanskrit, der Sprache der vedischen Literatur, ist es als *Sat Chit Ananda* bekannt, als reines Glückseligkeitsbewußtsein. *Rein* ist es, weil es unvermischt, in sich geschlossen und unveränderlich ist; bedingungslos ist es, weil es nicht die Folge irgendeines bestimmten Ereignisses oder Dinges ist, sondern frei von allen Bedingungen und Beschränkungen in Zeit oder Raum existiert, eine selbsterzeugte Konstante unserer Erfahrung. Es ist Glück der höchsten Kategorie, und, wie Sie sehen werden, die spontane Folge eines ausgewogenen Lebens.

In der Mythologie, die die universellen Phänomene der menschlichen Existenz darstellt, haben die archetypischen Schönheiten vieler Kulturen eines gemeinsam: Sie werden als strahlend geschildert, und dieses Merkmal ist oft der Schlüssel zu ihrer Rolle innerhalb der kosmischen Ordnung. In *The Godesses' Mirror* führt David Kingsley zahlreiche Beispiele dafür an. In den heiligen Gedichten des Tantra wird die schöne Göttin Lakshmi mit dem Fett verglichen, das eine Lampe am Brennen hält, und wenn sie abwesend ist, werden »die Welten glanzlos und matt und beginnen, zu verfallen«. In der westlichen Tradition verkörpern die griechische Göttin Aphrodite und ihr römisches Pendant Venus die weibliche Vollkommenheit. Aphrodites exquisite Schönheit wird wie die Lakshmis nicht als Sammelsurium ihrer körperlichen Merkmale beschrieben, sondern als feine, lichtvolle Dimension ihres Wesens, als innere Wärme, die wie Licht von ihren Poren auszugehen scheint: Sie ist »golden«, hat »leuchtende Augen« und eine »lächelnde«, »von der Sonne entzündete Sexualität«. In einem Mythos verkleidet Aphrodite sich als alte Frau, aber ihre »Augen, die voller Glanze waren«, verraten sie. Ihr Strahlen ist ihre Identität – es ist die Schönheit, für die sie bekannt ist. In einem afrikanischen Mythos ist die Schönheit ein Wassergeist, der sich als »leuchtende« Frau inkarniert, eine Nixe mit »glitzernden« Augen und »glatter, glühender Stirn«. Wie die Kunstgeschichtlerin Sylvia Boone in *Radiance from the Waters* schreibt, ist die Nixe selbst ätherisch und erhaben, Teil einer unsichtbaren Welt, aber die Menschen sehen ihre Essenz in dem, was die Kultur »das neue Blatt eines Blattes« nennt, das erste zarte, lebensvolle grüne Sprießen einer Pflanze, das »das sichtbare Zeichen für die aufsteigende Kraft des neuen Lebens ist«. Allgemeiner Überzeugung zufolge ist es genau dieser Faktor der »Helligkeit und der besseren Sichtbarkeit« im Aussehen einer Frau, der als erstes die Aufmerksamkeit auf sich zieht und letztendlich »das Auge befriedigt«.

Diese Helligkeit, dieses Strahlen, ist absolute Schönheit – der *unveränderliche* Wert körperlicher Vollkommenheit. Sie ist eine so unwiderstehliche innere Vitalität und ein so strahlender Teint, daß unsere Attraktivität allen Modeströmungen und allen populären Idealbildern überlegen ist. Sie ist unverkennbar und unvergeßlich. Sie ist kein Phantasieprodukt und nicht etwas, das wir sehr lange vortäuschen können, auch nicht mit dem besten Make-up oder Schönheitschirurgen; und sobald wir sie erreicht haben, können das Alter oder die Zeit allein sie nicht verringern. Ich nenne diese Qualität den Tej-Faktor, das »innere Feuer«, das dem Gesicht ein frisches, glückliches, heiteres Aussehen und der Haut ein sichtbares Strahlen verleiht. Der Ayurveda meint, dieses Strahlen sei ein ganz normales Phänomen, das auftritt, wenn eine essentielle Substanz namens *Ojas* vorhanden ist, ein Nebenprodukt jeden gesunden Körpergewebes.

Eigentlich ist Ojas eine von drei vitalen Essenzen – die anderen beiden sind *Prana* und *Tejas* –, die aus dem entstehen, was Robert Keith Wallace in *The Physiology of Consciousness* die »mit sich selbst interagierende Dynamik des reinen Bewußtseins« nennt. Zusammen erzeugen und erhalten sie das Leben des Menschen (und sind auch, wie ich später beschreiben werde, zur Bestimmung unseres Konstitutionstyps wichtig). Prana ist der »Lebens-Atem« – das Äquivalent des *Chi* in der chinesischen Medizin bzw. dessen, was viele Kulturen *Geist* nennen. Tejas ist das »Stoffwechsel-Feuer«, die verwandelnde Energie, von der der Tej-Faktor seinen Namen hat. Ojas, das wörtlich »Kraft« bedeutet, ist die erhaltende und schützende Lebenskraft und die essentielle Substanz des Körpers.

In der westlichen Terminologie würde Ojas dem Protoplasma entsprechen, das Biologen als elementare Lebenssubstanz aller Zellen betrachten. Ojas ist jedoch nicht selbst protoplasmische Materie, sondern eine feinstofflichere Essenz von ihr. In der vedischen Terminologie ist Ojas die *einende* Macht des Bewußtseins, die verbindende Lebenskraft, die Materie und Intelligenz verschmilzt, um aus trägen Molekülen die erste biologische Substanz zu erschaffen. Mit anderen Worten: Ojas ist Bewußtsein in seiner subtilsten biologischen Form, es ist der Lebenssaft und dem Ayurveda zufolge die Quelle für Immunität und Kraft des Körpers.

Die von Ojas bewerkstelligte Biosynthese ist eine Folge des harmonischen Funktionierens der anderen beiden Kräfte. Prana, die bewegende Lebenskraft, ist buchstäblich der Puls der Schöpfung. Wie jede pulsierende Energie setzt sie spontan Wärme und Licht frei. Diese Strahlungsenergie ist Tejas, das die Quelle für die intrinsische Wärme des Körpers (Körpertemperatur) sowie für Stoffwechsel und Verdauung ist. In seiner Form als »Verdauungs-Feuer« wird Tejas auch *Agni* genannt und ist für die Aufspaltung der in unseren Speisen enthaltenen Nährstoffe verantwortlich. Dem Ayurveda zufolge gehören zu diesen Nährstoffen nicht nur Nahrungsmittelsubstanzen, sondern auch die Gefühle und Wahrnehmungen, die unsere geistig-seelische »Kost« bilden. In diesem Sinne ist Tejas sowohl die verwandelnde Kraft des Bewußtseins, als auch die »verdauende« Kraft der Sinne und des Intellekts. Wenn Prana und Agni im Gleichgewicht sind, produziert das Körpergewebe die subtile Essenz Ojas. Wenn Prana und Agni zu stark oder zu schwach sind, wird Ojas »verbrannt« oder dezimiert. Mit anderen Worten: Die lebenserhaltende Intelligenz des Körpers wird gestört, und die Gewebe verlieren ihre Kraft. Ein strahlender Teint – der Tej-Faktor – ist dagegen ein sichtbares Zeichen dafür, daß die drei Kräfte sich in einem dynamischen Gleichgewicht befinden und genügend Ojas im Körper zirkuliert. Dieses »reibungslose Fließen« des einenden Bewußtseins – von Ojas – ist die Essenz des Lebens; seine Stagnation bedeutet Tod.

Wenn Ojas im Fluß ist, bewirkt es nach außen hin ein Strahlen; innerlich bewirkt es die Empfindung reiner Glückseligkeit. Wenn »rohes« Ojas auf der Ebene des Bewußtseins »verfeinert« wird, nimmt es die Form von *Soma* an, bzw. dem, was die Rishis »den Nektar der Götter« nannten. Wenn der »Geschmack« dieses Nektars im Bewußtsein »verdaut« wird, erlebt der Geist Glückseligkeit. Der charismatische Ausdruck von Wohlbefinden und Zufriedenheit, der das Kennzeichen eines wahrhaft schönen Gesichts darstellt, ist weder Heuchelei noch Pose, sondern der direkte Widerschein dieses glückseligen Zustandes. Vedische Texte beschreiben das Soma als schwere, kühle, weiche, klare, klebrige Substanz, die die hellgelbe Farbe geklärter Butter – die Farbe des »Strahlens« –, den Geschmack von Honig und den süßen Geruch von Laja (einem bearbeiteten Reis) besitzt. Dieses klare, goldene, süße, geschmeidige, flüssige Strahlen gleicht haargenau den Qualitäten, die rund um den Globus in klassischen Beschreibungen der Schönheit auftauchen.

Obwohl man Soma derzeit noch nicht im Reagenzglas finden kann (möglicherweise ist seine Form zu subtil, als daß sie durch die ausschließlich materiellen Hilfsmittel der modernen Biologie aufgespürt werden könnte), vermuten zeitgenössische ayurvedische Forschungsmediziner, daß es mit zwei Hormonen in Verbindung stehen könnte: dem *Serotonin*, das für seine beruhigende Wirkung auf Körper und Geist bekannt ist, und dem *Melatonin*, einem Sekret der mitten im Gehirn gelegenen Zirbeldrüse. Vor der kürzlichen Entdeckung des Melatonins wußte die Forschung wenig über diese kleine Drüse, bzw. darüber, ob sie mehr als die Rolle eines verkümmerten Organs im Körper spielt. Heute verbinden die Wissenschaftler das Zirbeldrüsensekret mit einer bemerkenswerten Palette von Funktionen, etwa der Regulierung des Biorhythmus, einer verbesserten Immunreaktion und einer erhöhten Belastbarkeit unter Streß. Melatonin, das einzige bekannte Hormon, das antioxydierend wirkt, scheint auch eine Schlüsselrolle beim Kampf des Körpers gegen freie Radikale zu spielen, jene molekularen »Räuber«, die gesunde Zellen aufbrechen und den Alters- und Krankheitsprozeß in Gang setzen. Wissenschaftliche Studien haben auch gezeigt, daß der Spiegel dieser Hormone bei Meditierenden tendenziell zunimmt. Der Ayurveda benutzt seit 6000 Jahren Meditationstechniken, um das biologische Ojas zu stärken und die Erfahrung der Glückseligkeit bzw. das Soma im Bewußtsein zu verankern (siehe Kapitel 13).

Ojas in seiner Form als Soma ist auch als »Leim« des Universums bekannt, als »natürliche Affinität der Kräfte«, wie der vedische Gelehrte David Frawley sagt, ohne die die Elementarteilchen sich nicht zu den Bausteinen der Materie verbinden würden. »Diese Kohäsionskraft (wird) nicht nur als chemische Eigenschaft betrachtet; sie läßt auch eine bewußte Absicht erkennen. Sie manifestiert die Kraft der Liebe ..., die Kraft, die in Wirklichkeit alle Dinge zusammenhält.« Dieses ayurvedische Prinzip tritt im strahlenden Gesicht jeder Braut und jeden Bräutigams ganz deutlich zutage: Soma ist die biologische Substanz der Liebe. Frawley beschreibt die Prinzipien Prana, Tejas und Ojas so: »Das energetische Prinzip (Leben) besitzt Ausstrahlung (Licht), die wiederum bindende Kraft (Liebe) besitzt. Wir müssen stets auf der Suche nach mehr Leben, Licht und Liebe sein, denn dies ist auch das Wesen des Universums.«

In diesem Sinne ist der Wunsch nach Schönheit nicht nur ein ursprünglicher Drang nach Selbsterhaltung, sondern Ausdruck unseres höchsten evolutionären Impulses: Der Wunsch, im individuellen Bewußtsein unsere eigene universelle Natur zu erkennen, den absoluten Wert von Leben, Licht und Liebe. Obwohl es die Quelle allen Lebens ist, sind wir Menschen die einzigen Geschöpfe, die sich ihres angeborenen Bewußtseins bewußt sind; wir sind die einzigen Geschöpfe, die wissen, daß sie wissen. Diese einzigartige Fähigkeit zur Selbstreflexion gibt uns im System der Natur ein höchstes Ziel, ja eine Verantwortlichkeit: Unsere eigene Natur – die Natur des Bewußtseins – zu verstehen, was der Ayurveda als *Selbstverwirklichung* bezeichnet.

Als essentieller »Stoff« der *gesamten* Natur ist Bewußtsein auch die Essenz *unserer* Natur; es ist das »Ich« in »Ich bin«, das »Ganze« in unserer Ganzheit, der elementare »Stoff« unserer Identität, unser *Selbst.* Als vereinendes Element des Universums ist es *Einheit.* Als Ursprung aller Dinge zu allen Zeiten ist es grenzenlos und ewig – das Feld aller Möglichkeiten. Deshalb sagt der Ayurveda: Das Selbst ist ungebunden. Da ihm nichts fehlt, ist es vollständig und höchste Fülle, und die innere Erfahrung der Fülle ist reine Glückseligkeit. Das direkte Erleben des Bewußtseins ist daher die letzte Ursache von Ausstrahlung und Schönheit, und alle ayurvedischen Übungen zielen darauf ab, jeden von uns zu befähigen, durch die täglichen Lebensverrichtungen diese höchste Seinsebene zu erreichen.

Glückseligkeit: Das Rezept für Gesundheit und Schönheit

Es gibt kein besseres Kosmetikum für die Schönheit als das Glück. Lady Blessington

All diese Wesen entstammen der Glückseligkeit; Glückseligkeit erhellt sie; auf Glückseligkeit gehen sie zu; mit ihr verschmelzen sie. »Taittiriya Upanishad«

Wie wir gesehen haben, entstehen Ausstrahlung und Glückseligkeit, die Grundlage altersloser Schönheit, wenn Ojas im Körper fließt. Aber wie erzeugt der Körper Ojas, und was können wir tun, damit es richtig fließt?

Ojas ist das Endprodukt einer gesunden Entwicklung der Körpergewebe, die im Ayurveda als die sieben *Dhatus* bekannt sind: Plasma, Blut, Muskeln, Fett, Knochen, Knochenmark und Nervengewebe, Fortpflanzungsgewebe. Diese Körperstrukturen entwickeln sich nacheinander, eine aus der anderen, so daß jedes Dhatu, angefangen beim ersten, das Rohmaterial einschließlich »rohem« Ojas für die Unwandlung des nächsten zur Verfügung stellt. Das bedeutet, daß die Gesundheit jeder Gewebeart von der Gesundheit der ihr vorausgehenden abhängt; wenn innerhalb dieser »Fertigungsstraße« etwas nicht stimmt, ist das Funktionieren aller nachfolgenden Dhatus und die Produktion von Ojas gefährdet. Zu derartigen Störungen kommt es, wenn Prana oder Tejas aus dem Gleichgewicht sind. Wenn der Stoffwechsel jedoch normal arbeitet, wird Ojas in jeder Phase der Gewebebildung richtig herausdestilliert, bis es schließlich als die feine Essenz des letzten Dhatu erscheint, dem Fortpflanzungsgewebe und seinen vitalen Flüssigkeiten. In dieser verfeinerten Form zirkuliert Ojas durch das Herz und andere subtile Energiekanäle, um die Lebensspanne der Zellen zu erhalten und die Widerstandsfähigkeit des Körpers gegen Krankheiten zu erhöhen. Ojas ist daher nicht nur die Quelle von Ausstrahlung und Glückseligkeit; dem Ayurveda zufolge ist es auch die Quelle unserer natürlichen Abwehrkraft – die Ursache und die Folge vollkommener Gesundheit. Schönheit und Gesundheit – bzw. Schönheit und *Ganzheit* – gehen daher zwangsläufig Hand in Hand.

Ob Ojas vorhanden ist, ergibt sich aus der Beobachtung bestimmter Funktionen und Wirkungen in Geist und Körper. Als essentielle Energie des Immunsystems hat Ojas natürlich mit dem Entstehen aller Krankheiten zu tun; tatsächlich werden im Ayurveda viele spezifische Störungen auf der Basis des Ojas-Zustandes diagnostiziert und behandelt. Die Probleme können durch eine Gewebedysfunktion, eine unpassende Ojas-Verteilung (Blockade oder Verlegung des Ojas-Flusses) oder einen Ojas-Schwund infolge unpassender Ernährungs- oder Lebensgewohnheiten entstehen. Eine blasse, verlebte, rauhe, vorzeitig gealterte oder stark zu allergischen Reaktionen neigende Haut zeigt offensichtliche Symptome eines schwachen Ojas. Da ein schwaches Immunsystem gleichbedeutend mit einem schwachen Ojas ist, wird der Teint bei Krankheit unweigerlich stumpf. Andere körperliche Anzeichen für ein gestörtes Ojas sind u. a. (aber nicht ausschließlich) Kräfteverfall, Bluthochdruck, Schwellungen, Auszehrung, Dehydrierung, Osteoporose, Leberbeschwerden, Drüsenfieber, rheumatisches Fieber, Lupus, Epstein-Barr-Syndrom und viele Hautkrankheiten einschließlich Ekzemen, Akne, Schuppenflechte und Dermatitis. Zu den geistig-seelischen Symptomen eines beeinträchtigten Ojas gehören Angst, Besorgnis, Hoffnungslosigkeit, mangelnde Geduld und Störungen der Sinne.

Aus der Sicht der westlichen Medizin erscheint diese Symptomatologie als sinnloses Allerlei von Beschwerden und Leiden. Dabei resultieren viele nach westlichem Standard unerklärliche Krankheiten – u. a. chronische Schmerzen, Depressionen und Erschöpfung, mysteriöse, schleppende Infektionen und nervöse Störungen, degenerative Krankheiten – oft aus beeinträchtigtem Ojas. Aus ayurvedischer Sicht ist ein Ojas-Mangel sogar die Ursache von Autoimmunerkrankungen wie etwa Aids. Die unterschiedliche Betrachtung ergibt sich aus der Tatsache, daß die allopathische Medizin sich auf die Bekämpfung akuter Krankheitsformen konzentriert und keine schlüssig definierte Norm für individuelle Gesundheit besitzt. Der Ayurveda dagegen ist die Wissenschaft der Langlebigkeit und Immunität; sein oberstes Ziel besteht darin, das Gleichgewicht und das allgemeine Wohlbefinden aufrechtzuerhalten. Er beschäftigt sich daher mit allen geistig-seelischen oder körperlichen Befindlichkeiten, die vollkommener Gesundheit nicht entsprechen. Aus demselben Grund ist sein diagnostisches System breiter und komplexer als das seines modernen Gegenstücks.

Der Ayurveda zerlegt den Krankheitsprozeß in sechs Phasen und klassifiziert auch so »vage« Symptome wie vergängliche Stimmungen und Empfindungen – die von den meisten westlichen Ärzten entweder generell übersehen oder als leichter Streß oder sogar Hypochondrie abgetan werden – im Hinblick auf ihren Ursprung. Während die allopathische Medizin im allgemeinen erst in den letzten drei Phasen eingreift, wenn die Krankheit sich schon voll entwickelt hat, ermittelt und heilt der Ayurveda Probleme auch in den ersten drei Phasen, wenn die Symptome für westliche Augen noch gar nicht sichtbar sind. Infolgedessen hat die moderne Medizin einer Patientin, die ihr »Strahlen« verloren hat, wenig anzubieten. Der Ayurveda dagegen achtet genau auf Zeichen wie etwa das Strahlen der Haut, mißt daran Gesundheit oder Störung und bietet spezielle Behandlungen an, um Ojas wieder aufzufüllen und das Strahlen wiederherzustellen.

Alle Faktoren, die die Kraft von Prana und Tejas – bzw. Lebensenergie und Stoffwechsel – unterbrechen oder auf andere Weise unsere angeborene Konstitution ins Ungleichgewicht bringen, behindern die Gewebeentwicklung und beeinträchtigen daher Ojas. Solche Faktoren sind etwa: eine mit unserer Veranlagung unvereinbare Ernährung oder Lebensweise; Alkohol, Nikotin, Drogen aller Art; haltbar gemachte und behandelte Nahrungsmittel, z. B. Konserven (die wenig Prana besitzen); schlechter Schlaf, schlechte Verdauung, falsches Atmen; körperliche Verletzungen; starke und anhaltende Trauer, Wut, Frustration oder Besorgnis; Bakterien, Viren, Parasiten; Sonne, Wind oder Kälte zu lange oder zu stark ausgesetzt sein. All diese Faktoren zerstören die Intelligenz der Zellen und sorgen dafür, daß Ojas weniger oder schlechter wird.

Ojas ist von Natur aus bei der Geburt am höchsten und nimmt mit dem Alter ab; deshalb scheinen junge Leute so mühelos vor Leben zu sprühen, auch wenn ihr Lebensstil vielleicht schon aus dem Gleichgewicht ist. Es dauert lange, und wir müssen unseren Körper schon sehr mißbrauchen, bis die angeborenen Ojas-Reserven völlig aufgebraucht sind. Wenn das Ungleichgewicht andererseits nicht zu stark ist und noch nicht zu lange besteht, können Sie Ojas durch bestimmte ayurvedische Methoden wieder auffüllen, z. B. Ölmassagen, Meditation, pflanzliche Stärkungsmittel, Milch, Ghee (geklärte Butter), Mandeln und andere Nahrungsmittel, die die Verdauung (Agni) und die Ausscheidung verbessern. Die Aufrechterhaltung der konstitutionellen Balance durch die richtige Ernährung und Lebensweise, richtiges Atmen, richtiges Denken und das richtige Lebensziel stärkt Ojas und erzeugt Ganzheit und Seligkeit und damit strahlende Schönheit. Eben damit werden wir uns im Rest des Buches beschäftigen.

Schönheit ist eine achtarmige Göttin – ein altes Bild für ein neues Jahrtausend

Wenn wir Schönheit daher als Gesicht der Liebe und nicht als willkürliches Geschenk des Schicksals betrachten, erweitern wir unser Gefühl für die Möglichkeiten des Lebens.

Ellen Zetzel Lambert

Gib mir Schönheit in der inneren Seele; und mögen Inneres und Äußeres eins sein. Sokrates

Obwohl wir im Westen eine Fülle von Stars und den Kult des Supermodels haben, verfügen wir nicht über ein allgemeines Symbol für die allumfassende Vollkommenheit des Strahlens – jener Schönheit, die mit der Seele beginnt. Deshalb möchte ich Ihnen hier ein wunderbares Bild nahebringen, das ich seit der Kindheit mit mir herumtrage. Ich habe dieses Bild von meiner Mutter, die mir die wichtigste Schönheitslektion meines Lebens gab, als ich noch ein junges Mädchen war und gerade begann, mich für mein Aussehen zu interessieren.

Zur damaligen Bestürzung meiner Mutter verbrachte ich jeden Tag lange Zeit damit, mich im Spiegel zu betrachten, und noch einmal so viel Zeit damit, andere zu beobachten. Ich liebte es, den Frauen um mich herum bei ihren täglichen Hautpflegeritualen zuzusehen, und ihre Schönheit faszinierte mich genauso wie die jeweils benutzten unverfälschten Kräuter und Öle. Ich fragte jede einzelne, was sie in ihr Gebräu hineinmischte – im Laden gekaufte Seifen und Cremes sind in ayurvedischen Haushalten selten –, und in der Hoffnung auf neue Effekte experimentierte ich dann mit den Rezepten, indem ich einzelne Ingredienzien hinzufügte und andere wegließ. Natürlich bestand ich darauf, daß jede die Präparate ausprobierte, damit ich die Ergebnisse studieren konnte. Meine Faszination war zwar selbst für einen weiblichen Teenager ungewöhnlich, aber echte wissenschaftliche Neugier speiste sie genauso wie Eitelkeit. Niemand wunderte sich, als ich Jahre später meinen College-Abschluß in Botanik und Chemie machte.

Ich war noch in dieser selbstgefälligen Phase, als meine Mutter mir die

wahre Bedeutung von Schönheit klarmachte. Wie gesagt, starrte ich mich ständig im Spiegel an, um die Veränderungen zu überprüfen, die den Weg von der Kindheit zur Pubertät begleiteten. Meine Gefühle in bezug auf meine aufkeimende Weiblichkeit waren von Extremen gekennzeichnet: Stolz und Aufregung in dem einen Augenblick, Unbehagen und Verlegenheit im nächsten. Die einzige Konstante in meinem Denken war der Wunsch, toll auszusehen, und wie den meisten Mädchen erschien es mir als Inbegriff der Schönheit, Make-up aufzulegen. Als ich schließlich die Erlaubnis erhielt, Kosmetika zu benutzen, war ich begeistert. Während meine Mutter zusah, trug ich sorgfältig meinen ersten Lippenstift und mein erstes Rouge auf und starrte dann mit großen Augen das Ergebnis an. Schon nur mit dem bißchen Farbe kam ich mir ziemlich exquisit und liebreizend vor – und mein Stolz muß offenkundig gewesen sein. Zuerst bewunderte meine Mutter mein neues Aussehen. Dann sah sie mich an und sagte: »So, Pratima, du wirst jetzt erwachsen. Du wirst jetzt eine Frau und erkennst, welche Macht du besitzt. Aber das ist nur der Anfang. Schönheit beinhaltet viel mehr als nur das physische Erscheinungsbild.«

Das waren erstaunliche Worte für jemanden, der so phantastisch war wie meine Mutter. Als sie den Raum verließ, fragte ich mich, was sie gemeint hatte. Ein paar Minuten später kam sie mit meiner Antwort zurück. In ihrer Hand trug sie das Porträt einer achtarmigen juwelengeschmückten Göttin, die ruhig auf einem wilden Tiger saß, während drei andere Miniatur-Göttinnen zu ihren Füßen standen. Ich erkannte sofort, daß das Bild von dem Altar stammte, an dem meine Mutter jeden Tag betete, aber außer daß die Göttin genauso strahlte wie sie, wußte ich nichts von seinem Symbolgehalt.

»Das ist Chymunda«, erklärte sie, als sie mir das Bild gab. »Sie hat acht Arme, weil sie in sich noch drei weitere Göttinnen, drei Aspekte einer Frau, verkörpert: Saraswati, die das Wissen repräsentiert, Kali, die Zerstörerin des Bösen, die für den Mut steht, und Lakshmi, die Reichtum und Wohlstand darstellt. Um auf dem Rücken eines Tigers zu reiten, braucht es Weisheit, Mut und Kraft. Was auch immer du im Leben zu tun gedenkst, du brauchst Wissen, um es gut zu machen, und Mut, um die Herausforderungen auf deinem Weg zu bestehen. Mit Wissen und

Mut hast du die Kraft, in allen Dingen die Fülle zu erreichen. Zusammen bilden diese Fähigkeiten die Grundlage der Glückseligkeit.«

»Wenn du die Schönheit deines Frau-Seins wirklich ganz ausschöpfen möchtest«, sagte meine Mutter sehr liebevoll, »dann mußt du all diese Aspekte deines Selbst entwickeln, nicht nur dein Aussehen.«

Sie brauchen nicht Chymunda anzubeten oder überhaupt an irgendeine Gottheit zu glauben, um vom Rat meiner Mutter zu profitieren. Aber wichtig ist, daß Sie die universellen weiblichen Prinzipien erkennen, die diese Göttin verkörpert. Im kommenden Jahrtausend ist ihre multidimensionale Schönheit ein sehr viel passenderes und vollständigeres Symbol der Weiblichkeit als die Covergirls und Superstars, deren Vergötterung man uns in der westlichen Kultur des 20. Jahrhunderts antrainiert hat.

Ohne eine wirksame Methode zur Erreichung dieser Lebensqualität ist diese Lektion jedoch letztlich zwecklos. Wie meine Mutter können Sie ihre Verheißung in die Tat umsetzen, wenn Sie sich auf ayurvedische Art schön machen.

2 Gleichgewicht: Der Weg zu Gesundheit und Schönheit

Niemand kann glücklich oder gesund sein, wenn er nicht im Gleichgewicht ist, denn es ist einfach nicht natürlich.

Deepak Chopra

Wir haben bereits gehört, daß dem Ayurveda zufolge alles Existierende aus fünf grundlegenden Elementen – fünf Schwingungsmodi – besteht, die Raum, Luft, Feuer, Wasser und Erde genannt werden. Jeder von uns wird wie ein Mikrokosmos mit allen fünf Elementen geboren. Aber jeder hat sie in einem nur ihm eigenen Mischungsverhältnis, das unsere individuellen Merkmale einschließlich unseres Hauttyps und unserer geistigen und körperlichen Tendenzen bestimmt. Das Geheimnis absoluter Schönheit besteht nun darin, in Harmonie mit dem Plan der Natur zu leben, den die Natur für uns hat und der durch unsere ganz persönliche Elementenmischung – unseren Konstitutionstyp – zum Ausdruck kommt.

Dies ist einfach, sobald Sie die Grundlagen der Gleichgewichtstheorie, Ihren ayurvedischen Hauttyp (den Sie am Ende dieses Kapitels bestimmen werden) und die ein Ungleichgewicht verursachenden Faktoren (siehe Kapitel 3) kennen. Sehen wir uns zunächst die ayurvedische »Psycho-Physiologie« und die Grundprinzipien des Gleichgewichts an, nämlich:

- das Bewußtsein
- die Kräfte der Evolution bzw. *Gunas*
- die Elemente der Materie
- die fünf Sinne
- die biologischen Kräfte bzw. *Doshas*
- die Konstitutionstypen bzw. *Prakritis,* unter denen auch die Hauttypen einzuordnen sind

- das Gesetz den Gleichgewichts, das als »Ähnliches verstärkt Ähnliches« bekannt ist
- die ayurvedische »Anatomie« – Körper, Atem, Geist, Ich und Bewußtsein

Um diese Vorstellungen zu beleben, beenden wir unsere Einführung in den Ayurveda mit einem »Persönlichkeitsporträt« jedes Prakriti. Mit den neuerworbenen Einsichten sind Sie dann bereit für einen einfachen Test, mit dem Sie ermitteln können, welchen Konstitutions- und Hauttyp Sie haben, und ob er derzeit im Gleichgewicht ist oder nicht. Falls ein Ungleichgewicht vorliegt, erfahren Sie in Kapitel 3, welches es ist und wie der Ayurveda es korrigiert. Und wenn kein Ungleichgewicht besteht, entdecken Sie, wie es sich mit Hilfe des Ayurveda auch in Zukunft vermeiden läßt. Dank dieser Erkenntnisse können Sie dann das richtige tägliche Pflegeprogramm für Ihre Haut auswählen und mit Hilfe der vielen im Rest des Buches vorgestellten Methoden und Ideen Ihre Reise zur absoluten Schönheit beginnen.
In Anbetracht des Umfangs und der Komplexität des Ayurveda möchte ich damit keineswegs behaupten, daß Sie mit dem, was Sie hier lernen werden, jedes Leiden heilen können. Der gesamte Ayurveda umfaßt acht medizinische Fachgebiete: Innere Medizin, allgemeine Chirurgie, Kopf-, Nacken-, Augen-, Ohren-, Nasen- und Rachenchirurgie, Kinderheilkunde, Toxikologie, Psychiatrie, Geburtshilfe, Gynäkologie und Fruchtbarkeit, Gerontologie. Mehrere heute in amerikanischen Krankenhäusern angewandte chirurgische Verfahren – z. B. die Rhinoplastik, die operative Bildung einer künstlichen Nase – wurden, was die meisten Leute im Westen nicht wissen, in diesen alten Schriften zum ersten Mal beschrieben. Andererseits haben sowohl die ayurvedische Gerontologie, die in erster Linie die Wissenschaft von der Verjüngung ist (einschließlich Techniken zur Umkehrung des Alterungsprozesses) und die ayurvedische Wissenschaft von der Fruchtbarkeit, die sich auf die Erhaltung der Sexualkraft konzentriert, keine exakten westlichen Entsprechungen. Die vollständige Sammlung ayurvedischer Texte nimmt es mit jeder zeitgenössischen Bibliothek für Medizin auf. Allein über die Anwendung des Neem etwa, einer unter Hunderten

anderer Heilpflanzen aus der Naturapotheke des Ayurveda (die erwiesenen Rekordleistungen dieser Pflanze sind übrigens Jahrtausende älter als alle vom US-Bundesamt für Nahrungs- und Arzneimittel zugelassenen Medikamente) existiert eine Unmenge von Büchern. Ayurvedische Ärzte werden sieben Jahre an der Universität ausgebildet, und für einige Ärzte ist das Studium des Ayurveda eine Lebensaufgabe, die in der Kindheit beginnt. In traditionellen indischen Familien wird das Wissen oft pedantisch von Generation zu Generation weitergegeben – nicht als »Volksmedizin«, sondern als Berufung bzw. Dharma der Familie –, genauso wie andere große Künste durch die Geschichte hindurch am Leben erhalten wurden.

Der Ayurveda agiert auf zwei Ebenen – er ist ein System der persönlichen Gesundheitsvorsorge für Laien und eine medizinische Wissenschaft für ausgebildete Ärzte. Im Grunde ist er eine »Wissenschaft vom alltäglichen Leben«, und seine Grundprinzipien sind von Natur aus einfach und leicht im Alltag anzuwenden. Wie Sie sehen werden, lassen alle zur Bestimmung Ihres Hauttyps oder eines Ungleichgewichts erforderlichen Daten sich mit Hilfe der Sinne zusammentragen, so daß Sie zur Beurteilung Ihres Allgemeinzustandes keine speziellen Hilfsmittel benötigen. Außerdem geht es dem Ayurveda eher darum, die Natur einer Störung zu erkennen, als eine bestimmte Krankheit zu diagnostizieren; daher brauchen Sie keine speziellen Kenntnisse in Anatomie, Biologie, Virologie etc.

Um die meisten üblichen Beschwerden ayurvedisch diagnostizieren und behandeln zu können, brauchen Sie nur sich selbst zu kennen – das heißt, Sie müssen Ihren Körper- oder Hauttyp kennen und auf die charakteristischen Signale achten, die anzeigen, daß Ihr körperlicher oder Ihr geistig-seelischer Zustand von dieser angeborenen Norm abgewichen ist. Sobald Sie diese Eckdaten haben, können Sie auch frühe, subtile Anzeichen einer Störung registrieren und Ihre jeweiligen Gesundheits- und Schönheitsprobleme oft korrigieren oder überhaupt verhindern, indem Sie ein paar selbstgemachte Heilmittel benutzen und Ihre täglichen Gewohnheiten im Sinne der hier dargelegten einfachen Richtlinien modifizieren.

Viele der folgenden Gedanken werden Ihnen völlig neu sein; andere, etwa die über Bewußtsein und Quantenfeld (mit denen wir unsere Darstellung unten beginnen), erscheinen Ihnen vielleicht überraschend komplex, vor allem für ein Schönheitsbuch. Wir kommen in späteren Kapiteln auf diese Vorstellungen zurück, weshalb Sie sie nicht alle auf einmal zu verstehen brauchen. Außerdem findet sich im Anhang ein Glossar ayurvedischer Begriffe, so daß Sie Unklares jederzeit leicht nachschlagen können. Im vorliegenden Kapitel lernen Sie jedenfalls nicht nur ein einfaches System kennen, um Ihren Hauttyp zu bestimmen und sein Gleichgewicht zu wahren, sondern auch die diesem System zugrundeliegenden Prinzipien sowie die von der klassischen westlichen Betrachtungsweise fundamental verschiedene Philosophie, in die die ayurvedische Medizin eingebettet ist. Diese Philosophie beruht auf der Prämisse, daß das Bewußtsein die Essenz ist, die Geist und Körper zu einer Einheit zusammenführt. Auf den nächsten Seiten erfahren Sie zunächst, welche herausragende Rolle das Bewußtsein dem Ayurveda zufolge für die Gesundheit und das tägliche Erleben spielt. Um diesem alten Wissen einen zeitgenössischen Kontext zu geben, haben wir auch einige Schlüsselerkenntnisse der modernen Quantenwissenschaft über die Natur des Bewußtseins aufgenommen. Wenn Sie diesen Vorstellungen ein wenig Raum geben und während der Lektüre des Buches sozusagen mit ihnen leben, entdecken Sie eine ganz neue Möglichkeit, Ihre Haut, sich selbst und die Welt zu sehen. Dieser »Quantenblick« auf das Leben ist, wie Teil IV zeigt, das Geheimnis absoluter Schönheit. Im Moment jedoch ist nur wichtig, daß Sie die im Ayurveda zentrale Vorstellung von der Geist-Körper-Verbindung bei Heilungs- und Gleichgewichtsprozessen begreifen und erkennen, daß ayurvedische Hautpflege mehr als die Anwendung irgendwelcher Kräuterwässerchen beinhaltet.

Bewußtsein

Wir haben gesagt, daß das materielle Universum aus den fünf Elementen besteht. Aber woher kommen die Elemente? Dem Ayurveda zufolge ist das unsichtbare, allgegenwärtige, unendliche Feld des reinen Bewußtseins der Ursprung jeglicher Schöpfung, der, die wir kennen, und der, die wir noch nicht kennen. Dies ist die letzte und höchste Realität, und jedes Wissenssystem, das das Bewußtsein außer acht läßt, ist aus ayurvedischer Sicht unvollständig. Mehr noch, auch ein menschliches Leben, dem die direkte Erfahrung dieses grundlegenden Felds fehlt, ist unvollständig. In diesem Sinne ist Bewußtsein nicht nur der Ursprung der Schöpfung, es ist auch das *Ziel* des Wissens und der Erfahrung – das Ziel der menschlichen Existenz schlechthin. Die letztliche Absicht des Ayurveda besteht darin, jedem einzelnen die Mittel zur Erreichung dieses Ziels zur Verfügung zu stellen – das auch die Essenz absoluter Schönheit ist.

Das Prinzip, daß das Bewußtsein die Quelle aller Schöpfung und Erfahrung ist, bildet das Fundament des Ayurveda. Der Begriff »Bewußtsein« wird jedoch so mißverstanden und im Westen so unpräzise benutzt, daß wir hier klarstellen wollen, was er im Kontext dieses Buches bedeutet. Wir werden ihn aus drei Perspektiven beleuchten: ausgehend von der allgemeinen Erfahrung, aus der Sicht der alten Rishis und aus dem Blickwinkel der Quantenwissenschaft.

Bewußtsein und Individuum

In unserer individuellen Erfahrung findet reines Bewußtsein sich am Ursprung des Denkens. Normalerweise jedoch bemerken wir es nicht, weil unsere Aufmerksamkeit mit unseren Vorstellungen, Wahrnehmungen und Gefühlen beschäftigt ist. Wir sehen einen Vogel vor dem Fenster oder einen attraktiven Menschen auf der Straße. Ein Ton trifft auf unsere Ohren, und wir registrieren die Empfindung. Oder wir sind von einer Unterhaltung in Anspruch genommen oder in einer inneren Welt von Tagträumen oder Erinnerungen versunken. Manchmal verlieben wir uns und verlieren uns in einem anderen Menschen. In Wirklichkeit jedoch verlieren *wir* uns nie. Wir sind immer da. Wir führen weiter die täglichen Verrichtungen aus, und ein Teil von uns ist unveränderlich da. Trotz äußerlicher Veränderungen gibt es ein unsichtbares »Bett«, in dem der Strom der Ereignisse fließt; es verbindet die einzelnen Punkte zu jener Gesamterfahrung, die wir als »mein Leben«

erkennen. Dieser ununterbrochene Aspekt der Existenz – die Ewigkeitsaspekte des *immer* gegenwärtigen, *ständig* sich verändernden Stroms – ist das, was wir Bewußtsein nennen.

Obwohl das Bewußtsein abstrakt, ja reine Abstraktion ist, erleben wir es öfter, als Ihnen vielleicht klar ist. Das Bewußtsein macht genau den Unterschied zwischen Ihrem Selbstgefühl im Tiefschlaf – dann haben Sie natürlich *keins* – und dem Selbstgefühl im Wachzustand aus. In jener schnell vergänglichen Lücke zwischen dem letzten Augenblick dumpfen Dösens und dem ersten Schimmer eines bewußten Gedankens haben wir einen direkten Geschmack des Bewußtseins – die Erfahrung der inneren Wachheit bzw. frischer Aufmerksamkeit, *ohne die Begrenzung durch irgendein Objekt der Erfahrung.* Es ist der Zustand reiner Gewißheit, in dem Ihr Geist sein grenzenloses Wesen erkennt und sich erinnert: »Ich *bin!*« Mit anderen Worten: Die Aufmerksamkeit ist nicht gebunden, und der *Erkennende* erkennt sich einfach selbst. Deshalb bezeichnen die Weisen das Bewußtsein auch als Reine Existenz, Sein oder einfach das Selbst.

Das Bewußtsein liegt natürlich nicht nur dem ersten Gedanken des Tages zugrunde, sondern allen geistigen Aktivitäten, allen Wahrnehmungen und allen Empfindungen, egal ob sie bewußt, unterbewußt oder unbewußt sind. Deshalb können wir es in der Lücke, in der Stille zwischen unseren einzelnen Gedankenimpulsen erfahren. Wie Sie später sehen werden, stellt die ayurvedische Meditation uns eine Technik zur Verfügung, mit der wir in diesen Spalt sozusagen hineinschlüpfen und die absolute Stille des Geistes direkt und systematisch erleben können. Als Ursprung aller Materie und Energie ist das Bewußtsein auch die Quelle aller Intelligenz im Universum – der Ordnung und Regelmäßigkeit, die wir in der kosmischen Architektur sehen. Infolgedessen bietet die direkte Erfahrung des Bewußtseins in der Meditation die Möglichkeit, unsere Intelligenz wieder auf die organisierende Kraft der Natur auszurichten.

Natürlich stellt sich die Frage, warum wir das Bewußtsein nicht ständig bemerken, wenn es doch die Grundlage aller Erfahrung bzw. ständig vorhanden ist. Warum müssen wir etwas Besonderes tun, um es zu erleben? Der Ayurveda beantwortet dies so: Bei der normalen Aktivität wird das Selbst, wie wir gesehen haben, von einem andauernden Strom geistiger Bilder verdeckt, genauso wie das Licht des Filmprojektors im Kino von den Bildern des Films überdeckt wird. Wir richten unsere Aufmerksamkeit – unser inneres »Licht« – mit Hilfe der Sinne ständig nach außen, und da unsere Aufmerksamkeit auf äußere Objekte und Ereignisse gerichtet ist, verlieren wir die Erfahrung des reinen Seins. In Wahrheit gibt es ein Leben ohne Bewußtsein genauso wenig wie einen Film ohne Licht; aber in beiden Fällen wird der *Ursprung* der Realität vom Objekt der Wahrnehmung buchstäblich verschattet – der grenzenlose Wert des Gewahrseins wird durch die unzähligen einzelnen Ansichten, Töne, Gerüche und Gefühle verdunkelt, die die Aufmerksamkeit beanspruchen, *solange wir sie nach außen richten.* So verliert die unendliche Natur des Selbst sich in einem Gedanken.

Der Ayurveda bezeichnet dieses Phänomen als *Prajnaparadha* – »den Irrtum des Intellekts«. Die Logik sagt uns, daß etwas Endliches das Unendliche nicht verdecken kann. Schon die Vorstellung ist genauso lächerlich wie das Versteckspiel eines Kleinkinds, das tatsächlich glaubt, es wäre nicht zu sehen, wenn es sein Gesicht mit den Händen verdeckt. Trotzdem akzeptieren wir diese Illusion als Realität des Lebens und »vergessen« dabei unser Selbst. Die Illusion ist jedoch nicht einfach ein Irrtum in der Logik oder im Unterscheidungsvermögen, sie ist der Verlust der *Intelligenz* selbst bzw. dessen, was Frawley unsere »natürliche Weisheit« nennt. Tatsächlich sagt der Ayurveda, daß alle Ungleichgewichte – alle Krankheiten und Störungen – nichts anderes als der Verlust dieser natürlichen Weisheit sind, die einen wesentlichen Bestandteil des Bewußtseins bildet. Ayurvedische Therapien versuchen, diesen »Irrtum« zu korrigieren, indem sie dem Geist seine grenzenlose Existenz im Bewußtsein klarmachen und einen Lebensstil im Einklang mit der Intelligenz des Körpers schaffen.

Das Wissen um den Weg zu diesem Ziel stammt aus dem *Veda.*

Bewußtsein und Veda

Veda ist das Sanskrit-Wort für »Wissen«. Obwohl der Ayurveda in vedischen Texten beschrieben wird, kann der Veda selbst nicht in einem Buch festgehalten werden, denn er ist nicht das Wissen von Fakten, Dingen oder Ideen. Vielmehr ist er Wissen durch direkte Erfahrung des abstrakten und allumfassenden Feldes des Bewußtseins selbst. Veda ist reines Wissen.

Die selbstverwirklichten Männer und Frauen, die als die alten vedischen Rishis bekannt sind, haben reines Bewußtsein nicht nur als ihr eigenes subtiles Gewahrsein erlebt, sondern auch als Essenz aller Wesen und Dinge in ihrer Umgebung. Infolgedessen lebten diese Seher in einem Zustand der *Einheit* – bei allen Aspekten ihres Daseins, allen Gedanken, Wahrnehmungen und Handlungen gab es zwischen ihrer individuellen Natur und der Natur an sich keine Trennung. Dieses *Bewußtsein der Einheit* ist der Ursprung des oft zitierten Satzes »Ich bin Es, du bist es Es, alles ist Es« – wobei *Es* das Bewußtsein ist. Diese dem Veda entstammende Aussage ist subjektiv, weil die Rishis aus ihrer direkten Erfahrung sprachen. Sie nahmen die gesamte Schöpfung als grenzenlose, von ihrem eigenen Sein untrennbare Ganzheit wahr. Und weil kein Teil des Universums außerhalb dieser Ganzheit – dieses einheitlichen Feldes des Bewußtseins – existiert, war für diese erleuchteten Menschen *nichts* im Universum unerkennbar. Da ihr eigenes Gewahrsein sich ständig in diesem sublimen Zustand befand, konnten die Rishis die abstrakten Gesetze der Natur – die Intelligenzmuster innerhalb des Bewußtseins – erkennen, die dem geschaffenen Universum zugrunde liegen und ihm Dimension, Richtung und Ordnung verleihen. Dazu gehört von den solidesten Formen der Materie bis zu den am schwersten faßlichen Formen der Energie einfach alles, auch die flüchtigen Gedanken und die unauslöschlichen Erinnerungen des menschlichen Verstandes.

Die klassischen indischen Texte, die in ihrer Gesamtheit als vedische Literatur bekannt sind, geben die Erkenntnisse der Rishis schriftlich wieder. Die Texte selbst enthalten sozusagen das »Rezept« für die Entfaltung des Bewußtseins von seiner unmanifestierten Form durch alle

Schichten der Schöpfung. Genauso wie die Intelligenz, die das Leben des Menschen strukturiert, in einem DNS-Strang codiert ist, liegt die gesamte Intelligenz des Universums im Veda verschlüsselt. Auch noch so viele objektive Analysen werden jedoch das letzte »Geheimnis« der Schöpfung nicht zutage fördern, weil das Bewußtsein selbst etwas rein Subjektives ist – es ist die Essenz des »Ich bin«. Um den vedischen Code zu knacken, müssen wir wie die Rishis über Intellekt, Verstand und Ich hinaus direkt zu deren Ursprung – der unser Ursprung ist – im Bewußtsein gehen.

Die Quantenphysik, die sich mit der Existenz und dem Verhalten der kleinsten Materieteilchen beschäftigt, scheint diese Wahrheit zu bestätigen. Je näher wir durch die objektiven Hilfsmittel der modernen Wissenschaft der Erkenntnis kommen, woraus die Welt zusammengesetzt ist, desto offensichtlicher wird, daß sie nicht aus irgendeinem »Stoff«, sondern aus reinem Bewußtsein besteht. Das im westlichen Wissenschaftspuzzle fehlende Stück – wie abstrakter »Geist« physische Materie beeinflussen oder werden kann – findet sich im Veda.

Bewußtsein und Quantenfeld

Die Quantenmechanik, der zu Beginn des 20. Jahrhunderts entstandene Zweig der Physik, ist das geistige Produkt einer Familie intelligenter Köpfe, zu denen u. a. Einstein, Planck und Heisenberg gehörten. Im Gegensatz zur »klassischen« Physik (der Wissenschaft Newtons, die die Bewegung von Körpern im »großen« Universum beschreibt), stellt die Quantenmechanik die Wechselwirkungen zwischen Kraft und Materie in der »ultrakleinen« Welt dar, in der ein Atom im Vergleich zu Elektronen, Protonen, Neutronen, Quarks, Bosonen und anderen Elementarteilchen, die dieses Reich bevölkern, eine astronomische Größe besitzt. Ein Gefühl für die Größenverhältnisse auf Quantenebene bekommen Sie, wenn Sie sich klar machen, daß ein einziges Quantenteilchen mehrere zehn Millionen Mal *kleiner* ist als ein kleines Atom, und daß man ein paar Millionen Atome braucht, um die Dicke einer Seite dieses Buches zu erreichen. Eine Vorstellung von den Kräften in diesem Mikrokosmos gibt die Tatsache, daß die Anziehungskraft zwischen zwei Quantenteilchen *Millionen Millionen* Mal stärker ist als die Gravitationskraft.

Dies ist natürlich nicht die Welt, in der wir täglich leben. An den Grenzen des »Universums im Kleinen« brechen Newtons Gesetze – die Gesetze der sinnlich wahrnehmbaren Welt – zusammen. Wir können im Quantenreich kein Billard spielen, weil es dort keine verläßlichen festen Gegenstände gibt – nur Energiebündel bzw. *Quanten,* die blitzartig ins Dasein schießen und wieder verschwinden, sich manchmal wie Teilchen und manchmal wie Wellen verhalten und damit die Wahrheit von Einsteins berühmtem Lehrsatz demonstrieren, daß Materie und Energie gleichwertig sind. Das *Quantenfeld* ist das zugrundeliegende Kraftfeld – das unmanifestierte und allgegenwärtige Kontinuum –, aus dem diese Quanten kommen und in das sie wieder verschwinden. *Es ist der Ursprung aller Energie, Intelligenz und Materie im Universum.* Wir haben es in der Einleitung als »virtuelles« Feld beschrieben, weil wir es mit den Sinnen oder technischen Hilfsmitteln nicht direkt aufspüren können. Die Physiker haben es auch nie wirklich »beobachtet«, sondern vermuten seine Existenz aufgrund bestimmter Wirkungen, die sie in der subatomaren Welt feststellen.

In den letzten 50 Jahren haben die Wissenschaftler viele interessante Entdeckungen zum Verhalten der Quanten gemacht. Für die Erörterung von Ayurveda und Bewußtsein ist jedoch keine wichtiger als die, die Heisenberg 1926 machte: daß nämlich unsere Messungen – d. h. unsere *Wahrnehmung* – von Quantenereignissen deren Ergebnisse beeinflußt. »Die Unschärferelation hat weitreichende Folgen für unsere Sicht der Welt«, schreibt der bekannte Physiker Stephen Hawking über die Entdeckung der Auswirkung von Bewußtseinsprozessen auf physikalische Phänomene. »Selbst heute, 50 Jahre nach ihrer Formulierung, haben viele Philosophen diese Konsequenzen noch nicht in ihrer vollen Bedeutung erfaßt, und sie sind nach wie vor Gegenstand heftiger Kontroversen.« David Bohm hat das Problem für die westliche Wissenschaft so formuliert: »Die Frage ist, ob Materie eher grob und mechanisch ist, oder ob sie immer feiner wird und dann von dem, was die Leute Geist genannt haben, nicht mehr zu unterscheiden ist.«

Für den vedischen Wissenschaftler gab es an der Antwort natürlich nie einen Zweifel: Das Feld des reinen Bewußtseins und das Quantenfeld sind ein und dasselbe – die grundlegende Realität, von der aus alles Leben Gestalt annimmt. Als solches ist das virtuelle Feld der Ursprung aller Kräfte und der Intelligenz der Natur. Es wird »Zuhause der Naturgesetze« und »Feld aller Möglichkeiten« genannt. In bezug auf die Rishis ist dies keine Übertreibung, sondern die einfache Wahrheit. Wenn wir das ganze Potential unseres Bewußtseins leben, *ist nichts unmöglich.*

Die westliche Wissenschaft erkennt jetzt offenbar dieselbe Wahrheit. Auf ihrer Suche nach dem Grundbaustein der Materie haben die Physiker Einsteins Theorie durch Newtons Universum gejagt und sind dabei in einem Quantenwunderland gelandet. Sie haben z. B. festgestellt, daß Elementarteilchen in diesem Universum durch feste Gegenstände hindurchgehen, so leicht wie ein Gespenst durch die Wand. Sie haben auch gezeigt, daß zwei astronomisch weit voneinander entfernte Teilchen augenblicklich auf ihre jeweiligen Erfahrungen reagieren können – das Quantenäquivalent der Telepathie. Und im Mai 1996 berichtete die *New York Times,* daß Physiker am *National Institute of Standards and Technology* in Boulder, Colorado, »bewiesen haben, daß ein ganzes Atom gleichzeitig an zwei weit voneinander entfernten Orten existieren kann«. Dasselbe Objekt gleichzeitig an zwei verschiedenen Orten, und das Ganze auch noch, wie die *Times* sagt, »gefilmt« – da übertrifft die Wissenschaft die Science-fiction!

Je tiefer die Physiker in das »Universum im Kleinen« hineinschauen können, desto kurioser wird die Welt offenbar. Vedische Wissenschaftler, die das Feld aller Möglichkeiten schon gemeistert haben, wissen, daß ihre westlichen Kollegen irgendwann einmal die Grenzen des objektiven Analysierens erreichen und sich dem vedischen Standpunkt anschließen werden: daß nämlich der letzte Baustein des Universums sich nicht außerhalb von uns allen befindet, sondern tief innerhalb unseres eigenen Bewußtseins.

Die Kräfte der Schöpfung und Evolution

Innerhalb des Bewußtseinsfeldes gibt es drei Kräfte, die die Schöpfung in Gang setzen. Im Ayurveda sind sie als die drei *Gunas* bekannt, die grundlegenden Attribute des Universums: *Sattva* ist die reine Essenz der Realität, das, was Chopra »Entwicklungsimpuls« genannt hat; *Tamas* ist die Kraft der Trägheit, »der Impuls, gleich zu bleiben«; und *Rajas* ist die Kraft der Veränderung oder Bewegung, bzw. »die Aktion um ihrer selbst willen«. Die Gunas werden auch als schöpferisches, zerstörerisches und erhaltendes Prinzip der Natur bezeichnet. Ihre Wechselwirkung innerhalb des Bewußtseinsfeldes erzeugt und erhält *die Evolution,* d. h. die allmähliche Entwicklung des Lebens. Jeder Fortschritt – jedes Wachstum – erfordert Aktivität, und diese ist eine Funktion der Gunas. Wie Maharishi Mahesh Yogi in seinem Kommentar zur *Bhagavad-Gita,* dem klassischen vedischen Text, erklärt, ist Rajas der »Ansporn« zur Handlung, Sattva und Tamas »halten die Richtung der Bewegung aufrecht«, zusammen erschaffen sie den Prozeß des Wachstums. Er schreibt:

> *Damit ein Prozeß weitergeht, muß er Phasen haben, und jede Phase, egal wie klein sie im Hinblick auf Zeit und Raum ist, braucht eine Kraft, um sie aufrechtzuerhalten, und eine andere Kraft, um sie in eine neue Phase hineinzuentwickeln. Die Kraft, die sie in die neue Phase entwickelt, ist [Sattva], während [Tamas] die Kraft ist, die den Prozeß aufhält oder verlangsamt, damit der bereits erreichte Zustand beibehalten und zur Grundlage der nächsten Phase werden kann.*

Alles Existierende äußert notwendigerweise alle drei Attribute, denn kein Guna kann ohne die anderen aktiv sein. Trotzdem ist es möglich, daß zu einem bestimmten Zeitpunkt der Einfluß eines Guna dominiert.

Deshalb nimmt der Ayurveda bei der Beschreibung der subtilen Charakteristika eines Dinges manchmal auf ein bestimmtes Guna Bezug. Ein Lebensmittel oder auch die geistig-seelische Verfassung oder Aktivität eines Menschen z. B. werden *sattvisch* genannt, wenn sie *überwiegend* die Qualitäten Reinheit und Klarheit aufweisen und einen lebensspendenden harmonischen Einfluß haben. Sie sind *rajasisch,* wenn sie die Qualitäten Veränderung und Auflösung spiegeln und einen anregenden, ablenkenden oder leerenden Einfluß haben. Und *tamasisch* werden sie genannt, wenn sie die Qualitäten Trägheit und Schwere zeigen und einen dämpfenden, trübenden Einfluß haben. Der sattvische Geist handelt, um zu entwickeln und zu schaffen; der tamasische Geist neigt zu Untätigkeit und liebt den Status quo; der rajasische Verstand genießt die Aktion um ihrer selbst willen.

Trotzdem entsteht die gesamte Schöpfung mit ihrer unendlichen Vielfalt aus der Dynamik aller drei Gunas *zusammen.* Wenn das *Eine* (das Feld des Bewußtseins) zum *Vielen* (den Umstellungen und Kombinationen der manifestierten Welt) wird, sind dafür die Gunas verantwortlich. In diesem Sinne ist die Schöpfung ein immer weiter sich entwikkelnder Ausdruck derselben essentiellen Energien – jede Existenzschicht ist nichts anderes als Bewußtsein, das kraft der Gunas aus sich selbst heraus erschafft. Denken Sie beim Weiterlesen an diese Idee. Sie hilft Ihnen zu verstehen, warum die ayurvedischen Prinzipien oft wie Variationen ein und desselben Themas aussehen. Aber sie stimmt – jede Phase der Schöpfung wiederholt durch das Wirken der Gunas die Urschöpfung des manifestierten Universums aus dem unmanifestierten Bewußtsein. Auch wenn Form und Funktion der Dinge sich unterscheiden, sind ihr letzter Baustein (Bewußtsein) und die Kraft, die sie erschafft (das Wirken der Gunas) immer dieselben. Auch Eis, Wasser und Dampf bestehen aus demselben Grundstoff (H_2O), der gemäß einem Grundprinzip (der thermischen Anregung) seine Erscheinungsform ändert. Genauso wie Moleküle drei verschiedene Materieformen bilden können, je nachdem mit welcher Geschwindigkeit sie sich bewegen und in welcher Dichte sie sich ansammeln, wird das durch die Gunas angetriebene Bewußtsein in die unendliche Vielfalt der Schöpfung einschließlich aller Lebensformen umgewandelt.

Das Bewußtsein nimmt Form an: Die fünf Elemente und ihre Wirkung

Woraus besteht der Körper? Die moderne Chemie sagt, daß wir aus 110 Grundbestandteilen zusammengesetzt sind, die durch ihre atomare Struktur definiert sind. Der Durchschnittsmensch besteht zum größten Teil aus Sauerstoff, ziemlich viel Kohlenstoff, halb soviel Wasserstoff, nahezu gleichen Mengen Kalzium und Stickstoff, unbedeutenden Mengen phosphoriger Stoffe, Chlor, Schwefel, Natrium, Kalium, Magnesium und Eisen, und Spuren der restlichen Grundbestandteile. Der moderne Biologe sagt es etwas anders: Menschen sind ungefähr 55 Teile Wasser, 18 Teile Fette und fettähnliche Stoffe, 19 Teile Eiweiß, fünf Teile Asche und je etwa ein Teil Kohlehydrate, Kalzium und phosphorige Stoffe. Der Erkenntnispsychologe sagt, daß wir ein Körper, ein Nervensystem und ein Gehirn sind, die zusammen die Neurochemie erzeugen, die das Phänomen des Verstandes hervorbringt. Der Quantenphysiker, der der Beschreibung der gesamten Natur mit Hilfe einer einzigen einheitlichen Theorie am nächsten ist, stellt fest, daß wir 99,99% leerer Raum sind, der mit ein paar Billionen Protonen, Neutronen, Elektronen und anderen unsichtbaren subatomaren Teilchen angefüllt ist.

Keine dieser westlichen Beschreibungen berücksichtigt jedoch die Komponenten »Geist«, «Bewußtsein« oder »Lebenskraft«. Die »Gesetze« der westlichen Wissenschaft werden außerdem immer wieder durchbrochen, und ihre faktischen Grundlagen haben sich im Laufe ihrer erfolglosen Suche nach der letzten Wirklichkeit oft verändert. Die einfache ayurvedische Einteilung in fünf Elemente plus drei biologische Prinzipien und fünf Existenzschichten läßt dagegen, wie Sie sehen werden, nichts in der Schöpfung aus, weder den Geist noch die Materie, und bietet seit mindestens 6000 Jahren einen vollständigen, folgerichtigen Rahmen zum Verständnis des Lebens.

Die fünf Elemente sind der erste materielle Ausdruck des Bewußtseins, der durch die Kraft der Gunas erschaffen wird. Sie entstehen nacheinander am, wie ich sagen möchte, Umschaltpunkt zwischen unmanifestierter und manifestierter Realität. Bei diesem Prozeß der Schöpfung taucht als erste Auswirkung des manifestierten Bewußtseins der Raum auf. Obwohl er physikalisch der Zustand des »Vakuums« ist, ist der Raum nicht leer, vielmehr erfüllt ihn die virtuelle Energie des Quantenfeldes. Die Dynamik der Gunas innerhalb des Raumes bringt die Luft hervor, die der erste Zustand der Materie ist. Wenn die Luft sich bewegt, erzeugt sie Reibung, was Hitze und Licht bzw. Feuer entstehen läßt. Das Feuer verflüssigt die Materie und erschafft so das Element Wasser. Wenn die Flüssigkeit verdunstet, bleibt die feste Materie, die Erde, zurück.

Quantenmechanisch betrachtet sind die Elemente abstrakte Muster der Intelligenz – Schwingungsmuster innerhalb des Bewußtseins, wie wir gesagt haben –, die die elementaren Kräfte erschaffen und der Welt, die wir sehen, Ordnung und Form verleihen. Aus ayurvedischer Sicht haben sie in der letzten und am wenigsten subtilen Schicht des Bewußtseins, dem »Geist«, eine abstrakte Form, und in der ersten und subtilsten Schicht der Materie eine konkrete Form. Daher spielen sie in der menschlichen Erfahrung eine subjektive und eine objektive Rolle. Auf der Ebene des individuellen Bewußtseins führen die Elemente zur Entstehung der fünf Sinne, und auf der Ebene des Körpers vermischen sie sich, um alle Formen und Funktionen der Psychophysiologie zu erschaffen.

Dem Ayurveda zufolge lassen alle Erfahrungen sich durch die Wechselwirkung der Elemente verstehen. Als Ur-Energieformen des Universums haben sie festumrissene Qualitäten und einen vorhersagbaren Einfluß auf unser Aussehen, unser Denken und unsere Beeindruckbarkeit durch die Umgebung. Dank der Elemente empfinden, gestalten und erfahren wir die äußere Welt – sie sind das stille Vokabular, das wir mit dem Universum gemeinsam haben. Die Kenntnis ihrer energetischen Qualitäten und Wirkungen ist der Schlüssel zum Verständnis unserer inneren Natur und unseres Platzes im Kosmos. Dies wiederum bildet die Grundlage für Gleichgewicht und Schönheit.

Die Elemente in Geist und Materie

Der subjektive Aspekt der fünf Elemente, der auf der Ebene des individuellen Bewußtseins angesiedelt ist, bringt die fünf Sinne hervor. Der Raum ist die Essenz des Klanges. Der Ayurveda beschreibt die erste schwache Regung des Bewußtseinsfeldes – die erste Emanation der Schöpfung – als *Urklang.* Klang ist Schwingungsenergie – Energie, die sich in Wellen bewegt. Ohne den Raum hätte die Energie keinen Platz, um sich zu bewegen, und die materielle Existenz wäre unmöglich. Die Luft ist die Essenz der Berührung – weil sie da ist, wird die Schwingungsenergie fühlbar. Wenn wir zum Beispiel die Vibrationen eines Baßinstruments wahrnehmen, spüren wir in Wirklichkeit die Bewegung der Luft, die sich durch die Klangenergie verschiebt. Das Feuer ist die Essenz des Sehens. Durch Strahlungsenergie – Licht – wird die Materie dem Auge sichtbar. Das Wasser ist die Essenz des Geschmacks; ohne Wasser können die Geschmacksknospen im Mund ihre Aufgabe nicht erfüllen. Die Erde ist die Essenz des Geruchs.

Über die fünf Sinne ist jedes Element auch mit bestimmen Körperorganen und -funktionen verbunden. Ganz offenkundig reagieren wir auf die Welt der Elemente mit Hilfe der Ohren, Haut, Augen, Zunge und Nase. Die aktive Seite der Organe und deren Funktionen müssen jedoch kurz erklärt werden. Rachen, Mund und Stimmbänder lassen den Klang entstehen und werden deshalb mit dem Raum verknüpft. Die Hände halten und berühren Dinge, was sie mit der Luft verbindet. Die Füße bewegen uns dank der Sehkraft in eine bestimmte Richtung, weshalb sie mit dem Feuer assoziiert werden. Die Geschlechtsteile sind im Ayurveda als die »untere Zunge« bekannt, was sie mit dem Geschmackssinn und also dem Wasser verbindet. Und durch dic Ausscheidungsfunktionen ist der After mit dem Geruchssinn und daher mit der Erde verknüpft.

Der objektive Aspekt der Elemente läßt alle Formen und Funktionen der belebten und unbelebten Welt entstehen. Luft, Wasser und Erde z. B. entsprechend drei Zustandsformen der Materie, gasförmig, flüssig und fest; das Feuer ist die Kraft, die die Materie von einem Zustand in einen anderen verwandelt; der Raum ist das »ätherische« Element, die

	Raum	*Luft*	*Feuer*	*Wasser*	*Erde*
Sinnes-objekt	Klang	Berührung	Anblick	Geschmack	Geruch
Sinnes-organ	Ohr	Haut	Augen	Zunge	Nase
Aktiver Sinn	Sprechen	Festhalten	Gehen	Fortpflanzung	Ausschei-dung
Organ des Handelns	Rachen, Mund, Stimmbänder	Hände	Füße	Geschlechts-organe	After

Leere, in der die gesamte Materie existiert. Luft, Feuer und Wasser sind aktive bzw. bewegliche Elemente, Raum und Erde sind träge. Jedes Element wird außerdem mit bestimmten Aspekten der menschlichen Anatomie und Physiologie verknüpft. Raum erzeugt die Hohlräume des Körpers. Luft erzeugt alle Bewegungen des Körpers. Feuer erzeugt Wärme und die Körpertemperatur, Wasser alle Flüssigkeiten und Sekretionen, Erde die festen Strukturen, z. B. Haut und Knochen.
Die Bedeutung der Zuordnung der verschiedenen Elemente zu körperlichen, geistigen und umweltbezogenen Aspekten wird klarer, wenn wir in den folgenden Kapiteln die Ursachen und die Behandlung von Ungleichgewichten und Krankheiten erörtern. Hier sei beispielhaft nur die Verbindung zwischen dem Element Feuer, dem Sehsinn, und den Phänomenen Wärme und Licht angesprochen. Der Ayurveda lehrt, daß Menschen mit angeborener Feuer-Konstitution Hitze und helles Licht nicht gut vertragen. Und zu viel Hitze und Sonnenlicht führen zu einem Feuer-Ungleichgewicht – das wiederum bei den meisten Sehstörungen einen wichtigen Faktor darstellt.

Die Eigenschaften der Elemente

Die Eigenschaften der einzelnen Elemente entsprechen dem, was die allgemeine Erfahrung nahelegt: Raum ist expansiv; Luft ist leicht, beweglich, kalt und rauh; Feuer ist heiß, geringfügig ölig, beweglich, leicht und durchdringend; Wasser ist weich, feucht und flüssig; Erde ist schwer, ölig, kalt und dicht. Dies sind nur ein paar ihrer Manifestationen (eine vollständige Liste erscheint unten). Tatsächlich hat alles sinnlich Erfahrbare seine Form und seine Eigenschaften von den Elementen, und wenn Sie mit den einzelnen Attributen erst einmal vertraut sind, erkennen Sie ihre allgegenwärtigen Auswirkungen überall, auch in Ihren eigenen Gefühlen und Verhaltensweisen. Wie stark jedes Element sich in Ihrem Leben zeigt, hängt von der bei Ihnen vorhandenen einzigartigen Mischung ab. Wie Sie sehen werden, können Sie Ihren Konstitutions- und Hauttyp anhand der Qualitäten bestimmen, die in Ihrem Körper und in Ihrem Temperament am deutlichsten zutage treten.

Raum	*Luft*	*Feuer*	*Wasser*	*Erde*
expansiv trocken leicht	dünn trocken beweglich kalt rauh	heiß leicht ölig durchdringend scharf leicht	feucht flüssig anpasssungs- fähig weich schwer	schwer ölig dicht kalt feucht

Die Doshas und ihre Auswirkungen

Die Elemente selbst sind unbelebt, aber in Kombination rufen sie drei biologische Kräfte bzw. Prinzipien hervor, die sogenannten *Doshas.* Raum und Luft erzeugen zusammen das *Vata-Dosha* bzw. das Prinzip »Luft«; Feuer und Wasser bringen das *Pitta*-Dosha bzw. das Prinzip »Feuer« hervor; und Wasser und Erde erschaffen das *Kapha*-Dosha bzw. das Prinzip »Erde«. Die fünf Urelemente bilden also drei Doshas:

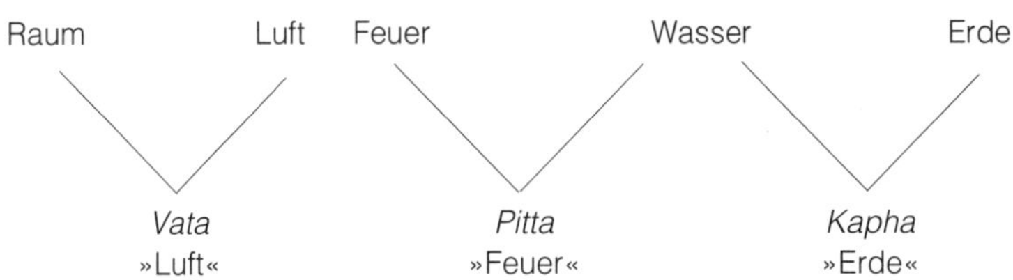

Bei jedem von uns sind die drei Doshas genauso einmalig kombiniert wie die fünf Elemente. Für unseren Körper- und Hauttyp ist, wie Sie sehen werden, das jeweilige Mischungsverhältnis ausschlaggebend.

Die biologischen Funktionen der Doshas

Die Doshas sind nichts im westlichen Sinne Materielles. Vielmehr sind sie, genauso wie die sie konstituierenden Elemente, Intelligenzmuster in der Lücke zwischen Geist und Materie; infolgedessen steuern sie geistig-seelische und körperliche Funktionen. Unsere Persönlichkeit, unser Temperament und unsere intellektuellen Fähigkeiten haben wir den Auswirkungen der Doshas genauso zu verdanken wie unsere körperlichen Charakteristika.

»Dosha« bedeutet wörtlich *Unreinheit.* Die Doshas sind Unreinheiten in dem Sinne, daß sie als die ersten aus dem Quantenfeld heraustretenden biologischen Kräfte nicht mehr reine Essenz des Bewußtseins sind, sondern quasi eine Verdünnung von ihm. Innerhalb der ersten subtilen Manifestationsschichten sind die Doshas ein gröberer – d. h. stärker ausgedrückter – Aspekt der in Kapitel 1 beschriebenen drei fundamentalen Lebenskräfte Prana, Tejas und Ojas. Die Essenz von Vata ist daher Prana, die Lebensschwingung und Bewegungskraft. Die Essenz von Pitta ist Tejas, die verwandelnde Strahlungsenegerie. Und die Essenz von Kapha ist Ojas, die Kohäsionskraft. Als Ausdruck dieser Kräfte auf der Ebene der individuellen Existenz haben die Doshas natürlich ähnliche Eigenschaften.

Das, was die Dinge bewegt: Vata existiert im Körper als *Bewegung* und zeigt sich als Atem- und Lungentätigkeit, Nervenimpulse, Herzschlag, Ausdehnung und Zusammenziehung der Muskeln, Transport von Nähr- und Abfallstoffen, mikroskopische Bewegung der Zellen, natürliche Bedürfnisse wie z. B. Blinzeln, Niesen, Räuspern und Aufstoßen. Vata steuert auch die Bewegungen der Doshas selbst – wir sagen, es »führt« Pitta und Kapha, die an sich unbeweglich sind – und reguliert so alle Funktionen und Aktivitäten des Lebens. Vata ist im Grunde der Fluß

Vata (Prana) *Bewegung*	*Pitta* (Tejas) *Stoffwechsel*	*Kapha* (Ojas) *Struktur*
Atmung Herzschlag Muskeltätigkeit Nervenimpulse und Blinzeln Zelluläre Bewegung Ausscheidung Sensorische und motorische Funktionen Gewebeumwandlung Nährstoff- und Blutzirkulation Natürliche Bedürfnisse	Körperwärme Hautfärbung Ausstrahlung Verdauung Assimilation Absorption Verständnis Wahrnehmung	Alle Gewebesubstanzen Heilung Wachstum Vitalität Stabilität Immunität Widerstandsfähigkeit Geschmeidigkeit und Feuchtigkeit Schleim

des Lebens, und wenn es blockiert ist, beginnt der Verfall. Wenn andererseits seine Aktivität zu hektisch wird, sind wir überdreht und erschöpfen uns. Vata, das das Element Luft enthält, dehnt sich wie diese in den leeren Raum aus und füllt die Hohlräume und Energiekanäle des Körpers. Es ist der Ursprung für Inspirationen, Positivität und Frische, aber auch für Angst, Nervosität, Blähungen, Krämpfe, Zuckungen und Schmerzen.

Das, was die Dinge verdaut: Pitta existiert im Körper als *Stoffwechsel* und ist verantwortlich für Körperwärme und -temperatur, Hautfärbung und -ausstrahlung, transformative Prozesse: Verdauung, Absorption, Assimilation, Stoffwechsel, alle biochemischen Reaktionen. Es findet sich in allen Körpersäuren einschließlich Enzymen und Hormonen. Pitta ist auch für die Verarbeitungsvorgänge von Geist, Intellekt und Sinnen verantwortlich. Eine gute Gesundheit hängt von der Pitta-Fähigkeit ab, den über Nahrung, Gefühle und Sinne zugeführten »Input« voll zu verstoffwechseln. Wenn das Pitta-Feuer zu heiß oder zu kalt wird, wird die normale Verdauung unterbrochen, Toxine entstehen, und Haut und Augen verlieren ihr Strahlen. Pitta verleiht Wärme, Intelligenz, Scharfsicht und Verständnis, aber es ruft auch Zorn, Eifersucht, Frustration, Haß, die Empfindung des Brennens, Ausschläge, Allergien, Geschwüre und Herzkrankheiten hervor.

Das, was die Dinge zusammenhält: Kapha ist im Körper die *Kohäsionskraft*, die alle Elemente fest verbindet, damit die materiellen Strukturen des Lebens entstehen. Kapha heilt Wunden, ermöglicht das körperliche Wachstum, verleiht Stärke und Stabilität und hält die innere Umgebung des Körpers aufrecht. Es wird auch »biologisches Wasser« genannt (Wasser ist die wichtigste chemische Komponente des physischen Körpers) und ist der Ursprung aller Körperflüssigkeiten einschließlich Schleim, Plasma und Zytoplasma. Es versorgt Herz und Lunge mit Energie und verleiht eine natürliche Widerstandskraft gegen Krankheiten. Wenn dieses »Wasser des Lebens« versiegt, wird das Immunsystem schwach; wenn der »Zement« zu dick ist (wenn die Erde-Wasser-Mischung aus dem Gleichgewicht gerät), fühlen wir uns schwer und blockiert. Kapha befähigt zu Liebe, Vergebung, Ruhe und Weisheit, erzeugt aber auch Gier, Neid, überstarke Anhänglichkeit, Trägheit, Depression, Aufgedunsenheit und Fettleibigkeit.

Wenn wir von Vata, Pitta und Kapha sprechen, meinen wir im allgemeinen sowohl ihre biologische Funktion als auch das für sie charakteristische Element. Der Energiestrom im Körper ist für uns also eine Eigenschaft von Vata bzw. Luft; Hitze ist eine Eigenschaft von Pitta bzw. Feuer. Und Substanz bzw. Festigkeit ist eine Eigenschaft von Kapha bzw. Erde. Dies handhaben wir im ganzen Buch so und verwenden die deutschen und die Sanskrit-Begriffe synonym.

Der Sitz der Doshas

Jedes Dosha hat im Körper einen Sitz, d. h. Organe, in denen seine Energie und sein Wirken von Natur aus am stärksten konzentriert sind. Der Dickdarm, der das Körper*gas* – bzw. »Luft« – produziert, ist der Hauptsitz von Vata. Vata konzentriert sich auch in der Haut (dem Berührungs- und Ausscheidungsorgan), den Nieren, Knochen, Schenkeln und Ohren. Dünndarm und Leber, die Körper*säure* – bzw. »Feuer« – produzieren, sind der Hauptsitz von Pitta. Pitta konzentriert sich außerdem in der Gallenblase, der Milz, dem Herzen, den Talgdrüsen, dem Blut und den Augen. Lunge und Magen, die Körper*schleim* – bzw. »Wasser« – produzieren, sind der Hauptsitz von Kapha. Kapha konzentriert sich außerdem im Kopf, den Nebenhöhlen, der Nase, Rachen und Zunge, den Lymphdrüsen, der Bauchspeicheldrüse, dem Fettgewebe und den Gelenken.

Der Ayurveda verwendet eine andere Terminologie als die moderne Medizin, aber in Wirklichkeit sind die Bedeutungen in den beiden Wissenschaften nicht so weit voneinander entfernt. Vergleichsweise könnten wir z. B. sagen, daß Sauerstoff, Kohlenstoff und andere eingeatmete Gase »Vata-Moleküle« sind. Enzyme, Hormone und durch chemische Reaktionen im Körper freigewordene Energie sind »Pitta-Moleküle«. Und Körperflüssigkeiten, Proteine, Lipide, Zucker und Kohlehydrate sind »Kapha-Moleküle«. Was die eine Wissenschaft als zu wenig Vata, Pitta oder Kapha beschreibt, etikettiert die andere als »zu wenig Blutgas«, »niedriger Östrogenspiegel« oder »niedriger Blutzuckerspiegel«. Die Diktion unterscheidet sich, aber die Botschaft ist dieselbe: Das natürliche Gleichgewicht der biologischen Elemente muß aufrechterhalten werden, wenn wir jung und gesund bleiben wollen.

Für das Leben sind alle drei Doshas notwendig, und alle Krankheiten und Störungen resultieren aus ihrer unausgewogenen Interaktion. Diese kann auf die *Zu-* oder die *Abnahme* einer oder aller drei Kräfte zurückzuführen sein, was das uns angeborene Verhältnis verändert. Daß diese natürliche Dynamik durch einen Ihrer Veranlagung entsprechenden Lebensstil im Gleichgewicht bleibt, ist, wie Sie sehen werden, die Grundlage strahlender Schönheit.

Die Eigenschaften der Doshas

Die Doshas selbst sind unsichtbar (ungeachtet der obigen Analogien gibt es bis jetzt noch kein Mikroskop, unter dem Sie ein »Vata-Molekül« finden könnten), aber unsere Sinne können ihre charakteristischen Auswirkungen überall in der Natur entdecken, genauso wie wir die Elemente entdecken. Jedes Dosha entsteht wie gesagt aus der Kombination von zwei Grundelementen. Folglich sind in jedem Dosha die

Eigenschaften seiner beiden Grundkomponenten vorhanden. Jedesmal, wenn Sie diese Qualitäten in sich, anderen oder der Umgebung bemerken, sehen Sie die Doshas in Aktion.

Vata	*Pitta*	*Kapha*
trocken	geringfügig ölig	ölig
kalt	*heiß*	kalt
leicht	leicht	*schwer*
beweglich	beweglich	stabil
bitter	sauer riechend	süß
wechselhaft	scharf	weich
schnell	flüssig	langsam
dünn	stechend	dicht
klar		dumpf
zerstreuend		klebrig
rauh		macht geschmeidig

Vielleicht haben Sie schon bemerkt, daß das Vata-, das Pitta- und das Kapha-Dosha jeweils eine einzigartige Eigenschaft besitzen (sie erscheint in der obigen Liste kursiv) – nämlich trocken, heiß und schwer. Und die entgegengesetzten Eigenschaften – ölig, kalt und leicht – finden sich in den beiden anderen Doshas: trockenes Vata wird durch öliges Pitta und Kapha ausgeglichen; heißes Pitta wird durch kaltes Vata und Kapha harmonisiert; schweres Kapha wird durch leichtes Vata und Pitta ins Gleichgewicht gebracht. Diese sechs Eigenschaften – drei Gegensatzpaare – sind die Schlüsselmerkmale der Doshas und spielen eine wichtige Rolle, wenn wir gesund und schön bleiben wollen.

Der Gegensatz stellt die Balance her:	
trocken Vata	*ölig* Pitta und Kapha
heiß Pitta	*kalt* Vata und Kapha
schwer Kapha	*leicht* Vata und Pitta

Wenn Sie sich die Liste auf Seite 72 noch einmal ansehen, werden Sie feststellen, daß *jede* Eigenschaft ein Gegenteil hat: dünn und dicht, schnell und langsam. etc. Dieses Phänomen spiegelt den dualen Charakter der sinnlich erfahrbaren Welt. Der Ayurveda behauptet, daß die Schöpfung sich durch die Wechselwirkung gegensätzlicher Kräfte aus dem einheitlichen Feld des Bewußtseins entfaltet. Wie bereits angesprochen, sind Sattva und Tamas, d. h. Kreativität und Trägheit, notwendig, um die Kraft der Veränderung, Rajas, auf die Evolution auszurichten. Dem Ayurveda zufolge werden nicht nur Gesundheit und Schönheit, sondern die gesamte Existenz durch die Wechselwirkung und das Gleichgewicht ungleicher Energien hervorgebracht und aufrechterhalten. Die Eigenschaften der Doshas sind der wahrnehmbare Ausdruck dieser Urkräfte.

Die Doshas und Ihre Veranlagung

Die Doshas sind der Schlüssel zu Ihrer psychophysiologischen Veranlagung und Ihrem Hauttyp. Da die Balance der Elemente bei jedem anders aussieht, ist natürlich auch das Gleichgewicht der Doshas verschieden. Je nachdem, ob Ihre angeborene Konstitution mehr Raum und Luft, Feuer und Wasser oder Wasser und Erde aufweist – im allgemeinen herrscht ein Paar vor –, sagen wir, daß das Vata-, das Pitta- oder das Kapha-Dosha bei der Steuerung Ihrer Psychophysiologie die beiden anderen Doshas *lenkt*. Ihr »führendes« Dosha bestimmt Ihr *Prakriti* – Ihre Veranlagung – und somit alle elementaren inneren und äußeren Charakteristika.

Die drei grundlegenden Prakritis bzw. Konstitutionstypen werden nach dem führenden Dosha *Vata, Pitta* und *Kapha* genannt.

Wie gesagt, ist Ihr Prakriti das »Rezept«, das die naturgegebene Beziehung Ihrer Doshas beschreibt – das heißt Ihr natürliches Gleichgewicht. In jedem Menschen sind alle drei Doshas wirksam, aber die Einzigartigkeit jeden Lebens resultiert aus dem speziellen Verhältnis der Doshas, mit dem wir geboren wurden. Wenn wir sagen, daß die Konstitution eines Menschen aus dem Gleichgewicht ist, meinen wir in Wirklichkeit, daß die zwischen diesen biologischen Kräften angeborene Dynamik gestört ist. Wie die genetischen Merkmale wird das Prakriti bei der Empfängnis festgelegt (dabei ist die Veranlagung der Eltern wichtig) und bleibt das ganze Leben hindurch gleich. Was sich infolge unserer Lebensweise und unserer Umgebung ändert, ist nur der Zustand der Doshas (siehe Kapitel 3). Dieser modifizierte Zustand wird *Vikriti* genannt. Unsere angeborenen (physiologischen und psychischen) Fähigkeiten und Schwächen, die natürlichen Tendenzen unserer Gedanken und Gefühle, unsere körperlichen Merkmale und natürlich unser Hauttyp verdanken ihre besonderen Eigenschaften dem Gleichgewicht unserer Doshas. Wie Deepak Chopra sagt, lebt jeder von uns in einer Welt, die »bis ins kleinste Detail« durch unser führendes Dosha »gefärbt« ist.

Ihr Hauttyp und allgemeine Charakteristika

Nachdem Sie nun mit den Eigenschaften der Doshas vertraut sind, wird es Sie nicht überraschen, daß das Vata-Dosha *trockene* Haut, Pitta *empfindliche* Haut – »feurige Haut«, die zu Rötungen und Entzündungen neigt –, und Kapha *ölige* bzw. *fettige* Haut produziert. Diese Qualitäten beziehen sich auf die natürliche Tendenz der Haut, aber *normalerweise ist der Effekt gering.* Pitta-Haut z. B. fühlt sich feuchter und wärmer an als Vata-Haut, die kühler, rauher und trockener ist. Kapha-Haut ist im Verhältnis glatter und geschmeidiger als Pitta oder Vata. Tatsache ist, daß *alle Hauttypen klar und strahlend aussehen, wenn die Doshas im Gleichgewicht sind.* Wenn die Doshas jedoch *nicht* im Gleichgewicht sind, tritt der charakteristische Effekt jeden Hauttyps tendenziell stärker hervor und entwickelt sich möglicherweise zu einem echten Problem; trockene Haut z. B. bekommt dann trockene, empfindliche Haut brennende und fettige Haut nässende Ekzeme.

Dies gilt nicht nur für Hautprobleme, sondern für Störungen und Krankheiten im allgemeinen. *In Abhängigkeit von unserem Konstitutionstyp wird jeder von uns mit der Tendenz geboren, die ihm entsprechenden gesundheitlichen Probleme zu entwickeln, wenn das Gleichgewicht gestört ist.* Jemand mit viel Pitta etwa bekommt nicht nur leichter entzündliche Hautkrankheiten;

auch das Risiko für Geschwüre, Herzkrankheiten, Leberprobleme und viele streßbedingte Störungen, die mit dem heißblütigen Temperament dieses Feuer-Typs in Zusammenhang stehen, ist bei ihm von Natur aus größer. Aus dem gleichen Grund verändern sich auch unsere geistigen und seelischen Merkmale auf ganz bestimmte Weise, wenn wir nicht im Gleichgewicht sind. Wenn Pitta gestört ist, wird Ehrgeiz zu Aggression und Ungeduld zu Wut. Kaphas natürliche Heiterkeit verkehrt sich ins Mürrische, und die Begeisterungsfähigkeit von Vata wird zu Überdrehtheit. Was in ausgeglichener Verfassung unsere größte Stärke darstellt, verwandelt sich oft in unsere schlimmste Schwäche, wenn wir nicht auf der Höhe sind. (Die Faktoren, die zu einem Ungleichgewicht führen, lernen Sie in Kapitel 3 kennen.)

Die allgemeinen Merkmale und Tendenzen jeden Hauttyps erscheinen in den Übersichten auf den Seiten 87, 89 und 91. Niemand hat *alle* Charakteristika eines Typs, aber da alle drei Doshas in jedem vorhanden sind, hat jeder *ein paar* Eigenschaften von jedem Dosha. In den meisten Fällen jedoch hat jeder von uns *vermehrt* die Charakteristika eines Typs. Ein paar Schlüsselmerkmale (siehe unten) zeigen Ihren Hauttyp und Ihr führendes Dosha ziemlich deutlich.

Schlüsselcharakteristika

- *Trockene Haut (Vata):* Schmaler Körperbau; dünne, trockene Haut, feine Poren; dunkles, spärliches, krauses, lockiges Haar; ruhelos.
- *Empfindliche Haut (Pitta):* Mittlerer Körperbau; empfindliche, glänzende Haut mit fettiger T-Zone und trockenen Wangen; weiches, mäßig dichtes, glattes Haar von rötlicher oder heller Farbe; ehrgeizig.
- *Fettige Haut (Kapha):* Schwerer Körperbau; neigt zum Zunehmen; dicke, fettige, weiche Haut mit großen Poren; dichtes, welliges, dunkles Haar; ruhig.

Wenn Sie später die Fragen zum Hauttyp beantworten, können Sie beurteilen, welche Kategorie auf Sie am ehesten zutrifft. Bevor Sie sich jedoch an die Bestimmung Ihres vorherrschenden Doshas und Hauttyps machen, wollen wir eine wichtige Unterscheidung zwischen Prakriti und Hauttyp treffen. Insgesamt differenziert der Ayurveda zwischen zehn Konstitutionstypen. Die weiteren sieben sind Kombinationen der drei Grundtypen, nämlich: Vata-Pitta, Vata-Kapha, Pitta-Vata, Pitta-Kapha, Kapha-Pitta, Kapha-Vata und Vata-Pitta-Kapha. Bei den Zwei-Dosha-Typen, zu denen die meisten Leute gehören, sind zwei Doshas stark vertreten; das *vorherrschende* wird jedoch immer zuerst genannt und weiterhin als führendes Dosha betrachtet. Bei den sogenannten Drei-Dosha-Typen bilden alle drei das Führungstrio, aber diese Konstitution ist selten. *In diesem Buch beschäftigen wir uns nicht mit der Bestimmung Ihres Körpertyps, denn unser Hauptthema ist die Haut und ihr aktueller Zustand.* Wenn Sie jedoch aufgrund einer professionellen Analyse Ihr Prakriti kennen, sollten Sie bedenken, daß Ihre Konstitution und Ihr Hauttyp zwar miteinander zu tun haben, aber nicht unbedingt identisch sind. In meiner 25jährigen Praxis habe ich festgestellt, daß jedes normale Hautbild nur die charakteristischen Merkmale des führenden Dosha aufweist – auch bei Leuten mit einem Zwei- oder Drei-Dosha-Prakriti. Mit anderen Worten: Vata-Pitta-Typen neigen dazu, die für Vata charakteristische trockene Haut zu haben; Pitta-Vata-Typen haben die für Pitta charakteristische empfindliche Haut; Kapha-Vata-Typen haben die für Kapha charakteristische fettige Haut usw., wie die folgende Übersicht zeigt:

Prakriti	*Hauttyp*
Vata	trocken
Vata-Pitta	trocken und etwas empfindlich
Vata-Kapha	trocken mit dickerer Struktur
Pitta	empfindlich
Pitta-Vata	empfindlich und etwas trocken
Pitta-Kapha	empfindlich und etwas fettig und dick
Kapha	fettig
Kapha-Pitta	fettig und etwas empfindlich
Kapha-Vata	fettige T-Zone mit trockener Stirn und Wangen
Drei-Doshas	trocken, empfindlich oder fettig

Ähnliches verstärkt Ähnliches: Das Prinzip des Gleichgewichts

Nachdem Sie nun in etwa wissen, was Ihr angeborenes Gleichgewicht bestimmt, bleibt die Frage, wie Sie es erhalten können. Das Grundprinzip ist sehr einfach: Vermehren bzw. verstärken Sie in allen Lebensbereichen die Elemente oder Attribute, die Ihrer Seele und Ihrem Körper fehlen, und vermindern Sie die, die Sie von Natur aus sowieso im Überfluß haben. Dies ist das ayurvedische *Ähnlichkeitsgesetz*.

Jedes Dosha gerät aus dem Gleichgewicht, wenn Sie ständig Lebensmittel essen, Substanzen benutzen, Gedanken und Gefühle haben oder sich sonstwie mit Aktivitäten beschäftigen, die – ayurvedisch gesagt – *qualitativ* diesem Dosha entsprechen, d. h. ähnliche Eigenschaften aufweisen. Wenn Sie z. B. von Natur aus trockene Haut haben, ist in Ihrer Veranlagung die Vata-Energie bereits stark vertreten. Wenn Sie dann noch wegen all der Ansprüche an Ihre Zeit völlig fix und fertig sind, ständig Termindruck haben, auf die Schnelle ein paar kalte Reste herunterschlingen oder im Stehen essen, lange und bis in die Nacht hinein arbeiten und Stimulanzien wie Tee oder Kaffee benutzen, um den schnellebigen Rhythmus fortsetzen zu können, sind Sie ein klassischer Kandidat für eine Vata-Störung. Mit anderen Worten: Sie überlasten Ihre von Natur aus leicht erregbare Konstitution mit mehr hektischer Energie, als sie handhaben kann, ohne das Gleichgewicht zu verlieren. Unsere individuelle Lebensweise sollte jedoch alle Doshas gewissermaßen »nähren«, denn alle drei gehören zum Leben. Grob gesagt brauchen Menschen mit trockener Haut in ihrem Tagesablauf mehr Erde, Wasser und Feuer – mehr Kapha- und Pitta-Einflüsse – und weniger Raum und Luft, weniger Vata, damit die innere Waage nicht aus der Balance gerät. Leute mit empfindlicher Haut brauchen mehr Raum, Luft und Erde – mehr Vata- und Kapha-Einflüsse –, um cool zu bleiben. Und wer fettige Haut hat, braucht mehr Feuer, Luft und Raum, mehr Vata und Pitta, um high zu werden. In den folgenden Kapiteln lernen Sie die – inneren und äußeren – Aktivitäten und Reize kennen, die »so wie« oder »anders als« Ihre Konstitution sind, so daß Sie zu einem ausgewogenen Leben finden können.

Der Ayurveda beschreibt Schönheit als das perfekte Gleichgewicht zwischen Weite wie Raum, Leichtigkeit wie Luft, Strahlen wie Feuer, unaufhörlichem, stets sich erneuerndem Fließen wie Wasser und nährender Festigkeit wie Erde. Schönheit ist also das richtige Gleichgewicht aller fünf Elemente in Ihrer Konstitution. Zur Erreichung dieses Ziels müssen wir das »Aktions- und Reaktionsverhalten« der Elementen-Eigenschaften verstehen, denn diese Energien verbinden uns mit allem und jedem. In diesem Sinne ist jeder Mensch ein Mikrokosmos, der über Sinne und Verhalten mit dem Makrokosmos der Natur verknüpft ist. Wir behalten das innere Gleichgewicht, wenn wir auf allen Erfahrungsebenen – Körper, Atem, Seele, Geist – einen dynamischen Energieaustausch mit unserer äußeren Umgebung pflegen. Im folgenden Abschnitt werden diese Existenzschichten auf der Grundlage der ayurvedischen »Anatomie« erklärt. Mit dem damit vollständigen Bild vom ayurvedischen Gleichgewicht sind Sie vorbereitet auf die »Porträts« von Vata, Pitta und Kapha und die Fragen zur Bestimmung Ihres Hauttyps.

Die ayurvedische Anatomie: Die fünf Schichten der Existenz

Unsere körperliche Form, die der Gegenstand der westlichen Anatomie ist, stellt nur den »sichtbaren« Aspekt des Selbst dar. Dem Ayurveda zufolge besitzt der sogenannte Körper auch eine nicht-materielle Form. Diese »unsichtbare« Anatomie besteht nicht aus Fleisch und Knochen, sondern aus feinstofflichen Intelligenznetzwerken, die *Koshas* bzw. Hüllen genannt werden. Diese Koshas enthalten alle Aspekte der menschlichen Erfahrung vom Feinsten zum Gröbsten, vom Unsichtbaren zum Sichtbaren. Es sind *Bewußtsein, Ich, Geist, Atem* und *Körper.*
Weil jede dieser Schichten sich aus der ihr vorausgehenden entfaltet, wobei das unmanifestierte Bewußtsein den Anfang bildet, sind sie alle integrativ miteinander verbunden: Alles, was uns geschieht, und alles, was wir tun, betrifft *gleichzeitig* jeden Aspekt unseres Daseins. Die fünf Koshas – die auch als »feinstofflicher Körper« bezeichnet werden –

sind also nicht voneinander getrennte Teile, wie die Schichten eines Kuchens, sondern bilden unterschiedliche Energiewerte innerhalb des Bewußtseinskontinuums, vergleichbar den sichtbaren Farben und den unsichtbaren Strahlen innerhalb des Lichtspektrums. Auf der Ebene des Bewußtseins gibt es keine Trennung zwischen den Koshas, daher existiert im Ayurveda die in der klassischen westlichen Wissenschaft vorhandene Geist-Körper-Trennung auch nicht. Aufgrund dieser wesensmäßigen Einheit ist es unmöglich, eine Schicht dieser Anatomie zu beeinflussen, ohne auf das Ganze einzuwirken. Ein ausgewogenes Leben verlangt also, daß wir jede Schicht ins Gleichgewicht bringen – daher die vielen verschiedenen Ausgleichstherapien, die Sie in diesem Buch finden.

Die fünf Schichten der Existenz	*Effekt/Funktion*
Bewußtsein *Anandamaya Kosha*	Glückseligkeit *(Samadhi)*
Ich *Vijanamya Kosha*	Individualität, intellektueller oder erhabener Geist, Empfinden, Intuition, Wünschen, Werte
Geist *Manomaya Kosha*	Unterscheidungsvermögen, Entscheidungsfindung, steuert Verhalten und Aufmerksamkeit
Atem *Pranamaya Kosha*	Lebenskraft des Körpers
Körper *Annamaya Kosha*	Materielle Substanz des Körpers

Die Doshas beobachten: Die drei Gesichter der Schönheit

Wenn wir das Prakriti oder den Hauttyp eines Menschen bestimmen, stellen wir im Grunde fest, welches Dosha (bzw. welches Elementenpaar) in der Konstitution des Betreffenden dominiert. Zur Erreichung dieses Zieles stehen dem Ayurveda viele Möglichkeiten zur Verfügung: die Pulsdiagnose, die vedische Astrologie *(Jyotish)*, die bei der Einschätzung der geistig-seelischen Aspekte der Konstitution besonders nützlich ist, die Einzeluntersuchung von Lippen, Fingernägeln, Zunge, Augen, Gesicht etc., die direkte Beobachtung der allgemeinen körperlichen, geistigen, seelischen und Verhaltenscharakteristika. Ayurvedische Ärzte sind im allgemeinen in der subtilen Kunst der Pulsdiagnose ausgebildet, die die effizienteste Möglichkeit zur Einschätzung und Behandlung komplexer Krankheiten darstellt, sowie in anderen Untersuchungsmethoden. Auch vedische Astrologen studieren ihre Wissenschaft jahrelang, bevor sie erfahren genug sind, um sie richtig anzuwenden. Für unseren Zweck jedoch – um im Gleichgewicht und strahlend zu bleiben – stellt die direkte Beobachtung eine leichte, wirksame Selbsthilfemethode zur Bestimmung Ihres dominanten Dosha dar.

Um Ihnen eine Vorstellung davon zu geben, wie jedes Dosha aussehen könnte, haben wir unten ein »Porträt« der typischen Vata-, Pitta- und Kapha-Persönlichkeit skizziert. Beim Lesen dieser Beschreibungen sollten Sie an zwei Dinge denken: Erstens sind die Eigenschaften absoluter Schönheit – Haltung, Ausstrahlung und Vitalität – bei jedem Typ gleich, aber sie drücken sich unterschiedlich aus. Auf der körperlichen Ebene hat die Vollkommenheit drei Formen – drei Gesichter. Eins hat die Merkmale von Vata, das zweite die von Pitta, und das dritte die von Kapha. Keines ist besser als das andere, genauso wenig wie eine Rose besser ist als eine Tulpe oder eine Tulpe besser als ein Gänseblümchen. Sie sind einfach unterschiedlich geformt und für sich genommen vollkommen.

Zweitens: Die unten beschriebenen Personen existieren in der realen Welt nicht. Echte Ein-Dosha-Konstitutionen sind selten, und sogar der seltene Zeitgenosse, der eine hat, wird immer noch ein paar Attribute der anderen Doshas aufweisen. Wenn Sie die vielen auf die Doshas einwirkenden Faktoren erst ganz verstehen, werden Sie sehen, daß jeder hin und wieder unter dem Einfluß der Doshas steht, die in seiner angeborenen Veranlagung nicht führend sind. Ein Vata-Typ z. B., der anfängt, zuzunehmen, erlebt die Auswirkungen von zuviel Kapha. Ein Kapha-Typ, der einen Wutanfall hat, erlebt die Auswirkungen von zuviel Pitta. Wir haben jedes Porträt sehr grob gezeichnet, um Ihnen ein klares Bild des Dosha zu geben, aber es kann sein, daß Sie Teile von sich in allen dreien wiedererkennen. Das ist nur natürlich, denn alle drei Doshas sind in jedem ständig in einem gewissen Ausmaß vorhanden.

Porträt von Vata

Denken Sie an den Wind. Wohin er auch weht, er bringt kühle, frische Luft, die Feuchtigkeit und Tau vertreibt. Manchmal ist er nur ein Säuseln, das kaum die Baumkronen erzittern läßt. Dann wieder bläst er so stark, daß er uns fast wegweht. Er kann himmlische Musik auf kristallenen Glockenspielen erzeugen oder wie ein Wirbelsturm heulen. Sicher ist nur, daß er nie ruhig bleibt und sich ständig verändert. Er ist von Natur aus schnell, fein, veränderlich und dem Ätherischen näher als jede andere Materie.

Wenn Sie den Wind verstehen, erfassen Sie die Schönheit von Vata. Ihre Haut ist überall dünn und feinporig und immer leicht kühl und trocken. Ihre Gesichtszüge sind oft fein und zart, manchmal auch unregelmäßig oder länglich, mit hohem Jochbein, denn die Knochen stehen gern vor. Das Haar ist dunkel, genauso wie die Augen, und oft lockig, außerdem dünn, so daß es leicht fliegt. Die Statur kann klein oder groß sein, aber auf jeden Fall ist der Körperbau von Natur aus schlank. Sie sieht heiter aus in warmen Pastelltönen und blendend schön in Jade, Smaragd und Gold.

In der Liebe ist Vata, wie in allen Dingen, schnell entflammt und bindungsbereit. Ihre Phantasie ist sehr kreativ, und sie neigt dazu, Dinge mit viel Begeisterung anzufangen. Wenn sie glücklich ist, kennt ihr Überschwang keine Grenzen, sie platzt vor positiver, ansteckender Energie und kommt mit weniger Schlaf aus als die meisten anderen Leute. Aber Vata verausgabt sich (und ihr Geld) zu schnell. Ihre Ausdauer ist gering, und manchmal geben ihre Erregbarkeit, ihre Stimmungsumschwünge und ihr fehlendes Durchhaltevermögen ihr den Anschein, launisch zu sein. Ihr aktiver Verstand erfaßt neue Ideen im Handumdrehen, aber sie kann sie genauso schnell wieder vergessen.

Diesem exquisiten Geschöpf geht es in einer lauten, geräuschvollen

Umgebung oder in einem kalten, windigen Klima nie gut. Salate, rohe Gemüse und kalte Reste sind für Vata eine schlechte Kost, aber ein dampfender Teller Spargelcremesuppe mit Sauerteigbrot, frisch aus dem Ofen, stellt sie für Stunden zufrieden. Zu viele Reisen, zu viele Aktivitäten aller Art zermürben ihre schwachen Nerven noch mehr, und ein unregelmäßiger Tagesablauf kann Seele und Verstand ins Trudeln bringen. Wenn es ihr schlecht geht, kommt die unstete Aufmerksamkeit leicht ins Flattern, sie wird besorgt und ängstlich, der Appetit nimmt ab, und es kommt zu Verstopfung. Der Teint wird extrem trocken, und über den Augenbrauen erscheinen feine Fältchen. Für ihre empfindliche Seele gibt es nichts Störenderes als eine barsche Stimme oder eine derbe Sprache, und nichts beruhigt und stabilisiert sie mehr als eine sanfte Berührung, der süße Duft von Jasmin oder Rosen und ein Sommermorgen bei Sonnenaufgang, wenn ihre Füße fest auf dem Boden stehen, der Blick aufs Meer geht und der sanften Rhythmus der Wellen ihr in den Ohren klingt.

Porträt von Pitta

Stellen Sie sich ein loderndes Feuer vor. Seine Hitze ist durchdringend und stimulierend, entzieht immer Feuchtigkeit, und manchmal bringt sie alles zum Verdorren. Die Flammen dieses Feuers sind scharfzüngig, wild und schwer zu bändigen. Wenn es wütet, fliegen die Funken, und kaum etwas kann seinen grausamen Weg aufhalten. Zielstrebigkeit, Furchtlosigkeit und Unbesiegbarkeit gehören zu seinem Wesen. Wie die Sonne erzeugt es enorme Energie, und je länger es brennt, desto röter wird es, bis die letzte Glut verglimmt. Aber bis es soweit ist, erzeugt sein geschmeidiger Tanz knisternd schöne Wirbel von Licht, und sein Strahlen zieht jeden in seinen Bann.
Wenn Sie einmal dem feurigen Blick von Pitta begegnet sind, können Sie ihre Schönheit nicht mehr vergessen. Ihre Augen sind durchdringend grün, grau oder haselnußbraun, Wimpern und Brauen perfekt. Das glatte Haar ist sandbraun, goldblond, kupfer- oder flammendrot, die Haut warm, rosig und weich; Wangen und Nase sind wahrschein-

lich mit Sommersprossen – oder Schönheitsmalen – übersät und scheinen wegen des natürlichen Fettgehalts im Gewebe immer leicht feucht und wie mit Tau benetzt. Die scharlachroten Lippen sind ebenmäßig geformt, das Gesicht hat scharfe Konturen, und der Körper ist wohlproportioniert. Kühle Grün- und Blautöne gleichen Pittas Intensität aus, und Perlen, Mondstein und Silber bringen das Funkeln in ihren Augen zur Geltung.

In der Liebe ist Pitta, wie in allen Dingen, von Natur aus heißblütig. Ihr Verlangen ist stark, genauso wie ihre Leidenschaft und ihre Willenskraft. Sie weiß, wie sie das bekommen kann, was sie will, und wie sie sich motivieren kann, um ihr Ziel zu erreichen. Wenn sie glücklich ist, ist niemand herzlicher oder liebreizender. Aber passen Sie auf, daß Sie sich nicht verbrennen. Unter Druck kann Pitta ungeduldig, impulsiv, reizbar, wütend und sogar feindselig werden. Dann wird sie ihren seherischen Intellekt wahrscheinlich gegen Sie einsetzen, und ihre Kritik hinterläßt tiefe Wunden. Sie neigt auch zu Eifersucht, und ihr Bedürfnis nach Perfektion und Kontrolle kann in solchen Zeiten erdrückend sein. Aber selbst in kühleren Momenten können ihre Aktionen schüchternen, vorsichtigeren Zeitgenossen unüberlegt oder hastig erscheinen. Dieser Feuerkopf gerät durch heißes Wetter, gewürzte Speisen sowie Stimulanzien aller Art leicht aus der Balance, aber an kalten Tagen kann er ohne Pullover nach draußen gehen, und Eis kann er zu allen Jahreszeiten ohne Kälteschauer vertilgen. Wenn die Energie auf dem Siedepunkt ist, fühlt Pitta sich unbesiegbar. Aber auch dieses Energiebündel braucht Grenzen. Sein Lebensmotto sollte lauten: »Abkühlen statt Ausbrennen«, bzw. »Alles in Maßen«. Ins Extrem geführt, ist Pitta die klassische Streßpersönlichkeit. Die Stimmung wird wütend und streitsüchtig, das Verhalten intolerant und zwanghaft, und der Körper Opfer von Geschwüren, Bluthochdruck und Herzkrankheiten. Sogar Magen und Atem werden sauer. Der lieblich-rosige Teint bricht in rote Ausschläge, brennende Ekzeme, Kupferfinnen oder andere Entzündungen aus. Nur ein Sonnenbrand oder eine Allergie können diesen Zustand noch verschlimmern. Dann muß Pitta ihr System mit einer Aktionspause, einem Szenenwechsel, Sandelholzduft, Meditation oder einem Mondscheinspaziergang wieder auf den Normalzustand herunterkühlen.

Porträt von Kapha

Vergegenwärtigen Sie sich die Erde in all ihren mannigfaltigen Formen. Sie ist der große, schwere Planet, auf dem wir stehen, der dunkle, kühle, süße Boden, der die Ernte trägt; der weiche, nasse, dickflüssige Lehm, den die Hand des Bildhauers glättet; der behäbige, stabile Hang eines alten Berges; das sich windende Flußtal und die tiefe Wiege des Ozeans. Sie verändert sich langsam, wenn überhaupt. Aber sobald ein Unternehmen begonnen wurde, bewegt die Erde sich stetig aufs Ziel zu, egal wie lange es dauert, bis sie es erreicht: Geduldig hat sie viele Eicheln genährt, bis eine zu einer großen Eiche herangewachsen ist. Aber lassen Sie sich von diesem trägen Charakter nicht in die Irre führen. Sie werden Schwierigkeiten bekommen, wenn Sie Wurzeln herausziehen, den Lauf von Flüssen verändern oder die Berge nach Gold durchsuchen. Was die Erde liebt, läßt sie nicht so leicht los.

Wenn Sie die sinnliche Umarmung der Erde einmal gespürt haben, haben Sie die Schönheit von Kapha verstanden. Ihr Teint ist blaß, weich und immer leicht kühl und glänzend. Das füllige Gesicht ist viereckig oder rund mit Wangen, in die man hineinkneifen möchte. Die Lippen sind sinnlich, und die großen braunen oder blauen »Schlafzimmeraugen« werden von den üppigsten Wimpern gesäumt. Mit ihrer Lockenfülle und ihrer üppigen Figur könnte sie einem Gemälde von Rubens entstiegen sein. Sattes Rot und Purpur wärmen ihre kühle Haut, und Granate und Rubine verhelfen ihrer Energie und ihrer Willenskraft zum Durchbruch.

In der Liebe ist Kapha, wie in allen Dingen, vorsichtig, klug, ehrlich und beständig. Sie stürzt sich selten kopfüber in Affären – sie ist sogar ein wenig schüchtern – und zieht es vor, sich Zeit zu lassen für die Rituale des Werbens und die Vertiefung der Romanze. Sie hat es gern kultiviert – schließlich gibt es so vieles, was man sich zu sagen hat. Ihre anmutige Art ist bezaubernd, ganz zu schweigen davon, daß sie besänftigend wirkt und nichts fordert. Ihr Verstand, der auf viele Ressourcen zurückgreifen kann, bietet jedem, der klug genug ist zu fragen, eine Fülle von Einsichten. Die gelassene Kapha verliebt sich nicht schnell, aber wenn, dann für immer. Sobald sie sich einmal bindet, sind ihre unbeirrbaren Gefühle und ihre Kraft eine Herausforderung für jeden Liebhaber. Wenn allerdings ihr natürlicher Gleichmut aus der Fassung gerät, verwandelt die Anhänglichkeit sich in ein besitzergreifendes Partnerverhalten. Nach einer Enttäuschung hat Kapha große Schwierigkeiten, ihr Leben wieder selbst in die Hand zu nehmen, und wenn die Stimmungslage sich ändert, kann sie mürrisch und unzugänglich werden. Falls sie nichts unternimmt, um wieder sicheren Boden unter die Füße zu bekommen, entwickelt ihr Kummer sich leicht zu einer ausgewachsenen Depression, bei der sie aus dem Bett überhaupt nicht mehr herauskommt.

In solchen Zeiten scheint Kapha buchstäblich unter ihrem eigenen Gewicht zusammenzubrechen. Sie ist dann nicht mehr die Erde, sondern Frau Atlas, die die ganze Welt auf ihren Schultern lasten fühlt. Ihr früher so anziehendes friedvolles Verhalten wird teilnahmslos und träge, und ihre bereits mollige Figur neigt dazu, Pfunde zuzulegen. Wenn sie sich zu hartnäckig an ihre Trauer klammert, verläßt diese den Körper auf andere Weise: In Brustkorb und Nebenhöhlen sammelt sich Schleim an, und die nachfolgenden Beschwerden reichen von Erkältungen und einer verstopften Nase bis zu Husten und Asthma; die normalerweise aktiven Talgdrüsen »weinen« und verursachen eine extrem fettige Haut, Akne oder nässende Ekzeme, während der Rest des Körpers Flüssigkeiten zurückhält, so daß die gesamte Erscheinung schlaff und schwammig wirkt.

In der düsteren Stimmung solcher Augenblicke kommen ein kalter, regnerischer Tag, ein trauriges, langsames Liebeslied und ein Eisbecher mit viel Schlagsahne Kapha wie ein Trost vor, aber sie sind genau das Gegenteil von dem, was diese bekümmerte liebe Seele braucht. Eine kräftige Massage mit wärmendem Sesamöl, eine scharfe Duftmischung von Eukalyptus, Salbei und Moschus, eine Wanderung durch einen sonnendurchfluteten Wald und danach ein heißer Bratapfel mit Zimt machen Herz und Geist schon sehr viel leichter. Wenn dann noch laute, flotte Musik mit kräftigem Rhythmus dazukommt, wird Kapha bald wieder tanzen.

Dosha: Vata

Hauttyp: Trocken

Elemente: Luft und Raum

Lebenskraft: Prana

Allgemeine Eigenschaften: leicht, trocken, beweglich, rauh, kalt, dünn, klar

Körperbau: schmal, unregelmäßig, groß oder klein

Gewicht: nimmt schwer zu, nimmt leicht ab

Gesichtsform: oval, eiförmig, kleine Stirn

Haut: kalt, trocken, blaß, rauh, kleine Poren, dünn, neigt zu vorzeitiger Faltenbildung, dunkle Ringe unter den Augen, bräunt leicht, zart wie Babyhaut

Haar: dunkel, trocken, kraus, dünn, ungebändigt

Nägel: brüchig, gerillt, gräulich, verfärbt

Lippen: dünn, trocken, Tendenz zum Aufspringen, Blutungen

Augen: klein, trocken, jucken, braun, grau, spärliche Augenwimpern, bleiben nachts teilweise offen

Nase: lang, dünn, gekrümmt

Zähne: trocken, rauh, gekrümmt, klein

Zunge: trocken, rissig, kalt, rauh

Appetit: unregelmäßig, ißt häufig kleine Mengen, mag warme Speisen

Vitalität: gering, schwach

Schweiß: spärlich

Ausscheidung: unregelmäßig, kleine Mengen, Tendenz zu Verstopfung

Schlaf: wenig, unterbrochen, laute Geräusche stören

Temperament: furchtsam, unentschlossen, nervös, ängstlich, besorgt, geringe Toleranz

Gute Eigenschaften: zuvorkommend, sehr aktiv, kreativ, intelligent, von Natur aus Lehrer, Musiker, spirituelle Führer, Künstler, Philosophen

Sexualität: kühl, wechselhaft, das Lieben ist wichtiger als der Liebesakt

Sitz: Dickdarm, Haut, Blase, Nieren

Neigt zu: extremer Trockenheit, Schuppenflechte, Schuppen, Falten, Verstopfung, stechenden Schmerzen, Rückenschmerzen, Arthritis, nervösen Störungen, Schlaflosigkeit

Dosha: Pitta

Hauttyp: Empfindlich
Elemente: Feuer und Wasser

Lebenskraft: Tejas
Allgemeine Eigenschaften: heiß, scharf, geringfügig ölig/fettig, sauer, leicht, flüssig
Körperbau: mittelgroß, proportioniert
Gewicht: nimmt leicht zu, nimmt leicht ab
Gesichtsform: dreieckig mit spitzem Kinn
Haut: warm, weich, rötlich, rosig, glühend, große Poren in der T-Zone, rote Nase, neigt zu allergischen Reaktionen, hat leicht Sonnenbrand
Haar: weich, glatt, hell oder rötlich, frühzeitig ergraut
Nägel: weich, rosa, gut geformt
Lippen: mittelgroß, weich, rot, rosig
Augen: mandelförmig, scharf, durchdringend, hellbraun, haselnußbraun, grau, grün, können kein Licht vertragen
Nase: mittelscharf, spitz
Zähne: mittelgroß, weiß
Zunge: rot, dunkel, scharfer Geschmack im Mund
Appetit: gut, übermäßig, gute Verdauung, durstig, mag kalte Speisen
Vitalität: mittlere Kraft
Schweiß: reichlich, saurer Geruch
Ausscheidung: lose, regelmäßig, viel
Schlaf: wenig, aber tief
Temperament: wütend, frustriert, eifersüchtig, viel Haß, aggressiv, reizbar, arrogant
Gute Eigenschaften: anpassungsfähig, ehrgeizig, empfindsam, mitfühlend, scharfsichtig, intelligente Führer, gute Geschäftsleute, Verwalter, Direktoren, Pioniere
Sexualität: intensiv, halten sich für tolle Liebhaber, in der Realität fehlt ihnen oft die Geduld
Sitz: Leber, Gallenblase, Dünndarm, Herz, Augen, steuert Stoffwechsel, Körpertemperatur
Neigt zu: Ausschlägen, Herpesbläschen, Kupferfinnen, allergischen Reaktionen, Gefühl des Brennens, Magengeschwüren, Blutungen, Leberstörungen, Bluthochdruck

Dosha: Kapha

Hauttyp: Fettig

Elemente: Erde und Wasser

Lebenskraft: Ojas

Allgemeine Eigenschaften: schwer, langsam, kühl, feucht, ölig/fettig, süß, dicht

Körperbau: breit, gut gebaut, gleichmäßig proportioniert

Gewicht: nimmt leicht zu, nimmt schwer ab

Gesichtsform: rund, wenn mehr Wasser; viereckig, wenn mehr Erde

Haut: kühl, hell, fettige große Poren, Mitesser, neigt zu Akne, Narbenbildung, tiefe Falten, wird leicht braun

Haar: dick, fettig, wellig, lockig, schwarz, glänzend

Nägel: klar, blaß, viereckig, weiß

Lippen: dick, kalt, blaß

Augen: sinnlich, groß, schwarz, blau; dicke lange, glänzende Wimpern, wäßrige Augen

Nase: gerade, dick, guter Geruchssinn

Zähne: glänzend, ölig, stark, weiß

Zunge: weiß, schleimig, starker Speichelfluß, süß

Appetit: konstant, mag gewürzte Speisen, nicht so durstig

Vitalität: stark, gutes Immunsystem

Schweiß: mittel, süßer Geruch

Ausscheidung: langsam, regelmäßig, mittel

Schlaf: braucht mehr Schlaf, lang, tief

Temperament: wird leicht depressiv, träge, störrisch, anhänglich, gierig, passiv

Gute Eigenschaften: ruhig, beständig, zuverlässig, hegt und pflegt, gutes Gedächtnis, gute Versorger, Künstler, Tänzer, Ärzte, Buchhalter, Lehrer, Eltern

Sexualität: herzlich, ausdauernd, gute Liebhaber, romantisch

Sitz: Magen, Herzbeutel, Milz, Atemsystem, Zunge, Nase, Haare, Nägel, Muskeln

Neigt zu: Akne, Ödemen, Schwellungen, Nebenhöhlenkopfschmerzen, Halsschmerzen, Atemwegebeschwerden, Asthma, Diabetes, Zysten, Tumoren

Der Hauttyp-Test

Sehen Sie sich in einem vergrößernden Spiegel an und kreuzen Sie dann die Antworten an, die Sie am besten beschreiben; denken Sie dabei daran, daß nicht jeder Teil einer Antwort zutreffen muß. Kreuzen Sie mehrere Antworten auf jede Aussage an, wenn mehr als eine stimmt; kreuzen Sie nichts an, wenn keine Alternative richtig ist. Zählen Sie Ihre Antworten nach Anweisung zusammen.

1. Meine Haut fühlt sich an
   a ☐ trocken, dünn, rauh, kalt
   b ☐ etwas fettig, weich, warm
   c ☐ fettig, feucht, dick, kalt

2. Die Poren in meinem Gesicht sind
   a ☐ klein und fein
   b ☐ im Bereich der T-Zone vergrößert, ansonsten klein und fein
   c ☐ groß und offen

3. Meine Hauttönung* läßt sich am besten beschreiben als
   a ☐ bläulich
   b ☐ rötlich
   c ☐ gelblich

4. Mein Teint ist gekennzeichnet durch
   a ☐ feine Linien, auffällige Adern
   b ☐ geplatzte Äderchen, Sommersprossen, Muttermale
   c ☐ Mitesser, extreme Fettigkeit

5. Meine Haut erscheint stellenweise verfärbt durch
   a ☐ dunkle Pigmentierung auf den Wangen
   b ☐ rötliche Pigmentierung überall
   c ☐ weiße oder braune Pigmentierung

* Hauttönung ist nicht dasselbe wie Hautfarbe. Jeder Hauttyp weist ungeachtet der ethnischen Zugehörigkeit eines Menschen einen feinen, aber erkennbaren Unterton auf. Farb- und Stilberater richten sich nach diesen Untertönen, wenn sie die Farbe der Kleidung auf Ihre Haut abstimmen.

6. Meine Haut ist im allgemeinen gesund, neigt aber zu
   - a ☐ Trockenheit, Feuchtigkeitsmangel, besonders bei kaltem Wetter
   - b ☐ Entzündungen, Ausschlägen und Sonnenbrand, besonders bei warmem Wetter
   - c ☐ Akne und Pickeln, besonders im Bereich von Mund, Kinn oder Hals

7. Mein Gesicht ist
   - a ☐ klein, schmal, länglich, oval
   - b ☐ durchschnittlich, dreieckig, mit scharfen Konturen
   - c ☐ groß, rund oder viereckig mit weichen Konturen

8. Meine Augen sind
   - a ☐ klein, braun oder schwarz mit spärlichen kurzen oder langen Wimpern und schmalen Brauen
   - b ☐ scharf, durchdringend, grün, grau oder haselnußbraun mit durchschnittlichen Wimpern und Brauen
   - c ☐ groß, braun oder blau, mit dichten Wimpern und Brauen

9. Meine Lippen sind
   - a ☐ schmal, trocken, lang, unregelmäßig
   - b ☐ durchschnittlich, weich, rot
   - c ☐ dick, breit, gleichmäßig, fest

10. Meine Nase ist
    - a ☐ schmal, klein, lang, gekrümmt, trocken
    - b ☐ durchschnittlich, neigt zu geplatzten Äderchen
    - c ☐ dick, groß, fest, fettig

11. Meine Haare sind
    - a ☐ trocken, dünn, lockig, kraus, drahtig, spärlich, dunkel, ungebändigt
    - b ☐ mittel, fein, weich, golden oder rötlich, früh ergraut oder Haarausfall
    - c ☐ dick, fettig, üppig, wellig, dunkel oder hell

12. Meine Fingernägel sind
    - a ☐ trocken, klein, gerillt, brüchig, rauh, verfärbt
    - b ☐ weich, mittel, rosa
    - c ☐ dick, fettig, glatt, weiß, kräftig

13. Mein Schweiß ist
    - a ☐ spärlich, geruchlos
    - b ☐ reichlich und heiß mit starkem Geruch
    - c ☐ mäßig und kalt mit angenehmem Geruch

14. Meine Statur ist
    - a ☐ schmal, dünn, groß oder klein, mit vortretenden Knochen
    - b ☐ durchschnittlich, mit guten Muskeln
    - c ☐ massig, gut entwickelt, stabil, neigt zu Übergewicht

15. Bei körperlichen Aktivitäten bin ich eher
    - a ☐ sehr aktiv, fange schnell an und höre schnell wieder auf, geringe Ausdauer
    - b ☐ mäßig aktiv mit durchschnittlicher Kraft, kann aber keine Hitze vertragen
    - c ☐ lethargisch, brauche lange, bis ich anfange, bin aber stark und habe viel Ausdauer, wenn ich mal dran bin

16. Bei geistigen Aktivitäten bin ich eher
    - a ☐ ruhelos, sprunghaft
      - ☐ hyperaktiv
      - ☐ undiszipliniert
      - ☐ sehr kreativ
      - ☐ unstet
      - ☐ lerne schnell, habe aber ein schlechtes Langzeitgedächtnis
    - b ☐ ehrgeizig, motiviert
      - ☐ zielstrebig
      - ☐ scharfsinnig
      - ☐ willensstark
      - ☐ intelligent
      - ☐ diszipliniert, habe ein gutes allgemeines Gedächtnis

c ☐ ruhig, stetig
☐ zuverlässig
☐ einfallsreich
☐ vorsichtig
☐ verständnisvoll
☐ begreife langsam, habe aber ein gutes Langzeitgedächtnis

17. Mein normales Temperament ist
a ☐ wechselhaft
☐ unvorhersehbar
☐ ängstlich
☐ unsicher
☐ leidenschaftlich, lasse mich gefühlsmäßig schnell ein
☐ ungeduldig
☐ nachtragend
b ☐ mutig
☐ aggressiv
☐ zielstrebig
☐ reizbar
☐ eifersüchtig
☐ grausam
☐ schnell wütend und schnell beruhigt
c ☐ ruhig
☐ kultiviert
☐ romantisch
☐ ehrlich
☐ schüchtern
☐ traurig
☐ träge
☐ extrem anhänglich

18. Unter Streß neige ich zu
a ☐ Angstattacken
☐ Furcht und/oder Besorgnis
☐ Schlaflosigkeit
☐ Zittern

- ☐ Hysterie
- b ☐ extremem Zorn
- ☐ Frustration
- ☐ Wutanfällen
- ☐ Eifersucht
- ☐ Feindseligkeit
- c ☐ Depressionen
- ☐ »Dichtmachen«
- ☐ Gier
- ☐ Kummer
- ☐ besitzergreifendem Verhalten

19. Ich bin besonders empfindlich gegen
- a ☐ trockene Kälte und Wind
- b ☐ Hitze und Sonne
- c ☐ Kälte und Feuchtigkeit

20. Manchmal leide ich unter
- a ☐ wenig Appetit, Gewichtsverlust
- ☐ Nierenproblemen
- ☐ Menstruationskrämpfen
- ☐ Muskelkrämpfen
- ☐ Arthritisschmerzen
- ☐ Schmerzen im Rücken
- ☐ Blähungen
- b ☐ Hitzewallungen
- ☐ übersäuertem Magen
- ☐ Hämorrhoiden
- ☐ entzündlichen Krankheiten
- ☐ Geschwüren
- ☐ Leberkrankheiten
- ☐ Bluthochdruck
- ☐ Sodbrennen
- c ☐ Nebenhöhlenverstopfung
- ☐ Husten
- ☐ Erkältungen

- ☐ Schläfrigkeit
- ☐ hohem Cholesterinspiegel
- ☐ Asthma
- ☐ Diabetes
- ☐ Gewichtszunahme
- ☐ Aufgedunsenheit

21. Zur Zeit habe ich eines oder mehrere der folgenden Hautprobleme (ein Sternchen zeigt an, daß der Begriff auf S. 98 erläutert wird)

a
- ☐ extrem trockene Haut
- ☐ trockene Ekzeme*
- ☐ schuppige Haut
- ☐ Schuppenflechte*
- ☐ Verfärbungen und Aufgequollenheit unter den Augen
- ☐ Schuppen
- ☐ Risse auf Handflächen oder Fußsohlen
- ☐ Falten auf der Stirn, wenn ich Verstopfung habe, gestreßt oder ängstlich bin
- ☐ vorzeitige Faltenbildung, besonders auf der Stirn

b
- ☐ Ausschlag, Nesselausschlag, Herpesbläschen
- ☐ brennende Ekzeme*
- ☐ Kupferfinnen (Rosazea*)
- ☐ Brennen von Gesicht, Augen oder Füßen
- ☐ Hautgrieß
- ☐ extremes Schwitzen
- ☐ Kontaktdermatitis*, Feuchtigkeitsmangel oder Trockenheit in der Nähe der Kopfhaut und/oder dem Haaransatz
- ☐ vorzeitige Faltenbildung oder Fältchen unter den Augen

c
- ☐ extrem fettige Haut
- ☐ juckende Haut
- ☐ nässende Ekzeme*
- ☐ Akne*
- ☐ schlaffe, sackartig herunterhängende Haut aufgrund von Wasserverhaltung
- ☐ tiefe Narben und/oder Falten, besonders Lachfalten

- ☐ Gewichtszunahme
- ☐ Doppelkinn
- ☐ Haut ist nicht straff

Akne (Akne vulgaris, Akne simplex): Mit Pustelbildung einhergehende Hautausschläge, im allgemeinen an Mund, Kinn oder Hals, aber auch an anderen Stellen auf Gesicht und Rücken.

Brennende Ekzeme: Juckende oder brennende trockene, rote Stellen um die Gelenke herum oder an anderen Stellen des Körpers.

Kontaktdermatitis: Juckende, trockene, rote, schuppige Stellen um Augen und Augenbrauen herum.

Kupferfinnen (Rosazea): Trockene, rötliche Papeln im allgemeinen um Nase und Wangen herum, können aber auch überall im Gesicht oder auf dem Rücken erscheinen.

Nässende Ekzeme: Empfindliche, nässende rote Stellen, im allgemeinen um Augen, Augenbrauen, Nase herum oder auf der Kopfhaut, aber auch überall sonst am Körper.

Schuppenflechte: Extrem trockene Haut, gekennzeichnet durch silbrige Schuppen.

Trockene Ekzeme: Trockene, rote Stellen, im allgemeinen um die Gelenke herum, aber auch überall sonst am Körper.

Ihre Ergebnisse

Mit der Hauttyp-Analyse sollen zwei Fragen beantwortet werden: Ist Ihr Hauttyp im Prinzip *trocken, empfindlich* oder *fettig?* Und ist er derzeit *im Gleichgewicht* (normale Haut) oder *nicht im Gleichgewicht* (Problemhaut)? Zur Auswahl des richtigen persönlichen Hautpflegeprogramms brauchen Sie beide Antworten.

Ihr normaler Hauttyp: Werten Sie die Fragen 1 bis 21 aus, indem Sie in jeder Rubrik (a, b, c) die Anzahl der jeweils angekreuzten Antworten zusammenzählen. Schreiben Sie die drei Summen (zwischen 0 und 45) unten auf; kreisen Sie dann Ihre höchste Punktzahl ein:

a = __________ b = __________ c = __________

Wenn Sie die *höchste Punktzahl in Rubrik a* haben, dann ist Ihr führendes Dosha Vata und Ihr normaler Hauttyp trocken.

Wenn Sie die *höchste Punktzahl in Rubrik b* haben, dann ist Ihr führendes Dosha Pitta und Ihr normaler Hauttyp empfindlich.

Wenn Sie die *höchste Punktzahl in Rubrik c* haben, dann ist Ihr führendes Dosha Kapha und Ihr normaler Hauttyp fettig.

Ihr Hautzustand: Sehen Sie sich nur Ihre Antworten auf Frage 21 an. Tragen Sie unten »0« ein, wenn Sie in einer Rubrik (a, b, c) keine Antworten angekreuzt haben; tragen Sie ein »X« ein, wenn sich dort ein oder mehrere Kreuzchen befinden.

a = __________ b = __________ c = __________

Wenn Sie *drei mal die 0* eingetragen haben, dann ist der Zustand Ihrer Haut zur Zeit im Gleichgewicht (normale Haut).

Wenn Sie *ein X oder mehr* eingetragen haben, dann ist der Zustand Ihrer Haut zur Zeit nicht im Gleichgewicht (Problemhaut).

Was Ihre Ergebnisse bedeuten

Wie bereits erklärt, spiegelt Ihr Hauttyp die Eigenschaften Ihres führenden Dosha:

Trockene Haut ist ein Kennzeichen für vorherrschendes Vata.
Empfindliche Haut ist ein Kennzeichen für vorherrschendes Pitta.
Fettige Haut ist ein Kennzeichen für vorherrschendes Kapha.

Empfindliche Haut wird auch als *Mischhaut* bezeichnet, weil sie oft trokken im Wangenbereich und fettig in der T-Zone ist, die von den Augenbrauen über die Nase zum Kinn verläuft. Dies kommt dadurch zustande, daß das empfindliche Haut verursachende Pitta einige Eigenschaften der beiden anderen Doshas übernimmt. Pitta ist z. B. heiß, deshalb trocknet es wie Vata die Haut aus, und außerdem etwas fettig, weshalb es wie Kapha die Talgdrüsen anregt. Da empfindliche Haut trocken und fettig sein kann, ist sie manchmal schwer zu erkennen. Im Zweifelsfall sollten Sie daher das Aussehen Ihrer Poren überprüfen, die ein guter Indikator für den Hauttyp sind. Große Poren in der T-Zone und kleine, feine Poren im übrigen Gesicht verraten eine empfindliche Haut; kleine, feine Poren überall signalisieren trockene Haut, und große Poren überall sind ein Zeichen für fettige Haut.

Unter *normaler Haut* verstehen wir den Zustand Ihres Teints, wenn die Doshas ausbalanciert sind. Jeder normale Teint ist von Natur aus klar und strahlend, wird aber je nach Ihrem Grundtyp *geringfügig trocken, empfindlich* oder *fettig* erscheinen. Als *Problemhaut* wird jeder Zustand bezeichnet, der nicht »normal« ist.

Während Problemhaut immer irgendein Ungleichgewicht der Doshas anzeigt, werden Sie im folgenden Kapitel sehen, daß makellose Haut nicht zwangsläufig eine gesundheitliche Unbedenklichkeitsbescheinigung darstellt. Sicher kennen Sie jemanden, der hohen Blutdruck, aber trotzdem einen schönen Teint hat. Manche Leute können gesundheitliche Beschwerden haben, die keine offenkundigen Schönheitsfehler auf ihrem Gesicht hinterlassen, sondern auf andere Weise ihren Tribut vom Körper fordern. Deshalb sollte ein normaler, gesunder Teint nie als Vorwand genommen werden, um auf einen Gesundheitscheck zu verzichten oder ärztliche Empfehlungen zu ignorieren.

Aus dem gleichen Grund ist Problemhaut ein Hinweis darauf, daß bei Ihnen derzeit ein Ungleichgewicht vorliegt, das korrigiert werden sollte – *und nicht,* daß Sie dazu verurteilt sind, in alle Ewigkeit Hautprobleme zu haben. Falls tatsächlich ein Problem vorliegt, erfahren Sie in den folgenden Kapiteln, welche Ursache es wahrscheinlich hat und wie Sie es so behandeln können, daß Gleichgewicht und Gesundheit wiederhergestellt werden. Aber auch wenn Sie zur Zeit über Ihre Haut nicht klagen können, erhalten Sie in diesen Kapiteln viele wichtige Informationen über Gesundheit und Schönheit im allgemeinen. Außerdem lernen Sie, Anzeichen für ein Ungleichgewicht zu erkennen, so daß Sie zukünftigen Problemen vorbeugen können und auch besser verstehen, wie die Gesichtshaut Ihre körperliche und Ihre geistig-seelische Verfassung widerspiegelt.

3 Ungleichgewicht: Hautkrankheiten, der Altersprozeß und die Geist-Körper-Verbindung

Aus ihren Wangen sprach ihr rein-beredtes Blut so klar, daß es fast war, als ob ihr Körper selber denken würde.

John Donne

Die Haut, das größte Organ des Menschen, ist ein sehr komplexes Gebilde. Ihre sieben Zeitschichten stellen zusammen den Hauptentgiftungsweg des Körpers dar. Sie speichert Fett, Wasser, Glukose und Salz, ist ein wichtiger Faktor für Absorption und Sekretion, reguliert die Körpertemperatur und den Wasserhaushalt, produziert endokrine Hormone. Ihre 640 000 Sinneszellen, die uns Berührungen, Schmerz, Lust, Druck, Hitze und Kälte empfinden lassen, haben eine direkte Verbindung zum Gehirn und zu allen anderen Teilen des Nervensystems. Die Haut bildet auch unseren ersten Schutzwall gegen alles, was von außen kommt, und *spiegelt* alles, was *in uns* passiert.

Um diese letztgenannte Funktion der Haut – daß sie subtilste körperliche und seelische Prozesse anzeigt – geht es im vorliegenden Buch. Die westliche Wissenschaft hat diese Funktion bis vor kurzem fast völlig übersehen. Aber ohne die Kenntnis dieser Zusammenhänge suchen Hautpflegeexperten vergeblich nach dem perfekten Schönheitsprodukt und gleichen insofern dem eingangs zitierten Moschushirsch.

Auf den folgenden Seiten stellen wir die wissenschaftlichen Grundlagen für ein Hautpflegeprogramm vor, das von innen nach außen wirkt. Wir definieren »perfekte« Haut, beschreiben, was passiert, wenn sie ihre Vollkommenheit verliert, und welche Ursachen vorzeitige Alters- und Krankheitsprozesse der Haut haben. Aus der divergierenden Sicht der modernen Medizin und der alten Geist-Körper-Heilkunst untersuchen wir, warum die Haut als »zweites Gehirn« des Körpers bezeichnet wird; wie ihr Aussehen, bedingt durch die hormonelle Verbindung, den Zustand unserer Psychophysiologie spiegelt; welche Symptome einer Balancestörung der Ayurveda kennt, und warum diese Symptome bei jedem anders sind. Mit Hilfe des Hautproblem-Tests am Ende des Kapitels können Sie bestimmen, ob Sie derzeit ein Hautproblem haben und welche Faktoren in Ihrem Leben möglicherweise dazu beitragen, so daß Sie die geeignete Behandlung auswählen können.

Alterungsprozeß und Haut

Sehen Sie sich das Gesicht irgendeines gesunden Babys an: Egal wie niedlich oder nichtssagend die Züge sind, ob die Farbe hell oder dunkel ist, diese Haut ist unwiderstehlich – zart, elastisch, glatt, taufrisch, strahlend und makellos. Ihre Vollkommenheit ist unser natürliches Erbe bei der Geburt und die Norm, an der wir die Spuren des Alterns messen.

Bis zur Adoleszenz bleibt die Haut normalerweise in Topform. Die oberste Hornschicht wird gut mit Feuchtigkeit versorgt. Der »Zement« zwischen den Zellen, der Fett und Feuchtigkeit liefert, ist in gutem Zustand. Die Zellen arbeiten schnell und effizient. Das Elastin, der Hauptbestandteil des elastischen Bindegewebes, ist noch sehr flexibel, und das Netzwerk der aus Kollagen bestehenden Bindegewebsfasern ist stark und üppig. Mit dem Einsetzen der Pubertät jedoch geht es biologisch gesehen bergab. Veränderungen der Körperchemie, der Einfluß von Umwelt, Lebensweise und Streß ruinieren allmählich das Werk der Natur. Schon mit 13 oder 14 können Sie Anzeichen für die Demontage entdecken, wenn Sie die Lippen zu einem kleinen runden Kuß spitzen. Wenn um den Mund herum tiefe senkrechte Linien erscheinen, können Sie zu Recht darauf schließen, daß ein schlechter Gesundheitszustand, eine ungesunde Ernährung oder gewohnheitsmäßiger Zigaretten- oder Alkoholkonsum begonnen haben, dem Teint Feuchtigkeit zu entziehen und ihn vorzeitig altern zu lassen – auch wenn die ersten bleibenden Fältchen im allgemeinen erst mit 30 erscheinen.

Bis 40 oder 50 verlangsamen viele Hautfunktionen sich beträchtlich, und die Strukturen beginnen zu zerfallen. Die Epidermis wird dünner, Anzahl und Größe der Schweißdrüsen nehmen ab, die Dermis verliert

Zellvolumen, die Durchblutung wird schlechter, die Immunreaktion schwächer, die Kollagenfasern verlieren ihre Organisationsstruktur und daher ihre Kraft, so daß die Haut schlaff wird. Wenn Sie zu dieser Altersklasse gehören, sollten Sie auf dem Handrücken einmal einen Kneiftest machen. Der Verlust an Elastizität, ein übliches Altersindiz, läßt sich daran abschätzen, wie schnell oder langsam die Haut in ihre ursprüngliche Lage zurückkehrt. Männerhaut verkraftet im übrigen das Älterwerden besser als die Haut von Frauen. Denn zum einen haben Männer von vornherein eine dickere Dermis, die ihre Kraft länger behält, und zum anderen nehmen die Talgdrüsensekretionen bei Frauen in den Wechseljahren – also um die 50 – allmählich ab, während sie den männlichen Teint im allgemeinen bis 70 geschmeidig halten.

Obwohl ein idealer Teint so kurzlebig wie die Kindheit ist, werden viele Unvollkommenheiten, die wir mit alternder Haut verbinden, nicht nur durch das Vergehen der Zeit verursacht. Vielmehr wird die Haut durch zwei Arten von Alterungsprozessen in Mitleidenschaft gezogen. Der erste ist äußerlicher Art. Wie Herz, Lunge und Gehirn ist die Haut ein lebendiges Organ, und noch dazu das einzige, das der Umwelt und dem ständigen zerstörerischen Einfluß von Sonne, Wetter, Umweltverschmutzung und Chemikalien in Körperpflegeprodukten und Wasser ausgesetzt ist. Schon aus diesem Grund erfordert die Haut täglich spezielle Aufmerksamkeit, die der übrige Körper gewöhnlich nicht braucht, um vorzeitiges Altern zu verhindern.

Der zweite Alterungsprozeß spielt sich im Körperinneren ab, aber seine Auswirkungen sind trotzdem sichtbar. Streß- und lebensstilbedingte neurophysiologische Störungen verändern Funktion und Struktur einzelner Hautzellen und damit das äußerliche Erscheinungsbild des Gewebes. Die Folgen dieses »inneren Alterns« sind umfassender als die des äußeren, aber auch leichter von Ihnen zu steuern. Ihre Neurophysiologie können Sie beeinflussen – durch Ihre Eßgewohnheiten, Ihre Atmung, Ihre Gedanken und Gefühle und sogar Ihr Lebensziel, wie Sie sehen werden. Viele sogenannte normale Zeichen des Alterns sind in Wirklichkeit Zeichen für ein vorzeitiges Altern und für Krankheiten. Beide rühren von einem Ungleichgewicht her, das Sie mit Hilfe des Ayurveda korrigieren bzw. überhaupt verhindern können.

Der denkende Körper: Streß, Hormone und Immunität

Wie gerät der Körper aus dem Gleichgewicht? Was unterbricht sein normales Funktionieren, und wie zeigt dieser Effekt sich auf der Haut? Die Geist-Körper-Medizin – die moderne und die alte – antworten darauf, daß Streß und die von ihm bewirkten hormonellen Veränderungen durch neurophysiologische Störungen verursacht werden.

Der Begriff »Streß« tauchte vor etwa 50 Jahren im Lexikon der westlichen Medizin auf, als Wissenschaftler die Selbstregulierungsfähigkeit des Körpers und seinen ausgewogenen, integrierten Zustand zu untersuchen begannen, den sie als *Homöostase* bezeichneten. Der Streßforschungspionier Hans Selye meinte, Streß würde zum Versagen der homöostatischen Mechanismen des Körpers führen, was wiederum körperliches oder geistig-seelisches Unbehagen und schließlich Krankheit auslöst. Streß wurde zur Sammelbezeichnung für alle körperlichen, chemischen oder emotionalen Faktoren, die das homöostatische System »überlasten« und so eine Störung verursachen. Die charakteristischen psychophysiologischen Streßfolgen bilden, wie Sie sehen werden, das Streßsyndrom.

Aus der Sicht des Ayurveda ist Streß alles, was Ihr angeborenes Gleichgewicht der Energien – d. h. die natürliche Ausgangsposition Ihrer Doshas – mit zu vielen »ähnlichen« Energien überlastet. Mit anderen Worten: Streß ist alles, was die Rhythmen der Natur stört. Streßfaktoren können, so der Ayurveda, körperlicher, seelischer oder geistiger Natur sein. Zu den körperlichen Stressoren gehören u. a.: jede Überlastung der Sinne, eine unpassende Ernährung, unpassender Sport, schlechte Gewohnheiten, Überarbeitung, körperliche Überanstrengung, fehlende Ruhe, zu viel Reisen, falsches Atmen und chemische Belastungen durch Umweltschadstoffe, Lebensmittelzusätze und Konservierungsstoffe, synthetische Seifen und Lotionen, Drogen jeder Art, Nikotin und Alkohol. Seelische Stressoren sind etwa emotionale Krisen, unbefriedigende Beziehungen, persönliche Konflikte und negative Verhaltensweisen. Zu den geistigen Stressoren zählen Zweifel, Verzweiflung und Verwirrung – bzw. ein fehlender Lebenssinn – sowie

eine fehlende direkte Erfahrung des Bewußtseins, d. h. ein Mangel an innerer Harmonie und Seelenfrieden. Der Streßzustand wird *Santrasa* genannt: Der Ayurveda-Arzt Vasant Lad, der das erste Vollzeit-Ayurveda-Institut in den USA gründete, definierte diesen Begriff als anhaltendes Unbehagen von Körper und Geist, das das Gleichgewicht der fünf Elemente, der sieben Dhatus (Körpergewebe) und der drei *Malas* (vom gesunden Körper produzierte Abfallprodukte) stört.
Wir kommen später in diesem Kapitel noch einmal auf die ayurvedische Beschreibung eines Ungleichgewichts zurück; sehen wir uns jetzt den modernen Standpunkt an. Aus westlicher Sicht kann man sich noch einigermaßen vorstellen, daß Lebensmittel, Drogen oder Schadstoffe Chemie und Substanz des Körpers verändern. Aber die schwierigen Fragen sind: Wie erzeugen äußerliche Erfahrungen ein materielles Ergebnis im Körper? Wie verändern Gedanken und Gefühle Funktion und Substanz der Zellen und erscheinen dann auf unserer Haut? Mit anderen Worten: Wie macht der Geist uns alt und krank – und wie kann er auch dafür sorgen, daß wir jung und gesund bleiben? In den letzten 20 Jahren haben moderne Wissenschaftler einige Antworten auf diese Fragen gefunden, und zwar in der Beziehung von Gefühlen, Gedanken und Hormonen, jenen biochemischen Botenstoffen, die die meisten physiologischen Funktionen einschließlich der Streßreaktion des Körpers steuern. Die wichtigste Entdeckung dieser Forscher war, daß keine menschliche Erfahrung, sei sie gut oder schlecht, »nur im Kopf« stattfindet.

Hormone: Die chemische Sprache der Körperseele

Streß – worunter wir seelischen Streß verstehen – ist kein Keim, wie etwa Bakterien oder Viren. Er ist kein in den Körper eindringender Organismus, den wir uns unter dem Mikroskop ansehen und mit Medikamenten bekämpfen können. Er ist nur so »real« wie unsere Wahrnehmung. Seelischer Streß ist wie jeder andere Gedanke und entsteht im Verstand. In der Welt passiert alles Mögliche, und aufgrund unserer subjektiven Interpretation entscheidet das Gehirn, welche dieser Ereignisse Streß bedeuten. Kein Ereignis ist an sich stressig, erst durch unsere Reaktion wird es so. Wenn zwei Leute sich denselben Film ansehen, findet der eine ihn zum Fürchten und der andere zum Lachen. Der eine ist nach einer Scheidung am Boden zerstört, der andere fühlt sich befreit. Der eine erzielt einen Haupttreffer im Lotto und macht sich im sonnigen Süden ein schönes Leben. Der andere gewinnt, erleidet durch den Schock einen Herzinfarkt und stirbt. Sogar ein und derselbe Mensch reagiert auf ein sich wiederholendes Ereignis nicht zwangsläufig gleich: Bei der ersten Führerscheinprüfung sind wir so nervös, daß wir durchfallen. Mit ein wenig mehr Wissen und Erfahrung empfinden wir die zweite Prüfung als Kinderspiel.

Streß ist natürlich auch nicht immer schädlich. Zum Beispiel sind wir aufgeregt wegen unserer kurz bevorstehenden Hochzeit, und auch ein wenig nervös. Wir können einer Scheidung positiv entgegensehen und doch wegen der sich ändernden finanziellen Lage Unsicherheit empfinden. Allgemein gesagt ist eine derart »aufgedrehte« Stimmungslage *regulierte* Erregung – die Energie, die wir mobilisieren, wenn wir eine angenehme Arbeit beenden wollen oder uns freuen. Dieser begründete Zustand wird manchmal »Eustreß« bzw. »guter Streß« genannt. Er gibt uns einen hilfreichen Auftrieb, geht aber auf natürliche Weise zurück, wenn das Ziel erreicht ist. Wenn der Zustand der Erregung jedoch unreguliert ist – d. h. wenn er eine konditionierte Reaktion auf unbewußte Gedanken und Überzeugungen ist –, bezeichnen wir ihn kurz und bündig als Streß.

Mit dieser Art von seelischem Streß beschäftigt sich der Ayurveda; wie gesagt entsteht er aufgrund unserer subjektiven Wahrnehmung der Realität. Ob unsere Vorstellung objektiv zu Recht besteht, ist für den Körper völlig belanglos, denn sobald der Verstand entschieden hat, daß ein Ereignis Streß bedeutet, wird *der Gedanke* in Form biochemischer Stoffe, den sogenannten *Katecholaminen* – den »Streßhormonen«, die Schlüsselsysteme des Körpers auf Kampf oder Flucht vorbereiten – zu einer molekularen Realität. Das Gehirn, das an eine Krise oder eine Bedrohung denkt, alarmiert den Hypothalamus, der die Hirnanhangsdrüse, die Hauptdrüse, aktiviert; diese ihrerseits aktiviert die Nebennieren, deren Hormonausschüttung den bekannten, für die Streßreaktion symptomatischen Adrenalinstoß zur Verfügung stellt. Durch die kombinierte und verzögerte Wirkung dieser Streßhormone auf das Immunsystem können Gedanken uns krank machen.

Die Entdeckung, daß Streß durch chemische Hormone das Abwehrsystem des Körpers in Mitleidenschaft zieht, ist zwar erst ein paar Jahre alt, hat aber das westliche Verständnis vom Einfluß des Geistes auf den Körper verwandelt. Vor 1974 behauptete die herrschende Theorie, daß die gesamte Kommunikation zwischen Gehirn und Körper über die starre »Verschaltung« des Nervensystems stattfinden würde. Das Gehirn war die Kommandozentrale, die alle Mitteilungen zu und von den weit entfernten Außenposten ihres Netzwerks von Neuron zu Neuron weitergab, während alle anderen Körpersysteme entweder autonom funktionierten oder dumpf darauf warteten, daß irgendwelche Befehle ihre Nervenrezeptoren erreichten.

Dann machten die Wissenschaftler eine Reihe bemerkenswerter Entdeckungen. Zunächst fanden sie heraus, daß Nervenimpulse nicht nur elektrisch über festliegende Neuronenpfade weitergegeben werden, sondern auch chemisch über »Botenmoleküle« – die *Neuropeptide,* eine spezielle Kategorie von Hormonen –, die sich ungehindert durch die Blutbahn bewegen, um Zellfunktionen zu regeln. Als nächstes stellten sie fest, daß andere Nervenzellen *nicht* die einzigen Körperzellen sind, die diese chemischen Botschaften des Gehirns empfangen. Und drittens entdeckten sie, daß Hirnzellen bemerkenswerterweise *nicht* die einzigen Zellen sind, die Neuropeptide produzieren und aussenden.

Die Wissenschaftler haben tatsächlich ermittelt, daß das Immunsystem – von dem man lange annahm, es sei vom Gehirn und vom zentralen Nervensystem funktional unabhängig – sowie das Drüsensystem gewissermaßen »intelligente« Zellen besitzen, die amine-peptide Nervensignale genauso empfangen, aussenden und sogar umschreiben können wie Neuronen, um ihre jeweiligen Aktivitäten zu überwachen und zu regulieren. Diese drei Leitsysteme »reden« in derselben chemischen Sprache miteinander, und zwar ständig. Ähnlich wie die Mobilfunktechnologie die Telekommunikation von der Tyrannei der Kabel befreit hat, ermöglichen diese nicht gebundenen molekularen Botenstoffe und ihre allgegenwärtigen Zellrezeptoren den direkten, individuellen

Verkehr (unter Umgehung des Nervensystems) zwischen dem Gehirn und den Billionen Körperzellen. Wie der Physiologe Robert Keith Wallace erklärt, legt diese Entdeckung die Schlußfolgerung nahe, daß »unser Körper ein denkender Körper ist, in dem die Information bzw. die Intelligenz ständig zwischen all seinen zahllosen Teilen hin- und herfließt«.

Wie auch die westliche Wissenschaft zu erkennen beginnt, können wir Körper und Geist nicht länger als zwei getrennte Einheiten mit unterschiedlichen Funktionen und Erfahrungen betrachten, vielmehr müssen wir sie, wie der Ayurveda schon immer gelehrt hat, als ein unteilbares »Bewußtsein« begreifen, das als eine einzige Einheit agiert und reagiert. Und ob Streß letztlich materiell, chemisch oder seelisch ist, seine Folgen für die *Körperseele* sind immer gleich.

Streßsyndrom und Abwehrkraft

»Wo immer ein Gedanke auch hingeht, er wird von einem chemischen Stoff begleitet«, schreibt Deepak Chopra. Aber wie werden ein Gedanke und ein chemischer Stoff zu einem Pickel auf der Haut? Das westliche Denksystem erklärt dies mit dem Ablauf der Streßreaktion und dem Einfluß der Streßerregung auf das Abwehrsystem.

Das autonome Nervensystem moduliert die Streßreaktion. Es besitzt zwei »Äste«, die zusammen alle unwillkürlichen physiologischen Funktionen steuern. Das *sympathische* Nervensystem löst die Streßreaktion aus, reguliert die Streßhormone und beeinflußt betroffene innere Funktionen wie Atem- und Herzfrequenz; außerdem steuert es normale Funktionen, die mit der äußeren Erfahrung zu tun haben, z. B. die Reaktion der Sinnesorgane einschließlich der Hautfunktion sowie die Energiezufuhr für die erforderliche Aktion. Das *parasympathische* Nervensystem steuert die inneren lebenserhaltenden Funktionen, z. B. Herz-, Lungen- und Verdauungsaktivität sowie alle Drüsen- (endokrinen) Aktivitäten. Bei Streß stellt es außerdem dem sympathischen Nervensystem Energie zur Verfügung und löst die Entspannungsreaktion aus, damit nach der Streßerregung das Gleichgewicht wiederhergestellt wird.

Im Normalfall balancieren die beiden Systeme sich aus. Bei Streß »überdreht« das sympathische Nervensystem und aktiviert das parasympathische System zur Ausschüttung von Adrenalin und sonstigen Hormonen. Infolgedessen gehen die Sinne in Alarmbereitschaft, Atemmuster und Verdauungsaktivitäten werden unterbrochen; der Blutzuckerspiegel schnellt in die Höhe, damit mehr Energie zur Verfügung steht; die Herz-Kreislauffunktionen beschleunigen sich, damit mehr Blut in die Extremitäten gelangt und sie für Kampf oder Flucht bereit sind. Tatsächlich besteht der Zweck der Streßreaktion darin, uns die für das Überleben eines Angriffs notwendige geistig-seelische und körperliche Kraft zu geben. Wenn die Bedrohung vorüber ist, übernimmt die parasympathische Aktivität wieder die Führung; die Adrenalinzufuhr stoppt, Körper und Geist beruhigen sich, und kein bleibender Schaden ist entstanden. Die Streßreaktion an sich schadet dem Körper nicht – sie ist vielmehr lebensnotwendig. Wenn die Erregung jedoch *verschleppt* wird, was bei ständigem Termindruck oder anhaltenden persönlichen Krisen der Fall ist, schüttet das sympathische Nervensystem immer weiter Streßhormone aus, das parasympathische System gibt ständig Energie ab, und darin liegt das Problem.

Fortdauernde Erregung zieht jede Drüse in Mitleidenschaft. Der äußere Bereich der Nebennieren beginnt, Kortisol freizusetzen, das in großen Mengen für den Körper toxisch ist. Die Hirnanhangsdrüse setzt das antidiuretische Hormon (Vasopressin, ADH) frei, das adrenokortikotrope Hormon (Kortikotropin, ACTH), und das die Schilddrüse stimulierende Hormon Thyrotropin (TSH). Zusammen beeinflussen diese Hormone den Wasserhaushalt, die Funktion der Sexualdrüsen, den Stoffwechsel und das Knochenwachstum. Die fortgesetzte Abgabe von Katecholaminen ins Blut erhöht die Produktion von oxydierenden Molekülen, die Zellen schädigen und zu einer katabolischen Fehlanpassung führen, die der erste Schritt in Richtung Altersprozeß ist. Zugleich erschöpft die anhaltende Aktivierung des parasympathischen Nervensystems die Energiereserven des Körpers. Da die Ressourcen ständig für den Notfall bereitstehen, arbeiten andere lebens- und gesundheitsnotwendige parasympathische Funktionen nicht richtig.

Diese hormonellen Veränderungen führen in ihrer Häufung zu zahlreichen körperlichen und seelischen Symptomen, die insgesamt das Streßsyndrom bilden. Zu den üblichen Beschwerden im Verdauungsbereich gehören Schmerzen, Magenkrämpfe, Durchfall, Verstopfung, Verdauungsstörungen, zuviel Magensäure, Darmkrämpfe, Geschwüre, Reizdarm und Eßstörungen. Die Kortisolsekretionen ziehen den Glukagon-Spiegel in Mitleidenschaft, was zu Diabetes führt. Veränderungen des Östrogen- und Progesteron-Spiegels stören den Menstruationszyklus und können Unfruchtbarkeit und prämenstruelle Probleme verursachen. Die kardiovaskulären Veränderungen bewirken Bluthochdruck, Anspannung, Herzklopfen und Herzkrankheiten. Weitere Symptome sind u. a. verspannte Muskeln, Zähneknirschen, Schwitzen, Schulterschmerz, Asthma, Allergien, Kopfschmerzen und chronische Müdigkeit. Zu den geistig-seelischen Symptomen gehören Konzentrationsschwäche, Alpträume und Stottern.

Diese Streßsymptome sind zwar störend, aber nicht die schlimmste Folge fortgesetzter Erregung. Die schädlichste langfristige Konsequenz dieses durch die Flut der Streßhormone ausgelösten neurophysiologischen Ungleichgewichts ist die Unterdrückung der Immunfunktionen des Körpers. Forschungen deuten darauf hin, daß das kurzfristig durch Streß teilweise lahmgelegte Immunsystem sich langfristig nicht an ihn anpaßt, sondern auf der niedrigeren Ebene weiterfunktioniert. Untersuchungen zeigen auch, daß wir in Reaktion auf neuen Streß leichter krank werden, wenn die Abwehrkraft bereits geschwächt ist. Insofern ist Dauerstreß die Mutter aller Krankheiten – auch solcher der Haut.

Streß, Gefühle und das »zweite Gehirn«

Alle drei führenden Steuerungssysteme verfügen über weitläufige Schaltzentralen in der Haut. Über zahlreiche Nervenverbindungen zum Gehirn und vielseitige chemische Verbindungen zum Immunsystem kommunizieren die Hautzellen ständig mit dem gesamten Körper. Für die westliche Wissenschaft, die bis vor kurzem nicht wußte, daß die Haut neben der Produktion eines Hormons namens Vitamin D viele weitere Stoffwechselfunktionen wahrnimmt, ist diese Erkenntnis ziemlich neu. Nach der Entdeckung der Neuropeptide haben die Forscher jedoch zahlreiche Körperorgane einschließlich der Haut gefunden, die zusammen mit dem Gehirn die Physiologie steuern. Einer ihrer überraschendsten Befunde war 1992 die Entdeckung, daß als *Keratinozyten* bezeichnete Epidermis-Zellen die gleichen Botenmoleküle produzieren wie die Immunzellen; damit spielt die Haut nicht nur eine Rolle bei der neuralen und neuro-endokrinen Aktivität, sondern ist auch am Immunverhalten beteiligt. Die Haut spiegelt und beeinflußt daher Veränderungen in allen Körpersystemen. (Eine ayurvedische Hautmassage z. B. stärkt die Abwehrkraft des Körpers.) Die Fähigkeit der Hautzellen, Kommunikator-Moleküle anzunehmen und weiterzuleiten und die Aktivität der Körperseele zu steuern, gleicht so sehr der von Gehirnzellen, daß die Haut als »zweites Gehirn« des Körpers bezeichnet wird.

Streß verursacht also ein Ungleichgewicht, und *Ungleichgewichte aller Art zeigen sich schließlich auf der Haut als beschleunigter Altersprozeß*. Streß beeinflußt die Haut jedoch auch direkt. In Krisenzeiten erreichen die Nährstoffe das Hautgewebe als letztes, denn die Blutzufuhr geht direkt in die lebenswichtigen Organe Herz, Gehirn und Lunge. Erweiterte Blutgefäße verursachen geplatzte Äderchen sowie Rötungen und Empfindlichkeit der Haut. Vermehrter Schweiß auf Handflächen, Fußsohlen und Unterarmen verschlimmert Ekzeme und führt zu nässenden Wunden, Juckreiz oder Entzündungen. Chronische Anspannung unterbricht den Stoffwechsel, was den Zellstoffwechsel und den Verjüngungsprozeß verlangsamt, die Poren verstopft, zur Ansammlung von Toxinen unter der Haut führt und ihr so ein stumpfes, gelbliches oder weißliches Aussehen verleiht. Streß verändert auch den Eiweiß-, Kalium-, Phosphor- und Kalzium-Spiegel im Körper, die an der Regulierung der Körperflüssigkeiten und der Beibehaltung des Säure-Basen-Gleichgewichts mitwirken. Infolgedessen wird der Haut bei Streß Feuchtigkeit entzogen, und ihr pH-Wert ändert sich. Andere streßbedingte Hautprobleme sind u. a. Haarausfall, vorzeitiges Ergrauen, vermehrte Pigmentierung und Verlust der Pigmentierung (Vitiligo), blaue Flecken, Juckreiz (Neurodermitis circumscripta) und schwerer Lichen ruber planus (kleine rötliche oder violette Papeln auf Handgelenken, Fußknöcheln oder anderen Extremitäten).

Viele Hautprobleme hängen direkt mit streßinduzierten hormonellen Veränderungen zusammen. Zuviel Androgen, ein bei Streß freigesetztes »männliches« Sexualhormon, löst eine vermehrte Talgdrüsensekretion, Haarverlust auf dem Kopf und Haarwachstum auf dem Gesicht aus. Auch eine vermehrte Steroidproduktion regt die Talgdrüsen an, was zu Akne, Fettigkeit, geplatzten Äderchen, schlechter Heilungsfähigkeit, dünner werdender Haut und Infektionen führt. Ein unausgeglichener Insulinspiegel verursacht nicht nur Diabetes, sondern hat auch zahlreiche Nebenwirkungen, z. B. einen geröteten Teint, ständigen Juckreiz, bräunliche oder gelbliche Läsionen, (Hefe-) Pilz- und Bakterieninfektionen sowie schlechte Heilungsfähigkeit. Schilddrüsenstörungen beeinflussen Stoffwechsel und Wachstum. Die zu hohe Abgabe der entsprechenden Hormone bewirkt eine schnellere Blutzirkulation und gerötete Haut, übermäßiges Schwitzen, Haarausfall und die Ablösung der Nägel vom Nagelbett. Eine zu geringe Abgabe führt zu trockenem, brüchigem Haar, Verlust der Augenbrauen und vorzeitiger Faltenbildung. Ein streßinduzierter erhöhter Neuropeptidspiegel in der Haut schließlich kann lokale Entzündungen, Schuppenflechte, atopische Dermatitis, Ekzeme, Nesselsucht, Gürtelrose und andere allergische Reaktionen auslösen.

Natürlich werden nicht alle hormonellen Veränderungen, die die Haut in Mitleidenschaft ziehen, durch seelischen Streß ausgelöst. Viele sind ein normaler Bestandteil des Lebens. Bei Frauen etwa produzieren die Eierstöcke Östrogen, das Hormon, das die Menstruation regelt. Östrogen ist notwendig für eine glatte, gut mit Feuchtigkeit versorgte Haut und unterdrückt außerdem die Aktivität der Talgdrüsen. Wenn vor der monatlichen Periode und in den Wechseljahren der Östrogenspiegel sinkt – was natürlich ist –, ruft die nachfolgende Zunahme der Talgdrüsensekretion bei empfindlicher und fettiger Haut oft Akne hervor, besonders wenn schon Ungleichgewichte bestehen.

Trotzdem, so der Bostoner Dermatologe Robert Griesemer in *Emotions and Your Health,* ist emotionaler Streß bei vielen Arten von Hautkrankheiten der Schlüsselfaktor. Er berichtet, daß 98% der mit schwerem Juckreiz verbundenen Leiden, 95% der Warzen, 94% der akneähnlichen Symptome, 86% des Hautjuckens (Pruritus), 86% der Nesselsucht, 62% der Schuppenflechte und 56–70% der Ekzeme mit Streß in Verbindung stehen oder von ihm ausgelöst wurden.

Wie die Forschung dokumentiert, hat Streß auf Haut und Körper eine ganze Reihe von Auswirkungen. Durch die Sprache der Hormone »wissen« Haut- und Immunsystem genau, was wir in jedem einzelnen Augenblick denken und fühlen, und ihre Funktionsweise spiegelt dies. Damit hat die westliche Wissenschaft die alte ayurvedische Lehre bestätigt, daß die meisten körperlichen Krankheiten einen emotionalen Hintergrund besitzen. Wenn unsere Seele sich nicht über die natürlichen Ausdrucksorgane äußern kann, kommt es zu emotionalem Streß. Die unausgesprochenen Gefühle suchen sich mit Hilfe der Botenmoleküle einen anderen Weg aus dem Körper und verursachen Beschwerden, die unsere Gefühle stellvertretend für uns äußern. Geschwüre können andeuten, daß etwas uns »auffrißt«; Husten und eine verstopfte Nase sind vielleicht ein Hinweis darauf, daß wir »uns etwas von der Seele reden müssen«; Bluthochdruck zeigt, daß wir »mächtig unter Dampf stehen«. Dabei sprechen Hautleiden oft ihre ganz eigene Sprache: Ein nässendes Ekzem weint für uns, wenn wir Kummer haben, Sorgenfalten zeugen von unserer Angst, ein brennender Ausschlag macht deutlich, wie sehr wie »kochen«, auch wenn wir unsere Wut nach außen hin im Zaum halten.

Die Wahl der Sprache ist in solchen Fällen also durchaus wörtlich zu verstehen. Ted A. Grossbart, Psychologielehrer an der Harvard Medical School, der in seiner privaten Praxis Patienten mit Hautkrankheiten behandelt, vermerkt, daß sichtbare Hautsymptome oft »symbolisch den [emotionalen] Konflikt spiegeln«. In *Mind/Body Medicine* führt er den Fall einer unglücklich verheirateten Patientin an, die eine schwere Hautallergie an dem Finger bekam, an dem sie den goldenen Ehering trug, obwohl, wie er schreibt, »sie an anderen goldberingten Fingern keine Beschwerden hatte«.

In meiner eigenen Praxis habe ich festgestellt, daß die zerstörerischen Auswirkungen »unverdauter« Gefühle – wie ich sie nenne – oft erscheinen, wenn ein Klient nicht fähig oder willens ist, Gefühle direkt zu formulieren und mitzuteilen. Einer der schlimmsten Fälle, die ich je gesehen habe, betraf ein achtjähriges Mädchen, das an leichtem Autismus litt und fast nie sprach, obwohl es in Wirklichkeit ein wenig sprechen konnte und alles verstand. In der Schule war es von einem törichten Lehrer gezwungen worden, vor der Klasse zu reden. Anschließend rannte es nach Hause zu seinen Eltern und bekam einen Ausschlag, der jeden Zentimeter seiner Haut vom Scheitel bis zu den Fußsohlen bedeckte. Als die Eltern das Mädchen drei Wochen später zu mir brachten, war der Ausschlag weiterhin da, denn das unglückliche Kind hatte immer noch kein gesundes Ventil für seine Frustration und seine Wut.

Dem Ayurveda zufolge sind all diese Auswirkungen kein Zufall. Jeder von uns übersetzt eine wahrgenommene Bedrohung – bzw. Streß – je nach seiner Konstitution in ein bestimmtes Gefühl: Wut, Depression oder Angst. Der Streßreaktionsmechanismus ist bei jedem gleich, aber wegen der von unseren Gefühlen freigesetzten spezifischen Hormone variieren seine Folgen je nach Hauttyp. Jedes Ungleichgewicht – ja eigentlich jedes psychophysiologische Ereignis – hinterläßt auf der Haut ziemlich klare Botschaften. Nur können die meisten Leute dieses Manuskript nicht lesen. Der Ayurveda aber entschlüsselt es für uns.

Ungleichgewicht und Immunsystem: Die ayurvedische Perspektive

Ein weiser Arzt und Philosoph erkennt, daß er das nach außen gekehrte Nervensystem und nicht nur die Haut und ihre Begleiterscheinungen untersucht, wenn er sich die äußere Erscheinung seines Mitmenschen ansieht.

Frederic Wood Jones

Dem Ayurveda zufolge ist Ojas der Ursprung für die Abwehrkraft des Körpers und die subtile Substanz, die gesunder Haut ihr natürliches Strahlen verleiht. Wenn Ojas abnimmt, ist die Immunreaktion schwach, und die Haut wird unlebendig. Ein niedriger Ojas-Spiegel und eine schwache Abwehrkraft haben dieselbe Ursache: zuviel körperlichen, chemischen oder seelischen Streß. Der Ayurveda beschreibt diese Überlastung als Ungleichgewicht der fünf Elemente (bzw. der drei Doshas), der sieben Dhatus und der drei Abfallprodukte, die zusammen alle Strukturen und Substanzen der Körperseele bilden. Ein starkes Immunsystem und eine schöne Haut erfordern daher ein starkes Ojas, eine ausgewogene Konstitution und die angemessene Umwandlung und Funktion von Dhatus und Abfallprodukten. Die Beziehung zwischen Doshas, Dhatus, Malas und Ojas bildet daher aus ayurvedischer Sicht den Schlüssel zum Verständnis der Ursache von Alters- und Krankheitsprozessen.

Dhatus, Malas und Ojas

Die sieben Dhatus bzw. Körpergewebe sind: Plasma, Blut, Muskeln, Fett, Knochen, Knochenmark und Nervengewebe, Fortpflanzungsgewebe. Wie in Kapitel 1 dargestellt, entwickeln sie sich nacheinander; am Anfang steht dabei *Rasadhatu,* das Plasma, sozusagen die Nährstoffe des Körpers. Jedes Dhatu entsteht also aus dem »Rohmaterial« des vorhergehenden Gewebes. Plasma bildet Blut, Blutgewebe bildet Muskelgewebe etc. Letztlich sind also alle Körpergewebe *umgewandeltes* Rasadhatu.

Der Vorgang der Dhatu-Umwandlung ist der Schlüssel zum Verständnis der Hautgesundheit, und zwar aus zwei Gründen: Erstens hat jedes einzelne der sieben Dhatus eine funktionale Verbindung zu einer der sieben Hautschichten (siehe Übersicht unten). Infolgedessen wirkt sich alles, was mit einem Dhatu passiert, auf die Haut aus. Umgekehrt beeinflussen alle Substanzen, die von der Haut aufgenommen werden, auch die verschiedenen Körpergewebe. Zweitens hängt die gesamte Gesundheit der Haut direkt von der Qualität des Rasadhatu ab, von dem sie ihre Nährstoffe bezieht. Im Sanskrit wird die Haut auch als *Rasasara* bezeichnet – »der Rahm, der an die Oberfläche steigt«. Genauso, wie Rahm in konzentrierter Form alle Bestandteile der Milch enthält, aus der er entstanden ist, enthält die Haut die Essenz des Rasadhatu. Eine Analyse des Hautbildes offenbart einem erfahrenen Ayurveda-Arzt Mängel im Rasadhatu – d. h. den Nährstoffen des Körpers – genauso, wie wir anhand einer Analyse des Rahms sehen können, was in der Milch ist. Insofern zeigt sich alles, was wir essen, auf der Haut.

Bei der Dhatu-Transformation werden im Grunde Nährstoffe in Körpersubstanzen verwandelt, um die Zellen zu nähren, zu erhalten, zu heilen und zu regenerieren. Rasadhatu erhält seine Nährstoffe direkt von dem, was wir – an Lebensmitteln und Gefühlen – konsumieren, und stellt dann wiederum den anderen Dhatus Nährstoffe zur Verfügung. Die komplette Assimilation der Nährstoffe durch alle sieben Gewebe dauert etwa 40 Tage, d. h. fünf bis sechs Tage pro Dhatu. Natürlich erhält ein Dhatu die benötigten Nährstoffe nicht, wenn wir die falschen Dinge essen oder sie aufgrund von schwachem Agni oder Streß nicht richtig verdauen. Wenn jedoch ein bestimmtes Gewebe wegen eines Ungleichgewichts nicht richtig funktioniert, wird der ganze Assimilationsvorgang gestört. Dann bekommt dieses Gewebe seine notwendigen Nährstoffe nicht, auch wenn wir noch so gesunde Sachen essen, und kann natürlich auch nichts an das nächstfolgende Gewebe weitergeben. Die nicht richtig verstoffwechselte Nahrung wird darüber hinaus zu *Ama* bzw. Schlacken im Blut, die ein Hauptfaktor für Krankheiten sind, besonders solcher der Haut. Wie die Übersicht unten zeigt, führt ein Ungleichgewicht bzw. eine Funktionsstörung in einem Dhatu zu ganz bestimmten körperlichen Symptomen. Weil Dhatus und Hautschichten miteinander verknüpft sind, kann ein Ayurveda-Arzt Ihnen anhand der Art der auf der Haut erscheinenden Probleme sagen, welches Dhatu gestört ist. Die Kenntnis der Beziehung zwischen Haut, Dhatus und *Upadhatus* (den untergeordneten Geweben) ist tatsächlich eines der wichtigsten diagnostischen Hilfsmittel der *Vaidyas,* der ayurvedischen Ärzte.

Kupferfinnen (Rosazea) z. B. sind eine Blutkrankheit und haben daher ihren Ursprung im zweiten Gewebe. Egal ob der Stressor ein falsches Lebensmittel oder ein unverdautes Gefühl ist, zwischen dem streßauslösenden Ereignis und dem Auftreten der Hautveränderungen vergehen ein paar Wochen, denn so lange dauert es, bis die Schlacken der unverdauten Speisen oder Gefühle das Blutgewebe in Mitleidenschaft ziehen. Akne dagegen ist eine Erkrankung des Fettgewebes, des vierten

Dhatu, und braucht ein paar Monate, um auf der Haut sichtbar zu werden. Krebs, eine Krankheit von Knochenmark und Fortpflanzungsgewebe bzw. sechstem und siebtem Dhatu, kann sieben Jahre im Körper existieren, bevor wir seine Symptome diagnostizieren können. Ein erfahrener Vaidya ist aufgrund seines Wissens um Dhatus und Doshas in der Lage, die krebsverursachenden Ungleichgewichte in einem frühen und weniger kritischen Krankheitsstadium zu diagnostizieren und zu behandeln. (Die Beziehung zwischen Hautschichten und Dhatus sowie ihre Funktionen und Wirkungen werden in Anhang A dargestellt.)

Einen gesunde Dhatu-Umwandlung stellt jedem Gewebe nicht nur das Rohmaterial sowie Nährstoffe zur Verfügung, sondern erzeugt als Nebenprodukt auch Schlacken bzw. Malas. In der ayurvedischen Medizin ist die richtige Bildung und Beseitigung der Schlacken für das Gleichgewicht genauso wichtig wie die richtige Ernährung; Vaidyas jedenfalls können Ungleichgewichte und Krankheiten auch anhand spezifischer Veränderungen der Farbe, der Form und der Qualität von Stuhl, Urin, Schweiß und Menstruationsblut diagnostizieren. Obwohl diese Schlacken die »nicht zu bewahrenden Substanzen« des Körpers sind, sind sie für das Funktionieren und die Ernährung bestimmter Organe notwendig. Bei einer gesunden Dhatu-Umwandlung produziert Plasma als Abfallprodukt Schleim und Menstruationsblut; Blut erzeugt Galle; die Muskeln bringen Ohrenschmalz, Zahnstein und Talgdrüsen-Sekrete hervor; Fett produziert Schweiß; die Knochen erzeugen Bart, Körperhaare und Nägel; und Knochenmark und Nerven produzieren Kopfhaar und Muttermilch. Das siebte Dhatu, das Fortpflanzungsgewebe, erzeugt keine Schlacke. Solange die Gewebebildung und der Stoffwechsel richtig funktionieren, bildt es jedoch die subtile Essenz von Haut und Körper – Ojas. Tatsächlich ist Ojas die vitale Essenz aller Gewebe und muß in jeder Phase der Gewebebildung richtig »destilliert« werden, um die superfeine Essenz zu ergeben, die die Grundlage unserer Abwehrkraft und die Quelle absoluter Schönheit bildet.

Ein kurzer »westlicher« Blick auf die Entwicklung des Fötus wirft nicht nur ein erhellendes Licht auf die Dhatu-Umwandlung und die Verbindung zwischen Dhatus und Haut, sondern auch auf die Vorstellung, daß die Haut unser zweites Gehirn und der Spiegel unserer Gedanken und Gefühle ist. Wenn die befruchtete Eizelle sich zum Embryo entwickelt, bildet sie drei Zellschichten, die als *Ektoderm, Mesoderm* und *Entoderm* bekannt sind – äußeres, mittleres und inneres Keimblatt –, aus denen alle anderen Körpergewebe und Organe nacheinander entstehen. Die Zellen des Ektoderms differenzieren sich und bilden die Epidermis, das zentrale Nervensystem, die Sinnesorgane, Haare, Nägel etc. Die mittleren Zellen bilden die Dermis, Muskeln, Blut und Lymphzellen, Fortpflanzungsgewebe, Nieren, Milz und Bindegewebe. Aus den inneren Zellen entstehen die Epithel-Auskleidung des Gefäßsystems, Lunge, Thymusdrüse, Schilddrüse, Leber, Bauchspeicheldrüse, Magen-, Darm-, Atem- und Harntrakt.

Diese entwicklungsphysiologische Sicht macht deutlich, daß Haut und Geist bzw. Seele sich vollkommen entsprechen, denn beide entstehen aus dem gleichen embryonalen Gewebe. Dabei wird die *nach außen gewandte* Oberfläche des Ektoderms zur Epidermis, der obersten Hautschicht, und die *nach innen gewandte* Oberfläche des Ektoderms zu zentralem Nervensystem, Gehirn und Rückenmark. Ashley Montagu bemerkt dazu: »Das Nervensystem ist also ein ins Innere verlegter Teil der Haut, bzw. die Haut ein nach außen gekehrter Teil des Nervensystems. Es würde daher unser Verständnis dieser Dinge verbessern, wenn wir die Haut als äußeres Nervensystem begreifen und bezeichnen würden.«

Tatsächlich sieht der Ayurveda eine direkte Verknüpfung zwischen der Qualität unseres Gefühlslebens und der Qualität der Dhatus. Bei der Umwandlung eines Dhatu in ein anderes verdaut das Agni-Feuer Gedanken und Erfahrungen genauso wie Speisen und Getränke. Aus westlicher Sicht führt diese geistig-seelische »Nahrung« im Körper zur Ausschüttung von Hormonen. Die ayurvedische Perspektive ist umfassender. Wir würden sagen, daß wir die subtilen Energien aller materiellen und seelischen Nährstoffe aufgrund des Wirkens der drei Doshas nicht nur in den Körper, sondern auch direkt ins Bewußtsein aufnehmen. Daher spiegelt jedes Dosha nicht nur die Qualität unserer Ernährung, sondern auch die Qualität unserer Emotionen.

Rasadhatu z. B. wird durch Freude und Zufriedenheit genährt und nährt diese Qualitäten auch im Bewußtsein. Ein Ungleichgewicht dieses Dhatus hat neben bestimmten körperlichen Symptomen das *Gefühl* des Mangels, der Leere und sogar der Fehlernährung zur Folge. Das Wort »Rasa« bedeutet »Gefühl« oder »Essenz«, und wie Lonsdorf, Butler und Brown in *Ayurveda für Frauen* schreiben, wird der erste Geschmackseindruck eines Lebensmittels nicht nur in Rasadhatu verwandelt, »sondern nährt auch das erste Erwachen des Gefühls, die erste Befriedigung eines Wunsches, was zu Glückseligkeit führt«. Wenn Rasadhatu nicht im Gleichgewicht ist, finden wir an Lebensmitteln und am Leben buchstäblich keinen »Geschmack« mehr. Starke und anhaltende Unzufriedenheit, Depression und Apathie andererseits stören die Funktionen von Rasadhatu und führen zu ganz bestimmten Hautproblemen. Wenn die Funktionsweise des Knochengewebes – das uns aufrecht hält – gestört ist, fühlen wir uns unter Umständen schwach und unfähig, »unseren Mann« bzw. »unsere Frau« zu stehen; umgekehrt kann das fortwährende Gefühl, keine emotionale Unterstützung zu haben, zu Störungen des Knochengewebes führen.

Die nächste Übersicht zeigt die emotionalen Entsprechungen aller Dhatus sowie die körperlichen Manifestationen eines Gewebeungleichgewichts. Um den Krankheitsprozeß aus der Sicht des Ayurveda ganz zu verstehen, müssen wir uns jedoch auch die Rolle der Doshas und – ganz wichtig – unsere eigene konstitutionelle Veranlagung ansehen.

Die Doshas und Krankheiten

Dem Ayurveda zufolge beginnt der Alters- und Krankheitsprozeß ganz subtil im Körper oder in Geist und Seele, wenn Streß das natürliche Gleichgewicht unserer Doshas stört, und entwickelt sich zu einer ausgewachsenen körperlichen Krankheit, wenn die unausgewogenen Doshas Tätigkeit und Umwandlung der Dhatus unterbrechen. Im Gleichgewichtszustand konzentrieren die subtilen Energien und Substanzen der Doshas sich von Natur aus an bestimmten Körperstellen, die wir als Sitz der Doshas beschrieben haben: Vata im Dickdarm und in den Nieren, Pitta in der Leber und dem Dünndarm, Kapha im Magen und in der Lunge. In der ersten Phase eines Ungleichgewichts fängt ein Dosha infolge von Streß oder einem unpassenden Lebensstil an, sich an seinem natürlichen Sitz zu sammeln. Im allgemeinen, aber nicht immer, gerät als erstes das führende Dosha aus dem Gleichgewicht. Ohne Maßnahmen zur Korrektur des Ungleichgewichts verstärkt das Dosha sich und beginnt, sich zunächst in die umliegenden Bereiche und dann tiefer in den Körper – d. h. die Gewebe – hineinzubewegen. In den späteren Phasen des Krankheitsprozesses sammelt das verstärkte Dosha sich wieder, und zwar diesmal in Geweben, in die es von Natur nicht gehört, in denen aber Ama bzw. Schlacken eine körperliche Schwäche erzeugt haben.

Erst in den letzten drei Phasen, wenn offenkundige körperliche Probleme im Gewebe zu erscheinen beginnen, registrieren westliche Ärzte das, was sie als Symptome der Krankheit betrachten. Der Ayurveda dagegen verzeichnet in sechs Stadien der Krankheitsentwicklung körperliche und seelische Symptome eines Ungleichgewichts, so daß die Vaidyas drei Gelegenheiten mehr als ihre westlichen Kollegen haben, Krankheiten vorzubeugen. Egal ob das Symptom so harmlos ist wie Blähungen aufgrund von angesammeltem Vata im Dickdarm oder so allgegenwärtig wie Schuppenflechte aufgrund einer Verlagerung von Vata in ein tieferes Gewebe – ein geschulter Heilkundiger kann nicht nur diagnostizieren, welche Doshas und Dhatus betroffen sind, sondern auch Ursprung und Schwere des Problems benennen.

Auch hier entdeckt die westliche Wissenschaft allmählich, was der Ayurveda bereits seit Tausenden von Jahren lehrt. Forschungsmediziner haben z. B. vor kurzem festgestellt, daß Leute, die frühzeitig ergrauen, eher Osteoporose bekommen. Diese Erkenntnis ist eine gute Nachricht, denn sie gibt potentiellen Opfern ein frühes Warnsignal und die Chance, zur Vermeidung dieser einschränkenden Krankheit etwas zu unternehmen. Für ayurvedische Heilkundige ist dieser Befund jedoch ein »alter Hut«. Sie wissen schon lange, daß die Haare ein Schlackennebenprodukt der Knochengewebebildung sind und ein frühzeitiges Ergrauen daher ein Gewebeungleichgewicht anzeigt, das, wenn es nicht behoben wird, im allgemeinen zu einer Erkrankung des Knochengewebes führt.

Dhatu	*Emotionale Auswirkungen bei gesundem Dhatu*	*Emotionale Auswirkungen bei gestörtem Dhatu*
Plasma *(Rasa)*	Freude, Gelassenheit, Zufriedenheit, aufbauend	Depression, keine Energie, Fehlernährung, Unruhe, Eßstörungen
Blut *(Rakta)*	Anregung, Heiterkeit, Ehrgeiz	kein Spaß mehr am Leben, keine Aufregung, kein Ehrgeiz; Wut, Haß, Eifersucht
Muskeln *(Mamsa)*	vermittelnd, hegt und pflegt, vergebend, mutig, sicher	Hilflosigkeit, Unsicherheit, wird nicht genährt, vermehrte Passivität und Anhänglichkeit
Fett *(Meda)*	Gleitfähigkeit, Liebe, Hingabe	Einsamkeit, fehlende Liebe, mangelnde Gleitfähigkeit
Knochen *(Asthi)*	Unterstützung, Mut, kreativ, aktiv	Unentschlossenheit, kann sich nicht stellen oder seinen Standpunkt vertreten; Unterstützung, Mut, Selbstvertrauen, Kreativität fehlen
Knochenmark und Nerven *(Majja)*	Fülle, Selbstsicherheit	Verlust von Kraft und Selbstvertrauen, Gefühl, alt zu werden, hält an der Vergangenheit fest
Fortpflanzungsgewebe *(Shukra)*	lebhaft, romantisch, kreativ und fruchtbar, zielbewußt	keine Freude, keine Romantik, das Leben verdorrt, Ojas geht zur Neige

Ein Ungleichgewicht entwickelt sich immer durch die gleichen sechs Stufen hindurch, aber der exakte Weg eines verstärkten Dosha durch das Körpergewebe und die daraus resultierenden Symptome sind unterschiedlich und hängen von unserer Konstitution, unserem Hauttyp und der Gesundheit der Dhatus ab, die der Ursprung unserer Abwehrkraft sind. Die Symptome unterscheiden sich, weil jeder von uns Streß gemäß seiner angeborenen psychophysiologischen Tendenzen auf charakteristische Weise verstoffwechselt: Der trockene Hauttyp (Vata) wird bei Streß im allgemeinen besorgt, ängstlich und unruhig. Dies regt die Hirnanhangsdrüse zur Ausschüttung des antidiuretischen Hormons an, das die Nieren beeinflußt und eine übermäßige Dehydrierung verursacht. Der empfindliche Hauttyp (Pitta) wird wütend, frustriert oder ärgerlich, was die Ausschüttung von Adrenalin anregt und zur

Geistig-seelische Tendenzen bei Streß	*Körperliche Symptome bei Streß*
Vata besorgt, nervös, ängstlich, unruhig, zerstreut, unentschlossen, hysterisch	extreme Trockenheit, Falten auf der Stirn, Hautverfärbungen, trockene Ekzeme, Schuppenflechte, Schuppen; Nägel sind brüchig, angeknabbert oder haben Längsrillen; aufgesprungene Lippen und Füße; »Spliss«; Verstopfung, Windabgang, Nervenschmerzen, Gelenkprobleme, Risse auf Handflächen und Fußsohlen, Epilepsie, Nierenprobleme, aufgeblähter Bauch, Zittern
Pitta extrem aggressiv, wütend, frustriert, gereizt, kritisch	Hautgrieß, Ausschlag, allergische Reaktionen, brennende Augen und Füße, Kupferfinnen, Kontaktdermatitis, geplatzte Äderchen, brennende Ekzeme, Rötungen, starkes Schwitzen, horizontale Rillen auf den Nägeln; Übersäuerung, Magengeschwüre, Tendenz zu Blutungen, Leberkrankheiten, Bluthochdruck, entzündlichen Krankheiten
Kapha negativ, depressiv, lethargisch, besitzergreifend, kann nicht loslassen	extreme Fettigkeit; Akne sowie generell alle zystischen Erkrankungen einschließlich Myomen; mangelnder Hauttonus, Schwammigkeit, Doppelkinn; Aufgedunsenheit, Ödeme, extremes Schwitzen (wegen des Wasserüberschusses); juckende oder nässende Ekzeme, geschwollene Füße und Knöchel; Gewichtszunahme; Höcker an den Spitzen der Nägel; Asthma, Erkältungen, Husten, koronare Herzkrankheiten, Diabetes, Harnsteine

charakteristischen geröteten, heißen Haut der Menschen führt, die zum Kampf bereit sind. Der fettige Hauttyp (Kapha) wird depressiv, negativ und inaktiv, was verschiedene Hormone auf den Plan ruft, die eine zu starke Talgdrüsensekretion anregen und den Körper dazu veranlassen, Wasser zurückzubehalten.

Wir möchten noch einmal betonen, daß nicht alle Stressoren emotionaler Art sind. Aus ayurvedischer Sicht verursacht alles, was die Doshas aus dem Gleichgewicht bringt, Streß. Im folgenden Hautproblem-Test und in den Kapiteln über einzelne Ausgleichstherapien beschreiben wir die vielen körperlichen, chemischen, umwelt- und verhaltensbedingten Faktoren, die die Doshas aus dem Lot bringen. Gemäß dem Prinzip, daß Ähnliches Ähnliches verstärkt, können zu viele gewürzte Speisen die Pitta-Balance genauso stören wie zuviel emotionaler Streß.

Wie Sie sehen werden, erzeugt jede mit Hilfe von Körper, Geist und Sinnen gemachte Erfahrung je nach Ihrer Konstitution ein Gleichgewicht oder ein Ungleichgewicht.

Denken Sie jedoch daran, daß die Konstitution selbst sich nie ändert. Der *Zustand* der Doshas ändert sich täglich, aber das natürliche Gleichgewicht der Energien – der Ausgangspunkt Ihrer Doshas – steht für immer fest. Von der Geburt an ist es das ganze Leben hindurch Ihre Natur. Wir können nicht ändern, wer wir sind, nur, *wie wir wahrnehmen.* Streß ist die Hauptursache für Alters- und Krankheitsprozesse, und Streß hängt von unserer Wahrnehmung ab. Der ungehinderte Fluß der Erfahrungen und des Seelenfriedens, den wir Glückseligkeit nennen, stellen sich ein, wenn wir im Einklang mit unserer Natur leben, statt gegen sie anzukämpfen. Ändern Sie Ihre *Einstellung,* dann kommen Gleichgewicht und reines Glück zu Ihnen. Genauso wie emotionaler Streß löst auch emotionale Zufriedenheit bestimmte hormonelle Reaktionen aus. Von Glück geprägte Gedanken erzeugen *Endorphine,* die natürlichen Schmerzkiller des Körpers, die das Immunsystem anregen und die Gesundheit fördern.

Chopra schreibt, daß jeder Konstitutionstyp »einen anderen Aspekt reiner Freude zum Ausdruck bringt«, und genauso bringt er einen anderen Streßaspekt zum Ausdruck. Wenn die Doshas im Gleichgewicht sind, ist Vata von Natur aus optimistisch, überschwenglich, schöpferisch, flexibel, umtriebig und lebhaft; Pitta ist voller Energie, froh, freundlich, mitteilsam und klar denkend; Kapha ist liebevoll, mutig, altruistisch, vergebend, stark, beständig, umgänglich und einfühlsam. In den letzten Kapiteln des Buchs erfahren Sie, wie Sie Ihre Einstellung durch Meditation und bewußtes Handeln verändern, sich so von Streß befreien und den reinen Geschmack der Freude finden können.

Auch wenn Sie zur Zeit kein Hautproblem haben, sollten Sie sich den Hautproblem-Test ansehen und die anschließenden Erklärungen lesen. So erkennen Sie nicht nur Zeichen eines Ungleichgewichts, falls diese sich später einmal zeigen; Sie verstehen auch besser, auf wie vielerlei Weise der Zustand von Geist, Seele und Körper sich an der Haut ablesen läßt.

Der Hautproblem-Test

Er stellt die Fortsetzung des Hauttyp-Tests für die Leser dar, die jetzt ein Hautproblem haben. Mit seiner Hilfe können Sie bestimmen, welches Dosha (bzw. welche Doshas) aus dem Gleichgewicht geraten und also für Ihr aktuelles Hautproblem verantwortlich sind. Der Test dient nicht dazu, herauszufinden, ob eine Störung vorliegt. Wie gesagt kann ein Ungleichgewicht auch dann vorliegen, wenn Sie kein sichtbares Hautproblem haben. Wenn andere gesundheitliche Beschwerden diagnostiziert wurden, hat Ihnen die Übersicht auf Seite 122 einige der mit den einzelnen Doshas zusammenhängenden körperlichen Störungen noch einmal deutlich gemacht. Denken Sie auch daran, daß die Tests und Übersichten zwar dazu beitragen, die Ursachen für ein Ungleichgewicht zu erkennen, aber kein Hilfsmittel zur Diagnostizierung von Krankheiten sind und keineswegs als Ersatz für eine professionelle ärztliche Untersuchung benutzt werden sollten.
Ergänzen Sie die folgenden Aussagen und verteilen Sie Ihre Kreuzchen wie jeweils angegeben.

1. Mein Hautbild wird am besten beschrieben als
   (Sie können eine oder mehrere Antworten ankreuzen.)
   a ☑ trockene, schuppige, sich abschilfernde Hautstellen und/oder Falten.
   b ☑ brennende, rote Flecken und/oder kleine rötliche wässrige Papeln und/oder Ausschläge.
   c ☐ große weißliche, eitrige Ausschläge, manchmal mit Jucken und/oder tiefer Vernarbung.

2. Das Problem erscheint hauptsächlich auf
   (Sehen Sie sich erst die Alternativen a, b und c an. Kreuzen Sie eine oder zwei an. Kreuzen Sie d nur dann an, wenn alle drei zutreffen.)
   a ☑ Stirn
   b ☑ T-Zone und/oder Wangen
   c ☑ Mund, Kinn, Halspartie
   d ☑ dem ganzen Gesicht und/oder anderen Stellen meines Körpers.

Auswertung der Fragen 1 und 2: Zählen Sie Ihre Antworten in jeder Rubrik (a, b, c, d) zusammen und tragen Sie das Ergebnis unten ein. Wenn Sie in einer Rubrik nichts markiert haben, tragen Sie »0« ein.

a = 2x b = 2x c = 1x d = 1x

Suchen Sie in der Übersicht unten in der linken Spalte die Zahl, die Ihrer Gesamtzahl entspricht, und sehen Sie dann in der rechten Spalte nach, welche/s Ungleichgewicht/e Sie haben.

Gesamtpunktzahl in Rubrik				*Ungleichgewicht*
a	*b*	*c*	*d*	
				Gruppe I = ein Dosha
2	0	0	0	☒ Vata
0	2	0	0	☒ Pitta
0	0	2	0	☐ Kapha
				Gruppe II = zwei Doshas
2	1	0	0	☒ Vata + Pitta
2	0	1	0	☐ Vata + Kapha
1	2	0	0	☐ Pitta + Vata
0	2	1	0	☐ Pitta + Kapha
0	1	2	0	☐ Kapha + Pitta
1	0	2	0	☐ Kapha + Vata
				Gruppe III = zwei oder möglicherweise drei Doshas
1	0	0	1	☐ Vata + zu bestimmende/s andere/s
0	1	0	1	☐ Pitta + zu bestimmende/s andere/s
0	0	1	1	☐ Kapha + zu bestimmende/s andere/s

Nicht angeführte Punkteverteilung: Dies kann an einem Irrtum bei Ihrer Analyse oder einer multiplen Störung liegen. Sehen Sie sich die Fragen noch einmal genau an und antworten Sie erneut. Wenn die Punkteverteilung gleich bleibt, folgen Sie den Anweisungen für Gruppe III.

Kreuzen Sie bei den Fragen 3–6 die Antworten an, die Sie am besten beschreiben.

3. Mein Problem tritt wieder auf oder wird schlimmer, wenn
   - a ☐ ich sehr aktiv oder auf Reisen bin
   - b ☐ ich eine allergische Reaktion habe
   - c ☐ meine Periode ansteht
   - d ☐ weiß nicht

4. Mein Problem wird durch folgendes Wetter beeinflußt
   - a ☐ kalt, trocken oder windig
   - b ☐ heiß
   - c ☐ feucht und kalt
   - d ☐ weiß nicht

5. Mein Problem neigt dazu, bei Streß wieder aufzutreten oder schlimmer zu werden, wenn ich mich wie folgt fühle
   - a ☐ ängstlich
     ☐ besorgt
     ☐ hysterisch
   - b ☐ wütend
     ☐ eifersüchtig
     ☐ frustriert
   - c ☐ traurig
     ☐ depressiv
     ☐ extrem anhänglich
   - d ☐ weiß nicht

6. Ich esse oder trinke viel
   - a ☐ rohes Gemüse
     ☐ Salat
     ☐ kalte Nahrungsmittel
     ☐ Koffein
   - b ☐ gewürzte, fette Speisen
     ☐ Schalentiere
     ☐ saures Obst/Säfte
     ☐ Sodawasser

c ☐ Süßigkeiten
☐ fette oder gebratene Speisen
☐ Molkereiprodukte, Käse
☐ Rindfleisch, Leber, Weizenkeime
d ☐ weiß nicht

Auswertung der Fragen 3–6: Zählen Sie Ihre Antworten in jeder Spalte zusammen und tragen Sie die Gesamtergebnisse hier ein:

a = ______ b = ______ c = ______ d = ______

Ist Ihre *höchste Punktzahl in Rubrik a,* dann verstärkt Ihr Verhalten Vata. Ist Ihre *höchste Punktzahl in Rubrik b,* dann verstärkt Ihr Verhalten Pitta. Ist Ihre *höchste Punktzahl in Rubrik c,* dann verstärkt Ihr Verhalten Kapha. Wenn Sie Ihre *höchste Punktzahl in Rubrik d* erzielt haben, ist das ein dringendes Warnsignal dafür, daß Sie bewußter darauf achten sollten, wie Ihr Lebensstil Ihre Gesundheit und Ihre Haut beeinflußt.

Bei den Aussagen 7 und 8 unten können Sie so viele Antworten markieren, wie zutreffen. Wenn keine Alternative zutrifft, tragen Sie nichts ein.

7. Mein Problem erschien oder verschlechterte sich zur Zeit der
   ☐ Pubertät
   ☐ Schwangerschaft
   ☐ Wechseljahre
   ☐ Krankheit und/oder ihrer Behandlung
   ☐ Sonstiges

8. Ich benutze oder benutzte Medikamente und/oder Stimulanzien einschließlich
   ☐ Beta-Blockern und/oder anderen Blutdruck- oder Herzmedikamenten
   ☐ Diuretika
   ☐ Antibiotika

- ☐ Prednison oder andere Medikamente für Hypersteroid-Erkrankungen
- ☐ Antidepressiva
- ☐ blutdrucksenkende Mittel
- ☐ Kortison
- ☐ Tranquilizer
- ☐ Östrogentherapie
- ☐ Nikotin
- ☐ Aspirin
- ☐ Bier, Wein oder sonstiger Alkohol
- ☐ Antihistaminika
- ☐ Kaffee oder koffeinhaltige Getränke
- ☐ entstauende Mittel
- ☐ Sonstiges

Zählen Sie Ihre Antworten auf die Fragen 7 und 8 nicht zusammen. Lesen Sie die folgende Erörterung.

Was Ihre Ergebnisse bedeuten

Störungen und ihre Indikatoren (Fragen 1 und 2)

Gruppe I: Wenn Sie zu dieser Gruppe gehören, wird Ihr Problem durch das Ungleichgewicht eines Doshas verursacht. Das aus dem Lot geratene Dosha wird fast ausnahmslos dasselbe sein wie Ihr führendes Dosha – d. h. das Dosha, das für Ihren Hauttyp ausschlaggebend ist. Jemand, der normalerweise fettige Haut hat – ein Charakteristikum für Kapha – wird höchstwahrscheinlich auch wegen eines Kapha-Ungleichgewichts Hautprobleme haben.

Gruppe II: Wenn Sie zu dieser Gruppe gehören, geht Ihr Problem auf das Ungleichgewicht von zwei Doshas zurück – Ihrem führenden Dosha und dem anhand der Punktetabelle ermittelten zweiten Dosha.

Gruppe III: Wenn Sie in dieser Gruppe die höchste Punktzahl erreicht haben, *kann* Ihr Problem darauf zurückgehen, daß mehr als ein Dosha aus der Balance geraten ist – wahrscheinlich Ihr führendes Dosha plus *ein* oder *zwei* andere. Die exakte Bestimmung eines multiplen Ungleichgewichts erfordert neben einer besseren Kenntnis der ayurvedischen Prinzipien mehr Erfahrung und Daten, als ein Fragebogen hergibt. Um mit Ayurveda Ihren Teint zu verbessern und Ihr natürliches Strahlen zum Vorschein zu bringen, ist es jedoch am wichtigsten, daß Sie Ihren führenden Hauttyp kennen; auch ohne genau zu wissen, welches spezielle Ungleichgewicht bei Ihnen vorliegt, können Sie den Zustand Ihrer Haut wesentlich verbessern, wenn Sie nur dem in Teil III für Ihren Typ beschriebenen Pflegeprogramm folgen.

Ihr dominierendes Dosha und also Ihr führender Hauttyp und dessen Charakteristika ändern sich nie, egal welches Ungleichgewicht Sie haben. Wenn jemand z. B. mit trockener Haut geboren wurde, können sich die Anzeichen einer Kapha-Störung wie etwa Aufgedunsenheit oder Gewichtszunahme im Gesicht zeigen; ein näherer Blick auf den Teint beweist jedoch immer, daß dessen inhärente Vata-Qualitäten – trockene Struktur und feine Poren überall – sich nicht verändert haben. Mit anderen Worten: Wenn Vata Ihr führendes Dosha ist, werden Sie wahrscheinlich auch bei einem Kapha-Ungleichgewicht keine sehr fettige Haut oder vergrößerte Poren haben. Wenn Kapha Ihr führendes Dosha ist, werden Sie wahrscheinlich keine sehr trockene Haut oder feine Poren bekommen, auch wenn Vata gestört ist.

Wo haben Sie Ihr Hautproblem? Der Ort des Auftretens ist der Schlüssel zum Aufspüren Ihres Ungleichgewichts. Wenn ein Hautproblem vorliegt, läßt das zugrundeliegende Ungleichgewicht sich leicht dadurch bestimmen, daß Sie beobachten, *wo* das Problem sich zeigt. Im Ayurveda wird jede Gesichtspartie mit einem Körperorgan verknüpft, und jedes Organ hängt mit einem Dosha zusammen. Die Stirn hat eine Beziehung zum Dickdarm, dem Sitz von Vata; Nase und Wangen sind mit dem Dünndarm verbunden, dem Sitz von Pitta; Mund, Kinn und Hals mit Magen und Brustkorb, dem Sitz von Kapha. Wie Sie sich erinnern werden, ist der Sitz eines Dosha die Stelle im Körper, an der seine Energie am stärksten konzentriert ist, und folglich wird bei einem Dosha-Ungleichgewicht das entsprechende Organ auch als erstes in Mitleidenschaft gezogen. Jede Veränderung der Funktionsweise des Organs führt zu einer entsprechenden Veränderung des mit ihm verknüpften Gesichtsbereichs, so daß wir für das innere Ungleichgewicht ein äußerliches Signal besitzen. Ein-Dosha-Störungen sind daher ziemlich leicht zu erkennen, denn ihre Symptome neigen dazu, sich auf einen Bereich des Gesichts zu beschränken – nämlich jenen, der mit dem Sitz des Dosha in Verbindung steht. Ein Vata-Ungleichgewicht zeigt sich daher im allgemeinen als Trockenheit auf der Stirn; ein Pitta-Ungleichgewicht als Entzündung auf Nase und Wangen; und bei Kapha sind fettige Stellen im Bereich von Mund, Kinn und Hals typisch.

Anzeichen für ein Zwei- bzw. Drei-Dosha-Ungleichgewicht. Wenn eine Hautauffälligkeit eher weit verbreitet als auf einen Schlüsselbereich des Gesichts beschränkt ist, weist dies gewöhnlich darauf hin, daß mehr als ein Dosha gestört ist. Das klassische Symptom eines Pitta-Ungleichgewichts ist z. B. ein Ausschlag oder eine andere rötliche Entzündung auf Nase und Wangen. Ein Ausschlag, der sich auf die *Stirn* ausdehnt, zeigt im allgemeinen ein sekundäres Vata-Ungleichgewicht an; ein Ausschlag im *Mund-* und *Kinnbereich* deutet auf ein sekundäres Kapha-Ungleichgewicht hin. Eine Rötung an egal welcher Stelle verrät, daß die Pitta-Feuer betroffen sind, egal ob eine Lebensmittelallergie uns einen Nesselausschlag eingebrockt hat oder unser Gesicht durch Hitze oder Hitzigkeit gerötet ist. Entsprechendes gilt auch für die Symptome der anderen beiden Doshas: Extreme Trockenheit an irgendeiner Stelle verweist auf ein Vata-Ungleichgewicht, nässende Stellen sind immer ein Zeichen für zuviel Kapha. Wenn die Symptome eines Dosha jedoch auf einem Bereich des Gesichts erscheinen, der mit einem anderen Dosha in Verbindung steht, sind wahrscheinlich beide Doshas gestört.

Wenn Sie nicht sicher sind, welche Doshas an einem Problem beteiligt sind, hilft die »Gesichtslandschaft« auf Seite 133 beim Identifizieren der Ungleichgewichte. Sie veranschaulicht nicht nur die typischen Vata-, Pitta- und Kapha-Zonen, sondern auch andere verräterische Mängel und Linien, deren Auftauchen bestimmte Probleme anzeigt.

Die Verbindung zu den Gefühlen: Die Stelle, an der Ihre Hautunregelmäßigkeit auftritt, verweist auf die emotionalen und körperlichen Faktoren Ihres Ungleichgewichts. Wir wissen, daß unsere Gefühle über die Hormone den Körper auf ganz bestimmte Weise beeinflussen und charakteristische Veränderungen verursachen. Angst zum Beispiel regt die Produktion von antidiuretischen Hormonen an, die die Nierenfunktion in Mitleidenschaft ziehen, was eine Dehydrierung des ganzen Körpers verursacht und die Sekretion der Verdauungssäfte zum Stillstand bringt. Ein trockener Mund, ein klassisches Symptom für Angst, zeigt diesen Effekt unmittelbar und offensichtlich. Weniger offensichtlich ist die im Dickdarm verursachte Verstopfung, zu der es kommt, wenn Angst und Sorgen nicht losgelassen werden. Trockene Haut auf der Stirn verweist also nicht nur auf ein Dickdarmproblem und ein Vata-Ungleichgewicht, sondern auch auf tiefsitzende Angst, Besorgnis oder Unruhe. Unten sehen Sie die Beziehung zwischen den Doshas, Ihren körperlichen Symptomen und deren emotionalen Ursachen.

Symptome auf	*Verbunden mit*	*Sitz von*	*Ausdruck von*
Stirn	Dickdarm	Vata	Angst, Unruhe, Besorgnis
Nase und Wangen	Dünndarm	Pitta	Ärger, Eifersucht, Frustration
Mund, Kinn und Hals	Brustkorb, Magen	Kapha	Trauer, Depression, »Klammern«

Andere Faktoren eines Ungleichgewichts (Fragen 3–8)

Gemäß dem Prinzip »Ähnliches verstärkt Ähnliches« wird ein Dosha verstärkt, wenn Sie ständig Lebensmittel essen, Substanzen benutzen, Gedanken und Gefühle haben oder auf andere Weise ein Verhalten an den Tag legen, das – ayurvedisch gesagt – qualitativ »so ähnlich wie« dieses Dosha ist. Die letzte Fragengruppe des Hautproblem-Tests soll Ihr Bewußtsein dafür schärfen, wie Ihr Lebensstil Ihren Hautzustand beeinflußt. Erinnern Sie sich daran, daß Ayurveda »*Wissen* vom täglichen Leben« bedeutet – und mit Selbsterkenntnis beginnt und endet jede ayurvedische Behandlung.

Was Ihr Gesicht verrät

Körperliche Anzeichen eines Ungleichgewichts

1. *Horizontale Falten auf der Stirn:* Sorgen, überhöhter Konsum von Flüssigkeiten, Zucker, Fett.
2. *Vertikale Falte rechts:* schwache Leber
3. *Vertikale Falte links:* schwache Milz
4. *Tiefe horizontale Falte an der Nasenwurzel:* Neigung zu Allergien, schwacher Sexualtrieb.
5. *Krähenfüße:* Geschwächte Sehkraft (Schielen); schwache Leber.
6. *Säcke unter den Augen:* Wasserverhaltung (Nierenprobleme) oder
   violette Verfärbung: schlechte Durchblutung
7. *Zarter Bereich auf der Wangenmitte:* Nebenhöhlenverstopfung, Verdauungsprobleme
8. *Rote Nasenspitze:* überanstrengtes Herz
9. *Tiefe vertikale Falte seitlich des Mundes:* Schwäche des Fortpflanzungssystems.
10. *Auffallende Lachfalten:* Bauchspeicheldrüsenprobleme; Diabetes
11. *Vertikale Fältchen auf der Oberlippe:* Zigarettenrauchen; Mangel an sexueller Aktivität
12. *Flecken auf den Lippen:*
    Weißliche Verfärbung: Darmparasiten
    Blau-Violette Verfärbung: schlechte Durchblutung aufgrund von Verstopfung
    Dunkle Flecken: Darmprobleme
13. *Doppelkinn:* langsame, schwache Schilddrüse
14. *Ring um die Iris herum:* hoher Cholesterinspiegel
15. *Vorspringende Schläfenader:* Bluthochdruck, Wut, Besorgnis
16. *Tiefes vertikales Grübchen auf dem Kinn:* Kummer, Frustration, starker Sexualtrieb

1
15
2
3
4
5
14
6
7
8
9
11
10
12
16
13

Ihre Gewohnheiten und Lebensumstände: Bei den Fragen 3–6 listen die Rubriken a, b und c Lebensstil- und Umweltfaktoren auf, die ein bestimmtes Dosha aus dem Gleichgewicht bringen: Vata, Pitta oder Kapha. Reduzieren oder meiden Sie daher Faktoren

- in Rubrik a, wenn Sie viel Vata haben
- in Rubrik b, wenn Sie viel Pitta haben
- in Rubrik c, wenn Sie viel Kapha haben.

Entwicklungsphasen, Krankheiten, Medikamente und Stimulanzien. Die Fragen 7 und 8 führen Lebensereignisse an, die Hautprobleme heraufbeschwören oder verschlimmern können. Faktoren wie die Pubertät, die Wechseljahre, eine Schwangerschaft oder Krankheit sowie Medikamente und Stimulanzien erzeugen im Körper enorme biochemische Veränderungen, die die Haut auf bestimmte Weise beeinflussen und je nach Hauttyp Probleme verursachen. Die hormonellen Veränderungen in der Pubertät z. B. lassen die Haut fettiger werden, die in den Wechseljahren entziehen ihr Feuchtigkeit und machen sie trocken. Medikamente und Stimulanzien haben bekannte Nebenwirkungen, die bestimmte Hauttypen besonders in Mitleidenschaft ziehen (siehe Übersicht rechts). Bis auf Schwangerschaften sowie die Verwendung nicht verordneter Medikamente und Stimulanzien sind solche Lebensereignisse leider weitgehend unvermeidlich. Die in späteren Kapiteln beschriebenen Ausgleichstherapien können ihre Auswirkungen auf die Haut allerdings zumindest abschwächen.

Fragen Sie immer Ihren Arzt

Mit dem Hautproblem-Test können Sie aktuelle, alltägliche Hautauffälligkeiten sowie grundlegende Störungen und Tendenzen Ihrer Gesundheit erkennen; er ist jedoch kein Ersatz für eine traditionelle Konstitutionsanalyse, die am besten von einem in der komplexen und subtilen Kunst der ayurvedischen Diagnose ausgebildeten Spezialisten vorgenommen wird. Die selbst oder von einem ayurvedischen Heilkundigen durchgeführte Analyse ist auch kein Ersatz für eine gründliche

Medikament oder Stimulanz	*Allgemeine Nebenwirkungen*	*Verstärkt*
Nikotin	Feuchtigkeitsentzung, Falten	Vata
Antihistaminika, Antidepressiva, blutdrucksenkende Mittel, Medikamente gegen Krebs, Antibiotika, entstauende Mittel, Tranquilizer, Diuretika, Aspirin	Feuchtigkeitsentzug, verminderte Blutmenge	Vata
Beta-Blocker, andere Blutdruck- oder Herzmedikamente	Haarausfall, Dermatitis	Vata
Kaffee, Alkohol	Erweiterung der Blutgefäße, führt zu Kupferfinnen, roter Nase, geschwollenen Kapillaren	Pitta
Kortison, Östrogentherapie	Akne	Kapha
Prednison	Ödeme, Wasserverhaltung, geröteter Teint, Vergröberung der Gesichtszüge	Kapha

medizinische Untersuchung. Wenn Sie irgendwelche gesundheitlichen Beschwerden haben, seien es Haut- oder andere Probleme, sollten Sie immer einen Arzt konsultieren, bevor Sie eine Behandlung beginnen.

Auf den folgenden Seiten finden sich nun die vielen ayurvedischen Therapien und Behandlungen, die Ihnen helfen, Gleichgewicht, Schönheit und reines Glück zu erreichen und zu erhalten. Wenn Sie ein chronisches Hautproblem haben und enttäuscht sind, weil bislang die immer wieder versprochene Besserung nicht eingetreten ist, sollten Sie Ihr Herz und Ihren Geist für diese ganz andere Herangehensweise an Gesundheit und Hautpflege öffnen, die schon vielen Menschen geholfen hat.

Vor etwa zehn Jahren wollte die Zeitschrift *Redbook* eine Titelgeschichte über meine Arbeit veröffentlichen und schickte mir daher eine Klientin, um den Verwandlungsprozeß zu dokumentieren. Die Frau, die damals in den 30ern war, hatte fast ihr ganzes Leben an Kupferfinnen gelitten, und obwohl sie von berühmten Ärzten behandelt worden war und von Akutan und Antibiotika bis Vitamin-A-Säure alles ausprobiert hatte, war ihr Zustand nicht besser geworden. Als sie zu mir kam, gehörte ihr Zustand zu den schlimmsten, die ich je gesehen hatte: Ihr Gesicht war mit roten Pusteln bedeckt, ein Ekzem hatte tiefe vertikale

Falten in die Stirn gegraben, und ihre Haut brannte so stark, daß sie noch nicht einmal Wasser auf ihr Gesicht aufbringen konnte, ohne große Schmerzen zu haben. Und sie ärgerte sich maßlos über ihr Problem und die Welt, die ihr nicht geholfen hatte.

Obwohl ich die Therapie neuer Patienten im allgemeinen mit einer reinigenden und nährenden Gesichtsbehandlung beginne, empfahl ich in Anbetracht des Zustands der Frau zunächst Ernährungsveränderungen, Atemübungen und Meditation zur Beruhigung der Gefühle, Kräuter zur inneren Entgiftung und heilende ätherische Öle, die sie zu Hause äußerlich auf die infizierte Haut auftragen sollte. Bei diesem letzten Vorschlag konnte sie ihre Feindseligkeit und ihren Zynismus kaum zurückhalten: »Wollen Sie wirklich, daß ich mir Öl aufs Gesicht schmiere? Das habe ich 30 Jahre lang nicht gemacht.«

Ich sah mir ihr Gesicht und ihre Pein an. »Und das ist das Ergebnis dieser 30 Jahre«, antwortete ich, »warum also nicht etwas anderes ausprobieren?«

Vier Tage später kam die Frau in meine Praxis zurück. Sie hatte meine Empfehlungen befolgt und sah und spürte zum ersten Mal seit Jahrzehnten eine Verbesserung ihres Hautbildes. Da der schlimmste Schmerz jetzt weg war, konnte ich eine beruhigende, heilende Gesichtsmaske und lindernde Öle auf ihr Gesicht auftragen. Zu Hause wandte sie weiter die Ausgleichstherapien und die medizinischen Öle an, und nach vierwöchiger Behandlung war das positive Resultat an ihrer Haut ganz deutlich abzulesen.

Diese Geschichte hatte für alle Beteiligten ein Happy-End: Meine Klientin bekam eine gesündere, reinere Haut und erlebte das Ende jahrelanger Not; *Redbook* bekam seine Titelgeschichte; und ich bekam innerhalb von zwei Wochen 6000 Anrufe von Leuten, die meine Produkte anforderten, so daß letztlich auch viele andere Akne-Patienten von diesem Erfolg profitierten. Ich erzähle diese Geschichte nicht, um anzugeben, sondern um zwei wichtige Punkte zu unterstreichen. Erstens möchte ich den vielen Frauen und Männern, die so wie meine Klientin jahrelang mit einem schweren Hautproblem gelebt haben, sagen, daß es eine Lösung gibt. Zweitens wollte ich deutlich machen, daß die Kenntnis Ihres ayurvedischen Hauttyps und des Grundsatzes

»Ähnliches verstärkt Ähnliches« bei allen Hautproblemen, beim Hinauszögern des Altersprozesses und bei der Verwirklichung einer gesunden, strahlenden Haut über Erfolg oder Mißerfolg entscheiden.

Von dem Augenblick an, in dem diese Frau mein Büro betreten hatte, war mir aufgrund ihrer allgemeinen Erscheinung, ihres roten Gesichts und ihrer Veranlagung zu Wut klar gewesen, daß sie mit einer Feuer-Konstitution geboren worden war und jetzt ein starkes Pitta-Ungleichgewicht bestand. Diese Information hatte den berühmten Ärzten der Frau gefehlt: Alle Medikamente, die sie erhalten hatte – Antibiotika, Akutan, Vitamin-A-Säure – verstärken Pitta (sowie Vata). Da diese Medikamente von Natur aus austrocknend und anregend wirken, hatten sie die bereits bestehende Entzündung verschlimmert und dem Körper der Frau so viel Wasser entzogen, daß ihre Haut aus Mangel an Feuchtigkeit und Nährstoffen ganz wund war. Wie die meisten Akne-Patienten hatte sie angenommen, Fett sei die Ursache ihres Problems, und es ihr ganzes Leben gewissenhaft gemieden; in ihren Fall jedoch war ein linderndes, kühlendes Öl genau das, was sie brauchte. Wie Sie in Kapitel 5 sehen werden, ist ein auf Ihren Hauttyp zugeschnittenes und richtig dosiertes ätherisches Öl gut für jede Haut – auch dann, wenn Ihr Teint von Haus aus fettig ist. Wenn diese Klientin mehr Kapha als Pitta in ihrer angeborenen Konstitution gehabt und Akne bekommen hätte – deren Ursache eine Störung des Wasser-Fett-Gleichgewichts bei einer Erd-Konstitution ist –, dann hätten die dehydrierenden, austrocknenden Verordnungen der Ärzte die Symptome ironischerweise zumindest gelindert, auch wenn sie letztlich keine vollkommene Heilung bewirkt hätten. Denn vollkommenes Gleichgewicht kann nie durch einen lokal begrenzten Eingriff, nicht durch Medikamente oder die Ernährung allein erreicht werden – und seien sie ayurvedischer Art. Ohne Techniken, die den emotionalen Streß reduzieren, erzeugen unsere »unverdauten« Gefühle weiterhin Ungleichgewichte und Schlacken, die zusammen die Wurzel aller gesundheitlichen Probleme bilden.

Letztlich haben auch die Begriffe »Hautproblem« und »Hautkrankheit« keine praktische Bedeutung. Aus der Sicht der ayurvedischen Medizin gibt es nämlich nur zwei Zustände: Einen Gleichgewichtszustand und einen Ungleichgewichtszustand, die sich je nach angeborener Veranlagung und persönlichem Lebensstil auf der Haut auf bestimmte Weise zeigen. Wenn wir im Gleichgewicht – an Körper und Seele gesund – sind, besitzen wir eine natürliche Widerstandskraft gegenüber Krankheiten, und unsere Haut strahlt von innen heraus. Wenn wir nicht im Gleichgewicht sind, gibt es, egal ob die Symptome auf der Hautoberfläche oder sonstwo in Körper oder Seele erscheinen, nur eine Heilmethode: Wir müssen innerlich und äußerlich auf allen Ebenen des Lebens – Körper, Atem, Geist und Seele – die Balance wiederherstellen.

TEIL II

Ayurvedische Hautpflege

Wenn die Grundlage für eine gute Gesundheit gelegt wurde, indem man das beste aus Sonnenschein, frischer Luft, Schlaf, Wasser und Nahrung macht, ist es an der Zeit, sich den kleinen Details der Haut-, Haar-, Zahn- und Nagelpflege zuzuwenden.

Vatsyayana

4 Nahrung für die Haut

Freut Euch über die Pflanzen, die so reichlich Blüten und Früchte tragen, die wie siegreiche Pferde zusammen über die Krankheit triumphieren, die hervorsprießen und dem Menschen sicher über die Krankheit hinweghelfen. »Rigveda«

Hunderte neuer Schönheitsprodukte kommen monatlich auf den Markt, und in vorstädtischen Einkaufszentren und City-Passagen schießen immer mehr Geschäfte für »natürliche« Bade- und Hautpflegepräparate aus dem Boden. Die Verbraucher haben nicht nur mehr Auswahl als je zuvor – sie sind auch unsicherer, welche Mittel und Behandlungen nun wirklich gut für Körper und Haut sind. Irreführende amtliche Normen zur Angabe der Inhaltsstoffe und zur Verwendung des Etiketts »biologisch« oder »natürlich« schützen den Durchschnittskäufer nicht, der weder das Wissen noch die Erfahrung besitzt, die chemischen Inhaltsstoffe eines Produkts oder die gesundheitlichen Implikationen seiner Verwendung einzuschätzen. Wenn wir den Herstellern glauben sollen, ist *jedes* Produkt gut für jeden, und alle werden mit Hilfe »exklusiver« Rezepte hergestellt, die reich an unverfälscht klingenden Ingredienzien wie »pflanzlichen Substanzen«, »Biomineralen«, »Enzymen« und »Extrakten« sind. Obwohl viele Präparate wirklich natürliche Bestandteile enthalten, werden die vielen anderen synthetischen und chemischen Zusätze, wie Farb-, Konservierungs- und Duftstoffe sowie Emulgatoren, die ebenfalls in diese Produkte und damit unsere Haut eingehen, weder in der Werbung noch auf den Beipackzetteln erwähnt. Ungeachtet ihrer amtlichen Billigung sind viele heute benutzte Bestandteile noch nicht so lange auf dem Markt, daß wir ihre langfristigen Folgen für die Gesundheit kennen könnten; andere haben einen zweifelhaften Effekt, den die amtlichen Normen aber immer noch auf einem »akzeptablen« Niveau ansiedeln.

Der Ayurveda besitzt einen sehr viel höheren Qualitätsstandard als die westliche Medizin oder amtliche Verordnungen, denn was er für gesund und »natürlich« hält, ist umfassender und komplexer zugleich. Da der Ayurveda seine Theorie außerdem seit nun 6000 Jahren direkt am Menschen »getestet« hat, kann er zu Recht behaupten, die langfristigen Auswirkungen seiner Anwendungen und Produkte zu kennen.
Welchen Unterschied macht es, was wir auf die Haut geben? Was ist ayurvedischen Normen zufolge rein und natürlich? Welche Zutaten haben ayurvedische Hautpflegeprodukte und was ist das Besondere an ihnen? Die Antworten auf diese Fragen und einfache Anweisungen zur häuslichen Herstellung ayurvedischer Präparate finden Sie unten. Wenn Sie die Produkte lieber kaufen, empfehle ich die von mir hergestellten und vertriebenen Produktlinien Bindi und Tej, die Sie bestellen können (siehe Anhang C). Weitere Bezugsquellen für andere ayurvedische Produkte bzw. zur Herstellung benötigte Zutaten finden Sie ebenfalls in Anhang C.

Die Haut ißt

Wenn Ihnen eine Mahlzeit angeboten würde, die aus Cetylalkohol, Isodopropylbutylcarbamat, Natrium-Dodecylbenzensulfonat, Dinatrium EDTE, 2,6-di-tert-butyl-p-cresol, rotem Farbstoff E120 und gelbem Farbstoff E102 bestünde, würden Sie die dann essen wollen? Millionen von Menschen – vielleicht auch Sie – »essen« diese chemischen Stoffe jeden Tag, denn sie sind die Standardzutaten in zwei der populärsten kommerziellen Feuchtigkeitscremes und Schönheitsseifen, die US-Amerikaner auf der Haut benutzen – einem der wichtigsten Absorptionsorgane des Körpers.
Obwohl wir uns den größten Teil unserer Ernährung über den Mund zuführen, nimmt auch die Haut Nährstoffe auf. Und anders als die gekaute und geschluckte Nahrung, die im Magen vor der Absorption aufgespalten wird, umgehen Cremes und Lotionen den Verdauungsapparat und gelangen *mit voller Kraft direkt ins Blut,* wo sie wie alle aufgenommenen Substanzen zu Rohmaterial für den Aufbau neuen Kör-

pergewebes – oder zu gefährlichen toxischen Abfallstoffen – werden. Deshalb sage ich meinen Klientinnen immer: Betrachten Sie Ihre Schönheitsprodukte nicht als Kosmetika, sondern als Lebensmittel. Wenn Sie sie nicht essen können, benutzen Sie sie auch nicht auf der Haut. Dies ist die ayurvedische Norm für »rein und natürlich«.

Die Haut ißt, und alles, was Sie ihr zu essen geben, geben Sie sich zu essen. Wenn Ihre Gesundheit und Ihr Wohlbefinden Ihnen wichtig sind, sollten Sie daher die Bestandteile dessen, was Sie äußerlich anwenden, genauso kennen wie die Bestandteile Ihrer Ernährung und Ihrer Medikamente. Fangen Sie an, die Aufschriften auf Ihren Schönheitsprodukten zu lesen. Versuchen Sie, vor der Benutzung herauszufinden, um welche chemischen Stoffe bzw. um welche Pflanzen es sich handelt, wenn Sie diese nicht kennen. Leider garantiert die Verwendung des Wortes »Ayurveda« – oder einer seiner Variationen – die Reinheit des Produkts genauso wenig wie das Wort »biologisch«. Wenn wir im nächsten Kapitel das äußerliche Hautpflegeprogramm erörtern, werden wir Ihnen ein paar Tips zum Verständnis des Kleingedruckten auf Kosmetik-Beipackzetteln geben.

Meine im Handel erhältlichen Produkte und alle Rezepte in diesem Buch sind völlig frei von synthetischen Substanzen. Bis auf eine Ausnahme sind sie auch völlig frei von toxischen Chemikalien und Konservierungsstoffen. Die nicht zu vermeidende Ausnahme ist die Feuchtigkeitscreme in meinen kommerziellen Produktlinien. Alle Feuchtigkeitscremes enthalten chemische Konservierungsstoffe, weil ihre feuchtigkeitsspendenden Zutaten von Natur aus instabil sind und ohne sie schnell verderben würden. Für die Do-it-yourself-Produktion sagen wir Ihnen, wie Sie mit reinen Kräutern und Ölen Ihrer Haut ohne kommerzielle Cremes die benötigte Feuchtigkeit geben können.

Diese Öle und überhaupt alle in diesem Buch vorgestellten Hautpflegepräparate können leicht zu Hause hergestellt werden, und zwar ausschließlich mit Lebensmitteln und natürlichen Lebensmittelprodukten. Wie bei allen echt ayurvedischen Präparaten sind die einzigen Zutaten Pflanzen und Kräuter bzw. deren Essenzen und Extrakte, rein pflanzliche Öle, reines Wasser, geklärte Butter (Ghee), Honig, Milch und Gemüse sowie Früchte. Ingredienzien wie z. B. pflanzliche Essenzen und Extrakte, die man im Supermarkt nicht findet, sind gewöhnlich in Naturkostläden, Reformhäusern oder Apotheken erhältlich, die naturheilkundliche Präparate führen, oder, wie oben erwähnt, bei den in Anhang C genannten Bezugsquellen. Alle Schönheitsprodukte, die aus diesen authentischen ayurvedischen Bestandteilen hergestellt wurden, könnten Sie gefahrlos essen; eine Schweizer Kundin rief tatsächlich einmal an und fragte, ob sie mit meinem Hautreinigungsprodukt auf Pflanzenbasis ihre Suppe würzen könnte. Sie hätte es sicher gekonnt, wenn sie den Geschmack gemocht hätte. Aber einige Wirkstoffe ayurvedischer Rezepturen werden durch Kochen zerstört, und andere sind zwar gut für die Haut, aber nicht unbedingt für den Gaumen.

Alle zur Verwendung kommenden Zutaten werden aufgrund ihrer ausgleichenden Eigenschaften für Ihren Hauttyp ausgewählt. Wer trockene Haut hat, wird im allgemeinen wärmende, erdende Ingredienzien verwenden, um Vata ins Gleichgewicht zu bringen. Leute mit empfindlicher Haut benutzen kühlende, beruhigende Zutaten, um Pitta auszubalancieren. Und wer fettige Haut hat, setzt leichte, anregende Bestandteile ein, um Kapha ins Lot zu bringen. Wie der Ayurveda die Eigenschaften der Zutaten erkennt, erfahren Sie unten.

Die heilenden Eigenschaften der Pflanzen

Die überall unzutreffenden, allgegenwärtigen Pflanzen greifen (Krankheiten) an wie ein Dieb einen Kuhstall; sie vertreiben alle Gebrechen des Körpers, was es auch sein mag.

»Rigveda«

Die Haut lebt, und leblose Chemikalien können ihr das Leben nicht zurückgeben. Synthetische Moleküle besitzen keine Intelligenz bzw. das, was Deepak Chopra das autonome »Knowhow« in den Bausteinen lebender Organismen nennt, die einfach wissen, wie sie ihr Gleichgewicht und ihre innere Stabilität erhalten. Um »lebendig« zu sein, sollten Schönheitsprodukte und spezielle Heilmittel für die Haut ausschließlich aus *Pflanzen* oder Teilen oder reinen Extrakten von ihnen bestehen, denn sie sind von Natur aus im Gleichgewicht und voll von der Intelligenz – der Schwingungsenergie –, die das Leben ausmacht. Unter Pflanzen verstehen wir alle Formen der Vegetation einschließlich Bäumen, Blumen, Früchten, Gemüsen, Kräutern und Gewürzen. Technisch gesehen unterscheidet der holzige Stengel über der Erde Pflanzen von Kräutern. Zu den Pflanzen zählen wir auch die Gewürze, zu denen alle pikanten Pflanzensubstanzen wie z. B. Zimt und Gewürznelken gehören. Wir benutzen diese Begriffe hier synonym, wobei wir im Hinterkopf haben, daß zu den Pflanzen auch die Kräuter und Gewürze gehören, und daß Kräuter und Gewürze Pflanzen sind. Wie Sie sehen werden, weisen diese lebenden Substanzen alle notwendigen reinigenden, nährenden und ausgleichenden Eigenschaften auf, um Hautprobleme äußerlich zu lindern und den Altersprozeß zu verlangsamen. Sie sind die perfekte Nahrung für die Haut.

Heilpflanzen im Ayurveda

Pflanzen bestehen genauso wie Menschen aus fünf Elementen und sieben Dhatus bzw. Geweben. Dem *Yoga der Heilpflanzen* zufolge beeinflußt jedes Dhatu der Pflanze ein bestimmtes Körpergewebe: Der wäßrige Saft das Plasma, der dickflüssige milchige Saft das Blut; der weiche Teil des Holzes die Muskeln, das Gummiharz eines Baumes das Fettgewebe, die Rinde die Knochen, die Blätter Nervengewebe und Knochenmark, und Blüten und Früchte das Fortpflanzungsgewebe. Samen, die in unmanifestierter Form alle Teile des Baumes enthalten, beeinflussen den Körper als Ganzes.

Genauso wie Menschen haben Pflanzen auch ihr eigenes *Ojas* – ihr eigenes Bewußtsein. Das Ojas einer Pflanze ist ihre *Essenz,* die wir als Duft und als Geschmack wahrnehmen. Es ist die Seele der Pflanze – der Duft des Lebens. Wie menschliches Ojas ist es das verfeinertste Nebenprodukt des letzten Gewebes, des siebten Dhatu, d. h. der Fortpflanzungsorgane der Pflanze, die aus Drüsen in Blüte und Frucht bestehen. Wie unser Ojas ist Pflanzen-Ojas die subtile Energie und Substanz des pflanzlichen Immunsystems. Der Duft einer Pflanze sorgt

Bekannte Heilpflanzen und -Kräuter	
Pflanze/Kraut	*Verwendete Teile*
Aloe vera	Blattsaft
Ashawangandha	Wurzel, Pflanzenöl
Augentrost	oberirdische Teile*
Baldrian	Wurzel, ätherisches Öl
Basilikum	Blätter, ätherisches Öl
Beinwell	oberirdische Teile
Bergamotte	ätherisches Öl (aus der Frucht)
Bockshornklee	Samen, oberirdische Teile
Cayennepfeffer	Frucht, ätherisches Öl
Eukalyptus	ätherisches Öl, Blätter
Fenchel	Samen, ätherisches Öl
Gewürznelke	ätherisches Öl, Blütenknospen
Gotu Kola	oberirdische Teile, medizinisches Öl
Ingwer	Wurzeln, ätherisches Öl
Jasmin	Blüte, ätherisches Öl
Kamille	Blüte, ätherisches Öl
Kampfer	Öl aus dem Gummiharz
Klette	Blätter, Wurzeln, Samen
Koriander	Samen, ätherisches Öl
Kumin	Samen, ätherisches Öl
Lavendel	Blüte, ätherisches Öl
Muskatnuß	Nuß, ätherisches Öl
Neroli	ätherisches Öl (aus Orangenblüten)
Patchouli	ätherisches Öl
Pfefferminze	oberirdische Teile, ätherisches Öl
Rose	ätherisches Öl
Rosmarin	oberirdische Teile, ätherisches Öl
Salbei	Blätter, ätherisches Öl
Sandelholz	Rinde, ätherisches Öl
Schachtelhalm	oberirdische Teile
Shatavari (Spargel)	Wurzel, medizinisches Öl
Süßholz	Wurzel, Extrakt
Thymian	oberirdische Teile, ätherisches Öl
Vetiver	ätherisches Öl
Ylang-Ylang	ätherisches Öl
Zimt	Rinde, ätherisches Öl

* Zu den oberirdischen Teilen gehören Blätter, Stengel, Blüten und Samenköpfe. Sie werden je nach Kraut und Heilmittel frisch oder getrocknet verwendet.

tatsächlich dafür, daß sie gesund und lebendig bleibt, denn er vernichtet Bakterien, verhindert Infektionen und vertreibt potentielle Räuber. Infolgedessen besitzt die Essenz einer Pflanze sehr effiziente heilende Eigenschaften; sie ist der Wirkstoff von Heilpflanzen. Wenn wir diese »Immunverstärker« einer Pflanze aufnehmen, stärkt dies, wie Sie sehen werden, auch unsere Abwehrkraft.

Außer ihrem generellen Wert als Nährstoffe und Immunverstärker verfügen die verschiedenen Pflanzen und Essenzen über ganz bestimmte medizinische Eigenschaften. Je nachdem, welcher Teil der Pflanze in welcher Form benutzt wird, können Pflanzen dazu beitragen, die Doshas auszubalancieren, Körper und Haut zu nähren und spezifische Krankheiten zu heilen. Knoblauch und Kanadischer Gelbwurz z. B. wirken antiparasitär und eignen sich zur Behandlung von Hefepilzinfektionen, Kurkuma wirkt adstringierend und trägt dazu bei, äußerliche Blutungen zum Stillstand zu bringen. Baldrian und Manjista wirken emmenagogisch, d. h. sie regulieren den Menstruationszyklus. In Anhang D finden Sie eine nach Anwendungsmöglichkeiten geordnete Liste von Kräutern und Pflanzen für jeden Hauttyp.

Wie Sie sehen werden, verwendet der Ayurveda Pflanzen und Kräuter innerlich und äußerlich. Tatsächlich können wir die Essenz von Pflanzen nicht nur durch Mund und Haut, sondern auch als Dampf durch die Nase aufnehmen. Manche Pflanzenteile wie frisch geschnittene Blätter, Wurzeln und Samen oder getrocknete Blätter und Pulver können in fester Form oder als Saft oder Tee oral eingenommen werden. Andere werden in Flüssigkeiten eingelegt und dann zum Kochen benutzt (z. B. in Olivenöl eingelegter Estragon) oder lokal als Feuchtigkeitsspender bei Massagen und in der Hautpflege verwendet. Pulverisierte und zerstoßene Kräuter werden direkt zur Reinigung und als Maske auf die Haut aufgetragen. Flüssige Pflanzenessenzen, die in Bäder, Massageöle oder Duftlampen gegeben werden, bilden das Ausgangsmaterial der Aromatherapie. Je nachdem, welcher Teil der Pflanze in welcher Form benutzt wird, können Pflanzen dazu beitragen, die Doshas auszubalancieren, Körper und Haut zu nähren und spezifische Krankheiten zu heilen. Die Anwendungsmöglichkeiten werden in verschiedenen Kapiteln dieses Buches detailliert beschrieben.

Der Duft bzw. der Geschmack einer Pflanze entscheidet, für welche Probleme oder Menschen sie geeignet ist. Dem Ayurveda zufolge leitet der Duft einer Substanz sich von ihrem Geschmack ab, und der Geschmack wiederum von der in ihrer Zusammensetzung vorherrschenden Elementenverbindung.

Es gibt sechs Hauptgeschmacksrichtungen bzw. *Rasas,* die durch die paarweise Anordnung der verschiedenen Elemente entstehen: süß, sauer, salzig, scharf, bitter und herb bzw. zusammenziehend. Wie die folgende Übersicht zeigt, hat jeder Geschmack die gleichen Eigenschaften wie seine dominierenden Bestandteile:

Geschmack	*Konstituierende Elemente*	*Vorherrschende Eigenschaften*
süß	Erde + Wasser	kalt, ölig, schwer
sauer	Erde + Feuer	heiß, schwer, ölig
salzig	Wasser + Feuer	heiß, ölig, schwer
scharf	Feuer + Luft	heiß, leicht, trocken
bitter	Luft + Raum	kalt, leicht, trocken
herb	Luft + Erde	kalt, mittel

Aus dem gleichen Grund hat jeder Geschmack von Natur aus einen anderen Einfluß auf die Doshas. Grundlage der Diagnose von Krankheiten sind die drei Doshas, Grundlage der Behandlung sind die sechs Geschmacksrichtungen. Salziges, Saures und Süßes, die vorwiegend heiß, ölig und schwer sind, bringen daher das kalte, trockene, leichte Vata ins Gleichgewicht. Bitteres, Süßes und Herbes, die vorwiegend kalt, schwer und trocken sind, bringen das heiße, leichte, geringfügig ölige Pitta ins Lot. Scharfes, Bitteres und Herbes, die vorwiegend heiß, leicht und trocken sind, bringen das kalte, schwere, ölige Kapha ins Gleichgewicht.

	Geschmack	*Eigenschaften*
Vata/trockene Haut braucht:	Salziges, Saures, Süßes	heiß, ölig, schwer
Pitta/empfindliche Haut braucht:	Bitteres, Süßes, Herbes	kalt, schwer, trocken
Kapha/fettige Haut braucht:	Scharfes, Bitteres, Herbes	heiß, leicht, trocken

Dieses System der Identifizierung und Klassifizierung von Pflanzen und Kräutern anhand ihrer Heilwirkung gehört zu den ältesten der Welt. So unterschiedliche Kulturen wie die alten Chinesen, Griechen, Indonesier und Tibeter haben im Verlauf der Jahrtausende bei der ayurvedischen Pflanzen-Pharmakologie Anleihen gemacht, von ihr gelernt und ihrerseits auch zu ihr beigetragen. Die alten Vaidyas studierten und beschrieben jedoch einheimische Pflanzen, von denen viele sich außerhalb Indiens nicht fanden und finden. Als das ayurvedische Wissen sich verbreitete, lernten Heilkundige in anderen Teilen der Welt notwendigerweise, seine Klassifizierungs- und Anwendungsprinzipien auf die bei ihnen heimischen Pflanzen zu übertragen. Auch heute noch stehen viele von indischen Heilern häufig verwendete Heilkräuter westlichen Therapeuten nicht zur Verfügung. Aus Gründen der Praktikabilität werden in den in diesem Buch angegebenen Rezepturen Pflanzen genannt, die hier erhältlich sind, auch wenn sie zur Erreichung den Ziels dem Ayurveda zufolge nicht unbedingt optimal sind.
In den Kapiteln über Ernährungs- und Aromatherapie werden wir uns mit der ayurvedischen Geschmackstheorie eingehender beschäftigen. Im Augenblick jedoch interessiert uns, wie wir Pflanzen *äußerlich* einsetzen können, um Gesundheit und Erscheinungsbild der Haut zu verbessern.

Heilpflanzen in der modernen Medizin

Auch die zeitgenössische westliche Medizin erkennt das Heilpotential pflanzlicher Substanzen an. Lange vor der Entdeckung der modernen Chemie waren Pflanzen und Kräuter auf der ganzen Welt die üblichen Arzneien. Noch in den 30er Jahren wurden sie auch in westlichen Ländern häufig verwendet, und auch derzeit werden sie in Apotheken verkauft. Viele heute verordnete Pharmazeutika sind genaugenommen reine Pflanzenpräparate oder synthetische Formen von Drogen, die sich in Pflanzen finden. Das chemische Herzstärkungsmittel Digitalis etwa kam in Gebrauch, nachdem ein Pflanzenheilkundiger es auf natürliche Weise aus einer Pflanze namens Fingerhut gewonnen hatte.

Trotzdem ist es etwas ganz anderes, ob man Kräuter als Arznei benutzt oder die synthetisierte Version eines Wirkstoffs oder auch den isolierten natürlichen chemischen Stoff ohne die Pflanze selbst nimmt. Dem Ayurveda zufolge hängt die Wirksamkeit einer Arznei nicht nur von der molekularen Struktur des Wirkstoffs ab, vielmehr wirkt der Wirkstoff eben deshalb, weil andere in der Pflanze vorhandene Substanzen ihn abpuffern und ausgleichen. Damit eine Droge wirkt, muß chemisch also alles zusammenpassen, aber zur Herstellung wirklicher Gesundheit und echten Gleichgewichts reicht auch dies nicht aus. Die enorme Effizienz pflanzlicher Heilmittel beruht auf dem Gleichgewicht der Lebenskräfte – »dem zarten Netz der Intelligenz« –, das den Pflanzenkörper strukturiert und erhält. Zwischen einem Digitalis-Molekül z. B., das sich im Fingerhut findet, und einem, das im Labor synthetisch hergestellt wird, besteht chemisch kein Unterschied. Nur ist das eine lebendig und das andere nicht. Das vom Ursprung seiner Intelligenz abgetrennte Digitalis-Molekül ist nichts anderes als eine Ansammlung stummer Atome – es gibt eine gute Chemikalie ab, aber ihm fehlt das Wissen, um die sich ständig verändernden Anforderungen des Lebens und dessen exakte Verhaltensmaßregeln zu erfüllen. Es ist quasi aus der »Schleife« des komplizierten Feedback-Systems Körper-Gehirn herausgefallen und klinkt sich wie ein geselliger Mensch, dem unglücklicherweise die richtigen Verbindungen und die feine Lebensart fehlen, ständig in Situationen ein, in denen es nicht wirklich erwünscht ist. Daher die unangenehmen Nebenwirkungen vieler menschengemachter Medikamente – z. B. die Erkältungstablette, die die Erkältungssymptome austrocknet, aber auch die Blutgefäße zusammenzieht und also Schläfrigkeit, Schwindel oder sogar Bluthochdruck verursacht, besonders bei Hypertonikern.

In *Die heilende Kraft* beschreibt Deepak Chopra die Bewegung eines biochemischen Stoffes – einer »lebenden« Arznei des Körpers – durch die Blutbahn, um die fast unvorstellbare organisierende Kraft zu demonstrieren, die notwendig ist, damit ein einziges Molekül unter den *Billionen* anderer Körperzellen den ganz speziellen Zellrezeptor findet, an dem es gebraucht wird. Er schreibt: »Wenn eine Blutzelle zu einer Wunde eilt und beginnt, sie zu versiegeln, ist sie nicht zufällig dorthin gelangt. Sie weiß wirklich, wo sie hingehen muß und was sie zu tun hat, wenn sie dort ist ... Die Moleküle scheinen tatsächlich in der Lage zu sein, unter verschiedenen Orten auswählen zu können – es ist geradezu unheimlich, ihren Spuren unter einem Elektronenmikroskop zu folgen, wenn sie sich schnurstracks zu der Stelle begeben, an der sie gebraucht werden.«

Diese zielstrebige und exakte Bewegung einer einzigen Zelle ist um so erstaunlicher, wenn man bedenkt, daß diese komplizierte Choreographie nur ein winziger Teil des Tanzes ist. Der Körper »kann Hunderte unterschiedlicher chemischer Substanzen gleichzeitig abgeben und jede einzelne im Hinblick auf das Ganze dirigieren«, notiert Chopra. Genau dieses »perfekte Timing« und die »großartige Koordination eines Dutzends verwandter Prozesse« sind nicht vorhanden, wenn wir z. B. den fehlenden Gerinnungsfaktor durch ein synthetisches Medikament ersetzen.

Da wegen der unerwünschten Nebenwirkungen die Abneigung gegen menschengemachte Arzneien in den letzten Jahren zugenommen hat und der Markt für natürliche Heilmittel gewachsen ist (das *New England Journal of Medicine* berichtet, daß die Amerikaner in einem Jahr über 13 Milliarden Dollar für sogenannte alternative Behandlungen ausgegeben haben), fahnden die Pharmazeutik-Konzerne inzwischen in den Regenwäldern nach neuen »Quellen« für Heilpflanzen. Gleichzeitig haben moderne Wissenschaftler verstärkt begonnen, die Wirkung sogenannter Volksheilmittel zu untersuchen. In einer gemeinsamen Studie des *Fox Chase Cancer Center* in Philadelphia und der Universität von Madras in Indien haben Forscher die Auswirkung einer Pflanze namens *Phyllanthus amarus* auf das Hepatitis-B-Hüllenantigen studiert und festgestellt, daß das Hüllenantigen bei 59% der Hepatitis-B-Träger verschwand und auch während der neunmonatigen Verlaufskontrolle nicht wieder auftauchte. In der Kontrollgruppe war dies bei nur 4% der Probanden der Fall. Die Autoren der Studie weisen darauf hin, daß ayurvedische Ärzte diese Pflanze schon vor 2000 Jahren zur Behandlung von Gelbsucht verordneten, einem klassischen Hepatitis-Symptom.

Ätherische Öle und Haut

Ihr Pflanzen, die ihr dieses Gebet hört, und ihr, die ihr weit weg seid, kommt zusammen und gebt diesem schwachen Körper Kraft.
»Rigveda«

Was wir als Essenz bezeichnen, ist die Substanz, die den Wirkstoff einer Heilpflanze enthält – den sogenannten Geschmack des Lebens. Damit die Haut diese Heilnahrung »essen« kann, muß die Pflanze sich jedoch erst in einer Form befinden, die die Haut vermittels ihrer Haarfollikel und Drüsen von außen absorbieren kann. In ayurvedischen Hautpflegerezepturen werden Pflanzen auf vielerlei Weise eingesetzt, um die Haut zu nähren und zu verjüngen: als frisch geschnittene Teile, als Saft, als Tee, als getrocknete, zerstoßene Blätter oder Pulver und als flüssige Extrakte. Reine flüssige Essenzen – bzw. ätherische Öle – sind jedoch die konzentrierteste und verfeinersteten Form eines Pflanzenextrakts und daher für unseren Zweck am wirksamsten. Sie sind 70–80% konzentrierter als ein Pflanzenpulver. Trotzdem ist ihre molekulare Dichte so fein, daß sie auch in die Zellebene der Haut eindringen und die von ihnen bewerkstelligte Wirkung 60–75% stärker ist als die der ganzen Pflanze, so daß das Gewebe wirklich genährt und das Wachstum neuer Zellen angeregt wird. Da die Pflanze außerdem ihre Abwehrkraft aus ihnen bezieht, weisen sie natürliche bakterizide, antiseptische, fungizide und konservierende Eigenschaften auf, die die Heilung von Wunden und Infektionen auf der Haut unterstützen. Infolgedessen werden ätherische Öle in der ayurvedischen Haut- und Körperpflege viel benutzt.
Reine Essenzen, die durch eine Alkoholdestillation extrahiert werden, sind nicht nur die wirksamsten Pflanzenauszüge, sondern auch die teuersten in puncto Herstellung. Für 30 Gramm reiner Rosenessenz z. B. sind 180 Pfund Blütenblätter erforderlich. 500 ml ätherisches Rosenöl aus kontrolliert biologischem Anbau kosten etwa 18 000 DM (es gibt billigere Extraktionsmethoden, bei denen industrielle Lösungsmittel wie z. B. Erdöl benutzt werden, aber sie hinterlassen toxische Rückstände, die den therapeutischen Wert der Öle beeinträchtigen). Wegen der hohen Kosten und der Mühe ist es unpraktisch, ätherische Öle bei

Ätherische Öle	
Für trockene Haut (Vata)	Muskat, Kardamom, Ingwer, Safran, Champaca, Jasmin, Geranie, rote Rose, rotes Sandelholz, Zitrone, Neroli, Vanille
Für empfindliche Haut (Pitta)	Weiße Rose (Rosa alba), Sandelholz, Vetiver, Koriander, Kumin, Minze, Ylang-Ylang, Kampfer
Für fettige Haut (Kapha)	Patchouli, Eukalyptus, Kampfer, Gewürznelke, Lavendel, Bergamotte

sich zu Hause zu destillieren. Sie können heute kleine Fläschchen mit ätherischen Ölen in den meisten Naturkostläden, Apotheken und Drogerien kaufen. Leider ist die Qualität dieser Produkte unterschiedlich. Auf dem Etikett steht nicht, ob sie in einer Trägerflüssigkeit aufgelöst sind oder ob sie synthetische Zusätze enthalten; die Wirksamkeit bzw. die Reinheit dessen, was Sie kaufen, ist daher schwer zu beurteilen. Ein nützlicher, wenn auch nicht unfehlbarer Hinweis ist der Preis des ätherischen Öls. Je mehr reine Essenz der Hersteller in die Flasche gibt, desto mehr werden Sie wahrscheinlich bezahlen.

In meinem eigenen Herstellungsbetrieb in New York benutzen wir nur natürlich destillierte reine ätherische Öle, die wir direkt vom oft in Indien ansässigen Destillateur kaufen und mit Ghee als Trägersubstanz mischen, weil es leichter in die Haut eindringt und reizlindernder wirkt als Pflanzenöl. Um Reinheit und Qualität meiner Produkte zu garantieren, bereite ich die Rezepturen persönlich jede Woche zu, um die Vorräte aufzufüllen. Nach ayurvedischer Tradition spreche ich beim Mischen der Präparate auch bestimmte Mantras bzw. Klänge, die das Ojas der Pflanze oder des Öls erhöhen; wenn wir deren Essenz dann über die Haut aufnehmen, erhalten auch wir besseres Ojas.

Schätzungsweise eine halbe Million Pflanzenarten sind weltweit bekannt, aber die meisten sind bezüglich ihrer Verwendbarkeit als ätherisches Öl nicht getestet, und nur bei ein paar hundert war die Ausbeute bislang so groß, daß eine kommerzielle Produktion zu vernünftigen Kosten möglich war. Die üblichsten ätherischen Öle für die drei Hauttypen erscheinen oben (eine vollständigere Liste findet sich in Anhang E). Die Öle für trockene Haut sind hauptsächlich süß, lindernd und wärmend, die für empfindliche Haut süß, lindernd und kühlend

und die für fettige Haut scharf, anregend und wärmend. Zur Herstellung der meisten der in diesem Buch vorgestellten Hautpflegeprodukte brauchen Sie nur eine kleine Kollektion ätherischer Öle.
Bitte beachten Sie, daß wir im ganzen Buch nur von »Rose« oder »Rosenöl« sprechen, wenn wir »ätherisches Rosenöl« meinen.

Die Grundrezepte

Wie gesagt, sind fast alle ayurvedischen Rezepturen dieses Buches einschließlich der Haut- und Körperpflegepräparate, der Massageöle und der aromatischen Öle bei Bindi, Tej und anderen in Anhang C aufgeführten Lieferanten für ayurvedische Produkte erhältlich. Wenn Sie zu den Do-it-yourself-Typen gehören, können Sie sie jedoch auch leicht selbst zu Hause herstellen. Sie benötigen dazu die wichtigsten ätherischen Öle für Ihren Hauttyp, Trägersubstanzen (Pflanzenöl, Ghee, Wasser oder Milch) und die notwendigen Kräuter und Kräuterextrakte. Wenn Sie die Präparate selbst herstellen, sparen Sie nicht nur Geld, Sie haben auch einen besseren Überblick über die Reinheit der einzelnen Ingredienzien, worauf wir im nächsten Kapitel noch einmal zu sprechen kommen.
Neben ätherischen Ölen werden Sie in diesem Buch noch ein paar anderen Zubereitungsarten der Kräuter begegnen, nämlich: feuchtigkeitsspendenden Ölen, Massageölen, Tees und Abkochungen, Kräuteraufgüssen, Kräuterauszügen, medizinischen Ölen, Pasten und Kräuterbädern, die alle aus Pflanzen oder Essenzen oder beiden hergestellt werden. Zubereitung und Anwendung werden unten beschrieben. Wer sie selbst herstellen will, findet in Anhang B die Grundrezepte und Hinweise zur Aufbewahrung.

Trägeröle

Flüssige Essenzen in reiner Form sind wie gesagt zu stark, um direkt auf die Haut aufgebracht zu werden; sie werden deshalb im allgemeinen mit einer Trägersubstanz verdünnt. Dazu können Sie ein Pflanzenöl

Trägeröle	
Für trockene Haut (Vata)	Schwarzes Sesam-, Sesam-, Avocado-, Oliven-, Mandel-, Walnuß-, Erdnuß-, Rizinusöl, Ghee
Für empfindliche Haut (Pitta)	Mandel-, Kokosnuß-, Sonnenblumen-, Aprikosenkern-, Olivenöl, Ghee
Für fettige Haut (Kapha)	Raps-, Mais-, Distel-, Senf-, Traubenkern-, Mandel-, Aprikosenkernöl

oder Ghee verwenden (siehe Übersicht oben). Die Trägeröle besitzen auch selbst nährende und ausgleichende Eigenschaften, die bei richtiger Anwendung die Wirkung der Pflanzen ergänzen und steigern.
Auch Pflanzenöle werden aus Pflanzen extrahiert. Anders als die »flüchtigen« ätherischen Öle sind pflanzliche Öle jedoch »gebunden« – d. h. sie verdunsten nicht. Allerdings wird ihre subtile nährende Wirkung durch eine falsche Extraktion leicht beeinträchtigt oder zerstört. Deshalb empfehlen wir die Verwendung von biologischen Pflanzenölen, die ohne Hitzeeinwirkung, Lösungsmittel, schädliche Chemikalien oder Konservierungsmittel hergestellt wurden. Diese Öle sind in Naturkostläden und Reformhäusern erhältlich und als »reines, kalt gepreßtes«, »nicht raffiniertes« oder »natives« Öl gekennzeichnet. Wir empfehlen biologische Produkte, weil die toxischen Bestandteile von raffinierten Ölen und die Öle von chemisch gespritzten oder gedüngten Pflanzen beim Auftragen auf die Haut direkt ins Blut gehen. Auch geklärte Butter bzw. Ghee ist eine ausgezeichnete Trägersubstanz, weil sie leicht in die Haut eindringt und reizlindernd wirkt. Ghee ist in Naturkostläden und natürlich in Asienläden erhältlich. Sie können es aber auch leicht selbst herstellen (siehe das Rezept in Anhang B). Es braucht nicht im Kühlschrank aufbewahrt zu werden und ist extrem lange haltbar – sein medizinischer Wert nimmt mit dem Alter sogar noch zu.

Feuchtigkeitsspendende und Massageöle

Sie werden aus ausgesuchten ätherischen Ölen plus einem Trägeröl hergestellt, um die Doshas ins Gleichgewicht zu bringen und der Haut Nährstoffe zuzuführen. Das Verhältnis von ätherischen Öl und Trägeröl hängt davon ab, ob Sie die Rezeptur für eine Ganzkörpermassage oder nur für das Gesicht verwenden wollen. Für ein Gesichtsöl werden die ätherischen Öle stärker konzentriert, weil die stets der Witterung ausgesetzte Gesichtshaut mehr Pflege und Schutz als andere Hautpartien benötigt. Da die Hautoberfläche des Körpers außerdem größer ist als die des Gesichts, reicht eine niedrigere Konzentration, um dieselbe Nährstoffmenge zu absorbieren.

Abkochungen

Abkochungen sind im Grunde starke Tees. Sie sind weniger wirksam als ätherische Öle und dringen weniger gut in die Haut ein. Sie werden hergestellt, indem frische oder getrocknete Kräuter – im allgemeinen die holzigen Teile einer Pflanze – gekocht werden, damit die Essenz frei wird. Abkochungen können als Tee (schwache Abkochungen) getrunken oder als Badezusatz verwendet werden (starke Abkochungen). Sie kommen auch bei der Zubereitung medizinischer Öle zum Einsatz (siehe unten).

Pflanzenextrakte und medizinische Öle

Bei Pflanzenextrakten handelt es sich ebenfalls um konzentrierte Pflanzenessenzen, die allerdings weniger stark sind als reine flüssige Essenzen. Sie werden zu medizinischen Zwecken oral eingenommen – die Dosierung liegt im allgemeinen bei 3–4 Tropfen – oder äußerlich in Form medizinischer Öle angewendet. Die Herstellung erfolgt, indem die Pflanzen in ein Lösungsmittel, z. B. Alkohol, eingelegt werden. Die Mischung wird dann je nach Pflanze 3–10 Tage täglich umgerührt, und anschließend wird die Flüssigkeit abgeseiht. Mit diesem Verfahren wird die Essenz solcher Pflanzen herausgelöst, bei denen die reine Essenz sich durch eine Destillation nur schwer gewinnen läßt. Extrakte sind in Reformhäusern und Apotheken erhältlich.

Medizinische Öle sind stark konzentriert, man benutzt sie unverdünnt für Massagen oder als Trägersubstanz für ätherische Öle, damit diese

Kräuterextrakte und medizinische Öle	
Für trockene Haut (Vata)	Shatavari, Ashawangandha, Basilikum, Bala, Vacha, Colows, Beinwell, Gotu Kola oder Ingwer
Für empfindliche Haut (Pitta)	Neem, Shatavari, Amalaki, Süßholz, Fenchel, Kardamom, Minze, Gotu Kola, Bhjringraj, Manjista, Safran, Klette
Für fettige Haut (Kapha)	Salbei, Neem, Rosmarin, Triphala

noch wirkungsvoller werden. Zur Herstellung vermischt man entweder den Pflanzenextrakt mit einem Trägeröl, oder man gibt die starke Abkochung einer Heilpflanze einem Trägeröl bei und läßt dann das überschüssige Wasser verkochen. Ayurvedische Heilkundige stellen medizinische Öle traditionell ohne Rücksicht auf deren – meist eher unangenehmen – Geruch her. Als ich in die USA kam, wurde mir klar, daß Amerikaner ein schlecht riechendes Schönheitsprodukt nicht benutzen würden, auch wenn es ihrer Haut noch so gut tut. Ich begann, meinen Heilmitteln ätherische Öle beizugeben, was in Indien nie praktiziert worden war. Dies verbessert nicht nur das Aroma des medizinischen Öls – was neben dem Körper auch den Geist ins Gleichgewicht bringt –, sondern erhöht auch seine Heilwirkung.

Kräuteraufgüsse

Sie werden gewöhnlich aus frischen oder getrockneten Blättern, Blüten oder anderen oberirdischen Pflanzenteilen hergestellt, die sich nicht zum Kochen eignen. Als Ausgangsflüssigkeit wird Wasser oder Öl benutzt.

Kräuterpasten

Aus Kräuterpulver (fein zerriebene Kräuter, wie z. B. solche, die man zum Würzen verwendet) hergestellte Pasten werden für reinigende Körperabreibungen oder als Gesichts- und Körpermasken verwendet, um eine intensivere Abschuppung abgestorbener Hautzellen zu erreichen. Die Herstellung erfolgt, indem eine kleine Menge der ausgewählten Flüssigkeit (im allgemeinen Öl, Wasser oder Milch) einem pflanzlichen Pulver beigegeben wird, bis die Mischung eine pastose Konsistenz besitzt.

Kräuterbäder

Ätherische Öle oder getrocknete, in Mullsäckchen gegebene Kräuter haben als Zusatz zum Badewasser je nach den verwendeten Zutaten eine ausgleichende Wirkung.

In den folgenden Kapiteln lernen Sie, mit diesen »eßbaren« Rezepturen Gesicht und Körper zu reinigen, zu nähren, mit Feuchtigkeit zu versorgen und Hautprobleme zu beheben. Wenn Sie sie nicht selbst herstellen wollen, können Sie sie in Naturkostläden oder Reformhäusern kaufen oder bei den angegebenen Bezugsquellen bestellen. Wir sagen Ihnen auch, welche Ingredienzien Sie verwenden können, und welche Sie besser meiden sollten. Aber egal ob Sie die Präparate kaufen oder selber machen – es wird Zeit, sich von scharfen synthetischen Peelings und leblosen Lotionen zu verabschieden und auf dem Badezimmerregal Platz zu machen für ein Feinschmeckerfestmahl für Ihre Haut.

5 Reinigen, Nähren, Feuchtigkeitspenden: Das äußerliche Hautpflegeprogramm

Sorgt dafür, daß ihr eine ausgesucht schöne Haut bekommt, rosig, frisch und zart, und einen reinen und klaren Teint.

»Yoga-Sutra«

Die erste Regel der ayurvedischen Hautpflege lautet: Reinigen, Nähren und Feuchtigkeitspenden. Ungeachtet Ihres Hauttyps ist dieses Drei-Schritte-Programm für die äußerliche Hautpflege unabdingbar, um den täglichen Auswirkungen von Umwelteinflüssen und Streß sowie dem natürlichen Prozeß der Zelldegeneration entgegenzuwirken. Es ist das absolute Minimum, um einen normalen, gesunden, jugendlichen Teint zu behalten. Auch wenn Sie für ein bestehendes Hautproblem nichts anderes tun, als täglich diese drei Schritte durchzuführen, kann dies dazu beitragen, Ihr Hautbild zu verbessern – manchmal in kurzer Zeit.

Auf den folgenden Seiten beschreiben wir die Grundvoraussetzungen für schöne Haut, das für Ihren Hauttyp geeignete tägliche Reinigungs-, Nähr- und Feuchtigkeitsprogramm sowie spezielle verjüngende Behandlungen für jeden Teil des Körpers von Kopf bis Fuß. Dieses umfassende Schönheitsprogramm – zu dem u. a. peelende Gesichtsmasken, ayurvedische Haarpflege, verjüngende Körperbäder und Pflegetips für die verschiedenen Jahreszeiten gehören – eignet sich ungeachtet des gegenwärtigen Hautzustandes für jeden. Falls Sie ein Hautproblem haben, finden Sie in der zweiten Hälfte des Kapitels spezielle Behandlungen für die häufigsten Beschwerden, z. B. für Akne, Ekzeme, Schuppenflechte, vorzeitige Faltenbildung, Altersflecken, Schuppen, Zellulitis, rissige Haut an den Füßen etc. Sie erfahren die Rezepte für die verschiedenen Hautpflege-Produkte und -Heilmittel, und wodurch sie sich von bekannten kommerziellen Kosmetika unterscheiden. Wenn Sie Ihre Hautpflegepräparate lieber kaufen als selbst herstellen, machen die Informationen in diesem Kapitel Sie zu einem bewußteren Verbraucher, besonders im Hinblick auf die Unterscheidung wirklich natürlicher Produkte von den vielen heute auf dem Markt befindlichen Pseudo-Bio-Präparaten. Alle unten beschriebenen Produkte können außerdem gebrauchsfertig bei einer meiner Firmen, Bindi oder Tej, erworben werden.

Die folgenden Behandlungen sind, wie gesagt, *äußerlich*. Obwohl sie für einen makellosen Teint und ein insgesamt gesundes Hautbild sehr wichtig sind, reichen sie allein nicht aus, um alle Hautprobleme völlig zu beseitigen oder absolute Schönheit zu erreichen, denn sie lindern nur die offenkundigen Anzeichen für Krankheit und Alter, nicht die Ursache selbst. Wenn Sie diese beheben wollen, müssen Sie Körper, Geist und Seele auch innerlich reinigen und nähren, denn alle Störungen beginnen im Inneren. Ich kann nicht oft genug betonen, wie enorm wichtig die innerlichen Aspekte der Hautpflege sind, vor allem die Ernährung und die Techniken zum Streßabbau, nämlich Meditation, Massage und Atemübungen. Im Lauf der Jahre habe ich viele Patienten mit Hautkrankheiten geheilt und vielen Klientinnen geholfen, durch eine Regeneration der Haut um Jahre jünger zu erscheinen. Diese Ergebnisse wären unmöglich gewesen, wenn die Betreffenden nicht bereit gewesen wären, neben dem äußerlichen Schönheitsprogramm wenigstens ein paar andere Techniken anzuwenden.

Allerdings zwinge ich meine Klienten nie zu irgend etwas. Vielmehr lasse ich einfach die ayurvedischen Methoden für sich sprechen. Wenn Sie erst einmal das einzigartige Gefühl genossen haben, wie die Kräuter und Öle tief in die Gewebe eindringen, und selbst gesehen haben, wie Ihr Teint sich aufgrund des täglichen Programms verbessert, werden Neugierde und der Wunsch, das Beste für sich zu tun, Sie auf ganz natürliche Weise dazu bringen, die ayurvedischen Schönheitsgeheimnisse weiter zu erforschen. Beginnen Sie einfach mit dem täglichen äußerlichen Hautpflegeprogramm; der Rest Ihrer Reise zur absoluten Schönheit ist unvermeidlich.

Die Grundbedingungen für schöne Haut

Jede normale Haut ist rosig, strahlend, makellos, glatt, gleichmäßig pigmentiert, weich, fest und elastisch. Stumpfe, fahle, gerötete, blasse, unreine, trockene, ungleichmäßig pigmentierte, schlaffe, aufgedunsene oder faltige Haut ist Hinweis auf ein Ungleichgewicht und vorzeitiges Altern aufgrund von Streß, schlechten Gewohnheiten, Umwelteinflüssen und natürlich einer unpassenden Hautpflege. Alle genannten Symptome resultieren aus einem Rückgang der Hautfunktionen – etwa dem Wachstum neuer Zellen, der Elastin- und Collagen-Produktion, der Durchblutung, der Sekretion von Grundsubstanzen, der Immun- und Enzymaktivität, die dem Teint Farbe und Ausstrahlung verleihen. Für eine jugendliche, strahlende Haut müssen Ihre Schönheitsprodukte und -behandlungen mindestens folgendes bewerkstelligen: abgestorbene Hautzellen entfernen, die Epidermis anregen, damit das Wachstum neuer Zellen gefördert wird, antioxydierend wirken, damit die Zellen sich verjüngen und regenerieren können, die Durchblutung in den Kapillargefäßen verbessern, das Immunsystem anregen, allen sieben Hautschichten Feuchtigkeit und Nährstoffe zuführen, um die entsprechenden Reservoirs wieder aufzufüllen. Dabei sollten sie Ihrer Gesundheit nicht auf andere Weise schaden, denn alles, was Körper, Seele oder Geist irgendwie aus dem Gleichgewicht bringt, verursacht ebenfalls vorzeitige Altersprozesse oder sonstige Hautschäden. Das hier vorgestellte Drei-Schritte-Programm, bei dem Sie Ihre Haut ausschließlich mit für Ihren Hauttyp geeigneten Kräutern und Ölen reinigen und nähren bzw. ihr Feuchtigkeit zuführen, erfüllt all diese Grundbedingungen.

Richtig reinigen

Das Geheimnis richtiger Reinigung besteht darin, alle abgestorbenen Zellen und Schlacken, die die Haut nicht von sich aus abstößt, zu entfernen, Schmutz, Unreinheiten und chemische Schadstoffe abzutragen, verstopfte Poren freizumachen und infektionsverursachende Bakterien zu beseitigen, ohne gleichzeitig den natürlichen Öl- und Feuchtigkeitsgehalt der Haut abzuziehen. Die meisten Hautreinigungsprodukte einschließlich Seifen, Shampoos und Peelings trocknen die Haut aus und verändern ihren pH-Wert insofern, als sie sie alkalischer machen. Die Werbeleute haben uns zu der Überzeugung verleitet, die besten Reinigungsprodukte wären die, die den meisten Schaum erzeugen und uns das Gefühl vermitteln, »blitzsauber« zu sein. Im Prinzip klingt dieses Ergebnis gut, besonders, wenn Sie fettige Haut haben. Der Körper versucht jedoch immer, ihn betreffende Vorgänge zu normalisieren, d. h. auszugleichen und zu heilen; wenn wir daher den natürlichen Fettfilm der Haut entfernen, reagiert sie damit, daß sie mehr Fett produziert, denn sie will den Verlust wettmachen. Wenn wir der Haut zu viel Feuchtigkeit nehmen, produziert sie extrem viel Fett, das die Haut reizt und zu Akne und anderen Problemen führt. Wenn Sie sowieso schon trockene Haut haben, werden Sie sie nicht noch trockener machen wollen; wenn Sie empfindliche Haut haben, werden Sie sie nicht mit scharfen chemischen Substanzen und Seifen reizen wollen.

Im Ayurveda benutzen wir zum täglichen Reinigen und Peelen der Haut Kräuterpulver. Die Kräuter besitzen eine sanft abschilfernde Wirkung, was Schmutz, Toxine, Schadstoffe und tote Zellen entfernt, aber sie entziehen der Haut nicht die notwendige Feuchtigkeit. Gleichzeitig wirken sie ausgleichend, nährend und heilend und sind völlig frei von toxischen Bestandteilen.

Für ein Peeling mit Tiefenwirkung empfehlen wir mindestens ein- oder zweimal wöchentlich eine Kräutermaske. Ein professionelles chemisches Peeling, das die tiefste Abschilferung bewirkt, sollte nicht öfter als einmal jährlich ausgeführt werden. Die Haut stößt stündlich eine Million Zellen ab, daher ist ein tägliches mildes Peeling wichtig. Die Haut braucht einen Monat, um sich völlig zu erneuern, und die Kräutermaske trägt die alten Zellen so ab, daß neue nachwachsen können. Die abgestorbenen Zellen bilden jedoch auch die oberste Schutzschicht der Haut, und wenn wir zu viele von ihnen zu schnell entfernen, haben die neu nachwachsenden Zellen keinen Schutz. Wenn wir die Zellen nicht in dem Tempo entfernen, in dem sie nachwachsen, kommt es zu Hautproblemen.

Deshalb ist die Wirkung populärer chemischer Peelings wie Alphahydroxsäure, Vitamin-A-Säure und Glykolsäure für eine häufige Anwendung viel zu drastisch. Besonders scharf wirken sie auf empfindlicher Haut; ich hatte in meiner Praxis sehr viele neue Klientinnen – wie die Frau von *Redbook* –, deren Haut unter den Händen wohlmeinender, aber schlecht informierter Kosmetikerinnen und Hautärzte, die fälschlicherweise den Teint mit chemischen Peelings zu klären versuchten, rot, rauh und schmerzhaft trocken wurde. Glykolsäure hat gegenüber den anderen beiden populären Peelings den Vorteil, ein Lebensmittelprodukt zu sein – sie findet sich z. B. im Saft von Äpfeln und Zitronen. Schönheitsprodukte enthalten die Glykolsäure jedoch oft in synthetisierter oder extrahierter Form (der Wirkstoff wird isoliert und von seinem natürlichen Ursprung entfernt), und deshalb fehlt ihr die natürliche »Intelligenz«. Während Sie mit ein paar Tropfen Wasser vermischten reinen Apfel- oder Zitronensaft mit guten Ergebnissen gelegentlich als natürliches Peeling verwenden können, ist Glykolsäure – genauso wie Alphahydroxsäure und Vitamin-A-Säure – auch in unverfälschter Form zu stark, um auf trockener oder empfindlicher Haut täglich benutzt zu werden. Bei sehr fettiger Haut ist gegen ein paar Tropfen Zitronensaft und Wasser täglich nichts zu einzuwenden, es sei denn, die Haut ist außerdem empfindlich.

Richtig nähren, richtig Feuchtigkeit spenden

Nach der Anwendung eines scharfen Reinigungsprodukts suchen wir, wenn die Seifenblasen geplatzt sind und die Haut »blitzsauber« ist, als erstes nach einer beruhigenden Lotion oder Creme, um den so gründlich weggewaschenen natürlichen Fettfilm zu ersetzen. Leider machen diese Produkte ihre Arbeit selten so gut wie die Natur. Das erste Hindernis für ihren erfolgreichen Einsatz bildet oft die Haut selbst. Viele Präparate sind auf der Molekularebene einfach zu dicht, um richtig ins Gewebe einzudringen, und so gelangen sie nie zu der Zellebene, auf der ihre Nährstoffe genutzt werden können. Stattdessen hinterlassen die nicht absorbierten Substanzen einen Film auf der Hautoberfläche; Haarkuren, die die durch scharfe Shampoos entstandenen Schäden wiedergutmachen sollen, verursachen übrigens dasselbe Problem. Dieser Film verstopft die Poren, zieht Schmutz an und erfordert zur Entfernung im allgemein ein Adstringens – wodurch die trockene Haut, die durch die Lotion oder Creme besser werden sollte, uns in alle Ewigkeit erhalten bleibt. Und falls das Produkt doch in die Hautoberfläche eindringt, werden die nährenden und feuchtigkeitsspendenden Vorteile oft durch die toxischen Auswirkungen seiner chemischen Inhaltsstoffe wieder aufgewogen.

Wir haben gesagt, daß die Haut ißt, und wir wollen sie mit etwas nähren, das für Körper, Geist und Seele rein, natürlich und ausgleichend ist. Infolgedessen nähren wir im Ayurveda die Haut nur mit reinen ätherischen Ölen, die auf natürliche Weise Feuchtigkeit spenden, Nährstoffe liefern und außerdem so fein sind, daß sie ganz in die Haut eindringen und die Zellen verjüngen. Sanft in die Haut einmassierte ätherische Öle tragen dazu bei, die Durchblutung zu verbessern und das Bindegewebe zu stärken, was die Faltenbildung vermindert. Ihr Duft hilft, die Doshas ins Gleichgewicht zu bringen, und die Essenz als solche schützt vor Infektionen. Leute mit überaktiven Talgdrüsen halten die Vorstellung, mit Ölen fettiger Haut abzuhelfen, oft für einen Widerspruch, wenn nicht für hellen Wahnsinn. Aber probieren Sie es einmal aus. Ätherische Öle durchdringen in ein paar Minuten alle sieben Hautschichten, versorgen sie mit Nährstoffen und stellen die subtile Intelligenz des Körpers wieder her. Sie verschwinden direkt in die Zellen, in denen sie gebraucht werden; sie lassen keine schmierigen Rückstände auf der Hautoberfläche zurück, auf der sie weder gebraucht werden noch erwünscht sind.

Wir mischen die nährenden Gesichtsöle (mit Pflanzenöl oder Ghee verdünnte ätherische Öle) mit Wasser (bei junger oder normaler Haut) oder mit *Liposomen* (bei reifer und vernarbter Haut). Die Liposome, die aus Lipiden, der gleichen Substanz wie die Zellwände, bestehen, können andere Stoffe durch die Zellmembran hindurchbefördern und in der Zelle deponieren. Mit anderen Worten, sie erleichtern die Aufnahme der ätherischen Öle durch die Haut. Liposome führen den Zellen außerdem zusätzliche Feuchtigkeit zu, was ebenfalls den Verjüngungsprozeß unterstützt. Ich rate davon ab, die Liposome selbst herstellen zu wollen, denn der Vorgang ist sehr kompliziert. Die meisten kommerziellen Liposome werden aus Ei-Protein hergestellt; die Bindi- und Tej-Liposome werden aus Bohnenextrakt und Öl hergestellt. Beide Arten erfüllen ihren Zweck.

Mit Liposomen vermischte ätherische Öle stellen der Haut genügend Feuchtigkeit zur Verfügung, so daß eine Feuchtigkeitscreme nicht notwendig ist. Diese Vorstellung läßt sich Angehörigen der westlichen Kultur jedoch nur sehr schwer vermitteln. Ihnen wird nämlich schon seit langer Zeit eingebleut, Cremes und Lotionen seien die Lösung für trockene Haut und Falten. Für diejenigen von Ihnen, die wie viele meiner Klientinnen meinen, sie brauchten neben feuchtigkeitsspendenden ätherischen Ölen noch eine Feuchtigkeitscreme, stellen wir hier entsprechende Rezepte zur Verfügung. Wenn Sie lieber eine kommerzielle Creme benutzen, sollten Sie solche meiden, die Duft- und Farbstoffe sowie Mineralöle enthalten.

Kommerzielle Produkte auswählen

Ayurvedische Präparate zum Reinigen und Nähren der Haut enthalten in erster Linie ätherische Öle, Ghee oder Pflanzenöl und Kräuter. Sie sind einfach herzustellen und lange haltbar, so daß Sie sie nicht oft zu präparieren brauchen. Viele von Ihnen werden jedoch nicht die Zeit oder das Interesse haben, alle Schönheitsprodukte selbst zuzubereiten. Wenn Sie lieber etwas kaufen, als die unten beschriebenen Rezepturen selbst herzustellen, sollten Sie folgende Grundprinzipien beachten:

- Das Produkt sollte ausschließlich rein pflanzliche Bestandteile enthalten – keine synthetischen Substanzen, keine Mineralöle, keine chemischen Zusätze, keine Farbstoffe, keine Konservierungsmittel, keine chemischen Duftstoffe, keine Stoffe, von denen bekannt ist, daß sie Krebs erregen.
- Es sollte die Haut heilen und beruhigen, nicht reizen und austrocknen.
- Die Zutaten sollten für Ihren Hauttyp geeignet sein.

Auf den Seiten 167 bis 170 finden Sie eine Liste chemischer Zutaten, die sich üblicherweise in kommerziellen Hautpflegeprodukten finden. Viele von ihnen erscheinen auf der vom US-amerikanischen Bundesamt für Ernährung und Arzneimittel erstellten Liste potentieller Karzinogene und toxischer Substanzen. (Einige dieser Ingredienzien waren auch auf dem Beipackzettel eines Produkts genannt, das als »ayurvedische« Rezeptur abgepackt und verkauft wurde; die Bestandteile waren, der Reihe nach: Wasser, Sonnenblumenöl, *15 verschiedene chemische Stoffe,* Kräuterextrakte und Duftstoffe.) Lesen Sie die Angabe der Inhaltsstoffe, wenn Sie ein Schönheitsprodukt kaufen. Geben Sie es nicht auf die Haut, wenn Sie es nicht auch essen könnten.
Die in diesem Buch empfohlenen ayurvedischen Pflanzenpräparate und Öle sind – egal ob Sie sie selbst herstellen oder kaufen – letztlich einfacher anzuwenden und billiger als alle anderen gekauften Seifen und Lotionen – und sie sind das Beste für Sie. Sie sind einfacher, weil das zweimal tägliche Reinigen und Nähren die ganze Hautpflege ist, die Sie täglich brauchen. Die ayurvedischen Präparate zum Reinigen und Nähren machen nämlich Gesichtswässer, Peelings, Augencremes, Halscremes, Tagescremes, Nachtcremes und Antiseptika völlig überflüssig, weil sie all diese Funktionen erfüllen – und zwar besser. Ein Gesichtswasser, das nichts anderes ist als Alkohol und Wasser oder Hamamelis, brauchen Sie nur dann, wenn Sie Seifen benutzen, die das pH-Gleichgewicht der Haut stören. Feuchtigkeitscremes sind nichts anderes als Mischungen von Öl und Wasser, die durch chemische Emulgatoren zusammengehalten werden. Wie Sie unten noch genauer erfahren werden, können Sie Ihrer Haut Feuchtigkeit spenden, wenn Sie jedesmal, wenn Sie Ihrem Gesicht Nährstoffe zuführen, ein paar Tropfen ätherisches Öl frisch in Ihrer Handkuhle mit Wasser mischen – so bekommen Sie die Feuchtigkeit und Geschmeidigkeit, die Sie brauchen, ohne die Beigabe von chemischen Stoffen oder den schweren Ölen, die die Poren verstopfen. Außerdem wirken die ätherischen Öle auf natürliche Weise antiseptisch, und die pflanzlichen Reinigungspräparate entfernen nicht zu viele und nicht zu wenige abgestorbene Hautschüppchen und nähren gleichzeitig die Haut. Die Wunderzutat »Kollagen-Komplex«, die vielen Hautpflegeprodukten zu einem hohen Preis zugefügt wird, stammt

von tierischem Gewebe und hat medizinischen Experten zufolge keine Wirkung auf das hauteigene Kollagen.

Wenn Sie die Haut richtig mit Kräutern und Ölen reinigen, nähren und durchfeuchten, werden Sie – wie bei überhaupt allen ayurvedischen Anwendungen in diesem Buch – eine sofortige Verbesserung Ihrer Haut sehen und spüren, denn die Bestandteile wirken belebend, nährend, heilend und lindernd zugleich. In meiner Klinik wundern neue Klienten, die zur ersten Gesichtsbehandlung kommen, sich oft über eine ganz ungewohnte Erfahrung. Normalerweise terminieren sie den Behandlungszeitpunkt so, daß sie danach nach Hause gehen und sich für den Rest des Tages verstecken können, weil ihre Haut so rot und fleckig aussieht. Ich sage ihnen, sie sollten direkt nach der Tej-Gesichtsbehandlung eine aufregende Verabredung einplanen, denn dann sieht die Haut am makellosesten und strahlendsten aus. Tatsächlich ist die Theorie, daß Sie jeden Pickel ausdrücken müssen, um die Haut richtig zu reinigen, oder daß das Gesicht lange massiert werden muß, einfach nicht richtig. Das Ausdrücken zerstört nur unnötig die feinen Kapillargefäße, und zuviel Massage reizt die Haut, besonders wenn die Lotionen chemische Substanzen enthalten. Nach der Anwendung des richtigen Hautpflegeprodukts oder der richtigen Behandlung sollte der Teint gesund und strahlend sein, nicht gereizt. Dies ist mein Maßstab, der auf einem Vierteljahrhundert Hautbehandlung beruht und den ich auch Ihnen empfehle.

Die Chemikalien auf dem Beipackzettel

Chemische Farbstoffe

Nahrungsmittel-, Arznei- und Kosmetikfarbstoffe (FD&C-Farben), Peroxid-Farbstoffe.

Potentielle Schädlichkeit: Die Verwendung dieser aus Kohlenteer bestehenden Farbstoffe in Nahrungsmitteln, Arzneien und Kosmetika ist zulässig. Obwohl sich in Tierversuchen fast alle als karzinogen erwiesen haben, hält das US-Bundesamt für Ernährung und Arzneimittel (FDA) sechs dieser Kohlenteere für ungefährlich. Der gelbe Farbstoff E102 löst bei aspirinempfindlichen Menschen Allergien aus und kann Asthmaanfälle verursachen. Andere mögliche Wirkungen sind Schwindel, Kopfschmerzen, Verwirrtheit. Von einigen Haarfärbemitteln ist bekannt, daß sie Hautausschläge, Ekzeme und Bronchialasthma auslösen. Viele Haarfärbemittel für den Hausgebrauch enthalten Dichlorobenziden, ein Karzinogen, das leicht von der Haut absorbiert wird und Blutarmut, Gelbsucht, Störungen des zentralen Nervensystems, Nieren- und Leberschäden verursachen kann.

Duftstoffe

Als »Duftstoffe« werden synthetische Düfte bezeichnet. Ansonsten würde auf dem Etikett »ätherisches Öl« stehen.

Potentielle Schädlichkeit: Das Wort »Duftstoff« kann auf bis zu 4000 verschiedene, nicht aufgeführte Inhaltsstoffe verweisen. Zu den Beschwerden, die dem US-Bundesamt für Ernährung und Arzneimittel vorgetragen wurden, gehören Kopfschmerzen, Schwindel, Ausschläge, Hautverfärbungen, starkes Husten und Erbrechen sowie allergische Hautreizungen.

Detergenzien

NDELA (Nitrosodiethanolamin) gebildet aus TEA, DEA, MEA, Natriumlaurylsulfat.

Potentielle Schädlichkeit: Gilt in den USA als krebsverdächtig. Kann bei oraler Einnahme Dermatitis, grippeähnliche und asthmatische Beschwerden, schwere Augenschäden und schwere Schäden im oberen Verdauungstrakt verursachen.

Erdölprodukte

Paraffin, Mineralöl.

Potentielle Schädlichkeit: Gilt in den USA als krebsverdächtig. Paraffin kann bei Menschen, die gegen Petrochemikalien empfindlich sind, negative Reaktionen auslösen.

Bleichmittel

Hydrochinon

Potentielle Schädlichkeit: Gilt in den USA als krebsverdächtig.

Trockenmittel

Phenole

Potentielle Schädlichkeit: Gelten in den USA als krebsverdächtig. Können auch Hautausschläge und -abschälungen, Schwellungen, Pickel, Nesselausschlag, Brennen, Taubheitsgefühl und kalten Schweiß verursachen.

Tenside

PEG-8 (Polyethylenglykol)

Potentielle Schädlichkeit: Gilt in den USA als krebsverdächtig.

Feuchthaltemittel

Propylenglykol, Glyzerin, Sorbitol, Butylenglykol. (Tragen dazu bei, daß die Haut Feuchtigkeit aufnimmt und speichert.)

Potentielle Schädlichkeit: Außer PEG-8 gelten die meisten natürlichen oder synthetischen Glykole als ungefährlich. Natürliche Glykole sind im allgemeinen als natürliches Glyzerin oder pflanzliches Glyzerin ausgezeichnet; nicht spezifizierte Glykole sind als Glycerol oder Glyzerin aufgeführt, Petrochemikalien als Glykol, Glycerol, Ethylenglycol, PEG bzw. Polyethylenglykol und Propenglykol. Untersuchungen des US-Bundesamtes für Ernährung und Arzneimittel weisen darauf hin, daß Polyethylenglykol Allergien auslösen kann.

Erweichungsmittel

Mineralöl, Lanolin, Silikone, z. B. Dimethicon; Fettsäuren, z. B. Stearinsäure und Isostersäure; Fettalkohole, z. B. Cetylalkohol, Stearylalkohol, Myristylalkohol; Ester, z. B. Isopropylmyristat, Walrat, Octylpalmitat, Butylstearat, Isopropylisostearat; Triglyceride, z. B. Pflanzenöle. (Machen das Hautgewebe weich und glatt.)

Potentielle Schädlichkeit: Mineralöl wird als Karzinogen verdächtigt und beeinträchtigt außerdem die Vitaminabsorption des Körpers. In der BRD als Lebensmittelüberzug verboten. Ist schädlicher, wenn es oral eingenommen oder in die Haut eingerieben wird, als wenn es eingeatmet wird.

Emulgatoren
Glycerolstearat, Carbomer 934, Ether wie z. B. Steareth 2, Laureth 4, Bienenwachs, Sorbitansterat, Cetearylalkohol, Polysorbat 60 und 80. (Verhindern, daß Öl und Wasser, die Hauptzutaten von Feuchtigkeitscremes, sich trennen.)
Potentielle Schädlichkeit: Polysorbat 80 wirkt bekanntermaßen karzinogen.

Konservierungsmittel
PHB-Ester, z. B. Methyl, Propyl, Butyl, Quaternium-15, Imidazolidin-Harnstoff. (Verlängern die Haltbarkeit des Produkts.)
Potentielle Schädlichkeit: Alle Konservierungsmittel können Allergien auslösen.

Antioxidanzien
BHA (Butylhydroxyanisol), BHT (2,6-di-tert-butyl-p-cresol), Tokopherol (Vitamin E). (Verhindern das Schlechtwerden des Produkts.)
Potentielle Schädlichkeit: Tierversuche zeigen, daß BHT krebsverdächtig ist; BHT und BHA können Stoffwechsel- und Leberschäden, Kahlheit und eine Mißbildung des Fötus verursachen. Ärzte berichten, daß BHA und BHT bei Menschen, die gegenüber petrochemischen Derivaten empfindlich sind, zu negativen Reaktionen führen können.

Tierische Produkte
Lanolin (aus Schafwolle), Ceteareth 20 (Cetylalkohol + Stearylalkohol, hergestellt aus Walratöl).
Potentielle Schädlichkeit: Lanolin verstopft die Poren und kann Mitesser verursachen.

Sonstige
Alkohol, Formaldehyd, Propylalkohol, Toluen 2, 4-Diamin, EDTE (Ethylendiamin-Tetra-Essigsäure).
Potentielle Schädlichkeit: Alle genannten Inhaltsstoffe sind krebsverdächtig. EDTE kann außerdem Taubheitsgefühl und Prickeln in den Fingern, leichte Benommenheit, Schwindel, Niesen, eine verstopfte Nase, Kopfschmerzen und Hautreizungen verursachen.

Das tägliche Hautpflegeprogramm

Die zur täglichen Hautpflege verwendeten Kräuter und Öle sowie die Anwendungsarten differieren je nach Hauttyp, aber die elementaren Richtlinien sind für jeden gleich. Sie lauten:

- Führen Sie das Drei-Schritte-Programm zweimal täglich durch, einmal morgens und einmal vor dem Schlafengehen (wenn Sie fettige Haut haben, sollten Sie *im Sommer* das ganze Programm *dreimal täglich* durchführen). Nehmen Sie sich für die drei Schritte insgesamt 5–10 Minuten Zeit.
- Entfernen Sie, bevor Sie anfangen, Gesichts- oder Augen-Make-up mit Ghee oder reinem Pflanzenöl *(kein* ätherisches Öl) und einem Wattepad. Sesamöl ist gut für trockene Haut, Sonnenblumen- oder Distelöl ist gut für empfindliche und fettige Haut.
- Führen Sie das Hautpflegeprogramm, falls dies möglich und praktikabel ist, *nach* den Körperübungen, aber *vor* dem Meditieren durch.
- Reinigen Sie das Gesicht vor oder während eines Bads oder einer Dusche und tragen Sie das nährende Öl und die Feuchtigkeitscreme nachher auf.
- Massieren Sie Öl immer in die nasse Haut ein.
- Massieren Sie Gesicht und Hals immer nur mit sanften Streichbewegungen nach oben und außen (siehe Abbildung auf S. 172). Reiben oder rubbeln Sie nicht auf und ab, damit die Haut nicht gezerrt wird.
- Massieren Sie um die Augen herum immer sehr sanft, und zwar kreisförmig mit dem Ringfinger vom äußeren Augenwinkel nach innen (siehe Abbildung S. 173).
- Warten Sie nach dem letzten Schritt mindestens 2–3 Minuten, bevor Sie Make-up auflegen.
- Machen Sie einmal wöchentlich eine Gesichtsmaske, um einen intensiveren Peeling- und Nähreffekt zu erzielen (siehe Rezept S. 176).

Die einzelnen Rezepte und Anweisungen zum Reinigen, Nähren und Feuchtigkeitspenden erscheinen auf den folgenden Seiten.

Trockene Haut (Vata)

Reinigen:

- 1 TL Mandelkleie + 1/2 TL Milchpulver + 1 Prise Zucker mischen. In einem Gewürzgläschen aufbewahren.
- In der hohlen Hand 1/4 TL der Mischung mit warmem Wasser zu einer Paste verrühren.
- Die Paste auf Gesicht und Hals auftragen und sanft etwa 1 Minute lang einmassieren. *Nicht rubbeln.* Mit warmem (nicht heißem Wasser) gut abspülen. *Nicht abtrocknen.*
- *Besondere Anweisungen:* Sehr trockene Haut sollten Sie nicht so reinigen. Waschen Sie sie stattdessen mit einer Mischung von 1 EL Vollfettsahne + 2 Tropfen Zitronensaft.

Nähren:

- 30 g Sesamöl + 10 Tropfen Geranienöl + *je* 5 Tropfen Neroli- und Zitronenöl mischen. In einer dunklen Glasflasche mit Tropfenzähler aufbewahren.
- In der hohlen Hand 3 Tropfen des obigen Nähröls mit 6 Tropfen Wasser vermischen. (Die 6 Tropfen Wasser durch 6 Tropfen Tej- oder Bindi-Liposomenflüssigkeit ersetzen, falls vorhanden).
- Die Mischung auf die noch nasse Haut auftragen und etwa 1 Minute lang sanft in Gesicht und Hals einmassieren, bzw. bis die Haut das ganze ätherische Öl absorbiert hat.

Feuchtigkeitspenden:

- 45 g Kakaobutter im Wasserbad schmelzen lassen. 120 g Avocadoöl hinzufügen. Vom Herd nehmen, mit einem Tropfenzähler 30 g Rosenwasser *tropfenweise* zugeben, dabei die Mischung umrühren. Wenn sie abgekühlt ist, je 3–4 Tropfen Geranien- und Rosenöl hinzufügen.
- Die Feuchtigkeitscreme sanft auf Gesicht und Hals verteilen. Massieren Sie sie nicht in die Haut ein, und wiederholen Sie die Anwendung bei Bedarf im Lauf des Tages.

Empfindliche Haut (Pitta)

Reinigen:

- 1 TL Mandelkleie + 1/2 TL zermahlene Orangenschale + 1/2 TL Milchpulver vermischen. In einem Gewürzgläschen aufbewahren.

- In der hohlen Hand 1/4 TL der Mischung + Rosenwasser zu einer Paste verrühren.
- Die Paste auf Gesicht und Hals auftragen und sanft etwa 1 Minute lang einmassieren. *Nicht rubbeln.* Mit kühlem (nicht kaltem Wasser) gut abspülen. *Nicht abtrocknen.*
- *Besondere Anweisungen:* Bei sehr empfindlicher Haut sollten Sie die Reinigungspaste nur einmal täglich, nämlich vor dem Schlafengehen, auftragen. Waschen Sie Gesicht und Hals morgens mit Vollfettsahne. Gründlich mit kühlem Wasser abspülen und dann mit den unten beschriebenen Nähr- und Feuchtigkeitsschritten fortfahren.

Nähren:

- 30 g Mandelöl + *je* 10 Tropfen Rosen- und Sandelholzöl mischen. In einer dunklen Glasflasche mit Tropfenzähler aufbewahren.
- In der hohlen Hand 2–3 Tropfen des obigen Nähröls und 4–6 Tropfen Wasser vermischen. (Die 4–6 Tropfen Wasser durch 6 Tropfen Tej- oder Bindi-Liposomenflüssigkeit ersetzen, falls vorhanden).
- Die Mischung auf die noch nasse Haut auftragen und etwa 1 Minute lang sanft in Gesicht und Hals einmassieren.

Feuchtigkeitspenden:

- 30 g Kakaobutter im Wasserbad schmelzen lassen. 90 g Sonnenblumenöl hinzufügen. Vom Herd nehmen, mit einem Tropfenzähler 60 g Rosentee tropfenweise hinzugeben, dabei die Mischung umrühren. Wenn sie abgekühlt ist, 5–6 Tropfen Sandelholzöl hinzufügen.
- Die Feuchtigkeitscreme sanft auf Gesicht und Hals verteilen. Massieren Sie sie nicht in die Haut ein, und wiederholen Sie die Anwendung bei Bedarf im Lauf des Tages.

Fettige Haut (Kapha)

Reinigen:

- 1 TL Gerstenschrot + 1 TL zermahlene Zitronenschale + 1/2 TL Milchpulver vermischen. In einem Gewürzgläschen aufbewahren.
- In der hohlen Hand 1/4 TL der Mischung mit warmem Wasser zu einer Paste verrühren.
- Die Paste auf Gesicht und Hals auftragen und sanft etwa 1 Minute

lang einmassieren. *Nicht rubbeln.* Gut mit kühlem (nicht kaltem) Wasser abspülen. *Nicht abtrocknen.*

- *Besondere Anweisungen:* Benutzen Sie keine Seifen oder Adstringenzien, die Alkohol enthalten, um den Fettgehalt der Haut zu vermindern. Bei Hautgries zuerst mit einer Paste aus 1/4 TL Neem-Pulver + 1 Prise Zucker + Wasser waschen, dann die obigen Schritte befolgen.

Nähren:

- 30 g Sonnenblumenöl + 10 Tropfen Lavendelöl + *je* 5 Tropfen Bergamotte und Muskatellersalbei mischen. In einer dunklen Glasflasche mit Tropfenzähler aufbewahren.
- In der hohlen Hand 2 Tropfen des obigen Nähröls mit 4 Tropfen Wasser vermischen (die 4 Tropfen Wasser durch 4 Tropfen Tej- oder Bindi-Liposomenflüssigkeit ersetzen, falls vorhanden).
- Die Mischung auf die noch nasse Haut auftragen und etwa 1 Minute lang sanft in Gesicht und Hals einmassieren.

Feuchtigkeitspenden:

- 30 g Kakaobutter im Wasserbad schmelzen lassen. 90 g Mandel-, Distel- oder Rapsöl hinzufügen. Vom Herd nehmen. Mit einem Tropfenzähler 60 g Rosmarin- oder Basilikumtee *tropfenweise* hinzugeben, dabei umrühren. Wenn sie abgekühlt ist, 1 Tropfen Kampheröl + 2 Tropfen Bergamotteöl + 3 Tropfen Lavendelöl hinzufügen.
- Sehr wenig Feuchtigkeitscreme sanft auf Gesicht und Hals auftragen. Massieren Sie die Creme nicht in die Haut ein. Nur einmal morgens und einmal abends anwenden. Bei sehr fettiger Haut vor der Feuchtigkeitscreme »Soothing Lotion« von Bindi oder Tej benutzen.

Die wöchentliche Obst-Gesichtsmaske

- Verwenden Sie zur Herstellung einer peelenden Maske
  bei trockener Haut: Bananen- oder Avocadomark
  bei empfindlicher Haut: Bananen- oder Ananasmark
  bei fettiger Haut: Erdbeer- oder Papayamark
- Führen Sie erst nur den normalen Reinigungsvorgang durch. Tragen Sie dann das Obstmark auf Gesicht und Hals auf; legen Sie sich

10–15 Minuten hin, wobei die Beine hochgelagert werden sollten, damit das Gesicht besser durchblutet wird. Mit Wasser abspülen, dann wie üblich nähren und Feuchtigkeit spenden.

Reinigen, Nähren und Feuchtigkeitspenden von Kopf bis Fuß

Die Regel »Reinigen, Nähren und Feuchtigkeitspenden« gilt nicht nur für das Gesicht, sondern auch für jeden anderen Teil des Körpers. Die ayurvedischen Gesichtsreinigungsprodukte und Öle eignen sich jedoch nicht, um den Rest den Körpers von Schmutz zu befreien und ihm Nährstoffe zuzuführen. Die Gesichtereinigungspräparate sind für die zarte Gesichtshaut bestimmt; die meisten anderen Hautpartien können eine stärkere »Abreibung« vertragen. Außerdem ist das Gesichtsöl zu konzentriert (zu hoher Anteil an ätherischen Ölen), als daß es in der für den ganzen Körper notwendigen größeren Menge gefahrlos verwendet werden könnte. Die Körperöle enthalten daher weniger ätherisches Öl. Nachstehend nun reinigende und nährende Behandlungen für den Körper als Ganzes und einzelne Partien, denn die Beschaffenheit der Haut und ihre Beanspruchung sind zwischen Kopf und Füßen unterschiedlich.

Äußerliche Hautpflege – was Sie tun und was Sie besser lassen sollten

Ja

- Waschen Sie Ihr Gesicht zweimal täglich, morgens und abends, mit einem sanften Kräuterprodukt und lauwarmer Milch oder lauwarmem Wasser.
- Führen Sie Ihrer Haut täglich mit geeigneten ätherischen Ölen Nährstoffe und Feuchtigkeit zu.
- Vermeiden Sie es, sich übermäßig lange in der Sonne, im Salzwasser, in Wind, Kälte und Schnee aufzuhalten.
- Machen Sie einmal täglich Gesichtsübungen (siehe S. 198).

Nein

- Benutzen Sie keine schweren Nachtcremes. Sie verstopfen die Poren und lassen Ihr Gesicht aufgedunsen erscheinen.
- Benutzen Sie im Gesicht keine Seifen und keine scharfen Reinigungsprodukte.
- Benutzen Sie keine chemischen Make-up-Entferner, keine schweren Augencremes oder Öle. Entfernen Sie Augen-Make-up mit einem in Pflanzenöl getauchten Wattebäuschchen.
- Benutzen Sie keine rauhen, scharfen Hilfsmittel zum Abscheuern der Haut, z. B. Luffaschwämme, chemische Pulver oder Bimssteine.
- Benutzen Sie zur Entfernung von Make-up keine Papiertaschentücher. Die holzigen Bestandteile in Papier schaden der Haut.
- Benutzen Sie keine chemischen Adstringenzien oder Produkte, die Alkohol enthalten.
- Benutzen Sie zur Gesichtswäsche nicht abwechselnd sehr heißes und dann sehr kaltes Wasser. Es läßt die Kapillargefäße platzen.
- Gehen Sie nicht mit Make-up schlafen, egal wie müde Sie sind.

Ganzkörperpflege

Reinigen (alle Hauttypen):

- Kichererbsenmehl und Milchpulver zu gleichen Teilen in einem Plastikgefäß vermischen.
- 2 TL dieses Körperreinigungspräparats in die hohle Hand geben, etwas Wasser hinzufügen, bis eine dünnflüssige Paste entsteht, und damit in der Dusche oder der Badewanne wie mit Seife leicht die nasse Haut einreiben. Abspülen und trockenklopfen.

Nähren und Feuchtigkeitspenden:

- Zur Herstellung eines Körperöls 30 g Mandelöl und 10 Tropfen eines für Ihren Konstitutionstyp geeigneten ätherischen Öls vermischen. Nach dem Duschen in die feuchte Haut einmassieren.

Natürliches Deodorant für die Achselhöhle:

- 30 g Sandelholzpulver + 30 g Pfeilwurzmehl + 10 Tropfen Lavendelöl mischen. Bei Bedarf anwenden.

Haarpflege

Haare bestehen zu 97% aus Protein und zu 3% aus Feuchtigkeit. Der Durchschnittsmensch hat 100 000 Haare auf dem Kopf, die mit einer Geschwindigkeit von 0,37 mm pro Tag wachsen und in einer Größenordnung von 50–100 pro Tag ausfallen. Zu den Faktoren, die Haarwuchs und Haarausfall beeinflussen, gehören das Alter, die Gesundheit, die Ernährung, die Hormone, jahreszeitliche Veränderungen und das Klima. Auch Schocks, Streß und Angst ziehen das Haarwachstum in Mitleidenschaft, weil sie die Blut- und Sauerstoffzufuhr zur Kopfhaut verringern, die für gesundes Haar essentiell sind. Eine wöchentliche Massage der Kopfhaut gehört daher zu den nützlichsten Behandlungen, um schönes Haar zu behalten und die Symptome häufiger Haarprobleme wie z. B. Glatzenbildung bei Männern, Haarausfall generell, kahle Stellen, Schuppen, Schuppenflechte und vorzeitiges Ergrauen zu lindern bzw. zu reduzieren. Eine Massage der Kopfhaut führt dem Gehirn nicht nur mehr Sauerstoff zu, sie verbessert auch die Zirkulation der überaus wichtigen Hirn- und Rückenmarksflüssigkeit, die die Entwicklung des Gehirns anregt, Nerven und Muskeln entspannt, Erschöpfung vermindert und die Kopfhaut lockert. Bei trockener und empfindlicher Haut dringen die zugefügten ätherischen Öle außerdem in die Haarwurzeln ein, kräftigen das Haar und machen es weniger trocken.
Bei ayurvedischen Haarbehandlungen einschließlich Haarreinigungsmitteln kommen nur pflanzliche Pulver, Kräuteressenzen und Öle zum Einsatz. Die – feuchten und trockenen – »Shampoos« produzieren bei der Benutzung keinen Schaum, weil sie im Gegensatz zu Markenshampoos kein Natrium, Aluminium oder andere Detergenzien enthalten, die das Haarprotein zerstören und den natürlichen Ölfilm entfernen. Pflanzliche Reinigungsprodukte waschen den Schmutz weg, nicht aber die natürliche Feuchtigkeit, so daß Sie keine Spülung brauchen, um den von einem »Blitzsauber-Shampoo« angerichteten Schaden zu beheben. Das Trockenshampoo ist eine gute Alternative, wenn Sie krank sind oder keine Zeit haben, die Haare zu waschen. Es eignet sich auch für stumpfes oder fettiges Haar. Für die wöchentliche Kurbehandlung empfehlen wir eine Kopfhautmassage und die »Haar-Maske«.

Nasses Shampoo

- Bereiten Sie mit den folgenden Pflanzen eine starke Kräuterabkochung zu
  bei trockener Haut: Lavendel oder Geranie
  bei empfindlicher Haut: Kamille
  bei fettiger Haut: Salbei, Lorbeerblätter oder Rosmarin
- Stellen Sie aus 8 Teilen der obigen Kräuterabkochung + 1 Teil flüssiger Olivenseife ein Shampoo her, oder benutzen Sie »Herbal Hair Wash« von Bindi oder Tej. (Diese natürlichen Shampoos erzeugen sehr wenig Schaum.)
- Waschen Sie damit die Haare wie gewohnt. Wenn Sie wollen, können Sie mit einem Farbverstärker nachspülen (siehe unten). Massieren Sie dann vor dem Trocknen die Kopfhaut mit 2 Tropfen Lavendel- oder Rosmarinöl. Mehr Glanz erhalten Sie, wenn Sie nach dem Waschen die Haare mit einer Spülung aus dem Saft von $^1/_2$ Zitrone + 1 Tasse Wasser spülen.

Trockenes Shampoo

- Maismehl, gemahlene Mandeln und Veilchenwurzel zu gleichen Teilen vermischen.
- Eine kleine Handvoll in die trockene Kopfhaut einmassieren, dann ausbürsten.

Wöchentliche Haarkur

- Aus je 1 TL Triphala-, Neem-, Sandelholz- und Süßholzpulver + 10 TL Wasser eine Paste erstellen.
- Die Paste auf die trockene Kopfhaut geben, $^1/_2$ Stunde einwirken lassen und mit warmem Zitronenwasser sorgfältig ausspülen.

So verstärken Sie Ihre Haarfarbe auf natürliche Weise

- Spülen Sie die Haare nach dem Waschen mit
  schwarzes Haar: Abkochung von Salbei, Rosmarin oder Walnuß
  rotes oder kupferfarbenes Haar: Hennapaste oder einer Prise in Wasser aufgelöstem Safran
  blondes Haar: Abkochung von Kamillenblüten

dunkelbraunes Haar: Walnußabkochung
goldfarbenes Haar: Abkochung von 1 Handvoll Königskerze

Wöchentliche Kopfhautmassage

- *Bei trockener und empfindlicher Haut:* 1 TL warmes Sesamöl oder Gotu-Kola-Pflanzenöl (bei Bindi oder Tej erhältlich) 10 Minuten in die Kopfhaut einmassieren. Den Kopf mit einem warmen Handtuch umwickeln und 5–10 Minuten einwirken lassen. Einmal wöchentlich bei empfindlicher Haut und zweimal wöchentlich bei trockener Haut oder Schuppen anwenden. Der beste Zeitpunkt für diese Anwendung ist morgens als erstes oder vor dem Schlafengehen. Die Massage regt die Durchblutung der Kopfhaut an. Führen Sie diese Massage daher nicht direkt nach einer Mahlzeit aus, wenn das Blut zur Verdauung benötigt wird.
- *Bei fettiger Haut:* Lassen Sie den Kopf vornüber hängen und bürsten Sie die Haare 50mal von den Wurzeln zu den Spitzen, um die natürlichen Öle zu verteilen.

Haarpflege – was Sie tun und was Sie besser lassen sollten

Ja

- Massieren Sie die Kopfhaut morgens oder abends leicht mit Lavendel- oder Rosmarinöl, und bürsten Sie dann die Haare 50 Mal von der Kopfhaut zu den Haarspitzen.
- Tragen Sie in der Sonne einen Hut oder einen anderen Kopfschutz.
- Halten Sie alle Frisierutensilien sauber.

Nein

- Vermeiden Sie chemische Sprays, Färbungen, Dauerwellen und austrocknende Shampoos.
- Benutzen Sie zum Haarewaschen weder sehr heißes noch sehr kaltes Wasser.
- Benutzen Sie kommerzielle Shampoos oder einen Fön nicht täglich, besonders wenn Sie trockene Kopfhaut haben.

- Verwenden Sie keine Metallbürsten oder -kämme.
- Vermeiden Sie eng anliegende Kopfbedeckungen, Clips oder Haarbänder, und tragen Sie sie nie beim Schlafen.

Augenpflege

Klare, lebendige Augen sind ein Hinweis auf eine gute Gesundheit. Der Bereich direkt unter den Augen besitzt jedoch keine Talgdrüsen, die die Haut geschmeidig machen. Er stellt daher den zartesten Bereich der Gesichtshaut dar und den ersten, der Anzeichen des Alterns aufweist. Streß, Angst, Sorgen, Schlaflosigkeit, Harnverhaltung, die Sonne, schwaches oder grelles Licht, Überarbeitung oder übermäßiger Alkoholkonsum überanstrengen die Augen und führen zu Krähenfüßen und feinen Fältchen. Drei einfache Methoden, um eine Überanstrengung der Augen abzubauen bzw. zu vermeiden, Falten zu verhindern und den Augen mehr Glanz zu geben, sind:

- *Blinzeln:* Blinzeln trägt dazu bei, eine Überanstrengung zu verhindern, das Sehvermögen zu verbessern und die Augen geschmeidig zu halten. Normalerweise blinzeln die Augen 3- oder 4mal pro Sekunde. Beobachten Sie einmal, wie ein Baby dies ganz natürlich und sacht tut. Gewöhnen Sie sich an, beim Lesen mindestens zweimal pro Zeile zu blinzeln. Oder beschreiben Sie mit dem Augapfel einen Kreis, erst im Uhrzeigersinn und dann gegen den Uhrzeigersinn.
- *Bedecken:* Schließen Sie jede Stunde die Augen und bedecken Sie sie sacht mit den Handflächen, so daß jedes Licht von außen wegfällt. Entspannen Sie während dieses »Blackouts« ein paar Minuten. Wenn Sie vor Ihrem geistigen Auge immer noch Licht »sehen«, machen Sie noch ein paar Minuten weiter, bis alles dunkel ist. Diese Technik hilft bei blutunterlaufenen Augen.
- *Massage:* Eine Ölmassage ist besonders wohltuend, weil die Augenlider (genauso wie der Hodensack) für Lipide (Öle) zehnmal durchlässiger sind als alle anderen Körperzonen. Massieren Sie die Augen vor dem Schlafengehen sanft mit warmem Ghee, Mandel- oder Olivenöl + ein paar Tropfen Rosen- oder Sandelholzöl, um Fältchen vorzubeugen.

Tips für schöne Augen

- Für glänzende Augen und eine vitale Augenpartie: Stellen Sie aus Fenchel oder Augentrosttee ein Augenbad her. Gießen Sie den abgekühlten Tee in ein Augenschälchen oder eine flache Schüssel. Baden Sie jedes Auge 30 Sekunden in der Flüssigkeit, indem Sie blinzeln.
- Blutunterlaufene Augen behandeln: Tauchen Sie ein Wattebäuschchen in Rosenwasser, legen Sie sich flach hin und plazieren Sie die Watte 10–15 Minuten auf den geschlossenen Augen.
- Für dichtere Wimpern und Brauen: Tragen Sie jeden Abend eine Spur Rizinus- oder Olivenöl auf.
- Gut schlafen und eine Überanstrengung der Augen beheben: Massieren Sie Kopfhaut und Füße jeden Abend mit Rizinusöl. Verwenden Sie bei heißem Wetter, oder wenn die Füße brennen, stattdessen Brahmi- oder Kokosnußöl.
- Die Augen erfrischen: Besprengen Sie bei Bedarf die geschlossenen Lider mit ein paar Wassertropfen. Besprengen Sie die Augen stündlich mit kaltem Wasser, wenn Sie längere Zeit lesen oder arbeiten.
- Die Augen schützen: Tragen Sie im Freien eine Sonnenbrille, und lesen Sie nicht in der Sonne.

Handpflege

Glatte, schöne Hände und gesunde, gepflegte Nägel spiegeln nicht nur Ihre Persönlichkeit, sondern auch Ihr Alter. Wie das Gesicht benötigen die Hände eine besondere Pflege, weil sie ständig den Umwelteinflüssen ausgesetzt und unaufhörlich in Gebrauch sind. Damit Ihre Hände glatt bleiben und ihr jugendliches Aussehen behalten, sollten Sie:

- In Ihrem Kosmetiktäschchen ein Körperöl dabei haben, das Sie tagsüber nach jedem Waschen in die Hände einmassieren.
- Vor dem Schlafengehen 1 EL Mandelöl + 1 EL Buttermilch mischen und in die Hände einmassieren. Ziehen Sie Baumwollhandschuhe an und gehen Sie schlafen. Ziehen Sie morgens die Handschuhe aus und spülen Sie die Hände ab. Dies trägt auch dazu bei, die Nägel zu kräftigen.

Fußpflege

Die Füße sind unsere treuen Diener. Aber solange wir nicht plötzlich wegen einer Verletzung oder anderer Fußbeschwerden Schwierigkeiten mit dem Gehen haben, denken wir heutzutage kaum an sie. In früheren Zeiten jedoch war das Salben der Füße ein Zeichen der Ehrerbietung oder eine Vorbereitung auf kultische Handlungen – ein Brauch, der es wert wäre, wiederbelebt zu werden.
Eine regelmäßige Fußpflege ist nicht nur wichtig, weil sie die Gefahr für die Entwicklung bewegungseinschränkender Probleme verringert, sondern auch, weil die Füße über die feinstofflichen Energiekanäle des Körpers mit allen Organen einschließlich des Gehirns verbunden sind. Die Fußreflexzonenmassage – die Massage der Energiepunkte auf den Füßen – beruht auf eben dieser Einsicht. Wenn daher die Füße müde sind, sind auch Geist und Körper müde. Schöne, gesunde Füße sind andererseits buchstäblich das Fundament körperlicher Anmut und Vitalität.

Tips für schöne Füße

- Halten Sie die Füße sauber, aber unterdrücken Sie nicht ihr Schwitzen, da dies die inneren Organe schädigen kann.
- Tragen Sie keine engen Schuhe oder sehr hohe Absätze.
- Nehmen Sie 5–10 Minuten ein entspannendes Fußbad in warmem Wasser und 2–3 Tropfen Hamamelis + *je* 1–2 Tropfen Beinwell-, Lavendel-, Salbei- und Rosmarinöl.
- Machen Sie eine wöchentliche »Fuß-Maske« mit einer Pflanzenpaste aus Mandelkleie und Linsenmehl. Lassen Sie sie 10 Minuten einwirken, spülen Sie sie mit warmem Wasser ab und massieren Sie die Füße dann mit Oliven-, Sesam- oder Avocadoöl. Diese Fußmassage eignet sich auch gut zur Beseitigung von Schlaflosigkeit.
- Legen Sie ungekochte grüne Erbsen in Ihre Socken und gehen Sie 5–10 Minuten herum – so geben Sie sich selbst eine Minimassage.
- Legen Sie sich unter jeden Fuß einen Tennisball oder ein Nudelholz und rollen Sie darauf herum, während Sie sitzen; dies stärkt die Fußmuskeln und macht die Gelenke flexibler.

- Gehen Sie frühmorgens barfuß über taufeuchtes Gras.
- Entgiften Sie den ganzen Körper, indem Sie vor dem Schlafengehen die Füße 5–10 Minuten in ein warmes Fußbad mit 2 TL Steinsalz stellen und sie danach mit Oliven-, Sesam- oder Avocadoöl massieren.

Körperbäder

Die ganze Geschichte hindurch waren – und sind – Bäder in vielen Kulturen ein wichtiges Ritual, um Körper, Seele und Geist zu reinigen. In der vedischen Tradition werden die Tempelstatuen durch ein »Fünf-Nektar-Bad« geehrt, das mit Milch, Honig, Ghee, Joghurt und Banane zubereitet wird – sie sind der ayurvedischen Ernährungslehre zufolge die fünf vollkommenen Lebensmittel. Das beste, was wir für uns haben, ist das Mindeste, was wir den Gottheiten opfern können.
Bäder *sind* heilig – d. h. sie reinigen und machen uns ganz bzw. heil. Tatsächlich gibt es kaum etwas, das den Geist so verjüngt und den Körper so entspannt wie ein gemütliches Wannenbad. Der Ayurveda betrachtet das Baden daher als wichtigen Teil des Alltags. Das Tempo den modernen Lebens läßt den meisten Leuten allerdings kaum die Zeit für eine schnelle Dusche am Tag. Trotzdem ist ein halbstündiges, reinigendes und nährendes Körperbad einmal in der Woche wirklich das wenigste, was Sie für Ihre Gesundheit und Ihren Seelenfrieden tun können. Es ist auch eine der schnellsten und leichtesten Möglichkeiten, um Ihren Tej-Faktor zu verstärken.

Die 30minütige Tej-Heim-Badekur

- *Schritt 1:* Stellen Sie aus gemahlenen Mandeln, Weizenmehl, Linsenmehl und Wasser eine dünnflüssige »Körper-Maske« her, oder benutzen Sie »Herbal Body Cleanser« von Bindi. Cremen Sie den ganzen Körper mit der Paste ein und lassen Sie sie trocknen. Reiben Sie sie dann mit einem trockenen Handtuch ab, um abgestorbene Hautschüppchen zu entfernen. Benutzen Sie keine Bürste und keinen Luffa-Schwamm.

- *Schritt 2:* Massieren Sie den Körper mit Sesamöl + 1 Prise Kurkuma-Pulver, um den Kreislauf anzuregen, Agni zu stärken und Ojas zu verbessern.
- *Schritt 3:* Nehmen Sie 15–20 Minuten ein warmes Bad. Je nach Hauttyp geben Sie ins Badewasser
  bei trockener Haut: 1 TL Honig + 7–8 Tropfen Rosenöl oder Bindi-ätherisches Öl
  bei empfindlicher Haut: 1 Handvoll Trockenmilch
  bei fettiger Haut: 5–6 Tropfen Lavendel, Rosmarin- oder Zitronenöl
- *Schritt 4:* Klopfen Sie nach dem Baden den Körper trocken und tragen Sie ein Körperöl auf, um der Haut Nährstoffe und Feuchtigkeit zuzuführen.

Pancha Amrit Snana – das Fünf-Nektar-Bad
Gönnen Sie sich ein »göttlich« verjüngendes Bad mit den »fünf Nektaren«. Mischen Sie eine Banane mit 2 EL Milch + 1 TL Ghee + 1 TL Joghurt + 1 TL Honig. Massieren Sie die Mischung in den Körper ein und steigen Sie 10–20 Minuten ins warme Badewasser. Dies nährt, glättet, beruhigt und revitalisiert die Haut.

Innerlich und äußerlich in die fünf Elemente eintauchen
Wir reinigen die Doshas mit den fünf Elementen: Wasser reinigt Erde, Feuer reinigt Wasser und Erde, Luft reinigt Feuer, Wasser und Erde, Raum reinigt Luft, Feuer, Wasser und Erde (bzw. bringt sie ins Gleichgewicht). Körper und Sinne können innerlich und äußerlich in die fünf Elemente eintauchen und deren Reinigungswirkung erfahren:

- Raumbäder
  Tiefes Meditieren taucht Geist und Körper in Glückseligkeit und läutert alle Ebenen des Lebens.
- Luftbäder
  Innerlich: Tiefes Atmen
  Äußerlich: Bei Sonnenaufgang oder im Mondschein spazierengehen
- Wasserbäder
  Innerlich: Wasser und Kräuter-Getränke konsumieren
  Äußerlich: Hydrotherapie (Wannenbäder)

- Feuerbäder
  Innerlich: Scharfe Gewürze essen, um das Verdauungsfeuer anzuheizen
  Äußerlich: Sonnenbaden, Saunen, Dampfbäder nehmen
- Erdbäder
  Innerlich: Reinigende Heilerdegetränke
  Äußerlich: Moorbäder

Allwetter-Hautpflege

Neben Streß und der Ernährung gehören Umwelteinflüsse zu den wichtigsten Ursachen für ein vorzeitiges Altern. Jahreszeitliche und klimatische Veränderungen bringen nicht nur die subtilen inneren Energien von Körper und Geist aus dem Gleichgewicht, sondern haben auch eine äußerliche Auswirkung auf die Haut. Vor allem Sonne, Wind und Kälte können schädlich sein, wenn Sie nichts tun, um ihrem Einfluß zu begegnen.

Sonne und Haut: Die Sonne war schon immer ein Hauptübeltäter in puncto Hautgesundheit; in den letzten Jahren haben ihre schädlichen Auswirkungen jedoch noch zugenommen, weil die schützende Ozonschicht dünner geworden ist. Die Sonnenstrahlung spielt bei grauem Star, der Zelldegeneration und dem Zusammenbruch von Kollagen und Elastin eine Rolle, was zu vorzeitigem Altern und Faltenbildung führt. Sie ist die Hauptursache für Hautkrebs und erhöht auch die Bildung von freien Radikalen in der Haut, weil sie die Produktion von antioxydierenden Enzymen vermindert. Medikamente (Blutdruckmittel, Diuretika, Thorazin) sowie Lebensmittel und Pflanzen (künstliche Süßstoffe, kohlensäurehaltige Getränke, Zitronen, Limetten, Karotten, Fenchel, Petersilie, Bergamotte) erhöhen die Lichtempfindlichkeit der Haut. Wenn sie vom Körper absorbiert werden und die Haut zuviel Sonne ausgesetzt ist, verursachen sie eine Hyperpigmentation. Die Hitze der Sommersonne verstärkt natürlich Pitta im allgemeinen, was zu erhöhter Hautsensibilität und vermehrter Talgsekretion führt. Wer empfindliche Haut hat, wird in der Sonne eher rot als braun und bekommt außerdem leicht Sommersprossen. Leute mit trockener und fettiger Haut bräunen leicht. Da jedoch nichts die Haut so schnell altern läßt wie ein Sonnenbrand, empfiehlt es sich für jeden, sich durch Vorsichtsmaßnahmen (wie unten angegeben) vor der Sonne zu schützen.

So bleibt die Haut auch bei heißem Wetter schön

- Warmes Wetter ist die Pitta-Jahreszeit; richten Sie daher Ihre Lebensweise und Ihre Ernährung so ein, daß eine »Überhitzung« des Stoffwechsels vermieden wird. Gechlorte Swimmingpools, Salzwasser und Sonne entziehen der Haut Feuchtigkeit und machen sie älter. Deshalb braucht der Körper den ganzen Sommer über von innen und außen mehr Feuchtigkeit.
- Benutzen Sie einen Sonnenschutz mit einem Lichtschutzfaktor von 15 bis 30, je nach Hauttyp. Wenn Sie nicht leicht einen Sonnenbrand bekommen, aber leicht braun werden, kann der Sonnenschutzfaktor niedriger sein; wenn Sie leichter einen Sonnenbrand bekommen, als braun zu werden, sollte der Sonnenschutzfaktor höher sein. *Versuchen Sie, den Sonnenschutz nur zu benutzen, wenn Sie in der Sonne sind,* denn er kann die Hautsensibilität generell erhöhen.
- Sesam- oder Neem-Öl sind dem Ayurveda zufolge ein ausgezeichneter natürlicher Sonnenschutz.
- Vermeiden Sie Sonnenbäder. Wenn Sie in der Sonne sein wollen, bleiben Sie aktiv (erledigen Sie Besorgungen, gehen Sie spazieren); besser ist es allerdings, wenn Sie sich direkter Sonnenbestrahlung möglichst wenig aussetzen. Wenn Sie ein Sonnenbad nehmen, sollten Sie Oliven- oder Kokosnußöl auftragen; sie sind natürliche Bräunungsmittel, weil sie ultraviolettes Licht absorbieren und für eine gleichmäßige Bräunung sorgen. Eine tägliche Dosis Vitamin-B-Komplex trägt ebenfalls zu einer gleichmäßigen Bräunung bei.
- Nehmen Sie nach dem Sonnenbaden ein kühles Bad mit ein paar Tropfen Rosen-, Sandelholz- oder Vetiveröl. Klopfen Sie anschließend die Haut trocken und massieren Sie Ihr Körperöl oder »Pitta Body Oil« von Tej in den ganzen Körper ein.

- Zur Behandlung eines Sonnenbrandes geben Sie *eine* der folgenden Substanzen auf die Haut: zerdrückte Gurke, Gurkensaft, Aloe-vera-Saft, kalten Holunderblüten- und Kamillentee mit Eiswürfeln oder kalte Buttermilch.

Wind und Haut: Auch der Aufenthalt in trockenem, kaltem Wind schadet der Haut. Kälte und Wind entziehen der Haut Feuchtigkeit und üben einen Druck auf die Epidermis aus, die oberste, aus abgestorbenen Zellen bestehende, verhornte Schutzschicht der Haut. Bei sehr viel Kälte und Druck schuppen die abgestorbenen Zellen sich ab – sie brechen –, so daß die lebendigen, jungen Zellen der Dermis vorzeitig Wind und Wetter ausgesetzt werden. Die ungeschützten Zellen entzünden sich, was auf der Haut ein charakteristisches Prickeln auslöst, ein Problem, das insbesondere bei älteren Menschen in der kalten Jahreszeit häufig auftritt. Zu häufiges oder starkes Peelen mit Säuren führt zum selben Ergebnis. Den besten Schutz vor diesem Effekt bieten nicht Cremes, sondern ätherische Öle.

So bleibt Ihre Haut auch bei kaltem Wetter schön

- Kaltes Wetter und kühler Wind verstärken Vata und verursachen die für trockene Haut typischen Beschwerden; stellen Sie Ihre Lebensweise und Ihre Ernährung darauf ein und sorgen Sie für mehr Wärme, Fett und Feuchtigkeit.
- Baden und Duschen Sie in der kalten Jahreszeit weniger häufig, damit die Haut nicht austrocknet. Geben Sie, wenn Sie baden, ein paar Tropfen ätherisches Öl ins Wasser, es sorgt für die notwendige Geschmeidigkeit. Massieren Sie vor und nach dem Duschen oder Baden Öl in die Haut ein.
- Halten Sie die Raumtemperatur bei sich zu Hause so niedrig, wie es Ihnen möglich ist, *ohne daß Sie sich unwohl fühlen;* verwenden Sie einen Luftbefeuchter oder hängen Sie Wasserbehälter an die Heizkörper, damit die Luft feuchter wird.
- Nehmen Sie gelegentlich ein Dampfbad, aber vermeiden Sie das Trockensaunen, das dem Körper Feuchtigkeit entzieht.

Dekorative Kosmetika für Ihren Hauttyp

Die Verschönerung des Aussehens mit Hilfe von dekorativer Kosmetik ist so alt wie die Menschheit und wird auch so bald nicht enden, egal wie strahlend wir werden. Leider findet man dekorative Kosmetika aus reinen, natürlichen Zutaten schwerer als reine, natürliche Hautpflegeprodukte. Flüssige oder cremige Make-ups bestehen im allgemeinen aus Wasser, mineralischen Ölen, Fettestern (Butyloleat, Isopropylmyristat), Füllstoffen (Titandioxid, Talk), Emulgatoren (Alkali, Borax, Zellulose), Dispersionsmitteln (Lanolin, Laurylsulfat), Konservierungsstoffen (BHA, BHT) sowie Pigmenten (Eisenoxyderivate). Viele der in Rouges, Lippenstiften und Augen-Makeup verwendeten Farbstoffe sind krebserregend.

Auf Seite 191 finden Sie ein paar einfache Rezepte für natürliche Kosmetika. Wer sie nicht selbst zubereiten will, sollte zumindest die Angabe der Inhaltsstoffe auf der Verpackung lesen und nach einem hauttypgerechten Produkt suchen: Make-ups auf Ölbasis, die die Haut geschmeidig machen und ihr ein tauiges Aussehen verleihen, eignen sich für trockene und reife Haut; Make-ups auf Wasser-Basis (die Farbe ist in einer Öl-Wasser-Substanz gelöst) lassen die Haut eher durchscheinend aussehen und sind besser für empfindliche Haut bzw. Mischhaut; ölfreie Make-ups (die Farbe ist ausschließlich in Wasser gelöst) sind für fettige Haut empfehlenswert – wiewohl Leute mit verstopften Poren oder Akne sicher besser beraten sind, nicht zu oft Make-up aufzulegen. Rouge in Puderform, das hauptsächlich aus Talk besteht und sehr wenig Öl enthält, ist besser für fettige Haut; Creme-Rouge enthält viel Öl und eignet sich für reife Haut; flüssige Rouges und Gel-Rouges sind auf Wasserbasis hergestellt und gut für empfindliche Haut – falls die übrigen Inhaltsstoffe die Haut nicht reizen.

Natürliche Kosmetika zum Selbermachen

Make-up

30 g rote Jamaika-Blüten oder geraspelte Rote Bete und 120 g Mandelöl in einem Topf vermischen und auf kleiner Flamme langsam erhitzen, bis die gewünschte Farbintensität erreicht ist. Das Öl abseihen und beiseite stellen. In einem anderen Topf 8 g Bienenwachs oder Kakaobutter zum Schmelzen bringen. Das abgeseihte Öl langsam zu dem geschmolzenen Wachs gießen und mit einem Holzlöffel umrühren, bis es abgekühlt ist und die Konsistenz einer cremigen Flüssigkeit besitzt. In einem Glasgefäß aufbewahren.

Lippenfarbe und Rouge

1 TL Henna- oder Alkannawurzel und 120 g Mandelöl in einem Glasgefäß vermischen. 10 Tage bei Raumtemperatur stehenlassen, dabei einmal täglich umrühren, und dann das Öl abseihen. In einem Topf 8 g Bienenwachs zum Schmelzen bringen. Das abgeseihte Öl langsam an das geschmolzene Wachs geben und mit einem Holzlöffel rühren, bis es abgekühlt ist. Wenn Sie wollen, können Sie das Ganze noch mit 2–3 Tropfen ätherischem Bananen-, Erdbeer- oder Rosenöl beduften, falls Sie es für die Lippen nehmen wollen.

Augenfarbe

Füllen Sie eine Öllampe mit Rizinusöl, machen Sie die Lampe an und bedecken Sie sie dann mit einem Kupfersieb oder einem anderen durchlöcherten Kupfergefäß. Lassen Sie das Öl etwa 6 Stunden brennen, oder solange, bis sich in dem Kupfergefäß schwarze Asche angesammelt hat. Vermischen Sie eine kleine Menge der Asche mit einem Stich Butter und reiben Sie dies auf den unteren Lidrand. Dies gibt den Augen nicht nur mehr Farbe, sondern beruhigt sie auch. Diese Augenfarbe ist jedoch weder wisch- noch wasserfest.

Die Behandlung der häufigsten Hautprobleme von Kopf bis Fuß

Wenn unsere innere Chemie normal funktioniert, tut es auch die Haut. Wenn die Körperchemie sich aufgrund einer unpassenden Ernährung, falscher Atmung oder durch Streß verändert, bilden sich im Körper Schlacken, die die Haut als Akne, Furunkel, Ekzeme, Schuppenflechte, Ausschläge oder andere eruptive Prozesse wieder von sich stößt. Wie die Toxine sich zeigen, hängt von der Konstitution eines Menschen ab. Im allgemeinen lassen Hautstörungen sich sechs Kategorien zuordnen.

- Störungen der Talgdrüsen: Dazu gehören Seborrhoe, die ein Vata- oder Pitta-Ungleichgewicht ist, sowie Mitesser, Hautgries, Akne, Talgzysten und übermäßige Fettigkeit, die Kapha-Ungleichgewichte sind.
- Störungen der Schweißdrüsen: Dazu gehören Hyperhidrose (übermäßige Schweißabsonderung), Frieselausschlag und roter Ausschlag, die Pitta-Probleme sind; Anhidrose (fehlende oder verminderte Schweißabsonderung), die ein Vata-Problem darstellt, und Bromidrosis (Absonderung übelriechenden Schweißes), die ein Ungleichgewicht aller drei Doshas anzeigt.
- Pigmentstörungen: z. B. schwärzliche Verfärbungen (Vata), bräunliche oder rötliche Verfärbungen (Pitta), weißliche Pigmentierung (Kapha).
- Hautallergien: z. B. Schuppenflechte (Vata), Dermatitis (Pitta), Ekzeme (Vata, Pitta oder Kapha).
- Infektionen (durch Pilze, Bakterien oder Viren verursacht): gehen auf ein schwaches Abwehrystem zurück und kommen bei allen Hauttypen vor.
- Veränderungen des Gewebewachstums: z. B. Schuppen (Vata oder Pitta), Leberflecke, Kupferfinnen und Muttermale (Pitta), Zysten und Tumore (Kapha).

Auf den folgenden Seiten finden Sie die äußerlichen Heilmittel für die häufigsten Hautprobleme von Kopf bis Fuß. (Einige von ihnen sind der freundliche Beitrag meines Kollegen Dr. Kirit Pandya, einem der führenden indischen Ayurveda-Ärzte, der sich auf Hautkrankheiten spezialisiert hat). All diese Probleme werden durch unser Verhalten beeinflußt und oft auch verursacht. Ich habe bereits darauf hingewiesen, daß »unverdaute« Gefühle, Anspannung und Streß, die ein hormonelles Ungleichgewicht erzeugen und die Abwehrkraft schwächen (genauso wie unverdaute Nahrung), maßgebliche Faktoren für die Entstehung von Schlacken im Körper – und daher für Hautkrankheiten – sind. Schuppenflechte zum Beispiel wird durch Sorgen und Angst verschlimmert, Kupferfinnen durch Zorn und Frustration, Ekzeme, je nach Veranlagung des Betreffenden, durch verschiedene Arten von Streß, Akne durch Depression, »Festhalten« an Ärger und starke emotionale Anhänglichkeit generell. Andere Faktoren für das Altern und Hautstörungen sind u. a. der übermäßige Konsum von raffinierten, chemisch behandelten, konservierten, »toten« Lebensmitteln, Zucker, Süßigkeiten, Schokolade, fetten und gebratenen Lebensmitteln, Salz, Meeresfrüchten und rotem Fleisch; ein schwaches Verdauungsfeuer und eine schlechte Ausscheidung (Verstopfung); ein Lebensstil und Gewohnheiten, die das Gleichgewicht der Doshas stören; hormonelle Veränderungen; die Erbanlagen; fehlende Bewegung und Ruhe; und eine unpassende äußerliche Reinigung und Hautpflege.

Wenn trockene Haut, ein Ausschlag oder Pickel *gelegentlich* auftreten, ist dies zwar in jedem Lebensalter frustrierend, nichtsdestoweniger aber ein normaler Bestandteil des Lebens. Genauso wie das Wetter sich verändert, der Hormonspiegel im Laufe eines Monats steigt und fällt, Ernährung und Aktivität von Tag und Tag wechseln, verschiebt sich auch das subtile Gleichgewicht der Doshas, erzeugt Stimmungsumschwünge und verändert sogar unser Aussehen. Der Ayurveda stellt uns die Grundlage zur Verfügung, um diese feinen Unausgewogenheiten zu erkennen, und die Werkzeuge, sie zu korrigieren, bevor sie zu mehr werden. Tatsächlich ist *ein Ungleichgewicht nicht zwangsläufig gleichbedeutend mit Krankheit* – wir können recht gesund sein und doch die Symptome eines Ungleichgewichts wahrnehmen. Es kann jedoch zu einer Krankheit führen, wenn es nicht im Frühstadium korrigiert wird.

Zu den grundlegenden ayurvedischen Vorstellungen gehört, daß Gesundheit *und* Krankheit holistisch sind – was immer einem Teil des Körpers geschieht, geschieht dem ganzen Körper. Es gibt keine isolierten gesundheitlichen Probleme. Jedes physische oder psychische Symptom eines Ungleichgewichts weist auf ein Ungleichgewicht der Körper-Seele-Einheit hin. Denken Sie an dieses ganzheitliche Bild, wenn Sie die folgende Erörterung häufiger Hautprobleme lesen. Vielleicht haben Sie im Moment keine großartigen Beschwerden. Ihr Teint sieht z. B. nicht besonders feuchtigkeitsarm aus, aber Sie haben trockene, rissige Lippen. Obwohl dieser Zustand Ihr Leben sicher nicht zerstört – vielmehr können Sie eigentlich ganz gut mit ihm leben – zeigt er, daß das Vata-Dosha verstärkt ist. Wenn Sie die zur Beseitigung dieses kleinen Symptoms geeigneten Schritte unternehmen – was nicht schwierig ist –, arbeiten Sie automatisch an *allen* Vata-bezüglichen Symptomen. Wenn Sie dagegen dieses frühe Zeichen ignorieren und weiterhin Dinge tun, die Vata verstärken, *setzen* die Symptome *sich fort,* das Dosha beginnt, sich anzusammeln und zu Geweben und Organen zu wandern, die für es empfänglich sind. Im Fall der trockenen Lippen z. B. kommt es zu trockenen, rissigen Füßen, brüchigen Nägeln, einer trokkenen Kopfhaut, Spliss, Schuppen und vorzeitiger Faltenbildung. Wenn sich aufgrund des Ungleichgewichts im Körper weiter Schlacken ansammeln, kann dies zu einem Zusammenbruch der Zellverbände und Vata-Störungen wie etwa Schuppenflechte und trockenen Ekzemen führen – die in schwerer Form die Persönlichkeit eines Menschen durchaus zerrütten können. Die Übersicht unten zeigt, wie die Symptome einer Störungskategorie fortschreiten können. Bei jedem Dosha tendieren die Symptome dazu, in Gruppen aufzutreten, weil die Körperseele als Ganzes auf das Ungleichgewicht reagiert.

- *Vata:* Geringfügig trockene Haut, trockene Lippen, sehr trockene Haut; rissige Füße, brüchige Nägel, trockene Kopfhaut; Spliss, Schuppen; Schuppenflechte, trockenes Ekzem, Falten auf der Stirn, Hautverfärbung; dunkle Ringe unter den Augen.
- *Pitta:* Empfindliche Haut, geplatzte Äderchen, Hautgries; Kupferfinnen, einzelne Hautpartien scheinen zu brennen; brennende Füße, brennende Augen, Nasenbluten oder leichtes Bluten aus Pickeln;

Dermatitis (Augenbrauen sind trocken und schuppig), brennende Kopfhaut; brennende Ekzeme am ganzen Körper; Nesselausschlag; allergische Reaktionen; Falten um die Augen; Leberflecke; Pigmentstörungen.

- *Kapha:* Geringfügig fettige Haut, Mitesser, große Poren, Haut und Haar sind extrem fettig; weiße, juckende, schuppenähnliche Stellen auf der Kopfhaut (aufgrund der extremen Fettigkeit, die das Gegenteil von Schuppen ist); Akne, juckende, nässende Ausschläge, geschwollene Knöchel und Füße, Gewichtszunahme, Aufgedunsenheit unter den Augen, Zellulitis, Zysten und Tumore.

Falls Sie zur Zeit ein Hautproblem haben, werden Sie schon aufgrund des täglichen Basispflegeprogramms und der unten verordneten Heilmittel eine Besserung erzielen. Wenn die Symptome sich jedoch weiter verbreitet haben, zeigt dies, daß sich im Körper Schlacken angesammelt haben und die Doshas tiefer ins Gewebe gewandert sind. In diesem Fall reicht ein äußerliches – chemisches oder auch »lebendiges« – Heilmittel allein zur Beseitigung der inneren Ursachen für die Verschlackung nicht mehr aus. Die sichtbaren Symptome bessern sich vielleicht, aber sobald Sie die Behandlung beenden, erscheinen sie rasch wieder, gewöhnlich mit aller Macht. Wenn eine Krankheit oder ein vorzeitiger Altersprozeß bereits vorliegen, müssen Sie sich zur Wiederherstellung des Gleichgewichts *innerlich* reinigen und nähren, was mit einer professionellen Reinigungsbehandlung beginnt, einem *Panchakarma* (siehe Kapitel 6), oder mit einer Entgiftungsbehandlung für zu Hause (siehe Kapitel 8). Wenn Sie sich nicht erst innerlich entgiften, wird jede reine Substanz, mit der Sie Haut und Körper »füttern«, einfach zu Abfall. Es ist, als würden Sie sauberes Wasser zu schmutzigem geben – am Schluß haben Sie nur noch schmutziges.

Aber auch eine Entgiftungsbehandlung stellt nur ein vorübergehendes Heilmittel dar. Ohne eine Änderung des Lebensstils entstehen bald neue Schlacken. Ich wurde einmal von einem Klienten konsultiert, der am ganzen Körper Ekzeme hatte. Er wollte eine Heilung aus der Flasche oder in Pillenform, und außer daß er meine Hautpflegeprodukte ausprobierte, weigerte er sich, irgend etwas anderes zu versuchen, noch nicht einmal eine einfache Meditation. Er war sehr unglücklich. Er haßte seine Frau und sie haßte ihn, aber wegen des gemeinsamen Kindes blieben sie zusammen. Es gibt keine materiellen Heilmittel, die solche Krankheiten kurieren können, denn die Gifte, die die Haut dieses Mannes verwüsten, stammen direkt aus seinen Gedanken.

Die Lehren und Techniken des Ayurveda sind aus genau diesem Grunde allumfassend, denn wenn wir eine Ebene des Lebens ignorieren, tun wir dem Leben als Ganzes unrecht. Diese Einsicht soll Hoffnung geben, nicht Verzweiflung fördern. Der Ayurveda gibt uns die Verantwortung, ausgewogen zu leben, aber auch die Freiheit, alle psychophysiologischen Symptome einer Krankheit mit einer einzigen Behandlungsart abzudecken. Sie brauchen z. B. nicht ein Medikament für Akne, ein anderes für Depressionen und ein weiteres für Harnverhaltung. Denn dies alles sind nicht unterschiedliche Krankheiten, sondern drei Symptome des gleichen Ungleichgewichts – in diesem Fall zuviel Kapha. Deshalb können sie auch alle durch das gleiche Heilmittel korrigiert werden – in diesem Fall einen Lebensstil, der Kapha befriedet.

In der zweiten Hälfte des Buches beschreiben wir den Weg zu einem natürlichen, erfüllenden Lebensstil, der die Doshas auf allen Ebenen des Lebens – Körper, Geist und Seele – ins Gleichgewicht bringt und Alters- und Krankheitsprozesse der Haut an ihrer Wurzel beseitigt. Hier jedoch zunächst geeignete äußerliche Kräutermittel, deren heilende und lindernde Wirkung Sie sofort genießen können.

Schuppen

Störung: Vata

Schlimmer durch: Trockene Kopfhaut, aggressive Shampoos, falsches Spülen, Körper wird aufgrund eines schlechten Stoffwechsels schlecht genährt, Angst, Sorgen, schlechte Durchblutung, heiße, gewürzte Lebensmittel, Drogen, Medikamente.

Behandlung:

- Das Haar nach dem Waschen mit Kletten-, Arnika- oder Schachtelhalmtee spülen.
- 1 Eidotter + $^1/_2$ TL Zitronensaft + 2–3 Tropfen Kampferöl mischen,

auf die Kopfhaut geben und 10 Minuten einwirken lassen, mit lauwarmem Wasser ausspülen.

- Die Kopfhaut 2- bis 3mal wöchentlich mit warmem Öl massieren (siehe Seite 181).
- *Nahrungsmittelergänzungen:* 400 Einheiten Vitamin E und 15–10 mg Zink täglich.

Vorzeitiges Ergrauen

Störung: Pitta und Vata

Schlimmer durch: Sorgen, Ärger, Frustration, Angst, plötzlicher Schock, zuviel geistige Arbeit, Streß, Wechseljahre, Schilddrüsenproblem, zu wenig Kupfer, Zink, Folsäure, Pantothensäure und p-Aminobenzoesäure (PABA).

Behandlung:

- Aus je 2 TL Salbei + Walnußblättern einen Tee herstellen. Jeden Abend 1 TL der Flüssigkeit auf die ergrauten Haarwurzeln auftragen.
- *Nahrungsmittelergänzungen:* Nehmen Sie die empfohlene tägliche Dosis Schachtelhalm-, Brennessel-, Alfalfa- und Bockshornklee-Kräuter-Tabletten, Biotin, Vitamin E, Vitamin B-Komplex, Lezithin, Kelp und Silizium. Essen Sie eiweiß- und mineralstoffreich und viele Nüsse.

Haarausfall

Störung: Vata, Pitta oder Kapha

Schlimmer durch: Streß, ungesunde Ernährung, Hormonstörungen, Zigaretten, Drogen, Alkohol, übermäßige Benutzung von Fön oder Shampoo, zuviel Sonne.

Behandlung:

- Um neuen Haarwuchs anzuregen: 1 Prise zerstoßenen schwarzen Pfeffer oder 1/2 TL Bockshornkleepulver mit 3/4 Tasse Kokosmilch vermischen. Das Ganze kräftig in die Kopfhaut einreiben, eine Plastikhaube überziehen und 1/2 Stunde einwirken lassen. Mit einem milden Shampoo auswaschen. Behandlung jeden Abend bzw. bei jeder Haarwäsche wiederholen.

- Das Haar jeden Abend mit Kokosnußöl + je 2–3 Tropfen Lavendel- und Rosmarinöl bürsten.
- Dem Ayurveda zufolge tragen regelmäßige Kopfstände dazu bei, Haarausfall zu verhindern, aber fragen Sie vorher Ihren Arzt.
- Massieren Sie die Kopfhaut mit kühlenden, lindernden Ölen, z. B. Brahmi, Bhringraj, Triphala oder Gotu Kola, um die Durchblutung zu verbessern.
- Stellen Sie aus einem Teil einer Abkochung von getrockneten Hibiscusblüten und 4 Teilen Kokosnußöl ein medizinisches Öl her. In die Kopfhaut einmassieren, um das Haarwachstum anzuregen.
- Auch infolge einer Hormonstörung überaktive Talgdrüsen können Haarausfall verursachen, wenn das Öl die Poren verstopft. In diesem Fall sollten Sie das Haar häufiger waschen und mit 2–3 Tropfen Lavendel- oder Rosmarinöl leicht massieren.
- Wenden Sie »Hair Tonic« von Tej an, das aus einer Kräutertablette und einem Haaröl besteht, um das Haarwachstum anzuregen.

Falten auf der Stirn

Störung: Vata und Pitta (Die Angewohnheit, die Stirn zu runzeln, verursacht auch dann Falten, wenn keine Störung vorliegt.)

Schlimmer durch: Angst, Sorgen, zu wenig Flüssigkeit in den Geweben, zu viel Zucker oder Protein, gewohnheitsmäßiges Stirnrunzeln; Adstringenzien auf Alkoholbasis; übermäßige Anwendung von Zitronen-, Tomaten- oder Gurkensaft.

Behandlung:

- 3 Tropfen Bindi- oder Tej-ätherisches Öl mit Wasser vermischen und täglich aufsprühen, um Feuchtigkeit zuzuführen.
- Stellen Sie aus Aprikosenkern-, Avocado-, Sesam- oder Mandelöl als Trägersubstanz + je 2 Tropfen Sandelholz- und Geranienöl + je 1 Tropfen Zitronen- und Kardamomöl ein feuchtigkeitsspendendes Massageöl her. Mit horizontaler Fingertechnik in die Stirn einmassieren.
- Machen Sie täglich Gesichtsübungen: Ziehen Sie die Stirnmuskeln abwechselnd zusammen und straffen Sie sie wieder; dreimal halten und loslassen.

- Wenden Sie zweimal wöchentlich eine festigende Kräutermaske aus einer Paste von 1 TL Kartoffelstärke + 2 TL Aloe-vera-Saft oder Eiweiß an. Tragen Sie die Maske auf und legen Sie sich 30–40 Minuten hin. Reinigen, nähren und Feuchtigkeitspenden wie üblich.
- Machen Sie einmal wöchentlich eine abschilfernde Enzym-Maske: Tragen Sie Ananas- oder Papayafruchtfleisch aufs Gesicht auf und legen Sie sich 10 Minuten hin. Reinigen, nähren und Feuchtigkeitspenden wie üblich.

Vorzeitige Faltenbildung
Störung: Vata und Pitta
Schlimmer durch: Trockenheit (wenig Fett), Feuchtigkeitsmangel (wenig Wasser), Streß, Sonne, Wind, extreme Temperaturen, zuviel Sport, Reisen, Alkohol, Kaffee, Nikotin, Süßigkeiten, gewürzte Speisen, heißes oder kaltes Wasser, plötzlichen Gewichtsverlust, Diuretika, Hormonmedikamente, Diabetes, fehlendes Lebensziel, fehlende liebevolle Beziehungen, erbliche Faktoren.
Behandlung:

- Wenden Sie zweimal wöchentlich die folgende Gesichtsmaske an: Aus 1 EL Sandelholzpulver + 1 Tropfen Kampferöl + 3–4 Tropfen Lotosöl + 2 TL Wasser eine Paste herstellen. Mit dem Ringfinger ein paar Tropfen eines aus Sandelholz- und Rosenöl bestehenden Gesichtsöls zum Schutz direkt unterhalb der Augen einmassieren, dann die Paste auf den Rest des Gesichts auftragen. Decken Sie die Augen mit in Rosenwasser getränkten Wattepads ab und legen Sie sich 10–15 Minuten hin. Reinigen, nähren und Feuchtigkeitspenden wie üblich.
- Stellen Sie aus 1 TL getrockneter Geranien + $^1/_2$ Tasse Wasser eine Abkochung her; mit einem Wattepad aufs Gesicht auftragen.
- Machen Sie ein natürliches Face-Lifting und Gesichtsübungen (siehe Kapitel 8).
- *Nahrungsmittelergänzungen:* Nehmen Sie die empfohlene tägliche Dosis Vitamin E und Nachtkerzenöl-Kapseln. Trinken Sie 6–8 Glas Wasser täglich.

Krähenfüße, trockene Augen oder Augenüberanstrengung

Störung: Pitta

Schlimmer durch: Alter, Streß, Sorgen, Schlaflosigkeit, Alkohol, Feuchtigkeitsmangel, Schielen.

Behandlung:

- Meiden Sie chemische Make-up-Entferner und schwere Augencremes. Entfernen Sie Augen-Make-up mit Watte und Pflanzenöl.
- Setzen Sie bei Tageslicht eine Sonnenbrille auf und vermeiden Sie es, im Dunkeln zu lesen. Sehen Sie nie direkt in die Sonne.
- Kneifen Sie zweimal täglich die Haut zwischen den Augenbrauen; fangen Sie am Nasenrücken an und gehen Sie nach außen. Drei- bis viermal wiederholen.
- Blinzeln, bedecken, massieren und Augenbäder nehmen (siehe Seite 182).

Dunkle Ringe unter den Augen

Störung: Vata (braune Ringe); Pitta (grün-graue Ringe)

Schlimmer durch: Blutarmut, schlechter Gesundheitszustand, fehlender Schlaf, schlechte Durchblutung, Angst; hormonelle Störungen, Menstruationsstörungen; zuviel gebratene, gefrorene und konservierte Lebensmittel, Bohnen, Erdnüsse, Salate.

Behandlung:

- Legen Sie sich 5–10 Minuten mit den Füßen nach oben auf ein schräges Brett.
- Tränken Sie Baumwollpads mit kalter Milch, Rosenwasser, Feigensaft oder dem Saft von zerstoßener Minze, und legen Sie sie 5–10 Minuten auf die geschlossenen Augen.
- Legen Sie für 5–10 Minuten zerdrückte Minzblätter um die Augen.
- Massieren Sie die Augenpartie vor dem Schlafengehen sanft mit Safran- oder Mandelöl.
- Machen Sie täglich Augenübungen (siehe Seite 182).
- *Nahrungsmittelergänzungen:* Nehmen Sie vor dem Mittag- und Abendessen 2–4 g Ashwangandha, Shatavari- oder Ginseng-Kräutertabletten oder -pulver ein.

Geschwollene Lider

Störung: Kapha

Schlimmer durch: Bluthochdruck, Leber- und Nierenprobleme, ungenügende Ausscheidung, schwaches Verdauungsfeuer, Wasserverhaltung; fehlender Schlaf, hormonelle Veränderungen.

Behandlung:

- Stellen Sie Augenpads her, und zwar entweder mit 2 Beuteln schwarzem Tee, die Sie vor dem Auflegen in warmes Wasser tunken, oder mit Hamamelis- oder Selleriesaft auf Watte; oder mit Mullstückchen, die Sie mit 1 TL geriebener, roher Kartoffel füllen. 20 Minuten auf die geschlossenen Augen legen.
- Drücken Sie mit dem Ringfinger Punkt für Punkt vom inneren Augenwinkel zum äußeren Augenwinkel sanft unterhalb des Auges entlang, um den Abfluß der Lymphe zu unterstützen.
- *Nahrungsmittelergänzungen:* Nehmen Sie jeden Abend 1 TL Triphala; nehmen Sie täglich 1000 mg Vitamin C und essen Sie jeden Tag schwarze Rosinen und getrocknete Feigen.

Trockene, rissige Lippen, feine Fältchen über oder unter den Lippen

Störung: Vata

Schlimmer durch: Rauchen, Drogen, Kälte, Trockenheit, Feuchtigkeitsmangel, Alter, zuviel Reden, sich die Lippen lecken. (Senkrechte Linien über der Lippe weisen auf unerfülltes sexuelles Verlangen hin.)

Behandlung:

- Tragen Sie Vitamin-E-Öl, ungesalzene Butter oder Ghee sooft Sie mögen direkt auf die Lippen auf. Oder verwenden Sie *je* 5 Tropfen Rosen- und Sandelholzöl in 30 g Avocadoöl.
- Schmelzen Sie im Wasserbad 9 TL Lanolin + 1 TL Rizinusöl. Vom Herd nehmen, 3–5 Tropfen Rosenöl dazugeben und fest werden lassen. Über dem Lippenstift auftragen, verleiht Schutz, Feuchtigkeit und Glanz.
- Massieren Sie die Lippen jeden Abend mit 30 g Sesamöl + 2–3 Tropfen Glyzerin.
- Nehmen Sie den Mund voll Wasser und bewegen Sie es im Lippenbereich eine Minute hin und her.

Hitzebläschen und Frieselausschlag

Störung: Pitta

Schlimmer durch: Sonne

Behandlung:

- Hitzebläschen: Stellen Sie eine Paste aus 1 TL Sandelholzpulver + 1 Prise Kampfer + Buttermilch her. Vor dem Baden auf den ganzen Körper auftragen.
- Frieselausschlag: Je ein Teil Erbsenblüten, Sandelholz und Korianderpulver + 1 Prise Muskat + 2–3 Tropfen Vetiveröl mit Rosenwasser zu einer Paste verarbeiten, auf den Körper auftragen, ein paar Minuten einwirken lassen, dann abspülen oder ein kühles Bad nehmen. Trockenklopfen und den ganzen Körper mit Sandelholzpuder bestäuben. Tragen Sie nach einer Dusche nur den Sandelholzpuder auf, wenn Sie für die Anwendung der Paste keine Zeit haben.
- *Nahrungsmittelergänzungen:* Um den Juckreiz zu lindern, 1 TL Kuminsamen + 1 TL Koriandersamen über Nacht in Wasser einweichen, morgens die Flüssigkeit absieben und trinken.

Plötzlicher Ausschlag oder Nesselsucht

Störung: Pitta

Schlimmer durch: Allergien

Behandlung:

- Den Saft von in Wasser eingelegten getrockneten Basilikumblättern mit einem milden Pflanzenöl mischen, auf den Ausschlag auftragen. Oder einfach Eiswürfel auflegen.
- Sandelholzöl auftragen, um den Juckreiz zu lindern.

Warzen und andere Hautwucherungen

Störung: Vata, Pitta und Kapha

Schlimmer durch: Warzen sind eine häufige Virusinfektion. Zuviele Schlacken im Körper und eine ungenügende Ausscheidung spielen jedoch bei allen Arten von Hautwucherungen eine Rolle.

Behandlung:

- Geben Sie vor dem Schlafengehen ein paar Tropfen Rizinusöl auf die Warzen und schälen Sie die Haut ab.

- Tauchen Sie Baumwolle in frischen Ananas- oder Zitronensaft und verwenden Sie dies als Verband, um die Warzen abzulösen.

Sommersprossen
Störung: Pitta
Schlimmer durch: Sonne
Behandlung:

- Zum Bleichen: Reiben Sie Baumwollsamenöl oder zerdrückte Kürbiskerne und Ölivenöl ein.
- 1 TL Joghurt mit 2–3 Tropfen Honig ist ein natürliches Bleichmittel. Auftragen, $^1/_2$ Stunde einwirken lassen, abspülen.

Weiße Flecken und Leukoderma
Störung: Diese Pigmentstörung ist im allgemeinen erblich.
Schlimmer durch: Kleine weiße Flecken gehen auf Streß und zuviel Salz zurück. Leukoderma (große weiße Flecken) ist erblich.
Behandlung:

- Innerliche Reinigung
- Sonnenlicht
- Tragen Sie ein paar Tropfen Neem- und Bakuchi-Kräuteröl (bei Tej erhältlich) direkt auf die Stellen auf, um die äußerlichen Symptome zu reduzieren.

Altersflecken
Störung: Vata oder Pitta
Schlimmer durch: Hohes Alter, kaltes Wetter.
Behandlung:

- Führen Sie beim Wechsel der Jahreszeiten eine innerliche Reinigungsbehandlung durch.
- Massage mit Vata-befriedenden Ölen oder »Saffron Oil« von Tej.

Mitesser
Störung: Kapha
Schlimmer durch: Übermäßige Talgdrüsensekretion
Behandlung:

- Um die Mitesser zu lösen, 1 Prise Epsomer Bittersalz in 1 Tasse Was-

ser geben. Einen Wattebausch in die Mischung tauchen und das Gesicht damit abwaschen.
- Geben Sie eine Maske aus zerstoßener frischer Petersilie auf die fettigen Zonen; legen Sie sich 10–15 Minuten hin und lassen Sie die Maske einwirken. Wie üblich reinigen, nähren und Feuchtigkeit spenden.

Schuppenflechte (Psoriasis)

Beschreibung: Silbrige Schüppchen, meist auf der Kopfhaut, aber auch auf anderen Körperpartien. Charakteristisch sind eine chronische, extreme Trockenheit und Gereiztheit der Haut.

Störung: Vata und Pitta

Schlimmer durch: Funktionsstörung der Leber, Angst, Streß, fehlende »Erdung«.

Behandlung:
- Schachtelhalm in Mullsäckchen geben, ins Badewasser hängen, baden.
- Nach dem Baden bzw. zweimal täglich Neem-Öl und Ghee oder Karanj-Öl auftragen.
- Tägliche Selbstmassage (siehe Kapitel 8).
- Machen Sie Yoga oder andere nicht-aerobische Übungen, bis Sie leicht schwitzen (gut zum Entgiften und zum Streßabbau).
- *Nahrungsmittelergänzungen:* Nehmen Sie die empfohlene tägliche Dosis Nachtkerzenöl, Lebertran, Lezithin, Vitamin E und Zink.

Trockene Stellen

10 Tropfen Eukalyptusöl mit 30 g Rizinusöl mischen und auf die trockene Stelle auftragen.

Ekzeme

Beschreibung: Es gibt drei Arten von Ekzemen: Trockene Stellen (trockene Ekzeme) oder feuchte, brennende, entzündete rote Stellen (brennende Ekzeme) erscheinen im allgemeinen um die Gelenke herum, aber auch überall sonst am Körper. Eitrige, nässende Stellen oder trockene juckende Stellen (nässende Ekzeme) erscheinen im allgemeinen um die Augen, Augenbrauen, Nase oder auf der Kopfhaut, aber auch überall sonst am Körper.

Störung: Vata (trocken); Pitta (feucht, entzündet, rot, brennend); Kapha (eitrig wenn feucht, juckend wenn trocken)

Schlimmer durch: Ungeeignete Ernährung, Schlacken im Blut, Verstopfung, Streß, unverdaute Gefühle, zuviel Sonne, Salzwasser.

Behandlung:

- Neem- und Brahmi- und Basilikumkräuter-Öl (bei Tej erhältlich) zu gleichen Teilen mischen und auftragen.
- $^{1}/_{2}$ TL Kampfer + 2 TL Zinkoxid + 7–8 TL Mais- oder Kartoffelstärke mischen und auftragen.
- Eine leichte Kompresse mit Rosenblättern, Nessel und Beinwell, in Wasser getränkt, auflegen.
- 1 Aloe-vera-Blatt abschneiden und den Saft direkt auf die Haut geben.
- Ein paar Tropfen Kamillen-, Geranien-, Wacholder- oder Lavendelöl an Kokosnußöl geben und auftragen.
- Bäder mit einer Abkochung von Beinwell und Brennessel nehmen.
- Füße und Kopfhaut abends mit Brahmi-Öl massieren.
- *Nahrungsmittelergänzungen:* Nehmen Sie täglich 1–2 TL Lebertran oder Nachtkerzenöl, 800 Einheiten Vitamin E, 30 mg Zink, die empfohlene tägliche Dosis Vitamin-B-Komplex und Lezithin. Nehmen Sie vor dem Schlafengehen $^{1}/_{2}$ TL Triphala als Abführmittel. Meiden Sie Salz, Zucker, Fett, Zwiebeln, Knoblauch, Radieschen; essen Sie oft Karotten und Warzenmelonen.

Natürliche Kortisonbehandlung

Ein linderndes Bad mit Süßholzwurzeltee, den Sie ins Wasser geben, trägt dazu bei, Ekzeme und Schuppenflechte zu heilen.

Akne (Akne vulgaris, Akne simplex)

Beschreibung: Sehr fettige Haut, große Poren, Mitesser, große eitrige Pickel, tiefe Narben.

Störung: Pitta oder Kapha

Schlimmer durch: Zuviel Süßigkeiten, Fett, Öl, rotes Fleisch, Meeresfrüchte, Kaffee, Alkohol, Nikotin; emotionaler Streß und starke Fixierung auf Bindungen (kann nicht »loslassen«), Untätigkeit, besitzergreifendes Partnerverhalten, Depression, Ziellosigkeit.

Behandlung:

- Entfernen Sie abgestorbene Hautzellen mit Tej- oder Bindi-Kräuterpulver.
- Nehmen Sie Dampfbäder mit Rosmarin- oder Eukalyptusöl.
- Nehmen Sie wöchentlich ein entgiftendes Bad mit Epsomer Bittersalz oder Ingwer + Steinsalz.
- Treiben Sie dreimal wöchentlich $^1/_2$ Stunde kräftig Sport, so daß Sie schwitzen.
- Tragen Sie »Soothing Lotion« von Tej auf die Pickel auf, und machen Sie ein- oder zweimal wöchentlich eine Pickel-Maske. Herstellung: $^1/_2$ TL zerstoßene Kuminsamen + 1 TL Koriander mit ein paar Tropfen Wasser vermischen und die Paste auf die Pickel auftragen. 20–30 Minuten einwirken lassen, dann abspülen.
- Tragen Sie einmal wöchentlich eine beruhigende Gesichtsmaske mit rotem Sandelholz- + Neem- und Iodhra-Pulver auf.
- Legen Sie auf hartnäckige, große Zysten zwei- bis dreimal täglich ein Stück warme Zwiebel, damit sie aufbrechen, aber drücken Sie sie nicht aus.
- *Nahrungsmittelergänzungen:* Nehmen Sie täglich 10 000 Einheiten Beta-Karotin, 1000 mg Vitamin C und 1520 mg Zink. Erhöhen Sie den Konsum von Ballaststoffen einschließlich Kleie und frischem Obst. Trinken Sie frischen Karotten-, rote Bete- oder Apfelsaft. Trinken Sie entgiftende Kräutertees (Klette, kanadische Gelbwurz, Echinacea, Neem oder Kurkuma). Trinken Sie stündlich $^1/_2$ Glas warmes Wasser. Nehmen Sie morgens Aloe-vera-Gel: 1 TL bei Pitta-Störungen, 2 EL bei Kapha-Störungen.

Kupferfinnen, Rotfinnen (Rosazea)

Beschreibung: Roter Ausschlag auf Nase und Wangen, der sehr empfindlich sein oder brennen kann, sehr starke Fettigkeit der T-Zone, geplatzte Äderchen, verdickte Haut auf der Nase.

Störung: Pitta

Schlimmer durch: Zorn, Frustration, Enttäuschung, Angst, überstarker Ehrgeiz, Streß und Anspannung, unbefriedigende oder destruktive Beziehungen, Überaktivität, heißes Wetter, Sonne, scharfe Gewürze, saures Obst, vergorene Lebensmittel, Tomaten, Meeresfrüchte, eingemachte oder konservierte Nahrungsmittel, Soda, Backwaren, Schokolade, Pizza, Pommes Frites, Süßigkeiten; Antibiotika und aggressive chemische Peelings.

Behandlung:

- Geben Sie keine Adstringenzien, Gesichtswässer oder andere aggressive Substanzen auf die Haut. Verwenden Sie nur milde, reizlindernde Methoden und Präparate.
- Waschen mit Milch + weißes Sandelholz-, Manjista- und Neem-Kräuterpulver.
- Tauchen Sie ein Handtuch in abgekühlten Beinwell- oder Brennesseltee und legen Sie es als Kompresse aufs Gesicht.
- Zerstoßen Sie frische Koriander- und Minzblätter. Stellen Sie daraus mit Wasser eine Paste her und geben Sie sie als Maske aufs Gesicht. Legen Sie sich 10–15 Minuten hin und spülen Sie die Maske dann ab. Wenn die Haut sehr trocken und rot ist oder stark brennt: Wenden Sie eine reizlindernde Lotion aus Ghee + Saft von zerstoßenen, getrockneten Neem-Blättern oder Neem-Kräuteröl an. Weitere innerliche und äußerliche Heilmittel sind bei Tej erhältlich.
- *Nahrungsmittelergänzungen:* Nehmen Sie täglich 10 000 Einheiten Beta-Karotin, 1000 mg Vitamin C, 15–20 mg Zink, 400 Einheiten Vitamin E und die empfohlene Dosis Vitamin-B-Komplex. Trinken Sie entgiftende Kräutertees: Klette, kanadische Gelbwurz, Echinacea, Neem oder Kurkuma. Trinken Sie stündlich 1 Glas lauwarmes Wasser. Trinken Sie morgens Aloe-vera-Saft.

Schnitt- und andere Wunden

Streuen Sie Kurkuma-Pulver auf die Wunde, um die Blutung oder offene Schnittwunden zu behandeln und eine Infektion zu verhindern. Geben Sie 2–3 Tropfen Lavendelöl auf die Wunde, um Infektionen und Narbenbildungen zu verhindern.

Zellulitis

Störung: Kapha oder Vata

Schlimmer durch: Schwaches Agni, schlechte Verdauung, Ansammlung von Wasser und Fett

Behandlung:

- Kapha-befriedende Ernährung
- Nehmen Sie nach dem Mittag- und Abendessen 1/2 TL Trikatu-Pulver + morgens 4–6 Medohara-Pillen (beides direkt bei Tej erhältlich).
- Trinken Sie zur Entschlackung frühmorgens 1/2 Tasse Aloe-vera-Saft.
- Massieren Sie Magen und Oberschenkel mit einem wärmenden Öl, z. B. Bergamotte- oder Rosmarin-Körperöl oder »Kapha«- oder »Medohara«-Öl von Tej.
- Treiben Sie Sport.

Trockene, rissige Füße

Störung: Vata oder Pitta

Schlimmer durch: Kaltes Wetter, Feuchtigkeitsmangel.

Behandlung:

- Massieren Sie die Füße abends mit Brahmi-Öl bei einer Vata-, mit Rizinusöl bei einer Pitta-Störung, oder mit Cashewnuß-Öl, das bei allen Typen nährend wirkt, und ziehen Sie Socken an.

Hühneraugen und Schwielen

Tauchen Sie Baumwolle in frischen Ananas- oder Zitronensaft und verwenden Sie ihn als Verband, um die Hühneraugen aufzulösen.

Fußpilz, Fußgeruch und brennende Füße

Störung: Pitta

Schlimmer durch: Hitze, Sport

Behandlung:

- Stellen Sie aus 30 g Veilchenwurzelpulver + 60 g Pfeilwurzpulver + 20 Tropfen Lavendel- oder Rosenöl ein desodorierendes Fußpulver her. Stäuben Sie es in die Schuhe oder direkt auf die Füße.
- Massieren Sie brennende Füße mit Sandelholzöl, dem Saft einer unreifen Mango oder einem Mangoblatt.

Problemhaut pflegen – was Sie tun und was Sie besser lassen sollten

Ja

- Führen Sie zur äußerlichen Pflege täglich das Drei-Schritte-Programm »Reinigen, Nähren, Feuchtigkeitspenden« mit Pflanzen und Ölen aus.
- Wenden Sie pflanzliche Heilmittel auf Problemzonen an, z. B. mit Mandelöl verdünntes Lavendelöl, um Infektionen und Narben vorzubeugen.
- Lassen Sie sich eine professionelle Panchakarma-Behandlung geben, um den Körper innerlich zu reinigen.
- Essen Sie Nahrungsmittel, die das/die aus dem Gleichgewicht geratenen Dosha/s befrieden (Kapitel 7).
- Trinken Sie jeden Morgen auf nüchternen Magen mit Wasser vermischten Aloe-vera-Saft, um das Blut zu entgiften.
- Trinken Sie vor dem Schlafengehen 1/2 Tasse warme Milch mit 1 TL Ghee, um Verstopfung zu vermeiden.
- Trinken Sie tagsüber viel Wasser.
- Bringen Sie persönliche Angelegenheiten in Ordnung, damit Sie keine »unverdauten« Gefühle haben – sie erzeugen Schlacken.
- Praktizieren Sie täglich Meditation (Kapitel 13) und Selbstmassage (Kapitel 8), um Streß abzubauen.
- Treiben Sie täglich 1/2 Stunde Sport, aber übertreiben Sie es nicht.
- Achten Sie auf eine Ihrem Konstitutionstyp entsprechende ausgewogene Lebensweise.

Nein

- Drücken Sie tiefe Pickel nicht aus, d. h. öffnen Sie sie nicht.
- Essen Sie nicht zuviel raffinierte, konservierte, chemisch behandelte oder gebratene Lebensmittel, Zucker, Schokolade, Meeresfrüchte oder rotes Fleisch.

Die richtige äußerliche Hautpflege bildet den ersten notwendigen Schritt zu einem schönen Teint, und je eher Sie mit der regelmäßigen Durchführung anfangen, desto schneller werden eventuelle Beschwerden und vorzeitige Alterserscheinungen behoben. Echte Heilung wird jedoch nicht durch die pflanzlichen Mittel bewerkstelligt, sondern findet im Innersten von Körper und Geist statt. Eben dorthin führt der Ayurveda Sie mit Hilfe der vielen anderen in diesem Buch beschriebenen Therapien – von der Ernährung und Massagen bis hin zu Atemübungen und Meditation. Ich hoffe, daß Sie diese zusätzlichen Ausgleichsbehandlungen ausprobieren – dann, wenn Sie bereit dazu sind. Eine meiner ersten amerikanischen Klientinnen, die an schrecklicher Akne litt, seit sie 13 war, kam jahrelang zu mir, bevor sie bereit war, meine – wie sie sagte – »merkwürdigen« Ideen zu versuchen, und das, obwohl meine pflanzlichen Mittel besser gewirkt hatten als alles, was sie in den 20 Jahren zuvor probiert hatte. Heute, nach fast weiteren 20 Jahren, gehört sie zu den entschiedensten Verfechterinnen der ayurvedischen Geist-Körper-Therapie – und führt als Beweis für deren Nutzen ihren eigenen glatten, jugendlichen Teint an.

TEIL III

Körperreinigung: Das Gleichgewicht herstellen mit Hilfe der Sinne – *Deha Shudi*

Wahrnehmung ist das Wissen, das jemand hat, wenn die Sinne in Kontakt mit der Seele kommen.

Jaiminis »Mimamsa-Sutra«

6 Einführung in die innerliche Hautpflege

Übernehmen Sie das Tempo der Natur: Ihr Geheimnis heißt Geduld.
Ralph Waldo Emerson

Die Basis-Reinigungs-, Nähr- und Feuchtigkeitsprozedur dauert täglich nur ein paar Minuten, was nicht viel ist, wenn man bedenkt, daß Sie dafür ein jugendliches Aussehen behalten. Allerdings reicht dieses Programm allein nicht aus, um den streß- und krankheitsbedingten Zusammenbruch der Zellverbände zu verhindern, das Gleichgewicht zu wahren, absolute Schönheit zu fördern und ein bestehendes Ungleichgewicht zu korrigieren – obwohl es die äußerlichen Symptome mit Sicherheit weitgehend behebt. Auf dem Weg zur absoluten Schönheit fangen wir mit dem an, was wir sehen und berühren können. Dies ist der notwendige erste Schritt, aber ein bleibendes Strahlen erfordert noch ein paar Schritte mehr.

Wie mein erster Akne-Behandlungsversuch mir vor 25 Jahren zeigte, führen ayurvedische Hautpflegebehandlungen zu sofort sichtbaren Ergebnissen. Die frühen Erfahrungen machten mir jedoch auch deutlich, daß solche Verbesserungen selten von Dauer sind; äußerliche Behandlungen verändern den Grund für die Störung bzw. Erkrankung nicht, denn dieser liegt immer tief im Inneren. Als ich mich intensiver mit dem Ayurveda beschäftigte, entdeckte ich, daß eine Umstellung der Ernährung sehr viel dauerhaftere Ergebnisse zeitigt als äußerliche Heilmittel allein, aber auch eine Ernährungstherapie beseitigte die meisten Probleme nicht völlig. Bis zur Einbeziehung von Methoden, die Streßfolgen reduzierten, Geist und Gefühle ins Gleichgewicht brachten, den Lebensstil harmonisierten und das Alter und Krankheit erzeugende Zellgedächtnis veränderten, kehrten die Hautprobleme meiner Patienten schließlich immer in gewissem Umfang zurück.

Der Ayurveda als Ursprung aller Heilkünste und erstes ganzheitliches

System kennt diese Wahrheit seit jeher. Um Hautprobleme aller Art zu beseitigen, das Gleichgewicht wiederherzustellen und gesund und strahlend zu bleiben, müssen wir uns auf allen vier Ebenen des Lebens innerlich und äußerlich reinigen und nähren. Ayurvedische Therapien bewerkstelligen dies mit Hilfe der fünf Sinne sowie Atem, Geist und Bewußtsein – d. h. Techniken der Körper-, Atem-, Geist- und Seelenreinigung. Auf den folgenden Seiten führen wir in diese therapeutischen Verfahren ein und geben Hinweise zur Zusammenstellung eines individuellen ganzheitlichen Schönheitsprogramms, das sich an dem von Ihnen gewünschten Tempo, Ihren Vorlieben und Ihrem Engagement orientiert. Außerdem sagen wir Ihnen, wie Sie von diesen Therapien am meisten profitieren können: Indem Sie sie nämlich in Übereinstimmung mit den Zyklen der Natur in Ihren Tagesablauf integrieren und sie geduldig und konzentriert ausüben. Mehr ist tatsächlich nicht unbedingt besser, und einem Grundprinzip des Ayurveda zufolge ist das, was für den einen gut ist, nicht zwangsläufig auch für jemand anders angebracht. Mark Twain sagte: »Wir können nicht alt werden, wenn wir dem Weg anderer folgen. Meine Gewohnheiten schützen mein Leben, aber sie würden Sie umbringen.«

Körperreinigung: Das Gleichgewicht herstellen mit Hilfe der Sinne

Der Ayurveda bietet verschiedene Ausgleichstherapien an, bei denen jeweils einer der fünf Sinne angesprochen wird: Bei der Ernährungstherapie der Geschmackssinn, bei der Massagetherapie der Tastsinn, bei der Aromatherapie der Geruchssinn, bei der Klangtherapie das Gehör und bei der Farb- und Edelsteintherapie der Sehsinn. Zusammen bilden sie die Methoden des *Deha Shudhi* bzw. der Körperreinigung, die in den Kapiteln 7–11 beschrieben werden.

Die fünf Sinne sind an der Grenze von Körper und Geist angesiedelt und verbinden das menschliche Bewußtsein mit der materiellen Welt, so daß wir das Leben wahrnehmen können. Wir »verdauen« die Welt mit Hilfe der Sinne genauso, wie wir Nahrungsmittel verdauen. Die

Kraft von Agni verwandelt jede außerhalb von uns befindliche Energie und Intelligenz – Geschmack, Geruch, Klang, Farbe, Form, Struktur – in innere Energie und Intelligenz: Gedanken, Gefühle, Nährstoffe, Zellen und Gewebe. Auf diese Weise erzeugen alle sensorischen Erfahrungen in der Körperseele ein Gleichgewicht oder ein Ungleichgewicht. Die Auswahl einer Behandlung oder Behandlungskomponente – Kräuteröle, Geschmacksrichtungen, Farben, Klänge, Berührungen – hängt daher immer von ihrem energetischen Einfluß auf die Doshas ab. Wir haben bereits gesagt, daß jeder der fünf Sinne aus einem der fünf Elemente entsteht. Infolgedessen werden die Sinne, die den dominantesten Elementen in Ihrer Konstitution entsprechen, Ihre am stärksten entwickelten – d. h. empfindlichsten – Wahrnehmungsorgane sein.

Hauttyp	*Elemente*	*Dominierende Sinne*
Trocken (Vata)	Raum und Luft	Hören und Berühren
Empfindlich (Pitta)	Feuer und Wasser	Sehen und Schmecken
Fettig (Kapha)	Wasser und Erde	Schmecken und Riechen

Aufgrund dieser Entsprechungen hat jeder Mensch eine Affinität zu ganz bestimmten sensorischen Therapien: Bei Menschen mit trockener Haut ist der Hör- und Tastsinn am empfindlichsten, und deshalb profitieren sie am meisten von Klang- und Massagetherapien. Leute mit empfindlicher Haut haben einen sehr feinen Gesichtssinn und reagieren am ehesten auf Farb- und Edelsteintherapien sowie auf visuelle Erfahrungen generell. Wer fettige Haut besitzt, hat einen gut entwickelten Geschmacks- und Geruchssinn, weshalb Ernährungs- und Aromatherapie wichtig für ihn sind.

Die Vorliebe für ein bestimmtes Sinnesorgan zeigt sich in allen Lebensbereichen. Im erotischen Bereich zum Beispiel werden Vata-Typen von Sanftheit und Berührung angezogen. Eine Vata-dominierte Frau wird sich für einen Mann mit barscher, schroffer Stimme oder rauher Haut nicht interessieren, egal, wie gut er aussieht. Pitta-Typen werden von einem guten Aussehen und einer schönen Umgebung angezogen, und Kapha-Typen sind am ehesten von Leuten gefesselt, die gut riechen, gut kochen und gerne essen.

Die angeborene Vorliebe für eine Therapieform schließt jedoch nicht aus, daß man auch aus den anderen Nutzen zieht. Ein gestörtes Gleichgewicht läßt sich am wirksamsten beheben, wenn Sie all die unterschiedlichen Reinigungstechniken benutzen, die Ihnen zur Verfügung stehen.

Von den Sinnen zur Seele: Atem-, Geist- und Seelenreinigung

Ich gehe, und Schönheit ist vor mir.
Ich gehe, und Schönheit ist hinter mir.
Ich gehe, und Schönheit ist über mir.
Ich gehe, und Schönheit ist unter mir.
Von Osten her wurde die Schönheit wiederhergestellt.
Von Süden her wurde die Schönheit wiederhergestellt.
Von Westen her wurde die Schönheit wiederhergestellt.
Von Norden her wurde die Schönheit wiederhergestellt.
Vom Zenith des Himmels wurde die Schönheit wiederhergestellt.
Vom Nadir der Erde wurde die Schönheit wiederhergestellt.
Von überall um mich herum wurde die Schönheit wiederhergestellt.

Gebet der Navajo

Für die ayurvedische »Anatomie« sind die Sinne ein Aspekt von *Annamaya Kosha,* d. h. dem grobstofflichen, physischen Körper, während Atem, Geist, Ich und Bewußtsein Aspekte unserer »feinstofflichen« Körper sind. Wie die sichtbare Hülle werden auch diese nicht sichtbaren Schichten von den Doshas regiert und durch unsere Lebensweise und die Umwelt beeinflußt. Über Tausende feiner Energiekanäle, die jeden Teil unserer grobstofflichen Anatomie durchziehen, sind diese Schichten untereinander und mit dem physischen Körper verbunden. Die fünf sensorischen Therapien – die Techniken des *Deha Shudhi* – wirken auf den physischen Körper ein, beeinflussen über diese Kanäle aber auch die feinstofflichen Körper. Andere ayurvedische Techniken bringen diese unsichtbaren Schichten der Intelligenz direkt ins Gleichgewicht. Atemübungen führen Körper und Geist zusammen; Meditation aktiviert die tiefste Ebene des Bewußtseins und harmonisiert alle Schichten des Lebens auf einmal. Achtsamkeits- bzw. Konzentrationstechniken beeinflussen das Ich, so daß es die streßerzeugenden Wahrnehmungsmuster verändert, klare Ziele entwickelt und konzentriert handelt. Zusammen bilden sie die Techniken der Atem-, Geist- und Seelenreinigung – bzw. *Prana, Manas* und *Atma Shudhi* –, die in Teil IV dargestellt werden.

Wie bei jedem Schöpfungsvorgang haben die feinstofflichsten Aspekte des Körpers die größte potentielle Energie; wenn wir also Atem, Denken oder Bewußtsein verändern, führen wir ein ganzheitlicheres und stärkeres Ergebnis herbei, als wenn wir die grobstoffliche physische Ebene verändern. Ich möchte diese Vorstellung anhand eines Stückes Holz illustrieren. Wenn wir es materiell verändern, indem wir einen Baseballschläger aus ihm schnitzen, kann es eine Kraft entfalten, die einen Baseball mit einer Geschwindigkeit von 160 km/h aus dem Stadion herausbefördert. Wenn wir es molekular verändern, indem wir es anzünden, kann es eine Dampfmaschine antreiben. Wenn wir es atomar verändern, können wir ein Atomkraftwerk antreiben.

Das der menschlichen Erfahrung zugrunde liegende Bewußtseinsfeld und das dem subatomaren Universum zugrunde liegende einheitliche Quantenfeld sind, wie gesagt, dem Ayurveda zufolge dasselbe. Wenn wir mit Hilfe dieser alten Wissenschaft diese absolute Ebene der Existenz erfahren, können wir vollkommenes Gleichgewicht erreichen, denn wir agieren vom Feld der grenzenlosen Intelligenz aus, das der Ursprung der Naturgesetze ist. Die von »Yogis« in Ost und West bewerkstelligten legendären Wunder sind nichts anderes als Demonstrationen unserer Macht, die Materie zu beherrschen und den Körper zu heilen, wenn wir von diesem voll entfalteten Bewußtsein aus leben. Eben dies ist die höchste und letzte Vision von den Möglichkeiten des Lebens, die im Wissen und in den Techniken des Ayurveda enthalten ist.

Stellen Sie Ihr ideales Schönheitsprogramm zusammen

Wenn Sie dieses Buch lesen und anhand der vielen Ausgleichstherapien Ihr persönliches Schönheitsprogramm zusammenstellen, sollten Sie drei Punkte im Auge behalten:

- Ihr führendes Dosha, Ihren Hauttyp und den aktuellen Zustand Ihrer Haut.
- Die Eigenschaften der Doshas einschließlich ihrer körperlichen und geistig-seelischen Merkmale.
- Das Gesetz, daß Ähnliches ein Ungleichgewicht verstärkt und Gegenteiliges Gleichgewicht schafft.

Ihr generelles Aussehen und Ihr Temperament sagen etwas über das angeborene Gleichgewicht Ihrer Doshas aus. Das gegenwärtige Aussehen Ihrer Haut sagt etwas über den aktuellen *Zustand* Ihrer Doshas – Ihr Vikriti – aus. Die Fragen, die Sie in Kapitel 2 zu diesen Aspekten von sich beantwortet haben, sollten Aufschluß geben über: erstens *Ihr führendes Dosha* und Ihren Hauttyp, und zweitens, den aktuellen Zustand Ihrer *Konstitution (im Gleichgewicht/nicht im Gleichgewicht)* anhand Ihres Hautbildes. Diese grundlegenden Informationen brauchen Sie, um das richtige Hautpflegeprogramm auswählen zu können. Wenn Sie Ihren Hauttyp oder seinen aktuellen Zustand nicht kennen, sollten Sie jetzt zurückgehen und den Hauttyp-Test machen.
Der nächste Informationsbaustein, den Sie brauchen, sind die *Grundeigenschaften* bzw. die energetischen Qualitäten der Doshas. Wie gesagt bestimmt Ihr führendes Dosha die Charakteristika Ihrer Haut:

- *Vata,* das aus Raum und Luft besteht, ist *kalt, leicht, klar, dünn, rauh* und *trocken;* dominierendes Vata führt zu *trockener Haut.*
- *Pitta,* das aus Feuer und Wasser besteht, ist *heiß, leicht* und *geringfügig ölig;* dominierendes Pitta führt zu *empfindlicher Haut* – d. h. einer Haut, die zu Entzündungen neigt. (Weil Hitze immer austrocknet und Öligkeit Fettigkeit verursacht, wird die Pitta-Haut auch als Misch-

haut bezeichnet – sie ist im Bereich der T-Zone, d. h. Augenbrauen und Nase, leicht fettig, und auf Stirn, Wangen und Kinn leicht trocken.)

- *Kapha,* das aus Wasser und Erde besteht, ist *dick, kalt, schwer, weich* und *ölig;* dominierendes Kapha führt zu *fettiger Haut.*

Wenn die Doshas im Gleichgewicht sind und der Zustand der Haut normal ist, sind diese Unterschiede klein. Wenn die Doshas nicht im Gleichgewicht sind, treten die Eigenschaften deutlicher hervor. Auf trockener Haut z. B. zeigen sich trockene Ekzeme, wenn Vata verstärkt wird, und fettige Haut entwickelt nässende Ekzeme oder nässende Akne, wenn Kapha verstärkt wird.

Denken Sie auch an den *Gleichgewichtsgrundsatz,* der besagt: Wie die Ursache, so die Wirkung. Ähnliche Qualitäten vermehren Ähnliches und erzeugen so ein Ungleichgewicht. Um dieses zu korrigieren, *diagnostizieren* wir den Zustand im Hinblick auf die *Doshas* und *behandeln* ihn im Hinblick auf die *Eigenschaften.* Stellen Sie daher zunächst fest, welche Doshas bei Ihnen jetzt dominieren. Welche Eigenschaften bringen diese Doshas ins Gleichgewicht? Wählen Sie dann die Therapie, Ernährung oder Aktivität, deren Qualitäten anders sind als die Ihres/Ihrer dominierenden Dosha/s, und meiden Sie die, die wie Ihr/e dominierendes/n Dosha/s sind. *Zur Erhaltung des Gleichgewichts brauchen Sie Qualitäten, die denen Ihrer natürlichen Veranlagung entgegengesetzt sind.*

Woher wissen Sie, was welche Eigenschaften hat? Wir sagen es Ihnen, wenn wir die verschiedenen Behandlungen und Techniken beschreiben. Wir geben Ihnen auch Listen mit dem, was Sie je nach Hauttyp fördern oder meiden sollten. Damit Sie leichter nachschlagen können, erscheinen viele dieser Listen im Anhang. Als schnelle Erinnerungshilfe faßt auch die Übersicht am Ende dieses Kapitels noch einmal die Elemente und Merkmale zusammen, die Ihre Doshas ins Gleichgewicht bringen.

Alle Vorschläge gelten für normale und für Problemhaut. Die Anregungen auf den folgenden Seiten berücksichtigen, ob Ihre Haut derzeit im Gleichgewicht (normale Haut) oder nicht im Gleichgewicht (Problemhaut) ist.

Normale Haut

Wenn Ihr Teint zur Zeit normal ist, können Sie die absolute Schönheit durch drei aufeinander aufbauende Schritte ansteuern. Natürlich werden Sie um so strahlender, je mehr Sie tun.
Der erste Schritt ist das Basis-Pflegeprogramm – d. h. das tägliche Reinigen, Nähren und Feuchtigkeit spenden mit hauttypgerechten pflanzlichen Präparaten. Es ist schon deshalb notwendig, um die täglichen Umwelteinflüsse auszugleichen. Aufgrund der nährenden und verjüngenden Eigenschaften der ayurvedischen Kräuter und Öle verbessert dieses tägliche Programm jedoch auch sichtbar die Vitalität Ihres Teints. Die »giftigen« Gedanken oder Verhaltensweisen, die die Ursache für Alters- und Krankheitsprozesse sind, verändert es indes nicht.
Schritt zwei fügt dem täglichen Schönheitsprogramm ein allgemeines Gesunderhaltungs- und Vorbeugungsprogramm hinzu. Dazu können kleine Veränderungen der Lebensweise in Übereinstimmung mit ayurvedischen Prinzipien gehören, z. B. Modifikationen im Bereich der Ernährung (Kapitel 7) und des Tagesablaufs sowie Selbstmassagen (Kapitel 8), damit die Doshas im Gleichgewicht bleiben, Streß abgebaut, das Abwehrsystem verbessert und das Wohlbefinden erhöht wird.
Alternative drei ist das Rundum-Programm für strahlende Schönheit und reines Glück. Es umfaßt die ersten beiden Schritte und nacheinander immer mehr ayurvedische Strategien zur Schaffung einer ganzheitlichen Lebensweise in Harmonie mit der Natur und Ihrem Lebensziel. Dazu gehören Techniken zur Ausbalancierung aller Ebenen des Lebens – Körper, Atem, Geist und Seele. Sie können z. B. tägliche Atemübungen (Kapitel 12), Meditation (Kapitel 13) sowie eine Panchakarma-Behandlung beim Wechsel der Jahreszeiten (Kapitel 8) in Ihr Leben integrieren, um optimale Gesundheit und Schönheit zu finden.
Die Umstellung auf eine intensive ayurvedische Lebensweise braucht natürlich Zeit. Die eigenen Denk- und Verhaltensgewohnheiten müssen allmählich, aber stetig neu geschaffen und verfeinert werden, damit Ihre Zielsetzung klarer, Ihr Handeln effizienter und Sie selbst erfüllter und »ganz« werden. Tips dazu, wie Sie diese lebenslange Reise am angenehmsten und praktischsten beginnen, erhalten Sie später.

Problemhaut

Sobald Sie wissen, daß bei Ihnen ein Ungleichgewicht vorliegt, und erkannt haben, welches es ist, können Sie Ihr Hautproblem in fünf Schritten korrigieren:

- Beginnen Sie mit dem geeigneten äußerlichen Hautpflegeprogramm.
- Führen Sie ein innerliches Reinigungsprogramm und ein leichtes Fasten durch.
- Machen Sie konsequent das Entschlackungsprogramm: Stellen Sie Ihre normale Ernährung um, und nehmen Sie Heilkräuter, um die Doshas ins Gleichgewicht zu bringen.
- Meditieren Sie täglich, um Streß zu reduzieren und die Gefühle ins Gleichgewicht zu bringen.
- Ergänzen Sie dies, wenn Sie wollen, durch andere Ausgleichsbehandlungen.

Mit Hilfe des Hautproblem-Tests in Kapitel 3 sollten Sie anhand Ihres Hautbildes bestimmen, welche/s Dosha/s bei Ihnen zur Zeit aus dem Gleichgewicht ist/sind. Diese Information brauchen Sie, bevor Sie geeignete Ausgleichstherapien wählen können. Beantworten Sie im Zweifelsfall die Testfragen auf Seite 124 bis 128 noch einmal. Nützliche Hinweise bei Unsicherheiten geben die auf die Fragen folgenden Erklärungen. (Wo haben Sie eventuelle Symptome? Wie wählt man Therapien aus, wenn mehr als ein Dosha gestört ist?) Wenn Sie immer noch Fragen zu Ihrem Ungleichgewicht haben und zwecks Diagnose keinen professionellen Ayurveda-Heilkundigen heranziehen können, sollte Ihr Hauptziel darin bestehen, Ihr dominierendes Dosha ins Gleichgewicht zu bringen. Dies ist in allen Zweifelsfällen die beste Vorgehensweise.
Den ersten Behandlungsschritt bildet immer das tägliche Hautpflegeprogramm. Richtiges Reinigen und Nähren bessert zwar die äußerlichen Symptome und trägt dazu bei, den auf Umwelteinflüssen beruhenden Altersprozeß hinauszuzögern. Kein äußerliches Hautpflegeprogramm kann jedoch den Körper von den krankheitsverursachen-

den Schlackstoffen befreien oder das verstärkte Dosha ausbalancieren. Dazu müssen Sie sich innerlich reinigen und nähren.

Der zweite Schritt zu gesunder Haut besteht daher darin, sich *innerlich* zu entgiften. Die Schritte 1 und 2 können im Grunde auch gleichzeitig begonnen werden – ideal dafür wäre eine professionelle Panchakarma-Behandlung, wie auf Seite 231 erklärt. Wenn diese Möglichkeit nicht besteht, sollten Sie die Anweisungen zur Entschlackung zu Hause und zum Fastenprogramm in Kapitel 8 (»Tej-Heimkur«) befolgen. Anschließend können Sie Ihre Ernährung so umstellen, daß die Doshas wieder ins Gleichgewicht kommen. Überfordern Sie sich dabei nicht. Modifizieren Sie Ihre Ernährung immer nur in einem Rahmen, der Ihnen keine Schwierigkeiten bereitet.

Wenn Sie noch nicht meditieren, sollten Sie jetzt damit anfangen. Emotionaler Streß ist, wie gesagt, ein Hauptfaktor bei den meisten Hautleiden. Angst und Sorgen stören Vata, Wut, Eifersucht und Frustration Pitta, Kummer, Depression und Festhalten-Wollen Kapha. Bringen Sie daher die emotionalen Angelegenheiten in Ordnung, die Ihrem Hautproblem zugrunde liegen. Andere Techniken zum Streßabbau sind u. a. Massage und Atemübungen.

Für was auch immer Sie sich entscheiden – tun Sie es regelmäßig, denn nur so erzielen Sie optimale Ergebnisse. Deshalb sollten Sie sich auch nicht zuviel auf einmal vornehmen. Wenn Sie konsequent ein oder zwei Verhaltensweisen praktizieren – z. B. das tägliche Reinigungsprogramm plus ein paar Ernährungsumstellungen – wird Ihnen dies mehr nützen, als wenn Sie verschiedene Ausgleichsmethoden jeweils nur für ein paar Tage ausprobieren. Übernehmen Sie das Tempo der Natur, wie Emerson rät. Die Geschwindigkeit, mit der eine Blume aufblüht, können wir kaum verändern. Lassen Sie zu, daß Ihre Schönheit sich genauso entfaltet, und genießen Sie jede Phase der Veränderung so, wie sie kommt.

Diese beiden Prinzipien – den gegenwärtigen Augenblick genießen und dem Beispiel der Natur folgen – sind für Gleichgewicht und reines Glück unabdingbar. Im Ayurveda sind sie, wie auf den folgenden Seiten beschrieben, durch die Ausübung von *Sadhana* und ein Leben im Einklang mit den Zyklen der Natur vertreten.

Sadhanas: Das Gleichgewicht herstellen durch die Aktivitäten des Alltags

Der Ayurveda offenbart nicht nur das Geheimnis makelloser Haut, sondern auch den Weg zu einem sublimen Leben. Das Besondere dabei ist, daß er uns lehrt, wie wir diese Vollkommenheit durch die alleralltäglichsten Aktivitäten erreichen können. Wenn wir die Alltagsaktivitäten (einschließlich der Reinigungstherapien) zu einem in sich schlüssigen Ganzen ordnen, um so zu einem ausgewogenen Leben zu kommen, bezeichnen wir diese Aktivitäten als Sadhanas.

Das Sanskritwort wird oft mit tägliche »Disziplin« oder »Übung« übersetzt. Diese Bedeutung enthält der Begriff zwar auch, aber sie geht an seinem Sinn vorbei. Ein Sadhana benötigt Selbstdisziplin und manchmal Übung und trägt auch dazu bei, den Charakter zu bilden. Dabei geht es jedoch nicht um die bloße Erfüllung einer Pflicht, sondern darum, ganz im jeweiligen Tun zu sein und es zu genießen. Diese Fähigkeit, mit Herz und Geist völlig in der jeweiligen Aufgabe aufzugehen, ist die Essenz von Anmut und Schönheit. Wir fließen dann mit der Zeit, so daß wir immer in der Gegenwart sind und dynamisches Gleichgewicht erleben.

Das ganze Leben ist »Disziplin« und »Übung« – ein ständig sich wiederholender Kreislauf einfacher Routinehandlungen: das Bett machen, die Zähne putzen, sich anziehen, zur Arbeit fahren, die Post durchsehen, Termine wahrnehmen, Rechnungen bezahlen, mit Freunden sprechen, das Essen kochen, das Geschirr abwaschen, die Kinder ins Bett bringen. Diese Regelmäßigkeit ist nicht nur ein Charakteristikum des Menschseins. Auch in der gesamten Natur gibt es Gewohnheit und Regelmäßigkeit. Wir bezeichnen diese »Disziplin« der Natur als Gezeiten, Planetenumlaufbahnen, Rhythmus von Tag und Nacht, Jahreszeiten, als vorprogrammiertes Wachstum vom Samen zum Schößling zum Baum zur Frucht. Was jedoch uns Menschen vom Rest der Natur unterscheidet, ist unsere bewußte Fähigkeit, das, was wir tun, zu wählen – und diese Willensentscheidung macht auch den Unterschied zwischen einer sklavischen Routine und den Sadhanas aus.

Daher definiere ich Sadhana lieber als jede Aktivität, die wir mit einem spirituellen Hintergrund ausführen – dem, was andere *Achtsamkeit* bzw. Konzentration nennen. Achtsamkeit besteht darin, *dem, was wir gerade tun,* unsere volle und konzentrierte Aufmerksamkeit zukommen zu lassen – mit Leib und Seele im gegenwärtigen Augenblick zu sein. In der Kindheit fällt uns das nicht schwer. Da wir von Vergangenheit oder Zukunft keine Vorstellung haben, leben wir auf ganz natürliche Weise in der Gegenwart. Aber im Verlauf des Reifungsprozesses fangen unsere kognitiven Fähigkeiten mit Hilfe der überbeanspruchten Gefühle an, sich mit immer neuen »guten« Gründen, weshalb die Gedanken irgendwo anders sein sollten als da, wo wir sind, in diese Natürlichkeit hineinzudrängen. Wenn wir dann erwachsen sind, ist die Wahrnehmung so beschäftigt – so *gedankenvoll* –, daß es bewußter Anstrengung oder zumindest einer bewußten Entscheidung bedarf, in jedem Augenblick ganz präsent zu sein.

Sadhana ist daher das willentliche *Training* des Bewußtseins, der fortwährende Akt, auszuwählen, worauf wir unsere Aufmerksamkeit richten. Auswahl beinhaltet Präferenz bzw. *Wollen* – wir wollen die Aufgabe ausführen: in diesem Fall die Aufgabe, innere Ganzheit zu schaffen. Sadhana ist also alles, was wir mit ganzem Herzen und mit aller Macht tun. Letztlich ist es ein Akt der Hingabe. Ein aufmerksames, absichtsvolles Sadhana macht auch die trivialsten Aufgaben zu etwas Sublimem und ruft so die höchste Unterstützung für unser Tun herbei. Dies ist der Zweck eines Sadhana: Allem, was wir tun, durch die Kraft des Bewußtseins Erfolg zu bringen. Wenn Sie schon einmal beobachtet haben, wie ein Olympiasieger seine Disziplin gewinnt, haben Sie einen Menschen gesehen, der achtsam handelt. Dann wissen Sie auch ohne Kenntnis der Lehren des Ayurveda, daß eine derart konzentrierte und hingebungsvolle Handlung zu den besten Ergebnissen führt.

Der Ayurveda erklärt dieses Phänomen mit der Tatsache, daß alles, worauf wir unsere Aufmerksamkeit richten, zunimmt. Aufmerksamkeit ist Energie, und Energie besitzt Kraft. Je mehr konzentrierte Aufmerksamkeit wir einem Gedanken oder einer Aktivität widmen, desto stärker werden sie, und desto größer ist ihr Einfluß. Wenn wir eine ayurvedische Therapie daher als Sadhana – d. h. mit spirituellem Hintergrund – ausführen, bringen wir eine tiefere Ebene des Lebens ins Gleichgewicht und produzieren eine ganzheitlichere Wirkung. *Alles,* was wir als Sadhana tun, hat nicht nur ein tiefgehenderen Ergebnis, sondern auch einen stärkeren *sattvischen* – d. h. der Entwicklung förderlicheren – Einfluß auf uns und unsere Umgebung.

Erfolgreiches Handeln führt zur Erfüllung unserer Wünsche, und dies ist die Grundlage für Glückseligkeit. Wenn Sie verinnerlichen, daß das Geheimnis höchster Wonne darin besteht, alles als Sadhana auszuführen, wird alles, was wir tun, zu einer Gelegenheit, um absolute Schönheit zu erreichen, und auch unsere täglichen Aufgaben verwandeln sich in etwas, was wir gerne tun. Wenn Sie ganz in dem aufgehen, was Sie gerade tun, gewinnen Sie, egal wie das Ergebnis aussieht, denn Sie haben schon den Vorgang selbst hundertprozentig genossen. Wenn Sie derart mit den Dingen fließen, werden Sie nicht mehr durch den Wunsch nach irgendeinem bestimmten Ergebnis begrenzt, denn an jedem Punkt auf dem Weg zum Ziel erleben Sie bereits Erfüllung. Wenn wir die Aufmerksamkeit auf diese Weise vom Gedanken an den Erfolg freimachen, schaffen wir paradoxerweise jene Zielgerichtetheit, die zu seiner Realisierung notwendig ist. Auf diese Weise verwandelt Sadhana die Alltagsaufgaben von einer einschränkenden Erfahrung in ein Mittel zur Befreiung.

Der theoretische Hintergrund der Sadhanas ist nicht zu trennen vom Prinzip des »richtigen Zeitpunkts«; tatsächlich sind bei ayurvedischen Behandlungen oft die Jahres- und die Tageszeit wichtig. Die Einstimmung auf die Rhythmen der Natur ist jedoch kein Selbstzweck, sondern ein notwendiges Hilfsmittel, um innere und äußere »Umgebung« ins Gleichgewicht zu bringen. Eine solche innere und äußere Harmonie ist die Grundlage absoluter Schönheit.

Alles hat seine Zeit: Eine natürliche Lebensweise schaffen

Niemand kann sagen, daß das Leben, das aus Kindheit, Erwachsenendasein und Alter besteht, nicht wunderbar angeordnet ist; der Tag hat Morgen, Mittag und Sonnenuntergang, und das Jahr hat seine Jahreszeiten, und das ist gut so. Es gibt im Leben nichts Gutes oder Schlechtes außer dem, was zu seiner Zeit gut ist. Und wenn wir uns auf den biologischen Standpunkt stellen und versuchen, den Jahreszeiten gemäß zu leben, können nur ein eingebildeter Narr oder ein unerträglicher Idealist leugnen, daß das menschliche Leben wie ein Gedicht gelebt werden kann. Lin Yutang

Dem Ayurveda zufolge löst der Wechsel der Jahreszeiten nicht nur in einem Baum Veränderungen aus, sondern auch in der Psychophysiologie des Menschen. Die Rhythmen von Sonne und Mond beeinflussen uns genauso, wie sie Eulen und Bären beeinflussen. Da wir aus denselben Elementen und Kräften wie alle Dinge in der Natur bestehen, unterliegen wir auch den Wechselwirkungen des kosmischen ökologischen Systems, denen unsere innere Natur sich ständig anpassen muß. Während der Rest des Tierreichs instinktiv in Harmonie mit diesen Kräften lebt, können wir Menschen dank des freien Willens eine Lebensweise wählen, die unserer eigenen Natur im Grunde zuwiderläuft – was wir oft tatsächlich tun. Sogenannte primitive Kulturen und traditionelle Agrargesellschaften leben in einem Maße im Einklang mit den Zyklen der Natur, die technisierten Gesellschaften abgeht. Das moderne, von der Uhr geregelte Leben hat uns von unseren biologischen Rhythmen abgeschnitten – wobei trotzdem elektrischem Licht, Klimaanlagen und Überschallflugreisen ein quasi zeitloses Dankeschön gebührt. Aber wenn wir längere Zeit nicht im Einklang mit diesen angeborenen Rhythmen leben, geraten die Doshas aus dem Gleichgewicht, und Krankheiten irgendeiner Art sind die unvermeidliche Folge.

Die rhythmenbezogene Zeiteinteilung des Ayurveda synchronisiert unsere Aktivitäten wieder mit den Energiemustern in der Natur. Genauso wie die Doshas unterschiedliche Lebensprozesse im Körper regeln, stehen sie auch unterschiedlichen Tages- und Jahreszeiten vor, in denen ihr energetischer Einfluß auf ihre Umgebung sich verstärkt. Die Übersichten auf den nächsten Seiten zeigen, wann Kapha, Pitta und Vata (in dieser Reihenfolge) in einem bei Sonnenaufgang beginnenden, je vierstündigen Tagesrhythmus und in einem dreiphasigen jahreszeitlichen Rhythmus vorherrschen. Der Kapha-Pitta-Vata-Rhythmus strukturiert auch die Spanne eines Menschenlebens von der Kindheit bis zum Alter. Wenn wir unsere Lebensweise an diese Leitzyklen anpassen, gerät unser inneres Gleichgewicht nicht aus dem Takt.

Die Tagesrhythmen

Mit dem Sonnenaufgang beginnt die morgendliche Kapha-Phase. Wir haben 6.00 Uhr als Beginn des Tages angegeben, aber dieser Zeitpunkt ändert sich je nach Wohnort und Jahreszeit.

- *Kapha* 06.00–10.00 Uhr 18.00–22.00 Uhr
- *Pitta* 10.00–14.00 Uhr 22.00–02.00 Uhr
- *Vata* 14.00–18.00 Uhr 02.00–06.00 Uhr

Jede Phase weist die Energien des in ihr dominierenden Dosha auf. In den Kapha-Phasen ist die Trägheit groß, weshalb wir uns lethargisch fühlen, wenn wir morgens lange schlafen, und abends langsamer werden. Mittags ist die Energie stark, weil Pitta sie anheizt. Infolgedessen ist die Verdauung zur Zeit des Mittagessens am effizientesten und unsere Vitalität am größten. Vata regiert das Nervensystem, und deshalb ist der Verstand nachmittags wacher, während die körperliche Energie im allgemeinen um 15.00 oder 16.00 Uhr abfällt.

Die beste Zeit zum Schlafengehen ist im allgemeinen vor 10.00 Uhr abends, weil dann noch die ruhigen Kapha-Energien vorherrschen. Wenn Sie länger aufbleiben, werden Sie wahrscheinlich noch einmal richtig aufdrehen, wenn Pitta um Mitternacht einen Höchststand erreicht. Nachts verdaut die Pitta-Energie das Abendessen und verjüngt das Körpergewebe. Vata verursacht die aktive Traumphase, die als

REM-Schlaf bekannt ist. Auf dem Höhepunkt der morgendlichen Vata-Phase, um etwa 4.00 Uhr, beginnt das Pflanzen- und Tierreich zu erwachen. Sie können tatsächlich die Uhr nach bestimmten Vögeln stellen, die jeden Morgen zur gleichen Zeit ihr ganz spezielles Morgenlied singen. Die vergeistigte Atmosphäre in der Mitte dieser Phase wirkt auf die gesamte Natur stark belebend, und wenn Sie mit den Vögeln aufstehen (was wahrscheinlich ist, wenn bei Ihnen Vata dominiert), eignet diese Zeit sich sehr gut, um zu meditieren und den Tag zu beginnen. Wenn nicht, versuchen Sie, mindestens eine halbe Stunde vor Sonnenaufgang aufzuwachen, weil anschließend wieder die träge Kapha-Natur die Herrschaft übernimmt. Wenn Sie aufwachen, wenn die Vata-Energie noch lebendig ist, werden Sie sich frischer fühlen.

In den Ihrem dominierenden Dosha entsprechenden Phasen sollten Sie auf dessen energetische Effekte natürlich noch mehr achten. Zum Beispiel fällt es vielen Leuten schwer, während der morgendlichen Kapha-Phase aufzustehen, aber Kaphas haben damit besondere Schwierigkeiten. Das schlimmste, was solche Leute machen können, ist, ihrer natürlichen Tendenz zum Länger-Schlafen nachzugeben, denn dies verstärkt das Dosha noch mehr. Belebender Sport, eine anregende Massage oder notfalls auch eine Tasse Kaffee sind für Kapha-Menschen eine bessere morgendliche Alternative, als lange zu schlafen. Andererseits trägt ein Nickerchen am späten Nachmittag dazu bei, Vata-Typen auf dem Höhepunkt der nachmittäglichen hektischen Vata-Phase ins Gleichgewicht zu bringen. Pittas wiederum sehen sich einer ganz anderen Schwierigkeit gegenüber. Wenn Pitta um die Mittagszeit stark ist, neigt ihr Temperament zum Aufbrausen. Daher sind sie weise beraten, schwierige Diskussionen oder Verhandlungen nicht für die Mittagessenszeit zu terminieren.

Viele weitere Anregungen zum Aufbau eines ausgewogenen Schönheitsprogramms finden Sie im ganzen Buch; Anhang F enthält außerdem eine Liste empfohlener Sadhanas, Anhang G ideale Tagesabläufe für jeden Hauttyp. Wenn die ayurvedischen Prinzipien Ihnen erst vertrauter sind, fallen Ihnen sicher noch andere Möglichkeiten ein, Ihren Tagesablauf in Einklang mit der Natur zu bringen, um möglichst viel Gleichgewicht, Energie und Effizienz zu erreichen.

Jahreszeitliche Rhythmen und Panchakarma-Therapie

Auch im Verlauf eines Jahres ändert sich die Stärke der Doshas, was wir als Jahreszeiten wahrnehmen. Im ayurvedischen Kalender gibt es drei Jahreszeiten, die eher mit Änderungen der klimatischen Verhältnisse als mit den Zyklen des Mondes zusammenfallen. Infolgedessen ändert der Beginn einer Jahreszeit sich mit dem geographischen Ort – die heiße Jahreszeit in New York City z. B. ist in Sidney, Australien, die kalte Jahreszeit. In unseren Breiten sehen die jahreszeitlichen Rhythmen etwa wie folgt aus:

- *Kapha:* Die feucht-kalten Monate von Spätwinter und Frühling (Mitte Februar bis Mai)
- *Pitta:* Die heißen Sommermonate (Juni bis September)
- *Vata:* Die kalten, windigen Monate von Herbst und Winter (Oktober bis Mitte Februar)

Diese Daten sind Annäherungen – in Hamburg ist das Wetter im Februar anders als in München. Beobachten Sie daher selbst, ob eine neue Phase des Kreislaufs begonnen hat. Der Wechsel der Jahreszeiten läßt sich auch anhand der Elemente identifizieren: Die feuchten, kalten Qualitäten der Erde bringen den Frost, der zum tiefen Winter gehört; die verflüssigende Qualität des Wassers bringt im Frühling Tauwetter und Matsch. Der vom Pitta-Feuer geschmolzene Schnee sorgt im Juni für eilig dahinrauschende Flüsse und üppige Gärten. Das Feuer bringt schließlich das Wasser zum Verdunsten, und wir haben die schwülen, dann sengenden Tage im Juli, August und Anfang September. Im Herbst bringt die dahinbrausende Vata-Luft rauhe Winde; der Raum bringt die kühlen, klaren, wolkenlosen Tage, die das richtige Fußballwetter sind.

Jede dieser klimatischen Veränderungen bewirkt natürlich auch in uns entsprechende Veränderungen. Gemäß dem Prinzip, daß Ähnliches Ähnliches verstärkt, sammelt jedes Dosha sich in der ihm entsprechenden Jahreszeit im Körper an. Wenn Pitta sich in den Sommermonaten in der Natur sammelt, wird jeder ein bißchen hitzig – d. h. reizbarer und aufbrausend, und Pitta-Typen werden besonders lebhaft. Auch die

Auswirkungen des Wetters auf die Haut sind stärker, und Sie bekommen leicht Sonnenbrand, Sommersprossen, Allergien, Ausschläge und Melanome. Ähnlich fehlt in der austrocknenden Vata-Jahreszeit jedem ein wenig Feuchtigkeit – vor allem, wenn drinnen geheizt wird. Vata-Typen bekommen dann leicht rissige Lippen, Risse auf den Füßen, Schuppen und andere mit trockener Haut zusammenhängende Probleme, es sei denn, sie befolgen ein Vata-befriedendes Programm. Die Frühjahrsfeuchtigkeit führt bei jedem zu vermehrten Sekretionen, aber Kapha-Typen haben nach den trockenen Wintertagen am ehesten Probleme mit Verschleimungen, Wasserverhaltung und Akne.

Bei der Untersuchung des Einflusses jahreszeitlicher Wetteränderungen auf die Gesundheit haben westliche Wissenschaftler vor kurzem ein ähnliches Phänomen »entdeckt«. Bei der Analyse von Krankenhausunterlagen stellten Geographen an der Universität von Delaware fest, daß Anfang Oktober doppelt so viele Asthmatiker ins Krankenhaus eingeliefert wurden wie Anfang September (800 bzw. 400); im Frühjahr erreichte die Zahl einen weiteren Höhepunkt und nahm im Sommer wieder ab. Dieser Befund stimmt völlig mit den ayurvedischen Voraussagen überein. Der September bezeichnet den Übergang vom Sommer zum Herbst, wenn der für Vata charakteristische zunehmende Wind die Allergene weiterträgt und asthmatische Erkrankungen verschlimmert. Die natürliche Zunahme von Verschleimungen im Frühling, wenn Kapha am stärksten ist, führt leicht zu dem noch unangenehmeren Bronchialasthma.

Wenn wir diesen äußerlichen Einflüssen der Doshas nicht durch Veränderungen des Lebensstils und des Tagesablaufs entgegensteuern, gerät unser eigenes Dosha unvermeidlich aus der Balance. Angesichts der vielen verschiedenen ayurvedischen Therapien dürfte dies jedoch nicht schwerfallen. Die richtige, d. h. auf Ihre Konstitution und Ihre Lebensumstände abgestimmte Kombination der Therapien ist ein ganz individueller Prozeß, der unten eingehend beschrieben wird.

Klimatische Veränderungen besitzen jedoch durchaus auch universellen Einfluß. In jeder Jahreszeit sammelt ein Dosha sich auf ganz natürliche Weise in jedem Menschen an. Wir haben bereits darauf hingewiesen, daß eine solche Ansammlung die erste Stufe eines Krankheitsprozesses darstellt; die Symptome des Ungleichgewichts finden sich dann noch in bestimmten Organen und sind leicht zu behandeln. Daher empfiehlt der Ayurveda jedem bei jedem Jahreszeitenwechsel oder *zumindest einmal im Jahr* eine professionelle innerliche Reinigungstherapie, um angesammelte Doshas loszuwerden und ein Fortschreiten von Krankheiten zu verhindern.

Diese Reinigungs- und Verjüngungsbehandlung ist als Panchakarma bekannt, was »fünf Handlungen« bedeutet und sich auf die fünf entschlackenden Methoden bezieht: therapeutisches Erbrechen, Abführmittel, Einläufe, nasale Reinigung und Blutreinigung. Nicht alle fünf Behandlungen werden jedem verordnet. Generell läßt sich sagen, daß Erbrechen Verschleimungen und Stauungen aufgrund eines Kapha-Ungleichgewichts vermindert; Abführmittel reinigen den Darm, um Pitta ins Gleichgewicht zu bringen; Einläufe reinigen den Dickdarm, um Vata auszubalancieren. Die genannten Behandlungen sind eigentlich Teil einer aus drei Schritten bestehenden Therapie. Die erste, vorbereitende Phase besteht aus Massagen und Schwitzen, was die Schlacken verflüssigt und in den Magen-Darm-Trakt befördert, von wo sie ausgeschieden werden können; zum dritten Schritt, der Nachbehandlung, gehören Änderungen der Ernährung sowie stärkende und verjüngende Therapien. Panchakarma wird auch bei der Behandlung von Hautkrankheiten und anderen Störungen zur Entgiftung benutzt. Eine komplette Panchakarma-Behandlung stellt eine enorm wirksame medizinische Therapie zur Heilung und Vorbeugung von Ungleichgewichten und Krankheiten dar. Deshalb können ausschließlich geschulte Therapeuten und ayurvedische Ärzte sie richtig verordnen und verabreichen. Da sie nicht als Hausmittel gedacht ist, werden hier keine entsprechenden Anweisungen gegeben. Aber wir empfehlen jedem eine professionelle Panchakarma-Behandlung, um Krankheiten vorzubeugen und den Altersprozeß zu verlangsamen; und wir haben, da die meisten von Ihnen vor Ort keinen ayurvedischen Therapeuten finden werden, die Anleitung für eine modifizierte Reinigungs- und Ausgleichstherapie aufgenommen, die Sie im Rahmen Ihres Schönheitsprogramms zu Hause durchführen können. Diese sogenannte »Tej-Heimkur-Behandlung«, wie wir sie nennen, enthält einige Aspekte der

Panchakarma-Therapie wie z. B. Selbstmassage, Ölbehandlungen, Schwitzen und leichtes Fasten. Sie finden diese Entschlackungs- und Schönheitsbehandlung im Kapitel über die Massagetherapien.

Die Rhythmen des Lebens

Der Ayurveda sagt, daß auch unsere Entwicklung von der Geburt bis zum Tod einem Dosha-Zyklus folgt. Von der Kindheit zur Jugend ist Kapha stark, vom frühen Erwachsenenalter zum mittleren Alter Pitta und im Alter Vata. Der Einfluß des dominierenden Dosha ist in jeder Phase offenkundig.

Kapha regiert das Wachstum im allgemeinen und das Wachstum der Körpergewebe und Knochen im besonderen. Eine solche Entwicklung ist charakteristisch für die Kindheit. Die weiche, glatte Haut und der »Baby-Speck«, das Bedürfnis nach viel Schlaf, die Lernfähigkeit und die üblichen Kinderkrankheiten wie Husten, Erkältungen, Asthma, Verschleimungen, Halsschmerzen, Ohrenschmerzen und auch die Pubertätsakne sind typische Kapha-Zeichen. Nach dem Wachstumsschub beginnen die aktiven Jahre, in denen wir eine Karriere aufbauen und eine Familie gründen. Merkmale dieser Phase sind die Entwicklung von Pitta-Qualitäten (Unabhängigkeit, Ehrgeiz, Selbstbewußtsein, Geselligkeit, Intelligenz) und Pitta-Aktivitäten (Verfolgung intellektueller, kreativer und professioneller Ziele, Aufbau eines sozialen Netzes und reifer Beziehungen). Pitta-Störungen, z. B. Sodbrennen, Magensäure, Geschwüre, Hämorrhoiden und Bluthochdruck zeigen sich typischerweise in dieser Phase. Im Alter erleben wir die Folgen von verstärktem Vata, das austrocknet und die Bewegung und den Fluß des Lebens im allgemeinen behindert. Die Haut verliert Feuchtigkeit und bekommt Falten, der Geschmackssinn wird schwächer, die Knochen werden brüchig, die Zähne locker, wir bekommen Krampfadern, essen und schlafen weniger, werden steif und arthritisch, vergessen leichter und bekommen alle möglichen Wehwehchen.

Chopra hat die Beziehung dieser drei wichtigsten Zyklen mit einem komplizierten Räderwerk verglichen, und angesichts der Vorstellung, die sich überschneidenden Einflüsse von Tag, Jahreszeit und Lebensphase ins Gleichgewicht bringen zu sollen, kann einem tatsächlich schwindlig werden. Wie halten Sie zum Beispiel das Gleichgewicht aufrecht, wenn in der Kapha-Jahreszeit die Vata-Tageszeit regiert und Sie sich in der Pitta-Phase Ihres Lebens befinden? Auf diese Frage gibt es keine Antwort – zumindest keine, die jemand anders Ihnen geben könnte, denn es gibt keine logische Methode, ständig alle Räder in vollkommener Harmonie am Laufen zu halten. Das Kunststück läßt sich, wie Sie später lesen werden, bewerkstelligen, aber mit der direkten Erfahrung des Bewußtseins, und nicht mit intellektuellem Jonglieren. Die Kenntnis der Rhythmen sollte Ihnen die ganze Spannweite der Umwelteinflüsse auf Ihre Doshas deutlich machen, so daß Sie aufgrund Ihrer einzigartigen Erfahrung und Konstitution von Augenblick zu Augenblick die besten Entscheidungen für Ihre Lebensweise treffen können. Je mehr Sie über die Ursachen und Wirkungen eines Ungleichgewichts wissen, desto leichter können Sie es vermeiden, desto schneller können Sie erkennen, wenn Sie aus der Harmonie heraus sind, und desto mehr Möglichkeiten haben Sie, sich wieder in sie einzustimmen. Wenn Sie also im mittleren Alter sind und an einem heißen Sommertag einen mit wichtigen Besprechungen vollgestopften Terminkalender haben, können Sie das Potential für Pitta-Probleme erkennen und im vorhinein Schritte zu ihrer Vermeidung unternehmen, indem Sie etwa bestimmte Lebensmittel essen, bestimmte Farben tragen, sich mit bestimmten Düften umgeben, beruhigende Musik hören, meditieren, sich eine Massage geben lassen oder Atemübungen machen – alles Dinge, die Pitta befrieden.

Außer dem Grundsatz, daß Sie in sich ruhen – d. h. mit Ihrer eigenen Natur im Einklang sein – sollten, hat der Ayurveda kein Rezept, um die genaue Ursache jeden Ungleichgewichts zu bestimmen oder genau zu berechnen, was Sie zu einem bestimmten Zeitpunkt zu seiner Verhinderung tun sollten. Die Kenntnis der Zyklen ist wie das gesamte ayurvedische Wissen ein Werkzeug, das Ihnen helfen soll, in Harmonie mit Ihrer Umwelt und Ihrer inneren Natur zu leben. Es ist eine Richtlinie, keine Vorschrift. Die ayurvedische Methode folgt dem Zeitplan der Natur – wenn wir sie befolgen, folgen wir unserer eigenen Natur. Dies ist das Geheimnis, wie Sie ein Leben voll innerer und äußerer Harmonie – ein Leben absoluter Schönheit – genießen können.

Der Einfluß der modernen Kultur

Die Vorstellung von einem Leben im Einklang mit der Natur wäre unvollständig ohne einen Blick darauf, wie unsere Kultur als Ganzes Disharmonie erzeugt. Heute verbringen viele von uns mehr Zeit in einer »zivilisierten« Umgebung als draußen in der Natur. Diese vom Menschen geschaffenen Welten besitzen einen ihnen eigenen energetischen Einfluß, den wir auf unserem Weg zum inneren Gleichgewicht nicht ignorieren können. Die moderne Kultur, die zwar von den kosmischen Rhythmen abgeschnitten, aber doch nicht von den kosmischen Gesetzen ausgenommen ist, hat (wie jede Kultur in der Geschichte) ihre eigene Konstitution, ihr »kollektives Bewußtsein«, das die Energien und Aktivitäten der Individuen und Gruppen spiegelt, aus denen sie besteht. Weil das Ganze jedoch immer mehr ist als die Summe seiner Teile, hat das Wesen der Kultur auch wiederum einen Einfluß auf jedes einzelne Mitglied.

Ayurvedisch gesagt, erzeugen viele Aspekte des modernen Lebens ihrem Wesen nach Vata. Kennzeichen unserer heutigen Gesellschaft sind ständige Bewegung, Geschwindigkeit, Veränderung und Flexibilität – alles Vata-Eigenschaften. Das Zeitalter der Flug- und Weltraumreisen (Vata *ist* Luft und Raum), der Computer, Computerspiele, Elektronik, Massenmedien, der Kommunikation und Information ist ein Vata-Zeitalter. »Die heutigen schnellen Veränderungen sind eine Elementarkraft«, schrieb Alvin Toffler vor fast dreißig Jahren in *Der Zukunftsschock* – und an der Wende zum nächsten Jahrtausend hat das Tempo sich nicht verlangsamt. Wir produzieren mehr Waren, verbrauchen mehr Rohstoffe, erzeugen mehr Müll, treffen mehr Leute, erforschen mehr Orte und wechseln Beruf, Wohnung und Partner häufiger als zu jeder anderen Zeit in der Geschichte. Und wir sind mehr und unterschiedlicheren Reizen ausgesetzt als je zuvor: Wir verfügen über viele neue Möglichkeiten, nicht nur visuelle Bilder, sondern auch Töne, Gerüche

und Geschmacksnuancen zu reproduzieren. Dieses ständige Bombardement mit Ansichten und Gerüchen und das unaufhörliche, oft mißtönende Geräusch den Elektronikzeitalters verstärken Vata. Andererseits nehmen wir uns nur noch selten Zeit für eine fürsorgliche Berührung; dabei ist der Tastsinn der Sinn, der am meisten dazu beiträgt, die Elemente Raum und Luft ins Gleichgewicht zu bringen. Stattdessen konsumieren wir jedes Jahr Antidepressiva und andere Drogen im Wert von Milliarden Mark – rezeptfrei, ärztlich verordnet oder auf der Straße gekauft –, von denen die meisten ebenfalls Vata erzeugen. Die aggressive, wettbewerbsorientierte Arbeitsethik im Westen verstärkt Pitta. Materialismus und Besitzgier und eine Ernährung, die reich an Fetten, Kohlehydraten, raffinierten und konservierten Lebensmitteln und arm an Nährstoffen ist, verstärken Kapha – was der alarmierend hohe Prozentsatz übergewichtiger Bundesbürger aller Alterstufen beweist.
Diese Ungleichgewichte des kollektiven Lebensstils tragen zu dem hohen Streß- und Krankheitsniveau in den Industrieländern bei. Aber Sie brauchen nicht in die Berge zu entfliehen und »auszusteigen«, um diesen Auswirkungen zu entkommen. Wenn Sie die ayurvedischen Prinzipien befolgen und ein paar der in den folgenden Kapiteln beschriebenen streßreduzierenden Techniken anwenden, können Sie alle Wohltaten des modernen Lebens genießen und trotzdem natürlich und ausgewogen leben, egal wo Sie wohnen. Ein ayurvedischer Lebensstil bedeutet nicht, daß Sie auf materiellen Komfort, Leistung oder Reichtum verzichten müßten. Im Gegenteil, er bedeutet, daß Sie die Klarheit und Energie besitzen, all Ihre Ziele zu erreichen und trotzdem die Gesundheit und Langlebigkeit haben, um Ihren Erfolg auch zu genießen.

Die Reise zu absoluter Schönheit beginnen

Die Reise zu absoluter Schönheit folgt einem »weglosen Weg«, denn die Vollkommenheit existiert immer in der Gegenwart. Wie gesagt ist es nur ein Irrtum des Intellekts, daß wir nicht ständig um unsere Vollkommenheit wissen. Alle ayurvedischen Techniken sind nichts anderes als Hilfsmittel, die uns daran erinnern sollen, wer wir wirklich sind. Sie bieten für jeden etwas, so daß wir von diesem Wissen profitieren können, egal an welcher Stelle der Reise es uns findet.

Bei der Lektüre der vielen Ausgleichstherapien kommt Ihnen vielleicht der Gedanke, daß Sie ja doch nicht alles tun können, was der Ayurveda lehrt, und daß es deshalb sinnlos ist, überhaupt irgend etwas auszuprobieren. Das wäre eine sehr unglückliche Entscheidung. Natürlich kann niemand all diese Aktivitäten in seinen Tagesablauf integrieren und dann noch Zeit für das Leben selbst haben – das wäre auch gar nicht die Absicht des Ayurveda.

Der Weg zu absoluter Schönheit ist im Grunde ganz einfach – auf Seite 237 werden sieben einfache Schritte aufgeführt, die zu ihr hinführen. Wenn Sie bereit sind, ein paar zusätzliche Ausgleichstechniken auszuprobieren, sollten Sie zunächst *eine* aussuchen und sie etwa eine Woche lang praktizieren, um zu sehen, wie sie Ihren Körper und Ihre Seele beeinflußt. Aromatherapie, Musik- und Farbtherapie sind einfache Techniken, die Sie überall praktizieren und genießen können, während Sie etwas anderes tun. Ernährungsumstellungen, Massage und Meditation stellen mehr Ansprüche an Ihr Engagement und Ihre Zeit; ich habe festgestellt, daß viele Leute gegen solche Änderungen ihrer Lebensweise quasi resistent sind, und zwar aus Trägheit (die alten Gewohnheiten kennen sie schon), intellektuellen Differenzen, Skepsis oder Faulheit. Diejenigen meiner Klienten, die den Versuch gemacht haben, haben jedoch festgestellt, daß diese Aktivitäten eine sehr tiefgreifende, bleibende Wirkung auf ihre Gesundheit und ihr Aussehen hatten. Probieren Sie daher diese Therapien aus, besonders wenn Sie Hautprobleme haben oder vermeiden wollen.

Egal welche Therapien Sie wählen – denken Sie daran, daß das Gleichgewicht im Ayurveda immer eine Schlüsselrolle spielt. Zuviel oder zu wenig von irgend etwas ist langfristig nie gut. Das ayurvedische Gebot bei allen Behandlungen lautet, die Dinge zu meiden oder zu reduzieren, die Ihre Konstitution aus dem Gleichgewicht bringen, und das zu begünstigen oder zu vermehren, was das Gleichgewicht herstellt. Es ist selten, daß jemand etwas völlig aus seinem Leben verbannen muß, um eine schöne Haut zu haben. Ein maßvolles, angenehmes, »königliches« Tempo reicht aus, um Sie an Ihr Ziel zu bringen.

Was braucht Ihr Hauttyp, um das Gleichgewicht herzustellen?						
	Trockene Haut		*Empfindliche Haut*		*Fettige Haut*	
	Ist	*Braucht*	*Ist*	*Braucht*	*Ist*	*Braucht*
Ausglei-chende Doshas	Vata	Pitta + Kapha	Pitta	Vata + Kapha	Kapha	Vata + Pitta
Ausglei-chende Elemente	Raum + Luft	Feuer + Wasser + Erde	Feuer + Wasser	Raum + Luft + Erde	Wasser + Erde	Raum + Luft + Feuer
Schlüssel-attribute	trocken kalt leicht rauh verteilend schnell zusam-men-ziehend	ölig heiß schwer schmie-rend dicht stabil salzig	heiß leicht scharf sauer flüssig leicht ölig beißend	kalt schwer langsam bitter statisch zusam-men-ziehend süß	schwer kalt ölig langsam dicht statisch süß	leicht heiß trocken scharf verteilend beweglich beißend

In sieben Schritten zu schöner Haut

- Bestimmen Sie Ihren Hauttyp und wählen Sie jede Behandlung entsprechend aus.
- Täglich reinigen, nähren und Feuchtigkeit spenden.
- Bringen Sie sich innerlich und äußerlich ins Gleichgewicht.
- Führen Sie zusätzliche Therapien nach und nach ein.
- Meiden Sie die Elemente und Attribute, von denen Sie zuviel haben; begünstigen Sie die, die Ihnen fehlen.
- Halten Sie einen regelmäßigen Tagesrhythmus ein, der Ihrer Veranlagung und den Rhythmen der Natur entspricht.
- Genießen Sie den gegenwärtigen Augenblick.

Auf diesem Weg sollen die Prinzipien den Ayurveda Wegweiser sein – sie geben Ihnen die Richtung an, sie schreiben Ihnen nicht vor, wie Sie vorzugehen haben. Genauso wie z. B. die Physik uns nicht sagt, wie wir leben sollen, sondern nur die Naturgesetze der Materie beschreibt, denen auch wir unterworfen sind, beschreibt die alte Wissenschaft vom

Leben die Naturgesetze der Körperseele und macht Vorschläge, was wir in Anbetracht dieser unveränderlichen Gesetze tun könnten, um die Lebensreise möglichst angenehm zu gestalten. Das Ziel heißt inneres und äußeres Gleichgewicht, und diese Harmonie kann nie durch aufgezwungene Regeln erreicht werden, denn die unablässig sich verändernde Natur des Lebens verlangt eine gewisse Flexibilität. Für Fanatismus ist im Ayurveda kein Platz, denn er ist im Grunde das Wissen davon, wie man »mit dem Strom schwimmt«. Eine ayurvedische Lebensweise ist nicht das Ziel, sondern der Weg – ein lebenslanger Prozeß der Selbstentdeckung durch Achtsamkeit gegenüber Körper, Verhalten, Geist und Seele.

7 Ernährungstherapie

Was für den einen Nahrung ist, ist für den anderen bitteres Gift.
Lukrez

Einer der auffallendsten Unterschiede zwischen moderner Medizin und Ayurveda besteht in dem Wert, den sie der Ernährung im Hinblick auf Gesundheit und Leben des Menschen beimessen. Jeder, der schon einmal die in Krankenhäusern normalerweise servierten Mahlzeiten gesehen hat – typisches Mittagessen: Fertigsuppe, eine Scheibe Schweinebraten mit dicker Soße, Salzkartoffeln, verkochte tiefgefrorene Gemüse und Wackelpudding oder Eis – muß sich fragen, wie diese leblosen Nahrungsmittel einen sowieso schon schwächlichen Patienten wieder gesund machen sollen, und wird verwundert feststellen, daß die allopathische Medizin sich um die Ernährung von Körper und Geist reichlich wenig zu kümmern scheint.
Bis vor kurzem wurde von westlichen Ärzten nicht mehr als ein Einführungskurs in die Ernährungslehre zur Vervollständigung ihrer medizinischen Ausbildung verlangt. Auch dort wurde ihnen hauptsächlich eine mechanistische Betrachtungsweise vermittelt: Der Körper ist eine Maschine, und die Nahrung ist der Treibstoff, der sie am Laufen hält. Nimm Super-Benzin – eine Auswahl aus den vier wichtigsten Nahrungsmittelkategorien –, wenn du willst, daß die Maschine reibungslos funktioniert, und meide zu viele Zusatzstoffe. Wenn die Maschine Schwierigkeiten macht, laß je nach dem Teil, das kaputt gegangen ist, bestimmte Treibstoffe aus der »guten« Kategorie weg und sortiere sie von nun an in die »schlechte« ein. Wenn die Bauchspeicheldrüse ausfällt, ist Zucker verboten; wenn die Gallenblase ausfällt, sind die Fette weg; wenn das Herz ausfällt, ist Cholesterin tabu, etc. Der westlichen Medizin zufolge gelten diese Regeln für alle. Mit anderen Worten: Wir können alle den gleichen Sprit nehmen, denn Ben-

zin ist Benzin, und auch wenn Sie irgendein besonderes nehmen, fährt die menschliche Maschine sowieso nur soundsoviel Kilometer und geht dann kaputt.

Nahrung ist die perfekte Medizin

In der ayurvedischen Heilkunde stellt die Ernährung nicht nur einen ergänzenden Aspekt der Ausbildung dar, vielmehr ist sie ein zentrales Thema der *Vaidyas,* der ayurvedischen Ärzte, deren Bezeichnung für den physischen Körper – Annamaya Kosha – wörtlich *Lebensmittelhülle* bedeutet. Aus ihrer Sicht ist Nahrung Medizin. Von allen materiellen Faktoren verursacht eine unpassende Ernährung am ehesten Ungleichgewichte und Krankheiten, und zu deren Vorbeugung und Behandlung ist die richtige Ernährung unabdingbar. Dies gilt für Körper und Geist. Lebensmittel formen, erhalten und reparieren nicht nur jede Zelle im Körper; mit Hilfe der feinstofflichen Energie der Doshas nähren und heilen sie auch unsere Gefühle. Wie Sie sehen werden, können Lebensmittel Stimmungen auslösen und zunichte machen. Das, was Sie essen, ist für Ihre seelische Gesundheit daher genauso wichtig wie für Ihre körperliche Verfassung.

Im Gegensatz zur konventionellen westlichen Weisheit glaubt der Ayurveda nicht, daß ein und dasselbe Mittel für jeden das Nonplusultra ist. Orangensaft, kalte Getreideflocken und Magermilch, die Eckpfeiler des amerikanischen Durchschnittsfrühstücks, geben einigen Leuten vielleicht Energie und eine besondere Figur, aber dem Ayurveda zufolge bekommen andere von diesem Essen eine Magenverstimmung oder werden müde. *Der Ayurveda meint, daß kein Lebensmittel an sich gut oder schlecht ist, sondern jeder je nach seiner Konstitution anders darauf reagiert.*

Eine gesundheitliche Behandlung ohne sorgfältige Berücksichtigung der Ernährung ist aus ayurvedischer Sicht so, als würde man sich um einen Garten kümmern, ohne die Bodenqualität zu prüfen oder zu sehen, wieviel Regen und Sonne er bekommt. Auch im Westen würden wir einen Gärtner, der diese elementaren Faktoren nicht beachtet, sofort entlassen; trotzdem haben wir jahrelang ein medizinisches System unterstützt, das sie regelmäßig ignorierte. Dank der Arbeit von Menschen wie dem Kardiologen Dr. Dean Ornish, der bei 40 Patienten die Symptome einer fortgeschrittenen Herzkrankheit durch eine nicht-medikamentöse, Meditation und Ernährung einbeziehende Behandlung umkehrte, erkennt die Schulmedizin allmählich das therapeutische Potential normaler Lebensmittel. Allerdings scheint die moderne Wissenschaft vom Blumenzüchten immer noch mehr zu verstehen als davon, wie man gesunde, glückliche, schöne Menschen heranwachsen läßt.

Sogar Schokolade ist erlaubt

Woher weiß der Ayurveda, welche Nahrungsmittel für einen Menschen geeignet sind? Und warum behaupten manche Leute, sie würden schon beim Anblick von Pommes frites oder Schokolade Ausschlag bekommen, wenn doch kein Lebensmittel an sich schlecht ist?
Wie Sie in Kapitel 5 gelesen haben, ordnet der Ayurveda alle Lebensmittel und Kräuter sechs Geschmacksrichtungen bzw. Rasas zu. Dies sind: *Süß, sauer, salzig, scharf, bitter* und *herb* bzw. *zusammenziehend.* Der Geschmack jeden Lebensmittels leitet sich von seiner Konstitution ab, d. h. seinem Gleichgewicht der Elemente. Wie die gesamte Natur enthalten auch die von uns verspeisten Tiere, Pflanzen und Mineralstoffe ihre ganz speziellen Anteile Raum, Luft, Feuer, Wasser und Erde. Die jeweilige Kombination der Elemente bestimmt den Geschmack. Lebensmittel mit mehr Erde und Wasser, z. B. Getreide, schmecken süß, und solche mit mehr Luft und Raum, etwa grüne Blattgemüse, bitter. Der Einfluß einer Geschmacksrichtung auf Geist, Seele und Körper hängt von den Eigenschaften der in ihr enthaltenen Elemente ab. Süßes z. B. beruhigt, erdet und nährt die Psychophysiologie, es macht sie geschmeidig, genauso wie die dichte, zähflüssige Erde es tun würde, Bitteres macht leicht, regt an und entzieht Feuchtigkeit, genauso wie ein Kaltluftzustrom; etc. Die folgende Übersicht führt die einzelnen Geschmacksrichtungen sowie ihnen zugeordnete bekannte Lebensmittel auf.

Der Geschmack gängiger Lebensmittel		
Geschmack (Rasa)	*Eigenschaften*	*Lebensmittel*
süß (Erde + Wasser)	kalt, ölig, schwer	Zucker, alle Obstsäfte, Honig, Reis, Weizenbrot und andere komplexe schwere Kohlehydrate, Milch, Sahne, Butter, Rindfleisch, Fisch, Lammfleisch, Schweinefleisch, Fette, Öle, Rote Bete, Gurken, Kartoffeln, Äpfel, frische Feigen, Trauben, Melonen, Pfirsiche, Birnen, Pflaumen, Süßholz, rote Gewürznelke, Safran, Kardamom, Zimt, die meisten Nüsse, Ghee
sauer (Erde + Feuer)	heiß, schwer, ölig	Joghurt, Käse, grüne Trauben, Zitronen, Apfelsinen, Spinat, Tamarinde, Bananen, Tomaten, Essig, alle vergorenen Lebensmittel und Pickles
salzig (Feuer + Wasser)	heiß, ölig, schwer	Meersalz, Steinsalz, gesalzene Nüsse, Kartoffelchips, Fertiggerichte, Konserven, Meeresalgen, Meeresfrüchte
scharf (Feuer + Luft)	heiß, leicht, trocken	Zwiebeln, Knoblauch, Radieschen und Rettich, Ingwer, Chilischoten, Asafoetida, Gewürznelken, Cayennepfeffer, scharfe Senfsauce, Hühnchen, Eier, Distelöl, schwarzer Pfeffer, Kürbiskerne
bitter (Luft + Raum)	kalt, leicht, trocken	dunkles Blattgemüse, bitteres grünes Gemüse, Kurkuma, kanadische Gelbwurz, Löwenzahnwurzel, Bockshornklee, Enzianwurzel, chininhaltige Getränke (Tonics), Alkaloide (Koffein, Nikotin)
herb (Luft + Erde)	kalt, mittel	unreife Bananen, Granatäpfel, Preiselbeeren, Bohnen, Linsen, Brokkoli, Kohl, Blumenkohl, Sellerie, Kartoffeln, Spinat, Zimt, Alaun

Die beste Ernährung für Sie ist die, die dem Gesetz »Ähnliches verstärkt Ähnliches« folgt und vermehrt die Geschmacksrichtungen enthält, deren Eigenschaften Ihre Grundkonstitution ausgleichen, und vermindert die, die das Gleichgewicht stören. Pitta-Typen z. B. bekommt es besser, wenn sie den Verzehr von sauren, salzigen und scharfen Lebensmitteln reduzieren, die alle Feuer enthalten und empfindliche Haut noch empfindlicher machen. Bei diesen heißblütigen Zeitgenossen wird ein Schüsselchen Salsa mit Chips rote Male auf dem Teint hinterlassen, aber ein Schälchen eiskaltes, süßes Schokoladensorbet können sie im allgemeinen ohne Reue genießen. Kapha-Typen mit ihrer süßen, schweren, »erdigen« Konstitution und ihrer fettigen Haut gehören zu den Menschen, die bei allem Schokoladenartigen zu Pikkeln neigen. Allerdings braucht man sie deshalb nicht zu bedauern. *Sie* können ab und zu hemmungslos in scharfer Salsa und Brezeln schwelgen (aber keine fetten Chips, Kapha!).

Und wer bekommt nun die fetten Sachen? Die trockenhäutigen Vata-Typen können fettige Speisen konsumieren, ohne einen Ausschlag zu bekommen. Bei zuviel würziger Sauce oder zu vielen trockenen, kalten Gerichten dreht ihre vergeistigte Konstitution jedoch leicht durch.

Denken Sie außerdem daran, daß auch jemand mit fettiger Haut gelegentlich Schokolade essen kann, solange der Teint normal ist. Im allgemeinen ist es nicht notwendig, irgendein Lebensmittel völlig vom Speiseplan zu streichen, es sei denn, Sie haben bereits Beschwerden mit Ihrer Haut; auch dann brauchen Sie diese Lebensmittel nur so lange zu meiden, bis Ihre Doshas wieder im Lot sind. Wenn Sie gesund sind, können Sie ohne unangenehme Folgen für Ihre Haut alles in Maßen genießen.

Obwohl die tägliche Ernährung vor allem die Geschmacksrichtungen enthalten sollte, die Ihren Hauttyp ins Gleichgewicht bringen, empfiehlt der Ayurveda, daß *jede Mahlzeit ungeachtet Ihres Hauttyps alle sechs Geschmacksrichtungen aufweisen sollte.* Dies ist nicht nur wichtig, um alle fünf in Ihnen vorhandenen Elemente zu nähren (wenn eine Geschmacksrichtung fehlt, bringt das Ihre Doshas genauso aus der Balance, wie wenn eine im Übermaß vertreten ist). Es stellt auch eine mühelose Möglichkeit dar, Ihren Appetit zu zügeln. Warum? Wenn Sie bei jeder Mahlzeit die ganze Palette der Geschmacksrichtungen zu sich nehmen, sind alle Sinne befriedigt, und so vermindert auch eine kleine Portion nicht nur den Hunger im Magen, sondern auch den seelischen Hunger, der zu speziellen Gelüsten auf dieses oder jenes und zu einem Überessen führt. Bedingung ist allerdings, daß die Mahlzeit *jede Geschmacksrichtung in dem für Ihre Konstitution richtigen Verhältnis enthält.* Die ausgewogene Ernährung von Familienmitgliedern mit unterschiedlicher Konstitution läßt sich am ehesten dadurch sicherstellen, daß viele verschiedene Speisen zubereitet werden. In meiner Familie essen wir jeden Tag mehrere Gemüse, Getreide und Gewürze. Dadurch ißt auch niemand zuviel von einer Geschmacksrichtung. Wenn bei einem Fami-

lienmitglied bereits ein Ungleichgewicht besteht, nimmt es bestimmte Kräuter, um das Gleichgewicht wieder herzustellen (siehe Anhang D), und macht zusätzliche ayurvedische Therapien.
Die nächste Tabelle zeigt die drei Geschmacksrichtungen, die die einzelnen Hauttypen bevorzugen bzw. meiden sollten, und zwar der Reihe nach von der stärksten zur schwächsten Wirkung auf das führende Dosha. Sehen Sie sich z. B. die Liste für trockene Haut an. Salziges – das in der »Bevorzugen«-Liste an erster Stelle steht – wirkt auf Vata *am stärksten ausgleichend,* Saures weniger und Süßes am wenigsten. Ähnlich *wirft* Bitteres – die erste Position auf der »Vermeiden«-Liste – Vata *am stärksten aus dem Gleichgewicht,* Herbes weniger und Scharfes am wenigsten. Mit anderen Worten: Die beste Ernährung für Vata- bzw. Menschen mit trockener Haut enthält von der salzigen Geschmacksrichtung am meisten und von der bitteren Geschmacksrichtung am wenigsten. Bei Menschen mit empfindlicher Haut (Pitta) sollte der bittere Geschmack am stärksten und der saure nur schwach vertreten sein; und bei Kapha-Typen bzw. Menschen mit fettiger Haut sollte der Anteil der scharfen Geschmacksrichtung am höchsten und der der süßen am geringsten sein.

Hauttyp	**Geschmacksrichtungen**	
	bevorzugen	*meiden*
Trockene Haut *(Vata)*	*Salzig,* sauer, süß	*Bitter,* herb, scharf
Empfindliche Haut *(Pitta)*	*Bitter,* süß, herb	*Sauer,* scharf, salzig
Fettige Haut *(Kapha)*	*Scharf,* bitter, herb	*Süß,* salzig, sauer

Das bedeutet natürlich nicht, daß Menschen mit trockener Haut sich reichlich Salz über das Essen streuen sollten oder daß Pitta-Typen von Endivien leben müßten. Im Gegenteil, der Ayurveda empfiehlt, die reinen Formen eines Geschmacks aufgrund ihrer Stärke zu meiden – d. h. reinen Zucker, Tafelsalz, Cayennepfeffer, reine Bitterstoffe etc. Vielmehr können und sollen wir die sechs Geschmacksrichtungen aus der köstlichen Vielfalt komplexer Nahrungsmittel beziehen, die die Natur uns passenderweise zur Verfügung stellt: Süßes z. B. von Früchten und Getreiden, Salziges von Gemüsen und Algen, Scharfes von Gewürzen, Bitteres von grünem Gemüse etc.

Heiß oder Kalt?

Die Theorie über die Geschmacksrichtungen spiegelt die ayurvedische Sicht der Stoffwechselvorgänge, die mit dem Kauen beginnen und Wochen später enden, wenn alle Nährstoffe mittels der Dhatu-Umwandlung von den Körpergeweben und -zellen absorbiert und assimiliert worden sind. In jeder Stoffwechselphase werden die Nährstoffe chemisch verändert, sie ergeben sozusagen einen neuen »Geschmack« bzw. neue Einflüsse auf die Physiologie. Rasa, der erste Geschmack, ist der einzige, der wirklich eine Empfindung auf der Zunge erzeugt. Die Nährstoffe produzieren bei der Verdauung durch die Magensäfte außerdem einen zweiten »Geschmack« – eine zweite Wirkung auf den Körper –, die als *Vipak* bezeichnet wird. Diese Wirkung ist nicht immer mit der der Rasas identisch; Süßes, Saures und Scharfes allerdings bleiben sich gleich. Salziges Rasa wird zu süßem Vipak; bitteres und herbes Rasa werden zu scharfem Vipak. Bevor die Nährstoffe in den Magen gelangen, haben sie außerdem eine unmittelbare *wärmende* oder *kühlende, austrocknende* oder *durchfeuchtende* Wirkung auf den Körper, die als *Virya* bekannt ist. Jedes Lebensmittel besitzt eine latente heiße oder kalte Energie, die durch seine Aufbewahrungs-, Koch- und Zubereitungsart nur teilweise kompensiert wird. Neben dem Rasa bestimmt Virya, wie ein Lebensmittel Ihre Doshas beeinflußt.

	Viryas	
Hauttyp	*bevorzugen*	*meiden*
Trockene Haut *(Vata)*	*Heiß,* feucht	*Kalt,* trocken
Empfindliche Haut *(Pitta)*	*Kalt,* feucht	*Heiß,* trocken
Fettige Haut *(Kapha)*	*Heiß,* trocken	*Kalt,* feucht

Ob ein Geschmack für einen Hauttyp geeignet ist, bestimmt der Ayurveda auch hier anhand seiner Wirkung auf die Doshas. Die Faustregel lautet: Wenn Sie die vorherrschenden Eigenschaften Ihrer Konstitution kennen, sollten Sie hauptsächlich Lebensmittel mit Eigenschaften essen, die *Sie nicht haben.* (Später erfahren Sie, wie Sie Ihre Ernährung an die Jahreszeiten anpassen können.) Wenn die Doshas im Gleichgewicht sind, werden Sie feststellen, daß Geschmacksrichtungen und Nahrungsmitteleigenschaften, die Sie ins Gleichgewicht bringen, Sie auch auf ganz natürliche Weise befriedigen. Wenn Sie dagegen *die Balance verloren* haben, werden Sie noch *mehr* Lust auf die das Gleichgewicht störenden Lebensmittel haben. In diesem Fall können Sie Ihr Gleichgewicht wieder herstellen, indem Sie *befriedende* Lebensmittel in Ihre Ernährung aufnehmen.

Sobald Sie die sechs Geschmacksrichtungen wieder im richtigen Verhältnis essen, stellen Sie möglicherweise sogar fest, daß Sie auch mit einer kleineren Portion auskommen. Hören Sie also auf Ihren Körper, denn dies ist die Basis für ein Leben im Einklang mit der Natur.

Nahrung für die Seele

Die ayurvedische Ernährungslehre ist leichter verständlich, wenn Sie nicht nur die Chemie von Proteinen, Aminosäuren, Mineralstoffen, Vitaminen etc. berücksichtigen, sondern auch die feinstofflichen Energien. Die ayurvedische Theorie von den Geschmacksrichtungen ist nämlich eigentlich eine Theorie über Energien. Der Ayurveda begreift alle menschlichen Erfahrungen als *Nahrung* im weitesten Sinne: Die Welt um uns herum wird durch die fünf Sinne verdaut, Vorstellungen werden vom Verstand verdaut, und Gedanken, Gefühle und Nahrungsmittel vom Körper. In energetischer Hinsicht üben ein scharfer Geschmack, ein Dampfbad, der aromatische Duft einer Gewürznelke, die Reibung bei einer kräftigen Massage, die Schwingung der Farbe Rot und auch ein kritisches Wort oder eine ärgerliche Stimmung auf die Psychophysiologie dieselbe Art von Einfluß aus. All diese Energien – diese »Speisen« – verwandeln unsere Biochemie auf charakteristische Weise und werden schließlich zum »Stoff« unserer Gewebe und Zellen. Aus ayurvedischer Sicht ist unsere persönliche Lebensweise daher eine Geist-Körper-Ernährung – mit jedem Gedanken, jeder Handlung nähren oder beeinträchtigen wir uns. Wir essen das Leben, und die ganz praktische Frage des Ayurveda an dieser Stelle lautet: Welche Lebensqualität wollen wir uns zuführen?

Die westliche Physik hat ihre eigene Version dieses Energieprinzips. Sie lautet: Jede Aktion hat eine gleichstarke und entgegengesetzte Reaktion. Die beiden Gedankengänge unterscheiden sich nur durch das Ausmaß, in dem sie angewandt werden. Die moderne Wissenschaft ist immer noch nicht davon überzeugt, daß die Gesetze der Materie irgend etwas mit den Gesetzen des Geistes zu tun haben, während der Ayurveda die Untrennbarkeit der beiden voraussetzt. Aus ayurvedischer Sicht besteht zwischen den allen Dingen innewohnenden Intelligenzmustern auf der Ebene des einheitlichen reinen Bewußtseins ständig ein Schwingungsaustausch, und so erzeugt jede Interaktion je nach der Art der zusammenkommenden Energien in der feinstofflichen Intelligenz, die wir Doshas nennen, Harmonie oder Disharmonie – Gleichgewicht oder Ungleichgewicht. Dies gilt sowohl für den Einfluß von Lebensmitteln auf Geist und Seele, als auch für den Einfluß von Geist und Seele auf Lebensmittel.

Der Einfluß der Nahrung auf unsere Stimmung

Die alten Weisen beschrieben das, was auf die Nahrungsaufnahme folgt, so (zitiert von Frawley in *Ayurvedic Healing*):

> *Die Nahrung, die gegessen wird, wird in drei Teile geteilt. Der grobe Teil wird zu Exkrementen. Der mittlere Teil wird zu Fleisch. Der feine Teil wird zu Geist … Das Wasser, das getrunken wird, wird in drei Teile geteilt. Der grobe Teil wird zu Urin. Der mittlere Teil wird zu Blut. Der feine Teil wird die Lebenskraft.*

Genau das geschieht tatsächlich, wenn die Nahrung in die sieben Dhatus verwandelt wird. Der »grobe Teil« ist Malas, die Ballast- und Schlackenstoffe, die das natürliche Nebenprodukt der Verdauung sind. Der »mittlere Teil« sind die extrahierten Nährstoffe, die das Gewebe aufbauen und heilen. Der »feine Teil« ist der *Geschmack* unserer Speisen und Getränke – die verborgene Intelligenz, die die Eigenschaften von Geist und Seele nährt. Süße Lebensmittel erzeugen im allgemeinen eine sanfte, friedvolle Stimmung, saure Lebensmittel eine scharfe oder saure etc. Wir sind, wie Sie sehen werden, wirklich das, was wir essen.

Die Wirkung der Geschmacksrichtungen auf Geist und Gefühle		
	Im richtigen Verhältnis	*Im Übermaß*
Süß	Liebe, Zufriedenheit	Begierde, »Klammern«, Bedürftigkeit, Passivität
Salzig	Geistige Leichtigkeit	Geistige Starrheit, Gier, Sucht
Sauer	Geistige Schärfe	Neid, Bedauern, Groll
Scharf	Ehrgeiz, Motivation	Haß, Wut, Eifersucht, Aggression
Bitter	Geistige Klarheit, Einsicht	Kummer, Enttäuschung
Herb	Optimismus, Wohlbefinden	Angst

Unser Sprachgebrauch bestätigt diese Vorstellungen. Wir sprechen von »bitteren Tränen« und sagen »Liebe ist süß« oder auch, daß »jemand die Trauben zu sauer sind«, wenn er auf etwas Unerreichbares zähneknirschend verzichtet. Und der »Geschmack der Angst« ist eigentlich das durch die Kampf- oder Flucht-Reaktion ausgelöste trockene Gefühl auf der Zunge. Auf der tiefsten Ebene des Bewußtseins weiß die Körperseele bereits, daß Geschmacksrichtungen und Gefühle ein und dasselbe sind. Tatsächlich hat der Ayurveda für beide nur ein einziges Wort: *Rasa* bzw. Essenz. Die sechs Rasas sind der Geschmack unserer Gefühle und unserer Lebensmittel. Ähnlich sind unsere Gefühle der Geschmack unserer Erfahrungen.

Wenn wir die verschiedenen Geschmacksrichtungen in einem uns zuträglichen Verhältnis essen, sind Geist und Seele im Gleichgewicht, und dann ist auch das Leben im Lot. Wenn irgendein Geschmack disproportional vertreten ist, wallen die Emotionen auf, und die Harmonie ist dahin. Wenn bei Ihnen Pitta dominiert oder Sie erhitzt und gereizt sind und dann noch einen Teller Chili con Carne essen, ist das, als würden Sie Öl ins Feuer gießen; aber wenn das Feuer von Natur aus schwach ist, sorgt eine Prise Ingwer für den notwendigen Funken. Und wenn Sie sich mit Kohlehydraten, Zucker, Cremes und Puddings vollschaufeln – den klassischen »Seelentröstern« –, wenn bei Ihnen Kapha dominiert oder Sie depressiv sind, nehmen Ihre Probleme buchstäblich nur zu. Ein warmer Getreidebrei am Morgen dagegen stabilisiert und stärkt, wenn Sie seelisch am Flattern sind oder Angst haben.

Dieser Einfluß der Geschmacksrichtungen macht sich, anders als die Nährwirkung der Lebensmittel, ziemlich schnell bemerkbar und ist auch verhältnismäßig schnell wieder vorbei. Sobald wir etwas essen, erleben wir den Einfluß von Rasa, Vipak und Virya auf unser Bewußtsein. Dabei ist gleichgültig, ob wir diesen Einfluß bemerken oder nicht, denn der Geschmack beeinflußt uns bewußt und unbewußt.

Tatsächlich haben die Vaidyas schon lange vor Freud Traumbilder analysiert, um das Gleichgewicht der elementaren Energien – das Gleichgewicht der Geschmacksrichtungen – im Körper zu beurteilen. Der ayurvedischen Theorie zufolge weisen von Gewalt und Feindseligkeit geprägte Träume oder Bilder von brennenden Gegenständen auf zuviel Feuer hin, und tatsächlich treten sie häufig nach einem üppigen, stark gewürzten Abendessen auf. Wenn Sie im Traum im Schlamm versinken, körperlich nicht von der Stelle kommen oder Ihnen irgendwelche Lasten aufgebürdet werden, ist dies ein Zeichen für zuviel Erde und Wasser und folgt im allgemeinen auf einen Abend, an dem Sie sich mit »Seelentröstern« vollgestopft haben. Bilder, in denen Sie laufen, fliehen und Angst haben, signalieren zuviel Raum und Luft und sind oft die Folge einer nächtlichen Party mit Popcorn, Chips und eiskaltem Bier. Wenn Sie morgens mit solchen Träumen aufwachen, könnte es sich lohnen, zu überlegen, was Sie am Tag zuvor gegessen haben.

Denken Sie auch daran, daß eine Rose eine Rose ist und immer eine Rose bleibt – und ein Rasa immer ein Rasa. Auf der feinstofflichen Ebene des Bewußtseins, auf der alle Erfahrungen letztlich »verdaut« werden, ist die essentielle Intelligenz des Objekts selbst – sein Geschmack – immer gleich, egal ob Sie es essen, denken, sehen, riechen, berühren oder seinen Namen aussprechen. Egal ob ein Geschmack in Ihren Gedanken oder in Ihren Speisen seinen Ursprung hat, auf das Bewußtsein hat er immer dieselbe Wirkung. Das bedeutet natürlich nicht, daß wir Pickel bekommen können, wenn wir an Schokolade nur denken. Eine süße Erinnerung oder auch der Gedanke an Süßigkeiten vermehrt die Pfunde auf den Hüften nicht. Aber sie haben einen subtilen Einfluß auf die Stimmung.

Der Einfluß der Stimmung auf unsere Nahrung

Auch die »Geschmacksrichtungen« unseres Bewußtseins verändern das, was wir essen. Das in Kapitel 3 zum Thema Streß Ausgeführte hat Ihnen diese Vorstellung bereits nahegebracht. Gefühle regen die Produktion von Hormonen an, die die meisten unserer physiologischen Prozesse einschließlich Verdauung, Absorption und Assimilation der Nahrung steuern. Angst zum Beispiel führt zur Freisetzung von Adrenalin, das die Nieren beeinflußt, was wiederum zu Austrocknung und dem Mangel an Verdauungsflüssigkeiten führt. Wut – die von Daniel Goleman in *Emotionale Intelligenz* als »Kampf-Flügel der Kampf- oder Flucht-Reaktion« bezeichnet wird – führt zu einer Anspannung der Muskeln und pumpt zur Vorbereitung einer körperlichen Auseinandersetzung Blut in die Extremitäten, so daß es aus dem Bauchbereich abgezogen wird. Kummer, ein Zustand niedriger Erregung, verlangsamt den Körperstoffwechsel. In jedem Fall wird die Verdauung unterbrochen, und die unverdauten Lebensmittel werden zu Toxinen bzw. giftigen Schlacken, die den Dickdarm blockieren und die weitere Absorption der Nährstoffe verhindern. Eine schlechte Verdauung und ein »schmutziger« Dickdarm sind, wie unten noch dargestellt wird, zwei der wichtigsten ernährungsbezüglichen Faktoren für Alters- und Krankheitsprozesse. Wenn wir die Nährstoffe nicht richtig verstoffwechseln, können wir soviel »richtige« Lebensmittel essen, wie wir wollen, und trotzdem unterernährt sein – oder auch eine kalorien- und fettarme Kost konsumieren und trotzdem zunehmen.
Das ist jedoch nicht alles. Den energetischen Prinzipien zufolge verändert unsere Stimmung die Nahrung auch, während wir sie vorbereiten, kochen, servieren und essen. Auch Gedanken sind eine feinstoffliche Energie, deren Einfluß sich durch Berührung und Aufmerksamkeit über die physischen Grenzen des Nervensystems und seine Botenmo-

leküle hinaus erstreckt. Veränderungen unserer seelischen Verfassung verändern die Biochemie der Haut, u. a. ihren galvanischen Widerstand und ihren pH-Wert. Diese physiologischen Veränderungen sowie weitere Verlagerungen der körperlichen Energien modifizieren die Lebensmittel, die wir verarbeiten: Eine heiße, verschwitzte Handfläche und eine kühle, trockene haben einen unterschiedlichen energetischen Einfluß auf das Gemüse, das Sie schneiden und kochen.

Gleichzeitig besitzen auch die Gedanken selbst einen feinstofflichen Schwingungseffekt auf die materielle Welt. Wie gesagt, ist jeder einzelne Gedanke ein Energieimpuls – ein Bewußtseinsimpuls –, der wie ein in einen kosmischen Teich geworfenes Getreidekorn kleine Einflußwellen durchs Universum schickt. Wir verstreuen unsere Aufmerksamkeit über die Welt, als wäre sie ein Gewürz, und zwar immer dahin, wohin wir unser Bewußtsein lenken. Der Geschmack dieses Gewürzes – süß, salzig, sauer, scharf, bitter oder herb – hängt vom »Aroma« unserer Gefühle ab. Wenn wir z. B. eine Mahlzeit vorbereiten oder essen, wenn wir wütend sind, tritt die scharfe Energie unserer Gedanken wie ein Hauch Cayennepfeffer zu den Lebensmitteln hinzu. Wir »füttern« dann nicht nur die, die wir bedienen, mit unserem Zorn. Beim Essen füttern wir auch wieder uns selbst mit diesem Gefühl. Die Wut macht süße Speisen im Magen buchstäblich zu sauren und verwandelt etwas Nährendes in Gift; deshalb sagen wir, daß die Wut uns innerlich auffrißt und Sodbrennen verursacht.

Stellen Sie sich jetzt einmal vor, wie wir den Geschmack unserer Speisen anreichern, wenn wir eine Mahlzeit mit Freude und Liebe kochen und uns mit friedvollem Verstand und dankbarem Herzen zum Essen hinsetzen. Die richtige Einstellung wandelt bloße Nährstoffe in Nektar um. Eine vollkommen ausgewogene Ernährung aus biologisch angebauten Lebensmitteln, die achtsam und froh gegessen wird, führt nicht nur den sieben Dhatus alle notwendigen Nährstoffe zu. Sie regt auch die Produktion von Ojas an, das die Abwehrkraft stärkt und die Haut strahlen läßt.

Im weiteren Verlauf dieses Kapitels werden Sie erfahren, wie wir im Haus meiner Eltern in Indien die Mahlzeiten eingenommen haben; außerdem erhalten Sie Tips zum richtigen Kochen und Essen, die die

Grundlage der ayurvedischen Tischsitten bilden. Im Moment möchte ich noch einmal auf die Vorstellung zurückkommen, daß wir uns und andere mit unseren Gedanken nähren. Sie gehört zu den zentralen Prinzipien der vedischen Philosophie und ist die Grundlage absoluter Schönheit. Ihre geistig-seelische Verfassung beim Essen ist wegen der Folgen, die sie für die Verdauung und die feinstoffliche Energie der Lebensmittel hat, neben einem hauttypgerechten Verhältnis der Geschmacksrichtungen die entscheidende Zutat Ihrer Ernährung. Der Ayurveda lehrt sogar, daß die richtige Einstellung für eine gute Ernährung letztlich wichtiger ist als die richtigen Geschmacksrichtungen, denn auch ein perfektes Essen kann im Körper Schlacken erzeugen, wenn unsere Gefühle disharmonisch sind. Dr. Frawley schreibt: »Wut kann die Leber genauso schädigen wie Alkoholismus. Deshalb sind Heilpflanzen und Ernährung nicht genug, wenn der Geschmack des Verstandes sich nicht verändert hat.«

Die Geheimnisse einer guten Verdauung

Das erste Körpergewebe wird *Rasa*dhatu genannt. Sein »Geschmack« durchzieht alle anderen sechs Körpergewebe, da sie sich nacheinander aus ihm entwickeln. Plasma, Blut, Fett, Muskeln, Knochen, Knochenmark und Nerven sowie Fortpflanzungsgewebe sind im Grunde umgewandeltes Rasadhatu. Im Verlauf dieses Umwandlungsprozesses erhält jedes Dhatu sein Rohmaterial von dem ihm vorausgehenden Dhatu; die Ausnahme bildet das erste Dhatu – Rasadhatu –, das sein Rohmaterial nur aus unserer Nahrung bezieht. Wenn dieses Rohmaterial unzulänglich ist, funktionieren alle Dhatus, vom ersten bis zum letzten, nicht richtig.

Die richtige Ernährung ist für ein gesundes Gewebe und eine schöne Haut zwar eindeutig notwendig, allein aber auch noch keine Garantie für sie. Auch das reinste Lebensmittel der Welt nutzt unserer Gesundheit wenig, wenn der Körper die in ihm enthaltenen Nährstoffe nicht verdauen und assimilieren kann. Die Verdauung und das Verdauungsfeuer, Agni, spielen daher im Ayurveda eine wichtige Rolle. Ein paar die Verdauung beeinflussende psychische Faktoren sind bereits zur Sprache gekommen, und gegen Ende des Kapitels kommen wir noch einmal darauf zurück. Beschäftigen wir uns jetzt mit den physischen und diätetischen Schlüsselfaktoren für eine gesunde Gewebeumwandlung und einen gesunden Stoffwechsel; zu ihnen gehören die Stärke des Verdauungsfeuers bzw. Agni, die Ansammlung von Schlacken im Magen-Darm-Trakt, und toxische Lebensmittel.

Alle Funktionen des Lebens erfordern Energie – Agni –, um ablaufen zu können. Der physische Körper erzeugt diese Energie mit Hilfe des Stoffwechsels bzw. der biochemischen Umwandlung von Substanzen, zu denen der Ayurveda sowohl Gedanken als auch Lebensmittel zählt. Der Stoffwechsel umfaßt nicht nur die Verdauung, sondern auch die Absorption und Assimilation der von ihr zur Verfügung gestellten Energien und die Ausscheidung der Abbauprodukte. Wenn der Stoffwechsel durch eine falsche Ernährung oder Streß beeinträchtigt ist, kann der Körper die Nährstoffe der Lebensmittel nicht richtig verdauen oder absorbieren. Alles, was nicht verdaut oder über die normalen Wege ausgeschieden wird, häuft sich als *Ama* an, d. h. Schlacken in geschwächten Bereichen des Körpers, was Alters- und Krankheitsprozesse in Gang setzt. Eine gute Verdauung, Absorption und Ausscheidung – d. h. ein starkes Agni – sind also notwendig, um den Speisen ihren vollen Nährwert zu entziehen und den Körper von Schlacken freizuhalten.

Das Verdauungsfeuer neu entfachen

Agni ist das biologische Feuer (auch Tejas genannt), das den Stoffwechsel reguliert und die Verdauung anheizt. Zusammen mit der vorwärtsbewegenden Kraft von Prana und der stabilisierenden Kraft von Ojas bildet die transformierende Kraft von Agni so etwas wie ein »Triumvirat« der Lebenskräfte. Wenn diese Kräfte aus dem Gleichgewicht geraten, sind auch die von ihnen gesteuerten biologischen Körpersäfte gestört. Ein gesunder Stoffwechsel hängt daher in erster Linie vom Gleichgewicht der Doshas ab.

Ein träger Stoffwechsel (d. h. eine schlechte Verdauung, die sich z. B.

an den Symptomen Gewichtszunahme, Verdauungsbeschwerden, Verstopfung, Blähungen, aufgetriebener Bauch, Magenschmerzen, Durchfall, Magensäure, Sodbrennen zeigt), ist ein Zeichen von wenig Feuer und Luft, bzw. wenig Pitta und Vata, was gleichbedeutend ist mit *viel* Erde und Wasser bzw. *viel* Kapha. Mit einer Kapha-befriedenden Ernährung, die vorwiegend scharfe, bittere und herbe Lebensmittel enthält, stellen Sie das Gleichgewicht in Ihrer Konstitution wieder her. Die leichten und heißen, verteilenden und anregenden Eigenschaften dieser Geschmacksrichtungen vermehren die Kraft von Prana (Bewegung und Ausscheidung) und Agni (Stoffwechsel), die notwendig ist, um Ama aus dem Körper zu entfernen und das Verdauungsfeuer neu zu entfachen. Eine Kapha-befriedende Ernährung verstärkt also auch den natürlichen Entgiftungsprozeß des Körpers.

Entschlackungsdiät – reduziert Ama, verstärkt Agni

Bei dieser Entschlackungsdiät für Körper und Geist essen Sie ein paar Tage leichte, Kapha-befriedende Kost und ruhen sich auch geistig aus. Hauptbestandteil dieser Diät ist *Khichadi,* eine nahrhafte Mischung aus Reis, gelben Mungdalbohnen und Gewürzen (siehe Rezept unten). Die Dauer der Diät hängt von Ihrem Hauttyp ab:

- Trocken (Vata): 1–3 Tage pro Monat
- Empfindlich (Pitta): 1–4 Tage pro Monat
- Fettig (Kapha): 1–5 Tage pro Monat

Nein

- Süßes Obst, süße Säfte, süße Gemüse; Brot, Plätzchen, Gebäck, Süßigkeiten, Molkereiprodukte, Käse, Gebratenes, Konserven, Nüsse, Alkohol, Öle, Salz, Zucker, Hülsenfrüchte oder Getreide (außer Khichadi)

Ja

- Kräutertees: Ingwer, Kardamom, Fenchel, Zimt, Aloe
- Wasser: Mindestens 6–8 Gläser pro Tag
- Obst oder Obstsäfte: Zitrone, Limette, Grapefruit, Granatapfel

- Gedämpfte Gemüse (wenn Sie wollen): Rote Bete, Karotten, Fenchel, Grünkohl, Spinat, Brokkoli, Blumenkohl. *Maximal* $^1/_2$ Tasse pro Tag
- Gemüsesäfte: Sellerie, Petersilie
- Getreide: Basmati-Reis, Mungbohnen – kein Weizen, kein Brot.
- Kräuter: Triphala ($^1/_2$ TL mit warmem Wasser abends)
- Khichadi: Sie können über den Tag verteilt jeweils bis zu einem Suppenteller von diesem Gericht essen, wenn Sie sich hungrig fühlen. Zubereitung: *Je* 1 Tasse gelbe Mungdalbohnen und Reis waschen und beiseite stellen. 3 TL Ghee in einen Edelstahlkochtopf geben; auf kleiner Flamme erhitzen. 2–3 cm frische geschälte Ingwerwurzel + 0,5 cm Zimtrinde + 5 ganze Kardamomkörner + 5 ganze Gewürznelken + 10 schwarze Pfefferkörner oder Koriander- oder Kuminsamen + $^1/_4$ TL Kurkuma-Pulver hinzugeben und leicht anbraten. Reis und die Mung-Dal-Bohnen dazugeben und mit den Gewürzen leicht anbraten. 6 Tassen Wasser zufügen und kochen, bis Reis und Bohnen weich sind.

Geistiges Fasten

- Ruhen Sie sich soviel wie möglich aus. Meiden Sie Arbeit, Fernsehen, Auseinandersetzungen, Diskussionen, Besprechungen
- Leichte Lektüre, leichte Atemübungen und geruhsame Spaziergänge
- Nehmen Sie täglich ein warmes Bad mit Ingwer- oder Eukalyptusöl; reiben Sie den Körper gründlich ab.
- Meditieren oder beten Sie.

Weg mit dem Alten, her mit dem Neuen – Problemhaut und das Prinzip der Entgiftung

Alle Hautkrankheiten einschließlich Akne, Ekzemen und Schuppenflechte werden zum Teil durch angesammeltes Ama verursacht. Sobald Schlacken sich im Darmtrakt angehäuft haben, kann eine Umstellung der Ernährung allein das Gleichgewicht der Doshas nicht wieder herstellen, weil die Schlacken die Nährstoffaufnahme beeinträchtigen. Wenn Sie Ihren Speiseplan »bereinigen«, ohne erst den Körper von Schlacken zu befreien, werden alle »guten« Lebensmittel, die Sie konsumieren, im Verdauungsapparat buchstäblich zu Abfall. Wir haben schon gesagt, daß das so ist, als würden Sie sauberes Wasser zu schmutzigem gießen – am Schluß haben Sie nur noch schmutziges. *Wenn ein Hautproblem vorliegt, ist es daher ganz wichtig, den Körper innerlich zu entgiften und zu reinigen, bevor Sie versuchen, Ihre Ernährung ins Gleichgewicht zu bringen.*

Die traditionelle ayurvedische Methode zur Beseitigung von Schlacken im Körper und zur Ausbalancierung der Doshas ist das in Kapitel 6 erwähnte Panchakarma. Wenn eine professionelle Behandlung, aus welchen Gründen auch immer, nicht in Frage kommt, können Sie zu Hause eine modifizierte Version durchführen. Die aus drei Phasen bestehende Behandlung (vorbereitende Öl- und Schwitzanwendungen, innerliche Reinigungs- und Entschlackungsdiät, abschließende Ernährungsempfehlungen) wird ausführlich ab Seite 299 im Kapitel über die Massagetherapien beschrieben. Wenn bei Ihnen zur Zeit ein Ungleichgewicht vorliegt, sollten Sie diese Behandlung durchführen, bevor Sie mit der oben beschriebenen Kapha-Ausgleichs-Diät beginnen. Die ganze Behandlung zur Beseitigung von Ama und zur Anfachung von Agni dauert einschließlich der Entschlackungsdiät etwa zwei Wochen. Anschließend können Sie mit der typgerechten ayurvedischen Ernährung beginnen, um das erreichte Gleichgewicht zu halten. Auch wenn Sie kein spezielles Problem oder Ungleichgewicht haben, empfiehlt der Ayurveda jedem, die Panchakarma-Behandlung dreimal jährlich beim Wechsel der Jahreszeiten durchzuführen, wenn die Doshas von Natur aus zur Verstärkung neigen.

Toxische Lebensmittel meiden

Die Ernährungsprinzipien für Jugendlichkeit und Schönheit sind universell: Sorgen Sie für einen »sauberen« Dickdarm und eine effiziente Verdauung. Der westliche Ernährungswissenschaftler Paavo Airola schreibt, daß viele Menschen auf der ganzen Welt diese Verjüngungs-

geheimnisse entdeckt haben und behaupten, die perfekte Ernährung zu deren Realisierung gefunden zu haben: Die Skandinavier schwören auf Roggen und Molke; die Deutschen befürworten Mineralwasser, fermentierte Lebensmittel und Saftfasten; die Mexikaner kochen mit Limetten, Papayas und Cayennepfeffer; die Asiaten essen eine Kost, die wenig Fett und viel ballaststoffreiches Getreide enthält. In der Theorie tragen die meisten dieser Diäten dazu bei, Verstopfung zu vermeiden und die Verdauung zu fördern, aber in der Praxis wirken sie nicht bei jedem. Das Einzigartige am Ayurveda jedoch ist seine individuelle Vorgehensweise: Damit *Ihr* Dickdarm sauber und *Ihre* Verdauung effizient bleibt, müssen Sie Lebensmittel essen, die zu Ihrer Konstitution passen, denn die falschen Lebensmittel bringen die Doshas aus dem Gleichgewicht, und ein Ungleichgewicht wiederum führt zu einem trägen Stoffwechsel und der Ansammlung von Schlacken.
Bestimmte Nahrungsmittel werden aufgrund der ihnen per se innewohnenden toxischen Wirkung jedoch am besten von jedem Speiseplan gestrichen oder zumindest drastisch reduziert. Dazu gehören:

- Nahrungsmittel, die unter Einsatz von Chemie gezogen oder angebaut wurden, die chemisch behandelt, genetisch verändert oder bestrahlt wurden.
- Chemisch haltbar gemachte, bearbeitete, tiefgekühlte Kost, Konserven, Fertiggerichte aller Art.
- Künstliche Süß- und Farbstoffe sowie Nahrungsmittel, die kein oder wenig Fett und stattdessen einen Fettersatz enthalten.
- Fritierte Fast-food-Gerichte und andere Nahrungsmittel, die in wiederholt verwendetem Öl zubereitet wurden.
- Gehärtetes Öl, tierisches Fett, Backfett und Margarine.

Diese toxischen Lebensmittel haben dem Ayurveda zufolge wenig Prana, d. h. kein Leben. Auch alle abgestandenen Speisen und mehr als einen Tag alte Reste haben kein Prana und erzeugen Schlacken im Körper.
Andere Nahrungsmittel, die wegen ihrer destabilisierenden Wirkung auf alle Doshas gemieden oder nur gelegentlich verzehrt werden soll-

ten, sind u. a.: Kaffee, schwarzer Tee, koffeinhaltige Getränke, Chilischoten und scharfe Gewürze, Jodsalz, weißer Zucker, Alkohol.
Auch Nahrungsmittel, die normalerweise gut für Sie sind, erzeugen im Körper Schlacken, wenn sie falsch kombiniert oder temperiert gegessen werden, denn dann werden sie nicht richtig verdaut. Vermeiden Sie daher den Verzehr von: Molkereiprodukten zusammen mit tierischen Produkten einschließlich Fisch, oder mit salzigen, sauren oder scharfen Nahrungsmitteln; Heißem zusammen mit Kaltem; Süßem zusammen mit Salzigem; rohem Obst mit egal welchen anderen Speisen; gleichviel Ghee und Honig; gekochtem Honig; eiskalter Milch.

Nahrungsmittel für Ihren Hauttyp

Nachdem Sie jetzt die Grundprinzipien der ayurvedischen Ernährung kennen, fragen Sie sich sicher, was Sie denn nun eigentlich essen sollen. In Anhang 6 finden Sie eine Liste mit Lebensmitteln für jeden Hauttyp. (Sie können sie kopieren und zum Nachschlagen in der Brieftasche mit sich herumtragen, bis Sie mit dem Inhalt vertraut sind; viele meine Klienten tun dies.) Jede Übersicht führt verschiedene Gemüse, Früchte, Getreide, Molkereiprodukte, tierische Eiweiße, Gewürze, Nüsse, Samen, Öle, Süßstoffe, Getränke, Gewürze und Ergänzungsgaben auf, die das dominierende Dosha ins Gleichgewicht bringen. Normalerweise werden Sie die meisten Ihrer Lebensmittel dieser Liste entnehmen. Denken Sie jedoch daran, daß jede Übersicht die idealen Lebensmittel für *ein* Dosha nennt, jeder von uns aber eine Kombination von allen drei Doshas ist, wobei gewöhnlich eines oder zwei im Vordergrund stehen. *Keine dieser Listen gibt die perfekte Ernährung für jeden zu allen Zeiten wieder.* Vielmehr sollen diese Übersichten Ihr Augenmerk auf den Vata, Pitta oder Kapha erzeugenden Einfluß lenken, den jedes Lebensmittel auf Geist, Seele und Körper hat. Das Ausbalancieren der Doshas ist ein ständiger Austausch zwischen uns und unserer Umgebung, keine »Ein-für-allemal«- oder »Nur-so-geht's«-Entscheidung. Der Trick besteht darin, der für Ihren Hauttyp »zuständigen« Liste so lange Lebensmittel hinzuzufügen und wegzunehmen, bis Sie bei einem Ernährungsprogramm angekommen sind, das auf den Zustand Ihrer Doshas *zum gegenwärtigen Zeitpunkt* zugeschnitten ist. (Wenn Sie z. B. ein Vata-Typ sind, aber ein Pitta-Ungleichgewicht haben, sollten Sie Ihrer regulären Vata-Kost ein paar Pitta-befriedende Lebensmittel hinzufügen und Lebensmittel auf der Vata-Liste, die Pitta verstärken könnten, reduzieren). Da die Natur nicht stillsteht, um irgendeinem Dosha einen Gefallen zu tun, ändert unsere Verfassung sich mit den Umständen. Um Ihre Ernährung an eine Änderung des Wetters, der Jahreszeit, des Tagesablaufs oder der Lebensphase anzupassen oder ein bestimmtes körperliches oder seelisches Ungleichgewicht aufzufangen, müssen Sie andere Doshas als das bei Ihnen dominierende in Ihre Überlegungen einbeziehen, wenn Sie die neue perfekte Lebensmittelzusammenstellung finden wollen.

Daher stellt es auch nicht die einfachste oder beste Möglichkeit der Nahrungsmittelauswahl dar, die Liste auswendig zu lernen und sie jedesmal herauszunehmen, wenn Sie etwas essen wollen. Aufgrund der national und regional unterschiedlichen Küchen, der saisonunabhängigen Verfügbarkeit von Produkten aus anderen Klimazonen und bestimmten variablen Qualitäten der Lebensmittel selbst beurteilen ayurvedische Heilkundige die Wirkung eines Lebensmittels auf die Doshas nicht immer gleich. Auch wenn Sie die entsprechenden Listen in verschiedenen Büchern vergleichen, werden Sie ab und zu Diskrepanzen finden. Listen mit Lebensmitteln sind zu Beginn einer ayurvedischen Ernährungsweise nützlich und notwendig, aber sie sind nicht die höchste Autorität. Schließlich weiß niemand besser als Sie selbst, bei welchen Lebensmitteln Sie sich ausgeglichen, gesund, wach und strahlend fühlen, und welche Ihnen nicht bekommen.

Diese Selbsterkenntnis ist die Essenz der ayurvedischen Selbstfürsorge. Um in Harmonie mit der Natur zu leben, brauchen Sie nur die Eigenschaften von Raum, Luft, Feuer, Wasser und Erde zu kennen, und da diese Ihnen schon durch den Alltag vertraut sind, brauchen Sie nichts Neues zu lernen. Sie müssen nur die alten, vertrauten Dinge aus einem neuen Blickwinkel sehen. Wenn Sie anfangen, Ihre Sinne und Ihr Bewußtsein für die grundlegenden Qualitäten der Lebensmittel zu öffnen – wie deren Farbe, Form, Struktur und Energie, ihr Geruch und ihr

Die Eigenschaften der Elemente in Lebensmitteln				
Raum	*Luft*	*Feuer*	*Wasser*	*Erde*
hohl mitschwingend durchschei- nend blau kalt herb	schnell rauh hart trocken veränderlich frisch drahtig leicht kompakt dunkel (grau/ grün) bitter herb	intensiv heiß mittelgroß scharf leicht flüssig ölig übelriechend rot orange scharf sauer	kühl dicht schwer groß feucht glatt wolkig klebrig weiß klar süß salzig	fest dicht schwer groß ölig sauer süß

Geschmack ihre Zusammensetzung widerspiegelt – und beim Essen auf ihre subtile Wirkung achten, erkennen Sie immer mehr *durch direkte Erfahrung,* welche Lebensmittel für Ihre Konstitution am besten sind.

Denn genauso wie Menschen charakteristische körperliche Merkmale besitzen, an denen sich ihre Konstitution erkennen läßt, verhält es sich auch bei den Lebensmitteln aus dem Garten der Natur. Die Übersicht oben zeigt verschiedene materielle Eigenschaften der Elemente in Nahrungsmitteln. Durch die Beobachtung dieser Qualitäten in unterschiedlichen Lebensmitteln entdecken Sie, welche am besten für Ihren Hauttyp sind. Hier ein paar Beispiele: Ein Gemüse wie z. B. Kopfsalat, der eine *durchscheinende* Qualität besitzt, hat viel Raum, der von Natur aus klar ist. Wenn Sie diese Qualität an einem Gemüse sehen und wissen, daß Ihre Konstitution viel Vata enthält (das Raum und Luft ist), sind durchscheinende Lebensmittel für Sie wahrscheinlich nicht das Beste. Ähnlich sollten Pitta-Typen die meisten rot- und orangefarbenen Lebensmittel meiden, weil sie von Natur aus viel Feuer haben.

Und für Kapha-Typen wäre es günstig, auf klebrige, schwere Lebensmittel, die von Natur aus viel Wasser und Erde haben – wie etwa gekochter Reis und Nudeln – zu verzichten. Ein zubereitetes Nahrungsmittel, das vorwiegend süß und fest ist, z. B. ein Hafermehl-Rosinen-Plätzchen, hat viel Erde. Eiscreme, die kalt, süß und schwer ist (genauso wie Vollfettsahne), weist ebenfalls viel Erde auf. Cracker und kalte Getreide dagegen sind trocken und von ihrer Struktur her rauh und haben viel Luft. Die Beschreibung der wichtigsten Nahrungsmittelkategorien wird Ihnen helfen, den »elementaren Gehalt« von Lebensmitteln zu erkennen.

Ein ungewohnter Blick auf die wichtigsten Nahrungsmittelkategorien

Jede Nahrungsmittelkategorie enthält gute und schlechte Alternativen für jedes Dosha. Die folgenden Beschreibungen erläutern die Elementen-Zusammensetzung von ein paar Lebensmitteln in jeder Kategorie, sind aber keineswegs vollständig.

Gemüse: Wenn Sie wissen, wonach Sie suchen müssen, werden Sie feststellen, daß die Zusammensetzung naturbelassener Lebensmittel oft ziemlich eindeutig ist. Denken Sie an einen Garten. Die Wurzeln der gesamten Vegetation wachsen nach unten in den Boden und nehmen Mineralstoffe und Feuchtigkeit auf, die die Pflanze nähren. Da sie der Erde am nächsten – quasi in ihr versteckt – sind, weisen sie von Natur aus viel Erde und Wasser auf. Deshalb bringen Knollengewächse und andere unterirdische Gemüse einschließlich Karotten, Kartoffeln, Rote Bete und Zwiebeln sowie in Bodennähe wachsende Gemüsesorten wie Gurken und Zucchini im allgemeinen Vata-Typen ins Gleichgewicht, die erdende, feuchte Elemente brauchen, um ihrer von Natur aus leichten, trockenen, zerstreuenden Wesensart etwas entgegensetzen.

Sehen Sie sich jetzt die Blätter an. Sie wachsen nach oben und sind am weitesten vom Boden entfernt. Sie werden von einem Netzwerk hohler Adern durchzogen, die Sauerstoff aufnehmen, und sind von Natur aus zusammenziehend und leicht. Grüne Blattgemüse sind daher genauso wie die meisten kleinsamigen hohlen Gemüse (außer Paprika) für die luftigen Vata-Typen eine schlechte Wahl, aber eine gute für Kapha-Typen, die Leichtigkeit gut gebrauchen können.

Der Stengel oder Halm, der mittlere Teil der Pflanze, zieht das Wasser

von den Wurzeln nach oben und den Sauerstoff von den Blättern nach unten, er sorgt so für die Ernährung der ganzen Pflanze und gibt ihr eine harntreibende, kühlende Qualität. Stangensellerie, Brokkoli und Spargel sind deshalb gut für das Feuer und Wasser von Pitta und akzeptabel für das Wasser von Kapha, aber nicht so gut für das kühle, trockene Vata.
Gemüse sind generell eher sattvisch – reinigend – und nährend. Genauso wie Obst werden sie am besten in der Jahreszeit gegessen, in der sie in Ihren geographischen Breiten erntereif sind. Bei Vata- und Pitta-Typen sollten sie 20–30% der täglichen Nahrungsmenge ausmachen, bei Kapha-Typen 40–50%. Ungekochte Gemüse sind immer leicht herb und daher kühlend und austrocknend. Alle Konstitutionstypen sollten deshalb im Winter *gekochte* Gemüse vorziehen, Vata-Typen sollten sie das ganze Jahr hindurch essen.

Obst: Botanisch gesehen ist Obst der entwickelte Fruchtknoten einer Pflanze – es trägt, schützt und nährt den Samen des Lebens. Das viel Wasser und Luft enthaltende Fruchtfleisch ist seinem Wesen nach kühl, leicht, reinigend, harmonisierend und sattvisch. Dichte, aber saftige süße oder saure Früchte wie z. B. Beeren, Kirschen, Pflaumen, Apfelsinen, Grapefruits und Bananen sind, wenn sie reif sind, besser für Vata, während kühlere, süßere Früchte wie z. B. süße Trauben, Melonen und Mangos gut für Pitta sind. Kapha-Typen sollten sich eher an Trockenfrüchte, Äpfel, Birnen und andere kompakte, zusammenziehende Früchte halten, um durch den hohen Wassergehalt der meisten Obstsorten verursachte Ödeme (Wasseransammlungen) zu vermeiden. Saures Obst ist morgens besser, um Kapha flüssiger zu machen, und energiespendenden süßes Obst nachmittags. Damit alles richtig verdaut wird, sollten Sie Obst nicht zusammen mit anderen Lebensmitteln essen. Bei trockener oder fettiger Haut empfiehlt es sich, Obstsäfte mit Wasser zu verdünnen und mit scharfen Gewürzen, wie z. B. Kardamom, Gewürznelke, Zimt oder Muskat, »aufzuheizen«.

Samen: Zu ihnen gehören die dichten, mineralstoffreichen Getreide, Bohnen und Nüsse. Getreidekörner sind die Samen grasähnlicher

Pflanzen, die eher in feuchtem Boden wachsen – daher die »klebrige« Beschaffenheit der Körner. Bohnen sind Hülsenfrüchte, die in einer hohlen Hülle heranwachsen. Nüsse sind die großen Samen von trockenen Früchten, die einen einzigen Samen aufweisen. Sie enthalten alle von Natur aus viel von der Erde, in die sie gepflanzt werden und in der sie zum Leben erwachen; deshalb sind sie im wesentlichen nahrhaft und süß.

Die Energie von Getreide ist eher sattvisch und neutral, weshalb es sich für alle Typen eignet. Bei fettiger Haut sollte die tägliche Kost zu durchschnittlich 30–40% aus Getreide bestehen, bei trockener oder empfindlicher Haut zu 50%. Harntreibende Getreide wie Gerste, Mais und Roggen sind besser für Kapha, nahrhafte Getreide wie Weizen und Basmati-Reis besser für Vata und Pitta.

Bohnen sind zusammenziehender bzw. herber als Getreide und enthalten viel Luft. Sie sind eine gute Proteinquelle, aber von Natur aus rajasisch, weshalb sie emotionale Reizbarkeit verursachen. Wegen ihrer leichteren, kühleren, austrocknenden Wirkung sind sie eine gute Wahl für Kapha-Typen und eine schlechte für die luftigen Vata-Typen. Die Bohnen wirken im übrigen weniger zusammenziehend, wenn Sie sie richtig kochen. Weichen Sie sie über Nacht in Wasser ein, gießen Sie morgens das Wasser ab und fügen Sie frisches Wasser hinzu. Zum Kochen bringen und das Wasser noch einmal abgießen; mit frischem Wasser kochen und mit ein wenig Öl und Gewürzen, z. B. Kumin, Cayennepfeffer, Asafoetida und Zwiebeln servieren, um die kühlende Wirkung auszugleichen.

Nüsse sind im allgemeinen warm, schwer und ölig sowie von Natur aus sattvisch. Sie tragen dazu bei, Muskeln aufzubauen, das Blut anzureichern und das Gedächtnis zu stärken. Ihre kräftigenden, nahrhaften Eigenschaften eignen sich ausgezeichnet für Vata-Typen, besonders morgens, aber nur in kleinen Mengen, weil sie schwer verdaulich sind. Kapha-Typen sollten Nüsse generell meiden, außer Kürbiskernen, die leichter sind. Wenn Sie die Nüsse erst in Wasser einweichen, dann die Haut entfernen und sie mit scharfen Gewürzen rösten, werden sie leichter und damit auch leichter verdaulich.

Öle: Speiseöle sind Auszüge aus den Fettsäuren von Früchten, Nüssen und Samen, z. B. Avocado-, Oliven-, Kokosnuß-, Mais-, Distel-, Soja-, Sesam- und Sonnenblumenöl. Sie sind im allgemeinen süß, schwer und warm, was sie zu einem ausgezeichneten Lebensmittel für Vata macht. Pitta-Typen können die kühleren, fruchtigen Öle, wie z. B. Kokosnuß- und Olivenöl, verwenden; Kapha-Typen sollten alle Öle außer Mandel- und Maisöl meiden. Gehärtete Öle, Margarine, Backfett und andere bearbeitete Fette sind toxisch, weil sie mit industriellen Lösungsmitteln hergestellt wurden. Und alle Öle, auch reine biologische Öle, werden toxisch, wenn sie überhitzt oder wiederverwendet werden. Toxische Fette, die häufig in abgepackten, bearbeiteten und gebratenen Nahrungsmitteln sowie in Fertiggerichten vorkommen, sind ein wichtiger Faktor bei der Entstehung von Fettleibigkeit.

Molkereiprodukte: Milch ist erwartungsgemäß süß, kühlend und sattvisch. Sie baut alle sieben Gewebe auf, vermehrt Plasma, Fett und Fortpflanzungsgewebe und beruhigt die Nerven. Aber sie ist auch feucht, klebrig und schwer, und zuviel von ihr vermehrt Ama. Warme Vollfettmilch und Milchprodukte bringen Vata ins Gleichgewicht und verstärken, wenn die Aufbauphase des Körpers nach der Kindheit vorbei ist, Kapha. Milch, Butter und Ghee sind gut für Pitta, nicht jedoch der saure Geschmack von Buttermilch, Joghurt und Käse.
Milch wird am besten auf dem Herd erwärmt (aber nicht gekocht) und mit Safran oder Kardamom gewürzt, um die Verdauung zu unterstützen und Ojas zu vermehren. Kapha-Typen können, wenn sie wollen, noch eine Prise Zimt dazugeben; Vata und Pitta können auch Vanille benutzen, Vata außerdem Honig. Dieses Getränk wirkt vor dem Schlafengehen sehr beruhigend. Verzehren Sie Milch nicht in Verbindung mit Fleisch, Fisch, Hefebrot, saurem Obst, Nüssen oder Mixed Pickles – sie machen die Milch im Körper toxisch.

Tierisches Eiweiß: Nahrungsmittel tierischen Ursprungs sind nahrhaft und kräftigend, aber ihrem Wesen nach tamasisch und neigen deshalb dazu, Schlacken zu erzeugen, Infektionen zu fördern sowie den Verstand, das Einfühlungsvermögen und die Liebesfähigkeit zu betäuben.

Allerdings gibt es hier Unterschiede: Warmblütige Tiere, die in kalten Klimazonen heimisch sind, haben die schwerste, abstumpfendste Wirkung, während Geflügel und die kaltblütigen Fische leichter sind. Rotes Fleisch ist daher für alle Hauttypen eine schlechte Wahl; Meeresfrüchte sind wegen ihres hohen Fettgehalts für Pitta- und Kapha-Typen ungeeignet. Geflügel, insbesondere Pute, sowie Eiweiß eignen sich für alle Typen.

Falls Sie tierisches Eiweiß essen, sollten Sie möglichst Produkte aus biologischer Tierhaltung wählen, um den Verzehr von toxischen Chemikalien und chemischen Rückständen, die sich in hoher Konzentration im Fleisch, der Milch und den Eiern der meisten kommerziell gehaltenen Tiere finden, zu reduzieren. Da die tamasische Beschaffenheit aller tierischen Nahrungsmittel jedoch die Produktion von Ojas hemmt, ist eine vegetarische Ernährung oder zumindest die Einschränkung des Verzehrs von tierischen Nahrungsmitteln die beste Entscheidung für eine jugendliche, strahlende Haut.

Getränke: Der Ayurveda lehrt, daß wir essen sollen, wenn wir hungrig sind, und trinken, wenn wir durstig sind, damit wir das Verdauungsfeuer nicht löschen. Alle Getränke, auch Wasser, werden am besten warm oder bei Raumtemperatur konsumiert; Pitta-Typen können auch kühlere Getränke vertragen. Anregende Getränke einschließlich Alkohol und Koffein in jeder Form verstärken Vata und Pitta. Kapha-Typen, die manchmal einen Extra-Kick brauchen, können diese Getränke in kleinen Mengen vertragen – aber bitte keine Sahne oder Zucker in den Kaffee geben, das macht dick! Kohlensäurehaltige Getränke – die Franzosen sprechen passenderweise von »Mineralwasser mit Gas« – haben auf die von Natur aus blähungsgeplagten Vata-Typen eine verheerende Wirkung; im Grunde jedoch sind alle Typen gut beraten, ganz darauf zu verzichten. Ein Glas kalte Milch oder Kokosnußmilch ist für Pitta ein kühlendes Getränk, und Aloe-vera-Saft stellt ein sehr gutes Blutreinigungsmittel dar. Für die überaktiven Vata-Typen ist warme Milch vor dem Schlafengehen das perfekte Getränk; sie können auch gelegentlich einen Milch-Shake oder süßes Lassi vertragen. Kaphas sollten alle Obstsäfte mit Wasser verdünnen.

Lebensmittel mit viel Vata • *verschlimmern trockene Haut* • *bringen empfindliche und fettige Haut ins Gleichgewicht*	**Lebensmittel mit viel Pitta** • *verschlimmern empfindliche Haut* • *bringen trockene und fettige Haut ins Gleichgewicht*	**Lebensmittel mit viel Kapha** • *verschlimmern fettige Haut* • *bringen trockene und empfindliche Haut ins Gleichgewicht*
die meisten Blattgemüse und Salate alle Kohlarten bittere Gemüse hohle Gemüse mit winzigen Samen (Paprikaschoten haben außerdem viel Feuer) Auberginen, Paprikaschoten, Kartoffeln und andere Nachtschattengewächse die meisten trockenen, kompakten Gemüse	scharfe Gewürze saure oder scharfe Früchte und Gemüse Mixed Pickles, Essig, Salz säurebildende Lebensmittel/Arzneien/Stimulanzien Nahrungsmittel tierischen Ursprungs Nüsse rote Lebensmittel	fettige und gebratene Lebensmittel süße, saftige Früchte kühle, cremige Lebensmittel klebrige, kalte Lebensmittel Süßigkeiten

Kräuter und Kräutertees: Wie in Kapital 4 erörtert, schätzt der Ayurveda Kräuter als Lebensmittel und als Arznei. Jede Heilpflanze besitzt einen charakteristischen Geschmack sowie bestimmte kurzfristige therapeutische Wirkungen, z. B. verdauungsstärkend, abführend, harntreibend, blutreinigend, anregend, beruhigend, auswurffördernd, zusammenziehend, menstruationsfördernd, schweißtreibend, fiebersenkend, keimtötend, kräftigend und verjüngend.
In Anhang D finden Sie eine Liste von Kräutern und ihre Verwendung für jedes Dosha. Kräutertees sind für alle Typen gut, aber viele eignen sich wegen ihres Geschmacks und ihrer Wirksamkeit nur als Medizin.

Süßungsmittel und Gewürze: Vata-Typen können alle Gewürze und Süßungsmittel außer weißem Zucker vertragen. Kaphas vertragen alle Gewürze außer Salz, als Süßungsmittel jedoch nur Honig. Pittas können alle Süßungsmittel außer Honig und Melasse essen, aber nur ein paar Gewürze, z. B. Zimt, Kardamom und Kurkuma. Das bedeutet jedoch nicht, daß z. B. Vata-Typen nie weißen Zucker essen dürfen. Es bedeutet, daß weißer Zucker das Vata-Gleichgewicht stört und deshalb unter normalen Umständen nur in kleinen Mengen und bei einem Vata-Ungleichgewicht überhaupt nicht gegessen werden sollte.

Die Feinabstimmung Ihrer Ernährung

In der heutigen High-Tech-Kultur neigen wir dazu, mit halsbrecherischer Geschwindigkeit durch den Tag zu rasen. Wir leben und arbeiten auf der Überholspur, reden schnell, gehen schnell, fahren schnelle Autos, sind auf sofortigen Genuß aus und essen vorzugsweise Fertiggerichte. Vielleicht schrecken deshalb so viele Leute davor zurück, über ihre Ernährung nachzudenken oder gesündere Mahlzeiten zuzubereiten. In meiner jahrelangen Praxis habe ich festgestellt, daß der Durchschnittsamerikaner gegen eine Änderung seiner Eßgewohnheiten sehr große Widerstände hat. Jeder will einen perfekten Teint, aber schnell muß es gehen.

Alterslose Schönheit ist nicht unmöglich, aber sie braucht ihre Zeit – und die Bereitschaft, etwas Neues auszuprobieren. Wenn unsere alten Gewohnheiten funktioniert hätten, würden wir nicht immer noch nach einer Wundercreme oder dem Jungbrunnen suchen. Obwohl der Ayurveda durchaus »Sofortbehandlungen« wie etwa die Farb- und Aromatherapie anzubieten hat, führen diese Methoden oft nur zu einer vorübergehenden Besserung. Die Ursachen aller Hautprobleme von Pickeln bis zu Altersfältchen liegen tief im Bewußtsein und in der Physiologie des einzelnen, und solange wir nicht über die äußerlichen Heilmittel hinaus zu den Gedanken und Nahrungsmitteln gehen, die die Körperzellen versorgen, kann es keine dauerhafte Veränderung geben. Irrtümlicherweise glauben viele Leute, sie könnten die Auswirkungen ihrer Ernährung auf die Haut schon ein paar Stunden nach dem Essen sehen. Sie zeigen auf eine Hautunreinheit im Anfangsstadium und verkünden: »Das ist die Pizza, die ich heute Mittag gegessen habe«, oder »das ist die Schokolade von der Pause«. In Wirklichkeit braucht der Körper Tage, um die Nahrung aufzuspalten, ihre Nährstoffe ins Blut aufzunehmen und sie in allen sieben Dhatus völlig zu assimilieren. Außer allergischen Reaktionen, die sich fast sofort zeigen, dauert es mindestens drei bis fünf Tage, bis ernährungsbedingte Probleme auf der Hautoberfläche erscheinen, denn so lange brauchen die Nährstoffe, um von einem Dhatu ins nächste überzugehen. Akne z. B., ein Kapha-Problem, das das vierte Dhatu bzw. das Fettgewebe betrifft, taucht etwa zwanzig Tage nach dem Verzehr von Kapha-erzeugenden Lebensmitteln auf. Bis eine Störung im siebten Dhatu auf der Hautoberfläche erscheint, dauert es 35 bis 40 Tage. Aus dem gleichen Grund lassen lebenslange schlechte Ernährungsgewohnheiten sich nicht dadurch ungeschehen machen, daß man eine Portion Pommes frites wegläßt. Sie müssen den Körper *innerlich* und äußerlich ständig reinigen, nähren und geschmeidig halten, wenn Sie wirklich makellose und strahlende Haut haben wollen.

Ich weiß, daß Leute mit chronischen Hautkrankheiten das nicht gerne hören, denn sie betrachten alle Diätprogramme als zusätzliche Bestrafung. Aber gerade sie können von den ayurvedischen Ernährungstherapien am meisten profitieren, denn diese helfen häufig bei Fällen, in denen eine jahrelange konventionelle Behandlung nichts gefruchtet hat. Im Lauf der Jahre haben sich tatsächlich viele meiner Klienten von lebenslangen Hautkrankheiten verabschiedet und nach einer kurzen Entgiftungsphase und ein paar einfachen Ernährungsumstellungen zu einem strahlenden neuen Aussehen gefunden.

Ob Sie ein Hautproblem haben oder nur dem »Zahn der Zeit« etwas entgegensetzen wollen – die für Ihren Hauttyp richtige Ernährung kann sich bei minimalem Einsatz enorm auszahlen. Sie brauchen sich weder jetzt noch in Zukunft für Ihr ganzes Leben auf eine ayurvedische Ernährungsweise festzulegen. Probieren Sie einfach die für Ihren Hauttyp empfohlene Ernährung ein paar Wochen aus – ändern Sie alle paar Tage ein oder zwei Bestandteile Ihrer Kost, wenn mehr Sie überfordert – und sehen Sie, ob Sie eine Veränderung feststellen – nicht nur Ihres Hautbildes, sondern auch Ihrer allgemeinen Befindlichkeit. Auf den folgenden Seiten stellen wir ein paar praktische Vorschläge zur Feinabstimmung Ihrer Ernährung vor. Sie werden sehen, daß es viele Möglichkeiten gibt, das Gleichgewicht herzustellen, ohne gern gegessene Lebensmittel aufzugeben.

Wenn Sie Ihre Ernährung jetzt *nicht* ändern möchten, wird es Ihnen schon guttun, wenn Sie nur achtsamer essen. Im Abschnitt über die ayurvedischen Tischsitten erfahren Sie ein paar einfache Methoden, um beim Kochen und Essen den Nährwert Ihrer Speisen zu erhöhen und eine gute Verdauung zu fördern; sie verlangen nicht mehr als eine Verlagerung der Aufmerksamkeit. Dem Ayurveda zufolge sollen wir alle Dinge bewußt tun, auch die Vorbereitung und den Verzehr unserer Mahlzeiten. Wenn Ihnen bewußter wird, wie Sie essen, achten Sie auf ganz natürliche Weise auch darauf, was Sie essen und wie es Ihren Körper und Ihren Geist beeinflußt. Dann werden Sie feststellen, daß der Übergang zu einer im ayurvedischen Sinne ausgewogenen Ernährung ein müheloser und sogar angenehmer nächster Schritt zur absoluten Schönheit ist.

Bei jeder Mahlzeit Gleichgewicht herstellen

Richtig essen bedeutet nicht zwangsläufig, daß Sie sich die Dinge versagen müssen, die Sie mögen. Meist bedeutet es einfach, daß Sie Ihrem Speiseplan neue Geschmacksrichtungen und -kombinationen zufügen, den Verzehr anderer Nahrungsmittel einschränken und sich die Zeit nehmen, Ihr Essen zu genießen. Die folgenden Vorschläge helfen Ihnen, Gleichgewicht herzustellen und trotzdem Lebensmittel, die Sie eigentlich meiden sollten, gelegentlich zu konsumieren.

Lebensmittel kombinieren: Eine Möglichkeit, »alles zu haben«, besteht darin, Lebensmittel bzw. Geschmacksrichtungen zu kombinieren, deren Wirkung sich ausgleicht. Denken Sie einfach an die gegensätzlichen Eigenschaften und Geschmacksrichtungen: schwer und leicht; feucht und trocken; erhitzend und kühlend; süß und bitter; scharf und herb; salzig und sauer.

Wenn Sie zum Beispiel einen Salat mit einem süßen, erhitzenden Öl anmachen, mildert dies die kühlende, austrocknende Beschaffenheit grüner Blattgemüse. Der scharfe Geschmack von Ingwer oder Zimt an einem Eisbecher gleicht dessen schwere, kühlende Wirkung aus und macht ihn leichter verdaulich. Aus dem gleichen Grund bildet der süße Geschmack von Kohlehydraten ein gutes Gegenmittel gegen einen scharfen Geschmack. Entgegen der allgemeinen Überzeugung hilft gegen eine Überdosis Cayennepfeffer nicht ein Schluck Wasser, sondern ein Bissen Brot oder Getreide am besten. Und Bier ist wahrscheinlich ein so angenehmes Getränk zu würzigen Speisen, weil es Hopfen enthält, nicht weil es so kalt ist. Aber setzen Sie diese Methode umsichtig ein. Wenn Sie jeden Tag zum Abendessen Salat essen, gerät Vata aus dem Gleichgewicht, egal mit wieviel Öl Sie ihn anmachen.

Kochen Sie Ihre Lebensmittel: In manchen Fällen können Sie die Wirkung eines Lebensmittels abschwächen, wenn Sie es kochen. Dämpfen oder Backen neutralisiert z. B. die kühlende Wirkung vieler Obst- und Gemüsesorten, und Dünsten den austrocknenden Effekt von Trockenfrüchten. Viele solcher Vorschläge finden sich in ayurvedischen Kochbüchern.

Essen Sie kleinere Portionen: Der Ayurveda lehrt, daß jedes Essen alle sechs Geschmacksrichtungen im für Ihre Doshas richtigen Verhältnis enthalten sollte – die Betonung liegt auf »alle sechs«. Meist machen wir den Fehler, von bestimmten Geschmacksrichtungen zuviel und andere überhaupt nicht zu essen. Ein Gleichgewicht herstellen bedeutet, das Verhältnis der Geschmacksrichtungen so zu verändern, daß Ihre Doshas komplettiert werden. Es bedeutet nicht unbedingt, daß Sie Lebensmittel völlig aus Ihrer täglichen Kost verbannen. Wenn Sie gewohnheitsmäßig zuviel von einem Lebensmittel essen, das für Ihren Hauttyp nicht empfohlen wird, brauchen Sie es nicht völlig aufzugeben. Konsumieren Sie lediglich weniger davon, bis Sie ein ausgewogeneres Verhältnis erreicht haben. Wenn es Ihnen schwer fällt, dies auf einmal zu tun, können Sie den Anteil auch allmählich reduzieren.
Bei ständiger Überstimulation werden unsere Geschmacksknospen gegen bestimmte Geschmacksrichtungen unempfindlich. Wir alle haben die Erfahrung gemacht, daß wir plötzlich eine zweite Prise Salz oder einen dritten Löffel Zucker wollten, obwohl normalerweise ein oder zwei genügten. Genauso, wie wir uns daran gewöhnen können, mehr

zu wollen, können wir die Sinne daran gewöhnen, mit weniger zufrieden zu sein – der einzige Unterschied zwischen den beiden Vorgängen besteht darin, daß der zweite Ihr bewußtes Engagement erfordert. Versuchen Sie z. B., jeden Morgen einen halben Teelöffel Rahmkäse weniger zu essen – was nicht viel ist. Am Ende einer Woche wird die Portion einen Eßlöffel kleiner sein, und wahrscheinlich werden Sie den Unterschied gar nicht bemerken. Wenn Sie weiter jeden Tag ein bißchen weniger nehmen, brauchen Sie am Schluß nur noch einen Teelöffel oder weniger Käse für eine ganze Scheibe Brot, und trotzdem sind Sie geschmacklich genauso zufrieden. Probieren Sie dies auch mit anderen Lebensmitteln: Legen Sie eine Scheibe Wurst weniger aufs Brot, geben Sie eine Prise Salz weniger aufs Frühstücksei, einen Teelöffel Sauce weniger auf die Nudeln, einen Stich Butter weniger in die Pfanne. Sie können das auch mit ganzen Mahlzeiten versuchen. Reduzieren Sie z. B. 250 g Protein auf 200 g und machen Sie den Unterschied durch eine größere Portion einer gleichgewichtsförderlichen Beilage wett.

Wenn Sie einzelne Geschmacksrichtungen auf diese Weise jeden Tag ein bißchen reduzieren und andere vermehrt verwenden, haben Sie am Schluß ein perfektes Gleichgewicht der Geschmacksrichtungen auf dem Teller, ohne sich besonders eingeschränkt zu fühlen. In Verbindung mit den unten beschriebenen anderen achtsamen Eßmethoden eignet diese Technik sich auch gut für Leute, die eine Diät machen und die Kalorien- oder Fettzufuhr reduzieren wollen; nach einiger Zeit reichen ihnen schon ein paar Bissen ihres Lieblingsgerichts, um sich gesättigt zu fühlen.

Im Einklang mit den Rhythmen der Natur essen

Auch ein Essen im Einklang mit den Vata-, Pitta- und Kapha-Rhythmen des Tages, der Jahreszeiten und des Lebensalters trägt dazu bei, daß die Doshas im Gleichgewicht bleiben. Wie in Kapitel 6 beschrieben, wird jeder Tag in sechs Phasen (je zwei Kapha-, Pitta-, Vata-Zyklen) zu je vier Stunden eingeteilt, die mit der morgendlichen Kapha-

Phase bei Sonnenaufgang beginnen. Die drei jahreszeitlichen Phasen schwanken je nachdem, wo auf der Erde Sie sich aufhalten, aber für die nördlichen Breiten läßt sich sagen, daß sich Kapha über die kalten, feuchten Monate von Spätwinter und beginnendem Frühjahr erstreckt; die Pitta-Jahreszeit entspricht den feuchten, heißen Monaten von spätem Frühjahr und Sommer; und die Vata-Jahreszeit den kühlen, windigen Monaten von frühem Herbst und Winter. Empfehlungen zur Anpassung Ihrer Ernährung an diese Phasen finden sich unten.
In bezug auf die Rhythmen des Lebens bilden die Jahre der Kindheit und Jugend die Kapha-Phase, das frühe und mittlere Erwachsenenalter die Pitta-Phase und die Jahre der Reife und des Alters die Vata-Phase. In der Kapha-Phase, in der das Wachstum stattfindet, sind Appetit und Verdauung natürlich am stärksten, und in den reifen Vata-Jahren sehr viel geringer. Bei Kindern empfiehlt es sich, Kapha-verstärkende Lebensmittel wie z. B. Süßigkeiten und Käse zu reduzieren, um den in der Kindheit häufigen Erkältungen und Verschleimungen vorzubeugen. In den aktiven mittleren Jahren sollten Sie darauf achten, nicht zu viele Pitta-Lebensmittel zu essen, damit Geschwüre, Bluthochdruck, Magensäure sowie andere für die betriebsame Pitta-Periode typische Verdauungsbeschwerden gar nicht erst entstehen. Wenn der Körper in den Jahren der Reife und des Alters gleichsam austrocknet, ist der Verzehr von Vata-befriedenden Lebensmitteln ratsam.

Jahreszeitliche Rhythmen: Halten Sie sich an Ihre Vata-befriedende Ernährung, wenn Ihre sowieso schon trockene Haut während der windigen Tage im Spätherbst und der Kälte im Winter noch mehr Feuchtigkeit verliert und Füße und Hände rissig werden. Wenn Sie empfindliche Haut haben, empfiehlt es sich, die Pitta-befriedenden Ernährungsratschläge genau zu befolgen, wenn im späten Frühjahr und im Sommer die Tage heiß und trocken sind und Ihr Teint und Ihre Stimmung zu Irritationen neigen. Bei fettiger Haut ist im Spätwinter und im Frühling, wenn die kalte, feuchte Luft Ihre Stimmung auf den Nullpunkt bringt und sich im Körper gern Schleim ansammelt, unbedingt die Kapha-befriedende Ernährung angezeigt. Fügen Sie in den einzelnen Phasen Ihrer normalen Ernährung ein paar Lebensmittel zu, die

das jahreszeitliche Dosha befrieden, und schränken Sie die ein, die es verstärken.
Bei heißem Wetter, wenn das Verdauungsfeuer von Natur aus am schwächsten ist, sollten Sie generell leichtere Speisen essen, und kräftigere bei kaltem Wetter, wenn Agni am stärksten ist.
Versuchen Sie auf jeden Fall, von der für Sie zutreffenden Liste die Lebensmittel zu essen, die in Ihrer Gegend wachsen, und zwar so, wie sie jeweils heranreifen. In der 20tägigen Übergangszeit zwischen den Jahreszeiten empfiehlt sich eine kurze Entgiftungs- und Reinigungsdiät, um eventuelle Schlacken aus den Doshas zu entfernen und dem Stoffwechsel einen guten neuen Start zu ermöglichen.

Tages-Rhythmen: Wählen Sie die Lebensmittel auch nach der jeweiligen Tageszeit aus. Essen Sie morgens ein kleines Frühstück aus sattvischen Lebensmitteln, z. B. Getreide, Samen, Nüsse, Bananen, Birnen, Rosinen und Kokosnußmilch. Nehmen Sie die Hauptmahlzeit mittags ein, wenn Agni am stärksten ist. In dieser rajasischen Phase können Sie ohne weiteres Proteine und andere viel Energie spendende Lebensmittel konsumieren, außerdem Lebensmittel mit viel Wasser (vor allem im Sommer). In den milden Abendstunden empfiehlt sich ein leichtes Essen, z. B. eine Suppe, gedünstete leichte Gemüse, Brot, Bohnen und grünes Gemüse. Zitrusfrüchte, Wurzelgemüse, Joghurt, proteinreiche und gebratene Lebensmittel sind für die Verdauung, die im Verlauf dieser Kapha-Phase wesentlich langsamer wird, zu schwer. Essen Sie mindestens 2–3 Stunden vor dem Zubettgehen zu Abend, denn wenn Sie mit vollem Magen ins Bett gehen, erzeugen die unverdauten Lebensmittel Ama.
Bei allen Konstitutionstypen fällt die Energie während der Vata-Phase von 14.00 bis 18.00 Uhr rapide ab. Dann gibt bei Leuten mit trockener Haut ein heißer Kräutertee mit ein paar gerösteten Nüssen oder eine warme Scheibe Toast mit Frischkäse neuen Auftrieb; wer empfindliche Haut hat, greift in diesem Fall lieber auf eine saftige kalte Wassermelone im Sommer oder eine Birne oder einen Apfel im Winter zurück (keine heißen Getränke zu dieser Zeit für diese »Heißsporne«); und Zeitgenossen mit fettiger Haut sollten sich am besten an Tee, ein paar

Rosinen und Kürbiskerne oder in Honig und Zimt getauchte Apfelscheiben halten. Richard LaMarita, der ayurvedische Chef der *Natural Gourmet Cooking School* in New York City hat für uns außerdem ein paar handfestere **Nachmittags-Snacks** kreiert:

Für Vata:

Sesam-Kokosnuß-Konfekt

Ergibt 20–24 Stück

1/2 Tasse Mandelbutter
1/4 – 1/2 Tasse Ahornsirup
1/4 Tasse Sonnenblumenkerne, geröstet
2 EL Kakaopulver
1/2 Tasse Datteln, gehackt
Kokosnußflocken, leicht geröstet
1 EL Apfelsaft
Sesamsamen, geröstet

Kokosnußflocken und Sesamsamen vermischen und beiseite stellen. Alle anderen Zutaten vermischen, kleine Kügelchen formen, in der Sesam-Kokosnuß-Mischung wälzen und bis zum Verzehr im Kühlschrank aufbewahren.

Für Pitta:

Blattkoriander-Weiße-Bohnen-Dip mit rohen Gemüsen

Ergibt 1 1/2 Tassen

1 Gurke, geschält und in Scheiben geschnitten
1 Tasse weiße Bohnen, über Nacht eingeweicht
1/4 Knolle Fenchel, in Streifen geschnitten
1/4 Tasse frischer Blattkoriander, gehäckselt
2–3 Stengel Bleichsellerie, in 1/2 – 2 cm lange Stücke geschnitten
1 TL Olivenöl, Salz und Pfeffer

Die Gemüse wie beschrieben vorbereiten und beiseite stellen. Die eingeweichten Bohnen gründlich spülen und etwa 1 Stunde (oder bis sie weich sind) in Wasser kochen, abgießen und beiseite stellen, das Wasser aufbewahren. Gekochte Bohnen, Korianderblätter und Olivenöl pürieren. Das Bohnenwasser dazugeben, bis die gewünschte Konsistenz erreicht ist. Salzen und Pfeffern nach Geschmack. Mit dem rohen Gemüse servieren.

Für Kapha:
Würziges Kompott von getrockneten Früchten
Ergibt 6–8 Portionen

$^1/_2$ Pfund getrocknete Feigen, gehackt
$^1/_4$ TL getrocknetes Ingwerpulver
1 Tasse frischer Apfel, geschält, entkernt und grob gehackt (ungefähr 2 Äpfel)
3–5 Gewürznelken
$^1/_2$ TL Kardamompulver
$^1/_2$ TL Anis- oder Mandelextrakt
$^1/_2$ Pfund Backpflaumen, gehackt
Saft einer Orange
$^1/_2$ Pfund Rosinen
$^1/_2$–1 Tasse Wasser

Alle Zutaten in einen Topf geben und ohne Deckel bei mittlerer Hitze 20 Minuten kochen, bzw. bis die Früchte weich sind. Regelmäßig umrühren und mehr Wasser zugeben, wenn das Obst das Wasser schnell absorbiert. Ein paar Minuten, bevor das Gericht fertig ist, den Orangensaft zugeben.

Veränderungen der Lebensumstände: Egal ob die Natur den Kalender verändert oder Sie – jeder Wechsel der Lebensgewohnheiten beeinflußt das Gleichgewicht der Doshas. Zum Beispiel verstärkt es Vata, wenn Sie längere Zeit den ganzen Tag bis spät in die Nacht hinein arbeiten, während es Kapha verstärkt, wenn Sie jeden Morgen lange schlafen. Auch Reisen, insbesondere Flugreisen, verstärken Vata. Reisen in heiße Klimazonen verstärken Pitta, Reisen in kalte Kapha; ein paar Herbsttage im windigen Chicago werden ganz bestimmt Vata verstärken.
In all diesen Fällen sollten Sie für die Dauer der Veränderung mehr

solche Nahrungsmittel essen, die das verstärkte Dosha befrieden. Wenn die Veränderung absehbar ist, können Sie Ihre Ernährung auch schon einen oder zwei Tage vorher umstellen. Eine Vata-befriedende Ernährung am Tag vor und während einer Flugreise trägt z. B. dazu bei, mit der Zeitverschiebung zusammenhängende Probleme zu verringern.

Dosha-Ungleichgewichte bei der Nahrungsmittelauswahl berücksichtigen

Ungeachtet dessen, ob Sie ein Hautproblem haben oder nicht, sollten Sie sich an die für Ihr dominierendes Dosha angegebene Ernährung halten. Wenn Ihre Haut Ihnen Probleme macht, empfiehlt sich jedoch erst ein Entgiftungsprogramm (siehe Seite 319 bis 322) und dann eine der Art Ihres Ungleichgewichts angepaßte Modifizierung der Ernährung. Wenn Sie den Hautproblem-Test in Kapitel 3 noch nicht gemacht haben und nicht wissen, welches Dosha bei Ihnen aus der Balance ist, läßt sich dies jetzt nachholen.

Das führende Dosha ist aus dem Gleichgewicht: Halten Sie sich in diesem Fall an die normale befriedende Ernährung für das entsprechende Dosha und weichen Sie zwei bis vier Wochen bzw. so lange, bis die Symptome der Störung verschwunden sind, möglichst wenig von ihr ab. Sie können den Gesundungsprozeß unterstützen, wenn Sie ein oder mehr andere Ausgleichstherapien in Ihren Tagesablauf integrieren, z. B. Meditation, Massage, Aromatherapie, Farbtherapie, Klangtherapie oder Atemübungen. Diese Methoden tragen dazu bei, die Gefühle zu heilen, während die Ernährung das körperliche Ungleichgewicht beseitigt.

Wenn andere Doshas als das dominierende aus dem Gleichgewicht sind: Bleiben Sie in diesem Fall bei Ihrer normalen Ernährung und meiden Sie außerdem die Lebensmittel, die das gestörte Dosha verstärken (siehe die Nein-Listen in Anhang I). Beschäftigen Sie sich auch mit den psychischen und emotionalen Faktoren, die mit dem gestörten Dosha zu tun haben (siehe unten), und behandeln Sie sie mit geeigneten Kräutermitteln, Meditation und anderen Ausgleichstherapien.

- *Bei Vata:* Angst, Besorgnis, Nervosität
- *Bei Pitta:* Frustration, Wut, Feindseligkeit, Eifersucht
- *Bei Kapha:* Depression, Kummer, Anhänglichkeit, besitzergreifendes Partnerverhalten

Wenn Ihr führendes Dosha *und* ein anderes Dosha aus dem Gleichgewicht sind, sollten Sie das führende Dosha vor allem durch die Ernährung und das zweite Dosha vor allem durch die Befriedung der Gefühle ausbalancieren. Wenn ein anderes als das führende Dosha aus dem Gleichgewicht ist, ist die Ursache erfahrungsgemäß eher emotionaler als physischer Art. Solche Störungen sind im allgemeinen auch leichter zu korrigieren.

Achtsam essen

Amerika ist als Schmelztiegel der Nationen bekannt, und tatsächlich kommen dort Gerichte aus fast allen Ländern auf den Tisch. Aber auch kein Land hat im Verlauf dieses Jahrhunderts die Ernährungsgewohnheiten der Welt mehr verändert als die USA, die Fast-Food nach Paris und Peking, Milchpulver an hungernde Völker in Afrika und Fruchtsaftgetränke an Nomaden im Mittleren Osten exportiert haben.
Ironischerweise haben die meisten Leute im Westen mehr als genug zu essen, aber nur wenige ernähren sich gut. Wir essen nicht nur die falschen Lebensmittel, oft essen wir auch aus den falschen Gründen. Unter dem Einfluß von Werbeleuten, die uns mehr Sex-Appeal und ein glücklicheres, geselligeres und aufregenderes Leben versprechen, wenn wir ihre Produkte kaufen oder servieren, essen wir, um gut auszusehen und uns gut zu fühlen, Gesellschaft zu haben, seelische Verletzungen und Einsamkeit zu beschwichtigen oder uns von den Problemen des Lebens abzulenken. Oft essen wir nur, um es möglichst schnell hinter uns zu bringen, und hasten zur nächsten Verabredung auf unserem vollgestopften Terminkalender. Selten essen wir *bewußt* aus dem einzigen Grund, aus dem wir essen *müssen:* Um unseren Zellen Nährstoffe zuzuführen. Je privilegierter wir sind, desto weniger achten wir offen-

bar auf das Geschenk des Lebens, das in jedem Bissen Nahrung enthalten ist. So verhungern wir an Körper, Seele und Geist, auch wenn wir täglich noch so viele Kalorien aufnehmen.
Zu Beginn dieses Kapitels haben Sie etwas über den Einfluß unserer Gedanken auf die Qualität unserer Ernährung und Verdauung gelesen. Auf den folgenden Seiten wird der Wert bewußten Essens noch einmal ausführlicher dargestellt, und Sie finden praktische Tips zum Kochen, Servieren und Essen Ihrer Speisen, damit die heilenden, nährenden Qualitäten Ihrer Gerichte stärker zum Vorschein kommen und Sie deren Geschmack noch mehr genießen können. Diese Vorschläge fußen auf ayurvedischen Bräuchen, die in Indien seit Tausenden von Jahren praktiziert werden, aber sie werden mit dem Wissen vorgestellt, daß wir von alten vedischen Kultur Lichtjahre entfernt sind. Ich hatte das Glück, in Indien zu einer Zeit aufzuwachsen, als die kulturellen Werte und das Tempo des Lebens noch nicht so verwestlicht waren wie heute und es leichter war, eine Familie in Einklang mit diesen Sitten großzuziehen. Die folgende kurze Geschichte meiner Kindheit trägt vielleicht dazu bei, die Jahrhunderte und Kontinente zu überbrücken, die diese Welten trennen, und gibt Ihnen eine Vorstellung von der Anmut und Schönheit, die wir durch Achtsamkeit gewinnen.
Als junges Mädchen lebte ich, umgeben von meiner großen Familie, auf dem Land. Meine Tante hat ein paar Kilometer von unserem Haus entfernt einen Bauernhof, und jeden Morgen hatten meine Schwester und ich die Aufgabe, vor Sonnenaufgang aufzuwachen und dorthin zu gehen, um die tägliche Ration frische Milch und Gemüse abzuholen. Oft hielten wir unterwegs bei einem Tempel an, um zu beten; nach Tagesanbruch kamen wir dann bei dem Bauernhof an, gerade rechtzeitig, um die Kühe zu melken, bei Arbeiten zu helfen und mit unseren Cousins und Cousinen zu frühstücken. Um zehn Uhr waren wir in der Küche meiner Mutter zurück; bis mittags machten wir Hausaufgaben, und dann war es Zeit, zur Schule zu gehen.
Das Abendessen wurde von allen gemeinsam eingenommen – Großeltern, Tanten, Onkeln, Cousins und Cousinen und meinen eigenen Eltern und Geschwistern. Der Ablauf war an jedem Tag meiner Kindheit gleich. Obwohl es eine leichte Mahlzeit war, hatte sie für die Familie

große Bedeutung. Jeder mußte vor Sonnenuntergang zu Hause sein. Gemäß der ayurvedischen Tradition wuschen wir vor dem Essen Hände und Füße und zogen saubere Kleider an, um die subtilen Einflüsse, die wir tagsüber angesammelt und mit uns herumgetragen hatten, zu entfernen. An Körper und Geist erfrischt, bereiteten wir uns dann darauf vor, unsere Abendgebete zu sprechen und den älteren Familienmitgliedern unseren Respekt zu bezeigen. Das war ein wunderschöner Brauch, bei dem wir Kinder die Füße unserer Großeltern berührten und ihren Segen erbaten. Mit fünf oder sechs Jahren begann mein jüngster Bruder mit einer Gewohnheit, die er die ganze Kindheit hindurch beibehielt. Er legte seinen Kopf auf die Füße unseres Großvaters und weigerte sich, aufzustehen, bis mein Großvater ihn mit den Worten: »Du wirst ein berühmter Arzt werden« gesegnet hatte. Natürlich tat Großvater ihm den Gefallen, so daß die Mahlzeit ihren Lauf nehmen konnte; heute ist mein Bruder ein bekannter Augenarzt in Indien. Wir anderen erzählten unserem Großvater bei dieser Gelegenheit auch, wenn irgend etwas von den Geschehnissen des Tages uns Sorgen machte. Wenn niemand ein Problem hatte, das gelöst werden mußte, saßen meine Großeltern eine Weile bei uns; wir gingen dann die Lektionen aus der Schule noch einmal durch oder sagten das Einmaleins auf. Der Vorteil dieses täglichen Rituals bestand darin, daß niemand sich mit der Last unausgesprochener Frustrationen, Sorgen oder Verletzungen zum Essen hinsetzte, die auch die reinsten Lebensmittel von unserem Bauernhof im Körper in Gift hätten verwandeln können.

Nach indischer Art saß die ganze Familie beim Essen in einem großen Kreis auf dem Boden. Es gab keine Servierplatten; und außer den älteren Frauen, die die einzelnen Gänge an jeden verteilten, hantierte niemand mit den Speisen, bis es Zeit war, zu essen. Zuerst wurde jeder Bestandteil der Mahlzeit zeremoniell auf einer großen Stahlplatte arrangiert, der *Thali*. Die Anordnung war immer gleich: ein bißchen Salz und ein Stückchen Zitrone, dann Salat, dann Gemüse, dann Linsen und Curry in kleinen Schälchen, dann Reis, dann Ghee – die ganze Palette der Geschmacksrichtungen, salzig, sauer, bitter, herb, scharf und süß. Nachdem das Ghee serviert war, beteten wir laut, um die Nahrung dem Göttlichen in uns zu weihen. Das Essen selbst wurde als

Yagyna betrachtet, als vedisches Ritual, bei dem wir Agni, der verwandelnden Lebenskraft in uns, Nahrung gaben. Danach nahm jeder von uns eine Prise Reis und Wasser und streute sie auf den Boden um seinen Teller. Damit gab er voll Dankbarkeit einen Teil der Lebensmittel an die Erde zurück. Ungefähr 1 1/2 Stunden, nachdem wir mit den Vorbereitungen zum Abendessen begonnen hatten, aßen wir dann tatsächlich. Dabei nahmen wir die Lebensmittel mit den Fingern auf oder tunkten sie in Brot.

Wir taten dies mit Genuß und sehr oft schweigend. Es war nicht verboten, beim Essen zu sprechen, und wenn der Hafer uns stach, taten wir es, aber alle Unterhaltungen drehten sich um den befriedigenden Geschmack der Speisen oder um glückliche Geschehnisse des Tages. Ansonsten aßen wir in fröhlicher, wohltuender Stille; wir achteten nur auf die Nahrung, die wir genossen, und die Achtung, die wir unserem Körper, der Wohnstatt der Seele, angedeihen ließen. Wir schlossen mit einem weiteren Gebet, diesmal für die, die uns die Nahrung gegeben hatten. Wir baten Gott um Glück für sie. Ich bin sicher, daß niemand von einer solchen Mahlzeit mit Verdauungsstörungen aufstand.

Dies ist die Weisheit des Ayurveda – ohne Ablenkungen zu essen, in Gesellschaft derer, die wir lieben, aufmerksam gegenüber der Nahrung und in gehobener Stimmung. Achtsames Essen ist – genauso wie achtsames Handeln generell – eine notwendige Voraussetzung für Gleichgewicht. Denn dieses ist weder starr noch manipulierbar wie eine automatische Steuerungsanlage. Es ist ein andauernder, bewußter Austausch; es ist dynamisch. Im Gleichgewicht sein bedeutet, natürlich zu sein, und die Natur befindet sich in einem ständigen Fließen. Wir können daher nicht ins Gleichgewicht kommen, wenn wir dem, was ist, Widerstand entgegensetzen – der Baum, der nach einem Sturm noch steht, ist der, der sich mit dem Wind biegt – und tiefe Wurzeln hat.

Meine eigene Familie, die in New York City lebt, ißt keine Produkte mehr, die frisch vom Bauernhof kommen. Sowohl mein Mann als auch ich haben einen Beruf, der viel von uns verlangt und es schwierig macht, jeden Abend ein gemütliches Essen bei Sonnenuntergang einzuplanen, und unsere Kinder und ihre Cousins und Cousinen sind um die Welt verstreut. Wir haben die Traditionen meiner Eltern nicht auf-

Süß
Herb
Sauer
Scharf
Bitter
Salzig

gegeben – wir beten und essen zusammen, sooft wir können. Aber wir haben unsere Aktivitäten auch an das Leben im Westen angepaßt. Wie eine typisch amerikanische Familie gehen wir manchmal auswärts essen oder essen vor dem Fernseher zu Abend, wenn wir eine bestimmte Sendung sehen wollen. Ein paar Anpassungen an die Kultur und die Zeit, in denen wir leben, sind nur natürlich; die ayurvedischen Prinzipien sollen dafür sorgen, daß wir im Gleichgewicht bleiben und unsere Stabilität nicht verlieren, sie sollen uns nicht rigide machen.

Ayurvedische Tischsitten – Tips für eine gesunde Verdauung

Das Ziel der ayurvedischen Tischsitten sind nicht gute Tischmanieren (obwohl mit Anmut ausgeführte Handlungen ein Kennzeichen der Schönheit sind), sondern die Ernährung von Körper und Seele.
Einige der folgenden Vorschläge – wie etwa der, schweigend zu essen – sind möglicherweise für Sie völlig neu; andere, wie das Segnen der Mahlzeit, kennen Sie vielleicht aus Ihrer eigenen religiösen Tradition. Der Ayurveda ist jedoch eine *Wissenschaft,* keine Religion, und seine Grundsätze zum richtigen Essen sind keine Gebote, die aus Pflicht, Angst oder Schuldgefühlen heraus befolgt werden müssen. Im Gegenteil: Anspannung, Angst, Schuldgefühle, Niedergeschlagenheit, Neid, Wut und überhaupt alle belastenden Gefühle, mit denen wir uns an den Eßtisch setzen, behindern die richtige Verdauung und machen die Lebensmittel im Magen toxisch. Der Ayurveda offeriert diese Richtlinien, damit Sie Ihre Lebensmittel auf einer ganz elementaren Ebene neu schätzen lernen; er lehrt, daß das Essen ein Akt der Einstimmung auf Ihre Natur ist – und ein Akt des Respekts vor dem Lebens. Vielleicht geben ein paar dieser Ideen den religiösen oder spirituellen Ritualen, die Sie zu Hause bereits praktizieren, eine zusätzliche Dimension.

Reinigen Sie Körper und Geist, bevor Sie anfangen, zu kochen oder zu essen. Neben der Auswahl der Lebensmittel auf Ihrem Teller ist für die richtige Verdauung nichts wichtiger als Ihr Seelenzustand beim Vorbereiten, Servieren und Essen einer Mahlzeit. Wenn wir zum Kochen in die Küche gehen oder uns an den Tisch setzen, beeinflußt die Energie unserer Gefühle die Lebensmittel, die wir essen. Die Gedanken verbinden sich mit den Zutaten wie eine Extraportion Kräuter und Gewürze bei einem Rezept: Die Sorgfalt und die liebevolle Aufmerksamkeit des Kochs bzw. der Köchin erhöhen die Lebenskraft der Nahrung, Wut, Besorgnis oder Gedankenlosigkeit zerstören sie. Deshalb empfiehlt der Ayurveda, daß wir vor der Zubereitung (oder dem Verzehr) einer Mahlzeit den Körper reinigen, indem wir Hände und Füße waschen (oder baden), und den Verstand, indem wir meditieren, und daß wir während des Kochens den Geist nähren, indem wir die Nahrung segnen, liebevoll an die denken, die sie essen werden, und wünschen, daß ihnen die Mahlzeit bekommt.

Wie Sie dies tun, liegt bei Ihnen. Sie können Gebete finden oder erfinden und sie aufsagen, wenn Sie mit dem Kochen oder Servieren anfangen. Sie können bei der Arbeit chanten oder singen. Sie können Ihren Verstand mit erhebenden Gedanken beschäftigen. Seien Sie auf jeden Fall ganz bei Ihrer Aufgabe. Öffnen Sie Ihr Bewußtsein für die Großzügigkeit und die Schönheit der Natur, wenn Sie die ihr entstammenden Lebensmittel für Ihre Ernährung vorbereiten. Dafür ist keine große Anstrengung oder Konzentration erforderlich. Sie brauchen nicht andere Gedanken aus Ihrem Verstand zu verbannen oder sich Vorwürfe zu machen, daß Sie sie haben, lassen Sie einfach unangenehme Gedanken zugunsten der angenehmen von sich wegdriften. Der Zweck besteht darin, die Freude an der Aktivität, nicht die Last einer widerwillig getanen Arbeit zu vermehren. Entscheidend sind vor allem Ihre Absicht und die Qualität Ihrer Aufmerksamkeit beim Arbeiten.

Essen Sie nicht, wenn Sie verärgert, besorgt oder sonstwie irritiert sind. Nehmen Sie sich, bevor Sie sich zum Essen hinsetzen, ein paar Minuten Zeit, um sich Sorgen oder Ärger bewußt zu machen. Sie können dies zusammen als Familie tun, wie wir in Indien. Wenn Sie allein sind, fragen Sie sich, ob irgend etwas Sie stört, und schreiben Sie alles auf, was Ihnen einfällt. Sie brauchen die Probleme nicht unbedingt sofort zu lösen; aber Sie sollten sehen, daß sie da sind, entscheiden, wann oder wie sie sich mit ihnen beschäftigen wollen, und sie dann mit dem Wissen beiseite schieben, daß Sie zu gegebener Zeit auf sie zurückkommen werden. Wenn Sie sich das, was Sie beschäftigt, auf diese Weise bewußt machen, verringern Sie die Macht dieser Gedanken über Sie. Vielleicht entdecken Sie auch, daß Sie sich schon leichter fühlen, wenn Sie sich selbst auf eine Zeit *festlegen,* in der Sie das Problem angehen werden. Dann können Sie Ihre Mahlzeit essen, ohne daß Wut oder Angst Sie auffressen.

Beginnen Sie Ihre Mahlzeit mit einem Segen. Über alle religiösen Bedeutungen hinaus unterstützt es auf natürliche Weise die Verdauung, wenn Sie ein Tischgebet sprechen: Es zieht die Aufmerksamkeit von negativen Gedanken ab, läßt Geist und Körper zur Ruhe kommen und hebt die Gefühle auf eine höhere Ebene – alles Umstände, die eine gesunde Verstoffwechselung der Nährstoffe fördern und die Produktion von Ama verhindern.

Wenn Sie zum Beten keine Beziehung haben, sollten Sie versuchen, einen Augenblick – ein oder zwei volle Atemzüge lang – die Schönheit des Essens auf dem Tisch und Ihre Fähigkeit, es zu genießen, still zu würdigen. Sehen Sie die verschiedenen Nahrungsmittel auf Ihrem vollen Teller wirklich an, bevor Sie zur Gabel greifen. Setzen Sie all Ihre Sinne ein: Riechen Sie die Düfte, registrieren Sie die Farben und was heiß oder kalt ist, nehmen Sie den aufsteigenden Dampf wahr; seien Sie still und hören Sie auf Ihren Atem. Wenn Sie Ihre bewußte Wahrnehmung auf diese Weise auf die einfache Freude des Essens richten, trägt dies auch dazu bei, zwanghafte Eßgewohnheiten zu beheben, die per definitionem unbewußte Verhaltensmuster darstellen.

Kauen Sie Ihre Nahrung, bis sie flüssig wird, und registrieren Sie ihren Geschmack. Die Verdauungssäfte im Mund und im Magen-Darm-Trakt haben bei der Aufspaltung der Nährstoffe unterschiedliche Aufgaben: Die ersten wirken auf die Kohlehydrate ein, die zweiten auf die Proteine. Wenn die Arbeit am Anfang nicht richtig erledigt wird, kann sie am Schluß nicht richtig vollendet werden, und die unverdauten Speisen werden zu Ama. Kauen Sie deshalb Ihre Nahrung, bis sie flüssig ist.

Kosten Sie dabei die Mahlzeit mit all Ihren Sinnen. Essen Sie langsam und mit dem ganzen Mund. Schmecken Sie, was Sie da essen, registrieren Sie die verschiedenen Geschmacksrichtungen auf der Zunge (Reihenfolge von der Zungenspitze nach hinten: süß, salzig, sauer und bitter). Spüren Sie die diversen Beschaffenheiten, achten Sie auf Änderungen Ihrer Stimmung und Physiologie, hören Sie Ihrem Körper zu. So zu essen ist wirklich eine bemerkenswerte Erfahrung. Sie werden Empfindungen entdecken, die Sie nie zuvor bemerkt haben, und Ihre Nahrung wird Ihnen ein Vergnügen und eine Zufriedenheit vermitteln, die Sie sich wahrscheinlich nie haben träumen lassen. Zu den großen Einsichten des Veda gehört, daß jeder einzelne Körpersinn die Ganzheit des Lebens wahrnehmen kann, wenn wir in der Meditation unser gesamtes Bewußtsein mit seiner Hilfe auf den Gegenstand unserer Wahrnehmung richten.

Es gibt tatsächlich eine vedische Übung zur Entwicklung der Kontrolle über die Sinne, die eine Technik zur Beherrschung des Geschmacks enthält. Bei ihr sitzt man mit geschlossenen Augen und kaut achtsam *stundenlang eine einzige* Rosine nur mit der Absicht, sie zu schmecken. Probieren Sie es zum Spaß einmal aus, aber nur eine Minute lang. Machen Sie sich nichts daraus, wenn es Ihnen schwerfällt, die Rosine länger als 20 oder 30 Sekunden im Mund zu behalten. Noch niemand ist gleich beim ersten Versuch zum Yogi geworden.

Aber vielleicht erhaschen Sie mit Hilfe der Rosine einen Schimmer der Unendlichkeit, wenn Sie erleben, wie sie sich Schicht für Schicht auf Ihrer Zunge auflöst. Und vielleicht können Sie sich dann auch vorstellen, daß jemand durch einen einzigen Geschmack völlige Erfüllung und Glückseligkeit erreicht.

Essen Sie schweigend, oder führen Sie ein gutes Gespräch. Der Ayurveda empfiehlt einfach deshalb, daß wir unsere Mahlzeiten in der Stille zu uns nehmen, weil achtsames Essen erfordert, daß unsere Gedanken, unser Mund und unsere Zunge sich mit anderen Dingen beschäftigen als dem Reden. Dem Ayurveda zufolge sollen wir bei allen Aktivitäten den Verstand nicht aufteilen, sondern unsere Aufmerksamkeit ganz auf das richten, was wir tun. Dies wird »im Jetzt« oder »präsent sein« genannt – oder einfach Ganzheit. Wenn wir unsere Aufmerksamkeit zwischen unserer Nahrung und unserem Gegenüber oder auch unserer Nahrung und einer Zeitung oder dem Fernseher aufspalten, bekommt entweder die eine oder die andere Erfahrung nicht die Aufmerksamkeit, die sie braucht, um völlig verdaut und genossen zu werden. Es ist wie ein nur halb gelebtes Leben.

Bedeutet dies, daß Sie immer allein oder in stoischem Schweigen essen und sich auf jeden Bissen konzentrieren müssen, als hinge Ihr Leben von ihm ab? Nein, keineswegs. Seien Sie unter allen Umständen *natürlich*. Öffnen Sie, wenn Sie allein sind, Geist und Sinne für Ihre Erfahrung; was geschieht, geschieht. Wenn Sie in Gesellschaft sind, legen Sie die Gabel hin, reden Sie und genießen Sie die Unterhaltung. Essen Sie, wann immer Sie die Wahl haben, in Gesellschaft der Menschen, die sie lieben; sprechen Sie mit ihnen über das, was Sie gern haben, und über die Freude, dieses köstliche Mahl mit ihnen zu teilen. Auf diese Weise machen Sie jede Mahlzeit zu einem Fest für Körper und Seele.

Essen Sie bescheidene Portionen. Legen Sie Ihre Hände zu einer Schale zusammen und stellen Sie sich vor, sie wäre mit Ihrer Lieblingsspeise gefüllt. Dem Ayurveda zufolge ist dies ungefähr die Menge, die man bei jeder Mahlzeit essen sollte. Es ist nicht viel mehr als das, was in einen durchschnittlichen Suppenteller paßt. Und es ist nur eine halbe Handvoll *weniger* als das, was in einen durchschnittlichen Magen paßt – und genausoviel sollte der Magen dem Ayurveda zufolge bekommen. Als Faustregel gilt: Füllen Sie ein Drittel des Magens mit Nahrung, ein Drittel mit Wasser (nicht Saft), und lassen Sie den restlichen Raum für die Luft. Trinken Sie das Wasser *schluckweise* beim Essen, und zwar heiß, warm oder bei Zimmertemperatur, um das Verdauungsfeuer nicht zu löschen oder abzukühlen. Überessen Sie sich nie, denn das ist schlecht für die Verdauung, erweitert nur den Magen und macht den Appetit bei jedem Essen größer.

Dies klingt in der Theorie ziemlich spartanisch, besonders gemessen an den westlichen Maßstäben, die »mehr« oft mit »besser« gleichsetzen. Aber wenn Ihre Mahlzeit das für Ihre Konstitution richtige Gleichgewicht der Geschmacksrichtungen enthält und Sie achtsam essen, werden Sie in der Praxis feststellen, daß Sie lange vor einer Übersättigung völlig zufrieden sind.

Tips zur Gewichtskontrolle

Oral befriedigend ist eine Mahlzeit, die alle sechs Geschmacksrichtungen im geeigneten Verhältnis enthält und achtsam gegessen wird. Dies ist, kurz gesagt, das seit Jahrtausenden erfolgreiche ayurvedische Geheimnis zur Gewichtskontrolle. Jede Methode, die dies nicht beachtet, *erzeugt* nur Ungleichgewicht und führt schließlich zu weiterer Gewichtszunahme.

Dem Ayurveda zufolge nehmen Leute aus drei Gründen zu: Sie sind mit einem Kapha-Körper-Typ geboren und tendieren von Natur aus dazu, Pfunde zuzulegen; aufgrund von Streß oder einer falschen Ernährung entwickeln Sie ein Kapha-Ungleichgewicht; oder sie haben einen trägen Stoffwechsel, weil ihr Agni schwach ist. Infolgedessen gibt es nur drei gesunde Möglichkeiten, abzunehmen: Kapha befrieden, Agni entfachen, oder beides. Mit anderen Worten: Gleichgewicht.

Wir haben bereits angesprochen, daß man bei einem bestehenden Ungleichgewicht am liebsten eben die Nahrungsmittel ißt, die das Ungleichgewicht verursacht haben. Aus diesem Grund sitzen Leute, die eine Diät machen, oft in einer Art Hamsterrad fest: Sie haben ein »Gelüst« auf genau die Lebensmittel, die sie aufzugeben versuchen. Auch wenn sie die Willenskraft aufbringen, diese nicht zu essen, erzeugt das Gefühl, etwas entbehren zu müssen, neuen Streß und weiteres Ungleichgewicht, und deshalb bestehen die Gelüste weiter. Ob der Faktor, der den Kreislauf Ungleichgewicht-Gelüst-Ungleichgewicht ausgelöst hat, etwas mit der Ernährung zu tun hat, ist dabei unerheblich. Jeder Streß, auch der Streß, mit dem Rauchen aufzuhören, kann diese Kettenreaktion in Gang setzen. Gewichtsprobleme sind daher nicht nur Ernährungsprobleme, sie haben mit Streß zu tun, und wenn die dem Dickerwerden zugrundeliegenden Streßthemen nicht aufgearbeitet werden, nimmt das Gewicht immer weiter zu. Deshalb ermuntern wir jeden, der abnehmen will oder eine Diät macht, neben den speziellen Ernährungsempfehlungen (einschließlich der Entschlackungsdiät, einer Kapha und Agni ins Gleichgewicht bringenden Ernährung und achtsamem Essen) Meditation, Massage, Atemübungen, Sport oder eine der in diesem Buch beschriebenen Streßmanagementtechniken in seinen Tagesablauf zu integrieren.

Eigentlich ist das gesamte in diesem Buch vorgestellte Wissen die Antwort des Ayurveda auf Ernährungsprobleme. Wenn Körper, Atem, Geist und Seele völlig im Gleichgewicht sind, ist der psychische Hunger, der der Ursprung aller Eßprobleme ist, kein Thema. Gleichgewicht ist ein Zustand vollkommener Zufriedenheit – es ist höchste Befriedigung. Wir *denken*, daß wir Lust auf Schokolade oder Chips oder Eiscreme oder Berliner oder Pizza haben. In Wirklichkeit ist es nicht der Geschmack, den wir so unbedingt wollen. Es ist die Ganzheit.

Sich Eßgelüste ohne Schuldgefühle erfüllen: Zur sofortigen Befriedigung von Eßgelüsten haben wir auch eine Geheimwaffe für Sie, die leicht und ohne Schuldgefühle anwendbar ist. In dem Kapitel über Aromatherapie finden Sie Anweisungen zur Herstellung von »Stimmungsölen« – ätherischen Ölen, die nach bestimmten Kräutern oder Gewürzen duften, die Ihre Doshas ins Gleichgewicht bringen. Stimmungsöle funktionieren nach dem Prinzip, daß der Duft eines Lebensmittels oder einer Pflanze sich von ihrem Geschmack herleitet: Ein scharfer Geschmack hat ein scharfes Aroma, ein süßer Geschmack ein süßes Aroma etc. Wenn wir Lust auf ein bestimmtes Lebensmittel haben, wollen wir nicht so sehr seinen Geschmack, als vielmehr das Gefühl der Befriedigung, das es verschafft. Da der Geruch eines Lebensmittels auf Geist und Körper dieselbe Wirkung hat wie sein Geschmack, können Sie die gesuchte Befriedigung auch dadurch erreichen, daß Sie es riechen, anstatt es zu essen. Den energetischen Prinzipien zufolge können Sie tatsächlich einen Geschmack mit jedem Körpersinn »essen«, um seelischen Hunger zu stillen. Das Prinzip funktioniert so:

- *»Ich-muß-mich-trösten«-Gelüste:* Die Lust auf tröstende Lebensmittel – Süßigkeiten, cremige Lebensmittel und Kohlehydrate – ist in Wirklichkeit der Wunsch nach etwas Warmem, Umsorgendem, Beruhigendem und Erdendem und geht im allgemeinen mit (bewußter oder unbewußter) Besorgnis, Unsicherheit, Unruhe, Angst oder Verärgerung einher. Mit anderen Worten: Sie ist Ausdruck eines Vata-Ungleichgewichts und verlangt Vata-befriedende Techniken. Zur Befriedigung des Gelüsts können Sie ein süßes Öl wie z. B. Orangenblüte oder Neroli auf die Pulspunkte tupfen oder sich mit dem Öl eine Massage geben; sich eine »süße« Erinnerung ins Gedächtnis rufen; sich liebevoll mit einem Freund/einer Freundin unterhalten; sanfte Musik hören oder Fencheltee trinken.

- *»Ich-brauche-Energie«-Gelüste:* Die Lust auf schnelle Energiespender – einen Koffeinstoß durch Kaffee, Cola oder Schokolade – ist in Wirklichkeit das Verlangen nach etwas Wärmendem und Anregendem und geht im allgemeinen mit Trägheit, Lethargie, Trauer und Depression einher. Es handelt sich also um Symptome eines Kapha-Ungleichgewichts. Um das Gelüst zu stillen, können Sie scharfe, stechende Öle, z. B. Bergamotte, Gewürznelke oder Rosmarin benutzen, laute, lebhafte Musik hören; sich eine kräftige Massage geben (lassen) oder Ingwer- oder Gewürztee mit Honig trinken.
- *»Ich-muß-mich-abregen«-Gelüste:* Extreme Erregung, Frustration, Wut, Ungeduld und Ärger – die Lust auf ein paar schnelle gesalzene Chips, Salzstangen oder gesalzene Nüsse – zeigen ein Pitta-Ungleichgewicht an. Um das Gelüst zu befrieden, können Sie süße Düfte wie z. B. Jasmin oder Sandelholz benutzen; einen Mondscheinspaziergang machen, sich eine beruhigende Massage geben (lassen), sich eine liebliche Landschaft oder ein harmonisches Kunstwerk ansehen; Süßholz- oder Kardamomtee trinken.

Hilfe bei zwanghaftem Essen: Wir haben kurz die Tatsache erwähnt, daß achtsames Essen eine wirksame Möglichkeit darstellt, um zwanghaftem Essen entgegenzusteuern. Wenn Sie unter einer Eßstörung leiden, werden Sie gegen die Vorstellung des achtsamen Essens jedoch möglicherweise von vornherein einen Widerstand haben, oder Sie fühlen sich hektisch oder unwohl, wenn Sie die Methode ausprobieren. Eine Klientin, die schon ihr ganzes Leben lang Probleme mit ihrem Gewicht gehabt hatte, registrierte bei sich den starken Impuls, im Restaurant Essen von den Nachbartischen zu stehlen, als sie mit dem achtsamen Essen anfing. Obwohl sie darüber zunächst schockiert war, erkannte sie später, daß ihre seelisch kranke Mutter sie als Kind mißhandelt hatte, weil sie dick war, und daß sie mit der ständigen Angst groß geworden war, nicht genug zu essen zu haben.

Obwohl die Details der Geschichte nur auf diese Frau zutreffen, ist ihre emotionale Reaktion bei Leuten, die in bezug auf Essen bislang »unbewußt« waren, nicht ungewöhnlich. Es ist ganz natürlich, daß vergessene Emotionen hochkommen, wenn Sie ganz »präsent« bei Ihren Speisen sind, anstatt mit Lebensmitteln Gefühle abzuwürgen oder Streß zu bewältigen. Wenn Sie so etwas erleben, dann nehmen Sie einfach die Gefühle wahr, die da sind. Legen Sie die Gabel hin und atmen Sie ganz natürlich. Seien Sie bei den Gefühlen, nicht bei den Lebensmitteln. Nehmen Sie sich soviel Zeit, wie Sie brauchen. Oder stehen Sie, wenn Ihnen das lieber ist, ganz vom Tisch auf und setzen Sie sich in einen anderen Raum, bis die Gefühle abklingen. Essen Sie erst weiter, wenn Sie sich ruhig genug fühlen, um einige Ihrer Gefühle auch beim Essen präsent zu haben. Wie unverdaute Lebensmittel müssen diese unverdauten Gefühle aus dem Körper entfernt werden, um die Doshas wieder ins Gleichgewicht zu bringen.

Die Änderung lebenslanger Eßgewohnheiten stellt für die meisten Menschen eine Herausforderung dar, auch für die, die keine Eßstörungen haben. Die Hoffnung auf ein verändertes Aussehen ist jedoch nicht zu realisieren, wenn wir unsere Eßgewohnheiten nicht ändern, denn auf der Zellebene besteht unser Körper letztlich aus dem, was wir essen. Wie wir zu Beginn dieses Kapitels sagten, lautet der ayurvedische Begriff für den physischen Körper Annamaya Kosha – wörtlich: die Lebensmittelhülle. Das gesamte Körpergewebe ist aus den Nährstoffen zusammengesetzt, die wir aufnehmen. Ist es dann eine Überraschung, daß schale, vorfabrizierte, leblose Nahrungsmittel eine alt aussehende, leblose Haut hervorbringen? Wir bekommen das heraus, was wir hineinstecken. Das strahlende Aussehen absoluter Schönheit läßt sich nur erreichen, wenn Sie Ihrem Körper viele frische, unbearbeitete Lebensmittel, positive Gedanken und liebevolle Gefühle zuführen.

8 Massagetherapie

Wo Berührungen beginnen, beginnen auch Liebe und Menschlichkeit. Ashley Montagu

Berührungen sind für das Leben so elementar, daß neugeborene Babys ohne direkten Kontakt zu anderen auch dann sterben, wenn all ihre anderen Grundbedürfnisse erfüllt werden. Umgekehrt entwikkeln Säuglinge, die regelmäßig gestreichelt werden, eine stärkere Abwehrkraft gegen Infektionen und Krankheiten. Trotz dieser Tatsachen haben wir im Westen nur begrenzt Gelegenheiten zu fürsorglichen Berührungen, sobald wir dem Schoß unserer Eltern entwachsen und zu Erwachsenen herangereift sind. Während wir es als grausam und als unübliche Bestrafung betrachten würden, einem sehenden Menschen die visuelle Stimulation, einem hörenden Menschen Klänge und Musik oder einem Hungrigen Geschmack und Geruch seiner Nahrung vorzuenthalten, leben viele von uns Tage und Wochen ohne die beruhigende Umarmung oder das sanfte Streicheln durch einen anderen Menschen. Und bis auf die paar Minuten jeden Tag, die wir im Bad oder unter der Dusche verbringen, nehmen die meisten von uns sich noch nicht einmal die Zeit, regelmäßig ihre eigene Haut zu berühren oder zu verwöhnen, obwohl sie als einziges Körperorgan ganz sichtbar und erreichbar ist.

Das Leben wird durch Berührungen genauso genährt wie durch das, was wir essen. Und obwohl wir im Westen materiell relativ reich sind, hungern wir geradezu nach taktilen Erfahrungen. Montagu meint in *Körperkontakt,* daß »die zwanghafte Beschäftigung des Westens mit Sex ... in vielen Fällen nicht der Ausdruck eines sexuellen Interesses ist, sondern der Versuch, das Bedürfnis nach Berührungen zu befriedigen«.

Dies ist in Indien im allgemeinen nicht der Fall, wo viele traditionelle

Familien in Übereinstimmung mit den Lehren des Ayurveda zu Hause regelmäßig Massagen durchführen. Kleinkinder zum Beispiel bekommen von der Geburt an drei Jahre lang eine Massage täglich, und Mütter erhalten nach der Entbindung 40 Tage lang eine spezielle Massage. Kinder werden bis zur Pubertät häufig massiert.

Daß ältere Kinder und Erwachsene in den schnellebigen westlichen Gesellschaften nicht in den Genuß fürsorglicher Berührungen kommen, ist in Anbetracht dessen, wie sehr das Leben von den Funktionen der Haut abhängt, ein ziemlich unglücklicher Zustand. Als für Berührungen und Empfindungen zuständiges Organ ist die Haut Kontaktpunkt und Grenze zwischen uns und anderen Menschen sowie zwischen uns und der Umgebung. Ihre Nerven, Blutgefäße und Drüsen befördern lebenswichtige Informationen und Nährstoffe zu allen anderen Organen und tragen dazu bei, entscheidende Körperfunktionen einschließlich Wasser- und Wärmehaushalt, Absorption, Sekretion und Ausscheidung zu regulieren. Neuere Forschungen zeigen, daß die Haut auch bei der Immunreaktion des Körpers eine Schlüsselrolle spielt. Während wir ziemlich alt werden können, auch wenn wir nichts mehr sehen, hören, schmecken oder riechen, überleben wir nicht länger als fünf Stunden, sobald die Haut ausfällt.

Ein Stückchen Haut von der Größe eines Zehnpfennigstücks enthält 3 Millionen Zellen, 100 oder mehr Schweißdrüsen und etwa 90 cm Blutgefäße. Über insgesamt mehr als 640 000 Sinneszellen steht die Haut in ständiger Kommunikation mit dem Gehirn, auch wenn wir schlafen. Mit ihr nehmen wir Hitze, Kälte, Druck, Schmerz, Zärtlichkeit und die ganze Palette der Empfindungen wahr. Dabei spürt die Haut nicht nur Sinnesempfindungen, sie kennt auch den Unterschied zwischen einer Liebkosung und einem Klaps, einem Stich und einem Stoß, einem Kratzer und einem Kitzeln. Die Haut ist natürlich auch die Quelle der Sinnlichkeit und der erotischen Lust, und zwar besonders die spezialisierten Zonen Lippen, Brustwarzen und Geschlechtsorgane, in denen sich die meisten Nervenendungen befinden. »An keiner anderen Beziehung ist die Haut so intensiv beteiligt wie am Geschlechtsverkehr«, bemerkt Montagu.

Wir haben bereits gesagt, daß die Haut unser zweites Gehirn ist: Sie unterscheidet, denkt, weiß, kommuniziert, fühlt, gibt und empfängt Liebe. Ist es dann verwunderlich, daß die Stimulation dieses größten Sinnesorgans weitreichende Auswirkungen auf unsere Gesundheit und unser Wohlbefinden hat?

Reinigung, Ölbehandlung und Ausscheidung

Wie in Kapitel 3 gesagt, sind die sieben Schichten der Haut funktionell mit je einem der sieben Dhatus bzw. Körpergewebe verbunden; jedesmal, wenn wir daher das Hautgewebe anregen und nähren, bringen wir gleichzeitig Blut, Muskeln, Fett, Knochen, Nerven und Fortpflanzungsgewebe ins Gleichgewicht und nähren sie. Der Ayurveda bezeichnet dieses Phänomen als *Rasasara,* die Essenz der Haut, die nach oben steigt wie der Rahm auf der Milch.

Aufgrund dieser Einsicht betont der Ayurveda den Wert regelmäßiger Ölmassagen, der *Snehanas.* Zusammen mit der Reinigung auf Kräuterbasis *(Lepas)* und Schwitzbehandlungen *(Swedanas)* bilden Massagetherapien mit entgiftenden Kräuterölen die erste wichtige Phase eines Panchakarma, das wir in Kapitel 6 als wesentliches Hilfsmittel der ayurvedischen Medizin beschrieben haben. Nur geschulte Kliniker können, wie gesagt, die volle Panchakarma-Behandlung richtig verabreichen. Einzelne Bestandteile dieser Ausgleichstherapie können jedoch auch gut zu Hause ausgeführt werden, z. B. eine Selbstmassage von Kopf bis Fuß, ein *Abhyanga,* eine Mini-Selbstmassage, spezielle Magen-, Augen- und Nasenmassagen, eine Facelifting-Massage und sogar eine »himmlische« Ölbehandlung für das »dritte Auge«, die Tür zum Bewußtsein.

Auf den folgenden Seiten erfahren Sie, wie diese Massagen sowie die Vor- und Nachbehandlung (Reinigung mit Pflanzen, Schwitzen) ausgeführt werden. Zusammen mit dem täglichen Hautpflegeprogramm (Reinigen, Nähren, Feuchtigkeit spenden) stellen die drei Schritte Reinigung, Ölbehandlung, Schwitzen eine komplette Kurbehandlung für zu Hause dar. Weil nicht jeder einen professionellen Panchakarma-Therapeuten finden oder bezahlen kann, beschreiben wir auch eine einfache innerliche Reinigungsbehandlung mit Abführmitteln und leichtem Fasten; in Verbindung mit der oben genannten Kurbehandlung kann sie als Do-it-yourself-Methode zum Ausbalancieren der Doshas beim Wechsel der Jahreszeiten praktiziert werden. Außerdem stellen wir zwei einfache Yoga-Übungsreihen vor, die der »inneren Massage« dienen. Die eine sorgt dafür, daß Sie beweglich bleiben und ein straffes, jugendliches Aussehen behalten, und die andere, die der »Jungbrunnen« heißt, verjüngt die wichtigsten Energiezentren des Körpers.

Ayurvedische Massagetherapien sind sehr viel mehr als nur ein Mittel, angespannte Muskeln zu lockern und den Verstand zu beruhigen. Sie sind in erster Linie wirkungsvolle Ausgleichsbehandlungen, die die Energiekanäle des Körpers stimulieren und den Geist für die Erfahrung der inneren Wachheit öffnen. Im Grunde stellen ayurvedische Massagen eine Methode dar, das Glückseligkeitsbewußtsein zu fördern, das die Grundlage strahlender Schönheit bildet.

Bitte berühren: Das Geheimnis ayurvedischer Massage

Das Geheimnis zur Erreichung einer unwiderstehlichen Haut besteht darin, sich selbst zu berühren. Weil ayurvedische Massagen den Körper auf einer tiefen Zellebene reinigen, nähren und kräftigen, gehören sie zu den wirksamsten Hilfsmitteln, um das Altern der Haut zu verlangsamen und sie generell glatt und strahlend zu machen. Das reguläre Hautpflegeprogramm ist ausreichend – und notwendig –, um die sich täglich ansammelnden Schmutzpartikel und toten Zellen zu entfernen. Aber nur eine intensiv entgiftende und verjüngende Massage kann Ama beseitigen, die in den Zellen angehäuften Schlackstoffe, die dem Ayurveda zufolge den Zusammenbruch der Gene sowie Krankheiten heraufbeschwören.

Ayurvedische Massagen sind auch ein gutes Mittel zur Streßbewältigung; sie öffnen blockierte Energiekanäle und bringen die Psychophysiologie ins Gleichgewicht. Schon nach nur einer einzigen Massage berichtete eine Klientin am nächsten Tag, sie hätte innerhalb von Stunden nach der Behandlung zum ersten Mal, seit sie vor drei Monaten eine sehr stressige Arbeitsstelle angetreten hatte, ihre Periode wieder bekommen.

Ayurvedische Massagen wirken auf mehreren Ebenen, um Streß zu vermindern, die Immunreaktion zu verbessern, den Körper neu zu vitalisieren und Ihren »Tej-Faktor« zu verstärken. Zunächst einmal entspannt und kräftigt die anregende Wirkung der Massage die Muskeln und stimuliert Drüsen unter der Haut dazu, Hormone zu produzieren, u. a. Serotonin, das Geist und Gefühle beruhigt. Die Massage fördert außerdem die Drainage des Lymphsystems, das als Filtermechanismus für das Blutplasma fungiert und eine sehr wichtige Rolle für die Abwehrkraft spielt. Die Lymphflüssigkeit versorgt die Zellen mit Nährstoffen und transportiert zellularen Schutt und Fremdkörper ab. Wenn die Flüssigkeit die Lymphknoten passiert, werden die Abfallprodukte ausgeschwemmt, und das gereinigte Plasma gelangt über das Herz wieder in die Blutbahn. Anders als der Blutkreislauf, der durch die Pumpleistung des Herzens in Gang gehalten wird, besitzt das Lymphsystem keinen eigenen Antrieb. Das Fließen der Lymphe hängt vielmehr von Muskelkontraktionen ab, die das Netzwerk der Lymphgefäße versorgen. Wenn die Muskeln inaktiv sind, stagniert die ungefilterte Flüssigkeit in den Lymphgefäßen und -knoten, was die Abwehrkraft des Körpers gegen Krankheiten schwächt. Massagen bearbeiten diese Muskeln und drainieren die Lymphknoten. Neben regelmäßigem Sport stellen sie für viele Leute mit sitzender Tätigkeit die einzige Möglichkeit dar, die Lymphe im Fluß zu halten.

Einige Vorteile einer ayurvedischen Massage leiten sich auch von den verwendeten medizinischen Ölen ab, die den Reinigungsprozeß unterstützen, die Haut nähren und den Geist entspannen. Wie Sie in Kapitel 4 gelesen haben, stellen wir ayurvedische Körper- und Gesichtsöle aus reinen Kräuteressenzen her, die in kaltgepreßtem Öl oder Ghee gelöst sind; beide werden dem Hauttyp entsprechend ausgewählt. Diese ätherischen Öle, wie wir sie nennen, haben dank der Heilkräuter natürliche antioxydierende, antibakterielle und entzündungshemmende Eigenschaften und dank des Öls eine der Haut ähnliche molekulare Dichte, so daß sie leicht absorbiert werden. Sichtbare Ölspuren im Urin nach einer Massage beweisen dies. Die bei ayurvedischen Massagen benutzten Öle haben innerhalb von fünf Minuten die Dermis und nach weiteren 8–10 Minuten alle sieben Hautschichten durchdrungen. Deshalb lassen sie auf der Haut keinen Fettfilm zurück; das Baden nach einer Massage wird auch nicht empfohlen, um überschüssiges Öl abzuwaschen, sondern damit der Körper sich noch mehr entspannt und das Öl noch besser eindringt.

Nach der Absorption durch den Körper haben die Massageöle neben ihrer straffenden, beruhigenden Wirkung auf die Haut zahlreiche weitere Effekte. Über die Kapillargefäße in der Haut gehen ihre Nährstoffe direkt ins Blut. In die Haut einmassiertes Öl macht die innere Umgebung geschmeidig, löst angesammelte Schlacken und befördert sie in den Verdauungstrakt, von wo aus sie ausgeschieden werden. Es stimuliert auch Dhatu-Agni, das Stoffwechselfeuer in jedem Gewebe, und vermehrt so Ojas. In der westlichen Terminologie würde man sagen, daß das medizinische Öl die Durchblutung verbessert, den Körper erwärmt und der Haut eine natürliche Weichheit und Ausstrahlung gibt. Sein Duft bringt außerdem die Gefühle ins Gleichgewicht, entspannt den Geist und unterstützt so die segensreiche Wirkung heilender Berührungen.

Moderne Wissenschaftler haben festgestellt, daß ayurvedische Massagen außerdem die Aktivität der freien Radikalen einschränken, die bei Altersprozessen in den Zellen, Krebs und Herzkrankheiten eine Schlüsselrolle spielen. Freie Radikale sind instabile Sauerstoffatome, die sich willkürlich mit anderen Molekülen verbinden – sie »oxidieren« –, gewöhnlich zum Nachteil der sie beherbergenden Zelle. Forschungen weisen darauf hin, daß die Vermehrung dieser oxydierenden Moleküle zu vermehrtem Streß und einem schwachen Immunsystem führt. In von Dr. Hari Sharma an der Medizinischen Fakultät der Ohio State University durchgeführten Untersuchungen zeigte sich bei den Testpersonen nach einer nur dreitägigen ayurvedischen Entgiftungsbehandlung und Ölmassage eine signifikante Abnahme von Lipidperoxid, eines freien Radikals im Blut, was auf eine verbesserte Immunreaktion hinweist.

Marmas und Chakras: Die vitalen Energiezentren des Körpers

Die vielleicht tiefgreifendste Wirkung einer ayurvedischen Massage geht auf ein einzigartiges Ausgleichsverfahren zurück, die sogenannte Marma-Therapie, die sich auf die vitalen Energiepunkte des Körpers konzentriert. Der Ayurveda beschreibt diese Marma-Punkte als Schnittstellen zwischen Materie und Bewußtsein, d. h. Punkte, an denen die feinstofflichen Lebenskräfte von Vata, Pitta und Kapha zusammenlaufen und die organisierende Intelligenz des Körpers daher am stärksten konzentriert ist. Der Ayurveda kennt 107 Haupt-Marma-Punkte auf dem ganzen Körper, einschließlich sieben *Mahamarmas* bzw. »großen« Marmas, die auch als die sieben *Chakras* bekannt sind. Diese Zentren sind für das Leben besonders wichtig und aufgrund ihrer Lage dicht unter der Hautoberfläche für Berührungen sehr empfänglich. Alle Marmas sind durch unsichtbare Energieströme – bzw. Pulse –, die sogenannten *Nadis*, miteinander verbunden, die den ganzen Körper durchziehen. Der Nabel, der Sitz des zweiten Chakras, weist besonders viele Nadis auf – 72 000 –, weil er der lebensspendende Kanal von der Mutter zum ungeborenen Kind ist.

Die Marmas befinden sich über den Lymphknoten und an den Gelenken, wo fünf anatomische Strukturen sich überschneiden: Blutgefäße, Bänder, Muskeln, Nerven und Knochen. Infolgedessen spielen die Marmas eine Schlüsselrolle bei der Ausbalancierung der Doshas und der Anregung der drei Systeme, die den Körper durchziehen: Lymphe, Blut und Nerven. Die Mahamarmas bzw. Chakras liegen auf den sieben Drüsen des endokrinen Systems, das der Hauptproduzent von Hormonen ist – jenen chemischen Botenstoffen, die physiologische Funktionen und die Gefühle steuern. Diese endokrinen Drüsen sind, angefangen mit dem ersten Chakra: Die Fortpflanzungsdrüsen, Bauchspeicheldrüse und Bauchbereich, Nebennieren, Thymusdrüse, Schilddrüse, die Hypophyse, auch »Drittes Auge« genannt, und die Zirbeldrüse bzw. Epiphyse, auch »Scheitel-Chakra« genannt. Die Chakras sind durch drei ineinander verschlungene Kanäle miteinander verbunden, die wie eine Schlange von der Wirbelsäulenbasis bis zum Scheitel

wellenförmig nach oben verlaufen und die *Kundalini*-Energie weiterleiten. Durch die Öffnung dieser Energiezentren mit Hilfe von Massage, Yoga-Übungen und Meditation werden wir auf ganz natürliche Weise zentrierter und vitaler.

Die Meridiane der chinesischen Akupunktur gleichen den Energiekanälen des ayurvedischen Systems, sind aber nicht mit ihnen identisch. Tatsächlich ist das ayurvedische System älter. Das Wissen um die vitalen Energiezentren des Körpers stammt eigentlich aus dem *Dhanurveda,* dem Zweig des Veda, der sich mit der Wissenschaft der Kriegsführung beschäftigt. Der Dhanurveda kategorisiert die Marma-Punkte danach, welche bei einer Verletzung oder der Durchdringung durch einen Fremdkörper (einen Pfeil zum Beispiel) zu einem sofortigen Tod, einem späteren Tod, einem schmerzhaften Tod oder zu Kampfunfähigkeit führen. Später griff einer der großen Vaidyas, der auch die Chirurgie erfand, dieses Wissen der alten Krieger über die vitalen Energiepunkte auf und begann, es auf die Kunst der Gleichgewichtsherstellung und Heilung anzuwenden.

Angehörige westlicher Kulturen sind oft überrascht, wenn sie erfahren, daß die Zivilisation, die sie mit Meditation und Swamis assoziieren, auch ein Experte in der Kriegsführung ist. Diese Reaktion ist jedoch bezeichnend für das westliche Mißverstehen der vedischen Wissenschaft, die alles andere als theoretisch ist. Das Wissen um den Weg zu Reinheit und Glückseligkeit wäre schließlich ohne das Wissen darum, wie man das Böse besiegt, unvollständig. Auch in der *Bhagavad-Gita*, einem der epischen Werke der vedischen Literatur, geht es im wesentlichen darum, wie Gott Krishna den großen Bogenschützen Arjuna auf die Schlacht vorbereitet.

Die Kenntnis der Marma-Punkte und die Verwendung von Heilkräutern und medizinischen Ölen machen ayurvedische Massagen zu einer tiefgreifenden Technik, um die subtile Energie von Körper und Geist ins Gleichgewicht zu bringen.

Die Tej-Heimkur: Äußerliche Reinigung und Ölbehandlung

Snehana, der Sanskritbegriff für eine Ölbehandlung, leitet sich von Sneha ab, das »Liebe« bedeutet, und Snehana bedeutet wörtlich »den eigenen Körper lieben«. Genau dies ist das Wesen der ayurvedischen Selbstmassage. Sie trägt nicht nur dazu bei, daß die Haut jünger, glatter, klarer und strahlender aussieht. Sie hilft dem Körper auch, Spannungen und Erschöpfung zu überwinden, und sorgt dafür, daß der Geist sich friedlich und frisch fühlt.

Die Tej-Heimkur besteht aus drei Schritten: Reinigung mit Kräutern, Ölbehandlung (in diesem Fall per Selbstmassage), Schwitzen. Wir empfehlen diese liebevolle Behandlung mindestens einmal wöchentlich – sie dauert insgesamt etwa 60–90 Minuten –, aber Sie können sie auch öfter oder weniger häufig oder nur teilweise durchführen. Empfehlenswert wäre eigentlich, daß Sie sich die volle Selbstmassage innerhalb des für Ihren Hauttyp maßgeblichen Rahmens so oft wie möglich gönnen.

Reinigung

Die Reinigung auf Pflanzenbasis, die erste Phase der Tej-Heimkur, bereitet die Haut auf die Ölbehandlung vor, indem sie mit Hilfe von Kräuterpasten, sogenannten Lepas (siehe unten), Schmutz entfernt und die Poren öffnet. Die Reinigungsbehandlung sollte vor der Massage oder mindestens einmal wöchentlich durchgeführt werden. Die Kräuterpaste läßt sich anstelle von Seife auch täglich für die normale Reinigung verwenden. Sie vernichtet nicht nur Bakterien und beseitigt unangenehmen Schweißgeruch, sie verbessert auch die Durchblutung, führt Nährstoffe zu und regt die Stoffwechselprozesse im Hautgewebe an, damit der Teint gesünder und strahlender wird.

Lepas (Reinigungsmittel auf Pflanzenbasis)

Herstellung:

- *Zur täglichen Anwendung:* 1/4 TL Kurkumapulver + 1 EL Kichererbsenmehl mischen. Zur Herstellung einer Paste hinzufügen
  bei trockener Haut: 1 TL Mandelöl + *Wasser*
  bei empfindlicher Haut: nur *Milch*
  bei fettiger Haut: nur *Wasser*
- *Zur monatlichen Anwendung (stärkeres Peeling):* 2 EL Mehl von roten Linsen mit 1/2 Tasse Vollmilch vermischen. Über Nacht einweichen. 1 TL Mandelpaste + 1 TL Cashew-Butter + 1 TL Milchpulver + 1/2 TL Weizenkeimöl zu der Mischung geben. Zur Herstellung einer Paste etwas Rosenwasser zufügen.

Anwendung: Die Paste auf den ganzen Körper auftragen. Legen Sie sich hin und entspannen Sie sich 15–20 Minuten, während die Paste trocknet. Reiben Sie die trockene Paste mit den Händen oder einem trockenen Handtuch in kreisförmigen Bewegungen sanft ab. Schließen Sie mit einer Ölmassage.

Selbstmassage Schritt für Schritt

Bei einer Selbstmassage, einem Abhyanga, werden alle Gelenke des Körpers und über 15 wichtige Marma-Punkte einer Ölbehandlung unterzogen. Sie wirkt sehr ausgleichend, weil jeder massierte Energiepunkt Entsprechungen hat: Punkte auf den Händen und Beinen entsprechen den sieben Chakras; Punkte auf dem Kopf spiegeln Punkte auf Füßen und Fingern; der Nacken ist mit Knöcheln und Handgelenken verbunden, der Brustkorb mit den Waden, der Magen mit Knien und Ellbogen, der untere Rücken mit den Schenkeln, der Beckengürtel mit Schultern und Hüften. Die Massage eines Punkts stimuliert daher auch den ihm entsprechenden Bereich.
Die Selbstmassage selbst umfaßt neun Schritte und wird in folgender Reihenfolge ausgeführt: Kopfhaut, Füße, Beine, Arme, Rücken, Magen, Oberkörper, Hals und Gesicht, Facelifting. Bei speziellen Anlässen oder Zeitmangel können Sie auch verschiedene Mini-Massagen durchführen, d. h. Teilabschnitte der kompletten Version. Dazu gehören ein Mini-Abhyanga, bzw. eine dreiminütige Massage von Kopfhaut und Füßen (Schritte 1 und 2), die Magenmassage (Schritt 6) und das natürliche Faceliftung (Schritt 9). Jeder einzelne Schritt hat, wie Sie sehen werden, einen ganz speziellen Nutzen. Bevor Sie anfangen, sollten Sie die folgenden allgemeinen Anweisungen lesen.

Ein Wort zuvor: Regelmäßige Massagen tun allen Konstitutionstypen gut und sind für eine gesunde, jugendlich aussehende Haut sehr wichtig. Aber nicht alle Massagearten sind für jeden geeignet, denn bei jedem von uns sind die Elemente anders verteilt, und jedes Element erfordert, um ins Gleichgewicht zu kommen, andere Kräuter, Öle, Düfte und Berührungen. Leute mit Vata-Haut zum Beispiel können von einer leichten Ganzkörpermassage mit wärmendem, beruhigendem Sesamöl durchaus profitieren. Wird das gleiche wärmende Öl jedoch in empfindliche Haut eingerubbelt, verstärkt es Pitta und verursacht wahrscheinlich einen Ausschlag. Deshalb muß jeder einzelne Faktor der Massageprozedur – einschließlich Häufigkeit und Zeitpunkt, Art des verwendeten medizinischen Öls oder Pflanzenpulvers, Anwendungsart, Stärke des Drucks und der Stimulation – Ihren Hauttyp ausgleichen. Andernfalls kann es sein, daß die Behandlung mehr schadet als nutzt.

Wann und wo massieren: Am besten vor dem Baden morgens oder vor dem Schlafengehen. Entleeren Sie vor der Massage immer die Blase und massieren Sie nie direkt nach dem Essen.
Leute mit trockener Haut, die zum »Abheben« neigen, profitieren an meisten von häufigen Berührungen (erinnern Sie sich: Die Haut ist der Sitz von Vata). Sie können die Selbstmassage gut ein- bis zweimal täglich durchführen; bei Vata-Störungen wie Schlaflosigkeit und Angst ist eine abendliche Massage am hilfreichsten. Menschen mit empfindlicher Haut brauchen Massagen im allgemeinen weniger häufig und genießen deren beruhigende Wirkung vor allem während der mittäglichen Pitta-Phase. Wer fettige Haut hat, kommt mit den wenigsten Massagen aus – ein- bis zweimal pro Woche genügen – und profitiert während der morgendlichen Kapha-Phase am meisten von der Behandlung, wenn er einen »Kick« braucht, um in Gang zu kommen.
Am besten setzen Sie sich auf ein großes Handtuch oder eine Matte (die beide leicht waschbar sein sollten), vorzugsweise an einen warmen, ruhigen, angenehmen Ort. Wenn Ihnen danach ist, können Sie sanfte Musik anstellen und Räucherstäbchen anzünden.

Das Öl benutzen: Verwenden Sie immer warme medizinische Körper- und Gesichtsöle, die mit für Ihren Hauttyp geeigneten Zutaten hergestellt sind (siehe Kapitel 5). Sie können das Öl erwärmen, indem Sie heißes Wasser über das Gefäß laufen lassen – achten Sie dann darauf, daß dieses wirklich fest verschlossen ist. Benutzen Sie für das Gesicht Gesichtsöl, kein Körperöl. Um das Haarewaschen nach einer Massage zu vermeiden, sollten Sie auch für die Punkte auf der Kopfhaut Gesichtsöl benutzen, es ist weniger fettig.

Massieren sie jeden Marma-Punkt und jedes Gelenk mit mindestens ein paar Tropfen Öl. Geben Sie das Öl bei jedem neuen Massagepunkt auf die Hand oder direkt auf die Haut. Tragen Sie bei trockener Haut *mehr,* bei empfindlicher Haut *weniger,* und bei fettiger Haut *am wenigsten* Öl auf. Geben Sie auf *sehr fettige* Haut *überhaupt kein Öl.* Verwenden Sie stattdessen trockenes Kichererbsenmehl und einen Luffaschwamm oder eine Körperbürste.

Sich selbst massieren: Für eine korrekte Selbstmassage müssen Sie wissen, welche Streichbewegungen und wieviel Druck Sie anwenden müssen. Es gibt bei dieser Massage drei unterschiedliche Bewegungen, die danach ausgewählt werden, welcher Teil des Körpers bearbeitet wird:

- Auf den Marma-Punkten und den Gelenken bewegen Sie, wenn nichts anderes angegeben ist, Finger oder Handflächen *kreisförmig im Uhrzeigersinn.* Auf einigen zarten Hautpartien drücken wir den Punkt nur; in manchen Fällen klopfen wir leicht auf die Marma-Punkte, um die feinstoffliche Energie zu wecken.
- Streichen Sie *zwischen den Gelenken* auf der Haut auf und ab, damit eine Reibung entsteht.
- Streichen Sie *auf den Händen und Füßen* nur nach oben.
- Streichen Sie auf *Hals und Gesicht* nur sanft nach oben oder zur Seite.

Bei einer ayurvedischen Massage werden die tiefergelegenen Muskeln nicht massiert, denn ihr Ziel besteht darin, die subtileren Energien der Marma-Punkte und der Nadis zu stimulieren. Dazu wenden wir leichte, aber doch feste Berührungen an. Die Stärke des Drucks hängt vom Hauttyp ab:

- Die *sattvische Berührung* ist leicht, ruhig und langsam. Sie kommt im allgemeinen bei *trockener* Haut oder in Situationen zum Einsatz, in denen jemand Trost braucht. Zu starker Druck verstärkt das Element Luft; eine kräftige Massage, die tief ins Gewebe hineingeht, kann der Vata-Konstitution mehr schaden als nutzen, weil sie seelisches »Flattern« und Erregung verursacht.
- Die *rajasische Berührung* arbeitet mit mäßigem Druck und mittlerer Geschwindigkeit und ist gut für Menschen mit *empfindlicher* Haut. Zuviel Anregung verstärkt Pitta.

- Die *tamasische Berührung* geht am tiefsten und ist am kräftigsten. Sie ist gut für Menschen mit *fettiger* Haut, deren dichte, langsame Kapha-Natur eine anregendere, »aufreizendere« Massageart braucht.

Die unterschiedlichen Druckstärken lassen sich nicht objektiv messen, hier ist Ihr Einfühlungsvermögen gefragt.

Wie lange massieren: Traditionell empfiehlt der Ayurveda, jeden Punkt 7–11 Mal zu bearbeiten. Die vollständige Massage dauert in diesem Fall etwa 15–20 Minuten. Wenn Sie in Eile sind, gehen Sie weniger oft über einen Punkt. Wenn Sie sehr wenig Zeit haben, massieren Sie nur Kopfhaut und Füße. Dies ist bei Schlaflosigkeit vor allem abends und bei ängstlicher Besorgnis vor allem morgens angezeigt. Wenn Vata oder Pitta stark sind, wirkt eine derart beruhigende Mini-Massage immer günstig. Kapha-Typen brauchen diese regelmäßige Beruhigung nur selten.
Wichtiger als die Anzahl der einzelnen Berührungen ist jedoch deren *Qualität.* Damit meinen wir nicht nur die Stärke des Drucks, sondern auch die *Aufmerksamkeit,* die Sie der ganzen Sache widmen. Wenn Sie sich bei den einzelnen Massageabschnitten Ihrer jeweiligen körperlichen Empfindungen bewußt sind, erleichtert dies den Abbau von Streß und den Reinigungsvorgang. Den maximalen Nutzen haben Sie daher, wenn Sie die *Augen für die Dauer der gesamten Massage schließen und Ihr Bewußtsein sanft auf die jeweils massierten Punkte richten.*
Im Fall von Störungen oder Krankheiten verabreichen ayurvedische Ärzte oft monatelang jeden Tag Massagen mit medizinischen Ölen. Zur Gesunderhaltung reichen weniger häufige Massagen jedoch gewöhnlich aus. Um fit und im Gleichgewicht zu bleiben, sollten Sie die komplette Selbstmassage mindestens dreimal in der ersten Woche und in der Woche danach einmal durchführen. Massieren Sie sich häufiger, wenn ein Ungleichgewicht vorhanden ist – *außer* wenn die unten aufgeführten Umstände vorliegen, bei denen einige oder alle Massageanwendungen kontraindiziert sind.

Vorsicht!

- Massieren Sie *nie,* wenn Sie menstruieren, sehr schwach oder aufgezehrt sind oder Verstopfung oder Fieber haben – es würde die Schlacken nur tiefer ins Gewebe verlagern.
- Massieren Sie *nie den Magen,* wenn Sie schwanger sind oder Darmgeschwüre oder Herzprobleme haben.

Nachstehend nun die Anweisungen für eine schrittweise Ganzkörpermassage. Die Abbildungen zeigen die mit Zahlen versehenen Marma-Punkte und die Richtung der Massagebewegungen.

Schritt 1: Kopfhaut

Massieren Sie jeden der folgenden Punkte in drei Schritten: Geben Sie Öl in die Handfläche und *klopfen* Sie den Punkt mit leichtem Druck. Massieren Sie den Punkt dann im Uhrzeigersinn. (Benutzen Sie auf dem verlängerten Rückenmark statt der Handfläche den Mittelfinger.) Nehmen Sie anschließend die Haare an dem betreffenden Punkt, wickeln Sie sie um den Finger und ziehen Sie einmal fest, um die Nerven zu stimulieren. Loslassen.

- *Brahma-Randhra (1):* Liegt in der Mitte den Schädels, etwa acht Finger breit über den Augenbrauen. Die weiche Stelle, ursprünglich eine Knochenlücke des Schädeldachs, die sich erst in der Kindheit schließt, ist dem Ayurveda zufolge der Sitz der Glückseligkeit bzw. von Samadhi, und auch die Stelle, an der Prana, die Lebenskraft, den Körper verläßt. Dort beginnen wir jede ayurvedische Massage. (Lindert Druckkopfschmerzen.)
- *Adhinati (2):* Das »Scheitel«-Chakra an der höchsten Stelle des Kopfes zwischen den Ohren. (Lindert Bluthochdruck).
- *Manya Mula (3):* Das verlängerte Rückenmark ist die tiefe Einkerbung an der Basis des Schädelknochens direkt oberhalb des Haaransatzes im Nacken. Es ist die Stelle, durch die Prana vor der Geburt in den Körper eintritt. (Gut bei Funktionsstörungen der Bauchspeicheldrüse und Spannungskopfschmerzen.)

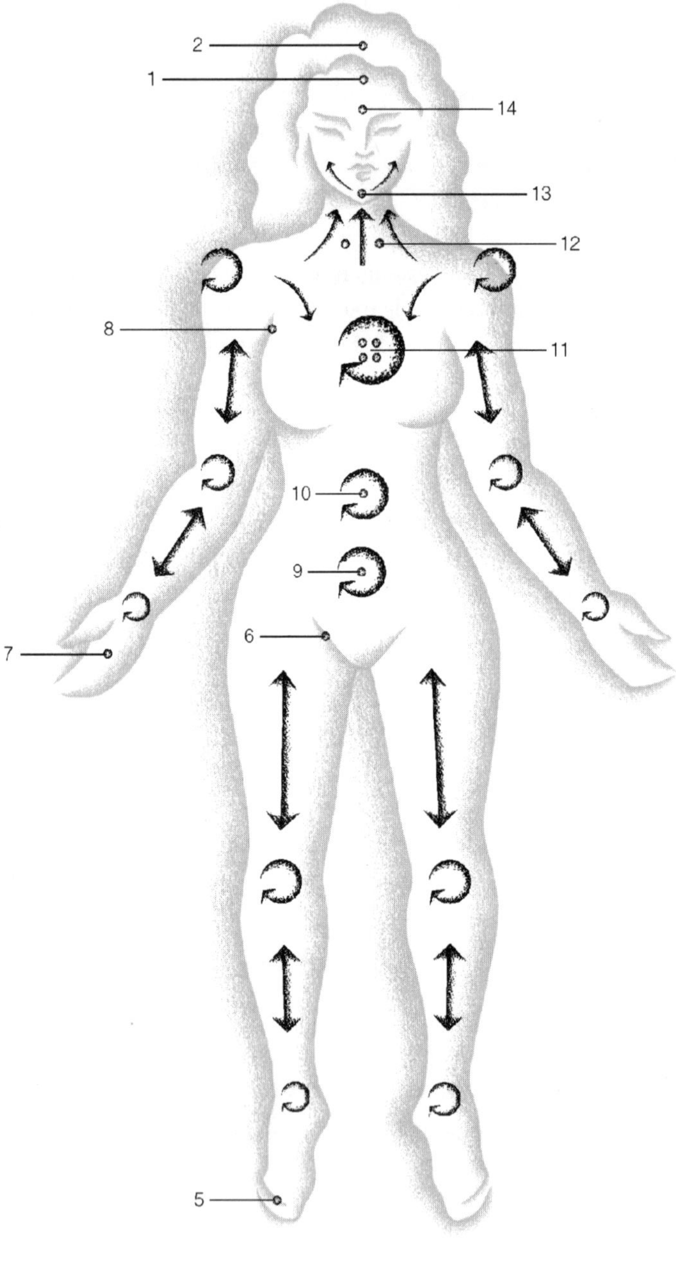
2
1
14
13
12
8
11
10
9
6
7
5

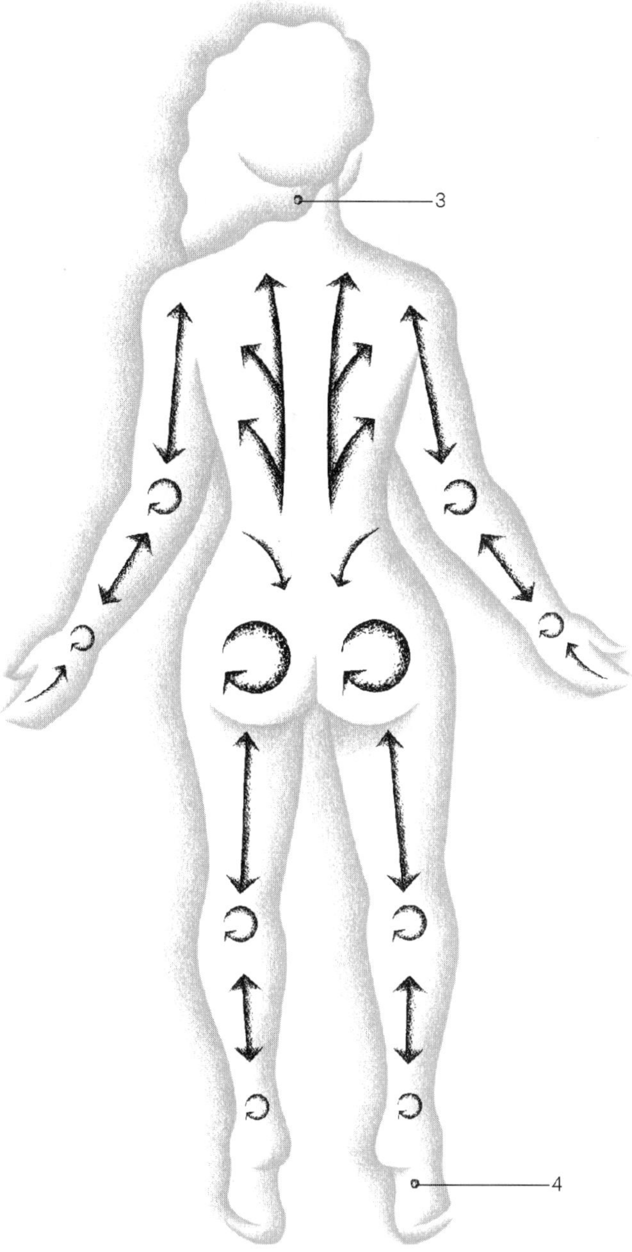
3
4

Schritt 2: Füße

Massieren Sie erst den rechten Fuß und das rechte Bein, und wiederholen Sie dann das Ganze auf der linken Seite. Massieren Sie den Fuß wie folgt:

- *Talahridaya (4):* Massieren Sie mit dem Daumen den Punkt, der in der Mitte der Fußwölbung liegt. (Gut für das Herz.)
- *Große Zehe:* Massieren Sie mit dem Daumen den Punkt, der in der Mitte der Unterseite der großen Zehe liegt. (Reguliert die Hormonaktivität.)
- *Zehen:* Fangen Sie beim großen Zeh an und massieren Sie die Unterseite des Grundgelenks jeden einzelnen Zehs. Gehen Sie dann zurück und massieren Sie sanft um jeden Zeh herum, indem Sie vom Zehengrundgelenk zur Zehenspitze leicht an ihm ziehen. (Alle Zehen, von der größten zur kleinsten, entsprechen einem wichtigen Organ: Gehirn, Lunge, Eingeweide, Niere, Herz.)
- *Kshinra (5):* Dieser Marma-Punkt liegt auf der Fußoberseite in der Furche zwischen der Basis des großen Zehs und der zweiten Zehe. Legen Sie beide Daumenspitzen zwischen großen Zeh und zweiten Zeh und massieren Sie etwa 2–3 cm Richtung Knöchel, bis Sie den Knochen spüren.

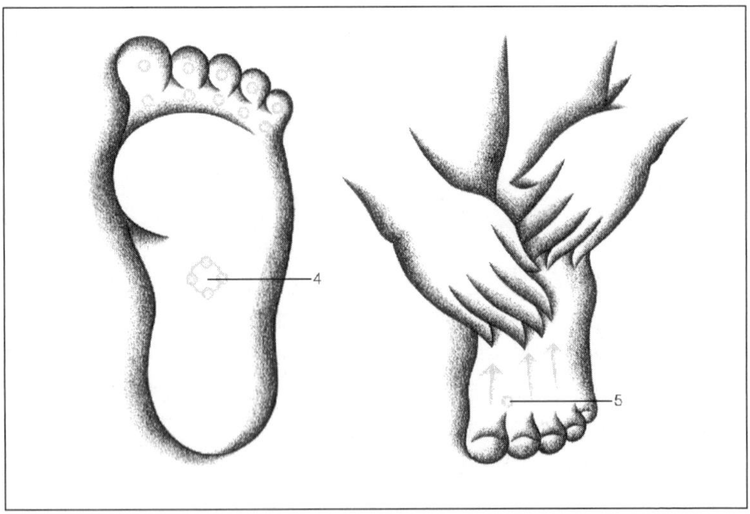

- *Fuß:* Massieren Sie mit beiden Händen den Fuß mit nach oben streichenden Bewegungen von den Zehen zu den Knöcheln. Machen Sie dies auf der Fußsohle und auf dem Fußrücken.

Schritt 3: Untere Gliedmaßen

- *Knöchel:* Legen Sie Ihre Hände auf das Gelenk und massieren Sie im Uhrzeigersinn.
- *Unterschenkel:* Streichen Sie auf allen Seiten vom Knöchel zum Knie und zurück.
- *Knie:* Massieren Sie mit den Handflächen im Uhrzeigersinn um die ganze Kniescheibe herum, und massieren Sie mit kreisförmigen Bewegungen sanft hinter dem Kniegelenk.
- *Oberschenkel:* Streichen Sie auf allen Seiten vom Knie zur Leiste und zurück. Kneten Sie außerdem die Oberschenkelmuskeln, wenn Sie Zellulitis haben.
- *Lohitakasha (6):* Dieser Marma-Punkt liegt in der Falte auf halbem Weg zwischen Hüfte und Leiste über dem Lymphknoten. Massieren Sie mit dem Mittelfinger im Uhrzeigersinn.

Schritt 4: Obere Gliedmaßen

Das Vorgehen entspricht dem für die Füße und die unteren Gliedmaßen. Massieren Sie erst alle Punkte auf der rechten und dann die auf der linken Seite in der angegebenen Reihenfolge.

- *Talahridya (7):* Massieren Sie diesen Punkt, der in der Mitte des Handtellers liegt.
- *Finger:* Fangen Sie beim Daumen an. Massieren Sie nacheinander die Grundgelenke der einzelnen Finger. Gehen Sie dann zurück und massieren Sie sanft um jeden Finger herum, indem Sie vom Fingeransatz zur Fingerkuppe leicht an ihm ziehen.
- *Hand:* Massieren Sie auf dem Handrücken von den Fingern zum Handgelenk.
- *Handgelenk:* Halten Sie das Gelenk leicht zwischen Daumen und Fingern, massieren Sie im Uhrzeigersinn.
- *Unterarm:* Streichen Sie rundum vom Handgelenk zum Ellbogen und zurück.

- *Ellbogen:* Legen Sie Daumen und Finger um das Gelenk und massieren Sie im Uhrzeigersinn.
- *Oberarm:* Streichen Sie rundum vom Ellbogen zur Schulter und zurück.
- *Schulter:* Massieren Sie mit den Handflächen das ganze Gelenk im Uhrzeigersinn.
- *Kashadra (8):* Heben Sie den Arm und massieren Sie mit dem Mittelfinger sanft den Punkt in der Mitte der Achselhöhle, wo sich eine Lymphdrüse befindet.

Schritt 5: Rücken

Es ist schwierig, sich selbst den Rücken zu massieren. Tun Sie, was Sie können, ohne sich zu verspannen:

- Massieren Sie mit den Handflächen auf dem ganzen unteren Rükkenbereich auf und ab und die Wirbelsäule hinauf, so weit Sie kommen. Massieren Sie dann die Schultern und den oberen Rücken so weit nach unten, wie Sie können. Oder drehen Sie ein Handtuch zu einem dicken Seil und geben Sie das Öl direkt darauf. Halten Sie es wie ein kurzes Sprungseil hinter sich, mit einem Ende in jeder Hand, und rubbeln Sie auf dem ganzen Rücken hin und her.

Schritt 6: Bauch

Lassen Sie den Bauch aus, wenn Sie schwanger sind oder Darmgeschwüre oder Herzprobleme haben.

- *Nabhi (9):* Dieser Marma-Punkt entspricht dem Nabel bzw. dem zweiten Chakra. Gießen Sie das Massageöl direkt in den Nabelbereich und massieren Sie den Nabel mit den Fingern sanft im Uhrzeigersinn. Machen Sie dann die Kreise allmählich größer, bis die ganze Handfläche aufliegt, und massieren Sie so den gesamten Bauchbereich. Kehren Sie dann die Richtung um und machen Sie die Kreise langsam wieder kleiner, bis Sie beim Nabel angekommen sind.

Schritt 7: Oberkörper

Die Punkte auf dem Oberkörper entsprechen dem 3., 4. und 5. Chakra, die alle mit unseren Gefühlen und dem Selbstausdruck zu tun haben. Eine Massage dieser Punkte (wie überhaupt aller Marma-Punkte) setzt die Energie aufgestauter Gefühle frei. Wenn diese Energie den Körper verläßt, können daher starke Gefühle hochkommen. Massieren Sie in diesem Fall den Punkt sanft noch 1 oder 2 Minuten länger, und seien Sie mit Ihrer Wahrnehmung bei der körperlichen Empfindung. Atmen Sie ruhig weiter.

- *Agrapata (10):* Dieser Marma-Punkt entspricht dem Solarplexus bzw. dem 3. Chakra. Er liegt 10–12 cm oberhalb des Nabels. Massieren Sie mit den Fingern im Uhrzeigersinn.
- *Hridaya (11):* Dies ist das Herz- bzw. 4. Chakra. Es handelt sich eigentlich um mehrere Punkte in einem Bereich von etwa 10 cm Durchmesser, der zwischen den Brustwarzen etwas links von der Mitte liegt. Massieren Sie mit der Handfläche den Bereich sehr sanft im Uhrzeigersinn. (Regt Liebe und die Leidenschaft zum Leben an und wirkt beruhigend auf die Gefühle.) Verweilen Sie etwas länger bei diesem Bereich, wenn Sie wütend oder frustriert sind.
- *Oberer Brustkorb:* Massieren Sie mit je einer Hand auf einer Seite den rechten und den linken Brustkorbbereich unterhalb des Schlüsselbeins.
- *Neela (12):* Dies ist das Kehl- bzw. 5. Chakra. Es liegt in der Kuhle direkt über dem Brustbein. Massieren Sie es mit dem Mittelfinger. (Dieser auch Saraswati-Chakra genannte Marma-Punkt ist der Sitz der Ausdrucksfähigkeit. Massieren Sie diesen Punkt länger, wenn Sie beruflich Reden oder Vorträge halten oder Schwierigkeiten haben, Ihre Gedanken auszudrücken).

Schritt 8: Hals und Gesicht

Zur Massage dieser zarten Partien sollten Sie zur Erzielung eines optimalen Ergebnisses Gesichtsöl anstelle von Körperöl benutzen.

- *Hals:* Massieren Sie mit beiden Handflächen sanft vom Halsgrund aufwärts zum Kinn.
- *Hanu (13):* Dieser Marma-Punkt liegt in der Kuhle zwischen Kinn und Unterlippe. Legen Sie den Zeigefinger der rechten Hand auf diesen Punkt auf dem Kinn und den Mittelfinger unter das Kinn, so daß die beiden Finger so etwas wie eine Schere bilden; die Handfläche weist zu Ihnen. Massieren Sie so Kinn und Unterkiefer entlang

aufwärts bis zum rechten Ohr. Machen Sie mit der linken Hand auf der linken Gesichtshälfte das gleiche. Massieren Sie die rechte und die linke Hälfte abwechselnd ein paarmal auf diese Weise.

- *Lachfalten und Wangen:* Massieren Sie die Lachfalten mit den Zeigefingern vom Kinn aufwärts zu den Nasenflügeln. Massieren Sie dann mit der Handfläche von den Nasenflügeln über die Wangen weiter aufwärts zu den Schläfen.
- *Augen:* Legen Sie die Kuppen Ihrer Ringfinger unterhalb der Augenbrauen dahin, wo diese sich an der Nase treffen. Massieren Sie unterhalb der Augenbrauen nach außen, dann nach unten, dem unteren Lidbereich entlang nach innen und wieder zur Nasenwurzel, als würden Sie mit den Fingern um die Augen herum Kreise ziehen.
- *Sthapani (14):* Dies ist das 6. Chakra, das auch als »drittes Auge« bekannt ist. Es ist der Punkt auf der Mitte der Stirn über den Augenbrauen, an dem indische Frauen den *Bindi* genannten roten Punkt haben. Streichen Sie mit den Mittelfingern beidseits der Nase aufwärts zu diesem Punkt.
- *Stirn:* Legen Sie Mittel- und Ringfinger über den Nasenrücken und streichen Sie aufwärts bis zum Haaransatz. Wiederholen dies 6–10 Mal, wobei rechte und linke Hand sich abwechseln. Legen Sie dann die rechten Fingerspitzen auf die linke Schläfe und streichen Sie mit der Handfläche über die Stirn zur rechten Schläfe. Legen Sie die linken Fingerspitzen auf die rechte Schläfe und streichen Sie mit der Handfläche über die Stirn zur linken Schläfe. Wiederholen Sie dies Insgesamt 6–10 Mal abwechselnd mit beiden Händen. (Reduziert Falten auf der Stirn.)

Schritt 9: Natürliches Facelifting

Zur Vervollständigung der Ganzkörpermassage oder jedesmal, wenn Sie ein Facelifting wollen. Massieren Sie jeden der unten genannten Punkte 20–30 Sekunden im Uhrzeigersinn, und zwar, wenn nicht anders angegeben, mit dem/den Mittelfinger/n:

- *Kinnmitte.* (Lindert Schnupfen.)
- *Beide Mundwinkel.*
- *Der Punkt in der Mitte zwischen Nase und Oberlippe.*

- *Äußere Nasenwinkel,* wo die Nasenflügel sich blähen. (Dieser Punkt entspricht dem Dünndarm. Lindert Nebenhöhlenprobleme.)
- *Mitte des Jochbeins.* Von der Unterseite des Knochens nach oben drükken und massieren.
- *Unterhalb der Augen* direkt oberhalb des Jochbeins. Mit dem Ringfinger *sanft drücken. Nicht massieren.*
- *Augenbrauen.* Drücken Sie mit der Daumenunterseite am inneren Winkel der Augenbrauen am Nasenrücken nach oben. Kneifen Sie dann mit Daumen und Zeigefinger von innen nach außen die ganze Wölbung der Augenbrauen entlang. Wiederholen. (Bei korrekter Ausführung kann dies aufgrund der aufgestauten Gefühle leichte Schmerzen verursachen. Gut gegen Kopfschmerzen und Blasenbeschwerden.)
- *Schläfen:* Massieren Sie sanft mit flachen Fingern.
- *Drittes Auge.*
- *Scheitel-Chakra:* Legen Sie beide Hände oben auf den Kopf und bewegen Sie sie schnell hin und her, um die Kopfhaut in Schwingung zu versetzen.

Die Mini-Massagen

Massage von Kopfhaut und Füßen

Wenn Sie für eine komplette Selbstmassage nicht jeden Tag Zeit haben, besteht die beste Alternative darin, Kopfhaut und Füße einzuölen (Schritte 1 und 2 oben). Die feinstofflichen Körperenergien lassen sich auch durch diese beiden Schritte gut ins Gleichgewicht bringen, weil die Marma-Punkte auf dem Kopf die auf den Füßen spiegeln, und umgekehrt. Eine Massage von Brahma-Randhra und anderen Marmas auf dem Kopf vitalisiert Geist und Körper, verstärkt das Fließen der Gehirn-Rückenmark-Flüssigkeit, trägt dazu bei, die Sehkraft und das Gedächtnis zu verbessern und bringt Hirnanhangs- und Zirbeldrüse ins Gleichgewicht. In die Füße einmassierte medizinische Öle beruhigen Vata und gelangen über die Hautnervenfasern auf der Kopfhaut auch ins Gehirn, wo sie eine beruhigende, erdende Wirkung ausüben.

Diese schnelle, einfache Selbstmassage eignet sich besonders für Leute mit trockener Haut bzw. Vata-Störungen.
Das Salben bzw. Einölen der Füße ist in vielen Kulturen ein alter Brauch. Denken Sie bei der morgendlichen Fußmassage daran, daß Ihre Füße Sie durch den Tag tragen und Sie insofern von ihnen abhängig sind; wenn Sie sie einölen, heiligen Sie gewissermaßen Ihren Tag. Es zeigt, daß Sie nett zu sich selbst und dem Leben dankbar sind.

Bauchmassage für kleine Bäuchlein

Neben Diäthalten und regelmäßigem Sport stellt eine zweimal täglich – morgens als erstes und vor dem Schlafengehen – durchgeführte Bauchmassage die einfachste und gesündeste Methode dar, ein kleines Bäuchlein wieder flach zu bekommen. Sie reduziert nicht nur Fettablagerungen und Zellulitis am Bauch (ein noch besseres Ergebnis erzielen Sie, wenn Sie dazu Medhohara-Öl von Tej oder Bindi benutzen), sondern kräftigt und strafft auch die Muskulatur, besonders nach einer Entbindung. Während der Schwangerschaft sollten Sie die Bauchmassage allerdings unterlassen, genauso bei Geschwüren oder Herzkrankheiten.
Mit einer Bauchmassage lassen sich außerdem die Folgen von Streß sehr gut reduzieren. Magen und Solarplexus (2. und 3. Chakra) sind Hauptsammelstellen für Schlacken, denn die meisten von uns halten nicht zum Ausdruck gebrachte Gefühle im Bauch fest. Außerdem laufen am Nabel 72 000 Nadis zusammen, so daß eine Bauchmassage den Energiefluß im ganzen Körper anregt. Sie bringt auch die Elemente Wasser und Feuer ins Gleichgewicht, die im 2. bzw. 3. Chakra ihren Sitz haben. Weitere Vorteile: Chronische Verstopfung wird gelindert, die Verdauung und die Nierentätigkeit verbessert.
Befolgen Sie die Anweisungen zu Schritt 6 oben. Massieren Sie 1 Minute im Uhrzeigersinn und 1 Minute in die entgegengesetzte Richtung.

Natürliches Facelifting

Diese Mini-Massage (Schritt 9 oben) strafft die Wangen und glättet Lachfalten, Krähenfüße und Falten auf der Stirn. Da sie sehr sanft auf diese zarten Hautpartien einwirkt, können Sie sie so oft durchführen, wie Sie wollen. Verwenden Sie für diese Massage das Gesichtsöl.

Die Glückseligkeits-Kompresse

Einer der angenehmsten Aspekte des Panchakarma ist eine Ölbehandlung namens *Shirodhara.* Diese Therapie erfordert eine spezielle Ausrüstung, u. a. ein Gefäß, aus dem der kontinuierliche, kontrollierte Strahl einer mit Heilkräutern versetzten Flüssigkeit direkt auf das Dritte Auge gegossen wird; der Patient liegt dabei mit dem Gesicht nach oben auf einem Tisch, der im Kopfbereich ein Ableitungssystem aufweist. Die Behandlung baut geistig-seelische Spannungen ab und führt zu einem Gefühl intensiven Glücks. Leider läßt diese Therapie sich nicht leicht zu Hause durchführen. Ein paar ihrer segensreichen Auswirkungen lassen sich jedoch auch mit einer Ölkompresse, einem *Pichu,* genießen.

Zur Erzielung der besten Ergebnisse sollten Sie als Vorbereitung auf diese Anwendung die komplette Selbstmassage und die Schwitzbehandlung durchführen. Sie können auch nur Hals, Gesicht und Kopfhaut mit Öl massieren und anschließend ein warmes Handtuch wie eine Kompresse auflegen. Nehmen Sie dann ein gefaltetes Taschentuch oder ein anderes Tuch und tauchen Sie die Mitte in die geeignete Flüssigkeit (siehe unten). Legen Sie sich hin und geben Sie die Ölkompresse auf den Marma-Punkt mitten auf der Stirn oberhalb der Augenbrauen. Entspannen Sie sich 10 Minuten mit geschlossenen Augen. Wenn Sie wollen, können Sie dabei ruhige Musik hören und Räucherstäbchen anzünden.

- *Für Vata:* Warmes Sesamöl.
- *Für Pitta:* Gleichviel kühle Milch + Kokosnußöl + Ghee und 2–3 Tropfen Rosenwasser. Auch gut zur Abkühlung im Sommer.
- *Für Kapha:* 3 Teile warmes Sesamöl + 1 Teil Ingwertee. Eignet sich auch bei winterlichem Schnupfen sowie Nebenhöhlenbeschwerden.

Im allgemeinen sind diese Anwendungen gut für alle Beschwerden, bei denen Trockenheit im Spiel ist: Verstopfung, Migräne, Nasenbluten, Schmerzen im unteren Rücken, Nierenprobleme und nervöse Störungen. Und natürlich fühlen Sie sich anschließend ausgesprochen gut!

Augen- und Nasenreinigung
Das Panchakarma kennt auch eine *Netra Basti* genannte Ölbehandlung für die Augen, die dazu beiträgt, die Sehkraft zu verbessern und Falten zu glätten, und eine weitere Behandlung für die Nase *(Nasya)*, die die Atemkanäle öffnet, den Geruchssinn verbessert und die Prana-Energie reinigt. Wie das Shirodhara werden diese Therapien gewöhnlich von professionellen Therapeuten verabreicht, eine modifizierte Version ist jedoch auch zu Hause möglich. Auch auf diese Ölanwendungen sollten Sie sich durch die Tej-Heimkur oder wenigstens durch die Massage von Hals, Gesicht und Kopfhaut und eine anschließende warme Kompresse vorbereiten.

- *Für die Augenspülung* träufeln Sie mit einem Augentropfer 1 Tropfen geschmolzenes Ghee in jedes Auge. Legen Sie sich hin und entspannen Sie sich 5–10 Minuten mit geschlossenen Augen.
- *Für die Nasenspülung* reinigen Sie zunächst die Nasenlöcher innen mit einem nassen Finger oder einem Baumwolltupfer; massieren Sie dann die Nasenflügel mit nach oben gerichteten Bewegungen. Legen Sie sich mit zurückgeneigtem Kopf und einer warmen Kompresse über der Nase hin und geben Sie 7–8 Tropfen geschmolzenes Ghee in jedes Nasenloch; atmen Sie tief ein. Lassen Sie die Tropfen die Nasenwege hinunterrinnen und schlucken Sie. Spucken Sie nicht aus. Entspannen Sie sich ein paar Minuten.

Ich empfehle Ihnen, diese ayurvedischen Massagetherapien regelmäßig nicht nur selbst zu genießen, sondern sie auch Ihren Lieben zuteil werden zu lassen. Wenn Sie jemanden ein Snehana geben, ist dies eine wunderbar liebevolle und heilsame Möglichkeit, für sich und andere zu sorgen. Der langfristige gesundheitliche Nutzen regelmäßiger Massagen geht oft sehr tief. Susans Erfahrung ist dafür ein – wenn auch dramatisches – Beispiel, das zeigt, wie heilend der Ayurveda wirken kann, weil er das Zusammenspiel der Doshas kennt und weiß, was der Körper mit Hilfe seiner Krankheiten sagen will.
Susan war um die 50, litt unter fürchterlicher Arthritis und saß in einer langen, unglücklichen Ehe fest. Wie viele Frauen kam sie zuerst einfach

zu mir, um sich zu entspannen und ihrer Haut etwas Gutes zu tun. Da sie eine Vata-Konstitution hatte, die bei Berührungen und nährenden Ölmassagen aufblüht, genoß sie natürlich die erste Sitzung, und die nächsten zwei Jahre kam sie jede Woche; für das Vergnügen der einstündigen Behandlung nahm sie sogar eine insgesamt vierstündige Fahrtzeit in Kauf. Zu ihrer Überraschung verschwanden die Arthritisschmerzen innerhalb eines Jahres völlig.

Mich als Schülerin des Ayurveda überraschte dies allerdings weniger. Arthritis ist eine Vata-Störung, die in die Knochen und in das Bindegewebe eingedrungen ist, die zusammen den Körper aufrecht halten. Susans arthritischer Körper, der sein eigenes Gewicht nur unter fürchterlichen Schmerzen tragen konnte, drückte einfach das aus, was sie ihrem Mann jahrelang nicht hatte sagen können: Daß sie das Gefühl hatte, nicht geliebt und unterstützt zu werden. Zusammen mit Ernährungsumstellungen und Kräutern zur Verbesserung ihrer Verdauung gab die fürsorgliche, kräftigende Berührung, die einen wesentlichen Bestandteil des Snehana darstellt – die Erfahrung, den Körper zu lieben –, ihr schließlich das, was sie brauchte; die Arthritis verschwand, obwohl der Zustand ihrer Ehe sich nicht verändert hatte.

Die Schwitzbehandlung

Die Ölbehandlung bzw. Snehana ist erst die eine Hälfte der zweistufigen Vorbereitung auf das Panchakarma, die zweite Hälfte ist Swedana bzw. Schwitzen. Ayurvedische Schwitzbehandlungen können mit feuchter Hitze durchgeführt werden, z. B. als Dampfbad, mit trockener Hitze, z. B. Sauna oder heiße Steine; oder mit selbsterzeugter Hitze, z. B. Sport oder Körperwickel. Schwitzen erleichtert nicht nur den Entgiftungsprozeß, weil es Ama löst; es fördert auch die Ausscheidung von Schlackstoffen, weil es die Schweißdrüsen aktiviert. Schwitzen regt außerdem Agni an und wirkt wohltuend bei Kälte, Steifheit und Völlegefühlen infolge eines aufgeblähten Bauchs.

Vorsicht: Führen Sie keine Schwitzbehandlung durch, wenn Sie ein Pitta-Ungleichgewicht haben.

Sie können diese Behandlung nach der Selbstmassage durchführen, wenn Sie Zeit haben, oder mindestens einmal pro Woche. Bleiben Sie 5–10 Minuten im Bad, oder bis Sie schwitzen.

- *Feuchte Hitze:* Füllen Sie die Badewanne mit warmem Wasser und geben Sie ein paar Tropfen einer Kräuterabkochung dazu, Dashamala oder Bala bei trockener Haut, Beinwell, Kamille oder Brennnessel bei empfindlicher Haut, Rosmarin oder Salbei bei fettiger Haut. Setzen Sie sich in die Wanne und ziehen Sie die Duschvorhänge zu, damit der Dampf möglichst konzentriert bleibt.
- *Trockene Hitze:* Wickeln Sie sich in heiße Handtücher und legen Sie sich unter eine Decke, um das Schwitzen auszulösen.

Beenden Sie die Tej-Heimkur immer mit Ihrem normalen Programm: Reinigen, Nähren, Feuchtigkeitspenden. Nach diesen äußerlichen Reinigungstechniken sind Sie vorbereitet für die innerlichen Reinigungs- und Ölbehandlungen des Panchakarma.

Panchakarma zu Hause: Innerliche Reinigung und Ölbehandlung

Der Ayurveda empfiehlt eine professionelle Panchakarma-Therapie als Präventivmaßnahme für jeden mindestens dreimal jährlich beim Wechsel der Jahreszeiten. Aber auch wenn in Ihrem Umkreis eine professionelle Behandlung nicht zur Verfügung steht oder Sie sich eine solche nicht leisten können, läßt sich zu Hause eine Reinigungs- und Ölbehandlung durchführen, die dazu beiträgt, das richtige Gleichgewicht und Funktionieren von Doshas, Dhatus und Malas wieder herzustellen. Wie alle Panchakarma-Anwendungen besteht auch diese Do-it-yourself-Version aus drei Phasen:

- einer vorbereitenden Phase der innerlichen und äußerlichen Ölbehandlung plus Schwitzen, um die Schlacken in den Magen-Darm-Trakt zu befördern und sie für die Ausscheidung aufzubereiten,

- dem Ausscheidungsverfahren selbst,
- und einer Nachbehandlungsphase, in der es um die Handhabung der Ernährung geht, damit das Verdauungsfeuer neu angefacht und der Körper verjüngt wird.

Ein Panchakarma wird immer in den letzten 10 Tagen der einen und den ersten 10 Tagen der nächsten Jahreszeit durchgeführt. Innerhalb dieser 20tägigen Spanne brauchen Sie 9 aufeinanderfolgende Tage zur Durchführung der Therapie. In diesen 9 Tagen sollten Sie leicht essen und sich möglichst viel ausruhen. Am 7. Tag, wenn Sie die Ausscheidungsbehandlung durchführen, müssen Sie teilweise fasten und brauchen einen ganzen Tag Ruhe. Wir empfehlen daher, daß Sie die Therapie für einen Zeitraum einplanen, in dem Sie sich von Ihren üblichen Pflichten frei machen können.
Auch hier gelten die gleichen Vorsichtsmaßnahmen wie für die normalen Massagen und Schwitzbehandlungen. Führen Sie die Therapie nicht durch, wenn irgendein Teil von ihr aufgrund bestehender Probleme oder Symptome kontraindiziert ist. Wenn Sie ein Ungleichgewicht oder eine Krankheit haben, sollten Sie vorher Ihren Arzt fragen. Die Heimbehandlung ist eine vorbeugende Maßnahme. Sie ist weder ein Ersatz für die Heilwirkung einer professionellen Panchakarma-Therapie noch für andere ärztliche Behandlungen.

Die 9-Tage-Kur

Am Abend, bevor Sie anfangen
Beginnen Sie die Vorbereitungsphase der Behandlung am Abend vor Tag 1, indem Sie vor dem Schlafengehen 1 TL Ghee in $^1/_2$ Glas warmer Milch zu sich nehmen.

Tag 1–3: Innerliche Ölbehandlung
Tägliche Ernährung: Die traditionelle Ernährung während eines Panchakarma besteht aus Khichadi, einem Gericht aus Mungbohnen und Reis (siehe Rezept Seite 255). Essen Sie bei jeder Mahlzeit etwa zwei

Handvoll. Trinken Sie über den Tag verteilt mindestens 6–8 Glas Wasser (nicht kälter als Raumtemperatur) und soviel Ingwer- oder Zitronentee, wie Sie wollen.
Tägliche Aktivität: Soviel wie möglich entspannen, kurze, ruhige Spaziergänge machen, lesen, Musik hören, meditieren und schlafen. Versuchen Sie, Arbeit und anstrengende Aktivitäten auf ein Minimum zu reduzieren. Gehen Sie spätestens um 22.30 Uhr schlafen.
Ölbehandlung: Nehmen Sie vor dem Schlafengehen

- *Tag 1:* 2 TL Ghee in $^1/_2$ Glas warmer Milch.
- *Tag 2 und 3:* 3 TL Ghee in $^1/_2$ Glas warmer Milch.

Tag 4–6: Äußerliche Ölbehandlung und Schwitzen
Tägliche Ernährung: wie oben
Tägliche Aktivität: wie oben
Ölbehandlung: Nehmen sie kein Ghee mehr. Führen Sie zur Vorbereitung des Körpers auf die Ausscheidungsbehandlung täglich morgens oder abends die komplette Selbstmassage (Snehana) und anschließend die Schwitzbehandlung (Swedana) durch.
Machen Sie die Schwitzbehandlung maximal 2 Minuten täglich, wenn Sie empfindliche Haut oder viel Pitta haben. Eine Alternative in diesem Fall: Wickeln Sie sich in ein warmes Handtuch und entspannen Sie sich.
Nach der kompletten Selbstmassage können Sie gut Pichu durchführen, die Glückseligkeits-Kompresse, oder irgendeine andere der oben beschriebenen Mini-Massagen.

Tag 7: Ausleitende Darmbehandlung und leichtes Fasten
An diesem Tag stehen die Reinigung, ein leichtes Fasten und *völlige Ruhe* im Mittelpunkt.
Nehmen Sie morgens nach dem Aufwachen als Abführmittel reines Rizinusöl (es kann auch die geruchlose Variante sein) mit Ingwer- oder Zitronentee. Nehmen Sie 2 EL Rizinusöl bei trockener oder fettiger Haut (Vata oder Kapha) und 1 EL bei empfindlicher Haut (Pitta).
Ernährung: Trinken Sie nach dem Rizinusöl halbstündlich eine Tasse Kräutertee. Nehmen Sie keine feste Nahrung zu sich, solange Sie den

Darm nicht 4- bis 6mal entleert haben. Essen Sie abends eine leichte Mahlzeit aus Reis und Dal.
Aktivität: Keine Arbeit, keine energieaufwendigen Aktivitäten. Entspannen Sie, meditieren Sie, lesen Sie, hören Sie sanfte Musik – und schlafen Sie so oft Sie wollen. Auch an diesem Tag können Sie gut die Glückseligkeits-Kompresse wiederholen.

Tag 8–9: Kräftigung und Verjüngung
Passen Sie Ihre Ernährung an die neue Jahreszeit an. Essen Sie noch mindestens 1–2 Tage leicht und ruhen Sie sich so oft wie möglich aus.

Innere Massage: Yoga-Stellungen und -Übungen

Körperübungen sind eine innere Massage, die genauso wie eine Hautmassage auf die Muskeln einwirkt, um Spannungen abzubauen, die Haut zu straffen, die Durchblutung zu fördern und den Lymphfluß anzuregen. Daher sind Körperübungen ein wichtiger Bestandteil jeden Gesundheits- und Schönheitsprogramms.
Lange bevor es Stepdance, Aerobic und Gewichtstraining gab, lehrten die Rishis ein System von Körper/Geist-Übungen, das als *Hatha Yoga* bekannt ist und einen der acht Wege des Yoga – der *Einheit* – darstellt. Diese alte spirituelle Disziplin besteht aus einer Reihe von Stellungen bzw. *Asanas,* die nicht nur die körperliche Beweglichkeit, Kraft und Anmut entwickeln, sondern auch die feinstofflichen Energien beleben, Prana ins Gleichgewicht bringen, die Gefühle stabilisieren und den Geist schulen. Anders als die meisten modernen Sportarten integrieren Yoga-Übungen alle Aspekte der Existenz: Körper, Atem, Seele und Geist.
Die drei hier vorgestellten Yoga-Übungsreihen eignen sich für alle Hauttypen, sie sorgen für die Beibehaltung eines jugendlichen Aussehens und eine lebendige Sexualität sowie geistige und körperliche Kraft und Beweglichkeit. Die erste Übungsfolge bringt die sieben Chakras ins Gleichgewicht und belebt sie, die zweite Serie fördert die seelische

Kraft, die dritte die körperliche Kraft. Sie können diese Yoga-Übungen jederzeit ausführen, aber nur mit leerem Magen. Ideal wäre, sie in Verbindung mit den in Kapiteln 12 und 13 beschriebenen Atem- und Meditationsübungen zu machen. Tragen Sie lose fallende Baumwollkleidung und legen Sie einen Teppich oder eine Matte auf den Boden unter sich.

Die Chakras verjüngen

Die Chakras sind die sieben vitalen Energiezentren des Körpers, an denen die feinstofflichen Lebenskräfte am stärksten konzentriert sind. Wenn die Energie fließt, bedeutet dies Leben; Stagnation bedeutet Alter und Krankheit.

Die vorliegende Yoga-Übungsreihe heißt »Der Jungbrunnen«, weil sie die Energiekanäle öffnet und dazu beiträgt, daß sie ständig pulsieren. Da die sieben Chakras außerdem den Elementen Erde, Wasser, Feuer, Luft und Raum plus den Aspekten Geist und Seele entsprechen, bringt diese innerliche Massage alle Ebenen des Lebens ins Gleichgewicht.

Führen Sie die Übungen in der angegebenen Reihenfolge aus. Die ganze Serie dauert ungefähr 20 Minuten. Wenn bei Ihnen ein Element aus dem Gleichgewicht ist, sollten Sie 2–3 Tage nur die Übung für das entsprechende Chakra machen. Fangen Sie dann wieder mit der kompletten Reihe an.

Vorsicht: Machen Sie keine dieser Chakra-Übungen, wenn Sie krank sind.

Erstes Chakra: Diese Übung besteht aus zwei Teilen.

- Sitzen Sie aufrecht und gerade und atmen Sie ein, während Sie die Vaginal- und Analöffnung schließen, indem Sie die Beckenmuskulatur und das Gesäß anspannen. Halten Sie die Position ein paar Sekunden; atmen Sie aus und entspannen Sie sich. Diese Übung bringt die männliche und die weibliche Energie im Körper ins Gleichgewicht. Sie stimuliert die Sexualdrüsen und befördert die sexuelle Energie die Wirbelsäule hinauf, so daß sie durch die Energiekanäle und wieder zurück in den Genitalbereich fließt. Dadurch, daß Sie diese Energie bewegen, ohne sie zu verausgaben, sorgt diese Übung dafür, daß Sie jung bleiben. Sie wirkt besonders belebend in Phasen sexueller Inaktivität.
- Stehen Sie aufrecht. Strecken Sie beide Hände seitlich aus, wobei die rechte Handfläche nach oben und die linke nach unten weist. Drehen Sie sich im Uhrzeigersinn ganz um sich selbst. Fangen Sie mit 3–4 Wiederholungen am Tag an, steigern Sie dies allmählich auf 10–12 Drehungen täglich. Diese Übung versetzt die Energie aller sieben Chakras in Rotation und bringt das Element Erde ins Gleichgewicht. Es kann sein, daß Ihnen vorübergehend schwindlig wird.

Zweites Chakra: Diese Yoga-Stellung heißt »Der Schulterstand«. Legen Sie sich mit dem Rücken auf den Boden, die Hände liegen an den Hüften. Atmen Sie tief ein, während Sie den Schließmuskel anspannen und die Beine gerade nach oben führen, so daß die Füße zur Decke zeigen. Beugen Sie die Ellbogen und stützen Sie Hüfte und Rücken mit den Händen und Armen ab; drücken Sie das Kinn Richtung Brust. Halten Sie die Stellung ein paar Sekunden, der Rücken sollte so gerade wie möglich sein; atmen Sie aus, während Sie Körper und Beine langsam senken und den Kopf wieder auf den Boden bringen. Wiederholen Sie die Übung zehnmal. Machen Sie diese Übung nicht, wenn Sie Verstopfung haben.

Diese Übung soll ewige Jugend verleihen. Sie regt die Schilddrüse an, was Tejas bzw. das Stoffwechselfeuer sowie das Immunsystem stärkt. Sie bringt das Element Wasser ins Gleichgewicht.

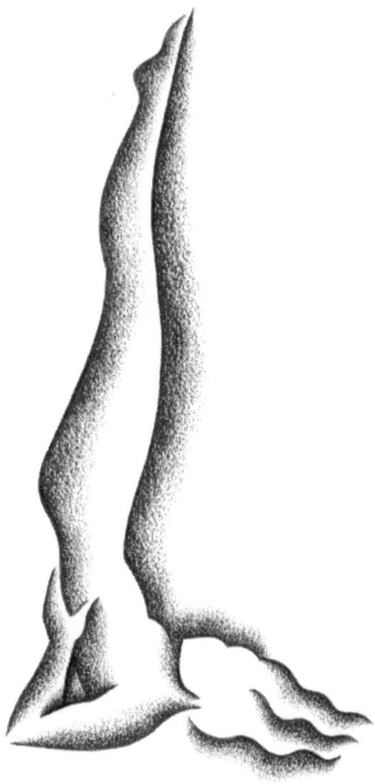

Drittes Chakra: Knien Sie sich auf den Boden, Ober- und Unterschenkel bilden einen rechten Winkel, der Rücken ist aufrecht und gerade. Stützen Sie sich mit den Händen auf der Rückseite Ihrer Oberschenkel ab und lassen Sie sacht den Kopf nach vorne fallen, bis das Kinn auf der Brust ruht. Atmen Sie langsam ein, während Sie den Kopf heben und die Wirbelsäule so weit wie möglich nach hinten beugen, auch der Kopf fällt sanft nach hinten. Atmen Sie langsam aus und kehren Sie in die Ausgangsposition zurück. Drei- bis viermal wiederholen.
Diese Übung bringt das Element Feuer ins Gleichgewicht.

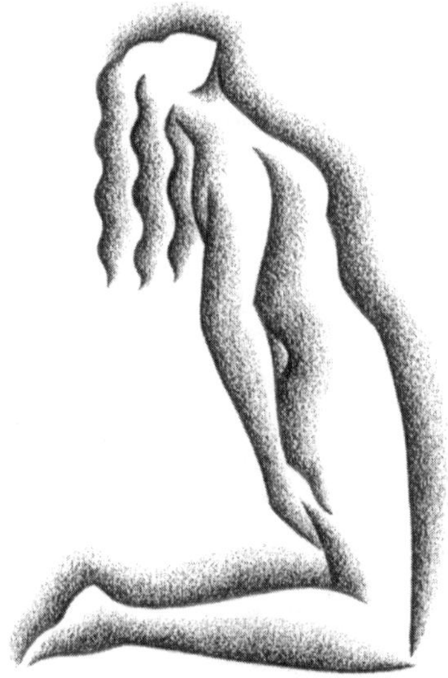

Viertes Chakra: Setzen Sie sich auf den Boden, die Beine sind gerade vor Ihnen ausgestreckt. Legen Sie die Hände in Hüfthöhe mit den Handflächen nach unten auf den Boden; die Finger zeigen nach hinten. Ziehen Sie dann die Knie an, so daß die Füße etwa 30 cm voneinander entfernt flach auf dem Boden stehen. Heben Sie langsam das Gesäß vom Boden und bringen Sie Hüfte und Bauch Richtung Decke, der Kopf fällt nach hinten. Oberkörper, Bauch und Oberschenkel bilden eine Art Tisch, Hände und Füße tragen Ihr Gewicht. Atmen Sie ein und spannen sie die Muskeln an, während Sie das Gesäß heben; atmen Sie aus und entspannen Sie sich, wenn Sie in die sitzende Position zurückkehren. Zwei- bis dreimal wiederholen.

Diese Übung ist am Anfang vielleicht ein bißchen schwierig. Versuchen Sie nicht mit aller Gewalt, sie sofort hinzukriegen. Sie bringt das Element Luft ins Gleichgewicht.

Fünftes Chakra: Diese Stellung heißt »Die Kobra«. Legen Sie sich auf den Bauch; die Hände befinden sich in Schulterhöhe, die Füße liegen etwa 60 cm auseinander. Stützen Sie den Oberkörper mit den Armen ab und heben Sie langsam Kopf und Kinn vom Boden, während Sie den Rücken nach hinten wölben. Atmen Sie ein, während Sie das Kinn zur Decke strecken; senken Sie es dann und drücken Sie es an den Brustkorb. Atmen Sie aus und kehren Sie langsam in die Ausgangsposition zurück.

Diese Übung regt die Hirnzentren an und bringt das Element Raum ins Gleichgewicht.

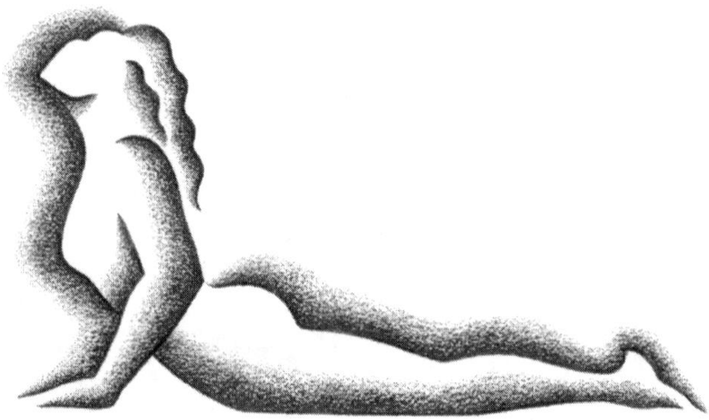

Sechstes Chakra: Legen Sie sich auf den Rücken, die Hände liegen seitlich am Körper. Atmen Sie ein, während Sie die Arme ausgestreckt über den Kopf nach hinten führen und die Zehen von sich wegdrücken, so daß die ganze Wirbelsäule gestreckt wird. Halten Sie die Position ein paar Sekunden; stellen Sie sich dabei vor, daß die Energie sich wie ein horizontales Rad in jedem Chakra schnell dreht und dann wie Licht den Körper durchstrahlt, bis jede Zelle glüht. Atmen Sie aus, während Sie die Arme langsam wieder neben den Körper bringen. Fangen Sie mit 3 Wiederholungen täglich an und steigern Sie dies allmählich auf 6 Wiederholungen am Tag.

Diese Übung trägt dazu bei, Energieblockaden zu beseitigen, und bringt den Geist ins Gleichgewicht.

Siebtes Chakra: Bei dieser Meditationsübung verwenden wir den Klang »So-Hum«. (Weitere Meditationstechniken siehe Kapitel 13.) Setzen Sie sich an einem ruhigen, bequemen Ort mit geschlossenen Augen und geradem Rücken hin. Atmen Sie langsam ein, während Sie das Wort »So« denken; beim Ausatmen denken Sie das Wort »Hum«. Atmen Sie 1–2 Minuten auf diese Weise ganz natürlich.
So-Hum ist der Atem des Universums. Mit dem Atem nehmen wir auf die Silbe »So« die universelle Energie auf, und auf die Silbe »Hum« lassen wir das Ich los. Auf diese Weise beseitigen wir die Schranke zwischen individuellem und universellem Selbst und fördern die Erfahrung des grenzenlosen Bewußtseins, das vollkommenes Gleichgewicht ist.

Geist und Körper stärken

Yoga-Übungen spannen die geistigen »Muskeln« genauso an wie die Muskeln im Körper. Die Reihe unten beginnt mit vier Übungen, die den Intellekt stärken: Konzentration, analytisches Denken, Ausdauer, Erinnerungsvermögen und Merkfähigkeit. Diese Qualitäten sind für die Achtsamkeit bzw. das, was wir angewandtes Bewußtsein nennen, unabdingbar. Im Schlußkapitel erörtern wir ausführlich, wie Sie Willen, Absicht und Aufmerksamkeit einsetzen können, um Denk- und Verhaltensmuster zu ändern, die Streß und Leid erzeugen und alt und krank machen. Mit Hilfe der folgenden Yoga-Übungen können Sie die notwendigen geistigen Muskeln trainieren, um negative Gewohnheiten hinter sich zu lassen und Ihr Leben erfolgreicher und erfüllter zu gestalten.
Die restlichen Übungen in dieser Reihe wirken direkt auf Gesicht und Körper ein, um Falten zu vermindern, die Muskeln zu straffen und zu stärken, die Flexibilität zu erhalten und die vitale Energie frei und stetig fließen zu lassen.
Sie können die Übungen als ganze Reihe machen oder jeweils eine auswählen. *Zu Beginn jeder Übung sollten Sie mit gekreuzten Beinen oder im Lotossitz sitzen oder mit geschlossenen Füßen stehen.* Der Vorteil der Sitzhal-

tungen besteht darin, daß der Rücken fast ohne Anstrengung gerade bleibt und der Körper eine stabile Position einnimmt, so daß Sie weder abgelenkt noch müde werden.

- *Yoga-Gebet:* Drücken Sie die Handflächen aneinander, die vier Finger weisen nach oben, und die Daumenspitzen liegen in der Brustbeinkuhle, d. h. der Einbuchtung an der Halswurzel auf dem oberen Teil des Brustbeines. Schließen Sie die Augen und atmen Sie leicht und voll, während Sie Ihre Gedanken eine Minute auf das Göttliche im Inneren oder andere Bilder konzentrieren, die Licht, Liebe oder Ruhe vermitteln. Dies fördert die Konzentrationsfähigkeit.
- *Denken und Ausdauer:* Heben Sie sanft das Kinn nach oben und beugen Sie den Kopf so weit nach hinten, wie es Ihnen guttut. Schließen Sie die Augen und atmen Sie dann schnell und kräftig etwa zwölfmal durch die Nase ein und aus. Der Oberkörper bewegt sich dabei wie ein Blasebalg. Dies verbessert das Denkvermögen und die Ausdauer.
- *Erinnerungsvermögen:* Stellen Sie einen Gegenstand etwa 1,50 m vor sich auf den Boden. Sehen Sie ihn direkt an und atmen Sie dann zwölfmal schnell ein und aus, während Sie Ihr Bewußtsein auf den höchsten Punkt Ihres Kopfes richten. Dies stärkt das Erinnerungsvermögen.
- *Merkfähigkeit:* Neigen Sie den Kopf sacht nach vorn und drücken Sie das Kinn auf den Brustkorb. Schließen Sie die Augen und atmen Sie dann zwölfmal schnell ein und aus, während Sie Ihre Aufmerksamkeit auf den Nacken richten. Dies fördert die Merkfähigkeit.
- *Kraft für Wangen und Zähne:* Legen Sie die Zungenspitze an den Gaumen, spitzen Sie die Lippen wie beim Pfeifen, atmen Sie tief ein und schließen Sie den Mund. Mit der eingeatmeten Luft blähen die Backen sich auf; ziehen Sie das Kinn an die Brust und halten Sie so lange wie möglich den Atem an, bis die Backen rot werden. Heben Sie langsam den Kopf und atmen Sie durch die Nase aus. Sechsmal wiederholen.

  Diese Übung glättet Falten, kräftigt Wangen und Zähne und verhindert und heilt Zahnbettvereiterungen.

- *Kraft für den Hals:* Ziehen Sie die Mundwinkel bei geschlossenem Mund so weit wie möglich nach oben, als würden Sie breit grinsen. Atmen Sie durch die Nase ein, während Sie die Backenmuskeln anspannen und gleichzeitig Hals und Nacken nach oben strecken. Halten Sie die Position so lange wie möglich; atmen Sie dann langsam aus, während Sie Gesichts- und Halsmuskeln entspannen. Sechsmal wiederholen.
  Diese Übung stärkt die Schilddrüse, verbessert den Stoffwechsel und wirkt einem Doppelkinn entgegen, dessen Ursache Ihr träger Stoffwechsel ist.
- *Kraft für den Kiefer:* Öffnen Sie den Mund weit und schließen Sie ihn dann wieder, wobei Sie die untere Zahnreihe vor die obere schieben. Plazieren Sie Daumen und Zeigefinger Ihrer rechten Hand zu beiden Seiten der Zähne im Mund und ziehen Sie die Lippen und Wangen so weit wie möglich auseinander; führen Sie dann Zeigefinger und Daumen zusammen und lassen Sie los. Drücken Sie die Finger auf diese Weise 30mal schnell nach außen und lassen Sie wieder los, wie eine Sprungfeder. Der Mund ist zu einem weit offenen Grinsen verzogen, und Hals und Kiefer sind nach vorne gestreckt.
  Diese Übung ist gut zur Stärkung und Straffung von Wangen, Kiefer und Halsmuskeln. Zusammen mit der obigen Halsübung hat sie die gleiche Wirkung wie eine Lymphdrainage, die im allgemeinen pro Sitzung 80 DM oder mehr kostet. Durch das Anspannen und Loslassen der verschiedenen Muskeln, die sich von Kinn, Kiefer und Halspartie bis zu den Ohren erstrecken, tragen die Übungen dazu bei, die Lymphflüssigkeit aus diesen Bereichen zum Herzen zu bewegen.
- *Kraft für den Brustkorb:* Sie stehen aufrecht und gerade, die Arme hängen seitlich am Körper herab. Atmen Sie langsam ein, während Sie die Arme seitlich nach außen und oben über den Kopf führen, ohne die Knie zu beugen. Atmen Sie langsam aus, während Sie die Arme senken und in die Ausgangsposition zurückkehren. Zwölfmal wiederholen.
- *Kraft für den Bauch:* Atmen Sie durch die Nase aus und ziehen Sie den Bauch ein; atmen Sie dann ein und lassen Sie den Bauch los. Halten Sie den Atem dabei *nicht* an. Dreimal wiederholen.

- *Kraft für das Muladhara:* Diese Übung wird je dreimal mit drei verschiedenen Ausgangspositionen ausgeführt: Erst stehen die Füße unmittelbar nebeneinander, dann 10 cm auseinander, dann 60 cm auseinander. Jedesmal stehen Sie aufrecht mit durchgedrückten Knien. Atmen Sie ein, während Sie die rektalen und die vaginalen Muskeln anspannen. Halten Sie die Position so lange wie möglich, atmen Sie dann aus und lassen sie los. Dreimal wiederholen.
  Die Sexualenergie geht vom ersten Chakra bzw. Muladhara aus. Sie kann nach unten und außen fließen, was beim Orgasmus der Fall ist, oder nach oben durch die Chakras und über den höchsten Punkt des Kopfes nach außen, was geschieht, wenn wir erleuchtet sind. Dadurch, daß in dieser Übung der Weg nach unten verschlossen wird, steigt die Energie die Wirbelsäule entlang nach oben, bringt Geist und Körper ins Gleichgewicht und erweitert das Bewußtsein. Diese Übung steigert die Sexualkraft und trägt dazu bei, sexuelle Probleme aller Art zu vermindern.
- *Sonnengruß:* Der Sonnengruß bzw. *Suryanamaskar* ist eine festliegende Abfolge von Yoga-Übungen, die die Beweglichkeit der Wirbelsäule erhalten und die drei Hauptenergiekanäle in der Wirbelsäule öffnen, so daß die sieben Chakras und alle anderen Energiekanäle des Körpers miteinander verbunden werden. Wenn die Wirbelsäule steif wird, werden wir alt. Der Sonnengruß sorgt dafür, daß der ganze Körper im Gleichgewicht und fit bleibt.
  Wie der Name andeutet, wird diese Übung gewöhnlich frühmorgens mit dem Gesicht nach Osten zur Sonne ausgeführt. Sie besteht aus einer Abfolge von sechs Grundhaltungen, die je zweimal eingenommen werden, wobei der zweite Durchgang spiegelbildlich zum ersten verläuft. Die ganze Abfolge dauert etwa eine Minute und gleicht einem rhythmischen Fließen, fast wie ein Tanz, weil Sie bei jedem Atemzug eine neue Haltung einnehmen.
  Eine Beschreibung des Sonnengrußes findet sich in fast allen Büchern über Hatha-Yoga. Statt sie hier zu wiederholen, möchten wir Sie daher an Ihre Buchhandlung verweisen.

Sportarten für das innere Gleichgewicht

Wir haben bereits gesagt, daß alle obigen Übungen sich für alle Hauttypen eignen. Viele von Ihnen werden jedoch auch andere Sportarten betreiben wollen, um fit zu bleiben oder sich zu entspannen. Es gibt heute Trainingsprogramme für jedes Alter und Temperament, vom Baby-Sport zum Seniorentanz. Wir können hier zwar nicht alle Sportarten kommentieren, aber doch ein paar allgemeine Empfehlungen zur Wahl einer typgerechten Sportart geben.

Leute mit *fettiger Haut (Kaphas)*, die zu Inaktivität und Übergewicht neigen, aber viel körperliche Ausdauer besitzen, profitieren am meisten von aeroben Sportarten, die Kraft und Einsatz erfordern, und zwar bis zu einer Stunde täglich. Aufgrund ihrer angeborenen Tendenz zur Flüssigkeitsverhaltung tut es ihnen auch gut, wenn sie ordentlich schwitzen. Obwohl sie viel Power haben, sobald sie einmal in Bewegung sind, können sie sich nur schwer zu etwas aufraffen. Deshalb sind sie in strukturierten Trainingsprogrammen mit persönlicher Unterweisung, einem Aerobic-Lehrer oder etwa einem Tennispartner, der sie motiviert, den inneren »Schweinehund« zu überwinden, am besten aufgehoben. Nach dem Training ist für Kaphas (genauso wie für Leute mit empfindlicher Haut) unbedingt »Reinigen und Nähren« von Gesicht und Haut angesagt, damit die nach dem Sport vor allem im Sommer häufigen Pickel auf ein Minimum reduziert werden.

Die hochenergetischen Zeitgenossen mit *empfindlicher Haut (Pittas)* profitieren ebenfalls von schnellen Sportarten, bei denen sie eine Extra-Portion Energie verbrennen und Dampf ablassen können. Allerdings fehlt ihnen die Ausdauer der Kaphas. Obwohl sie sich gern hart antreiben, sollten sie ihre Trainingsphasen begrenzen, damit es nicht zum völligen Zusammenbruch kommt. Da sie von Natur aus viel Eigenantrieb besitzen, brauchen sie im allgemeinen keine Motivation von außen und bleiben auch ohne Coaching bei ihrem Trainingsprogramm. Zum anderen sind sie von Natur aus ambitioniert und genießen den Wettkampf. Auch wenn sie sich für eine Einzelsportart wie z. B. Laufen oder Schwimmen entscheiden, werden sie wahrscheinlich für einen Marathonlauf oder einen Schwimmwettbewerb trainieren.

Für Menschen mit *trockener Haut (Vatas)* ist eine regelmäßige Routine einschließlich regelmäßiger täglicher Übungen günstig. Sie haben das umgekehrte Problem der Kaphas: Sie stürzen sich voller Begeisterung in eine Aktivität, haben aber nur begrenzte körperliche Ausdauer und seelisches Beharrungsvermögen. Deshalb eigenen sich für sie strukturierte Trainingsprogramme am besten, die wenig Kraft verlangen und mäßig schnell sind, z. B. Ballett oder moderner Tanz, Hatha-Yoga, Wandern, Schwimmen oder Schnellgehen. Sie sollten ihre sportliche Betätigung auf 30–45 Minuten täglich begrenzen.

Die beste Tageszeit für sportliche Unternehmungen ist für alle Hauttypen die morgendliche Kapha-Phase, wenn der Stoffwechsel von Natur aus langsam ist und Geist und Körper von der Stimulation am meisten profitieren. Sport während der nachmittäglichen Vata-Phase verursacht oft Müdigkeit, und abends regt er den Geist zu sehr an und verursacht Schlaflosigkeit. Da Sport den Stoffwechsel verändert, sollten Sie eine halbe Stunde vor dem Essen und mindestens 1–2 Stunden nach dem Essen nicht trainieren. Ein 10–15minütiger gemächlicher Spaziergang nach den Mahlzeiten fördert jedoch eine gesunde Verdauung.

»Berührungen«, bemerkte ein Schriftsteller, »sind die persönlichsten aller Empfindungen.« Der Tastsinn ist am engsten mit der Haut verbunden – das Organ des intimsten menschlichen Kontakts ist de facto das *größte* Körperorgan. So scheinen wir Geschöpfe zu sein, die für taktile Erfahrungen geradezu geschaffen sind. Jeder Zentimeter unserer Haut kann berühren und berührt werden. Berührungen sollten daher im menschlichen Leben eine wichtige Rolle spielen. Stattdessen haben wir eine Kultur geschaffen, in der wir zunehmend in körperlicher Isolation voneinander leben, in der viele Kinder nur strafende, gewalttätige Berührungen kennen und in der viele Erwachsene einen liebevollen Körperkontakt selten außerhalb eines sexuellen Kontexts erleben. Das Tempo und die vielen künstlichen Reize unseres High-Tech-Zeitalters haben eine »Low-Touch-Gesellschaft« hervorgebracht. Wir trainieren sogar den Körper mit Maschinen und träumen von einem Bauch, einer Brust und einem Po »aus Stahl« – wir wollen Maschinen werden, als ob wir den Altersprozeß mit Hilfe der Technologie überwinden oder überlisten könnten.

Alter und Krankheit lassen sich jedoch nur besiegen, wenn wir Streß abbauen und das Bewußtsein erweitern. Die Bewußtseinstechnologien sind die Werkzeuge der Wissenschaft von der Langlebigkeit. Maschinen verschleißen und gehen kaputt, die Intelligenz der Körper-Seele erneuert sich ständig selbst. Trainieren Sie daher Ihren Bizeps, indem Sie ein Baby in den Arm nehmen oder einem lieben Menschen eine Massage geben. Umarmen Sie ein paar Freunde, statt im Fitneß-Studio ein paar hundert Pfund zu drücken. Eine fürsorgliche Berührung kann die Spannung und den Streß eines ganzen Tages zunichte machen.

9 Aromatherapie

Wieviel süßer ist deine Liebe als Wein. Der Duft deiner Salben köstlicher als alle Balsamdüfte … Ein verschlossener Garten ist meine Schwester Braut, ein verschlossener Garten, ein versiegelter Quell. Ein Lustgarten sproßt aus dir, Granatbäume mit köstlichen Früchten, Hennadolden, Nardenblüten, Narde, Krokus, Gewürzrohr und Zimt, alle Weihrauchbäume, Myrrhe und Aloe, allerbester Balsam. Die Quelle des Gartens bist du …
»Hohelied« Salomos

Wir alle praktizieren 24 Stunden am Tag Aromatherapie. Die Luft, die wir einatmen, ist eine Mischung aus Düften und Gerüchen, die von Seifen, Lotionen, Sprays, Polituren, Farben und Lacken, Lebensmitteln, Blumen, Müll, Benzin, chemischen Stoffen und lebendigen Körpern aller Art stammen. Sogar im Schlaf haben wir den Duft unserer Nachtcreme und der frisch gewaschenen Bettwäsche direkt unter der Nase. Trotzdem schenken wir nur den offensichtlichsten Auswirkungen dieser ständigen Geruchsberieselung Beachtung, wenn überhaupt.

Aus der Sicht des Ayurveda, demzufolge alle fünf Sinne für das Gleichgewicht der Doshas wichtig sind, ist dies ein ausgesprochen unglücklicher Fehler. Gerüche haben nämlich, wie Sie sehen werden, einen ganz elementaren Einfluß. Anatomisch gesehen ist die Nase das Tor zum Gehirn, und jeder eingeatmete Duft beeinflußt Geist und Gefühle direkt. Zudem ist das Vehikel für alle Gerüche der Atem, der auch die Lebenskraft, Prana, befördert. Auf diese Weise ist die Nase auch das Tor zum Bewußtsein. Deshalb ist für den Ayurveda sowohl wichtig, *was* wir einatmen – und dieses Thema erörtern wir hier –, als auch, *wie* wir atmen, was Thema von Kapitel 13 ist.

Geruch: Die alte Wurzel der Gefühle

Das menschliche Riechorgan hat 10 Millionen Zellen, die Düfte aufspüren; jede ist mit zwei haarähnlichen Nervenendungen ausgestattet, die die in der Schleimhaut aufgelösten Duftmoleküle auffangen. Diese 20 Millionen Zilien sind für Tausende unterschiedlicher Duftstoffe empfänglich. Peter und Kate Damian schreiben in *Aromatherapy, Scent and Psyche,* daß eine geübte Nase Hunderte unterschiedlicher Gerüche identifizieren könne, und eine ungeübte spürt immerhin noch ein einziges Pfeffermolekül in einer Billion Luftmolekülen. Obwohl unser Geruchssinn im Vergleich zu unseren anderen Sinnen damit verhältnismäßig scharf ist, ist unsere Tüchtigkeit in diesem Bereich nichts im Vergleich zum Rest des Tierreichs. Schäferhunde z. B. haben 22mal soviel Riechnerven wie Menschen, wodurch ihr Geruchssinn 1 *Million* Mal schärfer ist.

Für dahingleitende Reptilien und alle vierfüßigen Geschöpfe ist ein scharfer Geruchssinn tatsächlich immer noch ein entscheidender Überlebensfaktor, und auch eine äonenlange Evolution hat deren Fähigkeit, auch feinste Gerüche wahrzunehmen, nicht vermindert. Beim aufrecht gehenden *Homo sapiens* ist dies nicht mehr der Fall. Genauso wie die meisten anderen Primaten und Vögel haben wir ganz wörtlich einen breiteren Horizont und verlassen uns eher auf die Entfernungssinne Sehen und Hören als auf die sogenannten chemischen Sinne Berühren, Schmecken und Riechen. Zudem hat der menschliche Verstand bzw. die von ihm hervorgebrachte Zivilisation unserer Spezies andere, angepaßtere Schutzmöglichkeiten zur Verfügung gestellt, die den Wert einer »guten« Nase für das Überleben noch weiter vermindert haben. Darwins Gesetz von der natürlichen Auslese entsprechend ist die menschliche Nase, so empfindlich sie auch ist, als Sinnesorgan daher nicht mehr das, was sie einmal war. Nach der frühesten Kindheit – in der das Riechen eine Zeitlang unser überragender Sinn ist – spielt der Geruchssinn zum gegenwärtigen Zeitpunkt der Evolution für unser seelisches Wohlbefinden und das reine Vergnügen eine wichtigere Rolle als für das bloße Überleben.

In *Emotionale Intelligenz* nennt Daniel Goleman, der über die Entwicklung

des Gehirns schreibt, den Geruchssinn »die älteste Wurzel unseres Gefühlslebens«. Er legt dar, daß das Riechzentrum zunächst aus zwei dünnen Neuronenschichten am oberen Ende des Reptilien-Hirnstammes bestand, dem frühesten hirnähnlichen Organ – einem Auswuchs des Rückenmarks, der Funktionen steuern und auf die Umgebung reagieren, aber weder denken noch lernen konnte. Die eine Neuronenschicht entschied, was »eßbar oder giftig, sexuell verfügbar, Feind oder Mahlzeit war«, und die andere befahl: »beiß, fauch, flieh, jag hinterher«.
Eine weitere Neuronenschicht in Ringform – ein »Limbus« – um Riechzentrum und Hirnstamm herum tauchte bei den ersten Säugetieren als primitives emotionales Zentrum auf. Mit der Zeit entwickelte dieses *limbische System* Erinnerungs- und Lernfähigkeiten und stellte eine lebenswichtige Verbindung zwischen Geruchssinn und Gefühlen her. Dank dieser revolutionären Fortschritte konnte ein Tier bei den Entscheidungen, die sein Überleben sicherstellen sollten, sehr viel klüger vorgehen. »Wenn ein Nahrungsmittel es krank machte, konnte es das nächste Mal gemieden werden«, stellt Goleman fest. Obwohl das Tier »immer noch aufgrund des Geruchs entschied«, was es aß und was es verschmähte, ermöglichte die olfaktorisch-limbische Verbindung nun den Vergleich von neuen mit bekannten Gerüchen sowie die Unterscheidung zwischen guten und schlechten Gerüchen, so daß das Tier sein Verhalten an die jeweiligen Umstände anpassen konnte. Diese neurale Schaltung wurde passenderweise »Nasengehirn« bzw. *Rhinencephalon* genannt. Es gab uns zum erstenmal eine emotionale Alternative – Zuneigung und Abneigung als subjektive Komponente unserer körperlichen Lust-Schmerz-Reaktion – und wurde zum Ursprung des denkenden Gehirns. Emotionale Nuancen und »die Fähigkeit, Gefühle *zu* unseren Gefühlen« zu haben, erschienen später, als der menschliche Verstand sich voll entwickelte. Trotzdem sind wir so verschaltet, daß das »alte Gehirn« bei emotionalen Krisen oder bei sexuellem Verlangen und Leidenschaft – die für das menschliche Überleben notwendig sind – noch immer als erstes reagiert. Goleman schreibt: »Wenn Lust oder Wut uns im Griff haben, wenn wir uns Hals über Kopf verlieben oder vor Angst zurückschrecken, hat eigentlich das limbische System uns im Griff.«
Aufgrund dieser entwicklungsgeschichtlich alten Verschaltung hat der

Geruchssinn des Menschen auch weiterhin eine privilegierte Verbindung zum »emotionalen« Gehirn. Während andere Sensoren das limbische System über die höheren Hirnzentren erreichen, nehmen geruchliche Reize den direkten Weg über Nasenöffnung, Riechorgan und Riechnerven zu der neuralen Matrix, in der Angst, Leidenschaft, Aggression, Verlangen, Lust, Bedürfnis und Instinkt angesiedelt sind – den limbischen Strukturen, die buchstäblich jenseits der Vernunft liegen. Infolgedessen besitzen Düfte und Gerüche die einzigartige Fähigkeit, lebendige Eindrücke und emotionale »Geschmacksrichtungen« zu wecken – die zu einer Zeit entstanden sein können, in der wir sie mit Worten noch gar nicht benennen konnten. Die ayurvedische Aromatherapie nutzt diese Fähigkeit, indem sie typgerechte Düfte auswählt, um Geist und Gefühle ins Gleichgewicht zu bringen.

Verloren und gefunden: Die Wiederentdeckung der Aromatherapie durch die westliche Wissenschaft

Nachdem moderne Wissenschaftler in den letzten Jahren dank fortschrittlicher Technologien diese Geheimnisse von Geist und Seele und die neurochemischen Verbindungen zwischen Sinnen und Gefühlen entwirrt haben, interessieren sie sich auch wieder für die Wirkung von Düften auf die Psychophysiologie und das Verhalten. Die Verwendung von Düften zur Anregung des Geistes oder zur Entspannung des Körpers ist nämlich eigentlich schon sehr alt und überspannt Kontinente und Zivilisationen. Nach der europäischen Renaissance taten die westlichen Kulturen die Wissenschaft, mit Düften zu heilen, im allgemeinen jedoch als eine Form der Alchemie ab und überließen sie weitgehend dem Wirkungskreis von »Okkultisten« und Parfümeuren. Erst Ende des 19. Jahrhunderts wurde das medizinische Interesse an aromatischen Ölen wieder wach; während einer Tuberkuloseepidemie beobachteten die Wissenschaftler nämlich, daß französische Blumenzüchter und Parfümarbeiter gegen diese Krankheit sowie andere Atemwegsbeschwerden ungewöhnlich resistent waren.

In den 20er Jahren dieses Jahrhunderts machte ein französischer Parfümeur namens René M. Gattefossé die Heilkraft ätherischer Öle im Westen wieder populär, nachdem er seine bei einer Laborexplosion schlimm verbrannte Hand versehentlich in reines Lavendelöl tauchte. Als die Wunde innerhalb von Stunden heilte, ohne sich zu infizieren oder Narben zu hinterlassen, wandte Gattefossé seine professionelle Aufmerksamkeit der therapeutischen und kosmetischen Anwendung reiner Essenzen zu. Der Westen schreibt ihm das Verdienst zu, den Begriff »Aromatherapie« geprägt zu haben, mit dem er sein erstes Buch betitelte; aber Indien, Ägypten, Persien, Griechenland, Rom, China und viele andere alte und neue Kulturen haben die ganze Geschichte hindurch in der einen oder anderen Form Aromatherapie praktiziert. Zwei italienische Ärzte, die unabhängig, aber etwa zur gleichen Zeit wie Gattefossé arbeiteten, bewiesen experimentell die beruhigende und anregende Wirkung bestimmter Essenzen auf physiologische Funktionen und belebten das wissenschaftliche Interesse am Einfluß von Aromen auf Gefühle und Verhalten. Im Verlauf der nächste Jahrzehnte begannen mehrere Wissenschaftler auf der ganzen Welt mit entsprechenden Forschungen, und 1990 bewies ein Psychologe der Yale-Universität anhand des Dufts von Schokolade, daß Gerüche dazu beitragen können, Erinnerungen wachzurufen und das Lernen zu fördern. Heute hat sich um die Verwendung von Düften zur Änderung von Stimmungen und Verhaltensweisen eine ausgedehnte Forschungsindustrie etabliert. In neueren Studien wurde z. B. festgestellt, daß üble Gerüche unsoziales Verhalten fördern, während Blütendüfte die Lernfähigkeit und das Gedächtnis verbessern; dies führt zu der Schlußfolgerung, daß bestimmte Düfte in Klassenzimmern, Büroräumen und sogar U-Bahnen nützlich sein könnten.

Wenn die Forscher reine ätherische Öle verwendeten, haben die Untersuchungen im allgemeinen den therapeutischen und medizinischen Wert der Essenzen bestätigt – was ayurvedische Ärzte schon sehr viel früher entdeckt hatten. Die meisten westlichen Aromatherapeuten und »Aroma-Chologen« – wie die in der Industrie tätigen Wissenschaftler sich nennen – haben jedoch wenig oder keine Ahnung, welche Rolle der individuelle Körpertyp und die ihn komplettierenden Eigenschaften im Hinblick auf einen effizienten Einsatz der Düfte spielen. Ohne dieses Wissen verwenden sie unabsichtlich ihre Hilfsmittel falsch, indem sie jedem denselben Duft verordnen. Obwohl die Forschung bewiesen hat, daß bestimmte Essenzen bestimmte Wirkungen haben, wissen wir aus dem Ayurveda, daß nicht jede Wirkung auch für jeden wünschenswert ist. Ein besänftigender, kühlender Duft, der bei den hitzigen Pittas Streß abbaut, kann bei den abwartenden Kaphas Streß erzeugen, weil er ihre natürliche Mattigkeit und ihre Kälteempfindlichkeit verstärkt. Ähnlich kann ein stimulierendes Aroma, das Kaphas ins Gleichgewicht bringt, die leicht erregbare Natur von Vatas verstärken. Eine effiziente Aromatherapie setzt daher voraus, daß man die Essenzen genauso kennt wie den Menschen, der sie benutzt.

Der New Yorker Psychologe Dr. John Ryder untersucht die therapeutische Anwendung von Aromen auf der Basis ayurvedischer Prinzipien. Er verwendet meine Tej-Öle und hat die ayurvedische Aromatherapie mit modernen Streßmanagement-Techniken kombiniert, um seinen Klienten zur Entspannung zu verhelfen. Die Klienten füllen einen Fragebogen zur Bestimmung ihres Körpertyps aus, wählen dann aus drei Tej-Aromen den Duft aus, der ihnen am meisten zusagt, und lernen eine mit Selbsthypnose arbeitende Entspannungstechnik. Sobald sie in einem sehr tiefen Bewußtseinszustand sind, führt Ryder sie durch einen Visualisierungsprozeß, in dessen Verlauf sie den Duft zum Einatmen sowie heilungs- und entspannungsfördernde Suggestionen erhalten. Nach drei bis fünf solcher Sitzungen erzeugt die Verbindung des Dufts – eines angenehmen äußerlichen Stimulus – mit der Erfahrung großer Ruhe eine konditionierte Reaktion, mit deren Hilfe die Klienten sich bei Anspannung, Angst, Wut oder Depression einfach dadurch entspannen können, daß sie das geeignete Aroma aus einem Fläschchen inhalieren.

»Dies stellt eine wirkungsvolle Hilfe bei der Behandlung emotionaler Störungen dar, weil es das Erregungsniveau im limbischen System durch direkte neuropsychologische Mechanismen wieder in den Normalzustand versetzt«, erklärt Ryder. »Es reduziert die Auswirkungen von Streß und fördert gleichzeitig die Selbstbeherrschung.«

Abgesehen von diesen unabhängigen Experimenten wird ein Großteil der aktuellen wissenschaftlichen Forschung über Gerüche und das verwandte Feld der Geschmacksstoffe von Gesellschaften unterstützt, die in der »Beduftung der Umgebung« und im »sensorischen Engineering« eine große Zukunft sehen – etwa um Produkte und die Produktivität von Arbeitnehmern zu »verbessern« und das Verbraucherverhalten zu beeinflussen. Größere Profitmöglichkeiten als die kostspieligen reinen Essenzen bieten hier weit eher synthetische Düfte, die zu diesem Zweck tatsächlich weitgehend benutzt werden. Wir haben bereits erwähnt, daß das Wort »Duftstoff« auf dem Etikett immer auf einen synthetischen Duft verweist, es sei denn, bei den Inhaltsstoffen werden ätherische Öle aufgeführt.

Düfte herstellen: Der Wert reiner ätherischer Öle

In Kapitel 4 haben wir das Thema Pflanzenessenzen, ihren Ursprung in Duft und Geschmack der Pflanzen, ihre Bedeutung für die Abwehrkraft der Pflanze und ihre vielen Anwendungsmöglichkeiten im Ayurveda einschließlich der Aromatherapie eingeführt. Wir haben gesagt, daß extrahierte ätherische Öle Träger der Pflanzenhormone sind, jener biochemischen Botenstoffe, die wie unsere Hormone die Lebensprozesse der Pflanze steuern. Die Essenz selbst – der Duft – nützt der Pflanze auf zweierlei Weise: Sie zieht Bienen und andere für die Pollenübertragung und die Vermehrung notwendige Lebewesen an, und sie wehrt räuberische Feinde ab und vernichtet eindringende Bakterien. Die Essenz ist die Lebenskraft der Pflanze, die, wenn wir sie einatmen oder sonstwie aufnehmen, unserem Körper ihr Leben und ihre Intelligenz überträgt. Sie stellt elektromagnetisch und hormonell das Gleichgewicht her, weil sie mit der subtilen Intelligenz des Körpers arbeitet und von »Chemikalie zu Chemikalie, von Ladung zu Ladung, von Pflanzenhormon zu menschlichem Hormon« redet, wie Peter und Kate Damian sagen. Diese gemeinsame Sprache »dürfte kaum überraschen«, fügen sie hinzu, »da unsere physische Existenz auf verschiedene Weise direkt vom Pflanzenreich abhängt«.

Anders als synthetisierte oder chemisch von ihrem natürlichen Ursprung isolierte Düfte bestehen reine ätherische Öle aus Hunderten und manchmal Tausenden biochemischer Komponenten. Bei vielen von ihnen stehen Isolierung und Identifizierung im Labor noch aus; die biochemische Komplexität reiner Öle läßt sich daher unmöglich kopieren. Die synthetischen Essenzen, die notwendigerweise einfachere Strukturen und keine Lebenskraft besitzen, können die ganzheitliche Wirkung und die Intelligenz ätherischer Öle niemals reproduzieren. Vielmehr werden die leblosen Chemikalien, sobald sie über Lunge und Haut ins Blut gelangt sind, im Körper zu toxischem Abfall. Eingeatmete künstliche Düfte erzeugen im zentralen Nervensystem eher ein Ungleichgewicht und beschwören allergische Reaktionen herauf. Diese Wirkungen sind bekannt. Welche langfristigen Folgen es hat, daß wir anhaltend und verstärkt synthetischen Deodorants, Sprays, Parfüms und anderen künstlichen Duftstoffen in unserer Umgebung ausgesetzt sind, beginnen wir erst zu entdecken. Neueste Forschungen deuten darauf hin, daß die Geruchsnerven angesichts der Überstimulation abstumpfen und unsere Fähigkeit, die natürliche Ausgangssubstanz von Gerüchen oder Geschmacksrichtungen zu identifizieren, verzerrt wird. Die Folgen für unsere Gesundheit sind tückisch.

Die Damians, die genauso wie der Ayurveda die Verwendung reiner Pflanzenextrakte befürworten, führen Studien an, in denen Angehörige der Babyboom-Generation und jüngere Testpersonen, die Aromen identifizieren sollten, Zitronenduft nicht mit Zitronen, sondern mit Haushaltsreinigungsprodukten in Verbindung brachten und aus dem gleichen Grund Kiefern- mit Zitronenduft verwechselten. Bei einer anderen Untersuchung zogen Testpersonen, die zwischen Getränken mit künstlichem Beerenaroma und echtem Beerensaft wählen konnten, das Getränk mit dem synthetischen Geschmack vor. Ein an der Untersuchung beteiligter Wissenschaftler meinte sogar: »Wenn man frische Beeren zerquetschen und diesen Testpersonen die Augen verbinden würde, würden sie glatt behaupten, es wäre kein Obst.« Die Damians weisen darauf hin, welche Gefahren es birgt, in einer solchen Ersatzwelt zu leben: »Oft fallen wir darauf herein, Dinge zu essen, zu trinken und zu riechen, die nicht gut für uns sind, nur weil sie so riechen und

so schmecken wie welche, die gut für uns sind.« So bekommen wir den Genuß, den wir wollen, aber nicht den therapeutischen oder diätetischen Nutzen, den wir brauchen.
Ein künstlicher Geruch oder Geschmack kann uns sowieso keinen wirklichen Genuß verschaffen. Die von Menschen fabrizierten Moleküle mögen zwar momentan die Sinne befriedigen, aber da ihnen die Intelligenz natürlicher Lebensmittel fehlt, werden sie schließlich im Körper zu Schlacken und bringen die Doshas aus dem Gleichgewicht. Und ohne Gleichgewicht können wir die höchsten und bleibenden Wonnen des Lebens – unbegrenzte Glückseligkeit und absolute Schönheit – nicht erreichen. Natürliche, den ayurvedischen Prinzipien gemäß angewandte Düfte sorgen nicht nur für ein sofortiges sinnliches Vergnügen, sondern beleben auch den Geist und bringen die feinstofflichen Energien des Körpers ins Lot. Tips zur Auswahl und Benutzung der für Sie richtigen Düfte erhalten Sie in den folgenden Abschnitten.

Düfte wählen: Eine Geschmacksfrage

Haben Sie sich je gefragt, warum Sie sich nicht von jedem Menschen angezogen fühlen, dem Sie begegnen? Oder warum Sie bei dem einen Menschen das Gefühl haben, daß die »Chemie« zwischen Ihnen beiden stimmt, bei einem anderen aber nicht? Der Ayurveda antwortet darauf, daß jeder Mensch eine ganz charakteristische Essenz – sein Ojas – besitzt, die ein von den Drüsen sekretiertes Produkt der Körperchemie ist. Goleman schreibt: »Alles Lebendige, sei es Nahrung, Gift, sexueller Partner, Raubtier oder Beute, besitzt eine charakteristische molekulare Signatur, die der Wind davonträgt.« Unser Geruchssinn kann diese molekulare Signatur genauso aufspüren, wie er die Essenz einer Blume aufspürt, und wie alle Gerüche ruft sie eine bestimmte psychophysiologische Reaktion hervor.
Unsere Vorliebe für Freunde und Partner kommt daher nicht viel anders zustande als unsere Vorliebe für Parfüms. Genauso wie jeder von uns von den Hunderten auf dem Markt befindlicher Düfte nur ein paar mag, zieht die Essenz mancher Menschen uns an, während die

anderer uns abstößt. Welche uns anziehen, beruhigen oder anregen und welche nicht, hängt weitgehend von unserer eigenen essentiellen Natur ab – d. h. der charakteristischen Elementenmischung, aus der wir bestehen.

Wie bereits erwähnt, stammt der Geruch eines Dinges von seinem Geschmack: Was süß schmeckt, riecht süß; was sauer schmeckt, riecht sauer etc.

Es gibt sechs Hauptgeschmacksrichtungen bzw. *Rasas,* und folglich auch sechs Hauptgeruchsrichtungen. Jede weist die Eigenschaften der Elemente auf, aus denen sie zusammengesetzt ist:

Rasa	*Zusammensetzung*	*Eigenschaften*
süß	Erde + Wasser	kalt, ölig, schwer
sauer	Erde + Feuer	heiß, schwer, ölig
salzig	Wasser + Feuer	heiß, ölig, schwer
scharf	Feuer + Luft	heiß, leicht, trocken
bitter	Luft + Raum	kalt, leicht, trocken
herb	Luft + Erde	kalt, mittel

Ein Geschmack und sein Duft sind wie Wasser und Dampf dieselbe Materie in anderer Form, und deshalb beeinflussen sie Ihre Konstitution auf ähnliche Weise. Das Feuer in scharfen Lebensmitteln z. B. verstärkt Pitta, egal ob Sie es *essen* oder *riechen.* Der Geschmack von Lebensmitteln muß jedoch durch den Darmtrakt verdaut und absorbiert werden, bevor die Nährstoffe ins Blut gelangen und eine umfassende Veränderung bewirken können. Duftmoleküle dagegen gelangen über die Alveolen und die Kapillargefäße in der Lunge direkt ins Blut oder über die Riechnerven ins limbische System und in den Hypothalamus, wo sie das endokrine System und die Hormonproduktion anregen. Weil diese Wirkungen unmittelbar eintreten, aber kurzlebig sind, eignet die Aromatherapie sich ideal, um auf die Schnelle Gefühlen die Spitze zu nehmen, eine Stimmung zu verbessern oder Streßsymptome zu reduzieren. Aufgrund ihrer schnellen Wirksamkeit und der einfachen Handhabung ist sie eine perfekte Ergänzung des täglichen Hautpflegeprogramms, besonders wenn ein emotional bedingtes Ungleichgewicht vorliegt.

Ätherische Öle sind, wie gesagt, die wichtigsten Hilfsmittel der ayurvedischen Aromatherapie. Sie können Sie so benutzen, wie unten vorgeschlagen wird – aber verwenden Sie nur Essenzen, deren »Geschmack« und deren Eigenschaften Ihren Hauttyp und Ihre Konstitution ergänzen.

- *Bei trockener Haut (Vata):* Süße, wärmende, beruhigende, feuchtigkeitsspendende Düfte
- *Bei empfindlicher Haut (Pitta):* Süße, kühlende, lindernde, feuchtigkeitsspendende Düfte
- *Bei fettiger Haut (Kapha):* Scharfe, wärmende, anregende, austrocknende Düfte

Insgesamt finden nur etwa 150 ätherische Öle in der Aromatherapie Verwendung. Die bekanntesten Öle für jeden Hauttyp werden in Anhang E aufgeführt.

Düfte verwenden

Die in ätherischen Ölen enthaltene »Essenz« einer Pflanze verleiht zu ayurvedischen Behandlungen verwendeten Präparaten einen zusätzlichen Duftwert. Trotzdem brauchen Sie nicht auf eine Gesichtsbehandlung oder eine Fußmassage zu warten, um die ausgleichende Wirkung eines Dufts genießen zu können. Im folgenden nennen wir ein paar einfache Möglichkeiten, Ihren Geruchssinn rund um die Uhr für Ihre Schönheit arbeiten zu lassen. Sie müssen sich jedoch nicht auf diese Möglichkeiten beschränken. Solange Sie den richtigen Duft benutzen, können Sie die Aromatherapie weder übertreiben noch falsch anwenden – seien Sie also erfinderisch bei der Benutzung Ihrer aromatischen Öle.
Zusätzliche Informationen zur Zubereitung verschiedener Rezepte finden sich in Anhang B.

Parfums

Jedes für Ihren Hauttyp geeignete ätherische Öl ergibt pur ein ausgezeichnetes Parfüm. Nehmen Sie einfach eines, das Sie besonders gern mögen – oder mischen Sie ein paar Lieblingsöle – und tupfen Sie es, sooft Sie wollen, wie Kölnisch Wasser auf. Diese chemiefreien, typgerechten Düfte sind die perfekte Alternative für jeden, der zu Hautirritationen neigt oder auf abgepackte Parfüms mit einer Allergie reagiert. Sie können Parfüms, die Mischungen reiner Essenzen sind, gewöhnlich auf Alkoholbasis, auch selbst herstellen.

Rezeptbeispiele

- *Süß:* 8 Tropfen Rosenholz + *je* 4 Tropfen Jasmin und Ylang-Ylang + 3 Tropfen Rose + 1 Tropfen Vanille + Alkoholbasis (80 Tropfen)
- *Moschusartig:* 10 Tropfen Patchouli + 8 Tropfen Sandelholz + *je* 4 Tropfen Ylang-Ylang und Jasmin + 2 Tropfen Gewürznelke + 1 Tropfen Zimt + Alkoholbasis (80 Tropfen)

Stimmungsöle

Ungeachtet unseres Körper- oder Hauttyps kennen wir alle Zeiten, in denen unangenehme Gefühle uns überwältigen. Stimmungsöle sind eine Mischung verschiedener Essenzen, die schlechte Stimmungen sofort beheben oder gute noch ein Quentchen besser machen. Kühlende, sedierende Öle zum Beispiel stoppen aufflackernde Wut. Warme, beruhigende Öle lindern Panikattacken. Anregende Öle wecken die Lebensgeister. Massieren Sie die Stimmungsöle in den Puls oder in die Marmapunkte ein, oder geben Sie sie an alle ayurvedischen Präparate, die ätherische Öle verlangen.

Rezeptbeispiele

- *Beruhigend und wärmend* (vermindert Angst, bringt Vata ins Gleichgewicht): *Je* 3 Tropfen Neroli und Zitrone + *je* 2 Tropfen Jasmin und Sandelholz + 1 Tropfen Vanille + 30 g reines Jojobaöl als Trägersubstanz

- *Beruhigend und kühlend* (vermindert Wut und bringt Pitta ins Gleichgewicht): *Je* 5 Tropen Sandelholz und Vetiver + 1 Tropfen Jasmin + 30 g reines Jojobaöl als Trägersubstanz
- *Anregend* (vermindert Depressionen und bringt Kapha ins Gleichgewicht): 4 Tropfen Bergamotte + *je* 3 Tropfen Lavendel und Basilikum + 30 g reines Jojobaöl als Trägersubstanz
- *Sedierend* (lindert Schlaflosigkeit, bringt Vata und Pitta ins Gleichgewicht): 6 Tropfen Rose + *je* 2 Tropfen Jasmin und Kamille + 30 g reines Jojobaöl als Trägersubstanz (oder »Sleep Aroma« von Bindi)
- *Erdend und kräftigend* (vermindert Angst, bringt Vata ins Gleichgewicht): 4 Tropfen Patchouli + 2 Tropfen Sandelholz + 2 Tropfen Kardamom + 30 g reines Jojobaöl als Trägersubstanz

Aromabäder

Ein Aromabad stellt eine wunderbare Möglichkeit dar, Körper und Geist gleichzeitig zu reinigen – und Sie können es allein oder mit dem wichtigen anderen Menschen in Ihrem Leben genießen. Nehmen Sie ein beruhigendes Bad vor dem Schlafengehen oder ein anregendes, um den Tag mit Schwung zu beginnen. Oder gönnen Sie sich den Genuß, wann immer Sie in Stimmung dafür sind. Pitta-Typen werden das Wasser eher lauwarm haben wollen, Vata- und Kapha-Typen mögen es sicher gerne wärmer. Kaphas sollten nur ein- oder zweimal wöchentlich für 5–10 Minuten ein warmes Bad nehmen, damit sie nicht zu lethargisch werden.

Rezeptbeispiele

Geben Sie ins Badewasser:

- *Lindernd:* 8 Tropfen Neroli + *je* 4 Tropfen Orange und Rosengeranie
- *Entgiftend* (lindert Schmerzen): 4 Tropfen Ingwer + *je* 3 Tropfen Salbei und Rosmarin.
- *Aphrodisisch:* 5 Tropfen Ylang-Ylang + 3 Tropfen Lavendel + *je* 2 Tropfen Geranie und Kardamom.

- *Anregend und aphrodisisch* (behebt Erschöpfung, regt die sexuelle Energie an): *Je* 3 Tropfen Rosmarin und Bergamotte und Ylang-Ylang + 1 Tasse Weißwein
- *Verjüngend: Je* 5 Tropfen Rose und Jasmin
- *Beruhigend:* 1 Handvoll Baldrian oder Lindenblüten oder Lavendel oder Kamille (alles getrocknet) in einem Mullsäckchen
- *Entzündungshemmend* (lindert Juckreiz): 1 Tasse Essig + 2–3 Tropfen Sandelholzöl
- *Wärmend und lindernd* (gut für trockene Haut): 1 TL Honig + 10 Tropfen Rosenöl
- *Kühlend und lindernd* (gut für empfindliche Haut): 1 Handvoll Milchpulver
- *Wärmend und anregend* (gut für fettige Haut): 5 Tropfen Lavendel + 3 Tropfen Rosmarin + 2 Tropfen Orange *oder* Minze

Aphrodisische Öle

Aphrodisische Öle regen die Produktion von Endorphinen an, den sogenannten »Glückshormonen«, die die natürlichen Schmerzkiller des Körpers sind. Bei erotischen Gelegenheiten können Sie die Lust noch steigern, wenn Sie die Öle auf die Stellen geben, an denen der Puls zu spüren ist, z. B. Schläfe oder Handgelenk, wo sie durch die Haut direkt ins Blut gelangen.

Tej-Liebesöle

- *Für »Sie«:* Mischen Sie 3 Tropfen Ylang-Ylang + *je* 2 Tropfen Muskat und Rose + *je* 1 Tropfen Jasmin und Gewürznelke + 30 g Mandelöl als Trägersubstanz.
- *Für »Ihn«:* Mischen Sie 4 Tropfen Sandelholz + *je* 2 Tropfen Jasmin und Ylang-Ylang + *je* 1 Tropfen Zimt und Gewürznelke + 30 g Mandelöl als Trägersubstanz.

Duftwässer für Zerstäuber

Stellen Sie aus 120 g destilliertem Wasser + 4–5 Tropfen ätherischem Öl ein Duftwasser her, das Sie in einem kleinen Zerstäuber in der Handtasche mitnehmen können. Besprühen Sie damit bei Bedarf Ihr Gesicht. Verwenden Sie einen kühlenden, lindernden Duft, z. B. Vetiver oder Sandelholz, um sich an einem heißen Tag zu erfrischen oder Pitta ins Gleichgewicht zu bringen. Nehmen Sie zur Neutralisierung der austrocknenden Wirkung einer Flugreise einen wärmenden, lindernden Duft, z. B. Rosengeranie oder Orange. Wärmende, würzige Düfte, etwa Gewürznelke oder Wacholder, sorgen für mehr Schwung und bringen Kapha ins Gleichgewicht.

Raumbeduftung

Es gibt viele Möglichkeiten, Düfte in Ihrer Umgebung so einzusetzen, daß jeder in den Genuß ihrer Wirkung kommt. Wählen Sie den Duft entsprechend dem Anlaß: Ein anregendes Aroma für eine Party; ein aphrodisisches für einen romantischen Abend zu Hause; ein beruhigendes für eine entspannte vertrauliche Unterhaltung etc.

- *Ätherische Öle verdunsten lassen:* Geben sie zur dezenten Raumbeduftung 5–10 Tropfen ätherisches Öl in eine Tasse heißes Wasser und lassen Sie sie unbedeckt im Zimmer stehen. Sie können auch eine Duftlampe kaufen oder herstellen, die mittels einer Wärmequelle (Teelicht, elektrische Vorrichtung) den Verdunstungseffekt verlängert. Oder geben Sie einen Tropfen aromatisches Öl auf eine Glühbirne und schalten Sie dann das Licht ein; geben Sie das Öl nicht direkt auf eine bereits heiße Glühbirne.
- *Duftkerzen und Räucherwerk:* Duftkerzen wirken auf zweierlei Weise auf die Stimmung ein, denn sie tun Augen und Nase gut. Außerdem sind sie leicht einsetzbar.
  Als Räucherwerk werden aromatische Gummiharze oder andere Substanzen bezeichnet, die verbrannt werden, um duftenden Rauch zu erzeugen. Sie werden im allgemeinen als dünne Stäbchen oder

kleine Kügelchen verkauft. Plazieren Sie die Räucherstäbchen in entsprechenden Vorrichtungen bzw. die Kügelchen in einem Räuchergefäß und zünden Sie sie mit einem Streichholz an. Blasen Sie dann die Flamme aus und lassen Sie das Räucherwerk wie heiße Glut langsam herunterbrennen.

Nasenpflege

Menschen haben etwa 10 Millionen Riechnerven, die ihre Aufgabe allerdings nicht ordnungsgemäß erfüllen können, wenn die Nasenwege blockiert sind. Die Nase ist mit winzigen Härchen ausgekleidet, die wie die Bürsten eines Staubsaugers wirken und die in der Luft vorhandenen Staub- und Schmutzpartikel auffangen, bevor sie in den Körper gelangen. Wenn die Nasenhärchen nicht sauber gehalten werden, wird die eingeatmete Luft nicht gereinigt. Außerdem wird unsere Wahrnehmung gestört, weil der Schmutz den Geruchssinn einschränkt und wir starke Gerüche – angenehme und widerwärtige – nicht mehr richtig erkennen können.
Zur Reinigung der Nasenwege gibt es eine Methode namens *Nasya,* die auch Bestandteil der Panchakarma-Therapien ist (Anweisungen siehe Seite 317). Vor allem Leute mit fettiger Haut, die aufgrund ihrer Kapha-Natur für Gerüche besonders sensibel sind, profitieren von ihr. Mit einem Nasya wird jedoch auch das Gehirn »gereinigt«. Die Nase ist, wie gesagt, die Tür zum Gehirn und die Zutrittsmöglichkeit für Prana; aus diesem Grunde betrachtet der Ayurveda eine saubere Nase als wesentlich für die klare Erfahrung des Bewußtseins.

Mit Hilfe des Geruchssinns können wir die Welt »verdauen«, und mit Hilfe der Aromatherapie können wir in unserem Leben Gleichgewicht und Ganzheit herstellen. Genießen Sie dieses Geschenk, wann immer Sie können. Saugen Sie den Duft der Blumen im Garten in sich ein. Füllen Sie Ihre Lunge mit Meeresluft. Nehmen Sie den Duft einer Kiefer in sich auf. Halten Sie inne und riechen Sie Ihren Kaffee.

10 Farbtherapie

Dich ansehen macht Freude; deine Augen sind wie Honig,
Liebe überströmt dein sanftes Gesicht ... Sappho

Wenn Sie je im Frühling durch einen botanischen Garten spaziert sind, je in tropischen Gewässern ein Korallenriff erforscht haben oder einen Sonnenuntergang über dem Grand Canyon – oder dem Taj Mahal – beobachten konnten, dann haben Sie mit großer Wahrscheinlichkeit aus erster Hand erfahren, wie positiv ein schöner Anblick sich auf die Stimmung auswirkt. Dieses Hochgefühl ist keine Einbildung, sondern ein Symptom für reale hormonelle Veränderungen, zu denen es kommt, wenn Reize von den Sehnerven aufgenommen und auf elektrochemischem Wege dem Gehirn und dem limbischen System übermittelt werden. Wenn Sie an die notwendigen Instrumente angeschlossen wären, könnten kilometerweit entfernte Wissenschaftler Ihren Stimmungsaufschwung während des jeweiligen Anblicks einfach dadurch feststellen, daß die Veränderungen Ihres Blutdrucks, Ihrer Herzfrequenz, Ihrer Gehirnwellenaktivität etc. gemessen werden.
Diese »Euphorie-Reaktion« hängt natürlich, genauso wie die Streßreaktion, stark von unserer Interpretation eines Ereignisses ab. Wer Höhenangst hat, wird nicht entspannt und glücklich sein, wenn er über den Rand des Grand Canyon schaut, egal wieviel Ehrfurcht der Anblick anderen einflößt. Der Ayurveda lehrt nun, daß alles, was die Augen sehen, infolge der Beschaffenheit des Lichts, der Farbe und der Materie als solcher unsere Psychophysiologie auf ganz bestimmte Weise beeinflußt.

Das Licht sehen: Die Wissenschaft von den Farben

Licht ist Strahlungsenergie, die aus feinen Fluktuationen bzw. Vibrationen im elektromagnetischen Feld besteht. Die Geschwindigkeit, mit der das Licht den Raum durchquert, ist immer gleich: 300 000 km pro Sekunde; aber Länge und Frequenz der einzelnen Lichtwellen variieren enorm. An dem einen Ende des Spektrums kann eine einzige Radiowelle mehrere Kilometer lang sein; Röntgenstrahlen, Gammastrahlen, ultraviolette und infrarote Strahlen füllen den Großteil des mittleren Bereichs; kosmische Strahlen, die am anderen Ende des Spektrums rangieren, sind nur ein paar Billionstel Zentimeter kurz. Innerhalb dieses breiten Spektrums erzeugt nur ein schmaler Bereich hochfrequenter Wellen zwischen 390 und 770 nm Länge im menschlichen Auge das subjektive Empfinden von Licht.

Die Wirkung des Lichts hängt von seiner Frequenz ab. Genauso wie unterschiedliche Frequenzen hörbarer Klangwellen andere Töne ergeben, ergeben unterschiedliche Frequenzen sichtbarer Lichtwellen andere Farben. Normales weißes Licht, das in seine einzelnen Frequenzen zerlegt wird, erzeugt das sichtbare Spektrum, das wir als Regenbogen kennen: rot, orange, gelb, grün, blau, indigo und violett. Jeder Farbausschnitt – jeder Frequenzausschnitt – hat bestimmte Schwingungsauswirkungen.

Der überwiegende Teil der Farben, die wir sehen, ist Lichtenergie, die von normalen Gegenständen reflektiert, von den hundert Millionen lichtempfindlicher Zellen in der Netzhaut absorbiert, in ein Muster elektrischer Impulse konvertiert und über die Sehnerven dem Gehirn vermittelt wird, wo der Verstand dem Muster eine Bedeutung zuweist – z. B. großer roter runder Ball. Wir sehen weißes Licht, wenn alle Farben bzw. Frequenzen vorhanden sind, und wir sehen buchstäblich schwarz, wenn alle fehlen. Obwohl normales Licht seine größte Wirkung über den Sehsinn hat, beeinflußt es über die Haut auch das Nervensystem und die feinstofflichen Energien.

Wir alle kennen die physikalischen Auswirkungen bestimmter unsichtbarer Strahlungen. Röntgenstrahlen z. B. gehen durch feste Materie hindurch, verwandeln Gase in elektrisch geladene Teilchen, erzeugen ein fotografisches Bild und führen in starker Dosierung bei Lebewesen zu Strahlenkrankheit. UV-Strahlen schädigen die Haut und verleiden uns zuviel Sonne. Neben Röntgenstrahlen sind Gammastrahlen die durchdringendste Form des Lichts. Aber eigentlich durchdringen alle Lichtwellen, auch das sichtbare Licht, bis zu einem bestimmten Grad den ganzen Körper.

Farben haben natürlich auch einen direkten Einfluß auf die Psyche. Niederländische Wissenschaftler z. B. haben vor kurzem entdeckt, daß blaue Schlaftabletten besser wirken als rote, auch wenn sie dieselbe Medizin enthalten – wahrscheinlich weil wir Blau mit Beruhigung und Heilung assoziieren.

Das normale menschliche Auge kann 150 Farbtöne unterscheiden, die durch die verschiedenen Kombinationen der Grundfarben Rot, Gelb und Blau zustandekommen.

Das sichtbare Spektrum		
Grundfarben	*Sekundäre Farben*	*Tertiäre Farben*
Rot	Orange (rot + gelb)	
Gelb	Grün (gelb + blau)	
Blau	Violett (rot + blau)	Indigo (blau + violett)

Je nach der für die einzelnen Farben charakteristischen Schwingung können sie den Geist beleben, heilen, erleuchten, stärken, inspirieren und erfüllen. Von den Grundfarben hat Rot die niedrigste Frequenz, es ist die dichteste, kraftvollste Farbe; seine heiße, anregende Beschaffenheit bringt Kapha ins Gleichgewicht, verstärkt aber Pitta und Vata. Blau, das die höchste Frequenz besitzt, ist am wenigsten dicht und intensiv; seine besänftigende, kühlende Beschaffenheit ist zu sedierend für Kapha, harmonisiert aber Pitta. Gelb, das wärmer als Blau und weniger intensiv als Rot ist, bringt Vata ins Gleichgewicht. Der Ayurveda ordnet dem Wollen und Wünschen die Farbe Blau, dem Denken die Farbe Gelb und dem Handeln die Farbe Rot zu. Wenn Gelb (Denken) und Rot (Handeln) harmonieren, sind Geist und Körper im Gleichgewicht.

Ihre wahren Farben

Das Ziel der ayurvedischen Farbtherapie besteht darin, Ihre Stimmung aufzuhellen und Ihr inneres Strahlen nach außen sichtbar werden zu lassen. Wie bei der Aromatherapie sind ihre Hilfsmittel sofort einsatzfähig und lassen sich, weil sie so wenig Zeit und Mühe erfordern, auch an den hektischsten Tagen leicht anwenden. Vor allem Pitta-Typen profitieren von ihnen, denn ihre sensible Konstitution spricht auf visuelle Reize am stärksten an. Aber ein bißchen mehr Farbe im Leben tut eigentlich jedem gut – solange sie zu unserem Hauttyp paßt.

Sich farblich richtig anziehen – die ayurvedische Alternative

Dies ist keine Variation der »Farb- und Stilberatung«, bei der die Kleidung der Hauttönung angepaßt wird. Vielmehr bedeutet es, daß Sie Ihre Garderobe (oder Ihre häusliche Umgebung oder Ihr Büro) mit Farben beleben, die Ihre Stimmung verbessern. Denn wenn Sie glücklich sind, strahlen Sie – das ist die Essenz ayurvedischer Schönheit.

Farben und Stimmungen

Dosha/Stimmung	*Beschreibung*	*Bevorzugen*	*Meiden*
Vata (Besorgnis, Angst, Reizüberflutung)	Braucht warme, gedämpfte, beruhigende Farben	Gold, Orange, Gelb, grünliches oder bläuliches Weiß, Dunkelpurpur, Indigo; dunkle Farben, z. B. braun, sind mäßig erdend	Leuchtendes Rot
Pitta (Wut, Frustration, Aggressivität, Eifersucht, »Burnout«)	Braucht kühle, sanfte, besänftigende Farben	Weiß, sanfte Blau- und Grüntöne, Pastelltöne	Leuchtende oder dunkle Farben, Schwarz
Kapha (Depression, Kummer, Lethargie, Trägheit)	Braucht warme, anregende, leuchtende, helle Farben	Leuchtendes Rot, Orange, Gelb	Rosa, Weiß, Blau, Grün, Braun

Wir empfehlen nicht, daß Sie sich bei der farblichen Auswahl Ihrer Garderobe nach Ihrer Konstitution richten. Wenn Sie ständig nur eine einzige Farbe tragen, kann dies sehr ermüdend sein. Betrachten Sie Farben vielmehr als zusätzliche Möglichkeit, Gleichgewicht herzustellen, und wählen Sie die Farben nach der Stimmung aus, in der Sie bei dieser oder jener Gelegenheit, an diesem oder jenem Tag sein wollen.

Farben über getöntes Glas aufnehmen

Wir haben bereits gesagt, daß der Körper Farben nicht nur über die Sehnerven aufnimmt. Auf der Quantenebene des Universums beeinflussen Lichtwellen alles, mit dem sie in Kontakt kommen. Dem Licht ausgesetzte Flüssigkeiten reichern sich mit seinen Schwingungen an. Wenn z. B. das Licht durch getöntes Glas gefiltert wird, absorbiert die Flüssigkeit die Farbe in Form ihrer Schwingung. Wenn wir die Flüssigkeit trinken, absorbiert unser Körpergewebe diese Schwingung.
Aufgrund dieser Erkenntnis empfiehlt der Ayurveda, daß wir uns Farben auch innerlich zuführen, indem wir pflanzliche Präparate und Trinkwasser in getönten Glasbehältern aufbewahren und sie vor der Verwendung ein paar Stunden in die Sonne stellen. Grün vermehrt Prana, Rot stimuliert Tejas, Gelb regt Ojas an.

Kostbare Tees

Wie Farben und Edelsteine haben auch Metalle bestimmte energetische Auswirkungen auf Geist und Körper. Außer Schmuck aus Metall zu tragen, können Sie auch Flüssigkeiten mit dessen ausgleichenden Eigenschaften anreichern, indem Sie Wasser oder Öle in goldenen, silbernen oder kupfernen Behältern aufbewahren oder sich einen »Edelmetall-Tee« zubereiten. Nehmen Sie zur Herstellung von Gold- oder Silber-Tee ein solides Stück Schmuck aus Sterling-Silber oder Gold (22 Karat oder mehr), kochen Sie es in Wasser und lassen Sie es

eine Stunde sieden. Trinken Sie einmal täglich eine Tasse dieses Tees. Silber beruhigt den Intellekt, Gold stimuliert den Geist, und Kupfer vermindert Kapha und Fett.
Zur Steigerung der Wirkung können Sie Ihre Massageöle und andere pflanzliche Präparate auch in Behältnissen aus Metall aufbewahren.

- *Bei trockener Haut:* Gold, Messing
- *Bei empfindlicher Haut:* Silber
- *Bei fettiger Haut:* Gold, Kupfer
- *Alle Hauttypen:* Rostfreier Stahl

Edelsteine

Edelsteine symbolisieren Macht und Königtum, aber Sie brauchen nicht viele, um königlich auszusehen und sich entsprechend zu fühlen. Die ayurvedischen Seher erkannten, daß die Struktur und die Zusammensetzung von Edelsteinen und -metallen ihnen energetische Eigenschaften verliehen, die den Geist stärkten und die Gefühle ins Gleichgewicht brachten. Weil Edelsteine und Metalle die unterschiedlichsten Energien leiten und brechen, schützen sie auch vor potentiell schädlichen Strahlungen in der Atmosphäre.
Die Verwendung von Edelsteinen zu Heilzwecken hat ihren Ursprung in der vedischen Astrologie. Früher waren Astrologie und Ayurveda sich ergänzende Wissenschaften; die Astrologie beschäftigte sich mit der Heilung geistig-seelischer Störungen, der Ayurveda mit körperlichen Störungen. Vedische Astrologen verwenden bestimmte Edelsteine, um die subtilen energetischen Einflüsse der Sonne, des Mondes und der Planeten auf die Lebenskraft auszugleichen. Um wirksam zu sein, muß der Edelstein direkt auf der Haut getragen werden; ein Edelstein muß mindestens zwei Karat groß sein, ein Halbedelstein vier Karat. Ein über Nacht in Wasser gelegter Diamant ist ein gutes Herztonikum. Der Ayurveda stellt aus gereinigten Mineralien auch Arzneien her, die aber im Westen im allgemeinen nicht angeboten werden.
Die Übersicht auf Seite 360 zeigt die ausgleichende Wirkung verschiedener Edelsteine und -metalle. Der erste Stein in jeder Gruppe (im

allgemeinen der Edelstein) hat immer die stärkste Wirkung, die danach genannten Steine wirken ähnlich, aber nicht so intensiv.

Angehörigen der westlichen Kulturen fällt es möglicherweise schwer, ihre rationale, wissenschaftliche Weltsicht mit der sogenannten okkulten Wissenschaft der Astrologie und dem »Einfluß« von Sternen, Planeten und – auch noch so kostbaren – Steinen auf das Leben des Menschen in Einklang zu bringen. Aus ayurvedischer Sicht läßt dieser Einfluß sich leicht dadurch erklären, daß alles Materielle letztlich Energie ist und alle möglichen Schwingungen – elektromagnetische Wellen, Klangwellen, Gravitationskraft, unmerkliche Bewegung der Moleküle – die feinstofflichen Energien und die Intelligenz des Körpers beeinflussen.

In *Die Seele lieben* spricht der Autor Thomas Moore die westliche Skepsis gegenüber diesen alten Vorstellungen an und bricht eine Lanze für »die unleugbare Macht, die der Himmel über unsere Stimmungen und Gefühle besitzt«, und die »Vorteile einer astrologischen Weltsicht«.

Moore schreibt: »Sind Sie je abrupt stehengeblieben, weil in einer warmen Sommernacht ein gewaltiger gelber, eiförmiger Mond über dem Horizont erschien? Haben Sie je über den faszinierenden Anblick eines purpur- oder orangefarbenen Sonnenuntergangs gestaunt, der in Tälern und Ebenen Tausende von Menschen in seinen Bann zieht? Haben Sie die Mühe auf sich genommen, früh aufzustehen, um den Sonnenaufgang auf der anderen Seite des Sees oder über einem Berggipfel zu sehen? Wenn ja, sind Sie nach meiner Definition ein Astrologe, zumindest ein angehender.«

Obwohl jeder von uns solche Augenblicke kennt, fällt der begriffliche Sprung vom atemberaubenden Anblick des riesigen gelben Mondes zum besänftigenden Funkeln eines zweikarätigen Topases uns schwer. Trotzdem ist der Grund für den Einfluß beider Erfahrungen derselbe. Die subtilen Strukturen aller Dinge, seien sie groß oder klein, spiegeln dieselben elementaren Naturgesetze. Die Intelligenz, die unserer Natur zugrunde liegt, ist dieselbe wie die, die der gesamten Natur zugrunde liegt. Dies ist die allumfassende Weisheit, das allumfassende Mitgefühl von Mutter Natur: Sie wiederholt sich auf jeder Existenzebene, so daß wir die Vollkommenheit, die wir in einer Ebene vielleicht vermissen, sicher in einer anderen finden.

Entsprechend definiert Moore das Wesen der Astrologie: »Im Grunde ist sie eine Beziehung zwischen Mensch und Welt, eine Beziehung, in der wir etwas über uns erfahren, indem wir den Himmel beobachten. Wir können die Vorstellung umkehren, daß wir einen Himmel in uns tragen, und stattdessen den Himmel als unser nach außen gewandtes Innere verstehen. In der geheimnisvollen Dynamik von Makrokosmos und Mikrokosmos hat der Himmel eine Seele, die sich zum Teil mit unserer eigenen Seele überlappt.«

Wenn wir statt »sie« »Ayurveda« sagen und »Himmel« durch »die Farbe Blau« oder »Saphir« ersetzen, besitzt Moores Aussage genauso Gültigkeit. Alle Dinge spiegeln das Bewußtsein, wenn wir sie nur richtig anzuschauen verstehen. Alle Dinge reflektieren einen Aspekt unserer eigenen Natur, wenn wir unsere Wahrnehmung für die subtile Intelligenz der Natur öffnen und auf ihre Folgen achten.

Die Wirkung von Edelsteinen und Edelmetallen

- *Rubin, roter Granat, Aventurin:* Vermindern Vata und Kapha, vermehren Pitta; verbessern Kreislauf und Verdauung, stärken das Herz.
- *Perlen, Mondstein, Milchquarz:* Vermindern Pitta und Vata; nähren Körpergewebe und Nerven, verbessern die Fruchtbarkeit, vermindern Angst.
- *Rote Korallen:* Bringen Pitta ins Gleichgewicht, vermindern Vata; kräftigen den Kreislauf und das Fortpflanzungssystem, vermehren die Energie.
- *Smaragd, Olivin, Jade, Malachit:* Bringen Vata ins Gleichgewicht, vermindern Pitta; fördern Heilungsprozesse, stärken die Lunge, regulieren das Nervensystem.
- *Gelber Saphir, gelber Topas, Zitrin, Bernstein:* Vermindern Vata; vermehren Energie und Vitalität, regulieren die Hormone, vermehren Ojas.
- *Diamant, kubischer Zirkon, klarer Quarz:* Vermindern Vata und Pitta, vermehren Kapha geringfügig; stärken Nieren und Fortpflanzungssystem, vermehren Ojas.

- *Blauer Saphir, Amethyst, Lapislazuli, blauer Topas, Türkis, Aquamarin:* Vermindern Kapha und Vata; beseitigen Infektionen, heilen Wunden; schützen vor negativer Energie; bekämpfen Tumorwachstum und Gewichtszunahme.
- *Irisierender Opal:* Bringt Vata und Kapha ins Gleichgewicht; vermehrt die Kreativität, fördert Mitgefühl und Verständnis in Beziehungen.
- *Schwarzer Turmalin, schwarzer Bernstein, Rauchquarz:* Vermehren Pitta und Vata; schützen vor Negativität.
- *Gold:* Bringt Vata und Kapha ins Gleichgewicht; vermehrt Tejas und Ojas, harmonisiert und stärkt.
- *Silber:* Bringt Pitta ins Gleichgewicht; beruhigt und kühlt.

Visuelle Eindrücke, die schmerzenden Augen gut tun

Eine Hauptursache für Krähenfüße und dunkle Ringe unter den Augen sind Überanstrengung und Ermüdung der Augen. Als Sehorgane sind die Augen während unseres Wachseins ständig für uns aktiv, um den endlosen Strom visueller Reize zu sortieren und der Welt einen Sinn zu geben. Aufgrund der extrem hohen Frequenz der Lichtwellen absorbieren wir über die Augen mehr Energie als über andere Sinne. Trotz dieser hohen Sättigungsschwelle nimmt das Auge auch noch die allerfeinsten Energieveränderungen wahr. Wissenschaftler, die mit Testpersonen arbeiteten, die sich in einem völlig abgedunkelten Raum befanden, haben festgestellt, daß der Sehnerv sogar eine einzige Lichteinheit registrieren kann, ein winzig kleines Wellenpaket, das als *Photon* bekannt ist.

Aus ayurvedischer Sicht sind die Augen ein Sitz von Pitta. Sie »verdauen« Lichtenergie, die das Element Feuer repräsentiert. Wenn diese Fenster zur Seele durch Erschöpfung getrübt sind, ist auch unsere Lebenserfahrung getrübt. Augenprobleme sind im allgemeinen Pitta-Probleme. Sie werden verschlimmert durch Wut, Frustration, Anspannung und Besorgnis, zuviel heiße, gewürzte, saure und salzige Speisen, Stimulanzien, den Aufenthalt in Hitze, Staub und Rauch, eine unvollkommene Vorstellungskraft und verzerrtes Denken, Fehlernährung und einen unausgewogenen Tagesablauf. Wenn der Geist müde oder angespannt ist, kann nichts die Augen beruhigen, und wenn der Geist ruhig ist, kann nichts die Augen ermüden. Das beste Mittel gegen eine Überanstrengung der Augen sind daher Meditation, Streßabbau und eine »Reinigung« und Entspannung mittels des Blicks auf Angenehmes. Von der zuletzt genannten Technik profitieren besonders die visuell orientierten Pitta-Typen, aber sie tut auch den anderen Konstitutionstypen gut. Vatas entspannen sich, wenn sie die Morgensonne in sich aufnehmen, aufs Meer, in sanftes Kerzenlicht oder die brennenden Holzscheite im Kamin sehen. Pittas besänftigt ein Mondscheinspaziergang, der Blick in den Himmel und auf Bäume, ein Bummel durch einen Garten voller Blumen oder der Anblick von Kunst. Kaphas werden munter, wenn sie einen Sonnenaufgang beobachten und einen Spaziergang durch die Natur machen.

Weitere Techniken, um eine Überanstrengung der Augen zu vermeiden oder zu beheben, finden sich in Kapitel 5.

11 Klangtherapie

Im Schwingen der Saiten ist Geometrie. Zwischen den Sphären ist Musik. Pythagoras

Stellen Sie sich das Geräusch von Fingernägeln vor, die über eine Wandtafel kratzen, eines Preßlufthammers, der Beton aufmeißelt, einer Sommerbrise, die durch ein Wäldchen raschelt, der Brandung, die sanft an die Küste schlägt. Bestimmte Geräusche haben auf Geist und Körper eine so charakteristische Wirkung, daß allein der Gedanke an sie eine vorhersagbare Reaktion auslöst.

Der Ayurveda setzt die bekannten Auswirkungen bestimmter Klänge ein, um die Psychophysiologie ins Gleichgewicht zu bringen, und zwar auf zweierlei Weise: Durch Musik und durch Mantras, d. h. Klänge, die aufgrund ihrer besonderen Schwingungseigenschaften in der Meditation benutzt werden. Welche Klänge ausgleichend wirken, hängt, wie immer im Ayurveda, vom Temperament und vom Körpertyp eines Menschen ab. Wenn Sie sich die jeweilige Dichte der fünf Elemente vorstellen – von der Leere des Raumes zur Festigkeit der Erde – wird leichter verständlich, wie die verschiedenen Konstitutionstypen auf die einzelnen Arten von Klang reagieren.

Hörbarer Klang besitzt offenbar eine fühlbare Qualität, die wir direkt wahrnehmen können, wenn wir eine Stimmgabel gegen etwas Hartes schlagen und sie dann ans Ohr halten. Wir hören nicht nur die Klangwellen; wir spüren, wie sie widerhallen. Tatsächlich »hören« Gehörlose Musik, indem sie deren Schwingungen spüren.

Meine Klientin Karen erlebte den Einfluß von Klängen ganz deutlich, als sie mit einem Freund eine Off-Broadway-Show namens *Stomp* besuchte. Bei diesem Theaterereignis benutzen die Darsteller ganz gewöhnliche Gegenstände, z. B. Besen und leere Konservendosen, sowie Stiefelstampfen und In-die-Hände-Klatschen, um eine erfinderische, oft lustige, immer aber sehr laute Abfolge von Klängen zu produzieren. Es gibt keine Worte und keine andere Musik als die ständig sich ändernden Töne und Rhythmen dieser ungewöhnlichen Schlaginstrumente. Die Vorstellung lief noch nicht lange, als Karen Kopfschmerzen bekam. Um sich Erleichterung zu verschaffen, preßte sie sich die Hände auf die Ohren. Obwohl die Geräusche nun beträchtlich gedämpft waren, bemerkte Karen, daß sie deren starkes Vibrieren in ihrem Solarplexus spüren konnte. Im weiteren Verlauf der Vorstellung wurden ihre Kopfschmerzen immer schlimmer, und am Ende fühlte sie sich angespannt und hektisch. Ihr Freund dagegen hatte sich köstlich amüsiert.

Der Ayurveda hat für diesen extremen Reaktionsunterschied eine einfache Erklärung. Karen, die ich wegen ihres trockenen Hautbildes behandelte, ist ein typischer Vata-Typ mit einem Vata-Ungleichgewicht, d. h. zuviel Luft und Raum. Wiederholte laute, dröhnende Geräusche mit wechselnden Rhythmen haben für ihre zarte, dünnhäutige Physis und ihr nervöses, unbeständiges Temperament natürlich schlimme Folgen. Ihr Freund dagegen ist ein rundlich-gesetzter, bodenständiger Typ mit einer gelassenen Art. Seine klassische Kapha-Natur wird durch aufpeitschende Klänge nicht nur nicht erschüttert, sondern auch von neuem Tatendrang erfüllt.

Was genau sind Klänge, und warum haben sie eine so bemerkenswerte, aber doch uneinheitliche Wirkung auf Geist und Körper? Im vorliegenden Kapitel werden wir diese Fragen sowohl aus der objektiven Sicht der modernen Physik, als auch aus der subjektiven Sicht des Ayurveda beantworten. Und natürlich sagen wir, welche Arten von Musik bei den einzelnen Hauttypen das Gleichgewicht wiederherstellen.

Dem Ayurveda zufolge gibt es zwei Arten von Klängen: *angeschlagene* Klänge, die dadurch entstehen, daß etwas in Schwingung versetzt wird, und die deshalb mit den objektiven Hilfsmitteln der modernen Wissenschaft untersucht werden können; und *nicht angeschlagene* Klänge, die »lautlos« und ursprünglich sind und deshalb nur subjektiv auf der Ebene des reinen Bewußtseins erlebt werden können. Klangtherapien, die Musik benutzen, arbeiten offenbar mit dem angeschlagenen Klang, denn sie gehen von hörbaren Schwingungen aus. Die »innere« Erfahrung des nicht angeschlagenen Klangs kommt durch die Praxis der Meditation zustande, die in Kapitel 13 erörtert wird. Obwohl Mantras einen hörbaren Aspekt besitzen, machen sie uns in der Meditation die Stille des reinen Bewußtseins erfahrbar und entfalten ihre größte Wirkung im nicht angeschlagenen Bereich, d. h. als Urklang.

Klang und Körper

Klang ist der modernen Physik zufolge kinetische Energie bzw. Energie in Bewegung. Er entsteht, wenn Energie sich durch die Luft oder ein anderes elastisches Medium bewegt und die Teilchen dieses Mediums in Bewegung versetzt. Diese Bewegung entspricht immer der Richtung der Klangenergie. Wenn Töne sich durch die Luft bewegen, versetzen sie die sie umgebenden Luftmoleküle in Schwingung, was dazu führt, daß die Moleküle an einigen Stellen näher aneinander- und an anderen Stellen auseinanderrücken. Diese Kompressionen und Verdünnungen – die Druckschwankungen – erzeugen eine Klangwelle. Die Frequenz einer Klangwelle, d. h. die Anzahl der Zyklen bzw. Kompressionen pro Sekunde, legt die Höhe bzw. die Note des Tones fest. Eine hohe Frequenz bzw. schnelle Schwingungen – die Kompressionen sind häufiger – erzeugen einen hohen Ton, etwa das Quietschen eines bremsenden U-Bahn-Zuges. Niedrige Frequenzen bzw. langsame Schwingungen – die Kompressionen sind weniger häufig – erzeugen einen niedrigen Ton, z. B. fernes Donnergrollen.

Wir hören einen Klang, wenn die komprimierte Luft der Klangwellen das Trommelfell in Schwingung versetzt. Der Frequenzausschnitt, den das menschliche Ohr wahrnehmen kann – von etwa 20 bis 20 000 Schwingungen pro Sekunde –, ist im Vergleich zur tatsächlich um uns herum vorhandenen Klangpalette sehr klein, genauso wie das sichtbare Licht innerhalb des ganzen Spektrums der Strahlungsenergie nur einen schmalen Ausschnitt ausmacht. Die 88 Töne eines Klaviers decken fast den gesamten Frequenzbereich ab, den wir hören können. Bei vielen Tieren ist der Hörbereich sehr viel kleiner als bei uns Menschen; andere Tiere, z. B. Delphine und Fledermäuse, können Frequenzen bis zu 100 000 Schwingungen pro Sekunde und mehr hören. Diese Ultraschallfrequenzen werden genauso wie die Infraschallfrequenzen per definitionem von unserem Gehör nicht registriert; trotzdem besitzen sie, wie alle Klänge und Energieformen, eine Wirkung auf den Körper. Der Hörsinn gleicht dem Sehsinn insofern, als beide für bestimmte Schwingungsfrequenzen empfänglich sind. Während der Sehsinn jedoch nur auf eine einzige Oktave von Frequenzen reagiert, umspannt unsere Hörfähigkeit 10 Oktaven und kann Strukturen besser identifizieren. Andererseits hat der Klang selbst sehr viel weniger Kraft als Licht. In 60 Sekunden legt die Klangenergie durchschnittlich rund 20 km, die Lichtenergie dagegen etwa 18 Millionen km zurück. In den Alltag übersetzt bedeutet dies, daß der Klang eines laut spielenden, kompletten Orchesters etwa soviel Energie erzeugt, wie die Hitze und das Licht einer normalen Haushaltsglühbirne. Insgesamt verarbeiten die Ohren sehr viel weniger Reize als die Augen und sind bei einem sehr viel niedrigeren Energiepegel überlastet: Das Ohr vermittelt dem Gehirn pro Sekunde etwa 30 000, das Auge etwa 100 Millionen Datenbits.

Um zu begreifen, wie die Klangenergie den Körper als Ganzes beeinflußt, müssen wir das Phänomen der *Resonanz* verstehen. Resonanz ist der Zustand verstärkter Schwingung, zu dem es kommt, wenn ein Medium von einem äußeren Klangstimulus angeschlagen wird, der dieselbe oder eine ähnliche Frequenz wie die diesem Medium eigene Schwingungsfrequenz besitzt. Die zwischen zwei identischen Frequenzen stattfindende Wechselwirkung intensiviert also den Klang. Im Grunde beweist das Phänomen der Resonanz das ayurvedische Grundprinzip, daß einander ähnliche Energien – einander ähnliche Frequenzen – sich gegenseitig verstärken. Weil die Resonanz die Intensität – die Amplitude – von Klangwellen anwachsen läßt, kann sie eine starke Kraft entfalten. Radios und zahlreiche Musikinstrumente einschließlich akustischer Gitarren und Geigen setzen sie konstruktiv ein, um Klänge zu erzeugen oder das Klangvolumen zu erhöhen. Wenn das Volumen des äußeren Stimulus jedoch zu sehr zunimmt, kann das vibrierende Medium aufgrund der Resonanz zerstört werden – z. B. wenn durch einen lauten Klang Glas zerbricht.

Die Resonanzwirkung scheint auch die Ursache dafür zu sein, daß Klänge Haut und Körper beeinflussen. In russischen Experimenten haben die Pacini-Körperchen – die sensorischen Rezeptoren für tiefergehende Berührungen bzw. Druck – »ganz eindeutige Resonanzeigenschaften« gezeigt, wenn sie akustischen Reizen ausgesetzt wurden (zitiert von Ashley Montagu in *Körperkontakt*). Die Pacini-Körperchen befinden sich um Muskeln, Gelenke, Bänder und Sehnen herum – an den gleichen Stellen, an denen sich viele Marma-Punkte befinden, jene feinstofflichen Energiezentren des Körpers, die im Kapitel über die Massagetherapien beschrieben wurden. Diese durch ein ausgedehntes Netzwerk feiner Kanäle miteinander verbundenen Energiepunkte mit ihren vielen resonanzempfindlichen Stellen sind dem Ayurveda zufolge von Natur aus für Klangreize empfänglich.

Andere wissenschaftliche Studien über die Wirkung von Klängen auf den Körper zeigen, daß die Haut als solche auf Klangschwingungen sehr empfindlich reagiert. In einer Untersuchung konnten Testpersonen, deren Haut unterschiedlich starken Klangwellen ausgesetzt wurde, ziemlich genau die Stelle zeigen, an der sie die auf sie gerichteten Klangwellen empfanden. In einer Studie mit Gehörlosen stellten die Forscher fest, daß niederfrequente Klänge die Hautempfindlichkeit für taktile Wahrnehmungen herabsetzten, während hochfrequente Klänge sie erhöhten.

Andere Untersuchungen zeigen, daß die starke Beschallung mit niederfrequenten Klängen und Klängen unterhalb der menschlichen Hörschwelle schnell zu körperlichen Symptomen wie Schwindel und Übelkeit führt. Anscheinend sind diese unangenehmen Folgen so stark, daß das Militär die Verwendung von Klangwellen als potentielle Waffe untersucht hat.

Klänge beeinflussen natürlich auch unser Verhalten und unsere Stimmungen. Die Hintergrundmusikindustrie und das »sensorische Engineering«, die den Klang neben Raum, Licht und Farbe zu einem Element der Innenarchitektur gemacht haben, geben viel Geld aus, um herauszufinden, bei welchen Klängen wir in Einkaufszentren mehr kaufen und weniger stehlen und am Arbeitsplatz produktiver und weniger müde sind.

Zweifellos »hören« wir Klänge mit dem Körper genauso wie mit dem Mittelohr. Und je nach der Art des Klangs, den wir hören, erleben wir eine unterschiedliche Wirkung. Der Ayurveda geht von der Prämisse aus, daß bestimmte Klänge bestimmte Körpertypen in Resonanz versetzen und so Gleichgewicht und Wohlbefinden erzeugen. Aber welche Klänge eignen sich für welche Konstitution? Zur Beantwortung dieser Frage wollen wir uns die Wissenschaft von den Klängen aus ayurvedischer Sicht ansehen.

Die Ursprünge des Klangs im Veda

Wenn die alten Rishis die absolute Stille des grenzenlosen reinen Bewußtseins erlebten, hatten Sie es mit einem Paradox zu tun. Ihr Geist war völlig still und gedankenleer, enthielt aber gleichzeitig eine enorme Fülle und Dynamik. Obwohl dieses Fließen im unmanifestierten Bewußtseinsfeld jenseits der sinnlichen Wahrnehmbarkeit lag, schienen die Rishis seine Kraft in ihrem Körper zu »spüren«. Sie schienen die Formen seiner Bewegung zu »sehen« und seine lautlose Schwingung zu »hören«. Sie erlebten diese vitale Energie als ihr wahres Sein, und als es in ihrem Bewußtsein endlos widerhallte, brachen ihre Stimmen spontan in lautes Singen aus. Die Klänge dieses Gesangs waren der erste menschliche Ausdruck der Urklänge der Natur.

Jeder Klang taucht dem Ayurveda zufolge aus der Stille auf – nicht aus einer leeren Stille, sondern aus einer erfüllten Stille –, der Stille, die der Mannigfaltigkeit der Schöpfung zugrunde liegt. Diese dynamische, nicht-manifestierte Stille erzeugt in sich selbst eine Art Schwingung bzw. ein Summen. Die hochentwickelten *Yogis* – die vedischen Seher – erlebten diese Intelligenzimpulse in ihrem Bewußtsein durch Meditation und waren in der Lage, sie auf die Ebene der hörbaren Sprache zu bringen. Sie waren die »Wissenschaftler« des Bewußtseins, die zwei Klangarten unterschieden: die geäußerten Klänge – die angeschlagenen Klänge, die die Sinne wahrnehmen –, die sie *Shruti* nannten, und die klanglosen Klänge, die sie *Veda* nannten.

Das Strömen des Veda ist die präzise, geordnete Abfolge von Urklängen. Aus dieser vollkommenen, klanglosen »Partitur« entfalten sich alle Gesetze der Natur, um die Entwicklung von Materie und Energie vom Bewußtsein her zu strukturieren und zu lenken. Maharishi Mahesh Yogi bezeichnet den Urklang als »das Summen der Schwingung, die durch die mit sich selbst interagierende Dynamik des reinen Bewußtseins entsteht, wenn es sich von einer Seinsweise in eine andere verwandelt« – d. h. vom nicht manifestierten Sein zur manifestierten Schöpfung.

Der Vorgang, durch den die nicht angeschlagenen Klänge der Natur zu den angeschlagenen Klängen der Sprache werden, wird in einer vedischen Abhandlung über Klang, Sprache und Grammatik beschrieben, dem sogenannten *Panini Shiksha.* Der Geist, der mit dem Selbst im reinen Bewußtsein vereint ist, nimmt einen Aspekt des Selbst wahr, und diese Vorstellung, dieser Impuls, regt den Geist dazu an, sich auszudrücken. Der vom Wunsch zu sprechen bewegte Geist facht die Kraft von Agni – der verwandelnden Kraft – an, was zum Anschwellen des Atems führt. Der den Körper durchströmende Atem erzeugt eine Schwingung in den Sprechorganen. Die mit der Erinnerung an Erlebtes verbundenen Schwingungen – der »sanfte summende Klang« – entströmen ihnen als einzelne Sprechrhythmen, deren grundlegender im Veda als *Gayatri-Metrum* bekannt ist. Diese Rhythmen spiegeln die Intelligenzmuster im Bewußtsein, die wir als Naturgesetze bezeichnen.

Die Verwandlung des Urklangs in Sprache stellt die Grundlage jener vedischen Klänge dar, die Mantras genannt werden. Die Wissenschaft von den Mantras ist die Wissenschaft von den ersten Klängen der Schöpfung, die auf den direkten Erfahrungen der Rishis mit dem Bewußtsein beruhten. Mantras sind bestimmte Klänge oder Klangfolgen, von denen bekannt ist, daß sie mit den natürlichen Schwingungsenergien – d. h. der Intelligenz – des Körpers resonieren und so bestimmte Wirkungen hervorrufen. Die Abfolge der Klänge des Gayatri-Metrums zum Beispiel bildet ein Mantra, das Sie in Kapitel 13 kennenlernen werden.

Die Zerrüttung dieser angeborenen Intelligenzmuster auf der Ebene der Psychophysiologie verursacht alle Krankheiten und Störungen. In der Meditation korrekt benutzte Mantras bringen mit Hilfe der Resonanz die gestörten Schwingungsmuster wieder mit der im Bewußtsein bestehenden perfekten Abfolge in Übereinstimmung und geben so der Konstitution die Balance zurück. In *The Physiology of Consciousness* vergleicht Robert Keith Wallace diesen Korrekturvorgang mit einem Dirigenten, der mit einem Orchester probt. Der Dirigent weiß, wie das Stück klingen soll und welchen Bezug die einzelnen Instrumente zum Ganzen haben, er kennt die richtige Höhen, Sequenzen, Einsätze und Intensitäten der Noten – die perfekte Intelligenz der musikalischen Partitur – und vergleicht das Gespielte mit seinem Wissen. Bei einem Fehler unterbricht er die Probe und stellt eine neue Verbindung zwischen »der Leistung des Orchesters und den Mustern der musikalischen Intelligenz in seinem eigenen Bewußtsein her ... Damit kann die perfekte sequentielle Entfaltung der Musik neu beginnen.«

Die rezitierten Klänge des Veda, die den Ursprung der Mantras bilden, sind nicht nur die Sprache der Schöpfung, sie sind auch die Musik der Schöpfung. Den vedischen Meistern zufolge können wir die Geist-Körper-Kohärenz sowohl verbessern, wenn wir zuhören, wenn die Urklänge gesungen werden, als auch, wenn wir mit ihnen meditieren. Wir brauchen nicht zu wissen, was sie bedeuten, denn das Gleichgewicht wird allein durch den Klangwert hergestellt. Traditionell werden die vedischen Sprechgesänge von *Pundits* ausgeführt, die die Klänge und ihre Musik das ganze Leben lang lernen, denn sie müssen präzise gesungen werden, um wirksam zu sein. Heute gibt es vedische Sprechgesänge zum Glück auch auf Kassette oder CD, so daß wir nicht nach Indien zu fahren brauchen, um ihren ausgleichenden Einfluß genießen zu können.

Seit kurzem untersuchen westliche Wissenschaftler diese Behauptungen auch experimentell. Vorbereitende Studien an der Ohio State University haben Hinweise darauf ergeben, daß die vedischen Urklänge das Wachstum von Krebszellen bei Ratten hemmen. Andere Forscher haben eine Theorie vorgeschlagen, die erklären kann, warum vedische Sprechgesänge und Musik im allgemeinen das Krebswachstum umkehren können. In den 80er Jahren entdeckte der Genetiker Dr. Susumu Ohno, daß die Abfolge der Nukleotide im DNS-Molekül Muster bildet, die den in der Musik gefundenen Mustern gleichen. Diese Nukleotid-Moleküle sind Träger des genetischen Codes, die Leben erschaffen. Wenn diese Muster der biologischen Intelligenz in der DNS geschädigt werden und die natürlichen Reparaturmechanismen versagen, kommt es zu Krebs. Durch die Konvertierung einiger dieser genetischer Muster in Notenschrift stellte Ohno fest, daß die verschiedenen Gene jeweils unterschiedliche Töne erzeugen, von denen manche an Bach und den Stil anderer bekannter Komponisten erinnerten. Er kehrte den Prozeß auch um, indem er Musikpartituren in DNS-Muster verwandelte, und entdeckte, daß z. B. ein Chopin-Stück den genetischen Code für eine menschliche Krebsart enthielt. Diese Ähnlichkeit zwischen Intelligenzmustern im Leben des Menschen und in der Musik verweist auf die Möglichkeit, diese »DNS-Melodien« zur Ankurbelung der Zellintelligenz und eventuell auch zur Reparatur genetischer Schäden zu verwenden.

Im Grunde ist es dasselbe Prinzip, mit dem der Ayurveda die ausgleichende Wirkung von Klängen erklärt. Natürlich ist dies ein so neues Forschungsgebiet, daß alle Erkenntnisse bahnbrechend sind und noch bestätigt werden müssen. Aber die Folgerungen sind aufregend.

Von vedischen Mantras zu vedischer Musik

Der alte Weise Bharata, die erste und herausragende Autorität Indiens in Sachen Ästhetik und Bewußtsein, lehrte, daß alle Instrumente und Künste die menschliche Stimme nachahmen sollten, weil der Mensch die Urklänge hervorbringen kann und seine Stimme das erste »Instrument« ist. Wie Reginald und Jamila Massey in *The Music of India* erklären, veranschaulichte Bharata diese Vorstellung anhand der Geschichte von einem König, der Skulpturen von Gottheiten machen wollte und Bharata um Anleitung bat. »Um die Gesetze der Bildhauerei zu verstehen«, antwortete dieser, »mußt du die Gesetze der Malerei erlernen. Um die Gesetze der Malerei zu verstehen, mußt du die Kunst des Tanzes erlernen. Und das«, fügte er hinzu, »ist schwierig, wenn du nicht die Gesetze der Instrumentalmusik kennst.« Jetzt wurde der König ungeduldig. »Nun gut, also lehre mich die Gesetze der Instrumentalmusik!« sagte er. Und wieder antwortete Bharata: »Um die Instrumentalmusik ganz zu verstehen, mußt du die Vokalmusik studieren. Sie ist der Ursprung aller Künste.« Der König verbeugte sich vor dem Weisen und bat um Unterweisung in dieser sublimen Kunst.

Bharatas Vorstellung, daß die menschliche Stimme das grundlegende Instrument ist und jede Kunst ihren Formen folgen muß, liegt der Entwicklung der *Ragas* zugrunde, der klassischen Form indischer Musik. Obwohl wir die Doshas auch ins Gleichgewicht bringen, wenn wir der Musik anderer Kulturkreise zuhören, werden wir ayurvedischen Klangtherapien nicht gerecht, wenn wir nicht auf das Wesen der direkt aus der vedischen Tradition entstandenen Musik eingehen. Wir haben bereits angesprochen, daß die Urklänge vedischer Mantras und Sprechgesänge Gesundheit und Schönheit fördern. Aber eigentlich spiegelt die gesamte klassische indische Musik das ayurvedische Prinzip, daß der Klang die erste und daher kraftvollste Äußerungsform des Bewußtseins ist. Der einzigartige Klang der Ragas leitet sich von dieser einheitlichen Sicht der Natur ab, die vom Veda beschrieben wird.

Anders als die klassische westliche Musik, die eine lineare Struktur und eine Entwicklung mit Anfang, Mittelteil und Schluß aufweist, sind Ragas um ein *Swara* herum konstruiert, d. h. einen einzigen Klang bzw. eine einzige Note, die länger gehalten wird, was dieser Musik den für sie typischen repetitiven, summenden Charakter verleiht. Das Prinzip, immer nur eine Note gleichzeitig zu erzeugen, läßt die reichen Harmonien, die wir aus der westlichen Musik kennen, nicht zu und kopiert den Umfang einer einzelnen Stimme. Für unser westliches Ohr klingt dieser ungewohnte Ton anfangs vielleicht langweilig, aber in der vedischen Kultur ist er die Musik der Sphären. Im Gegensatz zum Ziel westlicher Melodien, die eine Geschichte »erzählen« wollen, besteht das Ziel eines Raga nicht darin, Vielfalt zur Schau zu stellen, sondern die grundlegende Einheit alles Geschaffenen zum Ausdruck zu bringen. Die Struktur eines Raga ist daher eher kreisförmig, immer wieder wird dieselbe Note aus allen möglichen Richtungen untersucht, um ein bestimmtes Gefühl, eine bestimmte Stimmung wachzurufen. Dr. Frawley meint, daß das Fehlen eines starren Musters eine »entkonditionierende« Wirkung auf den Verstand hat und dazu beiträgt, die individuelle Wahrnehmung auf das universelle Bewußtsein auszurichten.

Zugleich haben die Noten eines Raga sowohl einzeln, als auch in verschiedenen sequentiellen Kombinationen ganz bestimmte Wirkungen auf den Körper. Die sieben Noten der indischen Tonleiter, *Saptak* genannt, entsprechen z. B. den sieben Chakras, den sieben Dhatus bzw. Körpergeweben, den sieben Aspekten der Existenz (die fünf Sinne plus Geist und Seele) und auch den sieben Farben des Spektrums. Ayurvedisch gesagt bedeutet dies, daß diese Formen – diese Aspekte der Existenz – eine gemeinsame energetische Frequenz besitzen, auch wenn jede Form sozusagen eine andere »Oktavenlage« dieser Frequenz darstellt (in bezug auf die westliche Tonleiter entspricht diese Korrespondenz in etwa den Frequenzen der verschiedenen A-Noten – 110, 220, 440, 880 etc., die Oktaven hinauf und hinunter). Wenn Sie diese Entsprechung der Energien verstehen, wird die Behauptung des Ayurveda klar, daß den vielen Formen der Schöpfung eine natürliche Harmonie zugrundeliegt. Tatsächlich sind alle Phänomene im Universum nichts anderes als Energie in Bewegung – d. h. Klang, der sich in verschiedenen Abfolgen und Umwandlungen ausdrückt. Daher benutzen Ragas Klangfrequenzen direkt, um den Körper ins Gleichgewicht und die Energien in der gesamten Natur in Harmonie zu bringen.

Der *Gandharva Veda*, der einen Aspekt des Veda darstellt, beschreibt, wie die harmonisierende Kraft der Musik sich nutzbar machen läßt. In der vedischen Literatur waren die Gandharvas die Sänger und Musiker, die bei den himmlischen Banketten für die Unterhaltung sorgten. Auf der Grundlage dieser Texte haben vedische Musiker spezielle Ragas entwickelt, um die täglichen und die jahreszeitlichen Zyklen in der Natur auszubalancieren oder natürliche Phänomene, z. B. das Wetter, anzuregen oder zu beruhigen. Die Klangfolge, aus der die Melodie eines Raga besteht, folgt den Rhythmen der Natur. Diese Rhythmen bzw. Naturgesetze sind z. B. in der Morgendämmerung ganz eindeutig anders als mittags oder bei Sonnenuntergang. Das gleiche gilt für unsere biologischen Rhythmen, die ebenfalls mit dem Pulsieren des Kosmos verbunden sind. Im Gandharva Veda wird der Tag in acht Segmente zu je drei Stunden unterteilt. Wenn wir Ragas während der passenden Tageszeiten ausführen oder hören, bringen wir unsere inneren Energien mit den wechselnden Rhythmen der Natur in Überein-

stimmung – damit stellen wir in uns Gleichgewicht und in der Umgebung Harmonie her.
Eine vedische Erzählung über ein paar Hofmusiker und einen bekannten Sänger veranschaulicht die Kraft der Ragas. Die Musiker waren auf den Ruhm des Sängers eifersüchtig und beredeten den Kaiser, um ein Lied namens »Melodie der Lichter« zu bitten. Sie wußten nämlich, daß dieser Raga die Hitze so steigen läßt, daß jeder, der ihn singt, alsbald in Flammen aufgeht. Eines Abends nun bat der Kaiser um das Lied. Bald strahlten die Lampen im Hof immer heller, und auch der Sänger begann sich so aufzuheizen, daß er fast verbrannte. Ein Freund, der erkannte, was geschehen würde, holte schnell die Geliebte des Sängers herbei, die ebenfalls Musikerin war. Sie sang sofort einen Raga, der Regen brachte, und rettete so ihren Geliebten.
Obwohl wir den Wahrheitsgehalt dieser alten Geschichte natürlich nicht beweisen können, deuten moderne Forschungen darauf hin, daß Ragas Körper und Geist des Zuhörers tatsächlich günstig beeinflussen. In einer kürzlichen Studie erlebten die Testpersonen beim Hören von Gandharva-Veda-Musik eine beträchtliche Verminderung der Atemfrequenz, die mit der subjektiven Erfahrung innerer Klarheit und Glückseligkeit einherging.

Vom Raga zur Rockmusik: Musik für das Gleichgewicht Ihrer Doshas

Weil vedische Sprechgesänge und die Ragas des Gandharva-Veda alle Naturgesetze beleben, beeinflussen sie alle Konstitutionstypen günstig. Trotzdem haben die unterschiedlichen Musikstile jeweils unterschiedliche Wirkungen auf die Doshas und können daher gezielt als Ausgleichstherapie oder einfach zur Herbeiführung einer gewünschten Stimmung eingesetzt werden.

Wenn Sie trockene Haut bzw. viel Vata haben, wie meine Klientin Karen, haben Sie wahrscheinlich eher einen unregelmäßigen Tagesablauf und häufige Stimmungsumschwünge, besonders wenn Sie das Gleichgewicht verloren haben. Von der Physis her sind Sie dünnhäutig, schnell, und leicht erschöpft. Folglich brauchen Sie langsame Musik zum Ausgleich Ihrer Hyperaktivität, sanfte Klänge zur Ausbalancierung Ihrer Sensibilität, tiefe Töne zur Harmonisierung Ihres nervösen Temperaments und einfache Rhythmen als Gegengewicht zu Ihrer unsteten Wesensart. Die tieferen Klänge von Baß, Cello, Bratsche, Fagott und Saxophon und der stete Takt sanfter Trommeln bekommen Ihnen besser als die Klänge von Instrumenten mit höheren Tonlagen. Die klassische indische Musik mit ihrem melodischen, repetitiven Charakter ist für Sie eine gute Allround-Wahl, genauso wie z. B. aus dem Bereich der westlichen Tradition gregorianische Gesänge sowie barocke und frühe klassische Stücke von Bach und Haydn. Auch Volksmusik, Walzer und Standardtanz-Musik, die alle sehr rhythmisch sind, besänftigen Vata. Im allgemeinen werden Sie sich bei leichter, eingängiger Musik besser fühlen als bei den aufheizenden Rhythmen von Rap oder dem scharfen elektrischen Klang von Hardrock und Heavy Metal.

Wenn Sie empfindliche Haut oder viel Pitta haben, sind Sie von Natur aus ein feuriger, leidenschaftlicher und aktiver Mensch mit viel Energie und mäßiger Ausdauer. Wenn Sie aus dem Gleichgewicht sind, werden Sie reizbar, wütend und bissig. Sie brauchen Klänge, die beruhigen, lieblich und geschmeidig sind, in mittlerer Tonhöhe und mit mäßigem Tempo – langsam genug, damit Sie ein bißchen kürzer treten, aber doch so schnell, daß Sie nicht vor Ungeduld Funken sprühen. Für Sie eignen sich die melodiösen Töne von Klavier, Flöte, Klarinette, Oboe und Horn. Die Musik von Paul Horn und James Galway, teilweise Benny Goodmann, viel Cool Jazz, Mozart, Beethoven und italienische Oper sowie New-Age-Klänge in Maßen beruhigen Pitta, ohne daß es langweilig wird.

Wenn Sie fettige Haut oder viel Kapha haben, brauchen Ihr langsames, schwergängiges Wesen und Ihre solide Statur immer ein bißchen Anregung und Auflockerung. Ihr von Natur aus umgängliches, liebevolles Temperament kann kaum mit dezenter, romantischer Musik in Stimmung kommen, vielmehr können Sie immer ein bißchen Extra-Würze in Ihrem Leben vertragen. Die höheren Tonlagen von Piccolo-Flöte und Geige, stimmgewaltige Soprane und auch die schrilleren Töne eines Rock'n Roll sind für Sie gerade richtig. Je härter der Rhythmus und je voluminöser die Lautstärke, desto besser für die gelassenen Kaphas. Sie haben die Ausdauer, bis zum Morgengrauen zu tanzen, aber Sie brauchen einen starken, schnellen Rhythmus, um in Fahrt zu kommen. Sie genießen es, von leidenschaftlichen Opern, Händel, Beethoven und jeder lauten elektrischen Musik aufgerüttelt zu werden. Sie können jede Menge lateinamerikanische Rhythmen, Rhythm & Blues, Rock und Rap vertragen, wenn der Rhythmus schnell genug ist. Die leichten Töne von Jazz und New-Age-Musik haben eine Luft-Qualität, die in kleinen Dosen Ihren Geist belebt, aber die unregelmäßigen Tempi und die Weichheit dieser Musik haben nicht den Pep, Sie auf Dauer zu beflügeln.

Denken Sie daran, daß dies allgemeine Empfehlungen zum Musikhören für Zeiten sind, in denen Sie das Gleichgewicht verloren haben, und nicht absolute Regeln. Stimmungen ändern sich, und genauso unser Musikgeschmack. Wie immer im Ayurveda sind Sie die letzte und höchste Autorität und können am ehesten beurteilen, welche Klänge am besten zu Ihnen passen. Verwenden Sie diese Richtlinien zum Experimentieren. Wählen Sie Ihre Musik nach den genannten Prinzipien aus und beobachten Sie, ob Sie einen Unterschied feststellen. Vielleicht werden die Ergebnisse Sie überraschen.

Die Stimme reinigen, angenehm sprechen

Der vielleicht machtvollste Klang im Leben ist der, den wir erzeugen, wenn wir sprechen. Was wir sagen und wie wir sprechen beeinflußt nicht nur unsere Umgebung, sondern auch unseren eigenen Körper und Geist. Der westlichen Wissenschaft zufolge ist die Stimme das fähigste aktive Sinnesorgan, das mit einer Geschwindigkeit von 10 000 Bits pro Sekunde Daten in die Welt hinausschleudert.
Stimmliche Klänge entstehen durch den Kontakt des Atems mit ver-

schiedenen Organen einschließlich Kehle, Luftröhre, Zunge, Zähnen und Lippen, die alle fein schwingen. Dem Ayurveda zufolge verbreiten diese Schwingungen sich durch das ganze Nervensystem und beeinflussen jede Zelle des Körpers sowie alle Chakras und die anderen feinstofflichen Energiezentren. Die Kehle selbst ist das 5. Chakra, das für die Ausdrucksfähigkeit verantwortlich ist. Die Qualität unseres Ausdrucks formt buchstäblich die Qualität unseres Lebens – sie bringt Gleichgewicht und Seligkeit oder Zwietracht und Unglück. Nichts wirft schneller einen Schatten auf unsere Ausstrahlung als eine geschmacklose Sprache oder eine unangenehme Stimme.

Das Sanskrit-Wort für Klang ist *Nada,* das von *Na* (Atem) und *Da* (Feuer) abgeleitet ist. Das Feuer ist die Kraft, die verwandelt, und seine ursprüngliche Ausdrucksform, Rajas, ist auch der schöpferische Impuls. Mit anderen Worten: Der stimmliche Klang wird im Bewußtsein durch die Interaktion von individuellem Willen und Atem erschaffen, die auf den Körper einwirken. Er ist durch den Schaffensdrang verwandelter Atem – Prana. In diesem Sinne wiederholt jedes gesprochene Wort den ersten Schöpfungsakt vom unmanifestierten reinen Sein zum manifestierten Universum.

Als Organ der Sprache – und aktives Organ des »Klangsinns« – gilt der Kehle im Ayurveda besondere Aufmerksamkeit. Die Vaidyas empfehlen, zur Reinigung der Stimme täglich nach dem Wachwerden und vor dem Meditieren zu gurgeln. Das Rezept für ein ayurvedisches Gurgelwasser finden Sie unten. Sie können auch mit warmem Salzwasser gurgeln. Handelsübliche Mundwässer enthalten gewöhnlich Alkohol, der den Mund austrocknet, sowie Chemikalien und Farbstoffe, und sind nicht zu empfehlen.

Ayurvedisches Mundwasser

Geben Sie 1–2 Tropfen ätherisches Minz-, Gewürznelken- oder Zimtöl in $^{1}/_{2}$ Tasse warmes destilliertes Wasser und gurgeln Sie damit.

Dies ist keineswegs alles, was der Ayurveda zum Thema Worte zu sagen hat. In den letzten Kapiteln des Buches wird die schöpferische Kraft des Denkens und Sprechens, die als direkte Ausdrucksformen des

Klangs dem Bewußtsein am nächsten sind, eingehend erörtert. Wie gesagt, liegt der Klang allen Dingen zugrunde – und tatsächlich gibt jede Form im Universum einen charakteristischen Ton von sich, der ihre natürliche Frequenz darstellt. Zusammen erzeugt diese Unzahl von »Noten« – die Bewegung des Windes, die Wellen auf dem Meer, die Erde und das Gestein unter unseren Füßen, das Sonnensystem, die Milchstraßen – die Himmelsmusik. Sie sind das kosmische Summen – *Aum*. Genauso erschaffen das Schlagen des Herzens, das Fließen des Blutes, das Spiel der Muskeln und der Rhythmus des Atems zusammen die einzigartige Symphonie eines Menschenlebens. Gehen Sie mit ein paar Freuden ans Meer, auf einen Berggipfel oder in die Tiefen des Waldes. Geben Sie sich die Hände, schließen Sie die Augen und tönen Sie gemeinsam ein länger gehaltenes »Aum«. Wenn Ihre Stimmen ganz natürlich zusammenfinden und Ihre Tonhöhen zu einer werden, werden Sie die Glückseligkeit erleben, ein auf das kosmische Orchester eingestimmtes Instrument zu sein. Wenn alle Klänge, die äußeren und die inneren, in Harmonie sind, ist das Leben in vollkommenem Gleichgewicht.

Mit dieser noch frischen Kostprobe der Glückseligkeit im Gedächtnis laden wir Sie ein, das Reich der Sinne hinter sich zu lassen und Atem, Geist und Bewußtsein zu erkunden.

TEIL IV

Von den Sinnen zur Seele: Atem-, Geist- und Seelenreinigung – *Prana*, *Manas* und *Atma Shudi*

Es gibt eine Schönheit, die von innen heraus nach außen zum Vorschein kommt, verursacht durch die Ablagerung seltsamer Gedanken, phantastischer Träume und exquisiter Leidenschaften in jeder einzelnen Zelle.

Walter Pater

12 Atemtherapie

Der Atem ist die Brücke, die das Leben mit dem Bewußtsein verbindet, die Ihren Körper und Ihre Gedanken zu einer Einheit zusammenführt. Thich Nhat Hanh

Auch wenn meine Klientinnen selbst nicht wissen, was sie denken, fühlen oder wünschen, sagt ihre Haut mir genau, was in ihrem Körper und in ihrer Seele vor sich geht. Ich behandle sie dann äußerlich mit natürlichen Kräutern und Ölen und innerlich über die fünf Sinne, bzw. Ernährung, Massagen, Düfte, Farben und Musik. Manchmal verstärken diese vielfältigen Aktivitäten, dieser Ansturm von Lebensmitteln, Kräutern und Dingen unabsichtlich die Vorstellung, Krankheit und Gesundheit wären ihrem Wesen nach physische Phänomene. Es stimmt zwar, daß wir einen physischen Körper bewohnen, der materiell instandgehalten und gepflegt werden muß, und alle bislang beschriebenen ayurvedischen Therapien stellen tatsächlich Vitalität und Gleichgewicht wieder her. Aber damit ist das Ende des Weges zu absoluter Schönheit noch nicht erreicht.

Wir haben dieses Buch mit der Geschichte von einem Moschushirsch begonnen, der den Ursprung des himmlischen Dufts, den er riecht, nie findet, weil er ihn überall anders sucht als da, wo er ist – in ihm selbst. Wir sind genauso wie dieser Moschushirsch, denn wir suchen mit den Augen vergeblich nach einer Vollkommenheit, die sich letztlich *jenseits* der Sinne befindet, nämlich in unserem Selbst, unserer Seele. Im Ayurveda führt der Weg zur Seele uns durch die Wirklichkeit von Denken und Wahrnehmen über den Geist hinaus zur Erfahrung des Bewußtseins. Am Anfang dieser Reise steht der Atem, der Körper und Geist am Leben hält.

Tatsächlich ist für unsere Vorstellung vom Leben kein Aspekt der physischen Existenz zentraler als der Atem. Ohne den Sauerstoff, den der

Atem uns zuführt, stellt das Gehirn innerhalb von ein paar Minuten seine Tätigkeit ein, und der Rest des Körpers nur wenig später. Das Bedürfnis nach Luft unterscheidet lebende von nichtlebenden Dingen. Ein einziger Atemzug macht den Unterschied zwischen Leben und Tod aus – wir sprechen vom »ersten Schrei des Babys«, den »letzten Worten« oder dem »letzten Atemzug«, um Anfang und Ende eines Menschenlebens zu bezeichnen. Tatsächlich wird das Leben oft als eine Reihe von Atemzügen beschrieben. Wir werden mit einer bestimmten Anzahl geboren, und wenn wir zum letzten Mal ausatmen, hauchen wir das Leben aus – sogar die Sprache verknüpft Atem und Leben.

Prana: Der Ursprung für Vitalität und Gleichgewicht

Für das ayurvedische Denken ist der Atem nicht nur einfach die Luft und die Tätigkeit der Lunge. Vielmehr ist er die physische Form von *Pranamaya Kosha,* einer der feinstofflichen Existenzebenen, und das Vehikel, durch das Prana, die lebenspendende Energie, den Körper betritt und belebt. Prana selbst ist die Essenz von Intelligenz und Vitalität des Körpers. Der Austausch dieser Lebenskraft bei Liebenden macht den Kuß zu einem so machtvollen, intimen Vorgang.

Pranamaya Kosha ist auch das Verbindungsglied zwischen Annamaya Kosha und Manomaya Kosha – Körper und Geist. Wir erleben diese Verbindung ganz direkt jedesmal, wenn unsere Atmung oder unsere Stimmung sich ändern. Die beiden sind in unserer Psychophysiologie so aneinander gebunden, daß wir das eine nicht ändern können, ohne gleichzeitig das andere zu beeinflussen. Wenn wir glücklich sind, ist der Atem von sich aus stetig und voll; wenn wir deprimiert sind, wird er krampfartig; wenn wir wütend sind, schnappen wir nach Luft; wenn wir Angst haben, wird er schnell, flach und unregelmäßig. Die Atmung ist eine der ersten physiologischen Funktionen, die sich ändern, wenn wir im Streß sind.

Änderungen der Atmung beeinflussen nicht nur Haut und Körper, sondern auch die Stimmung: Bei einer flachen Atmung zum Beispiel wird der Teint blaß; wenn wir schwer atmen, wird er rot. Wenn das natürliche Atemmuster aufgrund von Streß ständig unterbrochen wird, geht Prana zur Neige. Und ohne genügend Prana, das als bewegende Lebenskraft zusammen mit Agni Ojas erzeugt, verliert die Haut ihre Vitalität und ihr Strahlen. Falsches Atmen zieht auch die Tätigkeit des Immunsystems in Mitleidenschaft. Wie Weil in *Spontanheilung* erklärt, »ist es die Kraft des Atems – die rhythmischen Druckveränderungen im Brustkorb –, die die Lymphzirkulation anregt«. Wie wir im Kapitel über die Massage gesagt haben, ist dieses Fließen der Lymphe notwendig, um das Blut von Schlacken zu befreien.

Außer durch Streß wird Prana auch reduziert durch: falsche Atemgewohnheiten, »tote« Nahrungsmittel und falsche Ernährung; viel Sprechen, Streiten, Schreien, Weinen oder Rufen, Verdauungs- und Ausscheidungsprobleme einschließlich Durchfall, Verstopfung, übermäßigem Wasserlassen und übermäßigem Schwitzen; zuviel Sex. Auch eine Blockade der Nadis, der 72 000 feinstofflichen Energiekanäle, behindert die Prana-Bewegung. Wenn der Prana-Fluß aus irgendeinem Grund längere Zeit unterbrochen ist, geraten die Doshas aus dem Gleichgewicht, und Störungen und Krankheiten sind die unvermeidliche Folge.

Eine ausgeglichene Atmung für ein ausgeglichenes Leben

Denken und Atmung gehen immer Hand in Hand. Wenn der Geist kämpft, kämpft auch der Atem; wenn der Geist beständig ist, fließt der Atem. Aber das Gegenteil ist genauso richtig: Wenn der *Atem* stetig ist, beruhigen Geist und Gefühle sich von selbst, und die Physiologie kommt ins Gleichgewicht.

Auf dieser Entsprechung beruhen die ayurvedischen Atemtechniken. In einer emotionalen Krise, wenn der Atem stockt und der Geist rotiert, versuchen wir oft, uns Ruhe einzureden. Diese mentale Technik mag vorübergehend funktionieren, aber jeder, der sie bewußt versucht hat, weiß, wie schwierig sie ist – es liegt im Wesen der Gedanken, sich ständig zu ändern, und der Versuch, sie zu steuern, ist so, als wollte man einen dahinbrausenden Fluß aufhalten.

Der Atemfluß dagegen läßt sich sehr viel einfacher bewußt steuern als der Gedankenfluß. »Das Bedürfnis zu atmen ist das zwingendste – und das automatischste – aller menschlichen Grundbedürfnisse«, schreibt Montagu. Trotzdem können wir den Atem kurzzeitig anhalten oder willentlich ein- und ausatmen. Dieses Vorrecht üben wir jeden Tag wieder und wieder aus, z. B. wenn wir eine Kerze ausblasen, unter Wasser tauchen oder einfach schlucken oder sprechen.

Die unten beschriebenen »neurorespiratorischen« Übungen des Ayurveda nutzen die einzigartige integrierende Prana-Kraft nicht nur, um normale Atemgewohnheiten wiederherzustellen, sondern auch, um die Gefühle zu beruhigen und die Doshas zu harmonisieren.

Die natürliche Atemtechnik

Was ist eine *natürliche Atmung?* Der Ausdruck scheint überflüssig – denn was ist schließlich natürlicher als die Atmung? Es ist der allerursprünglichste Instinkt – man klopft einem gesunden neugeborenen Baby auf den Rücken, und der Vorgang setzt automatisch ein und läuft ein Leben lang ab, Aufziehen unnötig. Richtig?

Nun, nicht ganz. Es gibt eine natürliche Atmung – eine *richtige* Technik, so zu atmen, daß Gesundheit und Schönheit maximal gefördert werden –, und Babys praktizieren sie instinktiv. Beobachten sie einmal eins beim Schlafen: Der Oberkörper füllt sich wie ein Ballon mit Luft, dehnt sich mit einem sanften, steten Rhythmus aus und zieht sich wieder zusammen. Die Bewegung geht in drei Richtungen: Brustkorb und Rücken heben und senken sich, die Seiten bewegen sich nach außen und wieder nach innen, der Oberkörper wird im Einklang damit länger bzw. kürzer. In der Kindheit ist diese natürliche Atmung eine völlig mühelose Aktivität, die die volle Kapazität der Lunge nutzt. Aber wenn wir erwachsen sind, haben viele von uns aufgrund von Streß, schlechter Gesundheit, schlechter Haltung oder schlechten Gewohnheiten diese Technik verlernt. Wir halten unbewußt den Atem an oder ziehen den

Körper so zusammen, daß das Fließen der Luft unterbrochen wird. Diese Unterbrechung bringt uns buchstäblich um, denn sie enthält dem Körper das lebensnotwendige Prana vor.

Ein normaler Atemzug füllt die Lunge mit einem halben Liter Luft. Ein tiefer Atemzug zieht ungefähr siebenmal soviel ein. Auf Seite 386 finden Sie eine einfache Technik, um die korrekte, rhythmische Zwerchfellatmung wiederherzustellen. Sie können diese Übung so oft machen, wie Sie wollen, denn für eine volle, natürliche Atmung gibt es keine falsche Zeit. Üben Sie aber mindestens einmal täglich, und zwar morgens, damit Sie mit einem beschwingten Atem und einem guten Prana-Vorrat in den Tag starten. Bei diesen Atemübungen oder überhaupt den Übungen in diesem Kapitel kann es sein, daß Sie Angstgefühle bekommen, oder daß Sie anfangen zu lachen oder zu weinen. Dies ist eine natürliche Reaktion, denn jeder Atemzug ist mit Angst verbunden. Ashley Montagu hat dies als »schwache phobische Regung« bezeichnet, die an den angsterfüllten Moment vor dem ersten Atemzug erinnert. Ketul Arnold, der am Rasa-Yoga-Studio in New York Yoga-Atmung unterrichtet, weist darauf hin, daß zu dieser Urangst noch kommt, daß viele Menschen beim Sprechen unbewußt die Stimmbänder zusammenpressen oder die Brustkorb- und Zwerchfellmuskeln zusammenziehen, um unangenehme Gefühle zurückzuhalten. So verliert der Brustkorb seine Beweglichkeit, und die Atmung wird eingeschränkt. Wenn diese Leute dann schließlich wieder einen vollen Atemzug nehmen, kommen Gefühle hoch, die jahrelang keinen Ausdruck gefunden haben – was manchmal, wie er bei seinen Schülern beobachtet hat, die Form eines hysterischen Gelächters oder einer Tränenflut annimmt.

Dies ist ein *gutes* Zeichen. Es bedeutet, daß Sie richtig atmen. Versuchen Sie, durch die Gefühle hindurch zu atmen. Sie werden auf natürliche Weise vergehen. Dabei befreien Sie sich von Schlacken – emotionalem Streß, der wie unverdaute Nahrung das Fließen der Intelligenz im Körper blockiert hat. Die Atmung ist nämlich genauso wie Hautporen, Schweißdrüsen, Urin und Kot einer der fünf natürlichen Entgiftungsprozesse. Bei jeder Einatmung reinigt sauerstoffreiches Blut den Körper, und bei jeder Ausatmung werden Kohlendioxid und andere toxische Schlacken nach außen befördert.

Natürliche Atmung

- Sitzen Sie bequem oder stehen Sie (die Füße sind etwas voneinander entfernt), und atmen Sie normal durch die Nase.
- Legen Sie die Handflächen auf den Bauch. Spüren Sie, wie er sich ausdehnt und zusammenzieht, während Sie ganz natürlich ein- und ausatmen. Wenn Sie nicht spüren, daß der Bauch sich bewegt, lassen Sie die Hände, wo sie sind, beugen Sie Kopf, Hals und Schultern leicht zurück und atmen Sie dann. Folgen Sie den ursprünglichen Anweisungen.
- Legen Sie die Handflächen über den Brustkorb, sodaß die Fingerspitzen sich über dem Brustbein berühren. Spüren Sie, wie die Hände sich ganz natürlich voneinander entfernen und wieder zusammenkommen, während Sie normal atmen.

- Legen Sie die Handrücken mit den Fingern nach oben auf beide Seiten des Brustkorbs. Spüren Sie, wie die Rippen sich seitlich ausdehnen und zusammenziehen, während Sie leicht und natürlich atmen. Nehmen Sie wahr, ob eine Seite sich mehr ausdehnt als die andere. Wenn ja, heben Sie den Arm der stärkeren Seite über den Kopf, beugen Sie sich seitlich zur schwächeren Seite und atmen Sie. Wiederholen Sie die ursprünglichen Anweisungen und beobachten Sie, ob die Bewegung der Rippen sich jetzt ausgeglichener anfühlt.

- Lassen Sie die Hände in der gleichen Position und bewegen Sie sie ein paar Zentimeter nach unten Richtung Taille. Spüren Sie wieder, wie der Mittelbereich sich wie ein Ballon aufbläht, während Sie normal atmen. Achten Sie darauf, ob eine Seite sich mehr ausdehnt als die andere. Wenn ja, heben Sie den Arm der schwächeren Seite, führen sie ihn über den Kopf und beugen Sie sich seitlich zur stärkeren Seite. Wiederholen Sie die ursprünglichen Anweisungen, um zu sehen, ob die Taillenbewegung auf beiden Seiten gleich ist.

- Legen Sie die Handrücken auf den mittleren Rücken, so daß die Fingerspitzen sich berühren. Spüren sie, wie die Hände sich auf ganz natürliche Weise voneinander entfernen und wieder zusammenkommen, während sie normal ein- und ausatmen. Wenn der Rücken sich nicht ausdehnt, atmen Sie noch einmal ein, senken dann beim Ausatmen langsam den Kopf und beugen sich aus der Taille heraus soweit nach vorne, daß die Finger die Zehen berühren (oder soweit Sie kommen, ohne sich zu überfordern). Atmen Sie ein, während Sie sich langsam wieder aufrichten. Wiederholen Sie die ursprünglichen Anweisungen, um zu sehen, ob der Rücken sich ausdehnt.

Pranayama: Vom Kopf bis zu den Zehen atmen

Pranayama ist der ayurvedische Begriff für neurorespiratorische Übungen. Er bedeutet wörtlich »vom Kopf bis zu den Zehen atmen«. Die verschiedenen Techniken bringen jeweils bestimmte Gefühle und die mit ihnen verbundenen Doshas ins Gleichgewicht.

Bei einigen Übungen wird abwechselnd jeweils durch ein Nasenloch geatmet. Jede Nasenöffnung ist mit der gegenüberliegenden Hirnhälfte verbunden: Das rechte Nasenloch mit der linken Hirnhälfte, das linke Nasenloch mit der rechten Hirnhälfte. Diese Verbindung ist wichtig, weil jeder Hirnhälfte andere geistige Aktivitäten zugeordnet werden. In den letzten Jahrzehnten haben Neurowissenschaftler entdeckt, daß die linke Hirnhälfte analytische bzw. »lineare« Funktionen wie z. B. Logik und Sprache steuert, und die rechte konzeptionelle bzw. »räumliche« Funktionen, z. B. Intuition und Phantasie. Forschungen weisen darauf hin, daß die soeben angesprochene Wechselatmung aufgrund der systematischen Anregung beider Hirnhälften eine integriertere Funktionsweise des Gesamtgehirns fördert. Sie erhöht außerdem die Lungenkapazität, die im allgemeinen mit dem Alter abnimmt, und vermindert die Pulsfrequenz.

Auch die alten Wissenschaftler kannten die »gesplittete« Funktionsweise der Hirnhemisphären, aber sie benutzten eine andere Terminologie zu deren Beschreibung. Dem Ayurveda zufolge ist die linke Hälfte das Zentrum der »männlichen« bzw. der solaren, sonnenhaften Energie, die aktiv, berechnend und wärmend ist; die rechte Hälfte ist das Zentrum der »weiblichen«, lunaren, mondhaften Energie, die schöpferisch, beruhigend und kühlend ist. Infolgedessen kühlt das Atmen durch die linke Nasenöffnung (rechte Hirnhälfte) zuviel Feuer und besänftigt aufgrund seiner mondhaften Energie Wut und Frustration. Es ist gut für Leute mit empfindlicher Haut, Pitta-Beschwerden oder einfach, um die Physiologie an einem heißen Tag abzukühlen. Das Atmen durch die rechte Nasenöffnung (linke Hirnhälfte) dagegen regt aufgrund seiner sonnenhaften Energie den Geist an und wärmt den Körper an einem kalten Tag. Die Wechselatmung lindert Vata-Beschwerden wie z. B. Streß, Besorgnis und Angst.

Wechselatmung
(Bringt Vata ins Gleichgewicht)

- Setzen Sie sich mit geschlossen Augen aufrecht hin. Verschließen sie mit dem Mittelfinger der rechten Hand die linke Nasenöffnung. Atmen Sie langsam durch die rechte Nasenöffnung ein; dehnen Sie dabei sacht den Bauch und dann die Lunge aus. Geben Sie das linke Nasenloch frei und verschließen Sie mit dem Daumen das rechte. Atmen Sie langsam durch das linke Nasenloch aus, während Sie die Lunge und dann den Bauch entspannen. Kehren Sie die Prozedur um: Atmen Sie durch die linke Nasenöffnung ein und durch die rechte aus. Machen Sie neun volle Atemzüge: Rechts ein – links aus, links ein – rechts aus entspricht einem vollen Atemzyklus.
- Halten Sie den Atem nicht an. Ihre Absicht sollte einfach sein, ständig normal zu atmen. Zwingen Sie den Atem nicht, sondern lassen sie die Luft so sacht ein- und ausströmen, daß ein direkt vor Ihre Nase gehaltenes trockenes Blatt sich nicht bewegen würde, egal ob sie ein- oder ausatmen. Versuchen Sie auch nicht, beim Atmen bis zu bestimmten Zahlen zu zählen; lassen Sie den Atem einfach so lang sein, wie er will, ohne ihn bewußt zu beeinflussen. Der Oberkörper schwingt langsam und sacht mit dem Atem mit. Ansonsten bleibt der Körper ruhig, während der Atem seinen eigenen zwanglosen, natürlichen Rhythmus findet.
- Die Übung bessert Probleme, die auf trockener Haut beruhen, und läßt Besorgnis und Angst abklingen.

Shitali-Atmung (Zungenröhrchen)

(Bringt Pitta ins Gleichgewicht)

- Setzen Sie sich mit geschlossenen Augen aufrecht hin. Bilden Sie mit der Zunge eine Rinne und strecken Sie die Zungenspitze aus dem Mund heraus. (Wenn Sie mit der Zunge keine Rinne bilden können, berühren Sie mit der Zungenspitze den Gaumen hinter den geschlossenen Zähnen.) Atmen Sie durch den Mund ein. Wenn die Lunge voll ist, schließen Sie den Mund, entspannen Sie die Zunge und atmen langsam und leicht durch die Nase aus. Halten Sie den Atem nicht an. Wiederholen Sie dies 1–2 Minuten lang. Je nach Ihrem natürlichen Atemrhythmus werden Sie in dieser Zeit unterschiedlich viele Atemzüge machen. Als *allgemeine* Regel gilt, daß das Ausatmen doppelt so lange wie das Einatmen dauern sollte, trotzdem sollten Sie im Kopf nicht »mitzählen«.
- Das Sanskrit-Wort *Shital* bedeutet »kühl«. Wenn Sie durch die Nase einatmen, wärmt die Körpertemperatur den Atem an, bevor er die Lunge erreicht. Wenn Sie jedoch durch den Mund einatmen, können Sie die kühle Luft spüren, wenn sie in den Mund und in die Lunge gelangt. Diese kühlende Atmung beruhigt ein hitziges Temperament und wirkt lindernd bei heißem Wetter und Beschwerden, die auf empfindlicher Haut beruhen, z. B. Ausschlag, Akne, Ekzemen und Schuppenflechte.

Kapalabhati-Atmung (Reinigung des Gehirns)

(Bringt Kapha ins Gleichgewicht)

- Setzen Sie sich aufrecht hin, Augen und Mund sind geschlossen. Legen Sie die Handflächen auf den Bauch und atmen Sie langsam durch die Nase ein, während Sie das Zwerchfell entspannen und den unteren Lungenbereich mit Luft füllen. Ziehen Sie nun mit einer schnellen Bewegung den Bauch ein, so daß der Atem automatisch durch die Nase nach außen gepreßt wird; der übrige Körper bleibt dabei entspannt. Lassen Sie die Bauchmuskeln los, so daß die Bauchdekke rund wird und der Atem in einer Reflexreaktion automatisch durch die Nase eingezogen wird. Atmen Sie nicht länger als eine Minute so. Fangen Sie langsam an; wenn Sie mit der Technik vertraut sind, sollten Sie versuchen, die Zahl der Wiederholungen pro Minute zu steigern.
- Bei dieser Technik ist das Gefühl beim Ausatmen so ähnlich, als würden Sie einen Schlag in die Magengrube bekommen und als bliebe Ihnen die Luft weg. Allerdings tut es in diesem Fall nicht weh. Bei korrekter Ausführung ist diese Art des Atmens sogar sehr belebend. Kapalabhati bedeutet wörtlich »die Krone polieren«, und vielleicht spüren Sie bei der Ausführung dieser Atmung um Ohren, Hals und Kopfhaut herum ein Prickeln, oder ein Vibrieren im Schädel. Das Einziehen des Bauchs massiert die Wirbelsäule und läßt die Rückenmarksflüssigkeit zirkulieren, gleichzeitig massiert es Magen und Darm. Arnold bemerkt, daß eine schnell ausgeführte Kapalabhati-Atmung ein zischendes Geräusch wie ein automatischer Rasensprenger erzeugt.
- Diese anregende Übung eignet sich gut für Kapha-Beschwerden. Sie reißt Sie aus einem Tief, lindert Depressionen und hilft Ihnen ganz

allgemein, emotionale Probleme loszulassen. Da sie außerdem die Verdauung verbessert und Blähungen behebt, eignet sie sich auch für Vatas.

Nasen- und Mundpflege

Pranayama stärkt die Lunge und führt dem Blut mehr Sauerstoff zu. Auch Nase und Mund, die mit dem Atem eng verbunden sind, müssen jedoch gepflegt werden, wenn der Atem frisch bleiben und Prana fließen soll. Die Anleitung für ein Nasya, d. h. eine Nasenreinigung, finden Sie auf Seite 317. Da sich auf der Zunge und zwischen Zähnen und Zahnfleisch Bakterien ansammeln, ist es zur Vermeidung von Mundgeruch wichtig, alle drei sauberzuhalten. Hier vier Schritte für einen sauberen, gesunden Mund:

- *Schritt eins:* Schaben Sie die Zunge morgens ab – am besten mit einem Zungenschaber, einem flachen, etwa 1/2 cm breiten, U-förmig gebogenen Metallstreifen. In Indien gibt es vier Arten: goldene für Vata-Typen, silberne für Pitta-Typen, kupferne für Kapha-Typen und Schaber aus rostfreiem Stahl für alle Konstitutionstypen. Wenn Sie keinen Zungenschaber haben, können Sie die Kante eines Löffels benutzen. Fangen Sie hinten im Mund an und schaben Sie behutsam bis zur Zungenspitze, um den vorhandenen Belag zu entfernen.
- *Schritt zwei:* Massieren Sie das Zahnfleisch mit einer Mischung von 1 Tropfen Kampher-, Gewürznelken- oder Kardamomöl + 1 TL Sesamöl. Spülen Sie bei Zahnfleischbluten mit einer Mischung von Fencheltee + 1 Prise Kurkumapulver nach.
- *Schritt drei:* Bürsten Sie die Zähne. Kommerzielle Zahnpasten enthalten oft chemische Stoffe und künstliche Süßungsmittel. Herstellung einer ayurvedischen Zahnpasta: Vermischen Sie *je* 1 Prise gemahlenes Steinsalz, Zimt und Gewürznelke + 1/2 TL Triphala. Geben Sie ein paar Tropfen Wasser dazu, so daß eine Paste entsteht, und bürsten Sie damit die Zähne.
- *Schritt vier:* Gurgeln Sie mit Salzwasser oder mit einem ayurvedischem Mundwasser (Anleitung Seite 377).

Der Atem ist der einzige Aspekt des physischen Lebens, der länger Bestand hat als der Körper. Der Schriftsteller Guy Murchie hat die Zahl der Atome im Luftvolumen eines einzigen Atemzugs mit denen in der gesamten Atmosphäre verglichen und ist zu der mathematischen Schlußfolgerung gekommen, daß jeder Atemzug, den wir tun, »über eine Million Atome enthält, die irgendwann einmal von jedem anderen Menschen auf Erden ein- und ausgeatmet wurden«. Wir teilen unsere vitale Essenz also buchstäblich mit jedem Menschen, der je gelebt hat, und auch nach unserem Tod geben die in unserem Atem enthaltenen Atome anderen Menschen Leben.

Gleichzeitig entsteht jeder Atemzug aus der ewigen Gegenwart. Anders als Gedanken, die zwischen Vergangenheit, Gegenwart und Zukunft hin- und herfließen, geschieht unser Atem immer nur im Hier und Jetzt. Sie können nicht den morgigen Atemzug heute nehmen, und Sie können auch nicht den Atem von jetzt für morgen festhalten. Jeder Atemzug kommt dann, wenn er an der Reihe ist, er kann nicht zurückgerufen werden und bindet uns so an die Zeit. Trotzdem ist jeder Atemzug für sich eine Kostprobe der Zeitlosigkeit. Wenn der Geist immer da ist, wo der Atem ist, können Sie nichts anderes, als jeden Augenblick voll zu leben.

13 Ayurvedische Meditation

Die Yogis, die Großen Seelen, projizierten ihren Geist durch eine Anstrengung des Geistes in diesen nicht angeschlagenen Klang … und erreichten Befreiung. »Sangeet-Makaranda«

Genau wie der Begriff »Bewußtsein« ist auch »Meditation« ein Wort, das für jeden etwas anderes bedeutet, und ganz sicher gibt es auf der Welt mindestens so viele Arten des Meditierens, wie es Kulturen gibt. Meditation bezieht sich auf den Denkprozeß, und jede Meditation ist tatsächlich eine »geistige« Übung. Trotzdem sind weder Methoden noch Ergebnisse der verschiedenen Meditationspraktiken gleich.

Angehörigen der westlichen Kultur sind Konzentration und Kontemplation am vertrautesten. Bei der Konzentration wird die Aufmerksamkeit aktiv und diszipliniert auf ein bestimmtes Objekt, eine Vorstellung oder ein Ziel gerichtet. Ayurvedisch gesagt ist Konzentration dasselbe wie Achtsamkeit; auf diesen Begriff, der bereits angesprochen wurde, kommen wir im letzten Kapitel zurück. Bei der Kontemplation wird *über* eine bestimmte Vorstellung nachgedacht, z. B. Gott oder die Liebe, um die Stimmung zu heben und den Sinn des Lebens zu erkunden. Per definitionem beschäftigt die Kontemplation sich mit dem *Inhalt* von Gedanken und zieht den Geist *ins* Denken hinein, denn ein Gedanke führt auf natürliche Weise zum nächsten. Beide geistigen Techniken, Konzentration und Kontemplation, entwickeln den bewußten *Willen* und helfen uns, Wahrnehmungen zu verändern, die emotionalen Streß erzeugen (siehe Kapitel 14). Aber sie führen nicht automatisch zu der einzigen Wirkung, die die notwendige Bedingung für Gleichgewicht, Glückseligkeit und absolute Schönheit ist – der regelmäßigen direkten Erfahrung des reinen Bewußtseins.

Im Gegensatz zu Kontemplation und Konzentration führen die in diesem Kapitel beschriebenen ayurvedischen Meditationstechniken den Geist *über* das Denken *hinaus* zur Quelle aller Gedanken im reinen Bewußtsein. Diese Techniken beziehen Denken und Wahrnehmung ein, aber sie beschäftigen sich *nicht* mit Vorstellungen als solchen oder ihrer Bedeutung, und sie setzen nicht die Kontrolle über die Richtung der Gedanken voraus. Vielmehr wirken diese alten Techniken darauf hin, das Bewußtsein spontan von der Begrenzung des Denkens überhaupt zu befreien, so daß wir die absolute Stille und die grenzen- und bedingungslose Glückseligkeit des reinen Seins erfahren können. Diese direkte, vorübergehende Erfahrung des reinen Bewußtseins wird im Ayurveda als *transzendentales Bewußtsein* bezeichnet. Es ist vollkommener Seelenfrieden.

Beschreibungen dieser Erfahrung des *Transzendierens* – über den denkenden Verstand hinaus zur Stille des Geistes zu gelangen – finden sich in Lyrik und Philosophie aller Zivilisationen. Es ist eine völlig natürliche, spontane und daher universelle Erfahrung; ihre Kennzeichen sind das Gefühl innerer Ausdehnung und Ruhe, eine gesteigerte, über die Sinne hinausgehende Bewußtheit und Wahrnehmung, tiefe Stille, Klarheit und Gewißheit. Henry David Thoreau z. B. schrieb in seinem Gedicht »Inspiration«:

Ich höre jenseits dessen, was hörbar ist,
ich sehe jenseits dessen, was sichtbar ist,
wie neue Welten, Himmel, Meere sich entfalten,
und all mein Leben warm von Sonnenlicht umschlossen ist.

Die klare und uralte Harmonie
durchdringt den lauten Lärm in meiner Seele
bis hin zur allerhöchsten Melodie –
viel weiter weg als sie und auch viel tiefer drinnen.

Viel schneller ist sie als der schnellste Blitz,
und lauter als der Donner dröhnt ihr Klang,
sie sprengt die Fesseln meines Horizonts
und läßt in jeder Menge selbst mich spüren.

Sie spricht mit solcher achtungsvoller Macht
in heiter-würdevollem Ton,
daß Stunden unbemerkt im Flug vergehn
und ich allein bin mit der Ewigkeit.

Die Erfahrung des transzendentalen Bewußtseins muß jedoch nicht durch intellektuelle Anstrengungen zustande kommen und setzt keine besondere Ausbildung voraus. Wir können diese Erfahrung jederzeit während jeder beliebigen Aktivität machen. Sportler z. B. beschreiben sie oft als müheloses »Fließen«, ein Gefühl vollkommener Harmonie von Geist und Körper. Roger Bannister, der als erster eine Meile in weniger als vier Minuten lief, schrieb über seine Siegermomente: »Die Erde schien sich mit mir zu bewegen … Ein frischer Rhythmus kam in meinen Körper. Ich war mir nicht mehr meiner Bewegung bewußt und entdeckte eine neue Einheit mit der Natur … eine neue Quelle der Kraft und der Schönheit, eine Quelle, von deren Existenz ich bislang nichts wußte.«

Ohne eine spezielle Methode des Transzendierens können wir jedoch nur auf die Zufallsbegegnung mit der grenzenlosen Glückseligkeit hoffen – darauf, mit viel Glück in den Spalt zwischen unseren Gedanken hineinzuschlüpfen, wie Thoreau und Bannister es beschrieben haben. *Mit* einer Transzendierungstechnik können wir die Glückseligkeit nicht nur regelmäßig erleben, sondern auch die Fähigkeit entwickeln, ständig ein »Glückseligkeitsbewußtsein« zu haben. Sehen wir uns zunächst den praktischen Wert dieser Erfahrung an; anschließend wollen wir Sie mit zwei Meditationspraktiken bekanntmachen, die den Geist über sich hinausführen.

Vom Nutzen des Transzendierens

Die Transzendierungstechniken sind von allen ayurvedischen Therapien die wirkungsvollsten und umfassendsten, weil sie direkt an der Ebene des Bewußtseins – *Anandamaya Kosha* – ansetzen, der feinsten Ebene der Körperseele-Intelligenz. Wenn wir im Bewußtsein Ganzheit erfahren, bringen wir ohne weiteres Zutun auch alle gröberen Existenzbereiche – Ich, Geist, Atem und Sinne – ins Gleichgewicht. Regelmäßiges Meditieren wirkt auf Geist und Körper daher gleichermaßen günstig. Der Nutzen für den Geist geht auf die Beschaffenheit des Bewußtseins selbst zurück, und der Nutzen für den Körper auf die psychoneuroimmunologische Verbindung.

Wir haben bereits gesagt, daß das Bewußtsein immer gegenwärtig, unendlich, still und unwandelbar ist. Auch wenn wir es nicht klar und direkt erlebt haben, können wir seine Eigenschaften aus der Natur unserer Gedanken ableiten, denn sie sind aus ihm hervorgegangen. Jeder Gedanke besitzt – ungeachtet seines Inhalts – die Eigenschaften Energie, Kreativität und Intelligenz. Ein Gedanke ist eine Form der Energie, weil er sich bewegt – wir haben nicht einen endlosen Gedanken, sondern eher einen Strom von Gedanken, die kommen und gehen –, und Bewegung ist immer ein Ausdruck von Energie. Gedanken sind kreativ, weil sie sich ändern. Obwohl wir wiederholt die gleichen Gedanken haben können, ist ein beträchtlicher Prozentsatz der Gedanken, die wir jeden Tag haben, ganz neu. Ein Gedanke führt zu einem neuen Gedanken – deshalb sagen wir, Gedanken seien kreativ. Schließlich ist ein Gedanke auch intelligent, denn seine veränderliche Natur schlägt eine Richtung ein – er verändert sich nicht willkürlich, sondern baut geordnet auf anderen Gedanken auf. Wir sagen uns z. B.: »Ich will ins Kino gehen. Welchen Film könnte ich mir ansehen? Ich will mal in die Zeitung schauen.« Wenn ein Gedanke nicht die inhärente Fähigkeit besäße, eine Richtung einzuschlagen – wenn Gedanken nicht intelligent wären –, könnten wir nie handeln, um einen Wunsch zu erfüllen. Stattdessen würden wir denken: »Ich will ins Kino gehen. Ich will eine Banane essen. Wir haben Vollmond.« Natürlich haben wir manchmal tatsächlich Gedanken, die »irrational« sind, und gelegentlich haben wir Gedanken, die zusammenhanglos scheinen. Aber im Gesamtbild der menschlichen Entwicklung stellt das denkende Gehirn – der kognitive, unterscheidende, problemlösende Verstand – ein Anpassungsmerkmal dar. Schon sein Vorhandensein weist auf eine »höhere« Entwicklung hin. Da das Denken immer evolutionär ist – d. h. in Richtung auf Überleben (Leben) und Wachstum geht –, bringt es notwendig Intelligenz zum Ausdruck.

Als Ursprung der Gedanken ist das Bewußtsein auch der Ursprung für die Eigenschaften der Gedanken. Von der Natur der Gedanken können wir daher darauf schließen, daß auch das Bewußtsein Energie, Kreativität und Intelligenz besitzt. Da unser Ideenvorrat unendlich ist – keinem Menschen sind vor dem Tod je die Gedanken ausgegangen –, können wir auch folgern, daß das Feld des Bewußtseins der grenzenlose Ursprung dieser Eigenschaften ist. Auf der Ebene des Bewußtseins ist das Potential des Geistes grenzenlos.

Wenn wir diese Grenzenlosigkeit des Geistes erfahren, erleben wir äußerste Fülle – reine Glückseligkeit. Wenn wir den Geist sein volles Potential regelmäßig und systematisch erfahren lassen, indem wir meditieren, erwerben wir schließlich die Fähigkeit, ständig in diesem Glückseligkeitsbewußtsein zu sein. In diesem Zustand, den der Ayurveda kosmisches *Bewußtsein* nennt, stehen alle Ressourcen des grenzenlosen Feldes – d. h. grenzenlose Energie, Kreativität und Intelligenz – uns immer zur Verfügung. Wenn wir von dieser »Quanten-Ebene« des Bewußtseins aus handeln, können wir keinen Fehler machen, denn wir handeln spontan im Einklang mit den Naturgesetzen. Ein Handeln in Harmonie mit unserer Natur und unserer Umgebung bringt immer Erfolg, und dies bringt Freude ins Leben. Dies ist die Erfüllung des Ayurveda und die Realität absoluter Schönheit.

Die Erfahrung des transzendentalen Bewußtseins führt also auf der subjektiven Ebene Glückseligkeit herbei; gleichzeitig hat sie weitreichende Folgen für den Körper. Diese in den ayurvedischen Prinzipien implizit enthaltene Feststellung wird jetzt durch die moderne Geist-Körper-Medizin bestätigt. Wie wir gesehen haben, führen alle Veränderungen des geistig-seelischen Erlebens zu entsprechenden körperlichen Veränderungen, und umgekehrt. Das Transzendieren ist ein geistiger Vorgang, bei dem der denkende Verstand zunehmend inaktiv wird. Wenn der Geist in der Meditation zu tieferen Bewußtseinsebenen vordringt, werden die Gedanken ruhiger und weniger klar, bis sie völlig verblassen und wir das stille, reine Bewußtsein erleben. Da die geistige Aktivität im Verlauf dieses Prozesses abnimmt, geht natürlich auch die gesamte biochemische Aktivität zurück – der Körper kommt zur Ruhe. Wissenschaftliche Forschungen über die Auswirkungen des Meditierens – die 1968 mit der Pionierarbeit von Robert Keith Wallace begannen, der an der Universitätsklinik von Los Angeles und an der Harvard Universität mit Praktizierenden der Transzendentalen Meditation arbeitete – haben durchweg ein besseres Funktionieren der Psychophysiologie aufgrund des Transzendierens ergeben. Die ersten Ergebnisse waren im Vergleich zu bekannten psychophysiologischen Befindlichkeiten so unerhört, daß sie, wie ein Gründer des bekannten Medizinischen Instituts für Geist-Körper-Prozesse am New England Deaconess-Krankenhaus und der Harvard Medical School sagte, den Bereich der modernen Geist-Körper-Forschung überhaupt erst in Gang gebracht haben. Zu den experimentellen Befunden gehörten Veränderungen der Gehirnwellenaktivität, was auf mehr Ruhe und Entspannung hinwies, und drastische Reduzierungen des Sauerstoffverbrauchs, der Atemfrequenz und des Laktatspiegels im Blutserum. Ein hoher Laktatspiegel wird mit Unbehagen und Angst in Verbindung gebracht, ein niedriger mit Frieden und Stille. Der Laktatspiegel der Meditierenden *gehörte zu den niedrigsten, die je bei Menschen gemessen wurden.*

Insgesamt zeigten diese Ergebnisse, daß Transzendieren einen Ruhe- und Entspannungszustand erzeugt, der bislang nur vom Schlaf oder dem Winterschlaf von Tieren bekannt war. Als weitere Forschungen ergaben, daß Meditation keinem dieser Zustände zuzurechnen ist, erkannte Wallace, daß die westliche Wissenschaft einen einmaligen und hochsignifikanten Modus der Geist/Körper-Funktion nachgewiesen hatte. Die Einzigartigkeit beruhte darauf, daß die tiefe Entspannung in der Meditation anders als der Schlaf mit geistiger Wachheit und Klarheit einhergeht. Wallace bezeichnete diesen Zustand »gelassener Wachheit« als »vierten Bewußtseinszustand« nach Wachen, Träumen und Schlafen. Dies ist natürlich die perfekte Beschreibung für die Erfahrung des transzendentalen Bewußtseins, die der Ayurveda schon Jahrtausende vorher geschildert hatte. Die praktische Bedeutung dieser Befunde beruht darauf, daß die westliche Medizin jetzt eine anerkanntermaßen wirksame, nicht-medikamentöse, natürliche, einfache, kostengünstige, die Körperintegrität nicht verletzende Methode hatte, um den Streßpegel im Körper innerhalb von ein paar Minuten nach

Beginn der Meditationspraxis in bislang nicht dagewesenem Maße zu senken.

Obwohl nicht jede Form der Meditation derart schnelle oder tiefgreifende Ergebnisse produziert, kann tägliches Meditieren langfristig verschiedene positive Folgen haben, z. B. weniger Angst, verminderter Zigarettenkonsum, generell weniger Substanzenmißbrauch, Verminderung der Herz-Kreislauf-Erkrankungen und der sie verursachenden Faktoren, verminderte Aktivität der freien Radikalen, schnellere Reaktionen, besseres Gedächtnis, bessere Intelligenz, verbesserte Wahrnehmungsschärfe, mehr Selbstachtung und Selbstvertrauen. Offenbar können Sie diese Fortschritte in jedem Alter erzielen. In einer dreijährigen Harvard-Studie über Pflegeheimbewohner – Durchschnittsalter 81 Jahre – gingen bei den Meditierenden Streß und Blutdruck mehr zurück als bei den Testpersonen, die lediglich eine Entspannungstechnik durchführten.

Diese positiven Ergebnisse kommen, wie gesagt, durch regelmäßiges Meditieren zustande. Wie bei allen anderen ayurvedischen Techniken können Sie nicht erwarten, nach ein paar Meditationen wieder im Gleichgewicht zu sein, oder wenn Sie nur ab und zu meditieren, wenn es Ihnen schlecht geht. Obwohl auch eine einzige Meditationssitzung dazu beiträgt, unmittelbare Streßfolgen zu vermindern und Energie und Klarheit zu vermehren, führt nur konsequentes tägliches Praktizieren zu den überdauernden Erfahrungen der Ganzheit und Glückseligkeit, die wir angesprochen haben.

Die unten beschriebenen Meditationstechniken setzen als Hilfsmittel zum Transzendieren den Klang ein, der den direktesten Weg zum Bewußtsein darstellt, weil er dessen erste Manifestation ist. In Kapitel 11 haben wir diese Methoden als Mantra-Meditationen beschrieben. Sie arbeiten mit den einzigartigen Klangqualitäten der Mantras, um die Wahrnehmung über die Sinne hinaus zur inneren Erfahrung des »klanglosen Klangs«, d. h. des nicht angeschlagenen Urklangs zu führen. Der subtile Schwingungseinfluß des Mantras auf Geist und Körper und die Erfahrung der tiefen inneren Stille beim Transzendieren bringen zusammen die ganzheitlichen Resultate des Meditierens hervor.

Klang: Das Medium des Transzendierens

Grundlage des Klangs ist die Stille. Tatsächlich ist der Klang und das ihm zugrunde liegende Element Raum einfach die Stille des reinen Bewußtseins, wenn es nicht mehr still ist. Er ist die erste Manifestation des Seins und führt uns deshalb am schnellsten zum Sein zurück.

Der subtilste Aspekt des Klangs ist die Urschwingung, aus der die gesamte Schöpfung sich entwickelt hat. Im Grunde existieren alle Formen zunächst als Klang bzw. Schwingung, und jeder Klang bringt auf irgendeiner Ebene eine Form hervor. Mit anderen Worten: Jedes Ding ist nichts anderes als Urklang bzw. Schwingungsenergie, die in zunehmend dichterer, manifestierterer Form erscheint. Die verschiedenen »Schwingungs-Oktaven« erzeugen die verschiedenen Sinneserfahrungen. Die sieben Töne der Tonleiter und die sieben Farben des Lichtspektrums z. B. stehen für zwei verschiedene Schwingungsoktaven: Der erste Ton, »do« bzw. »C«, besitzt die gleiche Frequenz wie die erste Farbe, Rot, aber auf einer feineren Oktave der Manifestation. Die Sinne sind letztlich nichts anderes als auf diese verschiedenen Schwingungsebenen eingestellte »Instrumente«. Das Denken, das eine Form des Klangs ist, bildet die feinste Schwingungsebene.

Das Sanskrit ist die reine Sprache des Veda und daher die Sprache der Schöpfung. Dem Ayurveda zufolge sind das Wort für einen Gegenstand – d. h. sein Klang und sein »Gedanke« – und der Gegenstand selbst ein und dasselbe. Wenn Sie daher die Welt von der feinsten Ebene des individuellen Bewußtseins aus wahrnehmen, d. h. von dem Punkt, an dem die Schwingung sich manifestiert und im Geist die erste schwache Regung eines Gedankens entsteht, können Sie beispielsweise die Vorstellung von einer Rose haben und tatsächlich die Form der Rose im Bewußtsein erleben, ihren süßen Duft, ihre samtenen Blütenblätter, ihre lebenssprühende Farbe und ihren kühlenden Geschmack. Auf dieser Existenzebene ist das Ding selbst und also das gesamte Wissen über es in seinem Namen enthalten. Der Ayurveda bezeichnet dies als *Prinzip von Namen und Form;* es bildet die theoretische Basis für die legendäre Fähigkeit der Heiligen, Gegenstände scheinbar aus der Luft heraus zu manifestieren.

Die Quantenmechanik beschreibt das gleiche Phänomen als Welle/Teilchen-Dualität: Wellen verhalten sich manchmal wie Teilchen, und Teilchen wie Wellen. Mit anderen Worten: Auf der Quantenebene gibt es keinen Unterschied zwischen Energie und Materie – zwischen Namen (Schwingung) und Form. Der Ayurveda fügt dieser wissenschaftlichen Einsicht nun die Erkenntnis hinzu, daß ein Gedanke Energie ist, und daß das reine Bewußtsein, das die Grundlage der Gedanken bildet, das gleiche ist wie das Quantenfeld. Trotzdem brauchen wir uns nur das ganz normale Leben anzusehen, um die Ursache-Wirkung-Beziehung zwischen Name und Form bzw. Gedanke und Materie zu beobachten, zumindest bis zu einem bestimmten Grad. So kann schon der bloße Gedanke an eine Zitrone die Speicheldrüsen so aktivieren, als ob wir Zitronensaft geschmeckt hätten.

Die unten beschriebenen Meditationstechniken benutzen zum Transzendieren Mantras bzw. Klänge. Der Klang ist, wie wir gesagt haben, der feinste und machtvollste Sinn und in seiner Form als Gedanke der direkteste Weg, um zum Ursprung des Geistes im reinen Bewußtsein zurückzufinden. Wie in Kapitel 2 dargestellt, erleben wir die Einheit des Geistes im Alltag nicht ständig, weil unsere Aufmerksamkeit nach außen, auf Aktivität und Vielfalt gerichtet ist. Mantras besitzen in der Meditation deshalb eine Schlüsselfunktion, weil sie aufgrund ihrer Verwurzelung im Uranfänglichen die Aufmerksamkeit nach innen richten und dadurch das Transzendieren erleichtern. Andere Meditationstechniken setzen zum Transzendieren andere Sinne ein, z. B. visuelle Bilder, die sogenannten *Mandalas,* aber sie führen im allgemeinen nicht zu so schnellen Ergebnissen. Der Klang, der dem Ursprung des Manifestierten am nächsten steht, hat, wie gesagt, die Kraft, jede andere Schicht der Schöpfung zu beeinflusssen. Infolgedessen ist er die feinste und wirkungsvollste heilende Energie. In Indien kann sogar eine Riesenkobra durch sanfte Flötentöne in den Schlaf gelullt werden. Und hierzulande hat sicher jeder schon einmal die heilende Kraft von Klängen gespürt, wenn er sich am Ende des Tages bei Musik entspannt hat.

Wenn wir in der Meditation vom »angeschlagenen« zum »nicht angeschlagenen« Klang gehen, erleben wir vier Schichten: den Klang, den wir laut sprechen; den Klang, den das Sinnesorgan hört; den Klang, den wir »im Kopf« hören; und schließlich den Urklang bzw. *Para,* der sich nur auf der Ebene des Prana, der Lebenskraft selbst manifestiert. Wie gesagt ist das Mantra ein Klang, der das Bewußtsein von der Ebene des artikulierten Ausdrucks nach innen zu immer subtileren Ebenen der geistigen Erfahrung führt. Wenn der Geist über den subtilsten Klang hinaus zur Ebene des klanglosen Klangs geht, dann erreichen wir *Samadhi,* den Zustand der Glückseligkeit. Dann strahlt das Licht des inneren Friedens durch die Haut nach außen.

Vorbereitungen zum Meditieren

Auch wenn die Meditationspraktiken sich unterscheiden, sind die Vorbereitungen gleich. Hier ein paar allgemeine Richtlinien:

Wählen Sie eine Tageszeit und einen Ort: Es empfiehlt sich, jeden Tag zur gleichen Zeit und am gleichen Ort zu meditieren. Die beste Zeit ist morgens kurz nach dem Aufwachen und vor dem Frühstück. Falls nötig, können Sie einen leichten Imbiß zu sich nehmen, damit Sie keine Hungergefühle bekommen. Der beste Ort zum Meditieren ist ein ruhiger und angenehmer Raum, in dem Sie nicht gestört werden. Sie können zum Meditieren auch auf Ihrem Bett sitzen. Allerdings sind Ihr Körper und Ihr Geist schon so daran gewöhnt, an diesem Ort zu schlafen, daß wir empfehlen, daß Sie sich statt dessen auf eine Matte auf den Fußboden oder auf einen Stuhl setzen, um die Neigung zum Eindösen zu vermeiden. Wenn Sie genug Platz haben, können Sie einen Bereich nur zum Meditieren einrichten. Bei mir zu Hause haben wir einen ansonsten nicht benutzten Raum, nicht viel größer als ein begehbarer Einbauschrank, in dem wir einen kleinen Altar haben, wie es in meiner Kultur üblich ist. Vielleicht wollen Sie etwas Ähnliches machen, was Ihrer religiösen Tradition entspricht, oder Sie umgeben sich mit Ihren Lieblingsgegenständen und -möbeln. Es geht hier nicht darum, Ihre religiösen Praktiken zu ersetzen oder Ihnen neue aufzuzwingen, sondern darum, einen persönlichen »heiligen« Raum zu schaffen – einen Ort, der der Wiederverbindung mit dem Selbst vorbehalten ist, genau-

so wie andere Zimmer anderen Aktivitäten gewidmet sind. Obwohl viele Religionen Meditation lehren, ist sie eigentlich keine religiöse Praxis, sondern eine spirituelle. Meditation und Gebete sind unterschiedliche Aktivitäten mit unterschiedlicher Zielsetzung. Ein kluger Mensch hat den Unterschied einmal so beschrieben: Beten ist, wenn wir mit Gott sprechen. Meditation ist, wenn Gott mit uns spricht.
Die Regelmäßigkeit von Zeit und Ort trägt dazu bei, die Meditation zu einer Gewohnheit zu machen, so daß sie zu einem natürlichen Bestandteil Ihres Tagesablaufs wird. Paradoxerweise macht diese Regelmäßigkeit die Erfahrung aber auch zu etwas Besonderem, zu etwas, was über den sachlich-nüchternen Alltag hinausführt. Wenn Sie die Meditation zu einem täglichen Ritual – einem Sadhana – machen, bezeugen Sie Ihre Achtung vor Ihrer einzigartigen Existenz. Beim Meditieren schenken Sie sich selbst Zeit und Aufmerksamkeit – die zwei wertvollsten Güter, die Sie besitzen –, und dabei bauen Sie Körper, Seele und Geist auf. Genauso wie regelmäßiger Sport den Körper aufbaut, baut regelmäßiges Meditieren die Erfahrung der Stille in Ihr Bewußtsein ein. Wenn Sie monate- und jahrelang regelmäßig meditieren, werden Sie feststellen, daß die während und unmittelbar nach der Meditation empfundene Stille, Klarheit und Energie beginnen, alles zu durchdringen, was Sie tun – und das ist natürlich der letztliche Zweck der Übung.
Regelmäßiges Meditieren läßt schließlich nicht nur Sie selbst still werden, sondern auch Ihre Umgebung. Wenn Sie jeden Tag am gleichen Ort meditieren, verändern Sie die feinstoffliche Energie dieses Raums, so daß Sie eine ruhige, friedvolle Atmosphäre spüren, sobald Sie ihn betreten. Im Streß des Alltags wird Ihr Meditationsort so zu einer stillen, lichtvollen Oase, die den dürstenden Geist verjüngt.

Reinigen Sie Körper und Kehle: Da das Reinigen des Körpers dazu beiträgt, den Geist zu läutern, sollten Sie vor dem Meditieren Ihr morgendliches Schönheitsprogramm absolvieren: Entleeren Sie Darm und Blase, bürsten Sie die Zähne, schaben Sie die Zunge ab, baden Sie und gurgeln Sie, damit die Kehle frei wird, das Organ des Klangs (siehe Gurgel-Anleitungen auf Seite 377).

Zu den vielen Wohltaten des Meditierens gehört, daß die Haut mehr Ojas produziert, weshalb viele Leute nach dem Meditieren strahlen; also waschen Sie diese feine Wirkung nicht ab, indem Sie anschließend duschen. Versuchen Sie, morgens vor dem Meditieren zu baden. Machen Sie, wenn Sie Zeit haben, eine Ganzkörpermassage, und führen Sie die üblichen reinigenden und feuchtigkeitsspendenden Schritte durch. Absolvieren Sie zumindest Ihr tägliches Schönheitsprogramm, einschließlich einer Dusche und dem Auftragen von ätherischem Öl auf die Haut.

Tragen Sie saubere, bequeme Kleidung: Engsitzende Kleidung, die die Atmung behindert, die Durchblutung abschnürt oder nicht mit der Haut »atmet«, kann Sie beim Meditieren ablenken und eine tiefe Entspannung verhindern. Meditieren Sie möglichst in lose sitzender Kleidung aus Baumwolle, Seide oder anderen natürlichen Fasern.

Schaffen Sie eine förderliche Atmosphäre: Machen Sie den Raum so ruhig und angenehm wie möglich, wenn Sie zu Hause oder an einem privaten Ort meditieren. Stellen Sie das Telefon ab und tun Sie, was Sie können, um Störungen zu vermeiden. Schalten Sie Fernsehen, Radio und Stereoanlage aus. Obwohl auch Musik guttun kann, wirkt sie nicht so wie eine Meditation. Beim Musikhören bleibt der Verstand aktiv und die Aufmerksamkeit nach außen gerichtet, während der Zweck der Meditation darin besteht, die Aufmerksamkeit nach innen zu richten, damit Sie die stillen Tiefen des Bewußtseins erleben können. Wenn Sie wollen, können Sie frische Blumen im Raum haben oder Räucherstäbchen anzünden, besonders solche mit beruhigendem Duft, z. B. Sandelholz oder Jasmin, die die Atmosphäre im Raum reinigen und befrieden.

Führen Sie Asanas und Pranayama aus: Sie können die Wirkung der Meditation steigern, wenn Sie *vorher* erst ein paar einfache Beuge- und Streckübungen machen, z. B. die in Kapitel 8 beschriebenen Yoga-Stellungen, und an sie anschließend eine der in Kapitel 12 dargestellten Atemübungen. Dies trägt dazu bei, die Geist-Körper-Integration zu verbessern und eine tiefergehende Erfahrung des reinen Bewußtseins herbeizuführen.

Sitzen Sie aufrecht mit geschlossenen Augen: Aufgrund der engen Verflechtung von Geist und Körper ist es schwierig, den einen zu beruhigen, wenn der andere aktiv ist. Lehnen Sie sich trotzdem nicht an irgend etwas an, und legen Sie sich auch nicht flach hin, denn dann könnten Sie einschlafen. Versuchen Sie auch nicht zu meditieren, wenn Sie Sport treiben, Auto fahren, spazierengehen, arbeiten, fernsehen oder sonst irgend etwas tun. Das Meditieren bei irgendwelchen anderen Aktivitäten erzeugt nur geistige Anspannung, und hinterher fühlen Sie sich möglicherweise sogar leicht desorientiert. Aus ähnlichen Gründen sind die Augen beim Meditieren geschlossen. Ein Großteil des über die Sinne zugeführten sensorischen Gehirn-Inputs ist visueller Art; wenn Sie die Augen schließen, schränken Sie die Reizzufuhr automatisch ein, was dazu beiträgt, Geist und Körper zu beruhigen.

Seien Sie flexibel: Obwohl Regelmäßigkeit, Körperreinigung, Raumatmosphäre und Atmen wichtig sind, *ist es immer noch besser, auch unter anderen Umständen zu meditieren, als überhaupt nicht zu meditieren, wenn Sie nicht die Zeit haben, die gesamte Vorbereitung auf die Meditation durchzuführen, oder wenn Sie nicht jeden Tag zur gleichen Zeit und am gleichen Ort meditieren können.* Versuchen Sie einfach, einen ruhigen angenehmen Ort zu finden, und vermeiden Sie es, direkt nach einer reichlichen Mahlzeit oder vor dem Schlafengehen zu meditieren. Obwohl das Sitzen im »Lotos-Sitz« mit eingeschlagenen, überkreuzten Beinen für die klare Erfahrung des Bewußtseins günstig ist, können Sie auch in einer normalen Sitzhaltung mit geschlossenen Augen erfolgreich meditieren; daher können Sie auch meditieren, wenn Sie im Bus oder Zug, in einem Park, einem Museum, einem Gebäudefoyer oder an einem anderen öffentlichen Ort sitzen. Für eventuelle Zuschauer sieht es so aus, als würden Sie ein Nickerchen machen. Auch wenn die Umgebung laut ist, können Sie meditieren – Geräusche sind lediglich eine andere Form des Klangs bzw. Denkens, die das Meditieren transzendiert.

Mantra-Meditation

Mantra bedeutet »der Gedanke, der befreit und schützt«. Er befreit, weil er die Aufmerksamkeit nach innen lenkt und den Verstand zum Transzendieren befähigt. Beim Transzendieren gehen wir über die begrenzten Gedanken, die die Ganzheit des Seins zerlegen, hinaus, um die Freiheit unserer grenzenlosen Natur zu erleben. Das Mantra schützt, weil das korrekt benutzte richtige Mantra in der Psychophysiologie immer Heilung und Gleichgewicht bewirkt. Mantras sind eigentlich Sanskrit-Silben, die wegen ihres *bekannten* Klangwertes – d. h. ihrer Schwingungsqualität – in der Meditation benutzt werden. Wir haben bereits gesagt, daß jeder Klang auf der materiellen Ebene eine bestimmte Wirkung hervorruft; deshalb ist es wichtig, einen Klang zu benutzen, der für Ihre Verfassung und Ihre Lebensweise paßt. Der falsche Klang schützt nicht und kann sogar ein Ungleichgewicht erzeugen.

Mantras wirken auf den subtilsten Bewußtseinsebenen, auf denen der Geist am machtvollsten ist, deshalb haben auch Mantras selbst große Kraft. Jeder Klang aktiviert jede einzelne Körperzelle, und unterschiedliche Schwingungsmuster rufen eine unterschiedliche Wirkung hervor. Deshalb sollten Sie sicher sein, daß Sie einen Klang benutzen, der erwiesenermaßen auch auf den tiefsten Ebenen des Denkens beruhigend, reinigend und ausgleichend wirkt. Obwohl die westliche Wissenschaft den gesundheitlichen Nutzen des Transzendierens zeigen konnte, verfügt sie nicht über das Wissen oder die Technologie, um den Vorgang, durch den die Meditation dieses Ziel erreicht, ganz zu verstehen. Dieser spielt sich nämlich nicht auf der Ebene des Körpers ab, sondern auf der Ebene der Intelligenz, auf der die Schwingungsenergie die größte Wirkung entfaltet. Befürworter von Entspannungstechniken meinen, daß es egal ist, welchen Klang Sie zum Meditieren benutzen – einige empfehlen sogar, Zahlen zu zählen –, aber diese Aussagen verkennen die im Uranfänglichen verwurzelte Natur des Klangs. Zwei der wichtigsten Beiträge des Ayurveda zur Meditation sind sein Wissen um die richtige Auswahl der Mantras, das auf die Autorität der alten Rishis zurückgeht, und die seit Jahrtausenden bewährte Erfahrung bei ihrer Verwendung.

Auf den folgenden Seiten finden Sie zwei einfache Mantra-Meditationen. Wie Sie sehen werden, sind die Anleitungen ziemlich einfach. Das Meditieren selbst ist jedoch eine sehr reichhaltige und sich entwickelnde Erfahrung, die aufgrund unserer unterschiedlichen Konstitution und dem Zustand unserer Psychophysiologie zum Zeitpunkt des Praktizierens von Mensch zu Mensch und von Meditation zu Meditation variiert. Deshalb lernen wir in Indien das Meditieren von *Gurus* bzw. spirituellen Lehrern. Sie haben im Meditieren Erfahrung und sind sachkundige Führer zum unbekannten Territorium des Bewußtseins. Ohne jemanden, der Fragen zu bestimmten Erfahrungen beantwortet und aufgrund dieser wechselnden Erfahrungen neue Informationen gibt, fällt es vielen Angehörigen der westlichen Kulturen schwer, ihre Meditationspraxis beizubehalten, denn sie verstehen den Vorgang nicht ganz. In einem Buch können wir die fast endlose Vielfalt an Gedanken, Gefühlen, Bildern und Empfindungen, die während einer Meditation hochkommen können, leider nicht abhandeln. Deshalb geben wir nur grundlegende Anweisungen und allgemeine Richtlinien. Um den maximalen Nutzen aus Ihrem Üben zu ziehen, sollten sie sich unbedingt einen erfahrenen Lehrer suchen. Vielleicht gefällt ihnen ja auch die potenzierte Stille einer Gruppenmeditation.

Die Bij-Mantras

Die Bij-Mantras sind einsilbige Klänge, mit denen wir die fünf Elemente und die mit ihnen verbundenen fünf Energiezentren bzw. Chakras ins Gleichgewicht bringen. Diese »Keim-Klänge« sind von komplexeren Kombinationen der Urklänge abgeleitet und haben keine Bedeutung. Die Übersicht rechts zeigt die Bij-Mantras und ihre Wirkung.

Die Mantras benutzen

- *Wenn Sie zur Zeit kein besonderes Ungleichgewicht haben:* Benutzen Sie alle fünf Mantras nacheinander, fangen Sie mit dem ersten Chakra-Klang an. Meditieren Sie einmal täglich etwa $^1/_4$ Stunde, d. h. verweilen Sie bei jedem Mantra 2–3 Minuten. Das genaue Einhalten

Mantra	*Element*	*Chakra*	*Wirkung*
Lum (oder Lam)*	Erde	1.	Führt zu Stabilität, Freude, Leben, »Erdung«, steuert das Fortpflanzungssystem.
Vam	Wasser	2.	Zuständig für Unterleib, Nieren, Ausscheidungsprozeß. Vermindert Schwellungen aufgrund von Wasserverhaltung.
Ram	Feuer	3.	Regt den Solarplexus an, das Kraftzentrum. Vermehrt Agni (Verdauungskraft), Willenskraft, Wahrnehmung und Ordentlichkeit.
Yam	Luft	4.	Regt das Herzchakra an; vermehrt Liebe und Mitgefühl.
Ham	Raum	5.	Regt das Kehlchakra an. Verbessert Sprechen, Kommunikation, Erfolg.
* *Anmerkung:* Sprechen Sie »a« wie »e« in »Sonne«.			

der Zeit ist nicht so wichtig; Sie brauchen die Minuten nicht zu zählen, benutzen Sie auch keinen Wecker. Sie können jedoch gelegentlich auf die Uhr schauen.

- *Wenn Sie ein Ungleichgewicht haben:* Verbringen Sie die gesamte Meditationszeit bei ein oder zwei Mantras, je nach Art der Störung. Machen Sie dies 3–4 Tage hintereinander; arbeiten Sie dann mit allen Mantras, wie oben angegeben.
- Bereiten Sie sich auf das Meditieren wie oben angegeben vor.
- Lenken Sie mit geschlossenen Augen die Aufmerksamkeit sacht auf das Chakra und beginnen Sie nach ein paar Sekunden, das Mantra *sanft* laut und *in natürlichem Tempo* – weder zu schnell noch zu langsam – zu wiederholen. Sagen Sie den Klang, warten Sie, bis er verklungen ist, und kehren Sie dann wieder zu ihm zurück. Lassen Sie beim Wiederholen die Stimme allmählich immer leiser werden, bis der Klang ein unhörbares Flüstern und dann nur noch ein nicht ausgesprochener Gedanke ist. Dieser Vorgang kann langsam oder sehr schnell gehen. Beeinflussen Sie ihn weder in die eine noch in die andere Richtung und versuchen Sie nicht, irgendeinen bestimmten Rhythmus einzuhalten. Es gibt hier kein »Nur-so-ist-es-richtig«.

- Wenn Sie das Mantra vergessen haben oder feststellen, daß Sie durch Geräusche, Gedanken, Gefühle oder Empfindungen abgelenkt werden, führen Sie den Geist *sanft* zu ihm zurück. (Sie brauchen *nicht* wieder *laut* anzufangen). Es kann sein, daß dies nie passiert, es kann ein- oder zweimal passieren, oder auch unzählige Male. Strengen Sie sich nicht an, um sich auf den Klang zu konzentrieren, und versuchen Sie nicht, Ihre Gedanken zu steuern. Ein solches Verhalten gehört per definitionem in den Bereich des *Handelns,* während Bewußtsein der Bereich des *Nicht-Handelns* ist – der Bereich des Seins. Anspannung und Anstrengung entfernen den Geist nur von der Verwirklichung grenzenloser Stille. Ihre Einstellung sollte sein: »Was geschieht, geschieht.«
- Lassen Sie nach Beendigung Ihrer Meditationssitzung die Augen geschlossen und bleiben Sie noch ein oder zwei Minuten sitzen (oder legen Sie sich hin), bevor Sie Ihre üblichen Aktivitäten wieder aufnehmen. Wenn Sie nach dem Meditieren zu schnell aufstehen, kann es sein, daß Sie sich schwindlig fühlen, genauso wie wenn Sie aus dem Tiefschlaf hochschrecken und sofort aus dem Bett springen.

Das Gayatri-Mantra

Das Gayatri-Mantra besteht aus 24 Silben, deren Klangfolge das gesamte Spektrum des menschlichen Wissens enthält – d. h. Veda. Wenn wir dieses Mantra wiederholen, belebt der Klang jeder Silbe mittels der Resonanz eins von 24 entsprechenden Energiezentren im Körper. Obwohl die Worte des Gayatri-Mantras eine Bedeutung haben, werden diese nicht wiederholt, um irgendeine Idee zu kontemplieren. Die Wirksamkeit eines Mantras hängt nicht davon ab, daß wir es intellektuell verstehen. Beim Transzendieren sollte der Geist sich überhaupt nicht mit dem Inhalt von Gedanken beschäftigen. Was uns interessiert, ist vielmehr die Schwingungsqualität der Klänge selbst und ihr ausgleichender Einfluß auf das Bewußtsein.

Das Gayatri-Mantra ist in Sanskrit geschrieben – der Sprache des Veda. Die Umschrift in lateinischen Buchstaben und die Übersetzung lauten:

*Tat savitur varenyam bhargo devasya Dheemabi dhiyo yo nah prachodayat.**

»O Gott, du gibst das Leben, nimmst Schmerzen und Kummer, schenkst Glück; o Schöpfer des Universums, mögen wir dein höchstes, sündenzerstörendes Licht erhalten, mögest du unseren Intellekt in die richtige Richtung führen.«

Mit dem Gayatri-Mantra meditieren
Wiederholen Sie das ganze Sanskrit-Mantra etwa 5–10 Minuten mit derselben Methode wie bei den Bij-Mantras beschrieben – mit einer Ausnahme: Richten Sie beim Gayatri-Mantra die Aufmerksamkeit nicht auf die Chakras, sondern auf den Klang an sich. Die deutsche Version können Sie auch als Gebet oder zur Kontemplation benutzen.

Wenn Sie eine Zeitlang regelmäßig meditieren, werden Sie feststellen, daß Ihre Erfahrungen beim Üben und außerhalb des Übens intensiver werden. Mit anderen Worten: Die innere Stille beim Meditieren wird zunehmen, und der Friede und die innere Kraft, die Sie beim Meditieren verspüren, werden immer mehr in Ihre täglichen Aktivitäten einfließen. Der Ayurveda lehrt, daß das reine Bewußtsein grenzenlos und ewig ist. Deshalb hört das Wachstum, das Sie infolge der Meditation erleben können, nie auf. Mit fortschreitender Erfahrung werden Sie mit Lehrern und anderen Meditierenden reden wollen, um die vielen Ebenen der Entwicklung des Bewußtseins zu verstehen, vom transzendentalen zum kosmischen Bewußtsein und dann zu jenem sublimen Zustand des Bewußtseins der Einheit, in dem das gesamte Wissen – Veda – Ihnen zur Verfügung steht.

* Sprechen Sie: »a« wie »a« in »haben«; »e« wie engl. »way«; »ee« wie »i« in »Bibel«; »i« (in der Wortmitte) wie »i« in »mit«; »i« (am Wortende) wie »ai« in »weise«; »o« wie engl. »no«; »u« wie »u« in »Schluß«.

14 Seelenreinigung und die Grundsätze des Handelns

Ich werde zu dem, was ich in mir selbst sehe. Alles, was das Denken mir vorschlägt, kann ich tun. Alles, was das Denken mir offenbart, kann ich werden. Dies sollte das unerschütterliche Vertrauen des Menschen in sich selbst sein, denn Gott wohnt in ihm. Sri Aurobindo

Wenn wir unser Lebensziel kennen, denken und handeln wir klar – Körper, Atem, Seele und Geist arbeiten harmonisch zusammen. Das verstehen wir unter Gleichgewicht, das für eine gesunde, strahlende Haut notwendig ist. Wenn wir nicht wissen, was wir wollen oder welches Ziel wir haben, wird der von Zweifeln geplagte Verstand abgelenkt und verwirrt. Dieser »Lärm im Kopf« ist tatsächlich ein Streßfaktor, der den Geist spaltet: Körperlich sind wir hier, aber unsere Gedanken sind woanders. Infolgedessen gerät unsere gesamte Physiologie durcheinander: der Atem wird unregelmäßig, das Herz hämmert, die Biochemie verändert sich. Wir verlieren die Ruhe und verstricken uns im Teufelskreis von Angst, Anspannung und Ungleichgewicht. Da die Energien sich verzetteln und der Geist unkonzentriert ist, handeln wir weniger effizient, und die Wahrscheinlichkeit, daß wir unser Ziel erreichen, wird geringer. Aber ohne erfolgreiches Handeln gelangen wir nie zu der inneren Erfüllung, die das Wesen absoluter Schönheit bildet.

Neben täglicher Meditation ist ein klares Ziel im Leben daher die Basis für den Vorgang der Seelenreinigung, die den letzten Schritt des vierstufigen ayurvedischen Wegs zum Gleichgewicht darstellt. Besorgnis und Verwirrung führen zu Unausgewogenheit; ein klares Ziel, das Denken und Handeln in Einklang bringt, ist das Geheimnis von Gesundheit und Ausstrahlung. Daß die Meditation die wirkungsvollste und direkteste Möglichkeit darstellt, um tiefverwurzelten Streß abzubauen und Geist und Körper zusammenzuführen, haben wir bereits beschrieben. Da sie das Bewußtsein über den Denkprozeß hinausführt und die Erfahrung der Ganzheit ermöglicht, befreit sie den Geist automatisch von Ängsten und Sorgen – sie reinigt ihn gewissermaßen. Aufgrund dieses Gleichmuts kommen wir mit Problemen auf ganz natürliche Weise besser zurecht, denn wir haben mehr Klarheit, Energie, Kreativität und Zielgerichtetheit. Außerdem machen wir weniger Fehler, erzeugen also automatisch weniger Streß für uns selbst. Solange die grenzenlose Natur des Selbst jedoch noch nicht auf Dauer in unserem Bewußtsein verankert ist – d. h. solange wir selbst noch keine Rishis sind –, kann es allerdings sein, daß wir uns gelegentlich von den Problemen des Lebens überwältigt fühlen. In solchen Augenblicken brauchen wir zusätzliche Kenntnisse und Fertigkeiten, um die Herausforderungen zu bewältigen und destruktive Denk- und Verhaltensmuster zu verändern. Von außen gesehen hat der Alltag auch für erleuchtete Menschen Höhen und Tiefen. Wenn der Nahverkehrszug Verspätung hat, kommen alle Pendler zu spät zur Arbeit, egal welchen Bewußtseinszustand sie haben. Alltägliche Ereignisse ändern sich nicht zwangsläufig, wenn wir bewußter werden. Aber unsere Wahrnehmung dieser Ereignisse ändert sich, und genau diese Änderung bringt Freiheit von Streß und Krankheit und stellt unsere einzige Chance für unerschütterliches Glück dar.

In diesem Kapitel erörtern wir die Auswirkungen, die Wahrnehmung, Konditionierung und Angst auf die Streßreaktion haben, und betrachten die Einstellungen, die Angst erzeugen. Außerdem beschreiben wir acht Grundsätze des Handelns, die Ihnen helfen werden, ein starkes Gespür für Zielgerichtetheit und einen völlig neuen, befreienden Blick auf die Ereignisse Ihres Lebens zu entwickeln. Mit diesen elementaren Werkzeugen zur Veränderung streßerzeugender Gewohnheiten und selbstzerstörerischer Einstellungen sind Sie in der Lage, ein angstfreies, weises und kraftvolles Leben zu gestalten – ein Leben, das dem Weg Chymundas folgt und zu absoluter Schönheit führt.

Streß ist Ansichtssache

Eine der größten Entdeckungen meiner Generation war, daß Menschen ihr Leben dadurch ändern können, daß sie ihre geistige Einstellung ändern. William James

Streß ist die Hauptursache für Haut-, Alters- und Krankheitsprobleme. Aber was ist Streß? In Kapitel 3 haben wir gesagt, daß kein Ereignis an sich stressig ist, vielmehr erzeugt es Streß deshalb, weil wir ihm aufgrund unseres Wissens und unserer Konditionierung eine bestimmte Bedeutung beimessen. Einen New Yorker, der sich im Wald verirrt hat, kann die Begegnung mit einer Schlange zu Tode erschrecken, für einen Schlangenbeschwörer ist sie ganz normal. Die Streßreaktion ist nichts anderes als eine bestimmte physiologische Reaktion aufgrund einer gedanklichen Einstellung. Nicht der objektive Umstand löst sie aus, sondern unsere subjektive Interpretation dieses Umstandes. Wenn wir über das Ereignis anders denken, verändern wir die Reaktion unseres Körpers.

Wissenschaftler schätzen, daß der Durchschnittsmensch etwa 60 000 Gedanken täglich hat; 90% davon sind die gleichen wie am Tag zuvor. Wenn wir unseren Geist »verändern« – d. h. alte Denkschemata aufgeben oder mit Hilfe der Meditation das Denken überhaupt transzendieren – geschieht zweierlei, um uns von Krankheiten zu befreien: Erstens kommt es in den konditionierten Reaktionsschemata zu einem »Kurzschluß« – die alten Streßauslöser können uns nicht mehr dazu bringen, so zu reagieren wie früher. Zweitens verändern sich spontan unsere neurochemischen Reaktionsabläufe: Der furchtsame New Yorker und der furchtlose Schlangenbeschwörer schicken aufgrund ihrer unterschiedlichen Einstellung völlig andere chemische Botschaften an ihre Zellen. Die eine Botschaft kann im Körper Gift erzeugen, die andere Glückseligkeit.

Die Materie, aus der der menschliche Körper besteht, wird vom Universum ständig recycelt. Der »Staub«, aus dem wir gemacht sind, ist nicht genau derselbe Staub, den wir beim Tod zurücklassen, denn über biochemische Reaktionen wird er ständig durch anderen kosmischen

Staub ersetzt – die subatomaren Teilchen, die unsichtbar durch die Luft sausen. Gleichzeitig gehen jährlich 98% unserer Zellen zugrunde und erneuern sich wieder; das Hautgewebe z. B. regeneriert sich jeden Monat. Das bedeutet, daß jeder von uns auf der materiellen Ebene Jahr für Jahr funkelnagelneu ist (auch wenn die »Ersatzteile« so alt wie das Universum sind). Unser Aussehen verändert sich dabei nur deshalb nicht, weil unsere Gedanken sich nicht ändern. Nur wenn wir das Gedächtnis der Zellen verändern – die Intelligenz, die das Wachstum dirigiert –, können wir ihre Ausdrucksform verändern.

Diese Erkenntnis stimmt mit der vedischen Lehre überein: Wir werden, was wir denken. Die alte und die moderne Geist-Körper-Wissenschaft sagen uns, daß Geist und Gefühle, d. h. Wahrnehmung und Bedeutung – für die Gesundheit so wichtig sind wie die richtige Ernährung und Wasser. Sobald wir diese Wahrheit verstanden haben, können wir den elementaren existentiellen Fragen nicht mehr aus dem Weg gehen: Was denke und fühle ich? Warum bringen bestimmte Ereignisse mich aus der Fassung? Was würde mein Leben weniger stressig machen? Was würde mich glücklich machen? Was ist mein Ziel? Wer bin ich? Wie Sie sehen werden, befreien die Antworten auf diese Fragen von Streßfolgen.

Die Streßreaktion ist die vorprogrammierte Antwort des Körpers auf Angst. In vorgeschichtlichen Zeiten, als Knüppel und Geschicklichkeit unsere einzigen Waffen waren, stellte die natürliche Lebensumwelt eine reale und ständige Bedrohung für unsere Existenz dar. Um Angriffe durch Menschen oder Tiere zu überleben, brauchten wir große körperliche Kraft – entweder um den Angreifer abzuwehren, oder um uns in Sicherheit zu bringen. Angst signalisierte dem Gehirn, den Adrenalinstoß und andere stimulierende psychophysiologische Reaktionen vorzubereiten, die unseren Vorfahren die Möglichkeit gaben, eine Gefahr siegreich zu bestehen. Unser Problem heute liegt darin, daß dieser primitive Mechanismus wie ein gut ausgebildeter Feuerwehrmann funktioniert: Er reagiert auf jeden Alarm mit der gleichen Effizienz, auch wenn es ein falscher ist. Heute braucht kaum jemand von uns sich gegen körperliche Angriffe zu verteidigen, und trotzdem sind viele Menschen aufgrund des Tempos und der Anforderungen des modernen Lebens in ständiger Reaktionsbereitschaft. Da die Körperseele nicht zwischen realen und vorgestellten Befürchtungen unterscheiden kann (wenn dem so wäre, würden wir nicht mit hämmerndem Herzen aus einem Alptraum aufwachen), müssen wir neue Möglichkeiten der Anpassung an diese Überforderung finden, wenn wir ihre schädlichen Folgen für Haut und Körper vermeiden wollen. Eine der wirkungsvollsten Methoden dabei ist die Entwicklung neuer Gewohnheiten des Denkens und Handelns.

»[Eine] Wahrnehmung« schreibt Ashley Montagu in *Zum Kind reifen*, »ist eine Empfindung, die mit einer Bedeutung versehen wurde.« Wie im allerersten Kapitel angesprochen, werden wir mit der Fähigkeit geboren, zwei elementare Empfindungen zu erkennen: Lust und Schmerz. Auf das eine reagieren wir instinktiv mit Zufriedenheit, auf das andere mit Abneigung – anders gesagt mit Ausgeglichenheit oder Streß. Im späteren Verlauf unseres Lebens lernen wir, diesen gegensätzlichen Empfindungen noch viele andere Namen zu geben: Ruhe und Besorgnis, Zufriedenheit und Frustration, Glück und Unglück. Sie alle sind nichts anderes als subtile Variationen der menschlichen Urgefühle Liebe und Angst. Je nach unserer angeborenen Konstitution neigen wir dazu, diesen Schmerz, diese Angst in jeweils unterschiedliche emotionale Reaktionen umzuwandeln. Letztlich entstehen alle negativen Charaktereigenschaften – Depression, Wut, Unehrlichkeit, Zweifel, Neid, Besitzgier etc. – aus Angst bzw. der fehlenden Erfahrung der Ganzheit, was im Grunde das gleiche ist.

Von der Angst zur Freiheit

Die Aufmerksamkeit der meisten Menschen ist ausschließlich auf die Heilung der körperlichen Disharmonie fixiert, weil diese so greifbar und offensichtlich ist. Sie erkennen nicht, daß Ihre seelischen Störungen – Sorge, Egoismus etc. – und Ihre spirituelle Blindheit für den antreibenden Sinn des Lebens die wirklichen Ursachen des gesamten menschlichen Elends sind.

Paramahansa Yogananda

Wovor haben Sie Angst? Ihre Jugendlichkeit zu verlieren? Einen geliebten Menschen zu verlieren? Ihre materiellen Besitztümer zu verlieren? Die Wertschätzung anderer zu verlieren? Die Kontrolle zu verlieren? Das Leben als solches zu verlieren? Was auch immer Ihr ganz persönliches »Schreckgespenst« ist, alle Ängste haben die gleiche Ursache: Die irrtümliche Auffassung, daß wir überhaupt etwas verlieren können.

Jeder emotionale Streß geht auf diesen Irrtum des Intellekts zurück. Die wahre Natur des Selbst ist unendliches, unwandelbares Bewußtsein, und da es selbst die Ganzheit ist, kann ihm weder etwas zugefügt, noch etwas weggenommen werden. Dieses Selbst ist es, das als etwas Einzelnes, aber doch Komplettes, in die Welt hineingeboren wird und sie genauso wieder verläßt.

»Unsere materialistische Befangenheit zwingt uns, weiter nach Molekülen als Quelle des Lebens zu suchen«, schreibt Deepak Chopra in *Die Körperzeit,* »und ignoriert die Tatsache, daß ein gerade verstorbener Körper genau dieselben Moleküle enthält, die er auch vor dem Tod hatte, einschließlich eines kompletten DNS-Satzes.« Wenn ich sterbe, ist mein Körper immer noch hier, aber der Arzt wird sagen: »Sie ist gegangen.« *Wer* ist gegangen? Etwas verläßt den Körper, und zwar *ich. Ich* habe nichts in die Welt mitgebracht, und wenn ich gehe, nehme ich nichts mit, außer dem, *was ich selbst bin.* Alles andere, was ich zu besitzen vermeine, ist geliehen, auch der Körper. Wenn Sie Ihre »materialistische Befangenheit« aufgeben, lernen Sie, die wunderbare Einheit und das Fließen der Existenz zu schätzen. Sie sind nicht der Körper, sondern die Körperseele, nicht Zellen, sondern Zellerinnerungen, nicht molekulare Strukturen, sondern die Intelligenz hinter den Strukturen, nicht flüchtige Quantenteilchen, sondern unzerstörbares Schwingungsbewußtsein, das unendlich viele Formen annimmt. Alle Dinge vergehen, aber Sie sind ewig. Wovor also haben Sie Angst?

Die Natur des Bewußtseins ist *Ananada* – reine Glückseligkeit. Die Natur der Angst ist *Maya* – Täuschung. Angst ist eine Fehlwahrnehmung in bezug auf Ihr wahres Sein und Ihren Lebenszweck. Wenn Ihre Wahrnehmung und Ihr Ziel klar sind, vertreibt das Licht des Bewußtseins die Angst, genauso wie Licht die Finsternis vertreibt. Ohne Angst gibt es keine Streßerregung, und ohne ständige Streßerregung fällt die Hauptursache für Alters- und Krankheitprozesse weg.

Die ayurvedische Sichtweise ist von der materialistischen Weltsicht der modernen westlichen Kultur offenbar so verschieden wie die Quantenmechanik von der klassischen Physik. Aber in einem Punkt stimmen die älteste und die modernste Wissenschaft überein: Das Bewußtsein des Menschen beeinflußt den Zustand des stofflichen Universums – das heißt, unsere Gedanken schaffen unsere Wirklichkeit. Ein sich daraus logisch ergebendes Prinzip des Veda lautet: Das, worauf wir unsere Aufmerksamkeit richten, wächst. Diese Vorstellungen bilden den Ausgangspunkt für eine andere Herangehensweise an Streßabbau und Schönheit, die mit Achtsamkeitstechniken arbeitet – dem aktiven Wert des Bewußtseins und dem bewußten Wert des Handelns. Achtsamkeit ist absichtsvolle Aufmerksamkeit – die Entscheidung, den Geist immer wieder auf ein ausgewähltes Ziel zu richten.

Menschen zeichnen sich durch ihre Fähigkeit zum freien Willen aus. Oft halten wir dies für die Fähigkeit, zu *tun*, was wir wollen. Aber das ist nicht der Fall. Wir haben keine unbeschränkte Handlungsfreiheit, weil alle normalen menschlichen Handlungen (Wunder ausgenommen) physikalischen Gesetzen gehorchen und durch sie begrenzt werden. Wir haben die Freiheit zu handeln, aber nur innerhalb der von diesen Gesetzen vorgegebenen Beschränkungen; wir können z. B. nicht von der Erde zum Mond zu Fuß gehen. Im Grunde ist der freie Wille nicht die Fähigkeit zu tun, was wir wollen, sondern zu *beachten*, was wir wollen – d. h. die Kraft unserer Aufmerksamkeit, unseres Bewußtseins, auf das auszurichten, was wir wollen. Und diese Fähigkeit ist wirklich grenzenlos. Auf der Ebene des Bewußtseins können wir ohne Maschinen fliegen, schneller als die Lichtgeschwindigkeit reisen und sogar, wenn wir wollen, den Geist Gottes kontemplieren. Wir können uns das Allerschlimmste oder das Allerschönste vorstellen. Wir können das Undenkbare denken. Die Fähigkeit, in jedem Augenblick einen anderen Gedanken oder ein anderes Ziel auszuwählen, ist tatsächlich die eine absolute Freiheit, die wir haben. Und unsere eigene bewußte Aufmerksamkeit ist der einzige Aspekt unserer Existenz, über den wir die volle und höchste Autorität besitzen. Trotzdem verzichten wir ständig auf diese Macht: Wir handeln unachtsam, lassen zu, daß destruktive Gedanken und Gefühle unser Leben beherrschen, und akzeptieren vorgegebene Umstände und erlernte Vorstellungen oder Sinngebungen passiv als unabänderliche Wahrheit. Wir fragen nicht mehr, wir sehen uns nicht mehr um, wir wundern uns nicht mehr, wir hören nicht mehr zu, wir probieren nichts mehr aus und geben uns mit einem sehr schmalen Bereich von Möglichkeiten zufrieden. Und wir halten ängstlich an dieser unserer kleinen Weltsicht fest und glauben irrtümlich, dies sei alles, was wir für uns erhoffen könnten.

Nicht nur als Einzelmenschen, auch als Gemeinschaften und Gesellschaften verhalten wir uns so. Die Autoren von *TaoSport, Denkender Körper – Tanzender Geist* erzählen die Geschichte von Roger Bannisters Rekordlauf als erstaunliches Beispiel für die begrenzende Macht kollektiver Überzeugungen. Bevor Bannister 1954 eine Schallmauer des Laufsports durchbrach und eine Meile in weniger als vier Minuten lief, hatten 50 medizinische Zeitschriften Forschungen veröffentlicht, die »bewiesen«, daß Menschen von ihrer Konstitution her nicht in der Lage sind, so schnell zu laufen, und in der Sportwelt war dies ein akzeptiertes Faktum. Aber innerhalb von 18 Monaten, nachdem Bannister das »Unmögliche« realisiert hatte, hatten 45 Sportler es ihm nachgetan. Haben all diese Läufer in dieser kurzen Zeitspanne einfach ihre Leistung verbessert? »Wahrscheinlicher ist«, schreiben Huang und Lynch, »daß, nachdem die Vier-Minuten-Schallgrenze einmal durchbrochen war, die anderen Läufer glaubten, daß sie noch ein weiteres Mal durchbrochen werden könnte«.

Der Ayurveda bietet eine alternative Lebensstrategie, die nicht auf dem Wissen um Moleküle, sondern auf dem Wissen des Bewußtseins beruht, dem Feld aller Möglichkeiten. Diese Sichtweise lehrt uns, maximalen Gebrauch von unserer Freiheit zu machen, Gedanken, Überzeugungen und die Richtung unserer Aufmerksamkeit auszuwählen, denn das, worauf wir unsere Aufmerksamkeit richten, wächst. Wenn wir zulassen, daß der Geist sich im Elend suhlt, wird das Leben elend sein. Wenn wir die Macht, uns entscheiden zu können – die Macht über alle Möglichkeiten – richtig ausüben, können wir sogar Elend in Wunder verwandeln.

Die Stufen der Seelenreinigung

Die Seele fließt nicht automatisch ins Leben ein. Dafür sind unsere Geschicklichkeit und unsere Aufmerksamkeit notwendig. Thomas Moore

Niemand hat je gesagt, es wäre einfach, lebenslange Vorstellungen und Konditionierungen zu verändern. Manche Experten meinen, man müßte eine alte Verhaltensweise mindestens 28 Tage nacheinander konsequent durch eine neue ersetzen, um die alte Gewohnheit abzulegen. Bei vielen Leuten stehen jedoch nicht fehlendes Wollen oder mangelnde Disziplin der Veränderung im Weg, vielmehr fehlt es ihnen an Fertigkeiten, Wissen und Verständnis. Die Erkenntnis, daß ihre derzeitigen Bewältigungsstrategien sie nicht glücklich oder gesund machen, ist eine Sache; eine ganz andere ist es, eine neue, bessere Methode zu entwerfen. Wenn die bessere Alternative so naheliegend gewesen wäre, hätten sie sie sicher schon längst ausprobiert. Die unten beschriebenen Prinzipien des Handelns stellen eine Herangehensweise ans Erleben dar, die auf Achtsamkeit und der Ausübung des freien Willens beruht. Wenn Sie diese Grundsätze auf das anwenden, was Sie täglich tun, können Sie selbstzerstörerische Gedanken und Gewohnheiten leichter ablegen. Ihr Selbstvertrauen und Ihr Selbstausdruck werden wachsen, Körper, Atem, Seele und Geist werden in vollkommenem Gleichklang sein. Alles, was Sie tun, wird zu einer Gelegenheit für Wachstum und Glückseligkeit, und die Fülle des Universums wird Ihnen zufließen. Ein auf dieser Basis gelebtes Leben besitzt wahrhaft Anmut und Schönheit.

Wissendes Handeln

In dieser Welt gibt es nichts, was so läutert wie das Wissen …
»Bhagavad-Gita«

Eine schöne Seele entwickeln bedeutet, alles Langweilige im Leben herauszufordern. Es beinhaltet die Notwendigkeit, sich und seine Umgebung zu erkennen.
Mulk Raj Anand und Krishna Nehru Hutheesing

Wissen, der von der Göttin Saraswati verkörperte Aspekt Chymundas, ist das erste und wichtigste Prinzip des Handelns, denn ein Handeln ohne Wissen mißlingt im besten Fall und schadet im schlimmsten Fall. Vedisch verstandenes Wissen hat zwei Aspekte: Selbstverwirklichung, d. h. das Wissen um den unwandelbaren Wert des Bewußtseins, das durch regelmäßiges Meditieren erreicht wird, und Selbstreflexion, das Wissen um unsere sich ändernden Überzeugungen, Wünsche und Verhaltensweisen, das durch bewußte Prüfung unserer Gedanken, Gefühle und Handlungen realisiert wird. Um das Ziel der Seelenreinigung zu erreichen, sind beide Aspekte notwendig.

Die Selbsterkenntnis ist Ausgangspunkt und Ziel aller menschlichen Erfahrungen. In der *Bhagavad-Gita* rät Gott Krishna dem großen Krieger Arjuna: »Verankert im Sein, vollbringe die Handlung.« Wenn wir nicht aus einer unruhigen, zerstreuten Haltung heraus agieren, sondern von der stillen Ebene der reinen Bewußtseins her, machen wir keine Fehler, die nur Leid erzeugen. Wir entfalten dieses ausgeglichene Bewußtsein beim Meditieren und erhalten es aufrecht, indem wir Körper und Gefühle mit Hilfe der vielen anderen ayurvedischen Methoden ins Gleichgewicht bringen.

An dieser Stelle ist die Erkenntnis wichtig, daß dieser innere Gleichmut sich nicht intellektuell herstellen läßt. Vielmehr ergibt er sich aus einem besonderen Zustand der Körperseele, der, wie die ersten Forschungen über das transzendentale Bewußtsein vor 25 Jahren zeigten, seine eigenen biochemischen und neurophysiologischen Merkmale besitzt. Techniken wie Affirmieren und Visualisieren unterstützen eine Veränderung der Wahrnehmung, führen allein aber nicht zu der ganzheitlichen Erfahrung der Transzendenz, die eine Vorbedingung für die Glückseligkeit darstellt. Wenn Sie keine praktischen Maßnahmen ergreifen, um Körper und Gefühle ins Gleichgewicht zu bringen, kann die ständige Anstrengung, positiv denken zu wollen, wenn Sie sich in Wirklichkeit schrecklich fühlen, wiederum Streß und Anspannung verursachen. Sie können durch positives Denken den Streßpegel senken, aber die Körperseele können Sie nur heilen, wenn Sie in der Meditation über das Denken hinausgehen. Diese direkte Erfahrung der inneren Ganzheit in der Meditation ist das Wissen, das läutert. Sie können die Erleuchtung nicht herbeidenken, denn sie ist jenseits des Denkens angesiedelt. Aber Sie können sich vom Streß wegdenken, der die höchste Freude des Lebens verhindert.

Selbstreflexion ist notwendig, um die Ängste und Konditionierungen zu überwinden, die uns für Streß anfällig machen. Denn bevor wir unsere emotionalen Reaktionen verändern können, müssen wir erst wissen, welche Reaktionen wir überhaupt haben. Durch Selbstreflexion werden bislang unbewußte Gefühle bewußt, so daß dem freien Willen mehr Alternativen zur Verfügung stehen. Konditionierte Reaktionen wirken ähnlich wie die Schwerkraft: sie ziehen uns zu einer bestimmten Weltsicht, einem bestimmten Verhaltensmuster hin. Eine Frau, die beispielsweise gelernt hat zu glauben, daß sie nicht liebenswert ist, wird jede Kritik als Beweis ihrer Wertlosigkeit verstehen. Diese Überzeugung schließt von vornherein drei Möglichkeiten aus: Erstens die Erkenntnis, daß Fehler keinen Einfluß auf den persönlichen Wert haben und ein natürlicher Bestandteil des Lernens und Wachsens sind – wer nie einen Schritt nach vorne tut, stößt sich auch nie die Zehen an. Zweitens, daß das Kennenlernen einer anderen Herangehensweise an ein Problem auch etwas Positives sein kann und daß der, der diese andere Methode vorgeschlagen hat, es getan hat, weil er Sie liebt, und nicht, weil Sie nicht liebenswert sind. Drittens, daß Kritik einfach die Meinung von jemand anders darstellt; diese Meinung kann zutreffend sein oder auch nicht, legt aber auf keinen Fall fest, wer Sie sind. Jede dieser drei alternativen Haltungen würde der Situation den Streß nehmen. Dagegen setzt die innere Überzeugung, wertlos zu sein, sich immer weiter fort und wird – wie schließlich alle Überzeugungen – zu einer sich selbst erfüllenden Prophezeiung, denn sie ist generell eine Einstellung, die Streß fördert. Streß wiederum schwächt die Abwehrkraft und führt zu Krankheit, was dann als Bestätigung dafür gilt, daß unser Selbstbild richtig ist: Wir sind tatsächlich schwach und wertlos.

Wenn wir anfangen, unsere eigentlichen Motivationen und unsere unausgesprochenen Einstellungen zu erkennen und zu hinterfragen, durchbrechen wir den negativen Kreislauf. Die Selbstreflexion beinhaltet drei Schritte: das Einstellen auf unsere innere Stimme, d. h. die Intelligenz bzw. das Wissen unseres individuellen Bewußtseins; Aufgeschlossenheit, d. h. die Bereitschaft, uns aufrichtig anzusehen, andere Standpunkte wahrzunehmen und neue Verhaltensweisen auszuprobieren; und als wichtigstes Vergebung, d. h. daß wir uns und anderen die bedingungslose Erlaubnis geben, unvollkommen zu sein, und bereit sind, ohne Beurteilung über Fehler hinwegzugehen.

Durch die Entwicklung der Achtsamkeit erweitern wir unsere Möglichkeiten. In *Zum Kind reifen* definiert Montagu Intelligenz (im Gegensatz zu Instinkt) als »die am ehesten erfolgreiche Reaktion auf die Herausforderung durch eine bestimmte Situation«. Konditionierte und instinktive Reaktionen usurpieren vorübergehend unsere seelischen und geistigen Kräfte, unsere Fähigkeit, zu unterscheiden und stets die für uns und andere beste Reaktion zu wählen. Das Bemühen um Achtsamkeit in allen Situationen führt schließlich zum vollen Potential der menschlichen Existenz. Ein nicht hinterfragtes Leben ist nicht zwangsläufig wertlos, aber weniger, als es sein könnte.

Selbstreflexion erzeugt wahre persönliche Macht – Macht, die nicht von der gesellschaftlichen Stellung oder Geld abhängt. Ob wir uns unseres Verhaltens bewußt sind oder nicht, für seine Folgen sind wir immer verantwortlich. Dies ist das Gesetz des *Karma*, des Handelns. Wenn wir unbewußt handeln und die Folgen unangenehm sind, fühlen wir uns gerne als Opfer der Umstände – da wir unsere Motivation nicht kennen, ist die zentrale Rolle, die wir für das Ergebnis der Ereignisse gespielt haben, uns nicht klar. Und wenn das Ergebnis unbewußten Verhaltens günstig ist, denken wir oft, wir hätten Glück gehabt, und nicht, wir hätten dieses Ergebnis verdient. Unsere Angst bleibt, denn da wir uns nicht als Schöpfer unseres Glücks sehen, meinen wir, es könnte auf genauso magische Weise verschwinden, wie es gekommen ist. Die Entscheidung zu einem achtsamen Leben beinhaltet, daß wir die Opferrolle aufgeben und die volle Verantwortung für alle Ergebnisse in unserem Leben übernehmen. Eine solche Ausgangsposition ist ein Zeichen großer Macht (die schöpferische Kraft des menschlichen Bewußtseins *ist* groß), und große Macht hat große Verantwortung zur Folge. Viele Menschen gehen jedoch lieber als Schlafwandler durchs Leben – bleiben lieber unbewußt –, als für sich und ihr Glück die Verantwortung zu übernehmen. Denn mit der Macht des Königs kommt die Verantwortung für das Königreich. Aus Angst bleiben viele ihr Leben lang lieber Untertanen. Aber wir *können* uns jederzeit für unsere persönliche Macht entscheiden und die Angst verlieren.

Es liegt im Wesen der Selbstreflexion, daß sie eine ganz persönliche Erfahrung ist; trotzdem ist es schwierig, sie ganz auf sich allein gestellt zu bewerkstelligen. Und oft ist es auch unmöglich, ein klares Bild von sich selbst zu erhalten, ohne daß andere uns als Spiegel dienen. Therapeuten, Selbsthilfegruppen, Workshops, spirituelle Lehrer, liebevolle Familienmitglieder und Freunde und gelegentlich sogar Fremde können uns auf diesem Weg Informationen und Begleitung geben. Auch die heiligen Schriften der verschiedenen Kulturen, Mythologie, Philosophie, Geschichte, Erzählungen, Kunst, Wissenschaft, Theater, Film, Bücher – überhaupt jedes Medium, das die menschliche Natur erkundet – stellen ebenfalls einen Spiegel dar, wenn Sie bereit sind, in die Tiefe zu schauen und nachzudenken.

Auch die Beobachtung der Welt um uns herum ist ein wertvolles Hilfsmittel zur Selbsterforschung, denn alles in der Natur ist Ausdruck desselben Bewußtseins. In einer vedischen Erzählung lernt ein König diese Lektion, als er einen großen Heiligen fragt, wie er diesen sublimen Zustand erreicht hat. Der Heilige antwortet, daß er bei 24 Gurus bzw.

Meistern studiert hat. In der vedischen Tradition haben Heilige im allgemeinen nur einen Meister, und deshalb ist der König sehr überrascht. Der Heilige erklärt: »Das Universum ist voller Lehrer, wenn du achtsam bist; denk über das nach, was du siehst, und wende das Wissen auf dein Leben an.« Dann macht er den König mit seinen »Gurus« bekannt – Erde, Luft, Himmel, Wasser, Feuer, Sonne, Mond, Taube, Pythonschlange, Meer, Fluß, Motte, Honigbiene, Honigsammler, Elefant, Hirsch, Fisch, junges Mädchen, Höfling, Fischadler, Pfeilschmied, Schlange, Wespe und Spinne – und erzählt, welche Lektion er von jedem gelernt hat.

Die Haut, der Spiegel der Seele, ist auf dem Weg zur Selbsterkenntnis natürlich der erste »Guru«. Wie Sie gesehen haben, können Sie die inneren Kräfte, die Sie antreiben, und die ausgleichsbedürftigen Aspekte Ihrer Gefühle einfach dadurch entdecken, daß Sie die subtilen Veränderungen Ihres Teints beobachten. Tatsächlich bietet der Ayurveda uns die grundlegendste Lektion in Selbstreflexion und Selbsterkenntnis, denn er lehrt uns, wie wir unsere elementare Natur und unsere angeborenen Tendenzen erkennen und in Harmonie mit ihnen leben können – wie wir uns um das Selbst kümmern und das Leid verringern können. Der Ayurveda zeigt, wie wir alle Ebenen des Lebens ins Gleichgewicht bringen, d. h. Probleme von allen Seiten angehen können. Dies beinhaltet, daß wir alle verfügbaren streßreduzierenden Hilfsmittel nutzen sollten, auch ärztliche Eingriffe. (Die Vaidyas haben immerhin die Chirurgie erfunden.) Medikamente sind keine Heilmittel, aber bei kluger Anwendung eignen sie sich zur Verminderung von Schmerz-, Depressions- und Angstsymptomen. Manchmal sind ganzheitliche Gesundheitsstrategien nutzlos, weil das körperliche Unbehagen oder die geistige Instabilität zu groß sind – die Aufmerksamkeit ist abgelenkt, und die Heilung der Körperseele verlangt bewußte Aufmerksamkeit. Langfristig wirken Medikamente toxisch, aber kurzfristig können sie körperliches und seelisches Leiden verringern. Langfristig sind Schmerz und Angst für den Körper genauso toxisch wie Medikamente, deshalb gewinnen Sie nichts, wenn Sie Medikamente umgehen, die Ihre Not lindern können. Sobald die akuten Symptome abgeklungen sind, können Sie darauf hinarbeiten, Geist und Körper ins Gleichgewicht zu bringen. Starrheit jeder Art – auch ein starres Reinheitsideal – hat im Ayurveda keinen Platz, denn sie ist das Gegenteil von Gleichgewicht und Weisheit. Fanatismus, sei er materialistischer oder ayurvedischer Prägung, macht immer blind und kann dazu führen, daß wir die Wahrheit, die wir gefunden zu haben meinen, übersehen. Weise sein bedeutet, die richtigen Fragen zu kennen, nicht die richtigen Antworten.

Die Geschichte über einen selbsternannten heiligen Mann, der sich weigert, angesichts einer die Stadt bedrohenden Flut sein Haus zu verlassen, verdeutlicht diese Vorstellung. Als das Wasser in den Straßen steigt, erscheint die Polizei und drängt den Mann, sich in Sicherheit zu begeben, aber er schickt sie weg und sagt: »Ich habe keine Angst. Gott wird sich um mich kümmern.« Als das Wasser bis zum 2. Stock steht, tauchen Retter in einem Ruderboot auf. Wieder flehen sie den Mann an, mit ihnen zu kommen, und wieder weigert er sich mit den Worten: »Gott wird sich um mich kümmern.« Als das Wasser bis zum Dach reicht, kommen die Retter in einem Hubschrauber. Zum dritten Mal bitten sie den Mann, sich in Sicherheit zu bringen, und zum dritten Mal schickt er sie weg. Das Hochwasser steigt, und natürlich wird der heilige Mann vom Dach gefegt und ertrinkt. Als er am Himmelstor ankommt, ist er wütend. »Wie konntest du mich ertrinken lassen«, schreit er Gott an, »ich habe geglaubt, daß du mich retten würdest!« – »Wovon sprichst du?« antwortet Gott. »Ich habe dreimal versucht, dich zu retten, aber als du das Auto, das Boot und den Hubschrauber zurückgeschickt hast, dachte ich, du wolltest sterben.«

Wir können sogar ein Wunder verpassen, wenn wir unseren Geist nicht für die Weisheit öffnen, die alle Dinge in sich tragen. Wenn das Göttliche allgegenwärtig ist, muß auch ein Staubkorn eine heilige Botschaft enthalten. Im »Gesang von mir selbst« thematisiert der Dichter Walt Whitman die vollständige Bereitschaft, achtsam zu sein und den gegenwärtigen Augenblick als Geschenk zu sehen:

Warum sollte ich wünschen, Gott besser zu sehen als heut?
Ich sehe etwas von Gott in jeder der vierundzwanzig Stunden des Tags und in jeder ihrer Minuten,

In den Gesichtern von Männern und Frauen sehe ich Gott und in meinem eignen Gesicht im Spiegel,
Ich finde Briefe von Gott in den Straßen verstreut, ein jeder gezeichnet mit Gottes Namen,
Und ich lasse sie liegen an ihrem Ort, denn ich weiß: wohin ich auch gehe,
Werden andere pünktlich ankommen immer und ewig.

Der Blick nach innen und das durch ihn zutage geförderte Wissen bereiten auf das Handeln vor. Sie sind das notwendige Zurückziehen des Pfeils am Bogen, um das Ziel zu treffen – der Rückzug nach innen, der die Grundlage für das dynamische Handeln in der Welt darstellt. Aber um weiterzukommen, sind Wissen und Erfahrung notwendig; es ist daher wichtig, sich in der inneren Suche nicht zu verlieren. Was Sie wissen und wer Sie sind, wird in der Welt des Handelns überprüft, und in diesem Sinne ist das Handeln selbst der beste Lehrer.

Zielgerichtetes Handeln

Wenn wir an eine Niederlage denken, bekommen wir eine Niederlage. Wenn wir unentschlossen sind, wird nichts für uns geschehen. Wir müssen uns nur etwas Großes zu tun aussuchen und es tun. Denkt nie an einen Mißerfolg, denn was wir jetzt denken, bekommen wir. Maharishi Mahesh Yogi

Wer Ohren hat zu hören, der höre. Denn ich sage euch folgendes, am kritischen Punkt aller zwischenmenschlichen Beziehungen gibt es nur eine Frage: Was würde jetzt die Liebe tun? Keine andere Frage ist relevant, keine andere Frage ist sinnvoll, keine andere Frage hat für eure Seele Bedeutung.

Neale Donald Walsch

Ein klares Ziel ist, wie wir gesehen haben, für die Seelenläuterung unabdingbar, denn es befreit uns von dem inneren Tumult, der Körper und Geist spaltet. Wenn wir das Wissen mit dem Ozean gleichsetzen, der das Handeln trägt und uns Klarsicht verleiht, ist das Ziel das Ruder, das die Richtung bestimmt und uns auf Kurs hält. Ohne Ziel sind wir auf Gedeih und Verderb den Gezeiten ausgeliefert. Das Ziel ist der Aspekt Chymundas, der durch die Göttin Lakshmi symbolisiert wird, sie verkörpert Willen, Wunsch, Expansion, Träumen, Wünschen, Phantasie und Fülle.

Im weiteren Sinne hat ein klares Ziel mit der spirituellen Bedeutung unseres Lebens zu tun – der Antwort auf die Fragen: Warum bin ich hier? Wer bin ich? Diese Antworten sind selten leicht oder einfach. Es kann sein, daß man das ganze Leben braucht, um sie zu finden, oder daß sie sich im Verlauf des Lebens mehrmals ändern. Wir wissen nicht, welches einzigartige Ziel Sie für sich finden werden; wir können nur sagen, wie Sie an die Suche herangehen können – und wie wichtig es für Ihre Gesundheit und Schönheit ist, an diese Dinge zu denken.

Fragen dieser Art ergeben sich ganz natürlich aus der Selbstreflexion, die oft nicht nur unsere bewußten Überzeugungen, sondern auch unsere geheimsten Wünsche zutage fördert. Häufig haben unsere Ziele oder die Gründe, weshalb wir sie verfolgen, weniger mit unserer eigenen Entscheidung, unserem eigenen Selbstgefühl zu tun, als mit der frühen Konditionierung durch Familie und Kultur. Die Unzufriedenheit vieler Menschen stammt natürlich von dem inneren Gefühl, daß ihr Leben ihr tiefstes Selbst weder ausdrückt noch fördert. Wenn wir unser Denken und Tun reflektieren, wird das Ziel im allgemeinen klar. Diese Entdeckung erfordert nicht zwangsläufig, daß wir unsere Lebensweise oder unsere berufliche Laufbahn ändern. Egal, an welchen Platz das Leben uns gestellt hat, wir können immer eine Möglichkeit finden, unser Lebensziel zu verwirklichen, ohne andere Verantwortlichkeiten plötzlich aufzugeben. Aber ein Leben im Einklang mit unserem Ziel verlangt gewöhnlich, daß wir unsere Prioritäten neu setzen, unsere Einstellung modifizieren oder unsere Gründe für unser Tun neu definieren. Durch solche Anpassungen bringen wir Denken und Handeln in Harmonie und ersparen uns Streß.

Das Finden und Leben Ihres Ziels bilden selbst ein Ziel und einen eigenen Prozeß. Allerdings haben in der heutigen Kultur der sofortigen Bedürfnisbefriedigung und der Ruck-Zuck-Lösungen nur wenige von uns die Geduld, darauf zu warten, daß dieser Prozeß sich ganz natürlich entfaltet. Wir meinen, wir müßten alle Antworten und Beweise jetzt sofort haben. Wir können es nicht ertragen, etwas nicht zu wissen, und die wenigsten geben zu – und sei es auch nur sich selbst gegenüber –, daß sie etwas nicht wissen oder am Ende ihrer Weisheit sind. Es ist schwer, innezuhalten, wenn alle anderen scheinbar zielbewußt durch die Gegend hetzen. Aber manchmal müssen Sie genau dies tun, wenn Sie etwas wissen wollen. In einer chassidischen Geschichte wird ein junger Mann, der die Straße entlanghetzt, von einem Weisen angesprochen, der wissen will, hinter was er her ist. »Ich jage meinem Lebensunterhalt nach«, antwortet der Mann. »Und woher wissen Sie, daß Ihr Lebensunterhalt vor Ihnen herrennt, so daß Sie ihm hinterherrennen müssen?« fragt der Weise. »Vielleicht ist er hinter Ihnen, und Sie brauchen nur stehenzubleiben.«

Der Zustand des Nichtwissens kann als Zwischenaufenthalt tatsächlich sehr interessant sein, denn in ihm sind alle Möglichkeiten offen. Wenn Sie den Geist in der Meditation zur Ruhe bringen und dann über den vor Ihnen liegenden Tag reflektieren, entdecken Sie für diesen Tag vielleicht ein Ziel, das Sie sich nie ausgedacht und nie gesehen hätten, wenn Sie gedankenlos weiter umhergehetzt wären. Schließlich erzeugt diese »Hast-Krankheit« sowieso nur mehr Streß. Larry Dossey schreibt in *Space, Time and Medicine:* »Genauso wie die Pawlowschen Hunde lernten, bei den falschen Reizen Speichel abzusondern, haben wir gelernt, uns an den falschen Stellen zu beeilen. Unsere Glocken sind die Uhr, der Wecker, der Morgenkaffee und die Hunderte anderer selbstauferlegter Erwartungen, die wir in unseren Tagesablauf einbauen. Die unterschwellige Botschaft lautet: Ich habe keine Zeit, das Leben vergeht, beeil dich.« Aufgrund dieser Wahrnehmung beschleunigen sich auch Körperrhythmen wie z. B. Atem- und Herzfrequenz, was zu dem Alters- und Krankheitsprozesse auslösenden Streßsyndrom führt.

Daß Sie Ihr Ziel nicht kennen, ist jedoch keine Entschuldigung für Untätigkeit. In der *Bhagavad-Gita* heißt es: »Keine Anstrengung in der Welt ist verloren oder vergeudet, ein Bruchteil heiliger Pflichten errettet dich aus großer Angst.« Absichtsvolles Handeln bezieht sich im weiteren Sinne auf den Sinn des Lebens, aber auch auf all die kleineren Ziele auf dem Weg zur Entdeckung und Verwirklichung unserer höchsten Ziele. Tatsächlich können wir ein sehr befriedigendes und erfolgreiches Leben leben, ohne von unserer Bestimmung eine klare Vorstellung zu haben, solange das unmittelbare Ziel – das so irdisch sein kann wie Geld für die Miete zu verdienen – uns klar ist und wir entsprechend handeln. Für uns selbst verantwortlich sein, nett zu uns und anderen sein, unter allen Umständen das Bestmögliche tun wollen und die uns zugeteilten Segnungen genießen – all dies sind achtenswerte Ziele für die Gegenwart. Aus dem klaren Ziel ergibt sich unsere Hingabe an die Aufgabe, und aus unserer Hingabe entsteht das völlige Aufgehen im Tun. Wie Sie sehen werden, ist diese Fähigkeit, in jedem Augenblick voll präsent zu sein, der Ursprung von Erfüllung und Gelassenheit.

Zielgerichtetes Handeln erfordert offensichtlich, daß wir das Ziel nicht nur kennen, sondern uns ihm auch verpflichten. Leider löst diese Vorstellung bei manchen Leuten genauso viel Streß aus, wie sie bei anderen abbaut. Wenn diese Angst Sie davon abhält, sich für eine Richtung zu entscheiden, sollten Sie daran denken, daß nicht alle Verpflichtungen ein ganzes Leben eingehalten werden müssen. Ein Ziel verleiht unserem Verhalten Stabilität – es hält uns auf Kurs und bietet die Gewähr für Fortschritte. Aber im Bereich des Handelns spielt die Flexibilität, d. h. ständiger Wandel, eine genauso wichtige Rolle. Wie können wir diese scheinbar gegensätzlichen Prinzipien in Einklang bringen? Indem wir einsehen, daß wir die Fähigkeit besitzen, unseren Geist jederzeit mit einem einzigen Gedanken zu verändern. Vielen Leuten ist dies klar, aber andere verfallen angesichts einer Entscheidung oder Verpflichtung in solche Lähmung, daß sie sich nie für ein Ziel entscheiden und nie aktiv werden. Eine solche Stagnation ist ein sicherer Weg zu Streß und einem bitteren Alter.

Sie können über Angst und Ziellosigkeit hinaus- und auf Erfolg und Ausstrahlung zugehen, wenn Sie sich eine Woche oder einen Tag oder auch nur eine Viertelstunde lang einer auch nur entfernt anziehenden Richtung verpflichten. Handeln Sie entsprechend und nutzen Sie sie, wenn Sie keine weiteren angenehmen Seiten an ihr entdecken können, wenigstens als Gelegenheit zur Selbstreflexion. Beobachten Sie z. B. alle negativen und positiven Botschaften, die Sie sich selbst in einer herausfordernden oder unerwünschten Situation geben. Sehen Sie, ob

Sie der Situation eine humorvolle Seite abgewinnen können (diese Technik läßt sich auch im Umgang mit anderen anwenden). Wenn Sie bereit sind, aus jedem Umstand etwas Neues zu lernen, ist keine Anstrengung je vergeudet. Wenn die Zeitspanne, für die Sie sich verpflichtet haben, abgelaufen ist, können Sie immer noch eine neue Entscheidung treffen, wenn Sie mit der alten unglücklich waren. (Berufliche Unzufriedenheit erhöht übrigens das Krankheitsrisiko – montags morgens um 9.00 Uhr, wenn die Arbeitswoche beginnt, ereignen sich mehr tödliche Herzattacken als zu jedem anderen Zeitpunkt.) Aber für die Zeit, die Sie sich diesem Ziel verpflichtet haben, sollten Sie 100% Ihrer Energie und Ihrer Aufmerksamkeit in die entsprechende Tätigkeit investieren. Es ist wie beim Münzenwerfen: Wenn Sie sich für »Kopf« entschieden haben und »Kopf« oben liegt, wird Ihr Herz Ihnen sofort sagen, ob Sie eigentlich lieber »Zahl« gehabt hätten. Solange Sie sich jedoch nicht völlig diesem einen Tun verpflichtet haben, werden Sie nie sicher sein, daß es *nicht* die richtige Entscheidung für Sie ist. Suchen Sie weiter, fragen Sie weiter, handeln Sie weiter. Geben Sie die Suche nicht auf. Die Buddhisten sagen: Der Pfeil, der ins Schwarze trifft, ist das Ergebnis von hundert Fehlschüssen.

Die Suche nach dem Sinn ist nicht ausschließlich eine innere Suche. Es gibt viele praktische Schritte, die dazu beitragen, Ihr Ziel klarer zu machen. Der Ayurveda erhellt Ihre natürlichen Stärken und Schwächen, die körperlichen und die geistig-seelischen, was bei der Entscheidung über das, was Sie im Leben tun wollen, nur nützlich ist. Auch berufliche Beratungen, psychologische Tests, Stellensuche, das Arbeiten in Netzwerken und Aus- und Fortbildung helfen bei der Wahl einer lohnenswerten Aufgabe und der Entwicklung eines Plans zu ihrer Verwirklichung.

Jedes Menschenleben ist ein einzigartiger Ausdruck des Bewußtseins und hat daher einen einzigartigen Beitrag zur Welt zu leisten. Aber auch als Kollektiv haben wir ein Ziel. Dieses universelle Ziel sollten wir immer im Hinterkopf haben, denn es kann Trost spenden, wenn der Sinn unseres individuellen Lebens uns zu entgehen scheint. Ein spiritueller Lehrer sagte: »Das erste Ziel auf Erden ist, zu lieben. Wenn ihr begonnen habt, dies im Innersten zu erfassen, wird das Ziel eurer Aktivität, eurer Beziehungen, eurer Kreativität als innere Empfindung ganz klar. Arbeitet also auf das erste Ziel hin, wenn ihr die vielen anderen Ziele im Leben kennenlernen wollt.«

Mutiges Handeln

Ob Sie meinen, Sie könnten es schaffen, oder ob Sie meinen, Sie könnten es nicht schaffen, in beiden Fällen haben Sie wahrscheinlich recht. Henry Ford

Der Grundsatz »Mut beim Handeln«, der dadurch symbolisiert wird, daß Chymunda auf dem Rücken des Tigers sitzt, weist darauf hin, daß unsere Gedanken und Handlungen unser Ziel unterstützen sollten. Auch wenn das Ziel klar ist, hindern Angst und Zweifel uns manchmal am Handeln. Der Ayurveda lehrt: »Du wirst zu dem, was du denkst.« Daher ist es wichtig, den Geist so zu erziehen, daß er nicht bei Sorgen und Negativität verweilt, sondern sich für positive Gedanken und konstruktive Handlungen entscheidet. Beides muß vorliegen, denn wenn wir einen Schritt nach vorne tun, ohne unsere Zweifel loszulassen, wird unser Handeln wahrscheinlich kraftlos sein und nicht zu den besten Ergebnissen führen.

Nicht Ängstlichkeit, sondern der Zweifel ist das Gegenteil von Mut. Wir können kühne Maßnahmen ergreifen und Erfolg haben, auch wenn wir Angst haben – es ist möglich, »die Angst zu spüren und es trotzdem zu tun«. Feuerwehrleute und andere Menschen, die heroische Taten vollbringen, sträuben sich oft gegen die Vorstellung, daß sie tapfer sind, und leugnen nicht, daß sie bei ihrer Arbeit Angst haben. Aber sie scheinen nie Zweifel zu äußern. Weder zögern sie, noch stellen sie sich in Frage. Im Gegenteil, solche Helden sprechen oft nur von ihrem Ziel: »Ich habe nicht an die Gefahr gedacht, ich wußte einfach, daß ich helfen mußte«, lautet der übliche Refrain. Für mutige Taten ist Angst notwendig, sie verleiht uns die besseren Reaktionen, die wir zur Überwindung einer Herausforderung brauchen. Im Alltag fördert ein kleiner Kick den Eu-Streß, »guten« Streß, d. h. die geistige und körperliche Erregung, die für eine Höchstleistung notwendig ist. Zweifel indes verbessern die Leistung nie. Sie rauben uns nur Energie und lenken die Aufmerksamkeit vom Ziel ab. Sie sind die »Verräter«, wie Shakespeare sagte, die »uns dazu bringen, das Gute, das wir oft erreichen könnten, dadurch zu verlieren, daß wir uns davor fürchten, es zu versuchen«.

Um Mut aufzubauen, müssen wir daher den Zweifel aus unserem Denken entfernen. Zweifel nimmt viele Formen an, aber allen gemeinsam ist das Gefühl, daß uns etwas fehlt, daß wir unvollkommen sind. Wir bezweifeln unsere Fähigkeiten und Motive, wir bezweifeln, daß wir den Erfolg verdienen und gut genug sind, wie bezweifeln, daß andere uns schätzen und wir liebenswert sind, etc. Zum Großteil sind solche Selbstzweifel die Folge einer früheren Konditionierung durch die Eltern, Lehrer und ganze Gruppen, die uns wiederholt die Botschaft vermittelt haben, daß wir wertlos, untalentiert oder sogar unerwünscht sind. (Alle diese Botschaften spiegeln übrigens die Ängste und Zweifel derer wider, die sie aussenden, und nicht das, was wir wirklich sind.) Aber für unsere Entwicklung ist nicht wichtig, wann, wo oder wie wir diese Zweifel erworben haben, sondern daß wir, sobald wir sie bemerken, etwas zu ihrer Korrektur unternehmen. Fünf einfache Schritte können Selbstzweifel in Mut verwandeln: Anerkennung und Korrektur – Selbstakzeptanz – Selbsteinschätzung und -erziehung – Affirmationen, Visualisieren und »Als-ob-Spielen« – Erfolgsaufbau.

Anerkennung und Korrektur: Wenn wir einen Selbstzweifel entdecken, häufen viele von uns sich sofort noch mehr Negativität in Form von Beurteilungen und Selbstkritik auf. Wir machen also den Streß noch größer, indem wir uns für unsere »schlechten« Gedanken bestrafen. Negative Gedanken sind immer ein Irrtum des Intellekts, sie sind Symptome für einen Verlust der Ganzheit – von Angst. Sie entstehen durch konditionierungsbedingte Fehlwahrnehmungen und, im Falle von überwältigenden oder zwanghaften negativen Gedanken, durch ein psychophysiologisches Ungleichgewicht. Der Ayurveda lehrt uns nun, mit allen negativen Gefühlen, auch Zweifeln aller Art, auf dieselbe einfache Weise umzugehen: Das Gefühl als das erkennen, was es ist (eine erlernte Reaktion oder ein Zeichen für Streß und Ungleichgewicht), es im Körper spüren (einen vollen Atemzug machen, entspannen und die Aufmerksamkeit zu auftauchenden körperlichen Empfindungen wandern lassen), den Gedanken sacht aus dem Bewußtsein entfernen (einige der unten aufgeführten Techniken helfen beim Loslassen), und das Ungleichgewicht durch Ernährung, Massage und Meditation korrigieren, um den Geist zu beruhigen.

Gleichgewicht bedeutet in diesem Zusammenhang nicht, daß wir ohne Gefühle leben sollten. Dem Ayurveda zufolge gibt es neun Emotionen bzw. *Rasas* – das Sanskrit-Wort bedeutet auch »Geschmack« –, die für den Menschen natürlich und zum vollen Erleben notwendig sind. Dies sind: Romantische und erotische Liebe, die eine Quelle für Verjüngung, Kraft und Schönheit ist – die Eigenschaften Humor, Verspieltheit und Spaß (Lachen ist besonders wichtig für Gesundheit und Glück) – Mitgefühl, das Barmherzigkeit, Nächstenliebe und Hilfsbereitschaft einschließt – Furchtlosigkeit bzw. Mut, worunter auch charismatische oder heroische Qualitäten fallen – Zufriedenheit bzw. Gelassenheit, die Toleranz und soziale Umgänglichkeit beinhalten – Verwunderung, Überraschung und Ehrfurcht – natürliche Wut bzw. Leidenschaft, d. h. die emotionale Bereitschaft, einer Gefahr zu begegnen (eine gute Beschreibung für die Kampf- oder Fluchtreaktion) – Spontaneität, Impulsivität und Schock – und Ingrimm bzw. Siegeswillen (diese Gefühle sind Kriegern vorbehalten, die in die Schlacht ziehen). Flexibilität ist der menschlichen Physiologie inhärent. Wir haben die angeborene Fähigkeit, die ganze Spannweite der Gefühle zu fühlen, und wir sollten sie genießen. Aber wenn immer wieder dasselbe negative Gefühl ausgelöst wird, wenn es anfängt, unsere Stimmung zu beherrschen, zeigt dies ein Ungleichgewicht an.

Die Gleichwertigkeit von Geschmacksrichtungen und Gefühlen – die beide Rasas genannt werden – gewährt einen nützlichen Einblick in die Beschaffenheit von Gefühlen und zeigt, wie wir Zweifel und andere negative Gefühle loslassen können. Wenn wir Lebensmittel schmekken, spüren wir etwas Süßes oder Bitteres, und was immer es ist, es vergeht. Wir kosten es einen Augenblick lang und lassen es mit dem Wissen los, daß ein neuer, anderer Geschmack folgen wird. Gefühle sind der »Geschmack« unserer Erfahrungen, und wie der Geschmack auf der Zunge vergehen sie auf natürliche Weise. Aber wenn wir empfundenen Gefühlen Widerstand entgegensetzen oder sie leugnen, erzeugen sie wie unverdaute Lebensmittel Toxine im Körper. Wenn wir an ihnen festhalten, werden sie wie unwiderstehliche Gelüste, die unsere Aufmerksamkeit mit Beschlag belegen. Deshalb sagen wir: Erkennen Sie den Zweifel bzw. das negative Gefühl als das, was sie sind, »kauen« Sie sie durch und lassen Sie sie los. Wie ein voll ausgekosteter Geschmack wird die Erfahrung in den starken Feuern von Agni verbrennen und sich ganz natürlich auflösen, so daß der Gaumen frei wird für neue Empfindungen.

Selbstakzeptanz: Zweifel entstehen immer dann, wenn wir uns mit anderen vergleichen, eine häufige Gewohnheit in unserer wettbewerbsorientierten Kultur. Solche Vergleiche zeigen, daß wir uns nicht akzeptieren, daß wir kein klares Gefühl für unser Ziel und kein Vertrauen in das Leben haben (diese Vorstellung wird unten erörtert). Die *Bhagavad-Gita* enthält eine eindeutige Lektion in bezug auf dieses Vergleichen. Gott Krishna sagt seinem Schüler Arjuna, es sei besser, sein eigenes Lebensziel – sein Dharma – zu verwirklichen, auch wenn es weniger verdienstvoll zu sein scheint, als danach zu streben, wie jemand anders zu sein. Warum? Weil wir es verwirklichen *können,* wie der Text sagt – d. h. weil nur wir von Natur aus die Fähigkeit zu unserem Dharma haben, denn sonst würde es nicht zu uns gehören. Ein moderner Denker hat diese Vorstellung so ausgedrückt: Es ist immer am besten, man selbst zu sein, denn als jemand anders kann man immer nur Zweitbester sein.
Der Ayurveda wiederholt diese Vorstellung, wenn er lehrt, daß wir unsere angeborene Natur – unser angeborenes konstitutionelles Gleichgewicht – nicht verändern können. Ein beständiger, umgänglicher Kapha-Typ z. B. kann die natürliche Aggressivität einer Pitta-Persönlichkeit nicht aufrechterhalten, ohne in seiner Physiologie ein Ungleichgewicht zu erzeugen. Umgekehrt besitzt ein Pitta-Typ nicht die natürliche Ausdauer, so lange und konzentriert zu arbeiten wie ein Kapha-Typ. Das Geheimnis für absolute Schönheit und Erfolg im allgemeinen besteht darin, Ihre angeborenen Stärken, Schwächen und Fehler zu erkennen, sie zu akzeptieren und mit ihnen und nicht gegen

sie zu arbeiten. Wenn Sie sich auf eine Weise zum Erfolg antreiben, die Ihrem Naturell nicht entspricht (oder vollkommen sein wollen, was in dieser Existenzform unmöglich ist), strapazieren Sie nicht nur den Körper, sondern säen auch Zweifel im Verstand. Natürlich ist dies keine Entschuldigung für Selbstzufriedenheit und Trägheit. Wenn etwas für Sie schwierig ist, bedeutet dies, wie Sie unten sehen werden, nicht zwangsläufig, daß Sie für die Aufgabe ungeeignet sind; es kann auch bedeuten, daß Sie bestimmte Fähigkeiten lernen oder angeborene Tendenzen entwickeln müssen.

Selbsteinschätzung und -erziehung: Selbstzweifel ist *nicht* dasselbe wie ein ehrliches Infragestellen der eigenen Person. Wir haben bereits gesagt, daß Selbstreflexion ein notwendiger Bestandteil erfolgreichen Handelns ist. Vielleicht haben Sie durchaus fundierte Gründe dafür, daß Sie Ihre Fähigkeit bezweifeln, ein Ziel zu erreichen: Sie haben Ihr Wissen und Ihre Fähigkeiten Revue passieren lassen und sind zu der realistischen Schlußfolgerung gekommen, daß Sie es nicht schaffen können. Sehen Sie sich lange, kritisch und ehrlich an und schätzen Sie Ihre Fähigkeiten, Ihre natürlichen Neigungen und Ihre wahren Leidenschaften ein. Vielleicht lassen Ihre Zweifel sich durch die richtige Ausbildung und diszipliniertes Üben auf Dauer aus dem Weg räumen. Noch einmal: Machen Sie daraus keine Gelegenheit, sich für etwas Vorwürfe zu machen, was Sie in der Vergangenheit vielleicht versäumt haben. Genau da, wo Sie jetzt sind, sollen Sie sein, und es ist nie zu spät, neue Fähigkeiten zu lernen. Ashley Montagu hat festgestellt, daß Menschen »verhaltensmäßig und spirituell bis zum Ende ihres Lebens wachsen können«, während bei allen anderen Arten die Entwicklung irgendwann zum Stillstand kommt. Viele berühmte Künstler und Denker, etwa Leonardo da Vinci und Thomas Jefferson, haben ihre größten Werke spät im Leben vollbracht; das Alter ist daher keine legitime Entschuldigung dafür, etwas nicht mehr zu versuchen oder zu tun. Wenn Sie meinen, es wäre zu spät, Ihre Ziele zu realisieren, sollten Sie sich die Geschichte einer Frau vor Augen halten, die immer gerne Klavier spielen wollte, die aber nie eine Gelegenheit zum Lernen hatte. Mit 55 beschloß sie, Unterricht zu nehmen. Obwohl sie eindeutig musikalisches Talent besaß, frustrierte es sie, daß sie so langsam lernte; sie sagte sich, es wäre sowieso zu spät, Pianistin zu werden, und nach einem Jahr gab sie den Unterricht auf. Ihre tiefe Liebe zur Musik verging natürlich nicht, und mit 73 konnte sie ihrem Wunsch nicht länger widerstehen. Sie nahm den Klavierunterricht wieder auf und machte schnell große Fortschritte, aber sie hatte 20 Jahre Lernen und Freude einfach deshalb verloren, weil sie *gedacht* hatte, sie wäre zu alt.

Affirmationen, Visualisieren und Handeln »als ob«: Oft denken wir negativ, weil wir aufgrund alter Konditionierungen gewohnheitsmäßig selbstzerstörerisch denken. Eine einfache Technik zum Umgang mit dieser Art von Zweifeln und Negativität besteht darin, den Gedanken zu erkennen und ihn dann sanft und ohne Selbstbeurteilung loszulassen. Sobald Sie so an Ihre Gefühle herangehen, sind Affirmationen, Visualisieren und »Als-ob-Handeln« sinnvoll, um die negative Gefühle erzeugenden Denkschablonen umzugestalten.

Affirmationen sind eine Methode positiven Denkens, bei der Sie einen destruktiven Gedanken durch einen konstruktiven ersetzen. An die Stelle eines Selbstzweifels etwa tritt die Bekräftigung, daß das Ziel schon erreicht ist: »Ich habe viele gute Freundschaften in meinem Leben«, oder »Ich habe die Tennismeisterschaft an meiner Schule gewonnen«, oder »Ich bin eine gute Köchin«, oder »Ich bringe gute Ideen in meine Arbeit ein«. Das Ziel kann wichtig oder nicht so wichtig, alt oder neu sein. Schreiben Sie die Affirmation auf ein Stück Papier (schreiben Sie ein paar Ziele auf, wenn sie Ihnen einfallen), atmen Sie voll und leicht und lesen Sie sich die Affirmation ein paarmal laut vor; atmen Sie noch ein paarmal ein und aus und wiederholen Sie dabei das Ziel im Stillen. Konzentrieren Sie sich nicht auf die Vorstellung, *kontemplieren* Sie sie – d. h. machen Sie Ihre Gedanken nicht an den Worten an sich fest, sondern lassen Sie Ihre Gedanken um die Vorstellung kreisen, und was sie für Sie bedeutet. Der Zweck besteht darin, eine Erfolgserinnerung zu stimulieren, denn dieser neue Gedanke löst eine völlig andere biochemische Reaktion im Körper aus. Denken Sie daran, für den Verstand gibt es zwischen dem wirklichen Geschmack einer Zitrone und der Erinnerung an Zitronengeschmack keinen Unterschied – auf beides reagieren wir mit Speichelfluß. Genauso können Affirmationen die Psychophysiologie verändern und uns von Streß befreien. Eine Affirmation läßt sich gut dadurch verstärken, daß dem neuen Gedanken eine konstruktive Handlung zur Seite gestellt wird. Anstatt erst mit Angst oder Zweifeln und dann mit der neuen Vorstellung herumzusitzen, sollten Sie, wenn Sie etwas anderes denken, auch etwas anderes tun. Erledigen Sie irgendwelche einfachen, schnellen Aufgaben, z. B. den Schreibtisch aufräumen oder die Haare waschen, so daß das, was Sie tun, beim Wiederholen und Kontemplieren der Affirmation Ihre Zielstrebigkeit und Ihr Gefühl, das Ziel schon erreicht zu haben, verstärkt.

Dies ist ein ganz natürlicher Vorgang: Sie entscheiden bewußt, den Gegenstand Ihrer Aufmerksamkeit jetzt zu verändern. Es ist nicht notwendig, den Verstand dazu zu zwingen, den Zweifel wegzuschieben und sich auf die positive Vorstellung zu konzentrieren. Denn jedesmal, wenn Sie Zweifel bemerken und dann loslassen, zeigt die Verlagerung Ihres Bewußtsein, daß die Emotion ihre Umklammerung lockert, und dann können Sie leicht einen neuen Gedanken in die Kette der alten Gedanken einfügen. Denken Sie daran, daß es in der Natur der Gedanken liegt, zu kommen und zu gehen. Sie können selbst leicht sehen, wie unmöglich es ist, eine – positive oder negative – Vorstellung festzuhalten, wenn Sie die Augen schließen und still das Wort »Elefant« wiederholen. Innerhalb von ein paar Sekunden werden Sie feststellen, daß der Gedanke spontan weitergeht, von »Elefant« zum Beispiel zu »Dschungel … Indien …« etc. Affirmationen sind deshalb so wertvoll, weil sie eine neue Denkgewohnheit fördern. Das Erkennen eines negativen Gedankens wird quasi zu einer geistigen »Glocke«, die zu der bewußten Entscheidung anregt, die Aufmerksamkeit wieder auf positives Denken und Handeln auszurichten. Wenn Sie erst eine Zeitlang regelmäßig geübt haben, werden Sie überrascht feststellen, daß die bewußte Anstrengung, positiv zu denken, zu einer mühelosen Gewohnheit wird.

Durch die beim Visualisieren und durch »Als-ob«-Techniken geschaffenen positiven Erwartungen werden Zweifel quasi unterlaufen. Genauso wie Affirmationen die Erinnerung an vergangene Leistungen einsetzen, um eine ausgleichende biochemische Reaktion herbeizuführen, benutzen wir beim Visualisieren und »Als-ob-Spielen« die Phantasie – das Denken an zukünftige Ereignisse und Möglichkeiten –, um ein Gefühl des Wohlbefindens im gegenwärtigen Augenblick zu erzeugen. Beim Visualisieren wird ein positives geistiges Bild der von Ihnen gewünschten Handlungen und Ergebnisse erschaffen – Sie stellen sich z. B. vor, wie Sie alle Stufen eines Einstellungsgesprächs erfolgreich bewältigen, auf jede Frage die beste Antwort geben, eine positive Reaktion bekommen und am Ende sehen, wie Sie die neue Arbeitsstelle antreten.

»Als-ob-Handeln« ist die erwachsene Version der kindlichen Phantasiespiele und eine wirkungsvolle Methode, um einengende Vorstellungen in bezug auf die eigene Person zu verändern. Es ist die Anwendung der Lektion der 24 Gurus. Sie denken über die Eigenschaften von anderen Menschen oder Geschöpfen nicht nur nach, um zu sehen, was Sie von ihnen lernen können; vielmehr werden Sie in der Phantasie auch zu dieser Person oder diesem Tier und benehmen sich, als würden Sie diese Eigenschaften tatsächlich besitzen. In *TaoSport, Denkender Körper – Tanzender Geist* geben Huang und Lynch ein paar Beispiele aus dem Bereich des Sports für die Effizienz dieser Techniken. Sie berichten von einem offensiven Verteidiger, der seiner Fußballmannschaft zum Sieg verhalf, indem er wie ein »niederträchtiger, wilder Dachs« spielte, und von einem Team von Langstreckenläufern, aus dem etliche Gewinner hervorgingen; das Team hatte sein tägliches Trainingsprogramm so absolviert, als ob es schon Sieger wäre. Um die Kraft der visuellen Bilder zu veranschaulichen, beschreiben Huang und Lynch ein Experiment, bei dem zwei Gruppen von Basketballspielern daran arbeiteten, ihren Prozentsatz im Freiwurf zu verbessern: »Eine Gruppe warf drei Wochen lang jeden Tag 100 Freiwürfe; die andere Gruppe stellte sich nur vor, sie würde werfen.« Die Ergebnisse? »Die Gruppe, die visualisiert hatte, zeigte eine signifikante Verbesserung gegenüber der Gruppe, die den Ball tatsächlich geworfen hatte.«

Eine Psychologin hat eine Visualisierungsmethode vorgeschlagen, die besonders für Menschen sinnvoll ist, die von Selbstzweifeln und Selbstkritik geplagt werden. Dr. Susan Olson empfiehlt, daß Sie sich jedesmal, wenn Sie sich in einem Spiegel sehen, sagen: »›Ich liebe dich. Ich glaube, daß du wunderschön bist.‹« Diese Affirmation mag lächerlich erscheinen, aber sie ist wichtig, denn Sie werden erst dann glauben, daß jemand anders diese Worte auch so meint, wenn Sie selbst an sie glauben.«

Erfolgsaufbau: Der englische Staatsmann Lloyd George empfahl einmal: »Haben Sie keine Angst, einen großen Schritt zu tun, wenn dies angebracht ist. Man kann einen Abgrund nicht in zwei kleinen Schritten überqueren.« Dies ist ein inspirierender Rat zum Thema Mut. Aber wenn Sie vorher noch nie einen kleinen Sprung gemacht haben, wollen Sie vielleicht erst bei etwas üben, das kleiner ist als ein Abgrund und vielleicht auch noch ein Sicherheitsnetz hat. Damit Sie sich Erfolg überhaupt vorstellen können, ist es hilfreich, wenn Sie ihn wenigstens einmal gehabt haben.
Sie können innere Kraft und eine »Gewinner-Psychologie« genauso aufbauen, wie Sie Muskeln trainieren: durch regelmäßiges, progressives Training. Beginnen Sie mit einer »Leichtgewichtsübung«, einer einfachen Aufgabe, an der Sie sich noch nie versucht haben – spielen Sie Poker oder reparieren Sie einen platten Reifen, backen Sie einen Kuchen oder stricken Sie einen Schal. Fangen Sie mit einer einfachen Sportart an, wenn Sie bislang unsportlich waren – gehen Sie jeden Tag spazieren und dehnen Sie die Entfernung in einer gegebenen Zeit immer weiter aus. Der Aufbau körperlicher Ausdauer trägt dazu bei, geistig-seelische Stärke aufzubauen, eine Lektion, die Sportler sehr gut kennen. Wichtig ist, eine Aktivität aufzunehmen, die mit Ihrer Arbeit oder ihren persönlichen Verantwortlichkeiten überhaupt nichts zu tun hat – eine Aktivität also, bei der absolut nichts auf dem Spiel steht, außer daß Sie, wenn Sie Erfolg haben, stolz darauf sein können. Bleiben Sie bei der Aktivität, bis sie abgeschlossen ist, und lassen Sie keinen Gedanken an ein Versagen zu. Wenn Sie die erste Herausforderung gemeistert haben, können Sie sich an immer schwierigere Aufgaben wagen. Mit jedem Erfolg werden Ihre Selbstbeherrschung, Ihr Selbstvertrauen und Ihre Furchtlosigkeit wachsen. Nach einiger Zeit ist Ihr Geist so an den Erfolg gewohnt, daß Ihre natürliche Reaktion auf jede neue Herausforderung nicht mehr Zögern und Zweifeln ist, sondern Optimismus und ein klares, konzentriertes Handeln. Und in kürzester Zeit springen Sie kühn über Abgründe.

Konzentriertes Handeln

Wenn wir uns um die Minuten kümmern, kümmern die Jahre sich um sich selbst. Ben Franklin

Arbeit ist sichtbar gemachte Liebe. Khalil Gibran

Ein Lehrer gibt fünf Prinzen eine Übungsstunde im Bogenschießen. Er weist auf einen Sperling, der auf dem Zweig eines entfernten Baumes sitzt, und sagt seinen jungen Schülern, die sollten auf das Auge zielen. Als die Prinzen ihre Bogen und Pfeile ausrichten, fragt der Guru sie, was sie sehen. Der erste Bruder beschreibt detailliert den Baumstamm, die Äste und den Vogel. Der zweite Bruder beschreibt nur die Äste und den Vogel. Der dritte beschreibt einen einzelnen Ast und den Vogel. Der vierte beschreibt nur den Vogel. Aber Arjuna, der große Kriegerfürst, sagt: »Meister, ich kann nichts sehen außer dem Auge eines Vogels!«
Diese vedische Erzählung veranschaulicht das Prinzip des konzentrierten Handelns. Das Ergebnis eines disziplinierten Willens ist die ausschließlich auf die anstehende Aufgabe gerichtete Aufmerksamkeit. Wenn wir völlig in die Handlung vertieft sind, wird der Geist von anderen Gedanken nicht abgelenkt. Gestern und morgen existieren nicht, wir sind eins mit der Gegenwart – außerhalb der Zeit. Dieses völlige Aufgehen im jeweiligen Tun ist eine Erfahrung der Grenzenlosigkeit. Der Geist ist still, aber doch dynamisch, der Körper ist ruhig, aber doch voller Energie. Die mit dieser stillen Bewußtheit ausgeführten Handlungen besitzen die mühlelose Präzision und Anmut von Arjunas Pfeil. Eben wegen dieser Körperseele-Einheit in Bewegung ist es so faszinierend, Olympiasiegern und großen Tänzern zuzusehen.
Wir alle haben dieses »Fließen« in unserem Leben schon erlebt, und sei es auch nur ein paar Augenblicke lang. Es geht mit einem Gefühl innerer Ausdehnung und Glückseligkeit einher und sieht für andere energievoll, aber doch gelassen aus. Die Fähigkeit zur Konzentration wird durch Chymundas Dreizack symbolisiert, den dreizackigen Speer, mit dem die Göttin Kali körperlichen, seelischen und geistigen Schmerz zerstört. Diese drei Schmerzen werden auch mit den drei Gunas asso-

ziiert, den Urkräften des Bewußtseins – Sattva, Rajas und Tamas –, aus denen die gesamte Aktivität der Schöpfung entsteht. Die absolute Bündelung der Aufmerksamkeit tritt ein, wenn wir in der Meditation über den Bereich der Gunas hinausgehen – die Aktivität des Verstandes überwinden – und die totale Konzentration der Wahrnehmung im Bereich des Seins erleben. Diese Lektion ist in der *Bhagavad-Gita* im folgenden Rat Krishnas enthalten: »Sei ohne die drei Gunas, oh Arjuna, befreit von Dualität ... besessen vom Selbst.« Aber auch solange wir im Bereich der Dualität – dem Bereich des Handelns – bleiben, erspart die Bündelung der Aufmerksamkeit, d. h. die Achtsamkeit, uns Streß bzw. Schmerz. Der vedische Lehrer Maharishi Mahesh Yogi gibt dazu die einfache Empfehlung: »Die Aufgabe sehen, die Aufgabe erledigen, Schmerz vermeiden.«

Die Bündelung der Aufmerksamkeit auf die Aufgabe *führt zu* Konzentration, aber die Bündelung selbst ist keine Konzentration. Im Idealfall ist sie eine entspannte geistige Verfassung, bei der die Aufmerksamkeit frei von jeglicher Ablenkung auf die eine Aktivität vereint wird, auf die wir sie richten. Dieser entspannte Zustand wird nicht durch Gedankenkontrolle erreicht, die per definitionem Bemühung und Konzentration erfordert, sondern indem wir den Verstand in der Aufgabe aufgehen lassen. Die Frage ist nur: Wie machen wir das? Was genau lassen wir los? Dem Veda zufolge lassen wir unsere Verhaftung an das *Ergebnis* der Handlung los. Wir geben unsere Sorgen in bezug auf das Ergebnis auf, so daß wir uns ausschließlich auf den *Vorgang* als solchen konzentrieren können.

Wenn wir uns wegen der Ergebnisse unseres Tuns Sorgen machen, befindet sich ein Teil unserer Aufmerksamkeit in der Zukunft, d. h. der Geist ist gespalten und die Handlung selbst wird geschwächt. Wenn wir dagegen unsere Erwartungen loslassen, ist unsere Aufmerksamkeit frei, sie kann sich ganz auf die anstehende Aufgabe konzentrieren, und dies garantiert größeren Erfolg. Das Loslassen der *Bedenken* in bezug auf das Ergebnis ist jedoch nicht dasselbe wir das Loslassen des *Wunsches* nach einem bestimmten Ergebnis. Der Wunsch ist der Ansporn zu jeglicher Schöpfung. Warum sollten wir handeln, wenn nicht, um irgendeinen Wunsch zu erfüllen (und sei es auch einen so elementaren wie das Bedürfnis zu essen)? Wie wir gesagt haben, ist die Vorstellung von einem Ziel die Vorbedingung zum Aktivwerden und zur Erreichung des Ziels, aber die starre Fixierung auf das Ziel hält uns de facto davon ab, es zu erreichen. Dem Veda zufolge steht der konzentrierte Geist Erfolg oder Mißerfolg *unparteiisch,* aber nicht gleichgültig gegenüber, und in dieser Unparteilichkeit liegt der Schlüssel zu einem Leben reinen Glücks.

Der Gedanke, Erfolg oder Mißerfolg unparteiisch gegenüberzustehen, ist eine radikale Abkehr von der erfolgsorientierten Herangehensweise der modernen westlichen Kultur. In einer Gesellschaft, die nach Macht hungert, begreifen wir Kontrolle – d. h. Kontrolle über das Ergebnis – als letzte und beste Waffe im Spiel des Lebens. Wir glauben, daß wir durch Kontrolle das bekommen, was wir wollen, und in diesem Sinne setzen wir sie mit Glück gleich. Tatsächlich zeigt auch die Geist-Körper-Forschung, daß ein *Gefühl* der Kontrolle ein entscheidender Faktor bei der Minimierung von Streßfolgen auf die Gesundheit ist. Warum sollten wir sie dann aufgeben? Weil, wie Arjuna in der *Bhagavad-Gita* lernt, »Du nur die Kontrolle über die Handlung selbst hast, nie über ihre Ergebnisse.« Macht haben wir nur über unsere Gedanken, unser Ziel, unsere Aufmerksamkeit und über unsere Entscheidung, wie wir sie einsetzen. Bis zu einem gewissen Grad können wir auch die körperlichen Aktivitäten kontrollieren, die wir ausführen, und diese Kontrolle nehmen wir durch vollkommene Achtsamkeit gegenüber der Aufgabe wahr. Aber darüber hinaus ist jede Vorstellung von Kontrolle in der relativen Existenz reine Illusion. Wir meinen, Streß würde dadurch entstehen, daß wir keine Kontrolle über das haben, was wir wollen, aber in Wirklichkeit entsteht der Streß aus der irrigen Überzeugung, daß wir eine solche Kontrolle überhaupt haben könnten. Wir haben keine Kontrolle über die Naturgewalten, die ihren eigenen Gesetzen folgen, und wir sind einfach nicht so allwissend, daß wir voraussehen können, wie alle Ereignisse im Universum zusammenwirken, um unsere Bemühungen zu unterstützen oder zu behindern. Wir *haben* die Kontrolle über unsere Handlungen, wie der Veda sagt, und es liegt in unserer Verantwortung, diese Kontrolle auszuüben. Aber wenn wir erkennen, daß wir über das Ergebnis letztlich keine Macht besitzen (und auch vergangene Ergebnisse nicht ändern können), befreien wir den

Geist, so daß er sich völlig auf die Gegenwart konzentrieren kann – und dieser gegenwärtige Augenblick ist der *einzige* Ort, an dem wir unser Tun steuern und Glückseligkeit erleben können. »Lebe nicht für die Früchte des Handelns, und sei auch nicht der Untätigkeit verhaftet«, lehrt Krishna Arjuna. *Handle* auf jeden Fall, leidenschaftlich und mitfühlend, aber gib dich völlig der Freude des *Tuns* hin, laß das *Wollen* los (habe *Vorlieben* statt Erwartungen, sei auf alles vorbereitet und erwarte nichts, wie Huang und Lynch schreiben). Dann erlebst du in jedem Augenblick Erfüllung, egal wie das Ergebnis deines Tuns auch aussehen mag. Dies ist absoluter Erfolg und zugleich das Geheimnis absoluter Schönheit.

Ein Leben im Einklang mit diesem Prinzip der Hingabe erfordert einen genauso großen Sprung des Vertrauens, wie das Überspringen eines Abgrunds einen großen Sprung unseres Muts erfordert. Auf den folgenden Seiten sprechen wir von der vertrauensvollen Überzeugung, daß der Überfluß der Schöpfung uns alles gibt, was wir brauchen. Anders als das Überspringen eines Abgrunds, das nicht mit zwei kleinen Schritten zu bewerkstelligen ist, wird ein konzentriertes Handeln am besten dadurch erreicht, daß große Ziele in viele kleine Aufgaben zerlegt werden. Ein Großteil unserer Sorge in bezug auf das Ergebnis und damit ein Großteil unserer Ablenkung von der Gegenwart entstehen wie gesagt aus der Angst, daß wir die zur Erreichung des Ziels notwendigen Voraussetzungen nicht besitzen oder daß wir es nicht verdienen, die Ergebnisse zu genießen. Dieser Zweifel und die Angst vor einem Mißerfolg lassen sich schnell und leicht überwinden, wenn man dem Beispiel eines 64jährigen Langstreckenläufers folgt, der sagte: »Ich laufe nicht hundert Meilen, ich laufe eine Meile – hundert Mal.«

Auf diese Weise ist keine Aufgabe uns je zu groß. Egal wo Sie in bezug auf Ihre Ziele stehen, Sie können immer eine kleine Aufgabe finden, die Sie erfolgreich erledigen können, um weiterzukommen, auch wenn Sie gestreßt sind oder das Selbstvertrauen verloren haben. Körperlich fit werden z. B. ist für viele Leute eine Herausforderung, denn es setzt tägliches Üben voraus, ohne daß die Ergebnisse sofort zu sehen sind. Besonders am Anfang, wenn Ihre Ausdauer gering und Ihr Selbstwertgefühl schwach sind, erscheint das Ziel oft unerreichbar. Aber es gibt immer eine Möglichkeit, einen Schritt vorwärts zu tun, und sei es auch nur, bei der nächsten Mahlzeit einen Bissen weniger zu essen, mit einem neuen Hobby anzufangen, um eine andere Quelle der Befriedigung zu finden, oder einen kurzen Spaziergang zu machen. Forschungen an der Universität von Pittsburgh zeigen, daß Frauen, die viermal täglich zehn Minuten Sport trieben, körperlich aktiver waren und in der gleichen Zeit mehr Gewicht verloren als Frauen, die einmal täglich 40 Minuten übten. Sie können also Ihr Übungsprogramm in kleine Schritte zerlegen und trotzdem zum gewünschten Ergebnis kommen. Bauen Sie Ausdauer und Selbstvertrauen Tag für Tag oder auch Stunde für Stunde auf. Egal was Sie tun, geben Sie nicht auf. Folgen Sie dem Rat des Läufers und muntern Sie sich mit den Worten des folgenden afrikanischen Sprichworts auf: »Egal wie langsam du gehst, du kannst trotzdem ankommen.« Konzentrieren Sie sich dann auf die Aufgabe, die vor Ihnen liegt – vermeiden Sie Schmerz, erreichen Sie Erfolg.

Flexibles Handeln

> *Vom biologischen Standpunkt aus ist unser Körper perfekt ausgerüstet, um in der Gegenwart zu leben, und dort findet er auch seine größte Freude und Befriedigung. Unser Körper weiß nie, wie hoch sein Blutdruck in der nächsten Sekunde sein wird. Deshalb besitzt er einen eingebauten Spielraum, der große Druckschwankungen zuläßt. Alle anderen eigenständigen Reaktionen sind ähnlich flexibel. Das ist die Weisheit der Ungewißheit, die das Unbekannte geschehen läßt und es als eine Quelle von Wachstum und Verständnis begrüßt. Wir sehen diese Weisheit in der Spontaneität jeder Zelle und jedes Organs ausgedrückt.*
>
> Deepak Chopra

Selbst wenn unser Ziel klar, unser Handeln mutig und unser Geist konzentriert ist, haben wir über die Ereignisse in unserem Leben keine absolute Kontrolle. Manchmal ergeben sich Umstände, die alle unsere Anstrengungen, zu wachsen und Erfolg zu haben, auf eine harte Probe stellen. In solchen Zeiten sind *flexibles* und konzentriertes Handeln be-

sonders nützliche Fähigkeiten. Eine einfache Geschichte veranschaulicht dies:
Ein armer, fleißiger Landwirt und sein Sohn fanden eines Tages einen verirrten Hengst auf ihrem Land. Schnell verbreitete sich in dem kleinen Dorf die Nachricht, daß der alte Mann endlich ein Tier hatte, das ihm Arbeiten abnehmen konnte, und die Nachbarn kamen, um ihn zu beglückwünschen. »Glück oder Pech, wer weiß?« antwortete der alte Bauer. Am nächsten Tag wollten er und sein Sohn das Tier an einen Pflug anschirren. Das Pferd, das dies nicht gewohnt war, bäumte sich auf, brach dabei dem Sohn das Bein und lief weg. Bald kamen die Nachbarn, um den Mann in seinem Pech zu trösten. »Pech oder Glück, wer weiß?« antwortete der alte Bauer. Am nächsten Tag wurde in der Provinz der Krieg erklärt, und es wurde bekannt gemacht, daß alle arbeitsfähigen jungen Männer sich zu den Waffen melden sollten. Die Dorfbewohner weinten, als sie ihre Söhne in die Schlacht schickten. Nur der durch den Hengst zum Krüppel gemachte Sohn des Bauern durfte zu Hause bleiben. Wieder kamen die Nachbarn, um den Bauern zu beglückwünschen. Und wieder sagte er: »Glück oder Pech, wer weiß?« Am nächsten Tag dehnten die Kämpfe sich bis an den Rand des Dorfes aus, nicht weit von dem Bauernhof. Schließlich zog der Feind sich zurück, aber nicht ohne vorher den umliegenden Hang abzubrennen und die alte Steinmauer des Bauern zu zerstören. Am nächsten Tag kamen die Dorfbewohner, deren Söhne sicher zurück und deren Häuser unversehrt waren, um das Unglück des Bauern zu bedauern. Und wieder antwortete dieser: »Pech oder Glück, wer weiß?« Die Tage vergingen. Der Bauer arbeitete von Sonnenaufgang bis Sonnenuntergang, um seine Einfriedung in Ordnung zu bringen. Eines Nachmittags schlief der müde alte Mann ein und vergaß, den noch nicht fertiggestellten Teil mit einem Seil abzusperren. Währenddessen kam der verirrte Hengst zu dem Bauernhof zurück, denn er hatte die verbrannten Hügel auf der Suche nach grüneren Weiden verlassen. Als er die teilweise zerstörte Umfriedung sah, wieherte er und forderte so seine Herde auf, ihm zu folgen. Als der Bauer wach wurde, grasten glücklich hundert Pferde auf seinem Land.
Um eins mit der Gegenwart zu sein, muß der Geist flexibel und kon-

zentriert sein, denn die Gegenwart bewegt sich ständig weiter. Ich erinnere mich, daß meine Mutter mir, als ich ein Kind war, sagte, daß nichts im Leben gleich bleibt. »Gut oder schlecht«, sagte sie mir, wenn ich traurig war, »alles vergeht.« Meine Mutter lebte, was sie lehrte. Ich weiß, daß sie im Leben nicht alles hatte, was sie wollte, und daß es Sachen gab, die sie hatte, aber nicht wollte. Aber sie akzeptierte ihre Lebensumstände ohne zu klagen oder unglücklich zu sein, denn sie wußte, daß alles einen Grund hat. Das bedeutet nicht, daß sie sich passiv mit ihrem Leben abfand oder sich wie eine Märtyrerin verhielt. Sie übernahm die Verantwortung für ihr Leben, wann immer sie konnte. Aber ihr war auch klar, daß das Ruder, das uns auf Kurs hält, selbst beweglich sein muß. Die Flexibilität befähigt uns, in veränderlichen Wassern zu navigieren, ohne das Ziel aus den Augen zu verlieren.

Wenn unsere Präferenzen, um nicht zu sagen unsere Erwartungen, nicht erfüllt werden, besteht die beste Strategie darin, wie der unparteiische Bauer einfach mit den jeweils anstehenden Aufgaben weiterzumachen und sich nicht von den momentanen Umständen lähmen zu lassen. Das Leben geht immer weiter, und zwar in Zyklen. Wir erzeugen viel mehr unnötigen Streß und Anspannung für uns selbst, wenn wir dem natürlichen Auf und Ab Widerstand entgegensetzen, als wenn wir lernen, mit ihm zu leben. Praktizierende der asiatischen Kampfsportarten beherrschen dieses Geheimnis des Erfolgs. Anstatt einem Angriff diametral entgegenzutreten, fangen sie dessen Bewegung und Stärke auf und entschärfen dadurch seine Kraft. Huang und Lynch empfehlen, an persönliche Herausforderungen genauso heranzugehen: »Auch wenn Sie Ihre Rückschläge als Gegner betrachten, können Sie sie akzeptieren und mit ihnen verschmelzen und ihre Lektionen zu Ihrem Vorteil verinnerlichen. Auf diese Weise gibt es keine gegnerische Kraft mehr. Sie lenken sie um und bahnen sich Ihren Weg.«

Natürlich müssen auch die anpassungsfähigsten Menschen gelegentlich feststellen, daß eine Krise sie »umgehauen« hat. In solchen Zeiten, wenn Streß und Schmerz extrem groß sind, ist es schwierig, die Dinge so zu nehmen, wie sie kommen, und trotzdem gelassen zu bleiben. Dann ist es günstig, bei einer ausgewogenen Ernährung und einem ausgeglichenen Tagesablauf zu bleiben und zusätzliche Therapien wie

z. B. Massage, Aromatherapie und Pranayama auszuprobieren, um die Gefühle zu besänftigen. Auch das Schreiben über schwierige Erfahrungen stellt eine wirkungsvolle Möglichkeit dar, Streßfolgen zu minimieren. In einer Studie zeigten die Testpersonen eine signifikante Zunahme der Immunaktivität, nachdem sie vier Tage lang 20 Minuten täglich über ein traumatisches Ereignis in ihrem Leben und die dadurch ausgelösten negativen Gefühle geschrieben hatten. Ich habe diese Technik vielen Klienten vorgeschlagen und Verbesserungen ihrer Haut gesehen, sobald sie ihre schmerzlichen Gefühle konfrontiert und ausgedrückt hatten. Der Widerstand gegen unsere Gefühle macht uns krank; sie spüren und loslassen – uns momentan auf ihre Kraft einstellen – ermöglicht Heilung. Heilung wird auch erreicht durch Offenheit, Geduld, Selbstreflexion, Gebet, positive Hoffnungen für andere und die Sprache der Stille – die Meditation.

Sobald die Gefühle uns nicht mehr in der Gewalt haben, können wir unsere Lage aus der Distanz sehen und prüfen, welche subtilen Botschaften wir uns in bezug auf die Bedeutung der Situation geben. Krisen fördern oft das Beste in uns zutage, rufen häufig aber auch die schlimmsten Befürchtungen und Selbstzweifel wach und stürzen uns so in eine Depression. Auch wenn wir in solchen Augenblicken das Gefühl haben, daß die Kräfte des Universums gegen uns sind, sind genau dies die Zeiten, in denen wir uns am stärksten auf sie einstellen sollten. Ohne die kosmische Vision, die uns hilft, den letztlichen Zweck und Sinn jeden Lebensereignisses zu erfassen, müssen wir darauf vertrauen, daß wir die Richtigkeit unserer Erfahrungen zu gegebener Zeit verstehen werden, egal wie schwierig und schmerzhaft sie im Augenblick sind. Denken Sie an die wahre Geschichte von einer Verkehrsfunkreporterin, die wegen der Firmenpolitik, die nichts mit der Qualität ihrer Arbeit zu tun hatte, plötzlich ihren Job verlor. Die ungerechte Behandlung wühlte sie so auf, daß sie depressiv wurde. Ein paar Wochen später stürzte der Verkehrshubschrauber des Senders während einer Routinesendung ab, und der Ansager, der ihren Platz eingenommen hatte, kam ums Leben.

Natürlich sehen wir den hinter scheinbar »schlechten« Lebensereignissen verborgenen Segen nicht immer derart klar und unmittelbar. Aber wenn wir uns einen offenen – und fragenden – Geist bewahren, Wendepunkte nicht als Krise, sondern als Chance, und Rückschläge nicht als Mißerfolg, sondern als Lernerfahrungen zu betrachten, begreifen wir schließlich, daß wir immer da sind, wo wir sein müssen. Vertrauen Sie, überantworten Sie sich dem Schicksal und gehen Sie langsam und stetig weiter. Eine Frau, die auf den gewundenen Verlauf ihres eigenen Schicksal zurückblickte, meinte: »Inzwischen danke ich Gott, daß er meine Gebete nicht erhört hat.«

Ausgewogenes Handeln

> *Überdenkt ein Problem im Geist nicht immer wieder. Laßt es eine Zeitlang ruhen, vielleicht löst es sich dann von selbst; aber laßt es auch nicht so lange ruhen, daß euer Unterscheidungsvermögen abhanden kommt. Benutzt diese Ruhezeiten vielmehr, um tief in den stillen Bereich eures inneren Selbst hineinzugehen. Wenn ihr auf eure Seele eingestellt seid, könnt ihr alles, was ihr tut, korrekt bedenken; und wenn eure Gedanken und euer Tun vom rechten Weg abgekommen sind, können sie wieder auf ihn ausgerichtet werden.*
>
> Paramahansa Yogananda

Dieser Grundsatz wiederholt die grundlegende ayurvedische Strategie zum Erreichen altersloser Schönheit. Das Geheimnis von Chymundas Gelassenheit auf dem Rücken des Tigers findet sich im Gleichgewicht der fünf Sinne, Seele, Ich und Geist, das durch die Anwesenheit von Kali, Lakshmi und Saraswati symbolisiert wird.

Wenn Streß als jede Überlastung von Geist, Körper und Gefühlen definiert wird, läßt er sich offensichtlich am ehesten dadurch vermeiden, daß Sie sich nicht überlasten – dadurch, daß Sie ausgewogen und in Übereinstimmung mit Ihrer Natur leben. Deepak Chopra definiert die vier Komponenten des Gleichgewichts als Mäßigung, Regelmäßigkeit, Ruhe und Aktivität. Wir haben bereits gesehen, daß die Realisierung unserer Wünsche von klarem Denken und erfolgreichem Handeln abhängt. Diese wiederum sind auf regelmäßige Phasen tiefer Ruhe angewiesen. Dem Ayurveda zufolge ist Schlaf Ruhe für den Körper, und Meditation ist Ruhe und Verjüngung für den Geist; für eine optimale Gesundheit und absolute Schönheit sind beide Arten der Ruhe notwendig. Während alle anderen Tiere Phasen der Ruhe und der Aktivität instinktiv einhalten, müssen Menschen täglich bewußt entscheiden, wie sie leben sollen.

In diesem Zusammenhang bezieht Gleichgewicht sich darauf, Gegensätzliches zu verstehen. Wie Sie anhand dieser Prinzipien sehen, entwickelt das Leben sich durch die Abfolge von Gegensätzen – Stabilität und Anpassungsfähigkeit, Aktivität und Passivität, Zielgerichtetheit und Aufgeschlossenheit, Weisheit und Unschuld, Schöpfung und Zerstörung. Das ayurvedische Gleichgewicht ist immer ein bewußter, dynamischer Prozeß, wie das Steuern eines Schiffes durch rauhe Gewässer. Die automatische Steuerungsanlage funktioniert nur, solange die See ruhig ist, und auch dann muß man auf wechselnde Umstände achten. Wenn wir uns auf die Zyklen der Veränderung einstimmen, anstatt ihnen Widerstand entgegenzusetzen, geraten wir nie aus dem Gleichgewicht, und die Reise gleicht sehr viel weniger einem Kampf.

Der Grundsatz des Gleichgewichts besitzt noch einen anderen Aspekt, der normalerweise als Gesetz des Karma verstanden wird. In der Sprache der modernen Physik besagt dieses universelle Gesetz, daß mit jeder Aktion eine gleich starke und entgegengesetzte Reaktion einhergeht. Den Rishis zufolge gilt dieses grundlegende Prinzip der Natur für die Handlungen der Menschen genauso wie für die Bewegung von Planeten und Billardkugeln. Alles, was wir ausdrücken, vom Verhalten nach außen bis zu unseren innersten Gedanken, sendet eine kleine Einflußwelle durchs Universum und bindet uns auf immer an ihre Folgen. Energie kann nicht zerstört werden, auch dies ist ein universelles Gesetz. Unsere Gedanken sind eine Form von Energie, und egal ob sie still, durch Worte oder durch Handlungen ausgedrückt werden – sie haben ein unendlich langes Leben, dessen letztliche Auswirkungen auf der Ebene des Intellekts unmöglich zu ermessen sind. Harold Kushner, Autor von *Wenn guten Menschen Böses widerfährt*, hat die menschliche Seele als alles beschrieben, was im Leben des einzelnen *nicht körperlich* ist, einschließlich unserer Persönlichkeit, unserer Werte und Vorstellungen. Weil sie nicht körperlich sind, so argumentiert er, können sie nicht sterben. Genauso wie ein Witz, eine Idee oder die Seele nicht sterben können, existieren auch Worte und Handlungen endlos fort, weitergetragen durch die ununterbrochene Kette der Reaktionen, die jedes Wort und jede Handlung durch ihre Wirkung auf andere erzeugt. Als derjenige, der die Welle in Bewegung gesetzt hat, ist jeder von uns für alle Zeiten für die Folgen dessen, was er erschaffen hat, verantwortlich.

Aus diesem Grund ist es dem Ayurveda zufolge wichtig, nicht nur maßvoll, sondern auch weise zu handeln, damit wir weder uns noch anderen durch das, was wir denken oder tun, schaden. Dies sind die Lektionen des *Yama,* der Ethik, und des *Niyama,* der Selbstbeherrschung – die ersten beiden Schritte des sogenannten achtfachen Yogapfades des Patanjali. Yama lehrt:

- Verletze niemanden durch Gedanken oder Handlungen. Dies beinhaltet natürlich auch Gewaltlosigkeit.
- Sei dir und anderen gegenüber aufrichtig – d. h. sage die »sanfte« Wahrheit, greife nicht mit der Wahrheit an.
- Stiehl nicht. Dies schließt auch den Neid ein. Wollen, was jemand anders hat – auch seinen Charme oder seine Anmut – ist eine Form des Diebstahls. In Übereinstimmung mit der Vorstellung, daß das Leben sich für jeden so entfaltet, wie es sein soll, lehrt der Veda, daß jeder von uns das hat, was er im Augenblick braucht und was ihm zusteht, egal ob wir seinen wahren Wert sofort erkennen oder nicht. Darüber hinaus ist jeder von uns als einzigartiges Wesen geschaffen – wir sollen nicht genau wie jemand anders sein, sondern unsere eigenen Talente und unsere eigene Schönheit finden. Deshalb gibt es nichts, was wir wollen könnten, außer dem, was wir schon haben. Dies bedeutet nicht, daß wir unsere Umstände passiv akzeptieren, egal wie sie sind. Vielmehr bedeutet es, daß wir die gegenwärtige Situation so annehmen, wie sie ist, versuchen, ihren Sinn zu verstehen, und dann diesen Augenblick loslassen, um im nächsten Augenblick, in dem alle Möglichkeiten offen sind, ganz präsent zu sein.

- Urteile nicht über andere, denn du steckst nicht in ihrer Haut. Wir alle treffen Entscheidungen, die auf unseren früheren Erfahrungen beruhen, und da wir nicht die Erfahrungen von jemand anders haben, steht es uns auch nicht zu, seine Entscheidungen zu beurteilen.
- Sei bei allem, was du tust, ausgeglichen, auch bei der Anwendung der fünf Sinne. Mit anderen Worten, fröne keiner sinnlichen Begierde im Übermaß. Stimme dich auf die natürliche Intelligenz des Körpers ein, dann erkennst du leicht die Anzeichen für ein Ungleichgewicht, die ein Übermaß anzeigen.

Die Lektionen des Niyama beinhalten auch, daß die Reinheit von Geist und Körper (d. h. von Gleichgewicht und Gesundheit), die Zufriedenheit, die Überantwortung an das Göttliche und seine Verehrung gefördert werden. Dies schließt Beten und Handeln ein. Es gibt keinen größeren Akt der Hingabe an Gott als den, Ihre Talente dadurch zu achten, daß Sie sie liebevoll und kreativ bestmöglich verwenden. Bringen Sie alles, was Sie tun, und auch die Früchte Ihres Tuns, dem Göttlichen dar – dem sowieso alles Geschaffene gehört. Dies ist die Demut des Gebets, so daß das Ich vergeht und wir denkend und handelnd Gottes Partner bei der Schöpfung sind.

Die Einstimmung auf den kosmischen Geist – das universelle Gesetz – in Gebet und Meditation stellt im Grunde die einzige Möglichkeit dar, dafür zu sorgen, daß wir richtig handeln, denn als Einzelwesen haben wir einfach nicht die Voraussicht, das »gute« oder »schlechte« Ergebnis unserer Unternehmungen zu kennen. Eine Geschichte über den Propheten Moses veranschaulicht diese Vorstellung. Gott schickt einen Lehrer, um Moses auf seine große Arbeit vorzubereiten. Bei der ersten Lektion weist der Lehrer ihn an, nur zu beobachten, egal was geschieht, aber nie zu handeln oder auch nur zu sprechen. Im Verlauf ihrer Reisen kommen sie an einen Fluß, in dem gerade ein kleiner Junge ertrinkt, während seine Mutter hilflos und weinend am Ufer steht. Moses fragt, ob sie nicht etwas tun können, um zu helfen. Aber der Lehrer antwortet nur: »Sei still!« Moses gehorcht, auch wenn diese Hartherzigkeit ihn schockiert. Sie setzen ihre Reisen fort und erreichen das Meer, wo sie sehen, wie ein großes Schiff mit seiner ganzen Besatzung im Ozean versinkt. Wieder fleht Moses seinen Lehrer an, zu helfen, und wieder wird er zum Schweigen gebracht. Jetzt ist Moses völlig verstört, und als er wieder zu Hause ist, bringt er die Frage vor Gott. »Dein Lehrer hatte recht«, sagt der Herr ihm. »Wenn du das ertrinkende Kind gerettet hättest, hätte es einen fürchterlichen Krieg angezettelt, in dem eine große Zahl von Menschen umgekommen wäre. Und das Schiff war mit Piraten bemannt, die ein unschuldiges Fischerdorf plündern und zerstören wollten.«

Der Ayurveda ist eine praktische Wissenschaft, die Ihnen sagt, wie Sie sich Ihrer Natur gemäß – die auf der Ebene des Bewußtseins absolut mit dem Naturgesetz im Einklang ist – verhalten sollen, so daß Sie in Harmonie mit den evolutionären Prinzipien der Schöpfung spontan leben und handeln. Solange wir nicht erleuchtet sind oder so wie Moses direkt von Gott geführt werden, besteht der beste Kurs darin, täglich zu beten und zu meditieren, um das grenzenlose Bewußtsein zu entwickeln. Der Intellekt trifft Entscheidungen auf der Basis früherer Erfahrungen – d. h. auf der Basis einer endlichen Menge an Informationen. In der Meditation gehen wir über den Intellekt hinaus direkt zum Ursprung der Erfahrung. Wenn das Wissen direkt von dieser unendlichen Quelle der Intelligenz kommt, gibt es keine Verwirrung. Wir handeln, ohne Fehler zu machen. Solange wir jedoch nicht täglich auf dieser Ebene reinen Wissens leben, müssen wir uns auf den Grundsatz des richtigen Handelns verlassen, den ein großer biblischer Gelehrter vor 2000 Jahren gab, der die Botschaft der Bibel so zusammenfaßte: »Was dir verhaßt ist, das tue auch deinem Nächsten nicht an. Das ist das ganze Gesetz. Der Rest ist Kommentar.«

Stillschweigend in dieser Botschaft enthalten ist natürlich der Rat: »Liebe dich selbst.« Wenn wir nicht wissen, wie wir uns selbst lieben sollen, können wir auch nicht wissen, wie wir die Liebe auf einen anderen ausdehnen sollen. Wenn wir uns ständig mit negativen Gedanken angreifen, werden wir wahrscheinlich auch nicht zögern, jemand anders anzugreifen. In diesem Sinne beginnt und endet jede Liebe mit dem eigenen Selbst. Was wir für einen anderen tun, tun wir aufgrund des elementaren Gesetzes des Handelns für uns selbst. Deshalb ist der Weg zu absoluter Schönheit – der Weg zu Glückseligkeit und Ganzheit –

nicht ein Weg der Selbstbespiegelung, sondern ein Weg großen Mitgefühls. Wenn wir lernen, uns wahrhaft selbst zu lieben, lernen wir, Gottes ganze Schöpfung zu lieben.

Müheloses Handeln

Entspann Dich, Gott regelt das.
T-Shirt-Aufdruck

Mühelosigkeit ist die spontane Auswirkung eines Lebens in Harmonie mit den Gesetzen der Natur. Sie ist die Ökonomie der Energie, die Anmut, die wir infolge des reibungslosen Fließens unseres richtigen Handelns automatisch erleben. Das Gesetz des Karma wirkt nur so lange, wie widerstreitende Kräfte am Werk sind. Wenn jedoch unsere Natur ganz im Einklang *mit* der Natur ist, gibt es keinen Widerstand gegen unser Tun und also auch keine entgegengesetzte Reaktion. Vielmehr schwingt die Einflußwelle, die wir durch unser richtiges Tun erzeugt haben, mit den unendlichen Wellen reinen Glücks mit, aus denen die Ur-Energie der Schöpfung besteht. Dann verstärkt *unsere* Schöpfung die Schöpfung an sich. Wenn wir uns eine Möglichkeit vorstellen können, etwas zu vermehren, das schon ewig und größer als das Größte ist, dann ist es sicherlich diese.

Wie kommen wir zu einem mühelos richtigen Handeln? Es ist vor allem die Auswirkung der Stille, die sich durch regelmäßiges Meditieren im Bewußtsein aufbaut. Die Erfahrung des transzendentalen Bewußtseins ist ein Zustand des Yoga – die Vereinigung des Einzelgeistes mit dem kosmischen Geist. Wenn wir das Einheitsbewußtsein allzeit aufrechterhalten können, beim Meditieren und beim Handeln, leben wir in der völligen Mühelosigkeit des Seins.

Müheloses Handeln entwickeln wir auch, wenn wir in Geist und Herz Vertrauen und Hingabe pflegen. Wenn Sie wissend, zielgerichtet, mutig, konzentriert, flexibel und ausgewogen handeln, wird die Hingabe an den Augenblick nicht nur zu einer natürlichen, sondern auch zu einer freudigen Gewohnheit, denn ein solches Handeln macht Streß automatisch zunichte. Wenn die Aufmerksamkeit völlig ins Tun vertieft ist, empfinden wir dieses Tun nicht mehr als anstrengend. Wie wir gesagt haben, ist diese Hingabe eine Willensübung, die Entscheidung, worauf wir unsere Aufmerksamkeit richten wollen. Sie ist weder ein Wunder noch schwierig. Sie erfordert weder ein Eingreifen Gottes noch asketische Kargheit. Im Grunde ist sie ein Kinderspiel. Beobachten Sie einmal ein Kind beim Spielen, dann sehen Sie die Einfachheit und die Freude eines Willens, der sich hundertprozentig der anstehenden Aufgabe überantwortet hat. Hingabe ans Tun *wirkt* Wunder. Sie verwandelt alle Aufgaben in Vergnügen.

Vor ein paar Jahren entschloß ich mich zu einem Fitneßprogramm, bei dem eine »Skimaschine« benutzt wurde. Da ich weder an das Gerät noch an die harte Arbeit gewöhnt war, wurde ich schon nach ein paar Minuten Training müde. Ich dachte daran, aufzuhören. Und dann dachte ich über die Hingabe nach. Ich suchte nach einer neuen Möglichkeit, das zu sehen, was ich tat, und begann, meine Aufmerksamkeit auf die Bewegung an sich zu richten. Ich veränderte meine Atmung, atmete durch die Nase ein und durch den Mund aus und begann, in der Gegenwart zu sein, anstatt daran zu denken, wie viele Minuten ich noch trainieren mußte, oder an die langwierige Plackerei, die erforderlich wäre, um fit zu werden, oder an Selbstvorwürfe, weil ich nicht fit war, oder an meine Phantasien, wie es wäre, fit zu sein. In der Gegenwart entdeckte ich das wesentliche der Erfahrung – die wunderschöne Koordination von Körper, Seele und Geist beim Sport. Es war belebend. Ich erinnere mich nicht, was den Rest der Zeit geschah, ich erinnere mich nur, daß mein Training eine halbe Stunde später vorbei war und daß ich überhaupt nicht erschöpft war. Es war eine einfache Lektion in Hingabe an den Augenblick – eine Lektion, die wir tagtäglich jeden Augenblick praktizieren können.

Wenn wir uns Augenblick für Augenblick dem Tun überlassen, lernen wir Glauben und Vertrauen, genauso wie wir durch kleine Erfolge Mut aufbauen. Die Vorstellung, uns *völlig* zu überantworten, löst jedoch noch tiefere Ängste aus als die Vorstellung, einen Abgrund zu überspringen; und natürlich weckt sie auch unsere Vorurteile und Zweifel, weil wir nicht wissen, was genau wir uns da eigentlich hingeben.

Wir haben dieses Kapitel mit der Prämisse begonnen, daß Streß ein

Ergebnis unserer Wahrnehmung ist, und daß wir uns durch die Überprüfung begrenzender Gedanken und Überzeugungen und der bewußten Veränderung unserer Wahrnehmung von Streß befreien und absolute Schönheit verwirklichen können. Bei der Prüfung dessen, was wir für möglich halten, wollen wir einen Schritt weitergehen und das »Undenkbare« denken – d. h. den Schöpfer und die Schöpfung und noch spezieller das, was Sie von Ihrer Beziehung zu ihnen glauben. Wir wollen dabei die Existenz Gottes weder diskutieren noch über sie entscheiden. Vielmehr wollen wir uns, um aus dem gewohnheitsmäßigen, streßerzeugenden Denken herauszukommen, eine alternative Perspektive ansehen, die Ihre Erfahrung eines mühelosen Handelns vermehren kann. Probieren Sie sie als einfache »Als-ob«-Übung aus: Wie würde Ihr Erleben sich verändern, wenn Sie glauben würden, daß es einen alliebenden, allmächtigen Schöpfer gibt?

Wir meinen, daß Ihr Erleben nicht viel anders sein würde, es sei denn, Sie würden auch von ganzem Herzen glauben, daß *Sie* das perfekte und geliebte Geschöpf des Allmächtigen sind, dem jeder Wunsch schon gewährt wurde. Im Grunde ist die wesentliche Frage auch gar nicht, ob Sie an Gott glauben, sondern wie sehr – oder wie wenig – Sie glauben, daß Sie es wert sind, die größte Fülle und die höchste Liebe zu bekommen, die das Universum zu vergeben hat. Wenn Sie nicht glauben, daß Sie eine solche Erfüllung haben *können,* werden Sie nie nach ihr suchen und vielleicht sogar die Bedeutung der Segnungen, die Ihnen gegeben wurden, übersehen. Schließlich bestimmt nicht der Geber den wahren Wert eines Geschenks, sondern derjenige, der es annimmt.

In der Literatur der modernen Geist-Körper-Medizin gibt es zahlreiche Beispiele dafür, daß die Kraft der Überzeugungen das physische Leben vollkommen verändern kann, in manchen Fällen augenblicklich. Studien über psychosoziale Zwergwüchsigkeit belegen eindeutig die schöpferische Kraft unserer Selbstwahrnehmung. Kleine Kinder, die keine angemessene Zuwendung erhalten, stellen oft die Produktion von Wachstumshormonen ein, was zu einem Stillstand der körperlichen Entwicklung führt. Das Injizieren von Wachstumshormonen zeigt in solchen Fällen keine Wirkung, obwohl ein Hormonersatz bei anderen Entwicklungsproblemen oft ein normales Wachstum anregt.

Aber sobald dieselben mißhandelten Kinder in ein liebevolles Zuhause kommen, reagieren sie oft auf die Behandlung oder fangen sogar an, wieder genug natürliche Hormone zu produzieren, so daß ihr Zustand sich normalisiert.

Wieder fragen wir: »Was wäre, wenn?« Alle genannten Grundsätze des Handelns trainieren einen Wechsel der Wahrnehmung und beruhen auf der Erkenntnis der Quantenwissenschaft, daß die Welt uns so erscheint, wie sie es tut, weil wir denken, daß sie uns so erscheint. Unsere Wahrnehmung bestimmt unsere Wirklichkeit. Was für ein Universum würde erscheinen, wenn wir uns statt »Ist das alles, was ich bekomme?«, fragen würden: »Welches Universum verdiene ich?« Erfordert Ihr Glaube an sich und Ihre Erwartung an die Wirklichkeit, daß Wunder als Feuerwagen vom Himmel kommen, und nicht als Ruderboote oder Hubschrauber? Was wäre, wenn alles, jedes Ereignis und jeder Aspekt Ihres Lebens – die großen und die kleinen, die wichtigen und die scheinbar belanglosen – einen Liebesbrief an Sie enthielten, der »mit Gottes Namen gezeichnet« wäre? Wie würde diese Wahrnehmung Ihre Herangehensweise ans Leben ändern? Wie würde sie Ihr Erleben verändern?

Eine vedische Geschichte erzählt von einem Kleinkind in einem Kindersitz, das einen wunderschönen glänzenden Gegenstand genau außerhalb seiner Reichweite sieht. Es schreit nach seiner Mutter, die in der Nähe steht, damit sie ihm das kostbare Spielzeug gibt, aber die Mutter weigert sich. Das Kind schreit und weint natürlich um so mehr, und zwar so verzweifelt, als hinge sein Leben von diesem Ding ab. Aber egal, wie lange das Baby jammert, die Mutter gibt nicht nach, denn sie weiß, was das Kind nicht weiß – daß der glänzende Gegenstand kein Spielzeug ist, sondern ein juwelenbesetztes goldenes Messer. Auch wenn ihr angesichts der Klagen des Babys das Herz bricht, wird die liebevolle Mutter ihren Kindern nie etwas geben, was ihnen schaden könnte.

Die völlige Hingabe ist eine klare, bedingungslose und tiefempfundene Bindung an eine Idee – in diesem Fall an die Möglichkeit eines Universums, das aus absoluter, grenzenloser Liebe geschaffen wurde. Im Grunde geben wir uns nicht etwas hin, was außerhalb von uns ist, sondern einem Gedanken – einem Impuls der Intelligenz, einem Impuls des *Selbst,* das immerdar (egal ob wir es bewußt wissen oder nicht) mit der allumfassenden Intelligenz der Schöpfung vereint ist. Deshalb bedeutet Hingabe nicht, die Kontrolle über etwas aufzugeben. Sie bedeutet nicht, daß wir etwas aufgeben, außer der Angst. Sie *nimmt* unsere Aufmerksamkeit, die alles ist, über das wir die Kontrolle haben, und übergibt sie rückhaltlos dem ewigen *Jetzt,* das unsere Ganzheit und unsere höchste Weisheit enthält – und alle Möglichkeiten. *Wenn* Sie sich auf diese Weise an die Vollkommenheit in der Gegenwart hingeben würden, wobei Sie völlig von Ihrem Wert überzeugt wären, würden alle Handlungen mühelos. In gewisser Weise geben wir uns – unser Selbst – ständig unseren Gedanken hin. Was wir nicht ständig tun, ist, die Gedanken bewußt auszuwählen, denen wir uns hingeben. Wir, und der Ayurveda, schlagen nur vor, daß wir uns dem höchsten Gedanken hingeben – der vollkommenen Liebe des Schöpfers zur Schöpfung, d. h. zu uns. Dieser Gedanke macht jegliches Tun mühelos, denn er macht alle Ergebnisse zu ihrer Zeit zu perfekten Ergebnissen.

Freudiges Handeln

Ich nenne nicht eines größer und eines kleiner, was seine Spanne Zeit und seinen Platz erfüllt, ist jedem anderen gleich.

Walt Whitman

Spiritueller Erfolg entsteht, wenn wir das Geheimnis des Lebens verstehen, und wenn wir alle Dinge mit Freude und Mut betrachten und erkennen, daß die Geschehnisse sich nach einem wunderbaren göttlichen Plan entwickeln.

Paramahansa Yogananda

Auf dem Gipfel der Karrierebesessenheit der Babyboom-Generation Mitte der 80er Jahre verkündete ein inzwischen berühmtes T-Shirt-Motto scherzhaft, was viele für den Einsatz im Spiel des Lebens hielten. Es lautete: »Wer bei seinem Tod die meisten Spielzeuge hat, gewinnt.« Mein Sohn, ein erfolgreicher Ingenieur, der jetzt 30 ist und den größten

Teil seines Lebens in den USA verbracht hat, bat mich einmal, ihm die vedische Philosophie zu erklären, die er durch Geburt ererbt hatte, die er aber in der »Spielen-um-zu-gewinnen«-Welt nicht allzu oft verwirklicht sieht. »Wenn wir keine Früchte unseres Tuns erwarten sollen, warum sollen wir dann überhaupt etwas tun?«

Das Leben *ist* so etwas wie ein Spiel. Es findet auf Gottes Spielfeld statt, und kraft unserer Geburt nehmen wir alle an ihm teil. Ob es uns gefällt oder nicht, wir *müssen spielen.* Wir haben nicht die Möglichkeit, die Regeln festzulegen, die zu Beginn der Schöpfung in Gang gesetzt wurden, aber wir können uns entscheiden, *wie* wir spielen. Obwohl wir die Möglichkeit haben, herumzusitzen und nichts zu tun, wird der Ball irgendwann einmal in unsere Ecke des Feldes kommen – und wenn wir nicht zumindest aufstehen und aus dem Weg gehen, werden wir garantiert von den anderen Spielern getroffen oder umgeworfen. Nichts tun bedeutet, dem Fluß im Weg zu stehen, obwohl unsere Inaktivität den Kurs der Evolution genauso wenig aufhält, wie es einen Fluß aufhält, wenn wir uns ins Wasser stellen. Deshalb könnten wir genausogut spielen, und sei es auch nur, um mit der Handlung mitzuhalten und Schmerzen zu vermeiden. Und wenn wir schon einmal mitmachen, können wir auch unser bestmögliches Spiel liefern – und es könnte uns sogar Spaß machen und wir könnten lernen, dabei über uns selbst zu lachen. Das bedeutet nicht, daß wir spielen, um zu gewinnen, sondern daß wir spielen, um zu *spielen.*

Dies ist der Grundsatz der Freude beim Handeln. Es wird durch das Strahlen der Göttin Chymunda symbolisiert. Wie die Mühelosigkeit ist die Freude beim Handeln eine spontane Folge, wenn wir die anderen Prinzipien gemeistert haben. Wenn wir uns dem hingeben, was wir tun, ist die Handlung selbst Belohnung genug. Ungeachtet des Ergebnisses haben wir im Inneren schon gewonnen. Diese inneren Siege, wie ich sie nenne, sind das, was uns wahrhaft schön macht.

Der letzte und höchste Ausdruck von Freude beim Handeln ist die Glückseligkeit des Bewußtseins der Einheit. Dies ist die selbstverwirklichte Ebene der großen Seher, die erklären: »Ich bin Es, du bist Es, alles ist Es.« Einen Schimmer dieser sublimen Lebensweisheit enthält die wunderschöne Geschichte von einem begabten jungen Veda-Schüler, der schließlich einer der großen spirituellen Lehrer Indiens wurde. Als er noch ein Junge war, verließ dieser Suchende sein Zuhause, um seinen Guru zu finden, seinen spirituellen Lehrer, der ihn in den Himalaya zum Meditieren schickte, wie es bei Mönchen üblich ist. Nachdem er viele Monate allein in seiner Höhle verbracht hatte, empfing der Junge einen Besucher, einen anderen Schüler, der die Botschaft überbrachte, daß ihr Lehrer kommen und seinen Fortschritt kontrollieren wollte. Als der Bote den Schüler nach seiner Antwort fragte, antwortete dieser: »Bitte sag dem Lehrer, daß es hier keinen leeren Raum gibt.«

Der Bote war entsetzt. In Wahrheit waren er und die anderen älteren Schüler eifersüchtig, weil ihr Meister diesem Anfänger soviel Aufmerksamkeit schenkte. Jetzt ergriff er die Gelegenheit, den Jungen zurechtzuweisen. »Du bist hier allein in dieser Berghöhle mitten im weiten Himalaya und wagst zu sagen, daß du für unseren verehrten Lehrer, der dir soviel gegeben hat, keinen Platz hast! Hast du nichts gelernt?« fragte er wütend.

»Ich wollte nicht unehrerbietig sein«, antwortete der Schüler. »Ich bin den Anweisungen des Lehrers gefolgt und habe jeden Tag getreulich meditiert. Zuerst wurde mein Geist ruhig, bis alle Gedanken aufhörten; da sie abwesend waren, erlebte ich das grenzenlose Sein. Ich erkannte: Ich bin dieses grenzenlose Bewußtsein – und ich empfand die Freude unerschütterlicher Ganzheit. Mit der Zeit begann ich, diese vibrierende Lebenskraft nicht nur während der Meditation zu bemerken, sondern überall um mich herum, den ganzen Tag lang. Die Gegenstände erschienen allmählich weniger konkret als die Energie, die sie durchdrang. Schließlich wurde die von Grenzen durchzogene Welt wie ein durchscheinender Schleier, durch den ich das allgegenwärtige Licht des Bewußtseins wahrnehmen konnte. Dann löste der Unterschied zwischen innerem und äußerem Bewußtsein sich auf: Ich sah mein Selbst in allen Dingen, und alle Dinge in meinem Selbst. Die Liebe und Glückseligkeit, die mein Herz erfüllten, umschlossen die Fülle des Universums.

Jetzt bin ich diese Fülle, wo immer ich auch bin. Was auch immer ich tue, *ist* Fülle. Wirklich, ich habe überall gesucht, und alles ist voller Glückseligkeit. Also bitte sag dem Lehrer«, wiederholte der Junge, »ich habe keinen leeren Raum.«

Als meine Mutter mir zum erstenmal Chymundas Bild gab, verstand ich nicht, wer sie war. Ich dachte mir: »Na ja, sie ist einfach eine gutaussehende Göttin.« Ich war viel zu jung, um zu verstehen, daß ihr Strahlen ein Symbol war. Jetzt, nachdem ich viele Jahre ihrem Pfad gefolgt bin, habe ich eine schwache Ahnung von den unendlichen Schichten des Erlebens – der Fülle des Lebens und der völligen Selbstgenügsamkeit – die durch ihre Schönheit repräsentiert werden. Diese Ganzheit ist es, an der Chymundas Weg endet und die Erfüllung absoluter Schönheit beginnt. Aber es gibt immer noch viel Schönheit, viel Ganzheit und viel Glückseligkeit entlang des Wegs. Dies war das Geschenk des Ayurveda, der mich die Sprache der Haut gelehrt hat, die Geheimnisse des Gleichgewichts und die sanfte Weisheit der Seelenreinigung – dieselben Lektionen, die Sie hier vorgefunden haben. Ich hoffe, daß sie Ihre Reise zu absoluter Schönheit zu einem genauso mühelosen, freudigen und erfolgreichen Abenteuer machen wie für mich. Wenn der Weg zuweilen schwierig zu erkennen zu sein scheint, dann erinnern Sie sich daran, daß der innerste Kern dieses Wissens sich durch drei Worte des Veda zusammenfassen läßt:

Sattyam. Shivam. Sundaram.

»Wo reines Wissen und Glück sind,
da ist Schönheit.«

Anhang

A Dhatus und Haut

Gewebe ***(Dhatu)***	**Entsprechende Hautschicht**	**Gesteuerte Funktionen**
Plasma *Rasa* (Lymphe, Blutplasma)	Stratum corneum *Avabhasini* (äußere Hornschicht, Keratinschicht)	Menstruation, Milchbildung, befördert Nährstoffe, macht die Haut geschmeidig und glatt
Blut *Rakta* (rote Blutkörperchen)	Stratum lucidum *Lohita* (enthält Blutkapillaren)	Blutgefäße, Muskelsehnen, sensomotorische Funktionen, Sauerstoffversorgung, gibt Haut und Lippen Farbe, steuert die Leberfunktion
Muskeln *Mamsa* (Skelettmuskulatur)	Stratum granulosum *Sweta*	Flache Muskeln, Haut, bedeckt das Skelett, verleiht Schutz, Bewegung
Adipose *Meda* (Fettgewebe in den Gliedern und im Körper)	Stratum spinosum *Tamra* (Pigmentschicht)	Gelenksehnen, Unterhaut-Fettgewebe, »schmiert« den Körper, sorgt für das Gleichgewicht des Wasserhaushalts, Talgdrüsensekretion
Knochen *Asthi*	Stratum germinativum *Vedini*	Zähne, stützt, gibt Festigkeit
Nerven *Majja* (Knochenmark)	Dermis *Rohini* (Papillarschicht)	Gehirnfunktionen, Nervenimpulse, macht Augen und Haut geschmeidig, füllt Knochenhöhlungen, läßt uns Berührungen, Hitze, Kälte, Schmerz und Liebe empfinden
Fortpflanzung *Shukra* (Fortpflanzungsflüssigkeiten von Mann und Frau)	Stratum reticulare *Mamsadhara* (enthält Ojas)	Erzeugt Ojas, steuert bzw. verleiht Abwehrkraft, Vitalität, Fortpflanzung, hormonelles Gleichgewicht
Kursiv = Sanskrit-Bezeichnungen		

Malas (Abfallprodukte)	Körperliche Anzeichen bei Störung
Schleim, Tränen, Speichel, Menstruationsblut	Trockene Haut, Falten, Dermatose, Ausstrahlung und Hautempfindungsvermögen fehlen, Schmerzen in den Gelenken, Unruhe, Kapha-Ungleichgewicht
Galle	Stumpfer Teint, Rötung oder Ausschlag, Kupferfinnen, Juckreiz, Brennen, Verfärbungen, Schuppenflechte, Muttermale, Sklerodermie, Haarausfall, Tendenz zu Blutungen, Blut ist zu heiß oder zu kalt, schwache Sehkraft, geplatzte Äderchen, allergische Reaktionen, Pitta-Ungleichgewicht
Ohrenschmalz, Zahnbelag, Nabelabsonderungen, Smegma, Talgdrüsensekretionen	Warzen, Basaliom, gutartige Muttermale, Akne, Muskelentzündungen oder -Infektionen, mehr Talgdrüsensekretion, Zahnbelag und Ohrenschmalz, Drüsenschwellung, Kapha- und Pitta-Ungleichgewicht
Schweiß	Trockene, feuchtigkeitsarme Haut, Leukoderma, Ekzeme, Pitta braust auf, was zu Kupferfinnen führt, Haare und Nägel verlieren ihren Glanz, Gewichtszunahme, Tumore, Kapha-Ungleichgewicht
Nägel, Körperhaare, Bart	Wundrose, Verfärbungen oder Bruch von Zähnen und Nägeln, Osteoporose, Vata- und Kapha-Ungleichgewicht
Muttermilch	Ungewöhnliche Hautauschläge an den Gelenken, die schwer zu heilen sind, Trockenheit, vergrößerte Lymphknoten, Elefantiasis (Verdickung der Haut und des Unterhautzellgewebes) durch Lymphstauungen, Gelenkschmerzen, Osteoporose, Multiple Sklerose, Nerventumoren, Meningitis, Ungleichgewicht des Kapha-Dosha und des Elements Luft
Keine	Risse, Hämorrhoiden, Abszesse, Haut verliert Vitalität und Ausstrahlung, langsame Heilungsprozesse, Zysten in den Brüsten, Geschwüre, spontane Fehlgeburten, Sterilität, angeborene Schädigungen bei Kindern, Impotenz, Verlust von Ojas, geschwächtes Immun- und Fortpflanzungssystem, verlangsamte Zellerneuerung, vorzeitiges Altern, Ungleichgewicht des Pitta- und des Kapha-Dosha

B Herstellung und Aufbewahrung pflanzlicher Präparate

Ghee (Geklärte Butter)

Der folgende Vorgang dauert etwa 10–15 Minuten:

- 1 Pfund ungesalzene Butter in einem Topf zum Schmelzen bringen.
- Die Butter weiter bei schwacher Hitze erwärmen, bis sie leicht kocht und Schaum an die Oberfläche steigt. Den Schaum nicht entfernen.
- Die Masse weiter bei schwacher Hitze kochen lassen, bis der Schaum dick wird und sich am Boden des Topfes ablagert. Wenn die verbleibende Flüssigkeit eine goldbraune Farbe annimmt und leise köchelt, wobei nur vereinzelt kleine Blasen hochsteigen, ist das Ghee fertig. Wenn es anfängt, abzukühlen, und bevor es hart wird, die Flüssigkeit in ein Glasgefäß gießen.

Feuchtigkeitsspendende Öle und Massageöle

- *Gesichtsöl:* 20–25 Tropfen reines ätherisches Öl an 30 g Trägeröl geben. Anwendung: 2–3 Tropfen des Gesichtsöls mit 4–6 Tropfen Wasser mischen und wie angegeben auf die feuchte Haut auftragen.
- *Körperöl:* 10–15 Tropfen reines ätherisches Öl mit 30 g Trägeröl mischen. Nach Anweisung auf die feuchte Haut auftragen.

Abkochungen

- *Schwache Abkochung (für Tee):* 1 TL der ausgewählten Kräuter + 1 Tasse Wasser mischen. Zum Kochen bringen und bei schwacher Hitze 7–10 Minuten sieden lassen, oder bis die Flüssigkeit zum Teil verdunstet ist. Abseihen und die verbliebene Flüssigkeit nach Anweisung benutzen.
- *Starke Abkochung (für Bäder):* 1 Teil der ausgewählten Kräuter + 4 Teile Wasser mischen, zum Kochen bringen und bei schwacher Hitze sieden lassen, bis die Hälfte der Flüssigkeit verdunstet ist. Abseihen und die verbliebene Flüssigkeit nach Anweisung benutzen.

Medizinische Öle

- Von der ausgewählten Heilpflanze eine starke Abkochung herstellen.
- Mischen Sie 1 Tasse der Abkochung mit 4 Tassen des ausgewählten Trägeröls. Zum Kochen bringen und sofort anschließend bei sehr schwacher Hitze sieden lassen, bis das Wasser der Abkochung verdunstet ist. (Dies kann je nach Ausgangsmenge 2–3 Stunden dauern.) Das, was übrig bleibt, ist das medizinische Öl. Vor der Anwendung ein paar Tropfen des ausgewählten ätherischen Öls beigeben.

Kräuteraufgüsse

- *Aufguß auf Wasserbasis:* 2 Tassen kochendes Wasser über 2 EL Kräuter gießen. Ein paar Tage stehen lassen, gelegentlich umrühren. Abseihen und die Flüssigkeit nach Anweisung benutzen.
- *Aufguß auf Ölbasis:* 1 EL Kräuter + 1 Tasse Trägeröl mischen. Nicht kochen. 2–3 Tage stehen lassen, gelegentlich umrühren. Abseihen und die Flüssigkeit nach Anweisung benutzen.

Kräuterbäder

- *Mit ätherischen Ölen:* Ein paar Tropfen direkt ins Badewasser geben.
- *Mit getrockneten Kräutern:* Etwa eine Handvoll der ausgesuchten Kräuter in ein Mullsäckchen geben, das Sie fest verschließen und ins Badewasser hängen.

Die Präparate aufbewahren

- Alle flüssigen Präparate in sterilisierten, luftdichten, dunkelbraunen Gläsern kühl aufbewahren, vor Hitze, Licht und Luft geschützt. Die ätherischen Öle wirken als natürliche Konservierungsmittel. Richtig aufbewahrt sind die Präparate mehrere Monate haltbar.
- Ghee braucht nicht im Kühlschrank aufbewahrt zu werden. Es ist unbegrenzt haltbar – je älter es ist, desto wertvoller ist es medizinisch.
- Produkte auf Ghee-Basis und einige Produkte auf Ölbasis werden je nach Temperatur hart oder flüssig. Um die Präparate zu verflüssigen, können Sie die fest verschlossene Flasche unter heißes Wasser halten; schütteln Sie sie dabei leicht, damit die Inhaltsstoffe sich verteilen.
- Bewahren Sie Pflanzenpulver in Gewürzgläschen auf.

C Bezugsquellen für ayurvedische Produkte

Bastei-Apotheke
Frau Angelika Huber
Karl-Theodor-Straße 38
80803 München
Tel. 089 / 39 48 80
Fax 089 / 34 59 61

Maharishi Ayur-Veda-Center
Gymnasiumstraße 7–9
88400 Biberach
Tel. 0 73 51 / 7 35 71
Fax 0 73 51 / 7 17 53

Pratima Raichur
162 W. 56th St.
New York, NY 10019
USA
Tel. 001 / 212 / 5 81 81 36
Fax 001 / 212 / 5 81 83 66

Yoga-Kurse finden in allen größeren Städten statt (Volkshochschulen). Auch eine Unterweisung in der Transzendentalen Meditation (TM) nach Maharishi Mahesh Yogi ist in vielen Städten möglich (im Telefonbuch unter TM, Transzendentale Meditation, Ayurveda oder Maharishi nachsehen).

D Heilende Pflanzen und Nahrungsmittel

Für trockene Haut (Vata)	
Anwendung	*Pflanzen und Nahrungsmittel*
Antiparasitär (vermindert Hefepilze, Candida)	Ajwan, Asafoetida, Cayennepfeffer, Knoblauch
Adstringierend (festigend, austrocknend, heilend, verjüngend, stoppt Blutungen)	Schwarzer Pfeffer, Buttermilch, Zimt, Ingwer, Haritiki, Muskatnuß, Triphala, Joghurt
Auswurffördernd, reizlindernd (feuchtigkeitsspendend, lindernd)	Bambus, Vogelmiere, Beinwell, Leinsamen, Irländisches Moos, Süßholz, Milch, Rohzucker, Amerikanische Ulme
Blutreinigend	Erhitzend – Schwarzer Pfeffer, Cayennepfeffer, Zimt, Knoblauch, Myrrhe, Gelbholzbaum, Sassafras
Diaphoretisch (schweißtreibend, vermindert Wasseransammlungen, entgiftet)	Basilikum, Kardamom, Eukalyptus, Ingwer
Diuretisch (harntreibend, vermindert Wasseransammlungen)	Braucht keine Diuretika
Karminativ (verdauungsfördernd)	Alle scharfen Gewürze, z. B. Ajwan, Basilikum, Lorbeerblätter, Gemeiner Kalmus, Kardamom, Zimt, Orangenschale, Baldrian
Laxativ (abführend)	Rizinusöl, Epsomer Bittersalz, Feigen, Sandwegerich-Samen, Rosinen, warme Milch + 1 TL Ghee
Nährend und stärkend (erdend, baut Muskeln und Fett auf)	Mandeln, Bala, Ghee, Ginseng, Kanda, Milch, Rosinen, Sesamsamen, Vidari
Nervin (stärkt Verstand und Nervensystem, lindert Krämpfe)	Basilikum, Kampfer, Eukalyptus, Knoblauch, Hing, Neroli, Muskatnuß, Sandelholz, Baldrian, Vanille
Verjüngend	Ashwangandha, Gemeiner Kalmus, Knoblauch, Ginseng, Guggul, Haritaki

Für empfindliche Haut (Pitta)	
Anwendung	*Pflanzen und Nahrungsmittel*
Antiparasitär (vermindert Hefepilze, Candida)	Kanadischer Gelbwurz
Adstringierend (festigend, austrocknend, heilend, verjüngend, stoppt Blutungen)	Stoppt Blutungen: Odermennig, Kanadischer Gelbwurz, Hibiskus, Echter Eibisch, Nessel, Safran, Kleine Braunelle, Kurkuma, Weißeiche, Schafgarbe. Wundheilend: Aloe, Amalaki, Beinwell, Honig, Amerikanische Ulme
Auswurffördernd, reizlindernd (feuchtigkeitsspendend, lindernd)	Siehe Vata
Blutreinigend	Kühlend – Aloe vera, Blaue Schwertlilie, Große Klette, Chaparral, Löwenzahn, Sonnenhut, Kanadischer Gelbwurz, Manjista, Neem, Wegerich, Rotklee, Sandelholz, Krauser Ampfer
Diaphoretisch (schweißtreibend, vermindert Wasseransammlungen, entgiftet)	Wasserdost, Große Klette, Echte Katzenminze, Kamille, Chrysantheme, Koriander, Holunderblüten, Andorn, Schachtelhalm, Minze, Pfeffer, Grüne Minze, Schafgarbe
Diuretisch (harntreibend, vermindert Wasseransammlungen)	Spargel, Gerste, Buche, große Klette, Labkraut, Koriander, Maisfäden, Löwenzahn, Fenchel, Gokshura, Schachtelhalm, Zitrone, Punarnava, Uvaursi
Karminativ (verdauungsfördernd)	Echte Katzenminze, Kamille, Chrysantheme, Koriander, Kumin, Dill, Fenchel, Limette, Pfefferminze, Grüne Minze, Kleines Immergrün
Laxativ (abführend)	Aloe-vera-Pulver, Blaue Schwertlilie, Cascara sagrada, Rhabarber, Sennesblätter, Krauser Ampfer
Nährend und stärkend (erdend, baut Muskeln und Fett auf)	Amalaki, Bala, Kokosnuß, Beinwell, Ghee, Süßholz, Shatavari, wilde Yamswurzel
Nervin (stärkt Verstand und Nervensystem, lindert Krämpfe)	Bhringraj, Kamille, Gotu Kola, Lavendel, Königskerze, Passionsblume, Sandelholz, Johanniskraut, Eisenkraut
Verjüngend	Aloe vera, Amalaki, Brahmi, Beinwell, Safran, Shatavari

Für fettige Haut (Kapha)	
Anwendung	*Pflanzen und Nahrungsmittel*
Antiparasitär (vermindert Hefepilze, Candida)	Siehe Vata
Adstringierend (festigend, austrocknend, heilend, verjüngend, stoppt Blutungen)	Siehe Vata, außerdem Bibhitaki
Auswurffördernd, reizlindernd (feuchtigkeitsspendend, lindernd)	Gemeiner Kalmus, Kardamom, Zimt, Gewürznelken, getrockneter und wilder Ingwer, Hysop, Senfsamen, Pippali, Salbei
Blutreinigend	Braucht erhitzende *und* kühlende Pflanzen (siehe Vata und Pitta)
Diaphoretisch (schweißtreibend, vermindert Wasseransammlungen, entgiftet)	Engelwurz, Basilikum, Kampfer, Kardamom, Zimt, Gewürznelken, Eukalyptus, Ingwer, Wacholder, Salbei, Wilder Ingwer
Diuretisch (harntreibend, vermindert Wasseransammlungen)	Ajwan, Zimt, Knoblauch, Wacholderbeeren, Senf, Petersilie, Wilde Karotte
Karminativ (verdauungsfördernd)	Basilikum, Gewürznelke, Ingwer, Thymian, Kurkuma
Laxativ (abführend)	Ingwer, Fenchel
Nährend und stärkend (erdend, baut Muskeln und Fett auf)	Braucht keine stärkenden Heilpflanzen
Nervin (stärkt Verstand und Nervensystem, lindert Krämpfe)	Basilikum, Bergamotte, Poleiminze, Salbei, Heimkraut
Verjüngend	Bibhitaki, Guggul

Für alle Hauttypen	
Anwendung	*Pflanzen und Nahrungsmittel*
Aphrodisisch	Vermehrt Ojas und Abwehrkraft: Ashwangandha, Ghee, Lotossamen, Shatavari Stärkt die Sexualkraft: Gewürznelken, Bockshornklee, Safran, wilde Yamswurzel
Antipyretisch (entgiftet, vertreibt Hitze)	Aloe vera, Calumba, Chaparral, Chirata, Enzian, Kanadischer Gelbwurz, Goldfaden (Coptis trifolia), Kutki, Neem
Emmenagogisch (reguliert den Menstruationszyklus)	Erhitzende Kräuter sind besser bei verzögerter Menstruation: Engelwurz, Zimt, Ingwer, Hing, gemeiner Beifuß, Myrrhe, Petersilie, Poleiminze, Kurmuka, Baldrian Kühlende Kräuter sind besser bei starken Blutungen: Mariendistel, Kamille, Hibiskus, Manjista, Schlüsselblume, Rose, Schafgarbe

E Ätherische Öle

Für trockene Haut (Vata) (Braucht süße, saure, salzige, beruhigende, wärmende, feuchtigkeitsspendende, blutreinigende, verdauungsfördernde, nervenstärkende Öle)		
Ätherisches Öl	*Geruch/Beschreibung*	*Wirkung*
Anissamen	süß, warm, krautig	beruhigend
Bergamotte	frisch, scharf, zitrusartig	sedierend
Cajeput	stark, warm	wärmend
Geranie	stark, rosenähnlich, süß, leicht herb	behebt Angst, Depression; lindernd, leicht wärmend
Ingwer	zitronig, warm, würzig, holzig	wärmend, beruhigend
Jasmin	blumig, fruchtig, krautig, süß, bitter, herb	sedierend, lindert Angst, Apathie, Hypersensibilität; kühlend, beruhigend
Kamille	fruchtig, krautig, süß, herb	sedierend, lindernd, kühlend; lindert Schlaflosigkeit, Depression
Kardamom	süß, holzig, blumig	heiß, wärmend, beruhigend
Minze, grüne	süß, warm, krautig, minzig	sedierend
Muskatnuß	frisch, würzig, warm, herb, leicht süß	wärmend, beruhigend, verjüngend; regt das Haarwachstum an
Orange	süß, leicht, zitrusartig, sauer	beruhigend, wärmend
Rose	süß, schwer, blumig, herb	sedierend, kühlend, beruhigend; lindert Wut, Eifersucht
Thymian (weißer)	süß, warm, krautig	wärmend
Weihrauch	zitronig, würzig	sedierend; sorgt dafür, daß man nicht an der Vergangenheit festhält
Ylang-Ylang	stark, blumig, würzig	aphrodisisch, lindernd
Zimtrinde	stark, süß, warm, würzig	sedierend, wärmend

Ätherisches Öl	*Geruch/Beschreibung*	*Wirkung*
Zitrone	leicht, frisch, zitrusartig, sauer, bitter	erfrischend, heiß, anregend; fördert Furchtlosigkeit, Optimismus
Zypresse	süß, schwer	sedierend
Medizinische Öle für Vata: Brahmi, Lorbeer, Ashwangandha		

Für empfindliche Haut (Pitta) (Braucht süße, bittere, herbe, beruhigende, lindernde, kühlende, blutreinigende Öle.)		
Ätherisches Öl	*Geruch/Beschreibung*	*Wirkung*
Fenchel (süßer)	süß, würzig, sauer	wärmend, beruhigend
Geranie	stark, rosenähnlich, süß, leicht herb	behebt Angst, Depression; lindernd, leicht wärmend
Jasmin	blumig, fruchtig, krautig, süß, bitter, herb	sedierend, lindert Angst, Apathie, Hypersensibilität; kühlend, beruhigend
Kalmus, gemeiner	bitter, herb	wärmend
Kamille	fruchtig, krautig, süß, herb	sedierend, lindernd, kühlend; lindert Schlaflosigkeit, Depression
Kardamom	süß, holzig, blumig, herb	wärmend, beruhigend
Koriander	leicht, würzig	kühlend
Lavendel	fruchtig, krautig, holzig	sedierend, lindernd, bringt die Energie ins Gleichgewicht
Minze, grüne	süß, warm, krautig, minzig	lindernd, kühlend
Patchouli	erdig, würzig, holzig	beruhigend
Rose	süß, schwer, blumig, herb	sedierend, lindert Wut, Eifersucht; kühlend, beruhigend
Sandelholz	süß, holzig, bitter, herb	sedierend, aphrodisisch, kühlend, beruhigend
Schwertlilie, Florentiner	süß, holzig, blumig	lindernd
Vetiver	süß, holzig, erdig, bitter	kühlend, beruhigend, sedierend

Ätherisches Öl	*Geruch/Beschreibung*	*Wirkung*
Weihrauch	zitronig, würzig	sedierend, sorgt dafür, daß man nicht an der Vergangenheit festhält
Ylang-Ylang	stark, blumig, würzig	aphrodisisch; lindert Wut, Frustration
Medizinische Öle für Pitta: Neem, Brahmi, Große Klette, Süßholz, Shatavari		

Für fettige Haut (Kapha) (Braucht bittere, scharfe, herbe, anregende, erhitzende, harntreibende, schweißtreibende Öle.)		
Ätherisches Öl	*Geruch/Beschreibung*	*Wirkung*
Basilikum	bitter, herb, scharf	heiß, anregend, stimmungsaufhellend, erfrischend
Cajeput	stark, warm	wärmend, anregend
Eukalyptus	stark, warm	heiß
Gewürznelke	warm, würzig, holzig, bitter	heiß, anregend
Ingwer	zitronig, warm, würzig, holzig	stimmungsaufhellend
Kalmus, gemeiner	bitter, herb	wärmend
Patchouli	erdig, würzig, holzig	erfrischend, anregend
Pfeffer, schwarzer	heiß, würzig	anregend
Pfefferminze	frisch, minzig, süß	fühlt sich kühl an, wirkt aber heiß und anregend
Lorbeerblatt	frisch, würzig	Depression, Verwirrtheit
Rosmarin	stark, frisch	anregend; lindert geistige Erschöpfung, Traurigkeit
Salbei	warm, krautig, würzig	aktivierend
Thymian, roter	scharf, warm, krautig, würzig	vitalisierend
Zimtblatt	würzig, gewürznelkenähnlich, warm	anregend
Medizinische Öle für Kapha: Jatamansi, Neem, Salbei		

F Ausgleich der Doshas im Alltag (Sadhanas)

Um Vata ins Gleichgewicht zu bringen …

(Braucht warme, nährende, beruhigende, Feuchtigkeit zuführende, ölende Qualitäten.)

- Gehen Sie am Wasser spazieren.
- Hören Sie fließendem Wasser zu – einem Bach, einem Fluß, den Meereswellen.
- Hören Sie der sanften Musik einer Flöte, einer Violine oder einer Sitar zu.
- Sehen Sie sich die aufgehende Sonne an.
- Kümmern Sie sich um Zimmerpflanzen und/oder gärtnern Sie.
- Nehmen Sie warme Bäder mit Neroli-, Zitronen-, Geranien-, Geißblatt- oder Königin-der-Nacht-Öl.
- Geben Sie sich eine sanfte Massage mit Sesamöl und süßen, wärmenden medizinischen Ölen.
- Lesen Sie bei sanftem Kerzenschein einen sentimentalen Roman.
- Schmücken Sie Ihren Körper, den Tempel des Geistes, mit Kleidung in warmen Farben, Goldschmuck und exotischem Parfüm.
- Umarmen Sie Ihre Freunde und Ihre Familie, und lassen Sie sich von ihnen umarmen.
- Umarmen Sie kleine Kinder und knuddeln Sie mit geliebten Menschen.
- Sorgen Sie für ein heimeliges, liebevolles Zuhause, indem Sie kochen und Zeit mit Ihrer Familie verbringen.
- Machen Sie nachmittags ein Nickerchen.
- Treiben Sie leichten Sport oder machen Sie Yoga.
- Nehmen Sie sich jeden Tag Zeit, um zu meditieren, still dazusitzen und auf den Atem zu achten.
- Entspannen Sie sich vor einem Kamin und sehen Sie den brennenden Holzscheiten zu.

Um Pitta ins Gleichgewicht zu bringen …

(Braucht kühlende, lindernde und Feuchtigkeit zuführende Qualitäten.)

- Machen Sie einen Spaziergang durch einen Garten mit Blumen.
- Betrachten Sie die Natur.
- Hören Sie, wie die Vögel zwitschern und singen.
- Schwimmen Sie in einem kühlen Fluß.
- Nehmen Sie ein kühles Bad mit Rosen- oder Sandelholzöl.
- Massieren Sie Ihren Körper mit kühlenden medizinischen Ölen.
- Schmücken Sie Ihren Körper mit Kleidung in sanften Blautönen, Rosa oder Grün und Silberschmuck.
- Stellen Sie Blumenarrangements zusammen.
- Verschönern Sie Ihre Wohnung und mähen Sie den Rasen.
- Lachen Sie.
- Lauschen Sie auf den Klang im Inneren.
- Sehen Sie sich Kunst an.
- Gehen Sie im Mondschein spazieren.
- Baden Sie in Silberwasser.

Um Kapha ins Gleichgewicht zu bringen …

(Braucht heiße, anregende und vitalisierende Qualitäten.)

- Wandern Sie durch die Berge.
- Sehen Sie sich den Sonnenaufgang an.
- Legen Sie laute Rock 'n' Roll Musik auf und tanzen Sie dazu.
- Räumen Sie die Schränke auf und sortieren Sie aus, was Sie seit Jahren nicht benutzt haben.
- Stellen Sie die Möbel um.
- Reinigen Sie Ihren Körper mit pflanzlichen Präparaten.
- Geben Sie sich eine kräftige Massage, entweder trocken oder mit Distelöl und einer Prise Safran.
- Kochen Sie für Ihre Freunde eine scharf gewürzte Mahlzeit.
- Genießen Sie guten Sex.
- Spielen Sie Spiele, auch Sportspiele.
- Helfen Sie anderen.

G Ausgleich der Doshas im Tageslauf

	Vata	Pitta	Kapha
Aufwachen	½ Stunde vor Sonnenaufgang	1 Stunde vor Sonnenaufgang	1½ Stunden vor Sonnenaufgang
Zähne und Zahnfleisch	Nach dem Zähneputzen das Zahnfleisch mit Triphala, Honig und Sesamöl massieren.	Nach dem Zähneputzen das Zahnfleisch mit Kardamom, Honig, 1 Prise Steinsalz und Sesamöl massieren.	Nach dem Zähneputzen Zahnfleisch mit Ingwer, Honig, Steinsalz und Sesamöl massieren.
Gurgeln	Nach der Zahnfleischmassage mit Triphala-Tee gurgeln. Jeden Morgen 2–4 TL schwarze Sesamsamen kauen.	Mit Fenchel- oder Süßholzwurzeltee gurgeln. Morgens 2 TL schwarze Sesamsamen kauen.	Mit Ingwertee gurgeln.
Augenspülung	Mit Triphala	Mit Triphala oder Rosenwasser	Mit Triphala oder Preiselbeersaft
Trinken	a) Warmes Wasser mit Zitronensaft und Honig, oder b) Wasser, das über Nacht in einem goldenen Gefäß aufbewahrt wurde	a) ½ Tasse Aloe-vera-Saft, oder b) Wasser, das über Nacht in einem silbernen Gefäß aufbewahrt wurde	a) Warme Kräutertees, z. B. Ingwer oder Triphala, oder b) Wasser, das über Nacht in einem kupfernen Gefäß aufbewahrt wurde
Stuhlgang (bei Verstopfung)	Magenmassage; trinken Sie abends ½ Tasse warme Milch mit 1 TL Ghee, oder 1 TL Triphala mit warmem Wasser.	Pitta hat dieses Problem im allgemeinen nicht.	Massieren Sie den Magen und trinken Sie keinen Kaffee.
Nasenspülung	Mit Wasser waschen, dann in beide Nasenlöcher ein paar Tropfen Sesamöl oder Ghee geben.		

	Vata	**Pitta**	**Kapha**
Sportliche Betätigung, Yoga-Stellungen	Wechselatmung, Sonnengebet, Kerze, Totenstellung, Kobra, Diamantsitz, Demutshaltung; Gehen, Stretching	Shitali-Atmung, Kerze, Bogen, Sonnengebet, Fisch, Totenstellung; Laufen, Schwimmen, Gehen	Kopfstand, Diamantsitz, Pfau, Löwe, Kerze, Baum; Springen, Laufen oder andere aerobische Übungen
Bad oder Dusche	Vor dem Baden mit Sesamöl massieren. Dem Badewasser ein paar Tropfen ätherisches Öl (Basilikum, Geranie, Jasmin, Champaca) zugeben. Nach dem Duschen den nassen Körper mit Vata-Körperöl oder Tej Body Massage Oil massieren.	Vor dem Baden den Körper mit Kokosnußöl massieren. Dem Badewasser ein paar Tropfen ätherisches Öl (Rose, Sandelholz, Vetiver) beigeben. Nach dem Duschen auf die nasse Haut Pitta-Körperöl oder Tej Pitta Body Oil auftragen.	Vor dem Baden mit trockenem Pflanzenpulver, z. B. Gerste, massieren. Dem Badewasser ein paar Tropfen ätherisches Öl (Lavendel, Salbei) beigeben. Nach dem Duschen Kapha-Körperöl oder Tej Kapha Body Oil auf die nasse Haut auftragen.
Gesichtspflege	Reinigen, Nähren und Feuchtigkeitspenden, wie für Ihren Hauttyp angegeben (siehe Kapitel 5).		
Spirituelle Übungen	Beten oder meditieren Sie mindestens 15–20 Minuten.		
Frühstück	Gekochtes Getreide	Kaltes Getreide	Frisches Obst
Mittagessen (12.30–13.30)	Halten Sie sich an die Ihr Dosha ausgleichende Ernährung. Ruhen Sie sich nach dem Essen noch ein paar Minuten aus.		
Nachmittags (15.00–16.00)	Nehmen Sie einen leichten Imbiß zu sich, der Ihr führendes Dosha ins Gleichgewicht bringt (siehe S. 274), Tee oder Obst.		
Sonnenuntergang	Meditieren oder beten Sie mindestens 15–10 Minuten. Waschen Sie sich vorher und ziehen Sie saubere Kleidung an.		
Abendessen (19.30–20.30)	Halten Sie sich an die Ihr führendes Dosha ausgleichende Ernährung.		
Vor dem Schlafengehen	Reinigen, Nähren und Feuchtigkeitspenden, wie für Ihren Hauttyp angegeben.		
	Massieren Sie Kopfhaut und Füße mit Brahmi-Öl.	Massieren Sie Kopfhaut und Füße mit Brahmi-Öl.	Kapha braucht im allgemeinen keine Massage, um zur Ruhe zu kommen.
	Beten Sie, und lassen Sie Sorgen, Konflikte und Frustrationen los. Löschen Sie das Licht zwischen 22 und 23 Uhr.		

H Körperliche Auswirkungen der sechs Geschmacksrichtungen

Geschmack	*Positive Merkmale*	*Probleme bei übermäßiger Verwendung*
Süß	Unterstützt den Gewebeaufbau, verjüngend, führt Feuchtigkeit zu, heilend, kräftigt die Muskeln	Verstopfte Poren, Stauungen, fettige Haut, Mitesser, Akne, Schlakkenbildung, verquollene Augen, Hypoglykämie, Diabetes
Sauer	Reinigt die Haut, anregend, verdauungsfördernd, schweißtreibend, erfrischend	Muskelschwäche, Durchfall, dunkle Ringe unter den Augen, Übersäuerung, Gefühl des Brennens, Blutungen, geplatzte Äderchen
Salzig	Unterstützt die Verdauung, öffnet blockierte Kanäle, verbessert den Kreislauf, anregend, verdauungsfördernd, weckt Geist und Sinne, stärkt das Herz	Krämpfe, Ödeme, Falten, allgemeine Schwäche, Durst, Übersäuerung, Bluthochdruck, Sodbrennen, Jucken, Brennen, geschwollene Drüsen, Impotenz, lockere Zähne, Dunkelfärbung der Hautpigmente, vorzeitiges Altern, Ergrauen, Glatzenbildung, Nierenschäden
Scharf	Fördert Schwitzen, verbessert Durchblutung und Verdauung, macht die Kanäle durchgängig, lindert Nervenschmerzen, läßt die Haut leuchten	Gefühl des Brennens, Trockenheit, Gewebeerschöpfung, geplatzte Äderchen, Rötung von Haut und Nase, trockene Lunge, trockener Husten, ausgetrocknete Haut
Herb	Antiseptisch, verkleinert die Hautporen, fördert die Heilung, strafft das Gewebe, harntreibend, kühlend, vermindert die Empfindlichkeit, reguliert übermäßiges Schwitzen	Trockenheit, Darmprobleme, Blähungen, Verstopfung, Krämpfe, Spannung, Nervenschmerzen, Reizbarkeit
Bitter	Fördert Gewichtsverlust, vermindert Fett, reinigt das Blut, entgiftet, klärt Geist und Haut, entzündungshemmend, antibakteriell	Herzprobleme, Anämie, niedriger Blutdruck, Schlaflosigkeit, Kälte, Schwindel, Verstopfung, Haut wird trocken, vorzeitige Faltenbildung

I Ernährungsempfehlungen für Vata, Pitta und Kapha

Die vorliegenden Ernährungsempfehlungen sind auf den reinen Aspekt eines einzigen Dosha abgestimmt. Jeder von uns besteht aus allen drei Doshas und tendiert überwiegend zu ein oder zwei. Diese Übersicht soll daher das allgemeine Bewußtsein für die Ernährung schärfen und eine der Gesundheit förderliche Lebensweise ermutigen.

Ernährungsempfehlungen für trockene Haut (Vata)

Geschmacksrichtungen
Süß, sauer, salzig.

Anteil der verschiedenen Lebensmittelkategorien an der täglichen Ernährung
50% Getreide (aus dem vollen Korn)
20% Eiweiß
20–30% frisches Gemüse und Obst

Allgemein
Ja: Warme, schwere, gekochte Lebensmittel. Halten Sie die Essenszeiten ein und trinken Sie 6–7 Glas Wasser täglich.
Nein: Kalte und rohe Lebensmittel, Salate, Mineralwasser, Eiscreme.

Gemüse
Ja: Spargel, rote Bete, gekochter Kohl und Blumenkohl, Karotten, Blattkoriander, Gurken, Fenchel, Knoblauch, grüne Bohnen, grüne Chilischoten, Meerrettich, Lauch, Senfgrün, Okra, schwarze Oliven, gekochte Zwiebeln, Pastinaken, gekochte Erbsen, Süßkartoffeln, Kürbis, Radieschen, Steckrüben, gekochter Spinat, Tomaten, Taro-Wurzel (Colocasia esculenta), Kresse, Zucchini.

Nein: Artischocken, rote Bete (Blätter), bittere Melonen, Brokkoli, Rosenkohl, Klettenwurzel, roher Kohl und Blumenkohl, Sellerie, frischer Mais, Löwenzahnblätter, Auberginen, Grünkohl, Kohlrabi, Blattgemüse, Kopfsalat, Pilze, grüne Oliven, rohe Zwiebeln, Petersilie, Erbsen, süße und scharfe Paprika-Arten, weiße Kartoffeln, indische Feigen, Rettich, Schlangenkürbis, Sprossen, rohe Tomaten, Rübenblätter, Weizengras.

Obst
Ja: Süße Äpfel, Aprikosen, Avocados, Beeren, Kirschen, Kokosnuß, frische Datteln, reife Feigen, Trauben (rot und purpur), Kiwis, Zitronen, reife Mangos, Melonen, süße Apfelsinen, Papayas, Pfirsiche, Ananas, süße Pflaumen, Rosinen, Rhabarber, Erdbeeren, Tamarinde.
Nein: Getrocknete Früchte, unreife Äpfel, Preiselbeeren, getrocknete Datteln, getrocknete Feigen, Dörrpflaumen, Birnen, Dattelpflaumen, Granatäpfel, Wassermelonen.

Getreide
Ja: Amaranth, Hartweizenmehl, Hafer (gekocht), Pfannkuchen, Quinoa, Reis, Seitan, Brot aus Weizensprossen (Essenerbrot), Weizen.
Nein: Gerste, Brot, Buchweizen, Getreideflocken, Mais und Mais-Chips, Couscous, Cracker, Granola, Hirse, Müsli, Haferkleie, trockene Haferflocken, Teigwaren, Polenta, Reiskuchen, Roggen, Sago, Dinkel, Tapioka, Weizenkleie.

Hülsenfrüchte
Ja: Rote Linsen, Miso, Mungbohnen, Mung-Dal, Sojakäse, Sojasoße, Sojawürstchen, Tur-Dal, Urad-Dal, Tofu.
Nein: Adukibohnen, schwarze Bohnen, Kichererbsen, Nierenbohnen, braune Linsen, Limabohnen, Sojabohnen, weiße Bohnen.

Milchprodukte
Ja: Die meisten Milchprodukte sind empfehlenswert – Butter, Buttermilch, Käse, saure Sahne, Hüttenkäse, warme Ziegenmilch, Joghurt (falls mit Wasser vermischt und gewürzt).
Nein: Hartkäse, Joghurt unverdünnt und ungewürzt, Eiscreme.

Nahrungsmittel vom Tier

Ja: Rind, Büffel, Hühnchen, Ente, Eier, Süßwasser- oder Meeresfisch, Lachs, Sardinen, Meeresfrüchte, Shrimps, Thunfisch, Pute (dunkel), Lamm, Krabben, Austern, Forellen.

Nein: Weißes Hühnerfleisch, Schwein, Kaninchen, Wild, Pute (weiß).

Geschmacksverstärker

Ja: Schwarzer Pfeffer, Chutney, frischer Koriander, Rotalgen, Gomasio, Hijiki, Kelp, Ketchup, Kombu, Zitrone, Limone, Limonen- und Mangopickles, Mayonnaise, Senf, Gewürzgurken, Salz, Schalotten, Meeresalgen, Sajasoße, Tamari, Essig.

Nein: Chilischoten, Schokolade, Meerrettich, Sprossen.

Nüsse

Ja: Alle Nüsse, aber nur in kleinen Mengen (etwa 10 Stück).

Nein: Keine

Samen

Ja: Leinsamen, Halva, Sandwegerich (Psyllium), Kürbis, Sonnenblumen, Sesam, Tahin.

Nein: Popcorn

Öle

Ja: Sesam, Ghee, Olive, die meisten anderen Öle.

Nein: Leinsamen

Süßungsmittel

Ja: Gerstenmalz, Fruchtzucker, Fruchtsäfte, Ahornsirup, Reissirup, Succanat, Honig, Melasse.

Nein: Weißer Zucker

Getränke

Ja: Mandelmilch, Aloe-vera-Saft, Apfelwein, Aprikosensaft, Bier (gelegentlich), Beeren- und Karottensaft, Chai (Pfefferminztee mit Gewürzen), Kirschsaft, Getreidekaffee, Traubensaft, Zitronenlimonade,

Mangosaft, Misobrühe, Orangen- und Papayasaft, Pfirsich-Nektar, Ananassaft, Reis-Milch, saure Säfte, Soja-Milch, Wein (gelegentlich). Kräutertees: Alle würzigen Tees, z. B. Ajwan, Bancha, Basilikum, Kamille, Zimt, Gewürznelke, Beinwell, Eukalyptus, Fenchel, Bockshornkleeblätter, frischer Ingwer, Wacholderbeeren, Kukicha, Lavendel, Zitronengras, echter Eibisch, Haferstroh, Orangenschalen, Pfefferminz, Himbeere, Hagebutten, Safran, Sarsaparilla, Sassafras, grüne Minze.
Nein: Apfelsaft, schwarzer Tee, koffeinhaltige Getränke, Carob, Schokomilch, Kaffee, kalte Milchgetränke, Preiselbeersaft, Eistee, eiskalte Getränke, Mischungen von Gemüsesäften, Birnen-, Granatapfel- und Pflaumensaft, Soja-Milch, Tomatensaft, Gemüsebouillon. Kräutertees: Alfalfa, Gerste, Brombeere, Borretsch, Klette, echte Katzenminze, Zichorie, Chrysantheme, Maisfäden, Löwenzahn, Ginseng, Hibiskus, Hopfen, Hysop, Jasmin, Zitronenmelisse, Nessel, Passionsblume, Rotklee, Salbei, Erdbeere, Veilchen, kleines Wintergrün, Schafgarbe, Mate.

Gewürze
Ja: Basilikum, schwarzer Pfeffer, Kardamom, Zimt, Koriander, Kumin, Dill, Fenchel, grüne Minze, Kurkuma, Vanille, kleines Wintergrün, Ajwan, Nelkenpfeffer (Piment), Mandelextrakt, Ingwer, Minze, Neemblätter, Orangenschale, Petersilie, Pfefferminz, Safran, Anis, Asafoetida (Hing), Basilikum, Lorbeerblätter, Cayennepfeffer, Gewürznelken, Bockshornklee, Knoblauch, getrockneter Ingwer, Muskatblüte, Majoran, Senfsamen, Muskatnuß, Oregano, Paprika, Pippali, Mohnsamen, Rosmarin, Salbei, Salz, Bohnenkraut, Sternanis, Estragon, Thymian.
Nein: Kümmel

Nahrungsmittelzusätze
Ja: Aloe-vera-Saft, Kalzium, Magnesium, Zink, Spirulina, blau-grüne Algen, Aminosäuren, Bienenpollen, Gelée royale, Eisen, Vitamine A, B, B_{12}, C, D und E.
Nein: Gerstengrün, Bierhefe.

Ernährungsempfehlungen für empfindliche Haut (Pitta)

Geschmacksrichtungen
Süß, bitter, herb

Anteil der verschiedenen Lebensmittelkategorien an der täglichen Ernährung
50% Getreide (aus dem vollen Korn)
20% Eiweiß
20–30% frisches Gemüse und Obst

Allgemein
Ja: Kühle, schwere Lebensmittel; regelmäßig Wasser trinken.
Nein: Salzige, heiße, scharfe und fette Lebensmittel, saures Obst, Joghurt, Tomaten, Essig.

Gemüse
Ja: Sprossen, Kohl, Karotten (gekocht), Blumenkohl, Sellerie, Blattkoriander (süß und bitter), Artischocken, Spargel, rote Bete, bittere Melonen, Brokkoli, Rosenkohl, Löwenzahnblätter, Fenchel, grüne Bohnen, Blattgemüse, Grünkohl, Lauch (gekocht), Kopfsalat, Pilze, Okra, Petersilie, Pastinaken, Erbsen, Süßkartoffeln, Paprika, Kürbis, Rettich und Spinat (beides gekocht), Weizengras, Zucchini.
Nein: Scharfes – rote Bete (roh), Karotten (roh), Mais (frisch), Radieschen, Auberginen, Knoblauch, grüne Chilischoten, Meerrettich, Senfblätter, Oliven (grün), Zwiebeln (roh), scharfe Paprikaarten, Spinat, Tomaten.

Obst
Ja: Süßes Obst – Äpfel, Aprikosen, Avocados, Beeren, Kirschen, Kokosnuß, Datteln, Feigen, Trauben (rot und purpur), reife Mangos, Melonen, süße Apfelsinen, Birnen, Ananas, Pflaumen, Granatäpfel, Backpflaumen, Rosinen, Wassermelonen.
Nein: Saures Obst – Bananen, Preiselbeeren, Grapefruits, grüne Trauben, Zitronen, Papayas, Pfirsiche, Erdbeeren, Tamarinde.

Getreide
Ja: Amaranth, Gerste, trockene Getreideflocken, Hartweizenmehl, Granola, Haferkleie, Teigwaren, Reis (Basmati), Tapioka, Weizen, Weizenkleie.
Nein: Hefebrot, Buchweizen, Mais, Hirse, brauner Reis, Roggen.

Hülsenfrüchte
Ja: Adukibohnen, schwarze Bohnen, Kichererbsen, Nierenbohnen, braune und rote Linsen, Limabohnen, Mungbohnen, Soja, Tofu, weiße Bohnen.
Nein: Miso, Sojasoße, Tur-Dal, Urad-Dal.

Milchprodukte
Ja: Ungesalzene Butter, Käse, Hüttenkäse, Kuhmilch, Ghee, Sojamilch.
Nein: Buttermilch, Hartkäse, saure Sahne, gefrorener Joghurt und Frucht-Joghurt.

Nahrungsmittel vom Tier
Ja: Weißes Hühnerfleisch, Eiweiß, Süßwasserfisch, Pute, Shrimps, Wild.
Nein: Dunkles Hühnerfleisch, Ente, Eigelb, Meeresfrüchte, Lamm, Schwein, Lachs, Sardinen, Thunfisch.

Geschmacksverstärker
Ja: Süße Chutneys, frischer Koriander, Limetten, schwarzer Pfeffer.
Nein: Chilischoten, Schokolade, Rotalgen, Tang, Ketchup, Limetten- und Mangopickles, Mayonnaise, Schalotten, Meeresalgen, Sojasoße, Essig.

Nüsse
Ja: Eingeweichte und geschälte Mandeln, Kokosnuß
Nein: Schwarze Walnüsse, Paranüsse, Cashewnüsse, Haselnüsse, Erdnüsse, Pekan-Nüsse, Pinienkerne, Pistazien, Walnüsse.

Samen

Ja: Leinsamen, ungesalzenes Popcorn, Kürbis, Sonnenblume.
Nein: Sesam, Tahin.

Öle

Ja: Sonnenblume, Ghee, Raps, Olive, Soja, Nachtkerze, Walnuß.
Nein: Mandel, Aprikose, Mais, Distel, Sesam.

Süßungsmittel

Ja: Gerstenmalz, Fruchtzucker, Obstsäfte, Ahornsirup, Reissirup, Succanat.
Nein: Honig, Melasse.

Getränke

Ja: Mandelmilch, Aloe-vera-Saft, Apfel-, Aprikosen- und Beerensaft, Bier (gelegentlich), schwarzer Tee, Carob, Chai (Pfefferminztee mit Gewürzen), Kirschsaft, kalte Milchgetränke, Getreidekaffee, Trauben-, Mango- und Birnensaft, Saft von gemischtem Gemüse, Pfirsich-Nektar, Granatapfel- und Pflaumensaft, Reis- und Sojamilch, Gemüsebouillon. Kräutertees: Alle herben Tees, z. B. Alfalfa, Bancha, Gerste, Brombeere, Borretsch, Klette, echte Katzenminze, Kamille, Zichorie, Chrysantheme, Beinwell, Maisfäden, Löwenzahn, Holunderblüten, Fenchel, frischer Ingwer, Hibiskus, Hopfen, Jasmin, Kukicha, Lavendel, Zitronenmelisse, Zitronengras, Süßholz, echter Eibisch, Nessel, Haferstroh, Orangenschale, Passionsblume, Pfefferminze, Himbeere, Rotklee, Safran, Sarsaparilla, grüne Minze, Erdbeere, Veilchen, kleines Wintergrün, Schafgarbe.
Nein: Hochprozentiger Alkohol oder Wein, Apfelwein, Beerensaft (sauer), koffeinhaltige Getränke, kohlensäurehaltige Getränke, Karottensaft, Kirschsaft (sauer), Schokomilch, Kaffee, Preiselbeer- und Grapefruitsaft, Eistee, eiskalte Getränke, Limonade, Orangensaft, Misobrühe, Papaya-, Ananas-, Tomaten-, Vitaminsaft und saure Säfte. Kräutertees: Ajwan, Basilikum, Zimt, Gewürznelke, Eukalyptus, Bockshornklee, Ingwer, Ginseng, Weißdorn, Hysop, Wacholderbeeren, Poleiminze, Hagebutten, Salbei, Sassafras, Mate.

Gewürze

Ja: Basilikum, schwarzer Pfeffer, Kardamon, Zimt, Koriander, Kumin, Dill, Fenchel, Ingwer, Minze, Neem-Blätter, Orangenschalen, Petersilie, Pfefferminze, Safran, grüne Minze, Kurkuma, Vanille, kleines Wintergrün.
Nein: Ajwan, Nelkenpfeffer, Mandelextrakt, Anis, Asafoetida (Hing), Basilikum, Lorbeerblätter, Kümmel, Cayennepfeffer, Gewürznelken, Bockshornklee, Knoblauch, getrockneter Ingwer, Muskatblüte, Majoran, Senfkörner, Muskatnuß, Oregano, Paprika, Pippali, Mohnsamen, Rosmarin, Salbei, Salz, Bohnenkraut, Sternanis, Estragon, Thymian.

Nahrungsmittelzusätze

Ja: Aloe-vera-Saft, Gerstengrün, Bierhefe, Spirulina, blaugrüne Algen, Vitamine D und E. Mineralstoffe: Kalzium, Magnesium, Zink.
Nein: Aminosäuren, Bienenpollen, Gelée royale, Vitamin A, B, B_{12}, C. Mineralstoffe: Eisen.

Ernährungsempfehlungen für fettige Haut (Kapha)

Geschmacksrichtungen

Bitter, scharf, herb

Anteil der verschiedenen Lebensmittelkategorien an der täglichen Ernährung

30–40% Getreide (aus dem vollen Korn)
20% Eiweiß
40–50% frisches Gemüse und Obst

Allgemein

Ja: Wärmende, leichte Lebensmittel.
Bleiben Sie aktiv und ändern Sie ab und zu Ihre Gewohnheiten.
Nein: Milchprodukte, schwere und gebratene Lebensmittel, eiskalte Lebensmittel und Getränke, Süßigkeiten.

Gemüse

Ja: Artischocken, Spargel, rote Bete, bittere Melonen, Brokkoli, Rosenkohl, Karotten, Blumenkohl, Sellerie, Blattkoriander, Klettenwurzel, Mais, Löwenzahnblätter, Auberginen, Fenchel, Knoblauch, grüne Bohnen, grüne Chilischoten, Meerrettich, Jerusalemer Artischocken, Grünkohl, Kohlrabi, Blattgemüse, Lauch, Kopfsalat, Pilze, Senfblätter, Okra, Zwiebeln, Petersilie, Erbsen, Paprikaschoten (scharfe und milde), Kartoffeln, indische Feigen, Radieschen, Steckrüben, Spinat, Sprossen, Tomaten, Rübenblätter, weiße Rüben, Kresse, Weizenkeime und Weizengras.

Nein: Gurken, Oliven, Pastinaken, Kartoffeln (süß), Kürbis, Schlangenkürbis, Taro-Wurzel, Tomaten (roh), Zucchini.

Obst

Ja: Herbes Obst – Äpfel, Apfelmus, Aprikosen, Beeren, Kirschen, Preiselbeeren, Feigen, Pfirsiche, Birnen, Kakipflaumen, Granatäpfel, Backpflaumen, Rosinen, Erdbeeren.

Nein: Avocados, Bananen, Kokosnuß, Datteln, Feigen (frisch), Grapefruits, Trauben, Kiwis, Zitronen, Limetten, Mangos, Melonen, Apfelsinen, Papayas, Ananas, Pflaumen, Rhabarber, Tamarinde, Wassermelone.

Getreide

Ja: Amaranth, Gerste, Buchweizen, Getreideflocken (kalt oder trokken), Mais, Couscous, Cracker, Hartweizenmehl, Granola, Hirse, Müsli, Haferkleie, Hafer, Polenta, Basmati-Reis, Roggen, Sago, Seitan, Brot aus Weizenkeimen (Essenerbrot), Tapioka, Weizenkleie.

Nein: Hefebrot, gekochte Haferflocken, Pfannkuchen, Teigwaren, Quinoa, brauner oder weißer Reis, Reiskuchen, Dinkel, Weizen.

Hülsenfrüchte

Ja: Urad-Dal, Adukibohnen, schwarze Bohnen, Kichererbsen, Linsen (braun und rot), Limabohnen, Miso, Erbsen, Soja, Soja-Wurst, Schälerbsen, Tempeh, Tofu (warm), Tur-Dal, weiße Bohnen.

Nein: Nierenbohnen, Mungbohnen, Mung-Dal, Sojabohnen, Sojakäse, Sojamehl, Sojapulver, Sojasoße, Tofu (kalt).

Milchprodukte
Ja: Ungesalzene Butter, Hüttenkäse, Ghee, Ziegenkäse, Ziegenmilch (mager), mit Wasser verdünnter Joghurt.
Nein: Gesalzene Butter, Buttermilch, Käse, Kuhmilch, Eiscreme, saure Sahne, Vollfettjoghurt oder eiskalter Joghurt.

Nahrungsmittel vom Tier
Ja: Weißes Hühnerfleisch, Fisch, Kaninchen, Shrimps, Pute, Wild, Süßwasserfisch in kleinen Mengen.
Nein: Rind, Büffel, Hühnchen, Ente, Lamm, Schwein, Lachs, Sardinen, Meeresfrüchte, Thunfisch, Pute (dunkel).

Geschmacksverstärker
Ja: Schwarzer Pfeffer, Chilischoten, Chutney (würzig), frischer Koriander, Meerrettich, Senf, Schalotten, Sprossen.
Nein: Schokolade, süße Chutneys, Rotalgen, Gomasio, Hijiki, Kelp, Ketchup, Zitronen, Limetten- und Mangopickles, Mayonnaise, Mixed Pickles, Salz, Meeresalgen, Sojasoße, Tamari, Essig.

Nüsse
Ja: Charole
Nein: Mandeln, Kokosnuß, schwarze Walnüsse, Paranüsse, Cashewnüsse, Haselnüsse, Erdnüsse, Pekan-Nüsse, Pinienkerne, Pistazien, Walnüsse.

Samen
Ja: Leinsamen, Popcorn, Sandwegerich (Psyllium), Kürbiskerne, Sonnenblumen.
Nein: Halva, Sesam, Tahin.

Öle
Ja: Mais, Raps, Sonnenblumen, Ghee, Mandel, Leinsamen.
Nein: Avocado, Aprikose, Kokosnuß, Olive, Nachtkerze, Distel, Sesam, Soja, Walnuß.

Süßungsmittel
Ja: Obstsaftkonzentrate, Honig (unbearbeitet).
Nein: Gerstenmalz, Fruchtzucker, Ahornsirup, Melasse, Reissirup, Succanat, weißer Zucker.

Getränke
Ja: Aloe-vera-Saft, Apfelwein und -saft, Aprikosen- und Beerensaft, schwarzer Tee, Carob, Karotten- und Kirschsaft, Getreidekaffee, Trauben-, Mango-, Gemüsesaft, Pfirsich-Nektar, Birnen und Granatapfelsaft, Pflaumensaft, Sojamilch, Gemüsebouillon, Wein (gelegentlich). Kräutertees: Alle würzigen Tees, z. B. Ajwan, Alfalfa, Basilikum, Brombeere, Klette, Zimt, Gewürznelke, Maisfäden, Löwenzahn, Holunderblüten, Eukalyptus, Bockshornklee, Ingwer, Hopfen, Lavendel, Zitronenmelisse, Nessel, Pfefferminze, Himbeere, Rotklee, Safran, Salbei, grüne Minze, Erdbeere, kleines Wintergrün, Schafgarbe.
Nein: Alkohol (süßer Wein und Bier), koffeinhaltige Getränke, kohlensäurehaltige Getränke, Kaffee, kalte Milch- und Milchprodukte-Getränke, Grapefruitsaft, Zitronenlimonade, Orangen-, Papaya-, Ananassaft, Reismilch, Sojamilch, Misobrühe, Tomatensaft. Kräutertees: Beinwell, roter Ingwer, Hagebutten.

Gewürze
Ja: Alle Gewürze sind gut, außer Salz.

Nahrungsmittelzusätze
Ja: Aloe-vera-Saft, Aminosäuren, Gerstengrün, Bienenpollen, Bierhefe, Gelée royale, Spirulina, blau-grüne Algen, Vitamine A, B, B_{12}, C, D, E. Mineralstoffe: Kupfer, Kalzium, Eisen, Magnesium, Zink.
Nein: Kalium

J Therapien für die fünf Sinne

	Vata	**Pitta**	**Kapha**
Klang	Sanfte Musik in niedriger Tonlage, z. B. sanftes rhythmisches Trommeln	Sanfte Musik in mittlerer Tonlage, z. B. Flöte	Laute Musik in hohen Tonlagen; kräftiges Trommeln
Mantras	Ham, Yam	Ram	Vam, Lam
Berührung	Sanfte Massage mit süßen, sauren, wärmenden Ölen, Trägersubstanz Sesamöl; Kopfhaut- und Fußmassage	Mittelfeste Massage mit süßen, kühlenden, herben, lindernden Ölen, Trägersubstanz Sonnenblumenöl	Trockene Massage, kräftige Tiefengewebsmassage, schwedische Massage oder Shiatsu; warme, würzige, anregende, bittere, scharfe Öle verwenden, Trägersubstanz Distelöl
Farben	Weiß, gelb, violett, blau, dunkelrot; warme Farben	Sanfte Pastelltöne, z. B. pink, rosé, grün, blau; kühle Farben	Rot, orange; warme, anregende Farben
Geschmacksrichtungen	Süß, sauer, salzig	Süß, bitter, herb	Scharf, bitter, herb
Geruch	Süße, milde, warme Düfte, z. B. Geranie, Kewada, Champaca, Zitrone, Neroli, Muskatnuß, Zimt	Süße, kühle Düfte, z. B. Sandelholz, Rose, Jasmin, Kardamom, Fenchel, Vetiver	Scharfe, durchdringende Düfte, z. B. Ingwer, Eukalyptus, Bergamotte, Kampfer, Gewürznelke, Minze

K Die Doshas auf einen Blick

	Vata	**Pitta**	**Kapha**
Prinzip	Luft	Feuer	Erde
Steuernde Lebenskraft	Prana	Tejas (bzw. Agni)	Ojas
Entsprechende Funktionen	Bewegung, Atem, Expansion	Stoffwechsel, Verdauung, Intelligenz	Struktur, Absonderungen, Anziehung
Sitz im Körper	Dickdarm, Nervensystem, Haut	Eingeweide, Leber, Blut	Magen, Lunge
Entsprechende Sinne	Hören und Berühren	Sehen	Schmecken und Riechen
Allgemeines Erscheinungsbild	Schmal, groß oder klein, knochig; trokkene, rauhe, kühle Haut; spärliches, dunkles, lockiges Haar; trockene, kleine, glanzlose Augen; schmale, trokkene Lippen, krumme Zähne	Mittlerer Körperbau, mittleres Gewicht; warme, rötliche Haut mit Sommersprossen; feines, weiches, rötliches, vorzeitig ausfallendes Haar oder graues Haar; scharfe grüne, graue oder haselnußbraune Augen; Lippen rot oder pinkfarben, Zähne mittelgroß	Klein, stämmig, gut entwickelt; fettige, weiche, glatte, kühle Haut; reichliches, dickes, fettiges, glänzendes, welliges Haar; große, auffallende, anziehende Augen; starke weiße Zähne, dikke feste Lippen
Positive geistig-seelische Merkmale	Widerstandsfähig, phantasievoll, sensibel, spontan, positiv, hilfsbereit, flexibel, schnell, begeisterungsfähig, energiegeladen, mitteilsam, lernt und vergißt schnell	Aufgeweckt, intelligent, selbstsicher, klar, unternehmungslustig, fröhlich, ehrgeizig, scharfsichtig, freundlich, mutig, herzlich, unabhängig, gutes Gedächtnis	Ruhig, liebevoll, vergebend, heiter, weise, mitfühlend, verständnisvoll, findig, loyal, ausdauernd, geduldig, hegt und pflegt, zufrieden, beständig, ehrlich, aufnahmefähig, schüchtern, lernt und vergißt langsam

	Vata	**Pitta**	**Kapha**
Negative geistig-seelische Merkmale eines Ungleichgewichts	Besorgt, ausgepumpt, erregt, ängstlich, undankbar, nervös, unentschlossen, hyperaktiv, unterwürfig, heimlichtuerisch, unehrlich, süchtig	Wütend, grausam, reizbar, kritisch, eifersüchtig, aggressiv, feindselig, eitel, starrsinnig, impulsiv, dominierend, arrogant, rachsüchtig, psychopathisch	Depressiv, besitzergreifend, lethargisch, anhänglich, gierig, schwerfällig, kontrollierend, unsicher, apathisch, ungehobelt, dumpf, träge, materialistisch
Körperliche Symptome eines Ungleichgewichts	Schlaflosigkeit, Appetitlosigkeit, Blähungen, Verstopfung, Krämpfe, Arthritis, Muskelkrämpfe, Schmerzen im unteren Rükken, Krampfadern, knackende Gelenke	Hitzewallungen, Sodbrennen, übersäuerter Magen, Geschwüre, Hämorrhoiden, Augen und Füße brennen, Allergien, Reizdarm	Nebenhöhlenverstopfung, Husten, Erkältungen, hoher Cholesterinspiegel, Asthma, Gewichtszunahme, Fettleibigkeit, Diabetes, Bronchitis, Emphysem
Häufige Hautprobleme	Trockene, dehydrierte Haut, feine Fältchen, trockene Ekzeme	Entzündung, Kupferfinnen, Muttermale, brennende Ekzeme, Ausschläge, Sonnenbrand	Akne, nässende Ekzeme, tiefe Falten

Glossar der Sanskrit-Begriffe

Abbyanga: Ölmassage von Kopf bis Fuß

Adhipati: Vitaler Energiepunkt (Marma) am Scheitelchakra (höchster Punkt des Kopfes auf halbem Weg zwischen den Ohren)

Agni: Biologisches Feuer, das den Stoffwechsel steuert, auch »Verdauungsfeuer« genannt; entspricht Tejas

Agrapata: Brustbeinfortsatz, Solarplexus; Marma-Punkt

Ama: Gifte, die durch eine schlechte Verdauung und ein Ungleichgewicht im Körper entstehen

Amalaki: Eine saure Frucht, wirkt als stärkendes, verjüngendes und abführendes pflanzliches Heilmittel; beeinflußt alle Elemente, vermehrt Ojas

Ananda: Transzendentale Glückseligkeit; reine Freude

Anandamaya Kosha: Die oberste bzw. feinste der fünf Körperhüllen, entspricht dem Zustand der Glückseligkeit

Annamaya Kosha: Wörtlich die »Lebensmittelhülle«, die unterste der fünf Körperhüllen, entspricht dem physischen Körper.

Arjuna: Kriegerfürst, zentrale Gestalt der Bhagavad Gita

Asana: Bedeutet »Sitz«, körperliche Stellung im Hatha-Yoga

Ashwanghanda: »Winterkirsche«, verleiht Vitalität und sexuelle Energie, verjüngend, kräftigend, vermehrt Ojas.

Atma: Seele

Aum: Auch »Om«, das Wurzelmantra, der »klanglose Klang« der Schöpfung; das Universum kommt von Aum, ruht in Aum, löst sich in Aum auf

Ayurveda: Die Wissenschaft bzw. das Wissen vom Leben; das weltälteste System der Gesundheit und Heilung; beruht auf einem systematischen Studium von Körper, Seele und Geist.

Bhagavad-Gita: Der »Gesang des Herrn«; gilt als »Bibel« der vedischen Literatur und früheste populäre Schrift über den Yoga, den Weg zur Gottesverwirklichung

Bharat: Ein alter Weiser, der das Studium der indischen Ästhetik einführte

Bhringaraj: Alter indischer Weiser

Bij-Mantra: »Keim-Wort«; einsilbige Klänge ohne Bedeutung, die von einer komplexeren Kombination von Urklängen abgeleitet sind und auch verwendet werden, um die fünf Elemente im Körper ins Gleichgewicht zu bringen

Bindi: Eine Produktlinie, die nach dem roten Punkt auf der Stirn benannt ist, den indische Frauen über dem »Dritten Auge« tragen

Bindu: »Pünktchen«, der Punkt, an dem die Schöpfung beginnt und endet

Brahma randhra: Marma-Punkt in der Mitte des Schädels

Chakra: »Energie-Rad«; eins der sieben Hauptzentren des Bewußtseins im Körper, die (angefangen beim ersten Chakra) an der Basis der Wirbelsäule, am Nabel, am Solarplexus, am Herzen, an der Kehle, am »Dritten Auge« sowie am Scheitelpunkt des Kopfes liegen

Chymunda: Die Göttin, die die drei Göttinnen Kali, Lakshmi und Saraswati bzw. die drei weiblichen Prinzipien Mut, Fülle (Reichtum und Glück) und Weisheit verkörpert

Dashamula: Ayurvedisches Kräuterheilmittel, aus 10 Pflanzen hergestellt

Deha shudi: Reinigung des Körpers

Dhanurveda: Die Wissenschaft von der Kriegführung

Dharma: Rechte Ansicht oder Handlung; Aufgabe

Dhata-agni: Das Stoffwechselfeuer in jedem Körpergewebe

Dhatus: Die sieben Körpergewebe bzw. strukturellen Elemente des Körpers, nämlich: Rasa (Plasma), Rakta (Blut), Mamsa (Muskeln), Meda (Fett), Asthi (Knochen), Majja (Knochenmark, Nerven), Shukra (Fortpflanzungsgewebe)

Dosha: Bedeutet wörtlich »Unreinheit«; eins der drei Stoffwechselprinzipien (Vata, Pitta und Kapha), die Geist und Körper steuern; die Intelligenz der Körperseele

Gayatri-Mantra: Ein Klang, der aus den 24 Urklängen besteht, aus denen das Wissen der Schöpfung aufgebaut ist

Ghandharva Veda: Ein Aspekt des Veda, der sich mit der ausgleichenden Wirkung von Musik beschäftigt

Ghee: Geklärte Butter, im Ayurveda häufig als Zutat für Hautpflegeprodukte und zum Kochen verwendet

Gunas: »Qualität«; die drei Urkräfte innerhalb des Bewußtseins (Sattva, Rajas und Tamas), die die Schöpfung hervorbringen; auch die 20 aus Gegensatzpaaren (heiß und kalt; trocken und ölig, etc.) bestehenden grundlegenden körperlichen Eigenschaften des Universums

Guru: Spiritueller Lehrer; der, der die »Finsternis aus dem Leben entfernt«

Hanu: Kinn

Hatha Yoga: Ein System, um spirituelle Vereinigung mit Gott zu erreichen, beruhend auf der Reinigung des Körpers und der Öffnung der feinstofflichen Energiekanäle mit Hilfe von Körperstellungen

Hridaya: Herz

Jyotish: Das vedische System der Astrologie und Astronomie

Kali: Die Göttin, die das Böse zerstört und den Mut verkörpert

Kapalabhati: Eine Atemübung, die durch anhaltendes schnelles Ausatmen gekennzeichnet ist

Kapha: Eins der drei Doshas; das Prinzip der Körperstruktur, verleiht dem Körper Geschmeidigkeit und Kraft, entspricht den Elementen Wasser und Erde

Karma: »Handlung«; bezieht sich auf das Handeln im allgemeinen und auch auf das Schicksal des einzelnen, das durch das Ergebnis vergangener Handlungen bestimmt wird

Kashadra: Marma-Punkt auf der Mitte des Unterarms

Khichadi: Ein Gericht aus Reis und Mungbohnen, das im allgemeinen bei einem leichten Fasten gegessen wird

Krishna: Eine Inkarnation Gottes; der Gottesmann, der in der Erzählung der *Bhagavad-Gita* der Lehrer Arjunas ist

Kshipra: »Schneller« Marma-Punkt auf dem Fuß in der Kuhle zwischen Großzehengrundgelenk und zweiter Zehe

Kundalini: Die spirituelle Energie im Körper; in schlafender Form befindet sie sich, eingerollt wie eine Schlange, am ersten Chakra an der Basis der Wirbelsäule; im Verlauf des spirituellen Erwachens bewegt die Energie sich die Wirbelsäule hinauf

Laja: Ein süßer Reis

Lakshmi: Göttin, die Reichtum und Wohlstand verkörpert

Lepas: Pflanzliche Pasten zum Reinigen der Haut

Lohdra: Indische Heilpflanze

Lohitaksha: Marma-Punkt (»rotäugig«), unterer frontaler Einschub von Schulter- und Beingelenk

Mahamarmas: Wörtlich »die großen Marmas«, die Hauptenergiepunkte des Körpers, die den sieben Chakras entsprechen

Maharishi Mahesh Yogi: Zeitgenössischer Yoga-Meister und vedischer Gelehrter, Begründer der Transzendentalen Mediation und der Maharishi-Ayur-Ved-Programme

Malas: Die »nicht zurückzuhaltenden Substanzen« des Körpers, die körperlichen Schlacken, z. B. Urin, Kot und Schweiß

Manas: »Geist«; bezieht sich im allgemeinen auf Aspekte des Geistes, z. B. Intellekt, Wünsche, Emotionen, Wille

Mandala: »Kreis«; ein kreisförmiges Bild, zuweilen zur Konzentration des Geistes in der Meditation benutzt

Manjista: »Rubia cordifolia«, beste blutreinigende Pflanze, vermehrt den Blutfluß, fördert die Heilung; reinigt und reguliert Leber, Milz und Nieren

Manomaya Kosha: Der dritte feinstoffliche Körper der ayurvedischen »Anatomie«, umfaßt Geist und Intellekt

Mantra: Ein Urklang, der in der Meditation wegen seiner bekanntermaßen ausgleichenden Wirkung auf Geist und Körper verwendet wird; kann eine einzige Silbe oder eine Serie von Silben sein, die im allgemeinen keine kognitive Bedeutung haben; auch als »der Gedanke, der befreit und schützt« bekannt

Manya Mula: Marma-Punkt an der Halsschlagader am Hals

Marma: Einer von 107 vitalen Energiepunkten im Körper, an denen Materie und Bewußtsein zusammenlaufen; körperlich an den Stellen lokalisiert, an denen Nerven, Venen, Arterien, Sehnen, Knochen und Gelenke sich treffen

Maya: Im allgemeinen als »Täuschung« übersetzt, bezieht sich auf die dualistische Beschaffenheit des manifestierten Universums im Gegensatz zur Einheit des unmanifestierten Bewußtseins

Muladhara: Das erste der sieben Chakras bzw. Energiezentren an der Basis der Wirbelsäule

Nabbi: Nabel

Nada: Klang, *Na* bedeutet Atem, *da* bedeutet Feuer

Nadi: Feinstofflicher Energiekanal im Körper, ayurvedische Bezeichnung für Puls

Nasya: Behandlung zur Reinigung der Nasenwege

Nava rasas: Die neun elementaren Emotionen

Neela: Marma-Punkt auf der Kehle

Neem: »Azadiracta indica«, bitteres Tonikum, antiseptisch, fungizid, blutreinigend, innerlich und äußerlich bei allen Hautkrankheiten verwendet

Netra basti: Augenreinigungsbehandlung

Niyama: Selbstbeherrschung; das zweite »Standbein« des Yoga, das die Ausübung von Reinheit, Zufriedenheit, Nicht-Anhaften, Studium und Hingabe beinhaltet

Ojas: Die Essenz der sieben Dhatus und der Ursprung der körperlichen Abwehrkraft; zusammen mit Prana und Tejas eine der drei vitalen Kräfte, die die Lebensfunktionen steuern

Pancha amrit swan: Das »Fünf-Nektar-Bad«
Panchakarma: »Die fünf Handlungen«; fünf Reinigungsbehandlungen, die Teil einer medizinischen Entgiftungstherapie sind
Panini: Alter vedischer Weiser
Para: Der Wurzelklang, der auf der subtilsten Ebene der Manifestation existierte
Paramahansa Yogananda: Einer der ersten modernen Yoga-Meister, die in den Westen kamen; Autor von *Autobiographie eines Yogi,* gründete 1920 die *Self-Realization Fellowship;* lebte von 1893–1952
Pichu: Auf dem Dritten Auge angewandte Ölkompresse
Pitta: Eins der drei Doshas, das verwandelnde bzw. »Feuer«-Prinzip, das aus den Elementen Feuer und Wasser gebildet wird
Prajnaparadha: Der »Irrtum des Intellekts«, der Verlust der Ganzheit bzw. der natürlichen Weisheit
Prakriti: Die individuelle Konstitution, bzw. der Geist-Körper-Typ; bedeutet wörtlich »Natur«
Prana: Die lebensspendende Kraft, der Atem des Lebens
Pranamaya Kosha: Die Prana-Hülle, der zweite feinstoffliche Körper der ayurvedischen Anatomie, der dem Atem entspricht
Pranayama: »Atemkontrolle«, Yogische Atemübungen

Raga: Die klassische Form indischer Musik
Rajas: Einer der drei Gunas bzw. grundlegenden Kräfte der Schöpfung; ist der Antrieb zur Handlung und das Prinzip der Veränderung
Rasa: Bedeutet wörtlich »Essenz«, »Emotion« oder »Geschmack«; die sechs Hauptrasas bzw. Geschmacksrichtungen von Nahrungsmitteln sind süß, salzig, sauer, scharf, bitter und herb
Rasasara: Die »Essenz« von Rasadhatu, das die Haut ist; auch beschrieben als der »Rahm, der an die Oberfläche steigt«
Rig Veda: Die älteste und bekannteste der vier Sammlungen vedischer Hymnen, die die kosmische Ordnung beschreiben
Rishi: Selbstverwirklichte Seele, Seher; Yogi

Sadhana: »Mittel zur Verwirklichung«, bewußt ausgeführte Aktivität
Samadhi: Zustand reiner Freude

Sangeeta: Indische Musik

Sanskrit: Die Ursprache des Veda, auch als Sprache der Schöpfung bezeichnet

Santrasa: Anhaltendes Unbehagen von Körper und Geist, Streß

Saraswati: Göttin des Wissens

Sattva: Die reine Essenz der Realität; einer der Gunas, der drei grundlegenden Kräfte des Bewußtseins

Sat: Reines Wissen, Wahrheit

Shatavari: »Asparagus racomous«, tonisierendes Mittel für Frauen; nährt die Eierstöcke und erhöht die Fruchtbarkeit, vermehrt Ojas

Shiroshara: Behandlung zur Beruhigung des Nervensystems, bei der warmes medizinisches Öl auf Kopf oder Stirn gegossen wird

Shitali: Bedeutet »kühlend«; eine Atemübung, um den Körper abzukühlen und Pitta ins Gleichgewicht zu bringen, charakterisiert dadurch, daß durch den Mund eingeatmet wird

Shiva: Wohlwollen, Glückseligkeit; auch der Name eines Gottes

Shruti: »Das, was gehört wird«; heilige Schriften, die aus den vier Veden und 108 Upanishaden bestehen

Shudhi: Reinigung

Snana: Baden

Snehana: Ölmassage, um den Körper geschmeidig zu machen

Soma: »Nektar«; der Geschmack von Ojas, bzw. der Glückseligkeit, im Bewußtsein

Sri Aurobindo: Einer der berühmtesten modernen indischen Weisen, lebte von 1872–1950; Begründer des »Integralen Yoga«-Weges zur Selbstverwirklichung, Autor von *Das Göttliche Leben* und anderen Büchern über indische Philosophie

Sthapani: Einer der wichtigsten Marma-Punkte bzw. Chakras zwischen den Augenbrauen, auch als »Drittes Auge« bekannt

Sundar: Schönheit

Surya Namaskar: Sonnengruß, eine Yoga-Übung

Swami: Heiliger Mann

Swara: Anhaltendes Erklingenlassen eines einzigen Tons bzw. einer einzigen Note in einem Raga

Swedana: Therapie, die Schwitzen auslöst

Taittiriya Upanishad: Vedischer Text, der auf den Lehren des Weisen Tittiri beruht; führt die Vorstellung von fünf Körperhüllen bzw. Koshas ein

Talahridaya: Marma-Punkt in der Mitte von Handflächen und Fußsohlen

Tamas: Einer der drei Gunas; steht für das Prinzip der Trägheit bzw. Zerstörung

Tantra: Bedeutet »ausdehnen«, ist ein System spiritueller Übungen, das die Kundalini-Energie verwendet; Mantras sind ein Geschenk des Tantra

Tej: Ausstrahlung, Leuchten

Tejas: Eine der drei vitalen Kräfte, das »Feuer des Geistes«; das verwandelnde Prinzip im Körper, auch Agni genannt

Thali: Eine große Stahlplatte, von der die Inder ihre Mahlzeiten essen

Triphala: Ein pflanzliches Heilmittel aus einer Kombination von drei getrockneten Früchten (Hira, Behada, Amalki)

Upadhatus: Die untergeordneten Dhatus bzw. Körpergewebe

Vaidya: Ayurvedischer Arzt

Vata: Eins der drei Doshas, das Prinzip der Bewegung oder »Luft« im Körper, gebildet aus den Elementen Raum und Luft

Vatsyayana: Autor der alten Schriften über Erotik und Sexualität, die als Kamasutra bekannt sind

Veda: Bedeutet »reines Wissen«, das erkenntnismäßige Wissen um Prinzipien und Struktur der Schöpfung; bezieht sich auch auf die heiligen Texte von Rig Veda, Atharva Veda (der der Ursprung des Ayurveda ist), Yajur Veda und Sama Veda, die von den alten Rishis erkannt wurden

Vijanamya Kosha: Die vierte Hülle der ayurvedischen Anatomie, entspricht dem Ich

Vikriti: Ungleichgewichtszustand der Doshas

Vipak: Postdigestive Wirkung der Nahrung

Virya: Erhitzende oder kühlende Wirkung der Nahrung nach der Verdauung

Yama: Das erste »Standbein« des Yoga, das die fünf moralischen bzw. spirituellen Disziplinen beinhaltet

Yoga: Vereinigung mit dem Göttlichen

Yoga Sutras: Die yogischen Aphorismen des Patanjali, einem der berühmtesten alten vedischen Seher

Danksagungen

Mein Dank gilt zunächst Shanta Dandekar, meinem spirituellen Lehrer, der mir vor 30 Jahren geholfen hat, mich selbst und mein Lebensziel klar zu erkennen; meinem ersten Lehrer, dem verstorbenen Vaidya Rele, und meinem gegenwärtigen Lehrer, Dr. Vasant Lad, der meine Fragen zu jeder Tages- und Nachtzeit mit Güte und Weisheit beantwortet; meinen geliebten Eltern und meiner Familie – meinem Mann Ventakesh und meinem Sohn Sandeep, die mir bei vielen Details meiner Arbeit geholfen haben, und meiner lieben Tochter Leena, die die gesamte Tipparbeit für dieses Buch übernommen hat.

Außerdem danke ich: Meiner Agentin Lynn Franklin und meinen Freunden Deepak Chopra, Bipin Shah und Anita Raj, durch die ich Lynn kennenlernte. Meiner Freundin Sunita Vase, die mir half, seltene Sanskrit-Bücher zu finden und zu übersetzen.

Den vielen Herausgebern von Schönheitsmagazinen, die über meine Arbeit an der Tej-Hautpflege-Klinik schrieben, bevor die meisten amerikanischen Leser von Ayurveda etwas gehört hatten – vor allem Felicia Milewicz von *Mademoiselle,* die sich als allererste mit diesem Thema beschäftigte, und die seitdem eine Verfechterin des Ayurveda und Freundin ist.

Meinen Lehrer-Kollegen Karen und Blair Lewis, David Frawley und Bri Maya Tiwari, die dazu beigetragen haben, das ayurvedische Wissen in den USA zu verbreiten.

Meiner ausgezeichneten Crew bei Tej und meinem Geschäftspartner im Herstellungsbetrieb meiner Bindi-Produktlinie, Ramesh Sarva, die dafür sorgten, daß die Dinge weiterliefen, während ich an diesem Buch arbeitete. Ohne ihr Engagement und ihre Unterstützung wäre ich nicht in der Lage gewesen, es fertigzustellen.

All meinen Klientinnen und Klienten, die mich inspiriert und ermutigt haben und im Lauf der Jahre zu Freunden geworden sind.

Peternelle Van Aredale und den vielen Leuten bei Harper Collins, die so sorgfältig und begeistert an der Produktion des Buches gearbeitet haben.
Barbara Balch für ihre eleganten Zeichnungen.
Und vor allem meiner Co-Autorin Marian Cohn als meinem Sprachrohr, die ihren guten Stil und ihre Einsichten einbrachte und die Weisheit des Ayurveda genauso schätzt wie ich.

Pratima Raichur

Auch ich möchte folgenden Personen meinen Dank aussprechen: Lynn Franklin, ohne die ich Pratima Raichur weder kennengelernt noch das Privileg einer Zusammenarbeit mit ihr bekommen hätte.
Marty und Bea Gross und Nancy Gross Belok für ihre beständige Liebe und Unterstützung und dafür, daß sie mir großzügig den – sowohl wörtlich als auch im übertragenen Sinne zu verstehenden – Raum gegeben haben, um dieses Buch zu schreiben.
Karen Lucic, Freundin und Gelehrte, für ihren unschätzbar wertvollen, klugen verlegerischen Input von der ersten bis zur letzten Seite, und für ihre Ermutigung vom ersten Schritt an bis zur Fertigstellung.
Richard LaMarita, Freund, Schriftsteller und Küchenchef dafür, daß er mir sein ayurvedisches Wissen mitteilte, wann immer ich ihn fragte, der Kapitel 11 den letzten Schliff gab und mir ein paar köstliche ayurvedische Mahlzeiten zubereitete.
Doug Winblad, Freund und Philosoph, für seine Hilfe beim Nachforschen und seine klaren Erläuterungen schwer verständlicher philosophischer Gedankengänge.
Mark Hardesty und meiner Schwester Regine Urbach, die mir wertvolle Hilfe mit dem Computer leisteten und in vielen technischen und persönlichen Notfällen hilfsbereit zur Stelle waren.
Doug Beube, Lenore French und Joanne Rhinehart, die mich anspornten.
Susan Peerless, Seelenschwester und erste Leserin, die mich während der langen Monate der Arbeit am Buch betreute – und zwar Körper, Geist und Seele –, und deren scharfsinnige Tips mir bei jedem Entwurf

halfen, den Text auf Kurs zu halten. Sie probierte Pratimas Empfehlungen genauso schnell in der Praxis aus, wie ich sie niederschreiben konnte, und sorgte mit ihrer Begeisterung angesichts der Ergebnisse dafür, daß auch mir der Schwung nicht ausging. Ihre bedingungslose Unterstützung während der gesamten Arbeit war ein außergewöhnlicher Beweis ihrer Freundschaft.
Maharishi Mahesh Yogi, der mir nicht nur tiefgründige Kennntisse und die Erfahrung des Bewußtseins vermittelte, sondern auch die wertvolle Fähigkeit, diese an andere weiterzugeben.
Und meinen wunderbaren Eltern Sidney und Marlene Cohn, die mir die Liebe zu den Worten nahebrachten und mir die Gelegenheit gaben, meine Fähigkeiten zu entwickeln. Dadurch, daß sie mir das Leben und Liebe schenkten, haben sie mir alles Wichtige gegeben.

Marian Cohn

Literaturhinweise

Brunner, Uschi; Hanewald, Ruth: *Yoga und Ayurveda. Sinnlich und körperbewußt erleben.* Zürich 1994.

Bühring, Anne; Räther, Petra: *Ayurveda. Typgerecht kochen.* München 1996.

Cavelius, Andrea-Anna; Frohn, Birgit: *Gesund und schön durch Ayurveda. Das individuelle Pflegeprogramm und Ernährungsprogramm.* München 1997.

Chopra, Deepak: *Ayurveda, Gesundsein aus eigener Kraft. Zu einem neuen Denken über Krankheit und Gesundheit.* München 1994.

Chopra, Deepak: *Die heilende Kraft. Ayurveda, das altindische Wissen vom Leben, und die modernen Naturwissenschaften.* Bergisch Gladbach [3]1991.

Chopra, Deepak: *Die Körperseele. Grundlagen und praktische Übungen der Ayurveda-Medizin.* München [5]1993, Knaur TB 76009.

Chopra, Deepak: *Die Rückkehr des Rishi. Ein Arzt auf der Suche nach dem, was uns letztendlich heilt.* Düsseldorf 1997.

Dores-Rosenberg, Kerstin: *Das Ayurveda-Ernährungsbuch. Essen nach Gottes Plan.* München 1994.

Dossey, Larry: *Wahre Gesundheit finden. Krankheit und Schmerz aus ganzheitlicher Sicht.* München 1991.

Dossey, Larry: *Heilende Worte. Die Kraft der Gebete und die Macht der Meditation.* Südgellersen 1995.

Gandhi, Mahatma: *Wegweiser zur Gesundheit. Die Kraft des Ayurveda.* München 1988.

Goleman, Daniel: *Emotionale Intelligenz.* München 1996.

Hawking, Stephen: *Eine kurze Geschichte der Zeit.* Reinbek 1991.

Heinke, Dagmar P.: *Schlank und fit durch Ayurveda. Gesund, aktiv und schlank ohne Hungern. Mit Ayurveda körperliches und seelisches Gleichgewicht stärken.* München [3]1996.

Hosbach, Ellen: *Ayurveda wirkt natürlich. Maharishi Ayurveda. Die wirkungsvolle Orientierung für ein besseres und gesünderes Leben.* Aitrang [4]1995.

Huang, Chungliang Al; Lynch, Jerry: TaoSport. *Denkender Körper – Tanzender Geist. Außergewöhnliches leisten im Alltag, Beruf und Sport.* Freiburg 1995.

Iyengar, B. K. S.: *Licht auf Yoga.* München 1993.

Johari, Harish: *Das Ayurveda Kochbuch. Köstliche vegetarische Rezepte für Körper, Seele und Geist.* Aitrang [4]1994.

Keville, Kathi; Green, Mindi: *Ätherische Öle – Seele der Pflanzen. Selbst gewinnen und anwenden.* Holm 1996.

Kinsley, David: *Indische Göttinnen. Weibliche Göttinnen im Hinduismus.* Frankfurt/Main 1990.

Lad, Vasant: *Das Ayurveda Heilbuch. Eine praktische Anleitung zur Selbst-Diagnose, Selbst-Therapie und Heilung mit dem ayurvedischen System.* Aitrang [9]1995.

Lobo, Rocque: *Ayurveda. Besser leben im Rhythmus der Zeit.* Edition Astroterra 1987.

Lonsdorf, Nancy; Butler, Veronika; Brown, Melanie: *Ayurveda für Frauen. Gesundheit, Glück und langes Leben durch indische Medizin.* München 1994.

Montagu, Ashley: *Zum Kind reifen.* Stuttgart 1991.

Montagu, Ashley: *Körperkontakt. Die Bedeutung der Haut für die Entwicklung des Menschen.* Stuttgart [8]1995.

Moore, Thomas: *Die Seele lieben. Tiefe und Spiritualität im täglichen Leben.* München 1995.

Morrison, Judith H.: *Ayurveda. Ein Weg zu Gesundheit und Lebensfreude. Wie wir das Wissen der traditionellen indischen Medizin nutzen können.* Stuttgart 1995.

Pirc, Karin: *Kursbuch Ayurveda für Mutter und Kind. Ganzheitliche Harmonie mit Maharishi Ayur-Veda. Grundlagen und praktische Ratschläge für Gesundheit und Erziehung.* Bergisch Gladbach 1996.

Rhyner, Hans H.: *Gesund und schön durch Yoga. Mit Ayurveda-Ratgeber. Übungsprogramme für Regeneration, Entspannung und Wohlbefinden.* München 1991.

Schrott, Ernst: *Gesund und jung mit Ayurveda. Die sanfte Heilweise für vollkommene Gesundheit und inneres Gleichgewicht.* München 1996.

Schutt, Karin: *Ayurveda, sich jung fühlen ein Leben lang. Das Gesundheitsprogramm und Verwöhnprogramm.* München [2]1996.

Sivananda Sarasvati, Swami: *Übungen zur Konzentration und Meditation.* München 1993.

Sivananda Yoga Zentrum (Hrsg.): *Yoga für alle Lebensstufen.* München [10]1996.

Thakkur, Chandrasekhar G.: *Das ist Ayurveda. Die indische Heilkunst und Lebenskunst.* Freiburg 1994.

Veit, Elisabeth: *Das Ayurveda-Kochbuch.* München 1997.

Verma, Vinod: *Gesund und vital durch Ayurveda. Grundlagen, Methoden und Rezepte der altbewährten indischen Heilkunst, für westliche Medizin nutzbar gemacht.* München 1995.

Weil, Andrew: *Spontanheilung. Die Heilung kommt von innen.* München 1995.

Zebroff, Karen: *Yoga für jeden.* Niedernhausen 1996.

Zoller, Andreas; Nordwig, Hellmuth: *Heilpflanzen der Ayurvedischen Medizin. Wirkung, Indikation und Anwendung.* Heidelberg 1997.